Winfried Lipscher/
Kazimierz Brakoniecki (Hrsg.)

Meiner Heimat Gesicht
Ostpreußen
*im Spiegel der Menschen
und Landschaft*

W0058295

Meiner Heimat Gesicht
Ostpreußen
im Spiegel der Menschen und Landschaft

Mit Vorworten von Klaus Bednarz,
Andrzej Szczypiorski, Nikolaus Ehlert
und Kazimiera Prunskiene

Herausgegeben von Winfried Lipscher
und Kazimierz Brakoniecki

Mit 26 Abbildungen

Bechtermünz

Genehmigte Lizenzausgabe
für Weltbild Verlag GmbH, Augsburg 2000
Copyright für die deutsche Ausgabe © 1996
by F. A. Herbig Verlagsbuchhandlung GmbH, München
Umschlaggestaltung: DYADEsign, Düsseldorf
Umschlagmotiv: ZEFA, Düsseldorf
Gesamtherstellung: Clausen & Bosse, Leck
Printed in Germany
ISBN 3-8289-6801-5

Inhalt

Teil I
»De revolutionibus« – Universalia

Teil II
»Gruß dir, blühende Welt« – Die Heimat

Teil III
»In tüchtige Pelze eingehüllt« – Das Leben der Menschen

Teil IV
»... in großer Pein« – Geschichte – Krieg und Vertreibung

Teil V
»Plötzlich ist Polentum, Deutschtum, Litauertum überflüssig« – Neue Identität

Anhang

Einleitung der Herausgeber

———————— WINFRIED LIPSCHER ————————

Standortbestimmung –
Das literarische Euro-Ostpreußen

Es ist wie eine kopernikanische Wende: Im Allensteiner Park-Hotel treffen sich im Herbst 1993 deutsche, polnische, russische und litauische Literaturfachleute, um über »Ostpreußen, Ermland und Masuren im Spiegel der Literatur« zu diskutieren. Der Gedankenaustausch vollzieht sich frei von ideologischen Zwängen. Tabus gibt es nicht mehr. Selbst die deutschen Ortsbezeichnungen können wieder benutzt werden. Deutsche Teilnehmer staunen nicht wenig über die künstlerischen Darbietungen in Fremdsprachen: Sudermanns »Reise nach Tilsit« in Litauisch von Studenten der Universität Memel als Theaterstück aufgeführt bzw. Agnes Miegels »Abschied von Königsberg« von einer russischen Schauspielerin vorgetragen. Bis dato hielten wir es nicht für möglich, daß ostpreußische deutsche Literatur in Königsberg oder Memel bekannt sei. »De revolutionibus orbium terrestrum« – denke ich in Abwandlung des wohl berühmtesten Wortes von Kopernikus. Und die Idee zu diesem Buch war geboren.

Nicht Himmelskörper, sondern viel Naheliegenderes, Irdisches, gibt es zu entdecken und wiederzuentdecken: die Literatur des gesamten ostpreußischen Raumes in vier Sprachen: Deutsch, Polnisch, Russisch, Litauisch. Eine zum Teil vergessene, verdrängte oder unbekannte kulturelle Vielfalt soll hier vorgestellt werden. Wer kennt denn in Deutschland außer der deutschen Literatur Ostpreußens auch noch polnische oder litauische Schriftsteller dieser Region? Ostpreußen war eigentlich schon in früheren Zeiten eine Euro-Kulturregion, als dieser Begriff noch nicht erfunden war und Kultur noch keine Grenzen kannte, als die Menschen diese Kultur lebten, erlebten und sich in ihr wiederfanden. Hier vermischten sich verschiedene kulturelle Wurzeln miteinander. Natürlich war das Leben nicht immer konfliktfrei – dafür sorgten schon die jeweiligen Herrscher –, aber in dieser Grenzregion hatten die Menschen durchaus ein Gefühl der Zugehörigkeit zur Landschaft, von der sie geprägt waren, ähnlich wie jene, die heute dort leben und ebenfalls von ihr geprägt werden. Die Literatur bezeugt es.

Wie kam es, daß uns deutschen Ostpreußen vieles, was nicht deutsch war, aber zu Ostpreußen gehörte, unbekannt blieb? Daß es vor uns die Pruzzen gegeben hatte, war bisweilen bekannt. Aber eine Literatur, die nicht deutsch war? Gewiß trug die Insellage Ostpreußens, das vom Reich durch den »Korridor« getrennt war, dazu bei. Hier in Ostpreußen wollte man daher gerne noch »reichsdeutscher« sein, als die Deutschen im Reich es waren. Man verdrängte oder leugnete sowohl die Existenz der polnischen Bischöfe von Ermland, die zum Teil bedeutende polnische Dichter waren, als auch die polnischsprechenden Masuren, die ebenfalls über ihr eigenes Schrifttum verfügten. Dazu gehören sowohl die evangelischen polnischsprachigen Schriftsteller, wie z. B. Michal Kajka, der aber gleichzeitig ein loyaler Preuße war, wie auch die religiösen Chronisten und Prediger evangelischer Konfession. Die andere große Gruppe waren die Litauer im sogenannten »Preußisch-Litauen« oder in »Kleinlitauen«, das uns heute eher als Memelgebiet bekannt ist. Diese Preußen litauischer Sprache waren ebenfalls evangelisch, im Gegensatz zu den übrigen Litauern, die wegen der Union mit Polen katholisch waren. Aber auch im Memelgebiet gab es vereinzelt katholische Litauer, und deshalb mußten katholische Priester der Diözese Ermland – denn zu ihr gehörte dieses Gebiet –, die dort in der Seelsorge arbeiteten, die litauische Sprache erlernen. Im deutschen, oft übertriebenen nationalen Denken gab es zu Beginn des 20. Jahrhunderts in Ostpreußen keinen Platz für den Gedanken, »daß Polen und Litauer nicht fremde Barbaren, sondern unsere nächsten Verwandten sind« (G. Szczesny). Man reiste wie selbstverständlich nach Berlin (durch den Korridor, also durch polnisches Staatsgebiet), weil es »näher« lag, doch niemand wäre auf die kuriose Idee gekommen, nach Warschau zu reisen, das etwa nur halb so weit von Ostpreußen entfernt war.

Die Politik des kommunistischen Polen machte nach 1945 einen ähnlichen Fehler. Sie behauptete, die Polen seien in urpolnisches Land zurückgekehrt. Auch die katholische Kirche in Polen, dem nationalistischen Denken verhaftet, bediente sich dieser Argumentation. Daß es hier Pruzzen gegeben hatte und nicht die Piasten sowie über Jahrhunderte eine deutsche Kultur, wurde verdrängt und verboten. Lediglich die bösen Kreuzritter als Vorfahren der Deutschen kamen quasi als Besatzer vor, die ja dann auch 1410 bei Tannenberg besiegt wurden.

Ob die Russen womöglich nach 1945 ebenfalls in urrussisches Gebiet zurückgekommen waren, was den Königsberger Bezirk betrifft, wurde von niemandem erörtert. Das Gebiet existierte fast überhaupt nicht. Und die Folge davon ist, daß weder die Polen noch die Deutschen die russische Literatur aus Königsberg kennen.

Gegenwärtig besteht die Chance, daß der Raum des ehemaligen Ostpreußen für alle zur geistigen Heimat wird, die sich unabhängig von ihrer Volkszugehörigkeit damit verbunden fühlen. Das Bedürfnis des Menschen nach Selbstbewußtsein und Selbstfindung bringt das mit sich. Und demzufolge wird auch heute das Bewußtsein nach der gemeinsamen Verantwortung für die kulturelle Vergangenheit, Gegenwart und Zukunft dieses europäischen Raumes deutlich. An dieser Nahtstelle von einander durchdringenden und ergänzenden Kulturen gibt es für die Menschen keine andere Alternative. Man weiß hier, daß man in Europa heute nur noch in gemeinsamer Verantwortung handeln kann. Die Geschichte, zumal die ostpreußische, zwingt uns dazu. Was hat dieses Land im Laufe der Jahrhunderte nicht alles erleben müssen? Und das Erlebte schlug sich immer in der Literatur nieder, bis hin zum letzten Krieg und der Vertreibung. Ein Merkmal gehört freilich unwiderruflich der Vergangenheit an: Es gibt nicht mehr das katholische Ermland und das gesamte protestantische Umland. Der ganze Teil Ostpreußens, der heute zu Polen gehört, ist katholisch geworden. Dafür gibt es aber jenseits der nördlichen Grenze Polens, im Königsberger Gebiet, kaum ein christliches Leben. So gesehen ist Ostpreußen heute völlig anders konfessionell geteilt, als es vor dem Kriege war.

Die ostpreußische Literatur ist trotz allem mit den deutschen Schriftstellern wie Lenz und Surminski nicht zu Ende, leider mit Ausnahme des jüdischen Elements, das so ausdrucksstark in Max Fürsts Erzählung »Gefilte Fisch« zum Tragen kommt. Auch wenn für diese ganze Region heute noch kein übergreifender Name gefunden wurde (denn »Ostpreußen« war ja eine deutsche politische Bezeichnung), so beginnen die Nachkriegseinwohner bereits nach den Wurzeln der Vergangenheit dieser Region zu forschen und, verbunden mit der eigenen, aus dem Osten mitgebrachten Lebensweise, nach einer neuen, eigenen Identität zu suchen. Die Frage, wer bin ich, woher komme ich, warum bin ich hier, ist eine der am häufigsten gestellten Fragen von Polen und Russen. Sie sind ebenso Vertriebene wie die Deutschen, die das Land verlassen mußten. Und meistens lautet die Antwort: Ich möchte wissen, was hier vorher war, und ich will sehen, ob ich mich in diese kulturelle Kette einreihen kann. Den heutigen Litauern im Memelgebiet geht es ähnlich. Durch die sowjetische Herrschaft war ihnen auch zwangsläufig das Bewußtsein abhanden gekommen, daß sie einst preußisch waren. Sie sind heute ebenfalls auf Spurensuche.

Ein Russe aus Königsberg sagt: »Seit wir hier Gräber haben, haben wir hier auch Kultur.« Und der deutsche Heinz Georg Podehl sagt: »Erst wenn die Gräber vergessen sind, ist die Heimat verloren.« Wenn ehemalige deutsche Ostpreußen ihre Heimat besuchen, führt einer ihrer ersten Wege auf den Friedhof. Die Kultur Ostpreußens wurde im Westen Deutschlands weitgehend durch die Literatur wachgehalten, die allerdings im Exil lebte. Ähnliches tun heute die polnischen und russischen Autoren, die nach Ostpreußen zugewandert sind. Inzwischen finden die einen wie die anderen schon den Weg zu Gemeinsamkeiten. Vergangenes deutsches Erbe taucht in den anderen Sprachen auf, und polnisches oder russisches Gedankengut findet sich in deutschen Schriften und Büchern. Unter Beweis stellt dies die Kulturgemeinschaft »Borussia« in Allenstein, die Spuren aufdeckt und diese oft in Gemeinschaft mit Gästen aus Deutschland zu neuem Leben erweckt. Und auch die Deutschen aus Ostpreußen können auf Spurensuche gehen. Sie werden entdecken, daß es in früheren Zeiten auch die polnische und litauische

Literatur in diesem Raum gegeben hat, von der kaum jemand Kenntnis hatte.

Die hier vorgelegte Anthologie will kein Lexikon sein. Nicht jeder Leser wird jeden erwähnenswerten Namen darin finden. Andererseits wurden unbekannte Autoren berücksichtigt, um bestimmte Zeitabläufe und Ereignisse zu dokumentieren, etwa die Zeit der Abstimmung von 1920. Deshalb wechseln bekannte »Klassiker« mit wenig oder kaum bekannten Namen ab. Sie alle sind keine »Heimatschriftsteller« nach herkömmlichem Verständnis. Sie sind es aber alle im positiven Sinne, denn sie legen Zeugnis ab von einer multikulturellen Region, unabhängig vom literarischen Stellenwert. Dabei geht es um den Reichtum an Werten, den es für die Zukunft zu erhalten gilt. So betrachtet könnte es in einer künftigen Literaturgeschichte einmal heißen, daß sowohl Ernst Wiechert, Agnes Miegel und Siegfried Lenz, aber auch Erwin Kruk und Kazimierz Brakoniecki, Juri Iwanow und Oleg Gluschkin und natürlich Kristijonas Donelaitis oder Ieva Simonaityté Schriftsteller derselben Euro-Kulturregion waren. Nach ihrer Nationalität oder Staatsangehörigkeit wird man nicht mehr fragen. Das Buch beginnt mit den sogenannten Universalia, mit Texten von Schriftstellern, die noch nicht in nationalstaatlichen Kategorien dachten und die sich in der Universalsprache, dem Lateinischen, ausdrückten. Erst heute, nach Jahrhunderten, denken und schreiben junge Autoren der Gegenwart wieder grenzüberschreitend, im europäischen Geiste. Und so spannt sich der Bogen von den letzten Spuren der Pruzzen (das Vaterunser) bis zur Gegenwart, die uns eine kopernikanische Wende bescherte, deren Chance es mit Hilfe der Literatur zu nutzen gilt.

Das Land der Verheißung

Wenn in den letzten Jahren über die Gebiete gesprochen wurde, die nach dem Kriege zu Polen kamen und ein Ersatz für die verlorenen polnischen Ostgebiete sein sollten, wurde die Thematik über Jahre mit der aktuellen Geschichte des sozialistischen Staates verbunden, mit dem Schicksal der Neusiedler, die sich durch Arbeit sowie durch den sogenannten sozialen und wirtschaftlichen Fortschritt integrieren sollten, um auf diese Weise den patriotischen Nachweis zu führen, daß diese Gebiete urpolnisch seien. Die Schriftsteller begannen Themen aufzugreifen, in deren Folge mehr oder minder tendenziöse Werke entstanden. Es dominierte der soziale und politische Aufstieg und der Kampf gegen den deutschen Revisionismus. Diese Literatur war der Dekretierung von »oben« untergeordnet, wobei die Demagogie von der »Rückkehr« dieser Gebiete zum Mutterland wohl die größte Rolle spielte. Der Schriftsteller stand häufig dem Parteiapparat nahe oder gehörte ihm sogar an. Er skizzierte oft das geforderte Bild und verteilte Lob und Tadel.

Im Ermland und in Masuren gab es aber auch einheimische polnische Schriftsteller, die vor dem Krieg hier gelebt und sich für Polen eingesetzt hatten (z. B. 1920 in der Abstimmungszeit).

Zu ihnen gehörten z. B. Maria Zientara-Malewska und Michał Lengowski. Obgleich sie sich kein kommunistisches Polen gewünscht hatten, gingen sie mit dem Staat Kompromisse ein, schrieben im patriotischen Geist und stellten das Polentum von Ermländern und Masuren stark heraus. Da die gesamte polnische Literatur eine Identitätskrise durchmachte, ging es auch hier immer um die Frage nach der Identität – der des einzelnen und der sozialnationalen. Diese Frage mußte immer wieder beantwortet werden angesichts der Tatsache, daß viele Ermländer und Masuren nach Deutschland umsiedelten. Was waren das für Ermländer und Masuren, die sich zwar als Polen fühlten, aber hier nicht bleiben wollten? Im Laufe der Zeit wurde es immer schwieriger, das Thema der

Regionalität mit den Anforderungen der kommunistischen Propaganda in Einklang zu bringen. Hier wurde gleich zweierlei deutlich: Jene Menschen, die hier immer um das Polentum gekämpft hatten, wurden deshalb nach Deutschland »verdrängt«, weil sie meistens keine loyalen Kommunisten waren. Und zweitens: Der Staat ließ keine Minderheiten zu. Das Schicksal dieser Menschen wird vor allem in den Werken von Erwin Kruk deutlich. Hier schreibt ein echter evangelischer polnischer Masure. Hauptthema ist bei ihm immer der historische, metaphysische und ethische Mensch, den eine starke kreative und existentielle Expression kennzeichnet. Kruk schreibt so etwas wie seine persönliche Bibel. Sein Werk ist eine authentische Auseinandersetzung mit dem Leben angesichts der eigenen Erinnerung.

In den achtziger, aber vor allem den neunziger Jahren kam es in Polen und ganz Osteuropa zu den bekannten politischen Veränderungen. In der Dichtung tauchte das Thema der Regionalität in Verbindung mit der Entdeckung der Andersartigkeit der Geschichte dieser Region auf. Es ging nicht mehr nur um das Schicksal der angestammten Bevölkerung, um das Schicksal der hierher zwangsumgesiedelten Polen und Ukrainer, sondern um etwas von der Regionalität Verschiedenes: um eine neue Konzeption des Menschen. Das Land wird in Verbindung zum Menschen gesetzt, und zwar ohne Rücksicht auf seine Herkunft oder Sprache, wenngleich gerade Sprache und Herkunft die notwendige Voraussetzung für Beobachtung, Erfahrung und Reflexion sind.

Da also diese Gebiete nun polnisches Land geworden sind, Heimat, und niemand mehr fürchtet, daß man sie verlieren könnte, da hier also eine neue Generation aufgewachsen ist, ist dies wohl nun das Land der Verheißung? Sofern es einen mythischen Kontinent gibt, dann ist dieses Land die Atlantis des Nordens, dieses reale und nichtreale Land vieler Völker und Kulturen, das man entdecken und finden kann in der Vergangenheit und Gegenwart seines eigenen Ich, im Lied der Wilnaer und der Juden, Masuren und Kaschuben, Deutschen und Litauer, denn dieser Kontinent ist nicht mehr nur eine Provinz des Menschen und auch nicht ein politischer Exerzierplatz oder die Hölle der Vertreibung, sondern er ist ein Planet für alle Menschen, ein Kosmos der Menschheitsfamilie, das Ich der kreativen Welt und Mythologie.

Wird es anstelle der lokalen ermländischen und masurischen Thematik zur Entstehung einer echt polnischen regionalen Thematik in diesem Raum kommen, die die Gesamtheit der menschlichen Erfahrungen aus diesem Grenzland aufgreift, um die Außergewöhnlichkeit der Geschichte des Menschen schlechthin aufzuschreiben? Die bisherige ideologisierte regionale Schreibart ist eines natürlichen Todes gestorben, aber die Literatur muß Wurzeln haben, denn sie entsteht durch den konkreten und auch symbolischen Menschen. Das ist gewiß, aber darüber hinaus ist es vor allem der freie Mensch, der aus den Quellen seiner eigenen persönlichen und gesellschaftlichen Individualität schöpft, um einen Beitrag zur allgemeinen Kultur zu leisten. Eine solche Literatur des Dialogs der Kulturen und Völker wird niemals sterben, genauso wie das menschliche Streben nach tagtäglicher metaphysischer und historischer Identität nicht stirbt.

Vorworte zu den vier Literatursprachen

Klaus Bednarz

Deutschsprachige Literatur Ostpreußens

Die Geschichte der deutschsprachigen Literatur Ostpreußens ist noch nicht geschrieben. Die Frage nach der Zwiespältigkeit einzelner Autoren, die Frage nach den Widersprüchen untereinander ist noch nicht beantwortet. Noch immer fehlt die Sichtbarmachung der Verbindungslinien von Simon Dach bis Rudolf Jacquemien, von Johann Gottfried Herder bis Johannes Bobrowski, von Immanuel Kant bis Siegfried Lenz.

Kein Zweifel, dieses »Land im Rücken der Geschichte« (Lenz) hat große deutschsprachige Literatur hervorgebracht. Doch so, wie das »alte Ostpreußen« im Jahr 1945 (oder genauer: im Jahr 1933) in der Geschichte versunken ist, dürfte auch, mit generationsbedingter Verzögerung, die Epoche der deutschsprachigen Literatur Ostpreußens zu Ende gehen. Zumindest jener Literatur, die Ausdruck eigenen Erlebens, eigener Anschauung und eigener Biographie ist. Mit Rudolf Jacquemien, der nach Königsberg kam, als es schon Kaliningrad hieß, ist die letzte Stimme eines deutschen Dichters in dieser Stadt verstummt. Siegfried Lenz und Annemarie in der Au beschwören aus der Ferne Vergangenes – ihr Werk ist ein langsames Abschiednehmen. Arno Surminski und Elisabeth Schulz-Semrau begeben sich auf Spurensuche entlang der eigenen Biographie. Und unter den wenigen Deutschen, die heute noch in Ostpreußen leben, ist niemand erkennbar, der einen eigenen Weg in die Literatur gefunden hat.

Wie in kaum einer anderen literarischen Provinz des deutschen Sprachraums ist die Dichtung Ostpreußens bestimmt von der Einzigartigkeit der Natur und der Eigenart ihrer Bewohner. Die Landschaft und ihre Menschen – das ist das zentrale Thema bei Hermann Sudermann wie Ernst Wiechert, Arno Holz und Alfred Brust, Agnes Miegel, Johannes Bobrowski und Siegfried Lenz. Gleich, ob sie Ostpreußen freiwillig verließen und dem Sog der Hauptstadt Berlin oder anderer Städte des »Reiches« nachgaben oder durch Flucht und Vertreibung aus dem Land gerissen wurden – es hat sie nicht losgelassen. Eine der wenigen Ausnahmen scheint der geborene Königsberger E. T. A. Hoffmann zu sein, jener phantastische Dichter, Zeichner und Komponist, den Ricarda Huch »eine der schönsten Blüten der deutschen Romantik« genannt hat und dessen genialische Persönlichkeit sich jeder landsmannschaftlichen Zuordnung entzieht.

So stark die ostpreußische Literatur von der Landschaft geprägt wurde, so selten wandte sie sich der Kultur und Geschichte des Landes zu. Es gibt, von wenigen unbedeutenden Ausnahmen abgesehen, keinen nennenswerten historischen Roman, ebensowenig einen bürgerlichen Roman, der etwa denen der Brüder Heinrich und Thomas Mann vergleichbar wäre. Lediglich im Frühwerk der Agnes Miegel finden sich Balladen und Erzählungen (»Herzog Samo«, »Truso«, »Die Fahrt der sieben Ordensbrüder«), in denen direkt auf die Geschichte Ostpreußens Bezug genommen wird. Doch während hier die pruzzische Vergangenheit noch vergleichsweise wertfrei dargestellt wird und die Pruzzen als fast mustergültige Landesbewohner erscheinen, mutiert Agnes Miegel in ihrem späteren Werk zur Verfechterin eines militanten Nationalismus, wird vorübergehend zur glühenden Anhängerin der großdeutschen Idee und des Nationalsozialismus.

Ostpreußen als Heimat, Ostpreußen als Grenzland. Doch Heimat für wen – und Grenze gegen wen? Genau diese Frage bildet die Scheidelinie der ostpreußischen Literatur zum Ende des vergangenen und in der ersten Hälfte dieses Jahrhunderts.

Während Agnes Miegel die Brückenkopflage Ostpreußens, das Exponiertsein und die Nähe zu den östlichen Nachbarn als Bedrohung empfindet, begreift Johannes Bobrowski dies, wie vor ihm schon Johann Gottfried Herder und Hermann Sudermann, als Chance und Aufgabe. Herder lenkte die Aufmerksamkeit auf die Sitten und Gebräuche der slawischen Nachbarn und übersetzte ih-

re Volkslieder als Teil der Weltkultur ins Deutsche. Hermann Sudermann wandte sich in seinen »Litauischen Geschichten« an den
Leser als »Bruder und Freund« der Litauer, mit denen er eine gemeinsame Heimat hat. Und der in Tilsit geborene, unter Deutschen
und Litauern, Polen und Juden aufgewachsene Johannes Bobrowski erkennt die »Geschichte der Deutschen und der europäische
Osten« als sein Thema. Eine lange Geschichte von Unglück und
Schuld.

Die multikulturelle und multiethnische Wirklichkeit Ostpreußens, zu der sich auch schon E. T. A. Hoffmann und Ernst Wiechert
mit ihren litauischen und polnischen Vorfahren in aller Selbstverständlichkeit bekannt hatten, beschwört Bobrowski mit einem geradezu prophetischen Appell: »Kommt, Juden, slavische Völker,
kommt, ihr anderen, kommt, daß ich an eures Lebens Stromland
der Liebe vertane Worte lernte, die Reiser, die wir pflanzen den Kindern, würden ein Garten. Im Licht.«

Eine Utopie?

Polnischsprachige Literatur

Das ehemalige Ostpreußen gehört zu jenen Gegenden in Europa, die größtes Erstaunen und Nachdenken verursachen. Hier, in einem relativ kleinen Gebiet, kreuzte sich das Schicksal verschiedener Völkerschaften. Dieses Land, das so schön und voller melancholischer Stille ist, zeugt aber auch so viel Unrecht, daß man es sich nur schwer vorstellen kann. Einst lebten hier die Pruzzen, von deren Existenz lediglich Legenden bis heute übriggeblieben sind, denn von materiellen Spuren ihres Lebens und ihres tragischen Endes kann keine Rede sein. Mit vereinten Kräften wurden diese Pruzzen von Polen, Litauern und Deutschen ausgerottet. Es folgte die Zeit der Hegemonialherrschaft des Ritterordens, dann kamen die schwächlichen und launenhaften polnischen Könige, gefolgt vom Sieg des Hauses Brandenburg und der Entstehung des Königreichs Preußen, und schließlich die Zeit des 20. Jahrhunderts, als zunächst die Deutschen die polnische Minderheit verfolgten, um dann selbst das grausame Unrecht der Vertreibung zu erleiden, sowohl aus jenem Teil des Landes, das Polen zugefallen war, als auch aus jenem, das sich innerhalb der Grenzen Rußlands wiederfand.

Als ich noch ein Kind war, gab es zwei Bücher, die das polnische Bewußtsein über Ostpreußen prägten. Das eine war von Józef Kisielewski, »Ziemia gromadzi prochy« (Das Land der sterblichen Überreste), sowie der berühmte Bericht von Melchior Wankowicz »Na tropach Smętka« (Auf Smętkes Spuren). Beide Bücher waren von antideutschem Geist durchdrungen, was verständlich, ja sogar entschuldbar war, weil damals, vor einem halben Jahrhundert, in Ermland und Masuren das deutsche Element dominierte. Die Deutschen bildeten die regierende Schicht, während jene, die sich damals als Polen betrachteten, diskriminiert und unterdrückt wurden, was in der Zeit des Dritten Reichs zur mörderischen Tyrannei des Nationalsozialismus wurde.

Dann kehrte sich alles um. In den Jahren 1945 bis 1947 wurden die Deutschen brutal enteignet und zwangsausgesiedelt. Jenen Menschen des ehemaligen Ostpreußen, die sich über Generationen als Polen fühlten, begegneten die Kommunisten mit Mißtrauen, was bis zur Feindseligkeit ging, so sehr, daß sich viele Masuren und Ermländer – entgegen der jahrhundertealten Tradition ihrer Vorfahren – zur deutschen Volkszugehörigkeit bekannten und Polen verließen.

In jener Zeit entstand im Gebiet des ehemaligen Ostpreußen ein polnisches Schrifttum, das durchdrungen war von nationalem und religiösem Geist. Diese Literatur war gewiß nicht immer von hohem literarischem Wert, aber sie war immer ein Spiegel eines aufrichtigen und tiefen inneren geistigen Lebens. Diese Literatur war außerhalb ihrer eigenen Region kaum bekannt, in den übrigen Landesteilen Polens war den Menschen die masurische und ermländische Literatur gleichgültig, vielleicht begegnete man ihr sogar mit Verachtung, was im Kern davon zeugte, daß die Polen aus den übrigen angestammten polnischen Landesteilen über Jahrzehnte geistig dafür nicht gerüstet waren, dieses Land zu bestellen.

Erst der demokratische Staat wurde, zwar mit einer Verspätung von fast einem halben Jahrhundert, zum vollgültigen Souverän des Landes, zu dessen Verpflichtung es aber auch geworden ist, das alte Unrecht gegenüber allen Menschen dieser Erde wiedergutzumachen, ohne Rücksicht auf ihre nationale Option.

Russische Literatur

Mit der Flucht und Vertreibung der deutschen Bevölkerung aus dem deutsch besiedelten östlichen Ostseeraum endeten dort abrupt fast siebenhundert Jahre einer reichen deutschen kulturellen und literarischen Vergangenheit, die auch die Nachbarn, Polen und Litauer vor allem, aber auch die Russen, stark, in manchem entscheidend mitgeprägt hatten. Während aber in den nunmehr litauisch und polnisch gewordenen Gebieten die neuen Bewohner vergleichsweise leicht an ihre eigene Kultur und an diese Vergangenheit anknüpfen konnten, indem sie mit dem politischen auch ihren traditionellen kulturellen und damit auch den literarischen Raum an den Rändern einfach erweiterten, war im sowjetisch gewordenen Teil Ostpreußens der kulturelle Bruch vollkommen. Nicht nur, daß die neuen Bewohner ein zwar vorwiegend russisches, aber doch sehr heterogenes ethnisches Gemisch bildeten und zu einem erheblichen Teil aus den europafernen asiatischen Teilen der Sowjetunion kamen. Moskau versuchte hier, im Gegensatz zur Entwicklung in Polen und Litauen, wo das Deutsche als wiedergewonnenes Eigenes einbezogen, damit aber auch wenigstens in Teilen gesichert wurde, alle Reste der deutschen Vergangenheit zu tilgen. Nicht nur die deutsche Sprache war verpönt, man versuchte durch Ausradierung ganzer Ortschaften und Zerstörung von Kirchen und Schlössern dem Gebiet ein rein russisches Gepräge zu geben. »Von Adam bis Potsdam hat es hier nichts gegeben«, lautete später ein geflügeltes Wort, mit dem die neuen Kulturschichten die damalige Politik verspotteten.

Genutzt hat es wenig. Zuviel Deutsches ringsherum erinnerte die Bewohner auf Schritt und Tritt daran, daß sie keineswegs eine jungfräuliche Ödnis übernommen hatten. Aber es hat über vierzig Jahre lang die Einbeziehung und Verarbeitung der vertriebenen Kultur verhindert. Die deutsche Sprache war nicht an sich verboten. Selbst im Krieg wurde in der Sowjetunion deutschsprachige Literatur gedruckt, freilich nur unverfängliche Klassiker wie Goethe, Schiller, E.T.A. Hoffmann und natürlich die marxistischen Ahnen. Sehr bald wurde Deutsch wieder erste Fremdsprache in den Schulen und die Lingua franca des Ostblocks. Ideologisch ausgesiebte zeitgenössische deutsche Literatur aus der DDR brachte immerhin neue inhaltliche und stilistische Ideen. Doch nichts davon durfte an die ehemals deutschen Gebiete, nichts vor allem an den ostpreußischen Raum gemahnen. Daran hielt sich auch die DDR: Erst in den achtziger Jahren wagte die Schriftstellerin Elisabeth Schultz-Semrau mit dem Buch »Suche nach Karalautschi« an Königsberg zu erinnern: Die Zensoren merkten nicht, daß Karalautschi der litauische Name Königsbergs war, den sie nur als Tarnung verwendete, um ihrer Heimat zu gedenken.

Im nördlichen Ostpreußen, bis 1980 selbst für Russen militärisches Sperrgebiet, war die Situation noch schwieriger. Wir wissen heute, daß das Interesse für alles Deutsche sehr früh erwachte, sich aber nicht manifestieren durfte. 1969, bei der Sprengung des Schlosses, traten erstmals einige Mutige für den Erhalt historischer deutscher Substanz und die Einbeziehung der deutschen Vergangenheit in die neue Geschichte des Gebiets ein und bezahlten diesen Mut mit Berufsverboten und anderen Maßregelungen. Der fünf Jahre später unternommene Versuch, den siebenhundert Jahre alten Dom mit dem Kant-Mausoleum als Ruine zu konservieren, endete nach kurzer Zeit mit einem parteiamtlichen Bauverbot und der Absetzung des Bürgermeisters. Erst nach der Öffnung des Gebiets 1990 und dem damit einhergehenden geistigen Wandel im Lande blühte das Interesse für die lang unterdrückte oder als militaristisch und faschistisch verteufelte deutsche Vergangenheit fast explosionsartig auf und eroberte rasch die Publizistik und die heimische Literatur.

Das ist der Hintergrund, auf dem sich die literarische Entwicklung im russischen Teil Ostpreußens nach 1945 vollziehen mußte. In diesem hochmilitarisierten, abgeschotteten und parteipolitisch streng überwachten, schulisch lange Zeit unterentwickelten Gebiet konnte sich eine regionale Literatur nicht von selbst entwickeln. Die ersten Publizisten und Schriftsteller waren hierher von der Partei abkommandierte Mitglieder des orthodoxen Schriftsteller- bzw.

Journalistenverbandes mit dem Auftrag, den Sieg und den sowjetischen Aufbau in den neuen Gebieten heroisierend zu verherrlichen. Bezeichnenderweise waren viele gerade der Prominenten unter ihnen zugleich höhere Parteifunktionäre oder gefürchtete Politoffiziere auf den großen sowjetischen Fischereischiffen. Die markantesten, literarisch durchaus begabten Namen dieser Zeit sind die Dichter Ilja Shernakow, Viktor Sysojew und der aus Köln stammende, in die Sowjetunion emigrierte Rudolf Jacquemien, die Prosaiker Sergej Snegow, Wolf Dolgij, Anatolij Sobolew, Valentin Sorin, Andrej Starzew, etwas später Juri Iwanow. Ihre Werke sind überwiegend reine Aufbau- und Verherrlichungsliteratur im parteigewünschten kommunistischen Sinne. Bezüge zur deutschen Vergangenheit des Gebiets, zu den großen Namen der ostpreußischen Geistesgeschichte, den Versuch einer Synthese der Kulturen sucht man darin vergebens. Wenn Deutsches überhaupt erwähnt wird, so nur im Sinne einer Bestialisierung.

Der Umbruch nach der Öffnung des Gebiets 1990 hätte radikaler kaum sein können. Zwar blieben viele Autoren ihren Überzeugungen, ihren Themen, vor allem ihrem in Jahrzehnten eingeübten Stil treu, konnten sich vielleicht innerlich nicht mehr umstellen. Doch gerade die bekannteren Schriftsteller paßten sich thematisch erstaunlich schnell den neuen Zeiten an. Auf einmal war die deutsche Geschichte des Gebiets in Zeitungen und in zunächst noch schmalen Heften gefragt, nicht immer richtig dargestellt, oft noch mit antideutschen Affekten vermischt, doch nicht mehr verleugnet und immer mehr in die Kontinuität der ostpreußischen Geschichte und der politischen und kulturellen deutsch-russischen Beziehungen gestellt. Später kamen solide wissenschaftliche Standardwerke hinzu, etwa die Monographien des Kaliningrader Mathematikers Kasimir Lawrinowitsch über die Geschichte der Albertina und den Königsberger Astronomen F. W. Bessel. Der inzwischen fast routinemäßige Austausch von Studenten mit deutschen Universitäten, die Gründung eines unabhängigen Schriftstellerverbands unter Oleg Gluschkin, die großartigen Übersetzungen Königsberger Dichter durch Sem Simkin, die Tätigkeit der Kant-, Goethe-, Hoffmann- und Dostojewski-Gesellschaften, der amtlich geförderte Wiederaufbau des Königsberger Doms und anderer historischer Bauten in russisch-deutscher Zusammenarbeit sind weitere Beweise einer fortschreitenden Akzeptanz der jahrhundertealten deutschen Vergangenheit, nicht als Fortsetzung zwar, aber als Fundament der jetzigen Entwicklung. Kennzeichnend für diese Aufarbeitung der neueren Geschichte des russischen Ostpreußen sind aber vor allem die zahllosen Erinnerungen an die ersten Jahre nach der Besetzung und den Umgang mit den Resten der deutschen Bevölkerung. Die emotionale Erzählung von Juri Iwanow und die nüchterne Familienchronik von Valentina Solowjewa in diesem Band sind dafür typische Belege. Viele dieser Erzählungen entstanden bereits vor Jahren, als ihr Druck unmöglich war, andere können ihre konjunkturelle Absicht nicht verleugnen. Nur wenige können literarische Qualitäten für sich in Anspruch nehmen, von großen literarischen Würfen gar nicht zu reden. Fast allen eigen ist aber eine tiefe Wahrhaftigkeit, ein unverkennbares inneres Bedürfnis, die jahrzehntelang amtlich verordnete Lüge zu überwinden. Und dieses breite, so typisch russische Bedürfnis nach Wahrheit ist vielleicht der beste Beweis dafür, daß sich auf dem nun russischen Boden Ostpreußens, wahrscheinlich weit mehr als in den polnisch und litauisch gewordenen Gebieten, eine dauerhafte Symbiose der Kulturen und Literaturen abzeichnet, die inzwischen von höchster russischer kirchlicher und politischer Warte wiederholt als einzig wahrer Weg für diesen Boden bezeichnet wurde.

Litauische Literatur

Nach langen Jahren der Isolation finden wir einander wieder: wir – Litauer und unsere Nachbarn, die Esten und die Letten –, drei kleine Völker an der Ostsee, und die im Westen und Norden Europas lebenden Nationen. Infolge der politischen Bewegungen in den baltischen Ländern, die zur Zerrüttung des Riesen UdSSR beigetragen haben, sind die europäischen Länder auf uns aufmerksam geworden. Dies hat bald zu unserer Anerkennung in vielfacher Hinsicht geführt:

– als politisch-staatliche Partner – und schon jetzt assoziierte Mitglieder in der EU, die bereit sind, auch den restlichen Weg zur vollen Mitgliedschaft zu bewältigen;

– als Handelspartner, als ein neuer Markt mit der oft genannten »Brückenfunktion« zwischen Osten und Westen, die die Aktivitäten westlicher Partner in Richtung Osten, vor allem nach Rußland, multiplizieren können. Kaum fünf Jahre der neuen Epoche hat es gedauert, bis Deutschland auf den zweiten Platz unter Litauens Partnern im Bereich des Auslandsumsatzes aufrückte. Und was die Dynamik dieses Umsatzes und die allgemeinen Aktivitäten der wirtschaftlichen Beziehungen anbelangt, steht Deutschland sogar an erster Stelle;

– als Europäer, die sich zu den christlichen Werten und ihnen nahestehenden Moralvorstellungen und kulturellen Traditionen bekennen;

– als enge Nachbarn an derselben Ostsee mit wiederauflebenden Hansebeziehungen, mit einem kulturell-touristischen Interesse aneinander, mit friedlichen Bestrebungen zur Schaffung eines stabilen und sicheren Lebens in dieser Region und einer Zusammenarbeit und Entwicklung zum gegenseitigen Nutzen.

Die Vision eines neuen Europa – auch wenn sie im Bewußtsein der »wieder zurückgekehrten«, in Wirklichkeit aber immer zu Europa gehörenden Europäer noch nicht mit klaren Inhalten gefüllt ist – ermöglicht dem kleinen Volk, die Hoffnung zu haben, daß die böse

Vergangenheit mit Krieg, Okkupation und Isolierung von der übrigen Welt für alle Zeiten vorbei ist.

Die gemeinsamen kulturellen und pragmatischen Werte, die die Vision vom neuen Europa begründen, sind Friede, Demokratie und Marktwirtschaft, sind Vielfalt und Einheit Europas, Regionalismus, Integration und Partnerschaft. Diese so oft genannten Begriffe werden zur Denk- und Handlungsweise. Unser Umgang miteinander, die gemeinsamen politischen, wirtschaftlichen, wissenschaftlichen und kulturellen Veranstaltungen werden die unsichtbaren Mauern, die leider nicht gleichzeitig mit der Berliner Mauer oder den Grenzen mit der UdSSR gefallen sind, einreißen.

Jedes neu gelesene Buch, jedes gehörte Konzert, jede besuchte Gegend, jede persönliche Bekanntschaft baut diese »Brücken«, die zum gemeinsamen Haus Europa führen, und füllen es mit Geborgenheit und gegenseitigem Vertrauen. Dies sind die wichtigsten Voraussetzungen, die helfen werden, uns Schritt für Schritt auch im Bereich des Wohlstands einander anzunähern.

Wir kommen nicht nur mit leeren Händen nach Europa, um etwas zu erhalten. Wir bringen unsere kulturellen Werte, unsere spezifischen Leistungen in der Wissenschaft sowie neue Möglichkeiten für unsere Partner in Gestalt unserer und anderer Märkte, die neues Wachstum ermöglichen, mit ein. Wir, die Litauer, mit unserer eigenen Mentalität, neigen nicht dazu, uns einseitige Unterstützung zu erhoffen, um davon leben zu können. Unsere Aktivitäten und unser Fleiß, unser Interesse an einem besseren und menschenwürdigen Leben sind die wichtigsten Motive dafür, daß die Einbindung in Europa, die immer konkretere Formen annimmt, dazu führt, daß der Abstand verringert wird, der uns im Hinblick auf das wirtschaftliche und soziale Niveau noch voneinander trennt. Andererseits hoffen wir, daß unsere alten Nachbarn – die Deutschen – es verstehen, daß Integration nur bei einem ähnlichen Entwicklungsniveau wirklich effektiv ist, und deshalb die Bemühungen um eine beiderseitig nützliche, wichtige und fruchtbare Zusammenarbeit sowie um eine vollwertige Partnerschaft anerkennen und unterstützen werden. Durch das Kennenlernen werden wir einander besser verstehen und leichter die uns trennenden Hindernisse überwinden.

Vater unser[1]

Thawe nuson, kas thu asse andangon. Swintints wirst Twais emmens, Pergeis Twais laeims. Twais quaits audasseisin na semmey kay andangon. Nuson deininan geittin dais numons schindeinan. Bha atwerpeis noumans nuson auschautins kay mas stwerpimay nuson auschautnikamans. Bha ny wedais mans en perbandan. Sclait is rankeis mans assa wargan. Amen.

---

[1] Das »Gebet des Herrn«, das Vaterunser in pruzzischer Sprache, aufgeschrieben im Katechismus Luthers im Jahre 1541, erschienen in Königsberg.

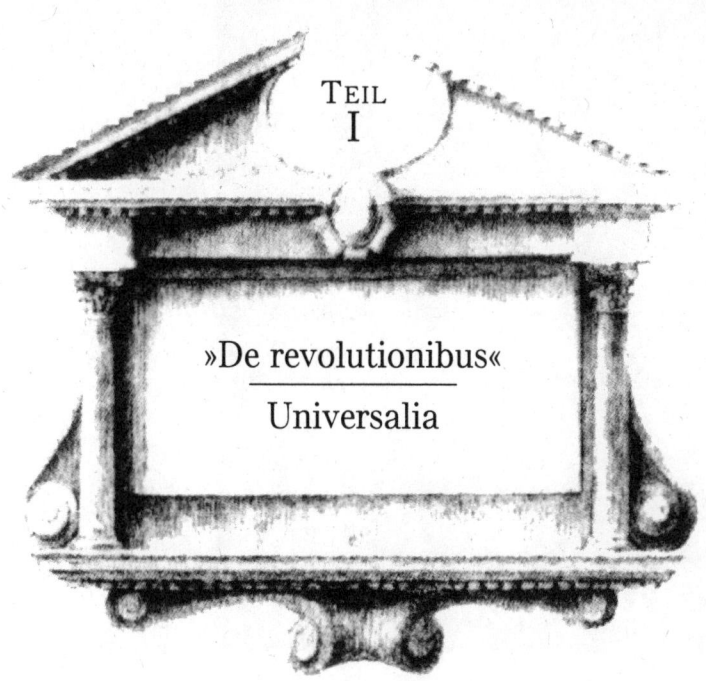

Teil
I

»De revolutionibus«
—————————
Universalia

1 »Der Erdmittelpunkt ist nich
der Mittelpunkt der Welt ...«
Nikolaus Kopernikus.

2 »Der Dom glüht inmitten der
Sonne.« Frauenburg, Teilansicht
von Nordwest mit Dom und
Feste auf dem Domberg.

3 »Zur Freiheit gehören aber
nicht nur unbestimmte Kräfte,
sondern auch das republikanische Vorrecht, zu ihrer Bestimmung mitwirken zu können.«
Titelblatt zu Hamanns »Kreuzzüge des Philologen«.

4 »Von zwei einander nachbarlichen Flüssen fest umschlossen
erhebt sich eine alte Burg.« Das
Heilsberger Schloß.

5 »Thawe nuson, kas thu asse
andangon.« Pruzzische Stein-
figur aus Weissuhnen.

6 »Es ist so bequem, unmündig
zu sein.« Königsberg. Standbild
Immanuel Kants auf dem Paradeplatz.

De Hypothesibus motuum Coelestium –
Über die Bewegungen am Himmel

Multiudinem orbium coelestium maiores nostros eam maxime ob causam posuisse video, ut apparentem in sideribus motum *sub regularitate salvarent.* Valde enim absurdum videbatur coeleste corpus in absolutissima rotunditate non semper aeque moveri. Fieri autem posse animadverterant, ut etiam compositione atque concursu motuum regularium diversimodo ad aliquem situm moveri quippiam videretur.

Id quidem Calippus et Eudoxus per concentricos circulos deducere laborantes non potuerunt et his omnium in motu sidereo reddere rationem, non solum eorum, quae circa revolutiones siderum videntur, verum etiam, quod sidera modo scandere in sublime, modo descendere nobis videntur, quod concentricitas minime sustinet. Itaque poti-

Unsere Vorfahren haben, wie ich sehe, eine Vielzahl von Himmelskreisen besonders aus dem Grunde angenommen, um für die an den Sternen sichtbar werdende Bewegung die Regelmäßigkeit zu retten. Denn es erschien sehr wenig sinnvoll, daß sich ein Himmelskörper bei vollkommen runder Gestalt nicht immer gleichförmig bewegen sollte. Sie hatten aber die Möglichkeit erkannt, daß sich jeder Körper auch durch Zusammensetzen und Zusammenwirken von regelmäßigen Bewegungen ungleichmäßig in beliebiger Richtung zu bewegen scheint.

Kalippos und Eudoxos konnten dies freilich trotz Bemühens mittels konzentrischer Kreise nicht erreichen und durch diese allein wieder System in die Sternbewegung bringen. Es geht nicht bloß um das, was bei den Umwälzungen der Sterne sichtbar wird, sondern auch darum, daß sie uns bald aufzusteigen, bald herabzukommen scheinen.

or sententia visa est per eccen-
tricos et epicyclos id agi, in qua
demum maxima pars sapienti-
um convenit.

Attamen quae a Ptolomaeo et
plerisque aliis passim de his
prodita fuerunt, quamquam ad
numerum responderent, non
parvam quoque habere dubita-
tionem. Non enim sufficiebant,
nisi etiam aequantes quosdam
circulos imaginarentur, quibus
apparebat neque in orbe suo de-
ferente, neque in centro proprio
aequali semper velocitate sidus
moveri. Quapropter non satis
absoluta videbatur huiusmodi
speculatio, neque rationi satis
concinna.

Igitur cum haec animadvertis-
sem ego, saepe cogitabam, si
forte rationabilior modus circu-
lorum inveniri possit, e quibus
omnis apparens diversitas de-
penderet, omnibus in seipsis *ae-
qualiter* motis, quemadmodum
ratio absoluti motus poscit.

Dies steht aber mit konzentri-
schen Kreisen am wenigsten im
Einklang. Daher schien es eine
bessere Ansicht zu sein, daß dies
durch exzentrische Kreise und
Epizykel bewirkt wird. Und
eben darin ist sich die Mehrzahl
der Gelehrten einig.
Aber was darüber von Ptolemai-
os und den meisten anderen hier
und dort im Laufe der Zeit mitgeteilt worden ist, schien, obwohl es zahlenmäßig entsprechen würde, ebenfalls sehr viel
Angreifbares in sich zu bergen.
Denn es reichte nicht hin, wenn
man sich nicht noch bestimmte
ausgleichende Kreise vorstellte,
woraus hervorging, daß der Planet sich weder auf seinem Defe-
renzkreise noch in bezug auf den
eigenen Mittelpunkt mit stets
gleicher Geschwindigkeit bewegte. Eine Anschauung dieser
Art schien deshalb nicht vollkommen genug, noch der Vernunft hinreichend angepaßt zu
sein.
Als ich dies nun erkannt hatte,
dachte ich oft darüber nach, ob
sich vielleicht eine vernünftigere
Art von Kreisen finden ließe,
von denen alle sichtbare Ungleichheit abhinge, wobei sich
alle in sich *gleichförmig* bewegen würden, wie es die vollkom-

Rem sane difficilem aggressus ac paene inexplicabilem obtulit se tandem, quomodo id paucioribus ac multo convenientioribus rebus, quam olim sit proditum, fieri possit, si nobis aliquae petitiones, quas axiomata vocant, concedantur, quae hoc ordine sequuntur.

mene Bewegung an sich verlangt. Da ich die Aufgabe anpackte, die recht schwierig und kaum lösbar schien, zeigte sich schließlich, wie es mit weit weniger und viel geeigneteren Mitteln möglich ist, als man vorher ahnte. Man muß uns nur einige Grundsätze, auch Axiome genannt, zugestehen. Diese folgen hier der Reihe nach:

PRIMA PETITIO

Omnium orbium coelestium sive sphaerarum unum centrum non esse.

ERSTER SATZ

Für alle Himmelskreise oder Sphären gibt es nicht nur einen Mittelpunkt.

SECUNDA PETITIO

Centrum terrae non esse centrum mundi, sed tantum gravitatis et orbis Lunaris.

ZWEITER SATZ

Der Erdmittelpunkt ist nicht der Mittelpunkt der Welt, sondern nur der der Schwere und des Mondbahnkreises.

TERTIA PETITIO

Omnes orbes ambire Solem, tanquam in medio omnium existentem, ideoque circa Solem esse centrum mundi.

DRITTER SATZ

Alle Bahnkreise umgeben die Sonne, als stünde sie in aller Mitte, und daher liegt der Mittelpunkt der Welt in Sonnennähe.

QUARTA PETITIO

Minorem esse comparationem distantiarum Solis et terrae ad altitudinem firmamenti, quam semidimetientis terrae ad distantium Solis, adeo ut sit ad

VIERTER SATZ

Das Verhältnis der Entfernung Sonne–Erde zur Höhe des Fixsternhimmels ist kleiner als das vom Erdhalbmesser zur Sonnenentfernung, so daß diese ge-

summitatem firmamenti insensibilis.

genüber der Höhe des Fixsternhimmels unmerklich ist.

QUINTA PETITIO

Quicquid ex motu apparet in firmamento, non esse ex parte ipsius, sed terrae. Terra igitur cum proximis elementis motu diurno tota convertitur in polis suis invariabilibus firmamento immobili permanente ac ultimo coelo.

FÜNFTER SATZ

Alles, was an Bewegung am Fixsternhimmel sichtbar wird, ist nicht von sich aus so, sondern von der Erde aus gesehen. Die Erde also dreht sich mit den ihr anliegenden Elementen in täglicher Bewegung einmal ganz um ihre unveränderlichen Pole. Dabei bleibt der Fixsternhimmel unbeweglich als äußerster Himmel.

SEXTA PETITIO

Quicquid nobis ex motibus circa Solem apparet, non esse occasione ipsius, sed telluris et nostri orbis, cum quo circa Solem volvimur ceu aliquo alio sidere, sicque terram pluribus motibus ferri.

SECHSTER SATZ

Alles, was uns bei der Sonne an Bewegungen sichtbar wird, entsteht nicht durch sie selbst, sondern durch die Erde und unsern Bahnkreis, mit dem wir uns um die Sonne drehen, wie jeder andere Planet. Und so wird die Erde von mehrfachen Bewegungen dahingetragen.

SEPTIMA PETITIO

Quod apparet in erraticis retrocessio ac progressus, non esse ex parte ipsarum sed *telluris. Huius igitur solius motus tot apparentibus in coelo diversitatibus sufficit.*

SIEBENTER SATZ

Was bei den Wandelsternen als Rückgang und Vorrücken erscheint, ist nicht von sich aus so, sondern *von der Erde aus gesehen. Ihre Bewegung allein also genügt für so viele verschiedenartige Erscheinungen am Himmel.*

KOPERNIKUS, NIKOLAUS, wurde 1473 in Thorn geboren. Da Thorn damals zu Polen gehörte, vertreten die Polen die Auffassung, er sei Pole gewesen. Die Deutschen reklamieren ihn dagegen für sich und verweisen auf seine deutschen Vorfahren. Studiert hat Kopernikus in Krakau, Bologna, Padua und Ferrara. Gelebt hat er vor allem in Frauenburg und Allenstein. Geschrieben hat er seine Werke in Latein, der damaligen Universalsprache. Sein Werk »De revolutionibis orbium coelestium ...« veränderte das damalige Weltbild, es erschien kurz vor seinem Tode 1543. Kopernikus starb in Frauenburg, sein Grab im Frauenburger Dom ist jedoch nicht genau lokalisiert. Der große Astronom ist heute kaum noch ein nationaler Streitpunkt zwischen Deutschen und Polen. Man sieht ihn eher als ein verbindendes Glied zwischen unseren Völkern an.

In Copernici libellum epigramma –
Epigramm auf das Büchlein des Kopernikus

Diese Künste, wißbegierige Jugend, soll man in zartem Alter erlernen,
denn sie lehren dich die Maße und Zahlen.

Und du wirst auch großen Lohn für die unternommene Mühe
   davontragen:
diese Schriften werden dir den Weg in den Himmel weisen.

Wie der herrliche Himmelskreis in unendlichen Räumen offensteht,
wenn du sein Ende mit dem Geist erfassen willst,

oder in welcher Himmelsgegend die Sterne schweifen
und welchen Wechsel des ewigen Ablaufs sie haben,

warum der Mond seine Schwester mit blindem Dunkel umhüllt
und warum jene wiederum den Anblick des Mondlichtes verhindert,

ja sogar, welche Schicksale die zukünftigen Ereignisse lenken
und welche widrigen Gestirne den Menschen Unheil bringen,

wenn du das erfahren willst, mußt du erst die Lehre erfassen,
die dir diese Anfangsgründe in Kürze nahelegen.

Und weil der menschliche Geist, der seinen Ursprung vom
   Himmel her ableitet,
fern von seiner Heimat und seinem Zuhause umherirrt,

geleitet diese Lehre den von der irdischen Masse befreiten Geist
wieder zurück und verleiht ihm Wohnstatt in der Himmelsburg.

(Aus dem Lateinischen von Christiane Reitz)

Ad Sigmundum carmen –
Gedicht an Sigismund

Wer auf Erden hat früher schon einmal gesehen, daß so große und
   so viele Könige
nebst dem Kaiser zusammenkamen?

Laßt uns alle Zeiten durchforsten, die jetzt und früher waren,
nirgends gab es eine solche Zusammenkunft

zuvor, auch nicht in der Stadt des Priamus oder des Agenor,
ja sogar nicht in der Stadt des Mars.

Aus Latium warst du, Caesar, da, von den skythischen Gestaden
du, berühmter König, jeder ein wichtiger Sieger.

Der Älteste Pannoniens mit seinem Sohn, dem König, und mit
seiner Tochter, der schönsten des Erdkreises.

Er gab sie hin, und erhielt dafür die Nichte des Kaisers,
sie, die dem noch jugendzarten König als Braut versprochen ist.

So kehren die goldenen Zeiten wieder, die es einst gab,
und der Kriegsgott und aller Aufruhr werden weichen.

Daß es gut und glücklich sein möge! Daß überall froher Friede
den verbliebenen Feinden Furcht einjagen möge.

So reut es auch dich und die Deinen nicht, vom Borysthenes selbst
   gekommen zu sein
und auch nicht von den fetten Gefilden des österreichischen
   Bodens,

Hierher, wo nun auf erhabenem Gipfel auch ihr hohes Haupt
die schöne Stadt Wien bis zu den Wolken erhebt.

Und du, der du von allen der willkommenste Gast bist,
hier steht dir der Sänger Caesars als Zeuge zur Verfügung.

Der hat dich neulich, so weit er es vermochte, in Ehren erhoben,
und prägte zu deinem Lob so viele gute Worte.

Auch jetzt wieder erhebt er dich mit einem gelehrten Gedicht zu
   den Sternen,
wenn dir das zu Gefallen ist, wird er dir noch mehr Lieder
   schenken.

Der lustige Spaßmacher, der Schauspieler, der Trompeter, der
   Zitherspieler und alle,
die zu dir kommen, tragen großzügige Geschenke davon.

Damit es dem Sänger nicht schwerfalle, mit freundlichem Gesicht
   zuzusehen,
sollen diese seine gelehrten Gedichte auf ewig bestehen-
   bleiben.

(Aus dem Lateinischen von Christiane Reitz)

Vita Ioannis Dantisci –
Leben des Johannes Dantiscus

Es steht mir schon lange der Sinn danach, dir, Erde, Lebewohl zu
   sagen,
weil ich meines beschwerlichen Lebens Zeiten überdrüssig bin.

Solange ich hier lebte, trieben mich viele Wendungen des
   Geschickes um,
und nirgends gab es Ruhe für mich,

Sorge, Plage, Schmerz warfen oft mich umher,
und oft wurde mir der Tag zur Nacht und bitter.

Und von weißen Steinen hinterlasse ich einen kleinen, von
   schwarzen
jedoch einen großen Haufen, den sie dir als Zeichen geben
   werden.

Weißes Haar hat lange vor der Zeit meine Schläfen bedeckt,
das allzuviel Arbeit und Sorge wachsen ließ.

Das besorgte nicht Ehrgeiz, nicht Habsucht,
sondern die Anliegen anderer, die meiner Treue anvertraut
   waren.

Denn von Kindheit an war ich mit meinem Los zufrieden und
   hatte
schon damals mit einer niedrigen Stellung genug.

Aber nachdem der Hof mich der Wissenschaft entrissen hatte
und mir befahl, unter drei Königen zu dienen,

da verwickelte er mich durch tausenderlei Geschäfte in viele
   Sorgen,
in denen sich ein guter Teil meines Lebens aufgerieben hat.

Was ich da erlitt, welche Mißgeschicke mich oft
umtrieben, es ist genug, wenn ich das selber weiß.

Wie viele Länder und wie viele Meere wir durchreist haben,
dafür können im Osten Jerusalem und im Westen Hesperien
   Zeugnis geben.

Die Gestade Pannoniens habe ich zweimal gesehen, und ich war in
   Wien,
als dort die bedeutende Zusammenkunft der Könige stattfand.

Als der Großvater dieses Kaisers siegreich Krieg mit den stolzen
Venezianern führte, die drei Reiche innehaben,

war ich Gesandter im Lager, wurde dreimal zu ihnen geschickt
und handelte sichere Friedensbedingungen aus.

Was ich dort nahe der Etsch und nahe dem Vaterland des
   gelehrten Catull
ertrug, bietet keinen Anlaß zu frohem Gedenken.

Ich übergehe, was ich in den eisigen Alpen erduldete und was,
nicht nur einmal von bewaffneten Bauern verwundet.

Schließlich gelangte ich zu den Belgiern; von dort, so hatte Caesar
   mir erlaubt,
schied ich nach dem Ablauf von drei Jahren.

Als ich müde zurückkehrte, wurde mir nur kurzer Aufschub
   gewährt; ich mußte
wieder dorthin gehen, woher der König mich hatte aufbrechen
   lassen.

Wiederum wurde ich so viele Male zu den Ersten der Erde entsandt,
denn hier war ein Sinn, seiner Pflicht und seiner Treue eingedenk.

Furchtlos hielt ich treu alle Versprechen,
dabei vermochte nichts mir Furcht einzujagen.

Mich hörte an der Papst, mit der dreifachen Tiara gekrönt,
und die geweihte Schar des Chors seiner Kardinäle.

Ich weilte zu der Zeit in der Stadt Felsina, als Karl V.
die Herrschaft über den Erdkreis hatte.

Zeuge dafür wird meine Sammlung leichter Gedichte sein,
die der Schmerz jener schlimmen Zeit mir entrang.

45

Schwierige Aufgaben hatte ich zu meistern, aber niemals stellte ich
den Nutzen über die Ehre; dafür kann meine Lage bürgen,

denn ich kehrte nicht reich zurück, sondern als Schuldner
    fremden Geldes,
und ich wandte das auf, was man mir je gegeben.

So wurde ich zweimal sechs Jahre lang als königlicher Redner
ausgeschickt, dreimal war ich in Spanien.

Ich sah auch die Dänen, die Gallier und den britannischen
    König
und so viele Germanen und die Herrscher Italiens.

Oft galt es, durch offene Gefahren zu schreiten,
oft durch heimlich ausgelegte Hinterhalte,

durch Berge und Täler, durch Ebenen, über unwegsame Felsen,
durch rasende Flüsse, durch Sümpfe, durch Seen,

nicht nur in Friedens-, sondern auch in grausen Kriegszeiten,
durch die Formationen von Reitern, durch die Reihen von
    Fußsoldaten.

Herrschte die Pest, war es heiß oder kalt, war es stürmisch,
ich säumte nicht, freigesinnt meinen Weg zu verfolgen.

Warum gedenke ich mich von neuem der vielen Unbilden der
    Reisen
durch Regen oder durch Schnee, den die Sonne schmelzen läßt,

oder der Betrügereien von Wirten in den Gasthäusern,
die gieriger sind als heulende Wölfe?

Niemals waren meine Reisegelder reichlich genug,
und es schmolz auch das dahin, was mein Verdienst war.

Kein Gesandter war, glaube ich, jemals länger fort,
in einer dem Vaterland so fernen Gegend.

Und daß ich vielleicht nicht ganz nutzlos war, das zeigt
– Neid, bleibe fern! – die gut erfüllte Aufgabe.

Ohne mein Wissen und in Abwesenheit zum Bischof gemacht,
verließ ich, kaum zurückgekehrt, den Hof und hoffte nun auf
    Ruhe.

Ich übergab mich ganz Gott und weihte mich dem heiligen
    Dienste;
das Leben, wie es vorher war, mußte sich ändern.

Ich beschloß, keinen berechtigten Grund zum Streit
zu bieten und mich der Wohltat des Friedens zu erfreuen.

Immer war ich voll Eifer, zu nützen und keinem zu schaden
und vollends keinen Zwist zu haben.

Dafür zeugt mein Ruf, der meinen Spuren folgt,
und nicht anders wissen es die, die mich kennen.

Ich lebte zusammen mit Fürsten und hohen Herren, mit
    Gelehrten
und rechtschaffenen Leuten und mied die, die ein schlechtes
    Leben führen.

Daraus erwuchs mir Freundschaft, Freunde und Gefährten,
die mich in ihren vielen Briefen häufig besuchen.

Unter diesen weilt der große Cortesius in der Ferne,
der so viele weite Reiche der Neuen Welt gefunden hat.

Jenseits des Äquators und des Zeichens des Steinbocks
herrscht er und gedenkt meiner, obwohl er so fern ist.

Auch Könige verschmähen mich nicht, nicht Herzöge,
und eine ebenso große Schar gelehrter Männer.

Und außerdem beweisen mir auch die, die ich nie gesehen
  habe,
ihre Liebe, indem sie mir so häufig Briefe senden.

Als ich also hierher gelangt war, glaubte ich, alles sei jetzt ruhig
  für mich,
und ich vertraute darauf, das Ende meiner vielen Sorgen sei da.

Aber es kam anders: Das habe ich für meine Sünden verdient,
Sünden, die dem höchsten Gott bekannt sind.

Für diese werde ich, o Erde, auf deinem Rund bestraft,
damit meine Strafe, wenn ich zu Staub geworden bin, nicht
  schlimmer wird.

Dreimal richtete das Feuer Schaden an, und es schonte auch nicht
  der Hagel die Saaten,
die schwarze Seuche schadete dem Vieh, jetzt bedroht uns der
  Feind.

Mich Unschuldigen jedoch hält mein Geist im Bewußtsein des
  Rechten aufrecht,
in meinem Leid unterstützt mich der bewährte Glaube.

Lob sei dir, o starker Gott, dir sei Ruhm und jeglicher
Dank! Gewiß habe ich es verdient, soviel Unheil zu tragen.

Hier ist nichts sicher, fest und wirklich glücklich,
nichtig und hinfällig sind die Sterne, die Erde, das Meer.

Abstammung, Geburt, Geschlecht, Stand, Künste, Schönheit,
  Wollust,
Liebe helfen nichts, wenn die Stunde kommt.

Was frommt dir der aufgehäufte Schatz, Geiziger,
den dir unter Tränen dein bemitleidenswertes Volk zu bringen
   hatte?

Hier hilft nicht Wildheit, nicht Kraft noch Macht;
zu den unterirdischen Gewässern geht man, arm wie Irus.

Dem Bedürftigen ist der Tod leicht, aber dem Geizigen schwer,
   weil
er unten beim Phlegethon sein erworbenes Gut nicht zu nutzen
   vermag.

Nackt kommen wir an, nackt gehen wir fort, und was
Staub war, wird in kurzer Zeit wieder zu Staub.

Nichts folgt uns dorthin als das, was wir Gutes oder Böses getan
   haben, dorthin,
wohin uns der rechte Lohn für unsere Verdienste bringt.

Der du sicher und reich von hier wünschst aufzubrechen und die
Schrecken des Sumpfes und die stygischen Ungeheuer nicht
   fürchten willst,

Handele gut, solange du lebst, und sei für niemanden Grund zum
   Schmerz,
gib jedem das Seine und strebe nicht nach fremdem Gut!

Was du willst, das dir geschieht, das tu auch allen! Sei
milde gegen die Armen und kümmere dich um die Bittsteller!

Sei auf niemanden neidisch, beflecke niemandes Ruf,
schenke kein Vertrauen, wenn eine böse Zunge Böses spricht.

Und was das Wichtigste ist, vernachlässige nicht Gottes Gebot! In
   ihm
liegt das ewige Heil und die ewige Ruhe.

Wer diesen Spuren nicht folgt, der fährt in die Hölle.
Was sind wir, o wehe, elend, die wir hier nichts vollbringen.

Glücklich, wer stirbt, gleich nachdem er das Wasser der Taufe
   empfangen hat,
noch keines Verbrechens schuldig befunden.

Je mehr wir an Jahren wachsen, desto mehr wachsen auch die
unfrommen Sünden in uns und jegliche Art von Übel.

Keiner von uns handelt gerecht; was jeder aus Liebe
oder Haß vermag, das, glaubt er, darf er mit Recht tun.

Die Gewalt übernimmt die Herrschaft über unseren Landstrich und
diese Gewalt ist für alle guten Menschen ein arger Feind.

Deshalb gefällt der Verschlagene anstelle des Wahrhaftigen, daher
nistet sich statt Tugend Verbrechen ein, statt Vernunft Raserei.

»So will ich es, so befehle ich«, durcheilt sie die Äcker des Armen
und jagt über das Gelände des niedergeworfenen Reichen.

An Unverdiente verschachert sie Titel, Pfründen verschachert sie
   an Unwürdige,
sie kennt kein gerechtes Urteil.

Niemand wird Quästor, Prätor, Senator,
wenn er nicht zahlt; die Rechtschaffenheit wandert aus, leidet,
   kümmert dahin.

Es gibt keine Grenze der Habsucht; ob Recht, ob Unrecht,
Habsucht läßt sich, wenn du nur gibst, durch das Gegebene
   beugen, wohin immer du willst.

Wenn jemand schmeichelt, wenn einer als ungerechter Anzeiger
Falsches berichtet, dann glaubt sie es, bringt er nur Geschenke.

Sie sorgt sich nicht um Verdienst und Handeln und fragt nicht
  nach Hilfe oder
Dienst, der reichen Nutzen brachte.

Der Schild wird preisgegeben, so daß das, was er einst
  verteidigte,
und die Waffen in friedlichen Zeiten vernachlässigt daliegen.

Nirgends ist ein Platz für die Gerechtigkeit; Unrecht regiert,
es regieren Unfrömmigkeit und der Wahnsinn der Ungläubigkeit.

Der Gerechte leidet Strafe, der Ungerechte wird nur selten
  verurteilt,
Tod ist das Los des Unschuldigen, das Leben gibt man dem, der
  den Tod verdient.

Das Recht ist käuflich – der hat mehr Recht, der mehr gibt –, und
  das Gesetz
wird verbogen, wie man flüssiges Wachs biegen kann.

Alles wird verkehrt; die unterdrückte Frömmigkeit
werfen wenige Gottlose zu Boden;

Es ist eine Schande, die Wahrheit zu sprechen, es gefällt die
  lügnerische Zustimmung;
Unschuld ist ein Laster, Anstand ein Verbrechen.

Wer nicht heucheln kann, viele hintergehen, Ränke
knüpfen, ist jetzt nichts mehr wert.

Der gilt etwas, der von unrecht gewonnenem Gut zu leben vermag,
und auf jegliche Weise Münzen aufzuhäufen,

zu verraten, zu stehlen, durch Diebstahl auch noch Freunde zu
  erwerben,
und Ämter, und gewogene Herren, und Schätze.

Die wachsen, werden groß, und man hält sie für ehrenwert,
wo doch in ihnen keine Treue wohnt.

Denen jedoch vertraut man jetzt die Städte, das Militär, die
    Behörden an;
während sie die Macht an sich reißen, lassen sie es sich an nichts
    fehlen.

Ungestraft die Guten mit beißender Zunge zu verraten,
ist ihnen erlaubt, wenn sie selbst besseren Rufes ermangeln.

Wer ist der Liebhaber der Tugend und Hüter des Anstands, der
    das zu ertragen vermag?
Wem kann ein solches Leben in unserer Zeit gefallen?

Ich allerdings verweile nicht in diesem Leben, denn die falsche
    Hinterlist ist siegreich,
das Laster eine Tugend, die Scham nicht vom Gesetz geschützt.

Es regiert ein verderbter menschlicher Geist, alles lenkt die Gewalt.
In Kürze wird der Zorn des Rächenden Gottes über uns kommen.

Ich möchte mich auflösen und dir, Erde, nur den verwesenden
    Leib hinterlassen; des Geistes Wunsch ist es, mit Christus
    vereint zu sein.

Sein Wille geschehe, durch den alles geschieht,
in seinen Händen hält er mein Geschick.

Diesen Spruch schreibe man nach meinem Tod auf mein Grab,
durch den die Nachwelt wissen wird, daß ich hier geweilt.

So, Erde, lebe denn wohl! Nicht traurig sprech' ich, gerufen
zu eines Lebens Zeit, die keine Grenze mehr kennt.

(Aus dem Lateinischen von Christiane Reitz)

DANTISCUS, IOANNES (polnisch: Jan Dantyszek), wurde 1485 in Danzig geboren, studierte in Krakau und in Italien und stand im diplomatischen Dienst des polnischen Königs Sigismund I. Zu seinem Bekanntenkreis gehörten Nikolaus Kopernikus, Stanislaus Hosius, Thomas Morus und viele andere. Von 1537 bis 1548 war er Bischof von Ermland. Dantiscus schrieb politische und religiöse Gedichte. Seine Werke tragen oft autobiographische Züge. Als Anerkennung seiner Verdienste wurde er durch den deutschen Kaiser Maximilian I. geadelt und mit dem Lorbeer ausgezeichnet. Er gehört zu den bekanntesten Gestalten der Renaissance.

Ad Reverendissimum Christo –
Ein Gedicht des Stanislaus Hosius an den Hochehrwürdigen Herrn und Vater in Christus, den Herrn Johannes, Herzog von Litauen, mit Gottes Gnade erwählt und geweiht zum Bischof von Wilnau, den besonders achtbaren Herrn

Der mit festen Gesetzen den ganzen Erdkreis regiert,
so daß alles nach seiner Ordnung abläuft,

der gebe dir ein langes und glückliches Leben,
weil du auch selbst deinem Volk die Gesetze begründest.

Gesetze, die der Tugend Lohn erteilen sollen, Strafe
den Verbrechen, so daß ein jeglicher in seinem Amt bleibe,

die lehren, auf welche Weise sich jener verhalten soll,
der Christus geweiht wurde, und der ein heiliges Amt versieht.

Der um das Wohlergehen der Menschenwelt besorgt ist,
der tut, was immer der Geist ihm aufträgt.

Davon hängt das Heil des Volkes ab, wenn der Stand der Gottgeweihten
zur Regel tugendhaften Lebens für die Gemeinde frommt;

und die Gruppe der Geweihten wiederum hängt ab von dem einen
Oberhaupt, das sie mit seinen Gesetzen unterrichtet.

Indem du, ruhmreichster Bischof, eine solche Herde leitest und
Sorge trägst, daß Christi fromme Sitten allen heilig sind,

zeigst du, wie sehr du mit ganzem Herzen der Frömmigkeit
ergeben bist und wie sehr du die Religion liebst

und wie du nichts für wichtiger hältst als dieses eine,
daß du für deine Schafe zu sorgen vermagst.

Glückauf deiner Tugend, fahre fort in deinem Bemühen,
heilig mit heiligen Sitten zu sein.

Möge Christus deiner Tugend den Lohn erstatten
und dir ein langes Leben bescheren.

Aber wenn du dein Leben erfüllt hast, dann wird dir, wie sie
    menschliche Augen niemals
gesehen haben, und wie sie keiner gehört hatte

und wie sie niemand mit dem Geist erfassen kann, dann wird dir
    der Schöpfer
des Menschengeschlechts solch großzügige Geschenke geben.

In Lutheri sectatores epigramma – Epigramm des Stanislaus Hosius aus Krakau auf die Anhänger Luthers

Du, der du auf die Worte des geisteskranken Luther schwörst,
wohin ist wohl dein Geist, wohin dein Herz entschwunden?

Siehst du denn nicht, wie er Schmähungen aus seinem
    schmutzigen Mund ausspuckt
und wie er Wagenladungen voll Schimpf herauspoltert?

Wie er alle zerfleischt, ein Mann, des Bürgerrechts von Caere[1]
  würdig,
würdig, dasselbe wie Daphitas in Thorax[2] zu leiden.

Wie er Maria und alle Heiligen in Reih und Glied zwingt
und auch die verehrungswürdigen Zepter der Bischöfe und
  Könige.

Und wie groß sein Hochmut ist, weil er sich des Geistes in ihm
rühmt, und die Lehren ihm vom Himmel geschickt sind.

Siehst du nicht die Vögel der Sappho?[3] Denn es fehlt gerade noch
  das eine,
daß er sich öffentlich für Gott anpreist.

Ich will vergehen, wenn nicht der rasende Orest hinter ihm
  zurücksteht
und wenn er nicht wahnsinniger ist als Labeo.[4]

Denn er ist unbeständig, er schreibt alles eigenem Verdienst zu,
aber doch hat er einen Geist, wie ihn kein Rechtschaffener
  wünscht.

Und dennoch gibt es welche, die diesen Menschen, wenn er denn
  diesen Namen verdient,
bewundern, verehren, lieben.

---

[1] Vgl. Horaz. ep. 1.6.62: Das wächserne Bürgerrechtssiegel der Stadt Caere wurde nicht nur verdienten Bürgern verliehen, sondern recht unterschiedslos vergeben.

[2] Vgl. die bei Strabo 12.908 überlieferte Geschichte von dem Gelehrten Daphitas, der in der Ortschaft Thorax hingerichtet wurde, nachdem er einem Orakelspruch entnommen hatte, er solle sich vor dem *thorax* (griech. Panzer) hüten.

[3] Vermutlich eine Anspielung auf Sappho. fr. 1 (L.-P), wo Aphrodite der Dichterin in einem von Vögeln gezogenen Wagen erscheint. Die Taube ist nicht nur der Vogel des Hl. Geistes, sondern galt in der Antike als Vogel der Liebesgöttin.

[4] Vgl. Hor. sat. 1.3.82, ein wahnsinniger Philosoph und Eiferer.

Es gibt Leute, die ihn den altehrwürdigen Vätern[5] vorziehen,
   jenen,
deren Schriften und deren Lebensführung untadelig waren.

Wie kann nur dieser Topf überhaupt das seiner würdige
   Deckelchen finden,
wie diese Lippen den passenden Salat?

Wieviel dienlicher wäre es, den heiligen Spuren der Väter
zu folgen und die neuen Sekten zu verlassen!

Wieviel dienlicher wäre es, die Schriften des unsterblichen
   Erasmus
Tag und Nacht in deinen Händen zu halten!

In dessen heiligen Schriften ist so viel Bescheidenheit,
daß du kaum glauben magst, daß auch nur etwas Galle in diesem
   Manne ist.

In ihnen leuchtet eine solche Rechtschaffenheit des Lebens, eine
   solche Gelehrsamkeit, wie sie
unsere Zeiten nicht ebenbürtig hervorbringen.

Also hör auf, abzuirren zu den Worten des wütenden Mönches,
wenn er doch nur Streit, Zankerei und Unflat kennt.

Und in solchem Maße hat er der Liebe zur Frömmigkeit
   abgeschworen,
daß er die Leugner seiner Schriften ausgelöscht wünscht.

Ergreife du vielmehr unseren lieben Erasmus mit beiden Händen;
ihn verdammt niemand, es sei denn, er hätte kein Herz.

---

[5] Gemeint sind die Kirchenväter.

Er wird dich lehren, daß die Ansicht Martins falsch sei,
die fälschlich annimmt, alles werde vom Schicksal bewirkt.

Lächerlich! Er, der behauptet, daß in Erasmus' Geist
Lukian herumspuke, der lobt selber den Lukian.

Und allerdings ist das die Meinung Lukians: Die einzelnen
Ereignisse werden durch das Schicksal
bewirkt, und dem stimmt die ganze Heidenschar zu.

Fort mit dieser Lehre, befolge die frommen Schriften der Väter,
deren Partei jetzt unser Erasmus ergreift.

Und auch davon laß dich nicht bewegen, wenn Luther seine
Reden mit der Heiligen
Schrift untermauert, denn er verdreht sie allzu sehr.

Wir wissen, daß der verderbte Dämon die Schriften benutzt,
wo er Gott mit Steinen versucht, die er ihm hinhält.

(Aus dem Lateinischen von Christiane Reitz)

HOSIUS, STANISLAUS, geboren 1504 in Krakau, wo er u. a. studiert hat, war stark beeinflußt von den Schriften des Erasmus von Rotterdam. Hosius wurde 1538 ermländischer Kanonikus und 1551 Bischof von Ermland, 1561 Kardinal. Obgleich sein Vater, Ulrich Hose, aus Pforzheim stammte, fühlte er sich Polen verbunden. Er unterzeichnete als »Stanislaus Hosius Polonus«. Eine bedeutende Rolle spielte er in der Zeit der Gegenreformation, vor allem beim Konzil von Trient. Berühmt geworden sind seine Schriften gegen Luther.

Der Ursprung der Sprache

Der Mensch hat nicht nur das Leben mit den Tieren gemein, sondern ist auch sowohl ihrer Organisation als ihrem Mechanismus mehr oder weniger, das heißt nach Stufen ähnlich. Der Hauptunterschied des Menschen muß also auf die Lebensart ankommen.

In Ansehung der Geselligkeit hält der weise Stagyrit den Menschen für neutral. Ich vermute daher, daß der wahre Charakter unsrer Natur in der richterlichen und obrigkeitlichen Würde eines politischen Tiers bestehe und daß folglich der Mensch sich zum Vieh wie der Fürst zum Untertanen verhalte.

Diese Würde nun, gleich allen Ehrenstellen, setzt noch keine innere Würdigkeit noch Verdienst unsrer Natur zum voraus; sondern ist, wie letztere selbst, ein unmittelbares Gnadengeschenk des großen Allgebers.

Keinem Helden und Dichter, er mag ein Vorbild des Messias oder ein Prophet des Antichrists sein, fehlt es an Perioden des Lebens, wo er volle Ursache hat, mit David zu beichten: »Ich bin ein Wurm und kein Mensch.«

Ohne die Freiheit, böse zu sein, findet kein Verdienst und ohne die Freiheit, gut zu sein, keine Zurechnung einiger Schuld, ja selbst keine Erkenntnis des Guten und Bösen statt. Die Freiheit ist das Maximum und Minimum aller unsrer Naturkräfte und sowohl der Grundtrieb als Endzweck ihrer ganzen Richtung, Entwicklung und Rückkehr.

Daher bestimmen weder Instinkt noch sensus communis den Menschen, weder Natur- noch Völkerrecht den Fürsten. Jeder ist sein eigener Gesetzgeber, aber zugleich der Erstgeborne und Nächste seiner Untertanen.

Ohne das vollkommene Gesetz der Freiheit würde der Mensch gar keiner Nachahmung fähig sein, auf die gleichwohl alle Erziehung und Erfindung beruht; denn der Mensch ist von Natur unter allen Tieren der größte Pantomim.

Das Bewußtsein, die Aufmerksamkeit, die Abstraktion und selbst das moralische Gewissen scheinen größtenteils Energien unsrer Freiheit zu sein.

Zur Freiheit gehören aber nicht nur unbestimmte Kräfte, sondern auch das republikanische Vorrecht, zu ihrer Bestimmung mitwirken zu können. Diese Bedingungen waren zur Natur des Menschen unumgänglich. Die Sphäre der Tiere bestimmt daher, wie man sagt, die Richtung aller ihrer Kräfte und Triebe durch den Instinkt ebenso individuell und eingeschlossen, als sich im Gegenteil der Gesichtspunkt des Menschen auf das Allgemeine ausdehnt und gleichsam ins Unendliche verliert.

Aristoteles vergleicht die Seele mit der Hand; weil diese nämlich das Werkzeug aller Werkzeuge, jene aber die Form aller intellektuellen und sinnlichen Formen ist.

Vermutlich verhalten sich die Sinne zum Verstande wie der Magen zu den Gefäßen, welche die feinern und höhern Säfte des Bluts absondern, ohne deren Kreislauf und Einfluß der Magen selbst sein Amt nicht verwalten könnte. Nichts ist also in unserm Verstande, ohne vorher in unsern Sinnen gewesen zu sein; so wie nichts an unserm ganzen Leibe ist, was nicht einst unsren eigenen Magen oder unsrer Eltern ihren durchgegangen. Die stamina und menstrua unsrer Vernunft sind daher im eigentlichsten Verstande Offenbarungen und Überlieferungen, die wir zu unser Eigentum aufnehmen, in unsre Säfte und Kräfte verwandeln und dadurch unsrer Bestimmung gewachsen werden, die kritische und archontische Würde eines politischen Tiers teils zu offenbaren, teils zu überliefern.

Die Analogie der tierischen Haushaltung ist die einzige Leiter zur anagogischen Erkenntnis der geistigen Ökonomie, welche sehr wahrscheinlich allein die Phänomene und Qualitates occultas jener sichtbaren verkürzten Hälfte aufzulösen und zu ergänzen vermag.

Gesetzt also auch, daß der Mensch wie ein leerer Schlauch auf die Welt käme: so macht doch eben dieser Mangel ihn zum Genuß der Natur durch Erfahrungen und zur Gemeinschaft seines Geschlechts durch Überlieferungen desto fähiger. Unsere Vernunft wenigstens entspringt aus diesem zwiefachen Unterricht sinnlicher Offenbarungen und menschlicher Zeugnisse, welche sowohl durch ähnliche

Mittel, nämlich Merkmale, als nach ähnlichen Gesetzen mitgeteilt werden.

Die Philosophen haben von jeher der Wahrheit dadurch einen Scheidebrief gegeben, daß sie dasjenige geschieden, was die Natur zusammengefügt hat, und umgekehrt, wodurch unter andern Ketzern der Psychologie auch ihre Arianer, Muhamedaner und Socinianer entstanden, welche alles aus einer einzigen positiven Kraft oder Entelechie der Seele haben erklären wollen.

Weil das Geheimnis der Ehe zwischen so entgegengesetzten Naturen als der äußere und innere Mensch, oder Leib und Seele, groß ist: so gehört freilich, um zu einem faßlichen Begriff von der Fülle in der Einheit unsers menschlichen Wesens zu gelangen, eine Anerkenntnis mehrerer unterscheidender irdischer Merkmale.

Der Mensch ist also nicht nur ein lebendiger Acker, sondern auch der Sohn des Ackers, und nicht nur Acker und Same (nach dem System der Materialisten und Idealisten), sondern auch der König des Feldes, guten Samen und feindseliges Unkraut auf seinem Acker zu bauen; denn was ist ein Acker ohne Samen und ein Fürst ohne Land und Einkünfte? Diese Drei in uns sind also Eins, so wie drei Larven an der Wand der natürliche Schatten eines einzigen Körpers sind, der ein doppeltes Licht hinter sich hat. – – –

Nachdem ich mich bis in das empyreische Heiligtum der menschlichen Natur hineingeschwindelt oder, besser zu reden, meine peripatetischen Seifenblasen lange genug vor mir hergetrieben: so zerspringen sie endlich auf halbem Wege in folgende Tautropfen:

»Der Mensch lernt alle seine Gliedmaßen und Sinne, also auch Ohr und Zunge, brauchen und regieren, weil er lernen kann, lernen muß und ebenso gerne lernen will. Folglich ist der Ursprung der Sprache so natürlich und menschlich als der Ursprung aller unserer Handlungen, Fertigkeiten und Künste. Ohngeachtet aber jeder Lehrling zu seinem Unterrichte mitwirkt nach Verhältnis seiner Neigung, Fähigkeit und Gelegenheiten zu lernen: so ist doch Lernen im eigentlichen Verstande ebensowenig Erfindung als bloße Wiedererinnerung.«

HAMANN, JOHANN GEORG, wurde 1730 in Königsberg geboren. Er studierte Theologie, Philosophie und Rechtswissenschaften an der Königsberger Universität »Albertina«. Er war mit dem sechs Jahre älteren Kant und auch mit Herder befreundet. In seiner Gartenlaube, der »Kürbishütte«, fanden sich die Dichterfreunde zusammen und gründeten dort die Zeitschrift »Daphne«. Mit Ausnahme von wenigen Jahren, die er als Hauslehrer im Baltikum verbrachte, hat Hamann Königsberg nie verlassen, außer kurz vor seinem Tode, als er nach Westfalen ging, wo er 1788 bei Münster gestorben ist. Hamann wird wegen seiner geistigen und sprachlichen Vielseitigkeit zu den großen deutschen Denkern gezählt. Schon zu seinen Lebzeiten nannte man ihn den Magus (Magier, Zauberer) des Nordens. Für ihn war die Sprache göttlichen Ursprungs: »Ohne Sprache hätten wir keine Vernunft.«

Was ist Aufklärung?

Aufklärung ist der Ausgang des Menschen aus seiner selbstverschuldeten Unmündigkeit. Unmündigkeit ist das Unvermögen, sich seines Verstandes ohne Leitung eines anderen zu bedienen. Selbstverschuldet ist diese Unmündigkeit, wenn die Ursache derselben nicht am Mangel des Verstandes, sondern der Entschließung und des Mutes liegt, sich seiner ohne Leitung eines andern zu bedienen. Sapere aude! Habe Mut, dich deines eigenen Verstandes zu bedienen! ist also der Wahlspruch der Aufklärung.

Faulheit und Feigheit sind die Ursachen, warum ein so großer Teil der Menschen, nachdem sie die Natur längst von fremder Leitung freigesprochen, dennoch gerne zeitlebens unmündig bleiben; und warum es anderen so leicht wird, sich zu deren Vormündern aufzuwerfen. Es ist so bequem, unmündig zu sein. Habe ich ein Buch, das für mich Verstand hat, einen Seelsorger, der für mich Gewissen hat, einen Arzt, der für mich die Diät beurteilt, so brauche ich mich ja selbst nicht zu bemühen. Ich habe nicht nötig zu denken, wenn ich nur bezahlen kann; andere werden das verdrießliche Geschäft schon für mich übernehmen. Daß der bei weitem größte Teil der Menschen (darunter das ganze schöne Geschlecht) den Schritt zur Mündigkeit, außerdem, daß er beschwerlich ist, auch für sehr gefährlich halte: dafür sorgen schon jene Vormünder, die die Oberaufsicht über sie gütigst auf sich genommen haben. Nachdem sie ihr Hausvieh zuerst dumm gemacht haben und sorgfältig verhüteten, daß diese ruhigen Geschöpfe ja keinen Schritt außer dem Gängelwagen, darin sie sie einsperrten, wagen durften: so zeigen sie ihnen nachher die Gefahr, die ihnen droht, wenn sie es versuchen, allein zu gehen. Nun ist diese Gefahr zwar ebenso groß nicht, denn sie würden durch einigemal Fallen wohl endlich gehen lernen; allein ein Beispiel von der Art macht doch schüchtern und schreckt gemeiniglich von allen ferneren Versuchen ab.

Es ist also für jeden einzelnen Menschen schwer, sich aus der ihm beinahe zur Natur gewordenen Unmündigkeit herauszuarbeiten. Er hat sie sogar liebgewonnen und ist vor der Hand wirklich unfähig, sich seines eigenen Verstandes zu bedienen, weil man ihn niemals den Versuch davon machen ließ. Satzungen und Formeln, diese mechanischen Werkzeuge eines vernünftigen Gebrauchs oder vielmehr Mißbrauchs seiner Naturgaben, sind die Fußschellen einer immerwährenden Unmündigkeit. Wer sie auch abwürfe, würde dennoch auch über den schmalsten Graben einen nur unsicheren Sprung tun, weil er zu dergleichen freier Bewegung nicht gewöhnt ist. Daher gibt es nur wenige, denen es gelungen ist, durch eigene Bearbeitung ihres Geistes sich aus der Unmündigkeit herauszuwickeln und dennoch einen sicheren Gang zu tun.

Daß aber ein Publikum sich selbst aufkläre, ist eher möglich; ja, es ist, wenn man ihm nur Freiheit läßt, beinahe unausbleiblich. Denn da werden sich immer einige Selbstdenkende, sogar unter den eingesetzten Vormündern des großen Haufens, finden, welche, nachdem sie das Joch der Unmündigkeit selbst abgeworfen haben, den Geist einer vernünftigen Schätzung des eigenen Werts und des Berufs jedes Menschen, selbst zu denken, um sich verbreiten werden. Besonders ist hierbei, daß das Publikum, welches zuvor von ihnen unter dieses Joch gebracht worden, sie hernach selbst zwingt, darunter zu bleiben, wenn es von einigen seiner Vormünder, die selbst aller Aufklärung unfähig sind, dazu aufgewiegelt worden; so schädlich ist es, Vorurteile zu pflanzen, weil sie sich zuletzt an denen selbst rächen, die oder deren Vorgänger ihre Urheber gewesen sind. Daher kann ein Publikum nur langsam zur Aufklärung gelangen. Durch eine Revolution wird vielleicht wohl ein Abfall von persönlichem Despotismus und gewinnsüchtiger und herrschsüchtiger Bedrückung, aber niemals wahre Reform der Denkungsart zustandekommen; sondern neue Vorurteile werden ebensowohl als die alten zum Leitband des gedankenlosen großen Haufens dienen.

Zu dieser Aufklärung aber wird nichts erfordert als Freiheit; und zwar die unschädlichste unter allem, was nur Freiheit heißen mag, nämlich die: von seiner Vernunft in allen Stücken öffentlichen Gebrauch zu machen. Nun höre ich aber von allen Seiten rufen: räsoniert nicht! Der Offizier sagt: räsoniert nicht, sondern exerziert! Der

Finanzrat: räsoniert nicht, sondern bezahlt! Der Geistliche: räsoniert nicht, sondern glaubt! (Nur ein einziger Herr in der Welt sagt:
räsoniert, so viel ihr wollt und worüber ihr wollt; aber gehorcht!)
Hier ist überall Einschränkung der Freiheit. Welche Einschränkung
aber ist der Aufklärung hinderlich? welche nicht, sondern ihr wohl
gar beförderlich? – Ich antworte: Der öffentliche Gebrauch seiner
Vernunft muß jederzeit frei sein, und der allein kann Aufklärung
unter Menschen zustandebringen; der Privatgebrauch derselben
aber darf öfters sehr enge eingeschränkt sein, ohne doch darum den
Fortschritt der Aufklärung sonderlich zu hindern. Ich verstehe aber
unter dem öffentlichen Gebrauche seiner eigenen Vernunft denjenigen, den jemand als Gelehrter von ihr vor dem ganzen Publikum
der Leserwelt macht. Den Privatgebrauch nenne ich denjenigen,
den er in einem gewissen ihm anvertrauten bürgerlichen Posten
oder Amte von seiner Vernunft machen darf. Nun ist zu manchen
Geschäften, die in das Interesse des gemeinen Wesens laufen, ein gewisser Mechanismus notwendig, vermittels dessen einige Glieder
des gemeinen Wesens sich bloß passiv verhalten müssen, um durch
eine künstliche Einhelligkeit von der Regierung zu öffentlichen
Zwecken gerichtet oder wenigstens von der Zerstörung dieser
Zwecke abgehalten zu werden. Hier ist nun freilich nicht erlaubt zu
räsonieren; sondern man muß gehorchen. Sofern sich aber dieser
Teil der Maschine zugleich als Glied eines ganzen gemeinen Wesens,
ja sogar der Weltbürgergesellschaft ansieht, mithin in der Qualität
eines Gelehrten, der sich an ein Publikum im eigentlichen Verstande durch Schriften wendet: kann er allerdings räsonieren, ohne daß
dadurch die Geschäfte leiden, zu denen er zum Teile als passives
Glied angesetzt ist. So würde es sehr verderblich sein, wenn ein Offizier, dem von seinem Oberen etwas anbefohlen wird, im Dienste
über die Zweckmäßigkeit oder Nützlichkeit dieses Befehls laut ver-
nünfteln wollte; er muß gehorchen. Es kann ihm aber billigermaßen
nicht verwehrt werden, als Gelehrter über die Fehler im Kriegsdienste Anmerkungen zu machen und diese seinem Publikum zur
Beurteilung vorzulegen. Der Bürger kann sich nicht weigern, die
ihm auferlegten Abgaben zu leisten; sogar kann ein vorwitziger Tadel solcher Auflagen, wenn sie von ihm geleistet werden sollen, als

ein Skandal (der allgemeine Widersetzlichkeiten veranlassen könnte) bestraft werden. Eben derselbe handelt demungeachtet der Pflicht eines Bürgers nicht entgegen, wenn er als Gelehrter wider die Unschicklichkeit oder auch Ungerechtigkeit solcher Ausschreibungen öffentlich seine Gedanken äußert. Ebenso ist ein Geistlicher verbunden, seinen Katechismusschülern und seiner Gemeinde nach dem Symbol der Kirche, der er dient, seinen Vortrag zu tun; denn er ist auf diese Bedingung angenommen worden. Aber als Gelehrter hat er volle Freiheit, ja sogar den Beruf dazu, alle seine sorgfältig geprüften und wohlmeinenden Gedanken über das Fehlerhafte in jenem Symbol und Vorschläge wegen besserer Einrichtung des Religions- und Kirchenwesens dem Publikum mitzuteilen. Es ist hierbei auch nichts, was dem Gewissen zur Last gelegt werden könnte. Denn, was er zu Folge seines Amts, als Geschäftsträger der Kirche, lehrt, das stellt er als etwas vor, in Ansehung dessen er nicht freie Gewalt hat, nach eigenem Gutdünken zu lehren, sondern das er nach Vorschrift und im Namen eines andern vorzutragen angestellt ist. Er wird sagen: Unsere Kirche lehrt dieses oder jenes; das sind die Beweisgründe, deren sie sich bedient. Er zieht alsdann allen praktischen Nutzen für seine Gemeinde aus Satzungen, die er selbst nicht mit voller Überzeugung unterschreiben würde, zu deren Vortrag er sich gleichwohl anheischig machen kann, weil es doch nicht ganz unmöglich ist, daß darin Wahrheit verborgen läge, auf alle Fälle aber wenigstens doch nichts der innern Religion Widersprechendes darin angetroffen wird. Denn glaubte er das letztere darin zu finden, so würde er sein Amt mit Gewissen nicht verwalten können; er müßte es niederlegen. Der Gebrauch also, den ein angestellter Lehrer von seiner Vernunft vor seiner Gemeinde macht, ist bloß ein Privatgebrauch; weil diese immer nur eine häusliche, obzwar noch so große, Versammlung ist; und in Ansehung dessen ist er, als Priester, nicht frei und darf es auch nicht sein, weil er einen fremden Auftrag ausrichtet. Dagegen als Gelehrter, der durch Schriften zum eigentlichen Publikum, nämlich der Welt, spricht, mithin der Geistliche im öffentlichen Gebrauche seiner Vernunft, genießt einer uneingeschränkten Freiheit, sich seiner eigenen Vernunft zu bedienen und in seiner eigenen Person zu sprechen. Denn daß die Vormünder des Volks (in geistlichen Dingen) selbst wieder unmündig sein sollen, ist eine Ungereimtheit, die auf Verewigung der Ungereimtheiten hinausläuft.

Aber sollte nicht eine Gesellschaft von Geistlichen, etwa eine Kirchenversammlung, oder eine ehrwürdige Classis (wie sie sich unter den Holländern selbst nennt) berechtigt sein, sich eidlich untereinander auf ein gewisses unveränderliches Symbol zu verpflichten, um so eine unaufhörliche Obervormundschaft über jedes ihrer Glieder und vermittels ihrer über das Volk zu führen und diese so gar zu verewigen? Ich sage: das ist ganz unmöglich. Ein solcher Kontrakt, der immer alle weitere Aufklärung vom Menschengeschlechte abzuhalten geschlossen würde, ist schlechterdings null und nichtig; und sollte er auch durch die oberste Gewalt, durch Reichstage und die feierlichsten Friedensschlüsse bestätigt sein. Ein Zeitalter kann sich nicht verbünden und darauf verschwören, das folgende in einen Zustand zu setzen, darin es ihm unmöglich werden muß, seine (vornehmlich so sehr angelegentliche) Erkenntnisse zu erweitern, von Irrtümern zu reinigen und überhaupt in der Aufklärung weiterzuschreiten. Das wäre ein Verbrechen wider die menschliche Natur, deren ursprüngliche Bestimmung gerade in diesem Fortschreiten besteht; und die Nachkommen sind also vollkommen dazu berechtigt, jene Beschlüsse, als unbefugter und frevelhafter Weise genommen, zu verwerfen. Der Probierstein alles dessen, was über ein Volk als Gesetz beschlossen werden kann, liegt in der Frage: ob ein Volk sich selbst wohl ein solches Gesetz auferlegen könnte? Nun wäre dieses wohl, gleichsam in der Erwartung eines bessern, auf eine bestimmte kurze Zeit möglich, um eine gewisse Ordnung einzuführen; indem man es zugleich jedem der Bürger, vornehmlich dem Geistlichen, frei ließe, in der Qualität eines Gelehrten öffentlich, d. i. durch Schriften, über das Fehlerhafte der damaligen Einrichtung seine Anmerkungen zu machen, indessen die eingeführte Ordnung noch immer fortdauerte, bis die Einsicht in die Beschaffenheit dieser Sachen öffentlich so weit gekommen und bewährt worden, daß sie durch Vereinigung ihrer Stimmen (wenngleich nicht aller) einen Vorschlag vor den Thron bringen könnte, um diejenigen Gemeinden in Schutz zu nehmen, die sich etwa nach ihren Begriffen der besseren Einsicht zu einer veränderten Religionseinrichtung geeinigt hätten, ohne doch diejenigen zu hindern, die es beim alten wollten bewenden lassen. Aber auf eine beharrliche, von niemandem öffentlich zu bezweifelnde Religionsverfassung, auch nur binnen der Lebensdauer eines Menschen, sich zu einigen und dadurch einen Zeitraum in dem Fortgange der Menschheit zur Verbesserung gleichsam zu vernichten und fruchtlos, dadurch aber wohl gar der Nachkommenschaft nachteilig zu machen, ist schlechterdings unerlaubt. Ein Mensch kann zwar für seine Person, und auch alsdann nur auf einige Zeit, in dem, was ihm zu wissen obliegt, die Aufklärung aufschieben; aber auf sie Verzicht zu tun, es sei für seine Person, mehr aber noch für die Nachkommenschaft, heißt die heiligen Rechte der Menschheit verletzen und mit Füßen treten. Was aber nicht einmal ein Volk über sich selbst beschließen darf, das darf noch weniger ein Monarch über das Volk beschließen; denn sein gesetzgebendes Ansehen beruht eben darauf, daß er den gesamten Volkswillen in dem seinigen vereinigt. Wenn er nur darauf sieht, daß alle wahre oder vermeinte Verbesserung mit der bürgerlichen Ordnung zusammen bestehe: so kann er seine Untertanen übrigens nur selbst machen lassen, was sie um ihres Seelenheils willen zu tun nötig finden; das geht ihn nichts an, wohl aber zu verhüten, daß nicht einer den andern gewalttätig hindert, an der Bestimmung und Beförderung desselben nach allem seinem Vermögen zu arbeiten. Es tut selbst seiner Majestät Abbruch, wenn er sich hierin mischt, indem er die Schriften, wodurch seine Untertanen ihre Einsichten ins reine zu bringen suchen, seiner Regierungsaufsicht würdigt, sowohl wenn er dieses aus eigener höchsten Einsicht tut, wo er sich dem Vorwurfe aussetzt: Caesar non est supra grammaticos, als auch und noch weit mehr, wenn er seine oberste Gewalt so weit erniedrigt, den geistlichen Despotismus einiger Tyrannen in seinem Staate gegen seine übrigen Untertanen zu unterstützen.

Wenn denn nun gefragt wird: Leben wir jetzt in einem aufgeklärten Zeitalter? so ist die Antwort: Nein, aber wohl in einem Zeitalter der Aufklärung. Daß die Menschen, wie die Sachen jetzt stehen, im ganzen genommen schon imstande wären oder darin auch nur gesetzt werden könnten, in Religionsdingen sich ihres eigenen

Verstandes ohne Leitung eines andern sicher und gut zu bedienen, daran fehlt noch sehr viel. Allein, daß jetzt ihnen doch das Feld geöffnet wird, sich dahin frei zu bearbeiten und die Hindernisse der allgemeinen Aufklärung oder des Ausganges aus ihrer selbstverschuldeten Unmündigkeit allmählich weniger werden, davon haben wir doch deutliche Anzeigen. In diesem Betracht ist dieses Zeitalter das Zeitalter der Aufklärung oder das Jahrhundert Friedrichs.

Ein Fürst, der es seiner nicht unwürdig findet, zu sagen: daß er es für Pflicht halte, in Religionsdingen den Menschen nichts vorzuschreiben, sondern ihnen darin volle Freiheit zu lassen, der also selbst den hochmütigen Namen der Toleranz von sich ablehnt: ist selbst aufgeklärt und verdient von der dankbaren Welt und Nachwelt als derjenige gepriesen zu werden, der zuerst das menschliche Geschlecht der Unmündigkeit, wenigstens von seiten der Regierung, entschlug und jedem frei ließ, sich in allem, was Gewissensangelegenheit ist, seiner eigenen Vernunft zu bedienen. Unter ihm dürfen verehrungswürdige Geistliche, unbeschadet ihrer Amtspflicht, ihre vom angenommenen Symbol hier und da abweichende Urteile und Einsichten, in der Qualität der Gelehrten, frei und öffentlich der Welt zur Prüfung darlegen; noch mehr aber jeder andere, der durch keine Amtspflicht eingeschränkt ist. Dieser Geist der Freiheit breitet sich auch außerhalb aus, selbst da, wo er mit äußeren Hindernissen einer sich selbst mißverstehenden Regierung zu ringen hat. Denn es leuchtet dieser doch ein Beispiel vor, daß bei Freiheit für die öffentliche Ruhe und Einigkeit des gemeinen Wesens nicht das mindeste zu besorgen sei. Die Menschen arbeiten sich von selbst nach und nach aus der Rohigkeit heraus, wenn man nur nicht absichtlich künstelt, um sie darin zu erhalten.

Ich habe den Hauptpunkt der Aufklärung, die des Ausganges der Menschen aus ihrer selbstverschuldeten Unmündigkeit, vorzüglich in Religionssachen gesetzt: weil in Ansehung der Künste und Wissenschaften unsere Beherrscher kein Interesse haben, den Vormund über ihre Untertanen zu spielen; überdem auch jene Unmündigkeit, so wie die schädlichste, also auch die entehrendste unter allen ist. Aber die Denkungsart eines Staatsoberhaupts, der die erstere begünstigt, geht noch weiter und sieht ein: daß selbst in Ansehung seiner Gesetzgebung es ohne Gefahr sei, seinen Untertanen zu erlauben, von ihrer eigenen Vernunft öffentlichen Gebrauch zu machen und ihre Gedanken über eine bessere Abfassung derselben, sogar mit einer freimütigen Kritik der schon gegebenen, der Welt öffentlich vorzulegen; davon wir ein glänzendes Beispiel haben, wodurch noch kein Monarch demjenigen vorging, welchen wir verehren.

Aber auch nur derjenige, der, selbst aufgeklärt, sich nicht vor Schatten fürchtet, zugleich aber ein wohldiszipliniertes zahlreiches Heer zum Bürgen der öffentlichen Ruhe zur Hand hat, – kann das sagen, was ein Freistaat nicht wagen darf: räsoniert, so viel ihr wollt und worüber ihr wollt: nur gehorcht! So zeigt sich hier ein befremdlicher, nicht erwarteter Gang menschlicher Dinge; so wie auch sonst, wenn man ihn im großen betrachtet, darin fast alles paradox ist. Ein größerer Grad bürgerlicher Freiheit scheint der Freiheit des Geistes des Volks vorteilhaft und setzt ihr doch unübersteigliche Schranken; ein Grad weniger von jener verschafft hingegen diesem Raum, sich nach allem seinem Vermögen auszubreiten. Wenn denn die Natur unter dieser harten Hülle den Keim, für den sie am zärtlichsten sorgt, nämlich den Hang und Beruf zum freien Denken, ausgewickelt hat: so wirkt dieser allmählich zurück auf die Sinnesart des Volks (wodurch dieses der Freiheit zu handeln nach und nach fähiger wird) und endlich auch sogar auf die Grundsätze der Regierung, die es ihr selbst zuträglich findet, den Menschen, der nun mehr als Maschine ist, seiner Würde gemäß zu behandeln.

KANT, IMMANUEL, wurde 1724 in Königsberg geboren. An der dortigen Universität »Albertina« studierte er Philosophie, Theologie, Naturwissenschaften und Mathematik. Kant gilt als einer der größten Philosophen der Weltgeschichte. Er starb 1804 in seiner Heimatstadt, die ihm bis heute – auch als russische Stadt Kaliningrad – ein ehrendes Andenken bewahrt. Sein Text »Was ist Aufklärung« entstand im Jahre 1784 als Antwort auf eine Preisfrage. Er ist bis heute in Lehrbüchern (Deutsch und Philosophie) an deutschen Schulen und Universitäten Bestandteil des Unterrichts und der Lehre. An Aktualität hat er nichts eingebüßt.

Abscheu gegen den Krieg

Der Krieg, wo er nicht erzwungene Selbstvertheidigung, sondern ein toller Angriff auf eine ruhige, benachbarte Nation ist, ist ein unmenschliches, ärger als thierisches Beginnen, indem er nicht nur der Nation, die er angreift, unschuldiger Weise Mord und Verwüstung drohet, sondern auch die Nation, die ihn führet, eben so unverdient als schrecklich hinopfert. Kann es einen abscheulichern Anblick für ein höheres Wesen geben, als zwei einander gegenüber stehende Menschenheere, die unbeleidigt einander morden? Und das Gefolge des Krieges, schrecklicher als er selbst, sind Krankheiten, Lazarethe, Hunger, Pest, Raub, Gewaltthat, Verödung der Länder, Verwilderung der Gemüther, Zerstörung der Familien, Verderb der Sitten auf lange Geschlechter. Alle edle Menschen sollten diese Gesinnung mit warmem Menschengefühl ausbreiten, Väter und Mütter ihre Erfahrungen darüber den Kindern einflößen, damit das fürchterliche Wort Krieg, das man so leicht ausspricht, den Menschen nicht nur verhaßt werde, sondern daß man es mit gleichem Schauder als den St. Veitstanz, Pest, Hungersnoth, Erdbeben, den schwarzen Tod zu nennen oder zu schreiben, kaum wage.

Geläuterter Patriotismus

Der Patriotismus muß sich nothwendig immer mehr von Schlacken reinigen und läutern. Jede Nation muß es fühlen lernen, daß sie nicht im Auge Andrer; nicht im Munde der Nachwelt, sondern nur in sich, in sich selbst groß, schön, edel, reich, wohlgeordnet, thätig und glücklich werde; und daß sodann die fremde wie die späte Achtung ihr wie der Schatte dem Körper folge. Mit diesem Gefühl muß sich nothwendig Abscheu und Verachtung gegen jedes leere Auslaufen der Ihrigen in fremde Länder, gegen das nutzlose Einmischen in ausländische Händel, gegen jede leere Nachäffung und Theilnehmung verbinden, die unser Geschäft, unsre Pflicht, unsre Ruhe und Wohlfahrt stören. Lächerlich und verächtlich muß es werden, wenn Einheimische sich über ausländische Angelegenheiten, die sie weder kennen noch verstehen, in denen sie Nichts ändern können und die sie gar nicht angehn, sich entzweien, hassen, verfolgen, verschwärzen und verleumden. Wie fremde Banditen und Meuchelmörder müssen Die erscheinen, die aus toller Brunst für oder gegen ein fremdes Volk die Ruhe ihrer Mitbrüder untergraben. Man muß lernen, daß man nur auf dem Platz Etwas sein kann, auf dem man stehet, wo man Etwas sein soll.

Gefühl der Billigkeit gegen andre Nationen

Dagegen muß jede Nation allgemach es unangenehm empfinden, wenn eine andre Nation beschimpft und beleidigt wird; es muß allmählich ein gemeines Gefühl erwachen, daß jede sich an die Stelle jeder andern fühle. Hassen wird man den frechen Übertreter fremder Rechte, den Zerstörer fremder Wohlfahrt, den kecken Beleidiger fremder Sitten und Meinungen, den prahlenden Aufdringer seiner eignen Vorzüge an Völker, die diese nicht begehren. Unter welchem Vorwande Jemand über die Grenze tritt, dem Nachbar als einem Sklaven das Haar abzuscheeren, ihm seine Götter aufzuzwingen und ihm dafür seine Nationalheiligthümer in Religion, Kunst, Vorstellungsart und Lebensweise zu entwenden; im Herzen jeder Nation wird er einen Feind finden, der in seinen eignen Busen blickt und sagt: »Wie? wenn Das mir geschähe?« – Wächst dieß Gefühl, so wird unvermerkt eine Allianz aller gebildeten Nationen gegen jede einzelne anmaßende Macht. ...

HERDER, JOHANN GOTTFRIED, geboren 1744 in Mohrungen, studierte bei Kant in Königsberg, war einige Jahre Lehrer und evangelischer Geistlicher in Riga, seit 1776 lebte er mit einigen Unterbrechungen in Weimar, wo er 1803 starb. Herder war mit Goethe befreundet. Er gilt als einer »der größten Vermittler im geistigen Leben des deutschen Volkes«. Herders »Stimmen der Völker in Liedern«, in die er u. a. deutsche, lettische und estnische Texte aufnahm, zeugen von seiner völkerverbindenden Haltung. Leitmotiv in seinen Werken ist die Humanität. Seine entschiedene Kriegsgegnerschaft und seine Achtung vor anderen Nationen hat ihm bis heute bei Nachbarvölkern großes Ansehen eingebracht und erhalten. Ein beredtes Zeugnis legt davon das Herder-Museum in seiner Heimatstadt ab, das zu seinem 250. Geburtstag von Polen und Deutschen gemeinsam neu gestaltet wurde.

Wär' ich ein Schweizer

Wär ich ein Schweizer, dann hielte ich Wache,
Als Russe spräche ich offen zur Sache,
Wär ich Franzose, als solcher nicht eitel,
Als Engländer hätt ich Verstand unterm Scheitel,
Als Türke glich ich den stillen Gesellen,
Als Itaker denen, die niemand prellen,
Als Preuße gliche ich nicht den Halunken,
Als Deutscher wäre ich nie betrunken,
Als Spanier dann wäre ich mitnichten stolz,
Und als Tatare gelassen wie Holz,
Als Ungar verkaufte ich billig den Wein,
Doch wie ein gescholtener Pole nur sein?
Schwach, zuchtlos, ärmlich, niemand zum Wohle?
Stimmt, dennoch gefällt es mir so als Pole.

(Aus dem Polnischen von Karl Dedecius)

An den Herrn Pfarrer

Mit wenigem, mein Herr Pfarrer, kann man sich bescheiden,
die Wünsche mäßigen, mit dem, was ist, zufrieden bleiben,
fest jeden Wunsch an der vernünftigen Kandare halten,
so wird sich, gleich in welchem Stand, das Leben wohl gestalten.
Was braucht es denn tatsächlich? Lohnt doch kaum, davon zu
    sprechen,
zu viel der Liebe zu uns selbst kann alles Glück zerbrechen,
Feind unser selbst, wir unser eignes Unglück damit schmieden.
Dumm, wer die Welt besitzt und sie besitzend ohne Frieden
weint, weil's nichts mehr zu haben gibt. Und wenn ihm Zeus
    erschüfe,

auf daß er reicher werde und das Glück ihn nicht verließe,
zum zweiten Mal die Welt allein für ihn, ihm zu Gebote,
er nähm' sie hin und weinte, weil er auf die dritte hoffte.
Die Welt besitzen, neuer Alexander, kann nie werden,
Und könnten wir, ob ganz ob halb sie dennoch einst erwerben,
so wäre, wenn uns nicht bewußt das Maß und wie's beschaffen,
das Leben nichts als Ungemach, ein glücklos eitles Raffen.
Nicht, was ist mein, macht glücklich, hab' ich's auch in
    Übermaßen,
nur wie ich halte Maß und zügele der Wünsche Rasen,
zählt ganz allein; und nur wenn sie gemäßigt, die Begierde,
bescheiden bleibt der Groschen, wird der Reichtum nicht zur
    Bürde.
So freuen wir uns an des Groschen ehrlichem Bemühen
wie Kochanowski einst und auch Horaz noch vielmals früher,
genießen wir den Augenblick; gleich, wie die andern meinen,
uns mögen Lachen, Scherz und Spiele, zärtliche und reine
die viel zu kurz gezählten Tage unsres Daseins scheiteln.
Die Bösen suchen Freude, doch sie müssen dabei scheitern,
die Guten finden sie. O heil'ge Tugend, licht, nicht düster,
dir bring' ich Opfer dar in meinem Wein, dem fruchtig kühlen,
die einst so leicht, durch unsre Schuld jetzt schwerer fallen,
der Kopf geöffnet und das Herz ganz ohne falsche Schnallen.

(Aus dem Polnischen von Peter Steger)

Ein Brief des Bruders an die Schwester

Dankbar soll man sein. Ich erhalte von Dir, meine
liebe Schwester, ein Tagebuch, und so gedachte
nun auch ich, mein Tagwerk zu beschreiben. Ungeachtet
dessen, daß Du gewiß schon warst, wo ich jetzt bin,
es schadet doch wohl nicht, den Ort Dir zu beschreiben,
an den Du Dich kaum ohne süß' Gefühl erinnern wirst:

Von zwei einander nachbarlichen Flüssen fest umschlossen,
erhebt sich eine alte Burg[1] hoch über deren Tosen.
Jahrhunderte hindurch verwunderte die Pracht der Mauern
und ihre hohen Dächer aller Blicke, und ein Schaudern
erfaßte sie. Was Kreuzritter gebaut und einst die Goten,
hier stehn noch dessen Spuren und gewaltig große Boten,
der runden Türme, Zinnen und Gewölbe herrlich Prangen
zeugt unerschütterlich von Glanz, der noch nicht ganz vergangen.

Doch wie nur ist die Art zu denken der Bauherrn
dieses Ortes wirklich einzuschätzen?

Bemüht um's Wohlsein ihres Leibes, um das Vorrathalten
von Speis und Trank, gab's Speicher mehr als Zimmer bei den Alten.

Da aber diese Zimmer – oder nach der Väter Sitte
Kemenaten – gebaut, gleich wie in Kalabrien,
erschreckt' in ihrem Schutze nicht einmal der Erde Beben:

Ein jedes war von oben wie von unten fest versiegelt
und, meisterhaft gewölbt, von allen Seiten zugeriegelt,
so daß das helle Licht in unseren geliebten Breiten
selbst mittags dämmrig nur erhellte dieser Räume Weiten.

Dabei der Form nach eine Kirche waren solche Kammern;
wie winters man darinnen überlebte – kaum zu fassen,
doch macht die Sache leichter die bedeckte Tür im Boden:

Wenn's kalt auch war im grenzenlosen Saale,
so litt doch niemand an der Kälte Qualen.
Ein jeder eilte flugs hinein, nach drinnen,
ein Trunk erquickte, stärkte und erkühnte.
Und wenn die gute Laune wärmt die Glieder,
mag wehn der Wind, mag falln der Schnee hernieder,

---

[1] Es handelt sich um den Sitz der ermländischen Bischöfe in Heilsberg

und wenn die Freuden wachsen und viel gelten,
wird winters Frühling, und es wärmt die Kälte.

Nicht allzu oft begegnen uns so schöne Augenblicke,
doch läßt sich nicht behaupten, daß dies nimmermehr geschehe:

Die Sterne und die Sonne waren Grund für manchen Händel,
man disputierte unterschiedlich dies und das, doch endlich
besänftigte die schlimmste Reizung noch mit seiner Süße
ein Krug, der zur Versöhnung aller Weisen trefflich nützte.
Und deshalb, wär' ich König oder doch der Leiter
einer Akademie, so würde ich veranlassen,
es sei stets nur im Speiseraum, bei Tisch, zu disputieren,
von wo aus eine Tür zum Keller führte. Zu verlassen
diese seine jetz'ge Üppigkeit, herauszutreten,
wird einfach wohl nicht sein, so zu erzählen:

Er ist jetzt eine Galerie für Bilder.
Dort lebt im ausdrucksvollen Kunstgefilde,
in den vorzüglich schönen Pinselstrichen
er, der Gedanke, dem Gefühl verglichen,
das lieblich reizt. Wie graziös die Wunder
der Künste! Geisterfrischend sind die Stunden,
wo sich der Blick emporhebt zu betrachten
und man erkennt, woraus die Meister machten,
was einst gebrechlich, klein und ohne Leben
und später voll von Liebreiz und von Streben,
und mit der Zeit, der Arbeit sie dann wuchsen
und lohnten das Talent mit Ehrersuchen.

Nah' bei der alten Burg steht eine zweite, neue, und
aus der einen geht man in die andere hinüber:

Die alte Burg ist wohlgestalt gehauen,
es sind der jüngsten saeculorum Launen,
die ihr erkennbar das Gepräg' verleihen.

Wir nutzen, was die Alten weiterreichen,
und sind doch undankbar und frech beim Nehmen,
sie schufen Dauerndes, wir wecken Schemen.

Moral ist aus der Dichtkunst weggestrichen; will heißen,
man komme ohne sie in der Beschreibung aus, doch käme es
dazu, daß sie auf Dauer man doch striche, sollte
sie so, wie sie gestrichen wurde, dann auch bleiben.
Wie doch die Dinge anders fügen sich und anders gehen!
Versprochen hatt' ich, hier mein Tagwerk zu beschreiben,
doch liegt noch nicht einmal der Anfang vor. Begonnen
hab' beim Erwachen ich, so muß ich auch des Schlafs erwähnen:

Willkommen bist du, Schlaf, du nimmst den Kummer,
belebst, hilfst auf dem Werk im trüben Werden,
und wenn das Lid, entkräftet dann vom Schlummer,
der eignen Pflicht kommt nach nur mit Beschwerden,
du Todes Antlitz, schreckend, und doch zärtlich,
die Gegensätze all vereinst du herrlich!

Dein Resultat ist, nicht zu leben, Tod vorherzusagen
dein schrecklich Urteil. Doch mit Süße kannst du es uns mildern
und prophezeist im Flug des Denkens, Fühlens uns die Tage.
Den Elenden sind Unterstützung diese Zukunftsbilder.
Du schreckst und freust; den trüben Körper hält ein ruhiges
    Weben,
erfrischt die Phantasie und der Gedanke ganz, voll Leben.

Jedoch man kann den Schlaf mit seinen Gaben nicht erfühlen,
wenn man gemütlich schläft. Ich wache auf, mein erster Blick –
fällt auf den heitren Tag, und dann laß ich den Kaffee mir bringen.
Laßt uns im achtzehnten Jahrhundert noch ein wenig bleiben!
Mag sein, das kommende Jahrhundert macht es alles besser.
Freu' dich, oh, Mensch, an dem, was dir gehört, an deinem Treiben,
und bleib' in deinem Rang, streb' nicht nach andrer Leute
    Schlösser.

Achilles, Caesar, alles wahrhaft große Männer,
doch lernten nie Kaffee mit Sahne sie je kennen.

Führwahr so groß! Je nun! Ich werd' es ihnen niemals neiden;
Sie waren, und ich bin: ich lebe, schlafe, trinke, esse.
Und halt' ich dann nicht Maß, muß den Genuß ich kurz nur
    meiden,
um meine Lust erneut sodann an Speis und Trank zu messen.
Mich wird man nicht erforschen, wenn ich geh' dereinst von
    hinnen,
wird man nach mir doch essen, trinken und Gespräche spinnen.

Drei Burghöfe hatt' ich durchschritten, als ich dann gelangte
aufs Feld bei Sonnenaufgang. Was wäre das nun für ein rechter
Moment gewesen, sie, die Sonne, mit den herrlichsten Gedichten
zu grüßen; doch haben gar so oft die Dichter sie willkommnet,
und allzumeist war's ohne Kraft getan, so daß mir doch will
    scheinen,
daß ich ihr überaus gefällig sei, wenn ich ihr eine neue
Begrüßung kann ersparen. Sollen doch die Vögel sie begrüßen.

Begrüßt, ihr lieben Vögel, all ihr vielen,
begrüßt der Sonne muntren, hellen Reigen;
belebt den Tag mit allen euren Spielen,
bevor er sich dem Ende neigt in Schweigen.
Es möge euch der müde Bauer hören
auf seinem Feld, ihr werdet ihn nicht stören.

Laßt von euch hören, Vögel, euer Singen,
die Sonne kommt, die Morgenröte schwindet,
ihr Mädchen, laßt die Lieder nun erklingen!
Ihr Knaben, Schweigen keinen Beifall findet!
Beginnt, ihr Sänger, anmutig und nicht verstohlen,
und was ihr singt, das soll das Echo wiederholen.

(Aus dem Polnischen von Peter Steger)

KRASICKI, IGNACY, wurde 1735 in Dubieck (Südostpolen) geboren. Seine Ausbildung erhielt er in Lemberg, Warschau und Rom. Er gilt als der hervorragendste Dichter, Prosaiker, Publizist und Komödienschreiber in der Literatur der polnischen Aufklärung. Seit 1766 war er Bischof von Ermland mit Sitz in Heilsberg, wo er ein kulturelles Zentrum gründete, das sehr aktiv war. Krasicki pflegte enge Beziehungen zum Hof in Berlin und Potsdam, wo er als Freund von Friedrich II. und Friedrich Wilhelm II. galt. Letzterem verdankt er die Ernennung zum Erzbischof von Gnesen. Krasicki hat in Berlin die St.-Hedwigs-Kathedrale geweiht. In Berlin ist er im Jahre 1801 gestorben. Krasicki schrieb viele hintergründige Märchen und Satiren, die zur polnischen Klassik gehören, dabei nahm er den eigenen Stand der Kleriker nicht aus.

TEIL
II

»Gruß dir, blühende Welt«

Die Heimat

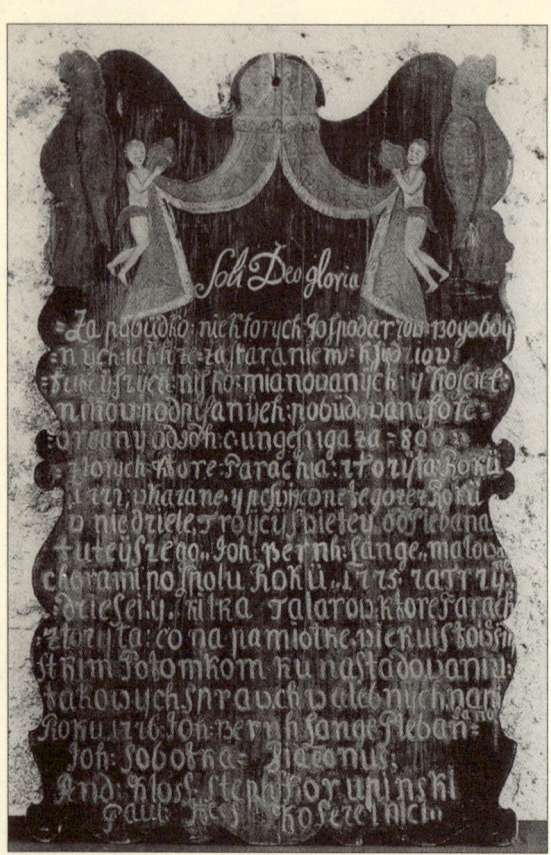

7 »Sprache, die hinterlassen hat durch Jahrhunderte gehetzte Gesichter« (Kruk). Alt-Fließdorf, Tafel zu Ehren der Orgelstifter in Masurischer Sprache, errichtet 1772-76.

8 »... eine Burg, eine Festung Gottes und der Jungfrau ...« (Fechter). Die Marienburg, Mittelschloß und Hochmeisterpalast mit Glockenturm nach der Restaurierung durch Schinkel und Gesdorff.

9 »Gesundheit! Gott gebe so einem jeden, der treu unser Litauer Land ehrt ...« (Donelaitis). Prostken, Grenzsäule zum Gedenken an die Grenzabsteckung zwischen Preußen und Litauen, aufgestellt 1545.

10 »Mein Ermland will ich preisen, wo immer ich auch bin.« (Ermlandlied) Wallfahrtskirche Heiligelinde an der Nahtstelle zwischen Ermland und Masuren bei Rößel.

11 »Ännchen von Tharau, mein Reichtum, mein Gut.« Tharau, alte Schmiede mit Dorfkrug, erbaut 1765.

Perstet amicitiae
semper venerabile Foedus!

Der Mensch hat nichts so eigen,
So wohl steht ihm nichts an,
Als daß er Treu erzeigen
Und Freundschaft halten kann;
Wann er mit seinesgleichen
Soll treten in ein Band,
Verspricht sich, nicht zu weichen
Mit Herzen, Mund und Hand.

Die Red ist uns gegeben,
Damit wir nicht allein
Für uns nur sollen leben
Und fern von Leuten sein.
Wir sollen uns befragen
Und sehn auf guten Rat,
Das Leid einander klagen,
So uns betreten hat.

Was kann die Freude machen,
Die Einsamkeit verhehlt?
Das gibt ein doppelt Lachen,
Was Freunden wird erzählt.
Der kann sein Leid vergessen,
Der es von Herzen sagt;
Der muß sich selbst auffressen,
Der in geheim sich nagt.

Gott stehet mir vor allen,
Die meine Seele liebt;
Dann soll mir auch gefallen,

Der mir sich herzlich gibt:
Mit diesen Bundsgesellen
Verlach ich Pein und Not,
Geh auf den Grund der Höllen
Und breche durch den Tod.

Ich hab, ich habe Herzen,
So treue, wie gebührt,
Die Heuchelei und Scherzen
Nie wissentlich berührt.
Ich bin auch ihnen wieder
Von Grund der Seelen hold;
Ich lieb euch mehr, ihr Brüder,
Denn aller Erden Gold!

Trewe Lieb' ist jederzeit
Zu gehorsamen bereit

Anke van Tharaw öß / de my geföllt /
Se öß mihn Lewen / mihn Goet on mihn Gölt.

Anke van Tharaw heft wedder eer Hart
Op my geröchtet ön Löw' on ön Schmart.

Anke van Tharaw mihn Rihkdom / mihn Goet /
Du mihne Seele / mihn Fleesch on mihn Bloet.

Quöm' allet Wedder glihk ön ons tho schlahn /
Wy syn gesönnt by een anger tho stahn.

Kranckheit / Verfälgung / Bedröfnös on Pihn /
Sal vnsrer Löve Vernöttinge syn.

Recht as een Palmen-Bohm äver söck stöcht /
Je mehr en Hagel on Regen anföcht.

So wardt de Löw' ön onß mächtich on groht /
Dörch Kryhtz / dörch Lyden / dörch allerley Noht.

Wördest du glihk een mahl van my getrennt /
Leewdest dar / wor öm dee Sönne kuhm kennt;

Eck wöll dy fälgen dörch Möler / dörch Mär /
Dörch Yhß / dörch Jhsen / dörch fihndlöcket Hähr.

Anke van Tharaw / mihn Licht / mihne Sönn /
Mihn Leven schluht öck ön dihnet henönn.

Ännchen von Tharau

Ännchen von Tharau ist's, die mir gefällt,
Sie ist mein Leben, mein Gut und mein Geld.

Ännchen von Tharau hat wieder ihr Herz
Auf mich gerichtet in Lieb und in Schmerz.

Ännchen von Tharau, mein Reichtum, mein Gut,
Du meine Seele, mein Fleisch und mein Blut.

Komm'n alle Wetter gleich auf uns zu schlahn,
Wir sind gesinnt, beieinander zu stahn.

Krankheit, Verfolgung, Betrübnis und Pein
Soll unsrer Liebe Verknotigung sein.

Recht als ein Palmenbaum über sich reift,
Je mehr ihn Hagel und Regen angreift:

So werd die Lieb in uns mächtig und grot,
Durch Kreuz, durch Leiden, durch allerlei Not.

Würdest du gleich einmal von mir getrennt,
Lebtest da, wo man die Sonne kaum kennt:

Ich will dir folgen durch Wälder und Meer,
Durch Eis, durch Eisen, durch feindliches Heer.

Ännchen von Tharau, mein Sonne, mein Schein,
Mein Leben schlag ich in deines hinein.

DACH, SIMON, wurde 1605 in Memel geboren. Er studierte in Königsberg zunächst Theologie, dann lateinische und griechische Poesie. Dach gilt als der bedeutendste Dichter des »Königsberger Kreises«, einer Gruppe von Dichtern und Komponisten, die sich in Königsberg in der ersten Hälfte des 17. Jahrhunderts bildete. Dachs Gedicht »Perstet amicitiae semper venerabile Foedus«, in dem er die Freundschaft besingt, zählt man zu seinen besten Gedichten.

Simon Dach wird das weithin als Volkslied bekannte »Ännchen von Tharau« zugeschrieben. Wenngleich dies nicht gesichert ist (möglicher Verfasser auch Heinrich Albert), veröffentlichen wir unter diesem Namen das »Ännchen«, weil es auch mit dem 1912 zu seinen Ehren errichteten Simon-Dach-Brunnen in Memel in Verbindung steht, der mit einer »Ännchen«-Figur gekrönt ist. Das Denkmal wurde 1989 von den Litauern wiederaufgebaut.

Das Lied war zunächst in ostpreußischer Mundart geschrieben, wurde dann von Johann Gottfried Herder in seine »Stimmen der Völker« im Original aufgenommen und ins Hochdeutsche übertragen.

Jahreszeiten

»Gruß Dir, blühende Welt, die die Feste des Frühlings gefeiert!
Gruß Dir, Mensch auch, der du den sonnigen Sommer erwartest,
Gruß Dir, der du am Wohlgeruch leuchtender Blumen dich
    freutest!
Gruß Dir, Gott geb es, daß du den Frühling vieljahrs noch feierst
Und des ersehnten immer dich freust in guter Gesundheit!
Gott gebe so einem jeden, der treu unser Litauer Land ehrt
Und auch, die Litauer Sprache stets sprechend, froh zieht ins
    Scharwerk,
Gott gebe ihm, daß alljährlich gesund er den Frühling erwartet
Und, wenn dieser verstrichen, darauf einen sonnigen Sommer.«
Damit lud er die Bauern zum Scharwerk ein um die Pfingstzeit,
Sagte, was nunmehr zu arbeiten wäre, und grüßte sie, Pričkus.

»Sicher, ein kräftiger Körper, der willig die Arbeiten anpackt,
Ist doch die größte und kostbarste Gabe der Güte des Schöpfers.
Jener Mensch, der geschafft, sich rührig immer gemüht hat,
Dann sein bescheidenes Mahl mit Wohlgefallen verzehrte
Und nachdem er sich sattaß, treulich Gott lobte, ihm dankte,
Fröhlich, gesund und stark aufs Lager steigt, um nun zu schlafen,
Der übertrifft gewiß den, der Tag für Tag sich schön rausputzt,
Stöhnend, doch immerfort kränkelnd, nur nach dem Löffel
    gelüstig!
Was kommt heraus, wenn da mancher Mykolas stets seinen feisten
Bauch aller Welt dick zur Schau trägt und wie eine Blase sich
    aufbläht,
Doch wie ein Taugenichts wegen der lumpigen Welt nicht zur Ruh
    kommt,
Sondern tagtäglich mit Kain erschrickt vor dem Drohen des
    Himmels!
Was kommt heraus, wenn Diksas nackt vor prallvollen Schreinen

Kniend, stets jammernd nur sein Gold, seine Gelder vergottet,
Sich aber, auch wenn es nötig wär, nicht einen Groschen
   herausholt,
Sondern die Suppe stets schlürft wie ein Geizkragen ohn' alle
   Zutat
Oder tagtäglich zerlumpt sich zeigt vor den Leuten und
   halbnackt.

Ach, wir Litauer, arme Tröpfe, auf Bastschuhen gehend,
Können wohl niemals den Herren noch ihren Dienern je gleichen;
Aber wir müssen auch niemals an vornehmen Krankheiten
   kranksein.
Ach, wie viele stöhnen in Städten, auch auf den Gütern,
Wenn der Sommer allmählich sich anschickt, uns zu besuchen.
Einer plagt da mit Podagra sich und schreit toll vor Schmerzen,
Dort ein andrer mit andern Beschwerden ruft nach dem Doktor.
Ach, warum peinigen Krankheiten immer so schmerzhaft die
   Herren?
Warum würgt wohl die Todgöttin Giltine vorzeitig viele?
Deshalb, weil sie die Arbeit der Bauern hochnäsig höhnen,
Tag für Tag stets mit Sünden und Faulenzereien sich mästen.
Sieh aber, wir von den Städtern für nichts geachtete Bauern
Schlürfen nur etwas Buttermilch oder versäuerte Molken,
Ziehn aber hurtig wie immer zur Arbeit als muntere Burschen.
Wenn wir aber zuweilen einmal vom Speck etwas schmecken
Oder wenigstens etwas von Litauer Wurst auch mal kosten,
Dann gelingt um so schöner die aufgezwungene Arbeit.«

»Freilich«, drauf Lauras, auf einen krummen Stecken sich
   stützend,
»Ehre sei Gott! Gesund beenden wir alle den Frühling,
Sehen froh und gefaßt den Sommer nun wieder zurückkehrn.
Seht, wie die liebe Sonne höher zu steigen jetzt aufhört,
Und nachdem sie ihr leuchtendes Rad auf die Höhe gerollt hat,
Spielt sie, während sie sitzt auf dem strahlenden Himmelgewölbe.
Seht nur, wie ihre Glut den leuchtenden Kienspan entzündet,

Aber die Blumen allmählich welk zu machen schon anfängt
Und deren herrliche Schönheit vermengt nun unter das Futter.
Ach, wie hat sich so manche von unseren Blumen entkleidet,
Daß sie gleich einem altersgekrümmten Weiblein sich kauern.
Ach, wieviele von ihnen pflückte der Mensch schon im Garten,
Und nachdem er sich kurz an der bunten Schönheit gefreut hat,
Wurden sie welk und wertlos, man warf sie weg auf den Dünger.

Aber nicht anders erging es auch unseren fröhlichen Vöglein.
Was der Kuckuck gerufen, die Nachtigall einstmals trillierte,
Auch was die Lerche bei ihren Flügen in Paaren gejubelt,
All das ist nun zu Ende, verstummt und hat uns verlassen.
Viele lebendge Geschöpfe, die dem Nest einst entsprangen,
Nähren sich nunmehr selber, Vater und Mutter verlassend,
Und sie zwitschern die Lieder, die von den Eltern sie lernten.
So hat in kurzer Zeit die ganze Welt sich gewandelt.

All diese Wunder, die ich als alter Mann hier erblicke,
Rufen, aus Herzensgrund seufzend, in tiefer Wehmut nur immer:
Ach, wie nichtig sind doch die Werke des Menschen auf Erden!
Wir so schwache Geschöpfe, der heilige David verkündets,
Wachsen wie Blumen des Feldes, doch wir verblühen gar bald
    schon.
Jeder Mensch ähnelt bei der Geburt der sprossenden Knospe,
Erst allmählich erschließt sich aus ihr im Licht eine Blüte,
Bis sie nachher verblüht ist, all ihrer Schönheit entkleidet,
Frucht nun ansetzt und reift und schließlich ihr Leben beendet.
So, genau so ergeht es auch uns armseligen Menschen.
Wir, in der Wiege hilflos noch wimmernd – der Herr wie der
    Bauer –,
Zeigen zunächst nur die schwache Knospe des künftigen Lebens.
Aber nachher, wenn bereits die Zeit der Blüte gekommen,
Siehe, dann springt der eine vornehm herum als ein Junker,
Und der andere tollt nachher wie ein Bauernkind bäurisch,
Beide vertrödeln dabei die Tage der Jugend in Torheit.
Aber sieh, wenn der erste Flaumbart beginnt schon zu sprießen,

Wenn man bereits eine mühsame Arbeit zu leisten gezwungen,
Ei, wohin schwindet dann all das planlose Springen des Kindes?
Und wie oft, während fröhlich man springt und dahintanzt,
Springt plötzlich Giltine her und würgt mit schrecklichen Blattern
Oder bringt den noch kleinen armen Tropf um mit Fieber.
Aber für Jungfrauen auch und für Jünglinge hat sie die Sense
Immer geschärft und sie achtet es nicht, ihr jugendlich Antlitz,
Haut plötzlich blindlings zu, daß die Haarflechten, alle die Mützen,
All ihre Schönheit dazu im Nu in Nichts sich verwandeln.
Daran kannst du erkennen: das Leben des Menschen, das kurze,
Gleicht den blühenden, welkenden Blumen im Wandel der Erde.«

Während man so sich besprach, erschien der Wachtmeister
    plötzlich,
Und mit dem Fuß stampfend, fing er an, so furchtbar zu fluchen,
Daß die ganze Erde mit allem darauf jäh erbebte.
»Daß euch Perkuns, daß der Teufel …« Ach Mensch, halt ein und
    besinn dich!
Warum rast du, was fluchst du und reißt so dein Maul auf?
Hat dich vielleicht der Satan toll gemacht, daß du so rasest?
Bösewicht! ach, warum tobst du, was ist denn in dich nur
    gefahren?
Aber er fing trotzdem an, viel mehr noch und derart zu toben,
Daß da unter dem Himmelszelt viele der Vögel erschraken.
Flugs lief der listige Fuchs fort und kniff erschrocken den
    Schwanz ein,
Auch der Hase, die Ohren gestellt, erbebend und zitternd,
Sprang vor Angst in das nächste Gebüsch, um sich dort zu
    verstecken.
Aber auch Kröten und Frösche erschraken über die Maßen,
Daß sie im Nu ins Wasser sprangen mit all ihren Kindern.
Unter dem Dache die Ratten zusammen mit Mäusen und Eulen
Fielen erschreckt ob solches scheußlichen Schimpfens in
    Ohnmacht,
Viele Sperlinge fielen halbtot von den Dächern herunter.
So hat, hörts nur, so hat dieser Unhold geflucht und gewettert.

»Ach«, sagte Selmas, »Gottlose gibt es schon viel auf der Erde,
Auf deren Zunge ohn' Unterlaß Teufel zu tanzen gewohnt sind.
Manch ein Verblendeter, wenn er das liebe Frühlicht geschaut hat,
Weiß von keinem Gebet und will auch Frommes nicht lesen,
Steigt aus dem Bett mit dem Donnrer Perkuns und sämtlichen
    Teufeln.
Dann, nachdem er sein Haus und all seine Habe verwünscht hat,
Treibt er mit allen Teufeln die Seinen, die Leute zur Arbeit.
Aber auch später beim Essen, nachdem er bei Tisch seine Mahlzeit
Mit solchen höllischen Segen im Namen des Teufels gesegnet,
Greift er zum Brot, es zu schneiden, und löffelt sofort seine Suppe.
Mit den Teufeln beginnt er die Arbeit, kaum daß es Tag ist.
Und so steigt er beim Dämmern ins Bett, um trägfaul zu schlafen.

Wenn da solch wanstiger Herrnwicht mit üblen Flüchen stets
    umgeht,
Wundert euch nicht darüber: er hat sich dem Teufel verschrieben,
Schämt sich aller Gebete und lacht nur über den Himmel,
Ja, er wünscht sich, einmal wie's liebe Vieh zu verrecken
Und er wühlt, den Schweinen zu Ehren, stets schweinisch in
    Unflat.
Wenn da solch Bauernwicht, der nur saure Molken im Leib hat,
Schwer geschunden, halbtot sich nur mühsam kriechend
    dahinschleppt,
Täglich die Arbeit erst anpackt, nachdem er die Teufel
    beschworen,
Das ist ein greulicher Greuel, daß selbst die Haare sich sträuben;
Ach, das geschieht, wie wir wissen, Tag für Tag und gewöhnlich.«

Während sich Selmas so wundert, sieh nur, da knarrt auch die
    Tür schon;
Vor ihnen allen erscheint jetzt Pričkus, der würdige Schultheiß.
»Schaut«, sprach er, als er das Schreiben des Herren mit
    Nachdruck verlesen,
»Schaut, übermorgen heißt euch der Herr ins Scharwerk zu ziehen
Und befiehlt euch, den Dünger aus seinen Ställen zu schaben.

Darum bringe jetzt jeder die Wagen gehörig in Ordnung,
Laufe dann hurtig herbei, mit Forke und Harke gerüstet,
Denn es ist allen bekannt, was der Bauer beim Mistfahren tun muß.
Jeder merke sich wohl den Morgen, den man ihm zuteilt.
Ich werd mit Gottes Hilfe mich wacker unter euch tummeln,
Nicht nur, wenn ihr den Dünger streut, redlich immer euch leiten,
Sondern auch freundlich euch sagen, wenn's Zeit ist zum Laden
    und Fahren.«
Dieses sagte er ihnen, sprang Hals über Kopf dann zur Tür raus,
Schwang sich geschwind auf den Hengst, der bereits vier Jahre
    ihm diente,
Um sich zu eilen, die Order auch anderen Nachbarn zu bringen.

Als der vereinbarte Tag nun am frühen Morgen emporstieg,
Sieh, da versammelten sich zuhauf die Scharleute alle.
Einer bracht' eine Harke, ein andrer die blankneue Forke,
Sie in den Händen, eilten sie sich und rannten und rannten.
Albas, der mit Bedacht eine Mistleiter neu sich gefertigt,
Auch Merčiukas, der neu auf die Achsen Räder gestreift hat,
Klapperten beide mit andern zusammen rasch jetzt ins Scharwerk.
Aber die Knechte alle, die neu sich Bastschuh geflochten,
Auch neu Fußlappen sich aus Leinwand hatten gefertigt,
Suchten im Laufschritt einer den anderen zu überholen.
Das ist wirklich ein Wunder, die Bauern tun niemals dergleichen.
Ja, man sagt überall, der Bauer schleiche ins Scharwerk,
Und man müsse zuweilen mit zornigem Zuspruch ihn treiben,
Daß es ihm einfällt, zu laufen und wacker die Arbeit zu schaffen.

Aber was hilft's? Wir brauchen uns da durchaus nicht zu wundern,
Denn der Amtsrat dieses Bezirks, der das Scharwerk bestellt hat,
War ein so gütiger Herr, daß jeder, seiner gedenkend,
Immer noch weint, denn im vorigen Jahre ist er gestorben.
Ach, er verdient es wahrhaftig, daß seiner wir täglich gedenken,
Daß selbst die Kindeskinder, gedenken sie seiner, noch weinen.
Das war ein Herr, ach, solch einen finden wir kaum auf der Welt
    noch!

Denk nur, mein Lieber, wie er so herzlich die Menschen geliebt
  hat,
Und wie sämtliche Bauern auch ihn deshalb wiederum liebten. ...

DONELAITIS, KRISTIJONAS, geboren 1714 in Lazdyneliai (Lasdinehlen) bei
Gumbinnen, gilt als Vater der litauischen Schriftsprache. Sein Werk »Jah-
reszeiten« ist so etwas wie ein Nationalepos. Es wurde bereits in zehn Sprachen übersetzt und 1977 in die Liste der größten Literaturwerke Europas
aufgenommen, die von der UNESCO erstellt wird. Donelaitis hat in Königsberg Theologie sowie Latein, Griechisch, Hebräisch, Französisch und
Musik studiert. Er war in Stallupönen und Tollmigkehmen als Rektor,
Kantor und Pfarrer tätig. Er predigte und schrieb in Litauisch und
Deutsch. Sein Grab befindet sich in Tollmigkehmen in der Gruft unter dem
Altar der Kirche. Nach der politischen Wende in Osteuropa erhielt die Universität zu Wilna seinen Namen.

Idyllen vom Baltischen Ufer

Schon mancher Königsberger Schriftsteller, wie auch Karl Rosenkranz in seinen »Skizzen« und wie Alexander Jung in mehreren Schriften, hat die schöne graue Stadt Königsberg abconterfeit, aber wenig mögen Sie in Deutschland von unserm samländischen Paradiese wissen. Ganz im Ernst, Samland war das ehemalige Paradies. Die Gelehrten haben das längst bewiesen, nachdem ein Naturforscher eines Tages im Sande der Osteeküste drei fossile Nüsse gefunden, darauf einen fossilen Baumstamm – in diesen Nüssen erkannte er die echten unaufbeißbaren Nüsse vom Baume der Erkenntniß und in dem Stamme den urparadieslichen Palmenbaum. Seitdem aber haben die Gelehrten wieder ausgerechnet, daß dieser Palmenbaum kein Palmenbaum, sondern eigentlich der Bernsteinbaum gewesen sei *(Pinus succifer),* welcher die alte Bernsteininsel ehedem bedeckt habe. Nun versank die Insel durch diluviale Revolutionen, und es hob sich das jetzige Samland heraus, welches eigentlich nichts ist als ein ungeheures Stück Bernstein mit allerlei Alluvium von Braunkohle, Eisenocker, weißem Sand und blauem Thon, worauf sich seitdem die Samländer und Bernsteinjuden niedergelassen haben. Diese gelehrten antediluvianischen Bemerkungen muß ich vorausschicken, das Übrige können Sie im Göppert'schen Folianten nachsehen.

Wenn also die Zeit gekommen ist, wo dem deutschen Schulmeister die herrliche Walpurgisnacht, der Ferienanfang, in den Gliedern zu spuken beginnt, und wo man, wie Jean Paul sagt, allerwegen die gebückte Creatur sich vom Boden aufrichten und den Himmel anlächeln sieht, dann wird dies öde Königsberg lebendig; es schüttelt den Stubenstaub von den Kleidern und wandert zur Villeggiatur nach seinem samländischen Albano, seinem Aricia und Nemi. Zu Roß, zu Fuß, zu Wagen geht es Tag aus Tag ein durch das Steindammer Thor. Dort vor dem Thore liegt auf einem Ackerland an einer Allee der Humor Königsbergs begraben. Dort raufen auf dem

Grabe Hippel's muntere Ziegen das Gras aus, eine würdige Satyr-
gesellschaft auf der Gruft dieses schlafenden königsberger Faun.
Hippel würde sich verwundern, sähe er diese Wanderzüge seiner
nachgeborenen Mitbürger. Denn zu seiner Zeit wußte Königsberg
weder, daß nur fünf Meilen entfernt ein reizender Strand läge, noch
gab es damals überhaupt ostpreußische Badeörter. Nur der kurische Fischer in seinem Friesrock und in der blaurothen Kappe
brachte den Stör und den Dorsch zum Markt, der Händler brachte
den Bernstein und der Forstmann das Reh, den Hirsch und das
Elennthier. Das ist also königsberger Cultur in aufsteigender Linie.
Unsere Vorfahren zur Zeit Hippel's, Kant's und Hamann's waren
echte Pfahlbürger. Sie lebten eingepfercht in der düstern Hochmei-
sterstadt, und wenige kannten das mit der Stadtcultur steigende Bedürfniß eines Gegensatzes zu dem Leben in den Mauern, das Bedürfniß einer Sommerreise, eines Bades im Meere, eines Sommer-
häuschens in der freien Natur. Ich weiß nicht, welch ein kühner Bal-
boa es war, der im vorigen Jahrhundert die baltische Küste zuerst
entdeckte und durch die Wälder Wege nach dem Meere bahnte.
Kranz war das erste Bad, welches die Regierung anlegte – es ist
noch heute eine Staatsrevenue, aber nicht zum Vortheil der Badegäste. Seitdem gibt es an der nördlichen Küste Samlands in einer
Entfernung von vier Stunden, von dem Dorfe Rantau bis zu dem
Leuchtthurm von Brüsterort kaum ein Stranddörfchen, das nicht
Badegäste beherbergte.

Eine Wanderung in Sommertagen längs diesem Ufergürtel ist wie
ein Spaziergang durch einen großen, lieblichen Garten. Der Charakter der Gegend ist ganz idyllische Anmuth, fast idyllischer als
der von Rügens Küsten, auf denen der redselige Pastor Kosegarten
seine »Jucunde« dichtete. Die Natur thürmte hier weder Kreidefel-
sen noch Granitblöcke auf: sie bildete eine ihrer jüngsten Formationen, ein geschichtetes Sandufer und hier und da bizarr gestaltete
Kegel von Thon und Ocker und zerrissene Vorberge, meist aber nur
sanfte Uferabhänge von 80–100 Fuß Höhe, welche zum Theil üppi-
ger Pflanzenwuchs bedeckt. Dort blüht in malerischen Ranken die
Winde, das gelbe Labkraut, die Erdbeere und die Brombeere, die
stattliche Weidenrose (Epilobium) pflanzt dort ihre rothe Blüten-

pyramide auf, die Campanula wiegt ihre blauen Glocken im See-
lüftchen und der bräutliche Rosmarin wuchert auf den Haideber-
gen. Wenn die Töchter der krystallenen Tiefe und die Erdentöchter
Königsbergs aus dem Bade steigen, können sie die zarten Glieder
auf dem weichen Sande gemächlich lagern und ungestört Kränze
winden.

Das baltische Gestade ist von einer reizenden Harmlosigkeit und
Verschwiegenheit, wie eine Schäferstunde. Die Wellen wiegen sich in
dem melodischen Rhythmus fort und ziehen weiße Schäume ans
Ufer, dann und wann schrillt eine flatternde Möve, der einzige See-
vogel jener wenig belebten Küste, dann und wann wirft die Woge
den Tang aus und mit ihm ein blitzendes Stück Bernstein, ein Geschenk für ein putzsüchtig Menschenkind; selten taucht der See-
hund aus dem Wasser und sonnt sich auf einem Stein. Hier und da
streicht ein Fischerkahn über die blaue See, die Netze auszuwerfen,
und ein vorübersegelndes Schiff, ein Kauffahrer, der nach Riga oder
Petersburg segelt, mit den Barbaren zu handeln, erscheint am fernsten Horizont, mit dunkeln Masten vorüberschwebend, gleich dem
Nebelbilde eines fliegenden Holländers, von der Küste hinwegge-
rissen durch das warnende Wandelfeuer des Leuchtthurms von
Brüsterort.

Niemand entzieht sich der stillen Poesie dieser baltischen
Küstenoase. Wie das Kameel schmachtend nach dem Wasserbrun-
nen, so stürzt sich selbst der Königsberger Gelehrte in die Blumen
des samländischen Gestades, nachdem er ein unendlich langes
Semester vor einem Dutzend Juristen Heineccius Antiquitäten,
Edictum perpetuum, die Constitutionen und andere vortreffliche
Sachen gelesen hat. Es ist ein ergreifender Anblick, einen Professor
an den Busen der Natur stürzen zu sehen. Ich bekomme immer
wieder ein menschlich Rühren über jene Osterscene im »Faust«, das
Deutscheste, was Goethe geschrieben hat, wo der Professor Faust
mit Wagner spazieren geht und mitten in der Gefühlsekstase der
Naturberauschung ihm noch wie aus dem Kathedervortrage die
professorlich stilisierten Worte entschlüpfen: »Aber die Sonne dul-
det kein Weißes.« Der Königsberger Wagner am samländischen
Strande ist nicht mehr der Goethesche Famulus, denn erst nach vier

Wochen Ferien sieht er sich an Wald und Feldern satt. Wie oft belauschte ich nicht den hochseligen Wagner als *l' amore pensoso*, bibel- oder pandektenvergessend an einem Rosmarinbusch niedergestreckt, die Augen träumerisch zu den Wölkchen erhoben, die er aus dem »Kosmos« noch obenein mit Cirrus richtig zu bezeichnen vermag – ich weiß freilich nicht, ob ihm nicht dort oben manchmal die vier apokalyptischen Reiter in Rosa erschienen sind, oder die fünf Männer, Prachtausgaben vom Theodosianischen Codex in den Händen – aber ich sah es, wie er sich vollgetrunken hatte von des Lebens süßer Milch, Poesie, und hörte ihn vor sich hinträllern die Ode des Petrarca: Von Traum zu Traum, von Berg zu Berg führt mich die Liebe.

Doch steigen wir die weiße Uferdüne hinauf, setzen wir uns an dem Landweg auf irgendeinem Hünengrabe nieder (Kaporn nennen solches die Samländer), unter dem die Aschenurne eines der wilden Häuptlinge begraben liegt, welche Sie in der Chronik des Hartknoch von Passenheim leibhaftig abgebildet gesehen haben. Da wird sich die bunte Badewelt alsbald vorübertummeln, denn sobald die Nachmittagssonne scheint, kommt Alles in Bewegung, um »eine Partie zu machen« in den Forst nach Warnicken, nach dem Leuchtthurm von Brüsterort, nach Wilhelmshorst und dem Hausenberg, nach Kram und den Katzengründen. Der Weg bedeckt sich bald mit Staubwolken – Wagen fahren hinter Wagen, selten eine städtische Equipage, denn das Fuhrwerk wird für das Bedürfniß des Augenblicks von dem Fischer und dem Ackerbauer gemiethet. Vier kleine Thiere unsaglicher Race, kaum für den Naturforscher bestimmbar, ziehen da einen sechsgesäßigen Leiterwagen von gleichfalls unsaglicher Einrichtung, auf dem zwölf oder zwanzig Badegäste in der heitersten Verwirrung Platz genommen haben. Hogarth würde es nicht verschmäht haben, eine solche samländische Landpartie darzustellen, oder eine Cavalcade von jungen Damen zu malen, welche hier die ersten verschämten Studien in der Emancipation machen, in dem sie ihren Strandklepper tummeln oder, von ihrem Cavalier am Zügel geführt, vorsichtig traben lassen. Ein zum Theil phantastisches Costüm erhöht den Reiz dieser Scene. Das Strandleben ist für den Königsberger zugleich sein Carneval, wo er urplötzlich die

Lust verspürt, sich zu verwandeln. Die Garderobe wird mit Einem Schlag geändert. Frack, Atlasweste, Seidenkleid, Kastorhut bleibt im städtischen Schrank hängen. Die Familienmutter packt das abgetragene Zeug der Familie zusammen, denn »das ist genug fürs Land«. Ihrem besten Freunde, dem Rentier Goldmayer, den Sie noch vor acht Tagen in die Oper haben fahren sehen wie einen Marquis, begegnen Sie am Strande als einem ruinierten Mann wieder. Er trägt einen fallirten Comptoirrock und äußerst bankrotte Hosen, denn das ist gut genug fürs Land. Madame Goldmayer, welche Sie in der Kunstausstellung im blendenden Staate die Propyläen von Athen bewundern sahen und vor der lebendigen Griechenstaffage ausrufen hörten: »Welch ein munteres Völkchen, die Propyläen!« – Madame Goldmayer, die alle durchreisenden Künstler in ihrem Salon versammelt, trägt am Strande einen schlichten braunen Kamelot und abgetragene Glacéhandschuhe; aber ihre interessante, schöne Tochter ist blaßroth gekleidet, und ein allerliebster Schäferhut mit flatternden Bändern sitzt keck auf ihrem Köpfchen. Die Alten maskirt die Oekonomie, die Jungen die Romantik. Der Commerzienrath wird zum Robinson, der Professor zum Diogenes, der junge Regierungsrath zum Rinaldo, der Gymnasialdirector zum schönen Schweizerbuben, der Pastor zum wilden Mann, einen ungenähten Rock auf dem Leibe und einen Baumast in der Hand, und Dichter und Maler lassen sich von weißen Händen Rosen um den Hut winden und blühende Haide.

Der fröhliche und gesunde Sinn der Königsberger wirft alles städtisch Förmliche ab inmitten der Natur. Nicht wie die großen Residenzen ist die Königsberger Gesellschaft durch raffinirte Cultur verschroben. Was alle Fremden an unserer Stadt rühmen, offene Gastlichkeit, ein herzliches Entgegenkommen und die frischeste Familiarität, das ist der bleibende Charakter des königsberger Volkes. So hat auch das Leben in den samländischen Bädern überall denselben Charakter der urfrischen Natürlichkeit und der Familiarität. Fremde Elemente, Aristokratie, Ausländerei sind noch nicht hineingekommen. Das auf der entferntern kurischen Nehrung gelegene Kranz steht allein in dem Rufe einer steifen Gesellschaftlichkeit. In den samländischen Bädern bildet in der That Alles eine große Familie. Die Gäste kennen einander seit Jahren und finden sich als Bekannte in einer Gegend wieder, welche das Heimatliche mit dem Fremden angenehm verbindet. Der Einfluß einer reizenden Gegend, eines gemeinschaftlichen Vergnügens (denn Kranke gibt es dort fast gar nicht mehr) und eines erlösenden Naturlebens eint die Gesamtheit und verwischt selbst die politische Partei. Der samländische Badesommer ist ein großes königsberger und nur bürgerliches Familienfest. Die meisten Gäste sind aber auch Königsberger, denn nur eine kleine Zahl findet sich aus den Provinzialstädten ein. Freilich setzt sich auch die unausbleibliche Philisterei in den einzelnen Orten als sogenannter Stamm fest, in kleinen Familiengruppen, die ihre stereotypen Neigungen haben, was einen ergötzlichen Gegensatz zu dem Ganzen bildet. Es gibt auch Familien darunter, die als Eßkünstler berühmt sind und welche die Natur nur als das mit Blumen verzierte Tischtuch gebrauchen, auf dem sich der Kapaun mit Urbehagen verzehren läßt.

Begleiten Sie mich nun in den ersten und größten Badeort des nördlichen Samlandes, nach Neukuhren. Unter den Baderepubliken beansprucht diese die Hegemonie, weil einige Hundert Menschen darin zusammenkommen und die Menge überall auch die Macht ist. Die Lage dieses von Fischern und Ackerbauern bewohnten Dörfchens ist sehr schön. Es liegt hart auf dem Ufer, dessen malerische Partien hier beginnen, auf einem Berge, von dem man die immer schöne Aussicht auf das Meer und seine bewaldeten Gestade genießt. Die sogenannten Curhäuser, einfach und nicht ohne Geschmack gebaute zweistöckige Gastwohnungen, stehen in einem Garten unmittelbar auf dem Ufer, von dem eine kunstlose Treppe zur Badestelle hinunterführt. Der Badeapparat besteht dort in einer Reihe von strohernen Buden und in einem Badestrick, der etwa dreißig Fuß weit an Pfählen in die See geleitet ist. Der freie Gartenplatz zwischen den vier Curhäusern ist zu allen öffentlichen Vergnügungen bestimmt. Unter den samländischen Badeörtern ist gerade Neukuhren das Eldorado der jungen vergnügungssüchtigen Welt. Der königsberger Student, der Referendarius und der junge Kaufmann geben hier den Ton an, welcher immer einen Anstrich von familiärer Gemütlichkeit, von burschikoser Ausgelassenheit und von flacher Äußerlichkeit hat. Die jugendliche Gesellschaft erzeugt sich dort sogar eine specifische Localsprache und kuhrener Nationalgesänge, welche die Begeisterung aus einer Punschbowle geschöpft hat. In jeder Badesaison wird ein neues Gesellschaftslied zur Nationalhymne gestempelt, und man hört diese kuhrener Marseillaise bei jeder Gelegenheit, wo sich das junge Volk lustig macht. Man wählt übrigens einen Rath der Lustbarkeit, meist aus jungen Leuten, welche in den Künsten der Courtoisie bewandert sind. Diese Meister des Vergnügens sind die Götter der unauslöschlichen Heiterkeit und die Gesetzgeber der Freude, unter allen Gesetzgebern wol die glücklichsten. Sie beginnen ihr Amt damit, daß sie vor allen Dingen eine Musikbande, eine samländische Dorfkapelle, für die Badezeit miethen. Sie hat ihren Sitz unter einem wilden Birnbaum, wo sie Mittags das Andenken Mozart's, Beethoven's und Haydn's auf höchst eindringliche Weise verherrlicht, Abends aber, sobald Hesperus über die See kommt und die Talglämpchen in den Bäumen glimmen, zum Tanz aufspielt. Regelmäßig tanzt dort die Jugend alle Abend unter dem Birnbaum auf der nackten Mutter Erde, in ländlicher Losgebundenheit, den Kornblumenkranz im Haar und die blühende Lust auf den Wangen – das naivste und frischeste Genrebild, das man sehen kann. Aber es gibt auch bisweilen ein vagabondirendes Theater, wobei das junge Publicum die Schauspieler durch Dazwischenspiel zu persifliren pflegt, eine Jongleurproduction, ein Feuerwerk, eine Darstellung von lebenden Bildern, welche irgendein junger Königsberger Maler arrangirt. Dies muntere Völkchen hat auch seine genialen Anwandelungen. ...

Das kleine Fischerdorf, das mich so manchen Sommer beherbergt hat, heißt Sassau. Es ist das kleinste der ganzen Gegend, aber in überaus anmuthiger Umgebung und der Sitz weniger Familien, welche Natur und ein zurückgezogenes, heiteres Leben lieben. Das bescheidene Dörfchen ist der angenehmste Familienaufenthalt im Samlande. Zwölf Fischerhäuser und Bauerngehöfte stehen da im Kreise auf einem Hügelgelände, zum Theil in Gärten, wo der sauere Apfel und die sauere Kirsche reift. Mitten innen liegt ein Teich, eine trübe Lache – es ist ein komisches Bild von concentrischen

Gruppirungen. Auf dem Teiche schwimmen die Gänse, um den Teich liegen die Schweine, welche der Dörfler an Pflöcke gebunden hat, um die Schweine her spielen die Kinder, dann folgt der Kranz von Hütten mit ländlicher und städtisch-ländlicher Staffage. Die Gegensätze zwischen dem culturlosen Menschen in seinen ältesten und rohesten Beschäftigungen und dem Menschen der Gegenwart und ihrer kosmischen Gedanken sind ergötzlich schneidend.

Sehen Sie, dort unter den Bäumen sitzt ein junges Mädchen mit schönen braunen Augen, den »Hyperion« oder die »Consuelo« in der Hand, zwei Schritte von ihr wälzt sich das borstige Schwein, und frank und frei straft das Fischerweib den zweijährigen Jungen ab, der nichts am Leibe hat als ein entsetzlich schwarzes Hemd; eine Gänsemarjell (Marjell ist ein mundartliches Wort und heißt kleines Mädchen) jagt die schnatternden Gänse auf die Weide, eine Ruthe in der Hand; dort sprengt halbnackt ein sechsjähriger Roßjunge, ein wahrer Csikos, im sausenden Galopp durch das Dorf nach dem Roßgarten. Vor der Thüre jenes Häuschens, das unmittelbar ans Kornfeld stößt und worin der Philosoph Karl Rosenkranz wohnt, ist eine quäkende Fischerfamilie um das misriechende Fischfaß beschäftigt, die Dorsche auszuweiden. Dort drüben sehen Sie eine andere höchst lebhafte Gruppe. Die Bauern sind auf dem Gehöft des Schulzen versammelt. Dort schüttet man aus Körben unglaublich große Bernsteinmassen, die aus den Strandgruben heraufgebracht sind, in Wasserzuber und wäscht sie von der Erde rein. Der Bernsteinjude, unter den blondhaarigen Fischern Samlands ein doppelt auffallender Fremdling mit seinem schwarzen Bart, mit den scharfen Zügen des Orients, den furchtsam vigilanten Augen und den beweglichen Händen, steht an der Bütte und wacht über den Wäscher, daß er nicht ein köstliches Stück beiseite bringe. So steht in Brasilien am Cujaba der Wächter auch und paßt mit denselben furchtsamen Augen auf den Negersklaven, der aus der Dammerde die Diamanten aufwühlt und in dem Korbe wäscht. Einst trieben hier, wie man sagt, die Phönizier den Bernsteinhandel, jetzt treiben ihn ihre Verwandten, die Kinder Israel – das Geschäft blieb in der Familie. Der blinkende Bernstein hat etwas ungemein Anlockendes, und wie sollte er es nicht für den märchenhaften Sinn der Orientalen haben, welche sich so gern mit Dem schmücken, was das geheimnißvolle Meer spendet, mit der Perle Arabiens, mit der Muschel von Ceylon, der Koralle von Hindostan und der Bernsteinschnur vom Samland. Eben hebt der Wäscher ein funkelndes Stück Bernstein aus dem Zuber, es ist vom reinsten Blaßgelb, köstlich an Werth, groß wie eine Mannsfaust. Ich möchte es haben, einer schönen Freundin es zu schenken; aber es kostet ein paar Hundert Thaler. Die schlanke Zuleika, die Favoritodaliske des Omer-Pascha, wird es über's Jahr als Toilettenkästchen neben sich stellen, gefüllt mit dem persischen Rosenölfläschchen, wenn sie unter den Terebinthen von Damaskus liegt; die Mandoline im Schoos, und mit verliebten Augen einen Blumenstrauß entziffert. Der Phönizier schmunzelt und schließt das Stück schnell in den Kasten, zieht den Schlüssel ab und steckt ihn sorgsam in seine schmutzige Tasche. Man muß wissen, daß der Bernsteingewinn nicht mehr wie früher durch den Staat betrieben wird, sondern daß die einzelnen Dorfschaften jetzt das Recht haben, auf ihrem Territorium gegen eine Pachtabgabe den Bernstein zu fischen oder zu graben. Zu diesem Zweck machen sie mit dem Händler einen Pact.

Die Gesamtsumme des gelösten Geldes vertheilen unter sich die Bauern nach dem Maß der Arbeit. Im Durchschnitt gewinnt jeder aus der Bernsteingrube einen Ertrag von 100 Thalern; dazu kommt noch der Gewinn der Bernsteinlese aus dem Tang und der Bernsteinfischerei mit dem Schöpfnetze.

Begleiten Sie mich zu den sassauer Bernsteingruben (natürlich sind sie nicht die einzigen der Küste). Der Weg führt durch ein anmuthiges Thal, welches nach der Landseite zu malerische Bergpartien abschließen, über einen Bach, die weißen Sanddünen hinauf. Wir halten hier an und blicken auf ein seltsames Schauspiel hinunter, auf ein offenes Bergwerk hart am Meer. Das Sandufer ist vom obersten Rande senkrecht 100 Fuß hoch abgegraben. Die steile weiße Wand flimmert wie eine polirte Marmorfläche, mit gelben, schwarzen, schneeweißen, rothbraunen Adern und Schichten – unten ein Gewühl von Arbeitern, von Männern, Weibern und Kindern. Ein Theil gräbt noch in die Tiefe, um auf die schwarze Bernsteinerde zu kommen; Andere karren den ausgegrabenen Sand, in langen Reihen hintereinander, auf dem Bretterstege bis ans Meer, wo die Karren umgestürzt werden und die ausgeworfene Erde bereits einen hohen Wall gebildet hat, welcher gegen das Andrängen der Nordflut schützt. Der Aufseher sitzt vor seiner Strohbude. Die Gruppen geben ein höchst malerisches Bild, zu welchem Himmel, Düne und Meer den Rahmen bilden. Die rothen Kopftücher der Weiber, die weißen Hemdärmel, der blaue oder grüne Wollenrock bringen bunte Farben in dies Gemälde, und in manchem herculischen Fischer mit seinen nackten muskulösen Armen, die knarrende Karre schiebend oder den Spaten einsetzend, möchten Sie einen Masaniello des Nordens erblicken. Wenn die Vesperstunde kommt (das Avemariaglöckchen hört man freilich nicht) und sich die Gruppen lagern, gibt das pittoreske Bild, von oben beschaut, einen gar schönen Anblick. Sehen Sie, dort weiterhin ist das Strandbergwerk bereits vollendet und der Bernstein wird schon aus dem Humus gegraben oder vielmehr gestochen; vorsichtig setzt der Gräber seinen langen Spaten ein, dessen Eisen nur einen Zoll breit und etwa sechs Zoll lang ist; er durchsticht langsam die Erde, um den Stein abzulösen, der freilich oft genug zerstoßen wird. ...

GREGOROVIUS, FERDINAND, geboren 1821 in Neidenburg, trug ursprünglich den Namen Grzegorzewski-Gregorowitz, hat ihn dann aber latinisiert. An der Königsberger Universität studierte er Theologie, Geschichte und Philosophie. Sein besonderes Interesse galt Italien und Rom. Seine »Geschichte der Stadt Rom im Mittelalter« gehört zu den großen Standardwerken über die Ewige Stadt, die ihm das Ehrenbürgerrecht eines Civis Romanus verlieh. Wenig bekannt ist, daß Gregorovius schon als Neunjähriger in Neidenburg erlebt hat, wie bei der Niederschlagung des polnischen Aufstands russische zaristische Truppen polnische Aufständische über die Grenze drängten und diese in seiner Heimatstadt Aufnahme fanden. Er trat dann für die Freiheit des polnischen Nachbarvolkes ein und schrieb 1849 seine Polen- und Magyarenlieder. Die »Idyllen vom Baltischen Ufer« schrieb er auf seiner Reise nach Italien im Jahre 1852.

Morgenlob in Masuren

Noch leuchten die Sterne im Weltenraum,
Rundherum noch nächtliches Dunkel,
Und doch inmitten der nächtlichen Schatten,
Menschliche Schritte hört man von ferne.

Irgendwelche Geräusche, irgendein Stimmengewirr
Und Widerhall menschlichen Schwatzens,
Es versammelt sich jung und alt,
Es versammeln sich miteinander die Kinderchen.

Wenn auch ringsum der Schnee verweht,
Und zusätzlich nächtliches Dunkel
Den Menschen das Laufen erschwert,
Überirdisches dennoch sie drängt.

Jegliches Volk aus dem ganzen Dorfe
Zieht freudig schon gegen Morgen,
Um trotz der täglichen Sorge
Zu preisen der Heerscharen Herrn.

Doch enttäuscht ward unsere Hoffnung,
Verklungen die Lieder im Brausen des Windes,
Das Morgenlob läuft ganz anders ab,
Einem Theater fast ähnlich.

In der heiligen, wunderbaren Nacht,
Wenn das Herz vom Geist ist ergriffen,
Nur unsere Augen wir sättigten,
Aber hungernd blieb unsere Seele.

Sie wünschen, daß in fremder Sprache,
in dieser heiligen, wunderbaren Zeit,
Zum Kindlein Jesus – in der Krippe,
gleichsam lästernd sie nun beten sollen.

Versunken die geistliche Bildung,
Verschwunden der Erlösung Kranz,
Wenn wir denken an vergangene Zeiten:
Morgenlob ist nur für Deutsche.

(Aus dem Polnischen von Ursula Fox)

Mein heimatlicher masurischer Wald

Was bietet er uns nicht alles
Dieser heimatliche, masurische Wald.
Blaubeeren, Pilze in Hülle und Fülle,
   bis zu den Hüften –
Schenkt er zur warmen Sommerzeit.
Was bietet er uns nicht alles,
Dieser heimatliche, teure Wald.

Was bietet er uns nicht alles,
Unser heimatlicher, teurer Wald.
Manchmal mit einem Bündel Zweige
Beschenkt er in herbstlicher, kühler Zeit.
Was bietet er uns nicht alles,
Unser heimatlicher, teurer Wald.

Was bietet er uns nicht alles,
dieser heimatliche, teure Wald.
Mit Segen beschenkt er uns

Ob zur Winter- oder Sommerzeit.
Schließlich hast du nichts Schöneres
Als meinen heimatlichen, masurischen Wald.

(Aus dem Polnischen von Ursula Fox)

Masurische Klagelieder

Über masurischen Gewässern
Erhoben sich Gesänge,
Doch die Töne sind uns fremd,
Wie Möwen von den Meereswassern,
In Schwärmen hergekommen,
Übertönend unseren Gesang.

Unsere Harfen, unsere Lauten,
An den Weiden haben wir sie aufgehängt,
Unsere Köpfe traurig hängen lassen,
In Sack und Asche uns gehüllt.
Denn alles, was uns fröhlich stimmte,
Hat sich irgendwo von uns entfernt.

Unserer lieben Sprache Laute,
Die wir unserer Brust entlockten,
Und die Gott zum Danke sangen,
Die hinauf zum Himmel strömten,
Die wie das Morgenrot uns leuchteten,
Vernichten wollen sie in Meeresfluten.

Wo beim Morgenlob das Lied der Kinder
Die Winde gen Himmel trugen,
Dort die deutsche Kultur heute

Hat Theater eingerichtet,
Statt Gebet für ihre Sünden,
Tanz, Musik, Gelächter nun erklingen.

Laß unser flehentliches Rufen
Für unser geliebtes Volk
Hinaufsteigen zu den Himmeln
Oder irgendwo über den Ozean,
Laß es ertönen mit traurigem Klang
Über der heimatlichen Sprache Tod.

Wir pochen ans Gewissen
Der kultivierten Menschheit,
In deren Herzen ohne Zweifel
Mitleid wird erwachen,
Laß sie jenen Schmerz erkennen
Über den Verlust der Muttersprache.

Auch zu Gott tragen wir hin
Unser leidenschaftlich Lied,
Er kehrt gern dort ein, wo Angst regiert,
Zweifellos er uns erhört.
Er vermindert unsere Leiden,
Der Väter Sprache er uns wiedergibt.

(Aus dem Polnischen von Ursula Fox)

KAJKA, MICHAŁ, wurde 1858 in Skomacek bei Lyck geboren, er verdiente sich fast bis zum Lebensende seinen Unterhalt als Maurer, Zimmermann und Ofensetzer. In seinen religiös-patriotischen Gedichten überwiegt die Sorge um den Erhalt der polnischen Sprache bei den evangelischen polnischsprachigen Masuren. Er gehört zu den bedeutendsten Volksdichtern polnischer Sprache, der weit über seine masurische Heimat bekannt wurde. In der Abstimmungszeit agitierte er für Polen. Kajka war aber gleichzeitig ein preußischer Patriot und schrieb Hymnen in polnischer Sprache auf den Kaiser (Wilhelm II.), z. B. das auf Seite 344 abgedruckte Gedicht »Zu Kaisers Geburtstag«. Es ist ein guter Beweis dafür, daß man zu einer sprachlichen Minderheit gehören und ebenso ein loyaler Bürger seines Staates sein kann. Kajka starb 1940 in der Nähe von Arys.

In der Heimat

Wieder steh' ich auf dem heil'gen Boden
Meines heißgeliebten Vaterlandes;
Wieder seh' ich seinen grauen Himmel,
Seine Berge mit den grünen Wäldern
Und der Seen spiegelhelles Antlitz.
Wieder hör' ich jene süßen Laute,
Jene Klänge meiner frühsten Jugend,
Die seit lange mir verstummt schon waren
Und nur manchesmal, wie Engelstimmen,
Leis und mild durch meine Träume bebten,
Als ich fern den heimatlichen Fluren.
O, es waltete das Schicksal grausam,
Daß es mich so früh hinausgestoßen
In die fremde Welt, zu fremden Menschen,
Wo ich nie mich heimisch fühlen konnte,
Wo mir immer meine Heimat fehlte.
Und sie spotteten des armen Knaben,
Jene Menschen mit den kalten Herzen,
Wenn sein Auge sich mit Tränen füllte
Und sein Herz sich sehnte nach der Heimat,
Nach der Heimat, die für ihn verloren,
Wie das Paradies der ganzen Menschheit.
Und damit sein Land er ganz vergesse,
Jenes Land, das ihn geboren, hat man
Seiner Väter Glauben ihm entrissen,
Seiner Väter Sprache ihm entrungen,
Ihn gelehrt dem Vaterlande fluchen!
Glauben, Sprache konntet Ihr mir nehmen,
Doch mein Herz blieb immer, immer polnisch!
Und ich hab' es immer tief empfunden
Jenes Weh, das auf uns Polen lastet,

Das Ihr Menschen mit der fremden Sitte
Über uns gebracht seit hundert Jahren;
Und ich fühl' es jetzt nur um so tiefer,
Da ich fremde in der weiten Fremde
Und auch fremd auf heimatlichem Boden.

KĘTRZYŃSKI, WOJCIECH, wurde 1838 in Lötzen als Adalbert von Winkler geboren. Als er seine polnische Abstammung entdeckte, verstand er sich als Pole, lernte Polnisch und studierte in Königsberg. Wegen seiner Unterstützung der polnischen Aufständischen 1863 gegen Rußland wurde er ins Gefängnis geworfen. Nach seiner Entlassung widmete er sich geschichtlichen Studien, zuletzt bis zu seinem Tode im Jahre 1918 in Lemberg. In wissenschaftlichen deutsch-polnischen Auseinandersetzungen ergriff er für die Polen Partei. Viel Aufmerksamkeit widmete er dem Studium der polnischsprachigen Masuren und förderte deren Schrifttum. In seiner Jugendzeit schrieb er in deutscher Sprache, bekannte sich in den Gedichten jedoch zu seiner polnischen Herkunft. Dies belegt sein »Liederbuch eines Germanisierten«.

Die Marienburg

Es ist bereits gesprochen worden von unserem wunderlich pani-schen Verhältnis zur Geschichte, vor allem zu unserer Ge-schichte. Das Land zwischen Weichsel und Memel lag so herrlich gegenwartsnah, so völlig auf zeitloses Sein gestellt unter den großen Himmeln des Ostens, daß die Vergangenheit machtlos blieb neben dem Glanz und der strahlenden Sonne der Gegenwart. Vielleicht sprach auch eine Art von Raumgefühl mit: auch die Geschichte war für uns im Westen lokalisiert. Alles Wesentliche, was wir auf der Schule lernen mußten, von Karl dem Großen bis zu den Staufer-kaisern, von Luther bis zu Schiller und Goethe hatte sich weit jen-seits der Weichsel abgespielt, auf dem Boden des Reichs, das für un-ser schlummerndes Denken eben im Westen lag. Bei uns war's schön; Geschichte geschah woanders. Unser ungewecktes Gefühl verlegte sogar die Habsburger und Maria Theresia und Wien in den Westen.

Und der Orden? Und die Hochmeister? Und Tannenberg? – Ge-wiß, wir hörten davon, obwohl für die Schule unserer Zeit der Be-griff Heimatkunde noch nicht erfunden war (was nichts schadete: die Dinge und Ereignisse der eigenen Welt sind uns infolgedessen niemals wohlmeinend zerredet worden). Wir hörten wohl davon, aber es berührte uns nicht, streifte unsere Welt so wenig wie die schönen alten Giebelhäuser Elbings oder die Reste der alten Stadt-mauer, die alten Kirchen von St. Marien oder St. Nikolaus, das da-mals noch seinen kleinen Dachreiter von dem Brand von 1777 trug und nicht den großen, fürstlichen neuen Turm von 1907, der nach alten Stichen dem einst vom Blitz zerstörten nachgebildet war.

In der Schule hörten wir kaum etwas von der Geschichte des Landes Preußen, wenigstens nicht in den Knabenjahren: da hielten wir bei Griechen und Römern, und das schadete auch nichts. Unse-re Beziehung zu Hermann Balk und Hermann von Salza, zu Win-rich von Kniprode und wie die Männer des Deutschen Ordens sonst noch hießen, ergab sich indirekt, nämlich auf dem Weg über die Lektüre. Um dieselbe Zeit, in der wir Tag und Nacht über Dahns Kampf um Rom hockten und uns für Totila und Teja und seinen Untergang am Vesuv begeisterten, griffen wir nach Ernst Wicherts »Heinrich von Plauen«, und dessen drei zerlesene Bände, von irgendeinem Mitschüler geliehen, waren es, die uns den Zugang zu der Geschichte des eigenen Landes auftaten. Von Wichert bekamen wir die erste Vorstellung von der Gestalt des Komturs von Schwetz, der nach der unglücklichen Schlacht von Tannenberg 1410 noch einmal den Orden und die Marienburg rettete und das Land für ein weiteres halbes Jahrhundert vor dem polnischen Raubzug bewahrte. Wichert gab der Geschichte Preußens die großartige Romantik des Männlichen, die Jungens brauchen, um überhaupt Geschichte für etwas anderes als ein unbequemes Schulfach anzusehen. Mehr als ein Menschenalter später kam ich einmal bei einem Frühstück im Old Inn Unter den Linden mit dem Erbprinzen Reuß auf meine Herkunft aus dem Osten und auf den Hochmeister Heinrich Reuß von Plauen zu sprechen, und er meinte, er müsse doch einmal nach Marienburg fahren und sich die Welt ansehen, in der dieser berühmteste seiner Vorfahren gelebt und gewirkt hätte. Ich riet ihm, falls er auf den »Vorfahren« Wert lege, den alten Roman Wicherts vorher zu lesen, in dem der Romananteil an der Historie sich wesentlich daraus ergab, daß der Komtur von Schwetz, obwohl ein harter Mann und Ordensbruder, auch einmal wie der Mann mit dem Hirsch im wilden Forst die Liebe gefühlt habe. Der Erbprinz lachte; aber später gestand er mir, daß die Erzählung Wicherts ihm mehr von der Geschichte des Ordens gegeben habe als Treitschke. Es war ihm gegangen, wie es uns als Jungens ergangen war – und eine bessere Rechtfertigung können die guten alten Historien des Königsberger Landgerichtsrats eigentlich nicht verlangen.

Damals aber hatte die Lektüre des Romans eine unmittelbare Folge: wir empfanden das unabweisbare Bedürfnis, die Marienburg des Hochmeisters Heinrich von Plauen in natura zu sehen. Wir hatten sie schon oft gesehen: immer, wenn wir auf dem Thumberg, in Vogelsang oder bei den Grunauer Wüsten auf den Höhen über dem Drausensee waren, stand sie am Horizont, eine kleine, fast quadratische Erhebung, aus deren Mitte ein dünnes, zierliches Türmchen aufragte. Aber das war nur von weitem so, ganz von weitem sogar: wir wollten sie aus der Nähe sehen, den Remter und die Polenkugel, die große Muttergottes, alles, wovon das herrliche Buch Wicherts erzählte, das beinah noch schöner war als der Kampf um Rom, eben weil man dahin konnte, wo die Geschichte spielte. Italien und der Vesuv waren zu weit weg – das war beinahe noch fernere Geschichte als die des Reichs.

Eisenbahnfahren war bei uns eigentlich etwas verpönt, und als Mutter von unserem Plan hörte, schüttelte sie mit leichter Entrüstung ihren schwarzen, lockigen Tituskopf, den sie nach einer schweren Krankheit, bei der sie lange hatte liegen müssen, noch immer trug. »Marienburg?« fragte sie vorwurfsvoll. »Was wollt ihr denn in dem Nest?«

Aber diesmal fand sie bei Vater keine Unterstützung. Er empfand es trotz all seiner Seßhaftigkeit als sinnvoll, daß wir das Schloß einmal in unseren Jahren erlebten: er bewilligte das Reisegeld nicht nur für mich, sondern ebenso für Walter Haese. Ich sollte nur den Vater Haese vorher fragen, ob Walter mitdürfe, das Billett würde er, Vater, bezahlen. »Natürlich vierter Klasse.«

Diese inzwischen von den deutschen Bahnen wieder verschwundene billigste Klasse bei den Personenzügen – für 9,70 Mark fuhr man in ihr, allerdings gemächlich in vierundzwanzig Stunden, von Elbing bis nach Berlin –, diese vierte Klasse empfanden wir durchaus nicht als Herabminderung unseres Lebensstandards, sondern als eine gute und kluge Einrichtung: für den Rest der Mark, die jeder von uns bekam, konnten wir in Marienburg Kaffee trinken und womöglich Kuchen essen. Für alle Fälle gab Vater mir noch eine weitere Mark mit, falls der Eintritt in das Schloß mehr kosten sollte. »Die bringste aber wieder«, sagte er streng, und ich versprach alles, denn ich wußte ja ganz genau, am Ende hieß es doch: »Na, denn behalt man – fürs nächste Mal!« Die Familie Fechter hatte für sparsames Umgehen mit Geld nun einmal keinen rechten Sinn.

An einem Mittwochnachmittag im September sind wir drei, Walter, Hans Steinhardt und ich, vierter Klasse nach Marienburg gefahren. Die Sonne schien, es war helles, blaues Wetter, die Niede-

rung lag weit und fett im Grün der Wintersaat und ihrer Wiesen –
und um ¹/₂ 3 standen wir auf dem Bahnhof der kleinen Stadt an der
Nogat. Wir wanderten durch die Straßen, über die hölzernen Boh-
len unter den gewölbten Lauben, die Vater uns auch als eine Sehenswürdigkeit angepriesen hatte, worüber wir etwas verwundert
waren: wir fanden eigentlich nichts Sehenswürdiges an ihnen, und
in den kleinen Schaufenstern, über denen sie sich erhoben, auch
nicht. Da gab es bei uns, in der Großstadt Elbing, in der Schmiede-
straße und am Alten Markt denn doch ganz andere Sachen.

Aber dann kam ein Platz und kam wieder eine Straße; sie machte eine Biegung – und auf einmal ragte vor uns rot und riesenhaft
das Schloß auf, um dessentwillen wir unsere Reise unternommen
hatten – die Marienburg. Ein breiter, tiefer Graben umgab sie, grün
bewachsen; jenseits von ihm aber stiegen Mauern auf, von einer
Wucht und Größe, wie wir sie uns auch in unseren romantischen
Träumen nicht vorgestellt hatten. Und als wir ein bißchen weiter-
gingen – es war da, nach den hohen Fenstern zu schließen, so etwas
wie eine Kirche oder eine große Kapelle –, da standen wir auf einmal zu Füßen eines riesigen, fast erschreckend großen Muttergot-
tesbildes, eines Mosaiks aus großen farbigen und goldenen Steinen,
das die Chornische der Kapelle – hoch wie ein Haus – bis oben hin
ausfüllte. Maria hatte das Christuskind im Arm und starrte aus
großen, beinahe unheimlichen Augen über das weite Land des Werders hinüber nach Osten, als ob von dort etwas von Angriff, Drohung, Pest oder Krieg kommen könnte. Das Bild hatte diesen Angriff und diese Drohung schon einmal überstanden, als die Polen
ein Geschütz gegen die Schutzherrin des deutschen Ordens gerichtet hatten, um das Bild zu zerstören; aber das Schicksal hatte ein-
gegriffen: das Rohr des Geschützes war beim Abfeuern gesprungen,
und die Trümmer hatten den Mann, der es auf die Muttergottes gerichtet hatte, des Augenlichtes beraubt. Wir verstanden nichts von
Kunst und nichts von Mosaik: wir empfanden nur dunkel einen
großen dunklen Sinn und spürten wieder etwas von der drohenden,
wortlosen, stummen Gewalt der Geschichte, die immer noch über
diesem Lande lag und wartete.

Wir sind dann weiter um das Schloß herumgegangen, soweit man das konnte. Wir standen unten auf der Schiffbrücke über die Nogat, deren Konstruktion aus lauter miteinander verbundenen Schiffchen uns zunächst einmal viel mehr interessierte als das großartige Bild der alten Burg, die da vor uns, Sinnbild eines herrischen staatlichen Willens, über dem Nogatdamm sonnenbeschienen in das lichte Blau des Septemberhimmels wuchs. Das Wasser des großen Stromes, der erst ein Menschenalter später um sein gefährliches Leben gebracht und zu einem langen Teich degradiert wurde, schoß rauschend und glucksend zwischen den Booten hindurch, die die Brückenbahn trugen; die herrscherhafte Schönheit der Front des Westschlosses unter ihren Zinnen über dem Sommerremter des Meisters, die der jüngere Gilly noch in den Jahren des Verfalls in seiner wunderbaren Radierung festgehalten hat, kam uns nicht zum Bewußtsein, wohl aber, daß dies ein Schloß und eine Burg, eine Festung Gottes und der Jungfrau war und daß ein Mann wie Heinrich Reuß von Plauen recht daran getan hatte, diese Festung mit allen Mitteln zu verteidigen und nicht den Polen zu übergeben.

Wir sind dann wieder hinaufgeklettert zum Schloß und haben uns zuletzt auch hineingetraut, da der Einlaß »für Schüler« nur 25 Pfennig kostete: das konnten wir uns leisten. Wir gingen auf der schweren Zugbrücke über den Graben, standen in dem großen Hof des Mittelschlosses mit seinen Kreuzgängen und mit dem großen, ein bißchen neu wirkenden Brunnen – und dann sind wir, zusammen mit ein paar Erwachsenen und geführt von einem alten würdigen Kastellan, durch das Hochschloß und die Remter gewandert. Und da ist bei mir zum erstenmal so etwas wie ein Gefühl für die Schönheit der Architektur aufgewacht. Gewiß: die Kugel in der Wand vom Sommerremter des Hochmeisters, die die Polen einst bei der Belagerung nach der Tannenberger Schlacht abgefeuert hatten, um (beim Zielen gelenkt durch die am Fenster aufgehängte Mütze eines Verräters) die eine Säule, die allein das ganze Gewölbe trägt, zu zerstören und so den Meister und die Brüder alle auf einmal unter den Trümmern des stürzenden Gewölbes zu begraben –, diese Kugel, die fehlgegangen war, so daß Säule und Gewölbe stehenblieben und das Geschoß, frisch schwarzgestrichen noch heute in der weißen Wand des Remters zu sehen und zu besichtigen war: diese

Kugel interessierte uns um so brennender, als wir sie schon von Wichert her kannten und nun als nachträgliche Bestätigung der ganzen Lektüre seines Romans nahmen. Sie, die Kugel, gab uns die Sensation von Krieg und Kampf und Gefahr, ohne die Jungens nun einmal nicht leben können: wir betrachteten sie viel eingehender als die Bildnisse der Ordensbrüder, die da auf die Wände gemalt waren, und einige waren sogar von Menzel, wie der alte Kastellan behauptete. Menzel, das war der mit der Lupe am Rahmen seines Bildes in der Ausstellung in Elbing: aber was war schon Menzel gegen eine polnische Kugel in der Wand, die beinahe die einzige Säule von Meisters Sommerremter getroffen hätte!

Wir sind dann weitergezogen, durch die Säle und Hallen des Schlosses. Wir waren in der Kapelle, in der viele der Hochmeister begraben liegen, darunter auch »der ehrwürdige Meister Heinrich von Plawen«, dessen Gebeine man von Lochstedt am Frischen Haff – wo der Pfleger von Balga gestorben und zuerst beigesetzt war – später nach der Marienburg gebracht hat. Wir lasen, so gut das Licht es noch erlaubte, die Tafel im Kreuzgang um den Hof des Mittelschlosses, die da meldete, daß hier – o weh, o weh, o weh und ach, Werner von Orseln seinen Hochmeister meuchlings erstochen hatte; wir wanderten durch Jahrhunderte ferner Geschichte und konnten schließlich trotz Wichert und seinem Roman von dem großen Komtur von Schwetz keinen Zugang zu ihr finden. Gewölbe und Mauern, leere, riesige Räume, aus denen das Leben längst entwichen war; wir folgten dem alten Mann, hörten seine Erklärungen und überlegten heimlich, wie wir entweichen könnten.

Wir taten es aber nicht, und am Ende waren wir froh darüber. Denn auf einmal sagte der alte Führer, die Herrschaften, die sich vor Treppen nicht fürchteten, könnten jetzt, wenn sie wollten, den Aufstieg zu den Zinnen des Hochschlosses unternehmen. Wir fürchteten uns nicht, im Gegenteil, wir liefen voran – und dann traten wir aufatmend in den schmalen Gang, der hinter den Zinnen des Haupthauses unmittelbar über dem Sommerremter sich hinzieht, und sahen durch die Zwischenräume zwischen den schweren, aufragenden Zinnen hinab auf den Strom und über den Strom hinweg in das endlose, grüne, flache Land, das da unten friedlich unter der schon blassen, sinkenden Septembersonne lag, weit bis zum Horizont, an dem sich, fern im Glanz seiner warmen, abendlichen Farben, das Hohe Land von Elbing, von den Bergen am Haff bis zum Thumberg erhob, unter dem wir im leichten Dunst ihrer Essen die unsichtbar bleibende Vaterstadt ahnten. Drüben aber, vom Licht der Sonne zu durchsichtigen Schatten aufgelöst, ragten die Danziger Berge auf, das riesige Delta zwischen Weichsel und Nogat im Westen sichernd, wie die Elbinger Höhe es drüben im Osten tat.

Wir haben da oben gestanden, solange es irgend möglich war: erst als eine rufende Stimme von unten klang, sind wir zögernd wieder die steinernen Treppen abwärts gestiegen. Die ungeheure Weite dieses Blicks ließ uns nicht los: sie gab uns mehr von der heimatlichen Welt als die alten und neuen Mauern da in der Tiefe unter uns. Wir gingen wieder, wie so oft, in das Land ein und überließen uns seiner Weite und Freiheit, seiner endlosen Schönheit, die unsere Seelen weitete, während uns die Burg da unter uns einengte und bedrückte. Wenn wir Marienburg dachten: wir haben immer zuerst diesen zauberhaften Blick von den Zinnen des Hochmeisterschlosses gesehen, das weite, fruchtbare Land des Werders da unten in der Tiefe, mit seinen Gehöften und Dörfern, seinen fernen Strohdächern und Kirchtürmen. Wir kannten noch kaum etwas von diesen Dörfern und Gehöften – wir ahnten nicht, daß da unten auf dem anderen Nogatufer, jenseits der riesigen Brücke mit den mächtig schwingenden Eisenbogen ein Ort namens Warnau war, in dem viele Jahrzehnte später ein Mann seinen Wohnsitz haben würde, dessen Name mit in die Weltgeschichte eingehen sollte. Er hieß Hermann Rauschning und war 1933 Senatspräsident der sogenannten Freien Stadt Danzig; aber die Partei – ein Begriff, der in unserer Jugend glücklicherweise noch nicht erfunden war – liebte ihn gar nicht, und so zog er sich zum Wochenende immer aus seiner Residenz Danzig hier in den sichernden Schatten der Marienburg zurück. Erstens war da die Freistaatgrenze erheblich näher, vor allem die sogenannte Grüne Grenze, die man ohne Kontrolle (nach Osten zu und ins Polnische) überschreiten konnte – und dann gab es in dem Haus in Warnau, das Rauschning gehörte, so etwas wie einen Winterkern, das heißt, einen Raum mitten im Haus, in den man von außen nicht hineinschießen konnte. In den damaligen Zeiten war das auch für einen Senatspräsidenten ein ganz angenehmes Gefühl.

FECHTER, PAUL, geboren 1880 in Elbing, war nach eigenem Selbstverständnis »Theater- und Kunstkritiker«, aber auch Journalist und Romanautor. Seine »Dichtung der Deutschen« von 1932 mußte sich für die Neuausgabe als »Geschichte der deutschen Literatur« (1941) in einigen Punkten – vor allem durch Kürzungen – den Wünschen der Nazis fügen. Noch 1935 war es ihm gelungen, einen positiven Nachruf auf Max Liebermann zu veröffentlichen, der Jude war. Sein Theaterstück »Der Zauberer Gottes« wurde verboten. Seine Jugenderinnerungen erschienen 1954 unter dem Titel »Zwischen Haff und Weichsel«. Darin erzählt Fechter von einem Besuch der Marienburg in seiner Jugendzeit. Der heutige Besucher der Marienburg, die von den Polen wiederhergestellt wurde, wird vieles wiederfinden, was Fechter beschreibt. Fechter starb 1958 in Berlin.

O Ermland ...[1]

O Ermland, du mein liebes,
Geliebtes Heimatland,
Hast mich in Schlaf gewieget,
Mein Herz es so empfand.
Der Feind dich an sich raffte,
Doch schlief nicht unsre Art,
Der Knechtschaft Fesseln schaffte
Hinweg die Gottestat!

Wir, Ermlands treue Kinder,
Wir lieben dieses Land,
Nach Jahren Wind und Wetter
Das Glück uns wiederfand.

Das Allensteiner Schlosse,
Wo Ordensritter warn,
Im polnischen heut Schoße
Wiedergeboren ward!

Das Ermland ward geknechtet,
Bis Kampf bracht helles Licht,
Der weiße Adler rechtens
Zurückgekehret ist.
Ermland, du, auferstanden,
Hör deiner Kinder Ruf,
Für dich hat Pol'n gestanden
Im Kampf und gab sein Blut.

(Aus dem Polnischen von Winfried Lipscher)

---

[1] Die Hymne »O Ermland« entstand 1920 in der Abstimmungszeit und wurde am 2.6. in einem Konzert in Allenstein uraufgeführt. Die Musik schrieb Felix Nowowiejski, geb. 1877 in Wartenburg. Veröffentlicht wurde das Lied am 18.5.1920 in der »Gazeta Olsztyńska« (polnischsprachige »Allensteiner Zeitung«). Als Vorlage diente der »Hymn polski« (polnischer Hymnus) von Władysław Bełza (siehe die Noten). Die Bearbeitung des Textes für den Gebrauch seit 1920 erfolgte durch Rudolf Nowowiejski, den Bruder des Komponisten. Das Lied zeugt vom kämpferischen Geist der polnischen Minderheit im Ermland, die 1920 den Anschluß des Ermlandes an Polen forderte. Quelle: »Polskie pieśni historyczne«, ausgewählt von J. Jasieński und T. Matulewicz, Olsztyn 1988.

Mein Ermland

Gesang und Klavierbegleitung · Volksweise nach Kothe · Mäßig bewegt

1. Mein Erm - land will ich eh - ren, so lang ich leb' und bin,
die Äk - ker sind voll Äh - ren, die Wie - sen sind so grün,
und durch die Blumen au — wallt's Flüß - lein himmelsblau —.
Mein Erm - land will ich eh - ren, so lang' ich leb' und bin!

2. Mein Ermland will ich lieben,
   ihm sei mein Herz geweiht.
   Hier ist es noch geblieben
   wie zu der Väter Zeit,
   hier gilt noch Sitt'und Treu,
   nicht Trug und Heuchelei.
   Mein Ermland will ich lieben,
   ihm sei mein Herz geweiht!

3. Mein Ermland will ich preisen,
   wo ich auch immer bin;
   mein Leben soll beweisen,
   daß ich Ermländer bin.
   Will bleiben fromm und gut,
   bewahren treuen Mut.
   Mein Ermland will ich preisen,
   wo ich auch immer bin.

---

[1] Diese deutsche »Ermlandhymne« ist älter als die polnische. Sie stammt aus der Zeit um 1870 und enthält keine national-politischen Elemente. Das Lied diente nicht als politisches Kampflied, sondern besang Landschaft und Sitte der Heimat. Der Text stammt von einem heute unbekannten Autor. Es sind nur seine Initialen überliefert: A. M. Dieses Lied erfuhr später mehrere Bearbeitungen.

Das erste Lied von der Heiligsten Jungfrau Maria in Dietrichswalde

Bald nach Sonnenuntergang
Ein wunderbarer Stern erstrahlte,
Über Ermlands Erde aufgegangen,
Um uns hell zu leuchten.

Diese Nachricht wie ein Wunder
Breitet sich schnell aus im Volk,
Überall hört man die Kunde:
In Ermland gibt es neue Wunder.

Dietrichswalde, glücklich dieses Dorf,
Denn dieser Stern – die Mutter Gottes –
Ist auf dem Ahorn dort erschienen
Den Gläubigen zum Schutze.

Ganz und gar himmlisch ist die Sache,
Daß Maria so ganz voller Huld,
Von diesem Ahorn schaut herunter
Auf das bedrängte Volk.

Erwählt hat sich die heil'ge Jungfrau
Zwei einfache, bescheidene Mädchen,
Um zu sprechen mit den beiden.
Sie gebot, den Rosenkranz zu beten.

Das Volk also von nah und fern
Bei Maria Zuflucht suchte,
Sie im Rosenkranzgebete bittend:
Mutter, den Verbannten weis' nicht ab.

Du hast ein Herz voller Erbarmen,
Du siehst dein Volk, welches verachtet,
Du hörst es seufzen, klagen,
Weißt, wovon es schwer geplagt.

Die Hölle furchtbar uns bedränget,
Doch bezwingt sie deine Diener nicht,
Wenn wir voll Demut zu dir flehen,
Stehst du uns, Mutter, helfend bei.

Fröhlichkeit in deinem Antlitz,
Gütig die jungfräulich' Augen,
Anmutig schauen sie uns an,
Zu dir ziehen sie uns hin.

O tugendhafte, gütige Jungfrau,
Du achtest auf der Menschen Not
Zuversicht gibst du den Zweifelnden,
Ein reuevolles Herz den Sündern.

Die Engel preisen dich,
O Jungfrau, du gesegnete,
Du selbst segnest auch uns
Verbannte Kinder Adams.

Unglückliche, Betrübte
Und Beladene mit Sünden
Unter deinem Schutz sich scharen,
Trübe Herzen du erfreust.

Die Hände falten Elende und Kranke,
Um Gesundheit sie dich bitten,
Der Leidtragenden Nöte wegen
Segnest du der Quelle Wasser.

Schwache kommen dann zu Kräften,
Blinde zu gutem Augenlicht
Der Lahme wirft die Stöcke fort,
Wenn er dein Wasser gläubig trinkt.

Stumme haben wieder ihre Sprache,
Krüppel ganz gesunde Glieder.
Verschied'ne Übel heilen jene,
Die um Hilfe zu dir rufen.

Wer gequält von schwerer Sorge,
Mit zerknirschtem Herzen niederkniet,
Betet ehrlich dann den Rosenkranz,
Von Maria Gnad' empfängt.

Ihr Elenden und Abgehärmten,
Zu dieser Herrin kommt herbei,
Tief mit ihnen euch verneiget
Vor Maria unter'm Ahornbaum.

Keinen Ahorn gab es auf der Welt,
Wie jener ist, auf dem alsdann
Die Mutter Gottes ihren Thron erwählte,
Um bei ihrem Volk zu sein.

So sind wir keine Waisenkinder,
Denn eine gütige Mutter haben wir,
Vom Himmel sie herabgekommen ist,
Um uns zu geben, was wir brauchen.

Vertreib die nächtlich Schatten, Stern,
Laß deine Strahlen leuchten über uns
Und dein Volk sich nicht zerstreuen,
Denn unsere Königin bist du.

Von schwerer Knechtschaft uns befrei,
Lindere das, was uns so schmerzt,
Reiß ab von uns die Ketten, Fesseln,
Du unbefleckt Empfangene.

Jungfrau, du in Gott erstrahlende,
Preisen wollen wir dich ohne Ende,
Entlaß uns nicht aus deiner Obhut,
Wir preisen dich in Ewigkeit.

Beschützerin! Ich, ein armseliger,
Niedrigster, doch treuer Diener,
Bei dir suche Schutz und Schirm.
A. Samulowski aus Schönbrück.

(Aus dem Polnischen von Ursula Fox)

SAMULOWSKI, ANDRZEJ, geboren 1840 in Schönbrück, gehört zu den bekanntesten polnischsprachigen Volksdichtern des Ermlands. Die Festigung
des Katholizismus und die Bewahrung des Polentums im Ermland gehörten zu seinen Grundideen. Er war fest davon überzeugt, daß das Ermland,
das bis zur ersten Teilung Polens im Jahre 1772 zur polnischen Krone
gehört hatte und dann zu Preußen kam, wieder zu Polen gehören müsse.
Dafür warb er nach der Wiederherstellung des polnischen Staates im Jahre 1918 in der Abstimmungszeit. In Dietrichswalde, wo er lebte und 1928
starb, gründete er die erste polnische Buchhandlung im Ermland. Seine
Dichtung war stark beeinflußt von der angeblichen Marienerscheinung in
Dietrichswalde im Jahre 1877, wo die Gottesmutter polnisch gesprochen
haben soll.

O mein Ermland

O mein Ermland! Land der Birken und Kiefern,
Land der rauschenden Fichten, der silbernen
Flammenden Heide und schlanken Wacholder,
Gespiegelt in glasklaren Seen.

Wie schön bist du, wenn im Frühling
Die schlafenden Wälder erwachen – die Apfelbäume
    erblühen …
Wenn im Purpur des Sommermorgens
Der Hirsch am azurenen Quell sich labt.

Wie schön bist du – wenn deine Regenbogen im Sommer
Über den Feldern hängen, den weizenvergoldeten,
Roggenversilberten und leinenblauen,
Und über den Wäldern mit duftendem Harz.

Und wenn dein Antlitz im Herbst verblaßt,
Schmückst du dich mit Ebereschenrot,
So purpurn, frisch und so wunderschön,
Wie süßes Lächeln auf Mädchenlippen.

In Altweibersommerschleier gehüllt
Schmückst du erneut dich mit Getreidesmaragd,
So daß jeder davonfliegende Vogel
Voll Sehnsucht ruft: »Ermland, leb wohl!«

O mein Ermland! O mein geliebtes Land!
Durch Arbeit und Tränen und Blut geheiligt!
Mit der Väter und Mütter Mühsal durchpflügt,
Heimatland: »Gesegnet seist du!«

(Aus dem Polnischen von Ursula Fox)

127

Antwort

Ich baue Reime aus einfachen Worten
Und einfach sind all' meine Lieder,
Mein Herz leg ich in den Klang der Träume
Und singe wie die Vögel des Waldes.

Manchmal eine geheimnisvolle Stimme
Plötzlich mich weckt zum Gesang,
Und dann sehe ich: blühende Heide
Und Rosensträuße blühend auf Rainen.

Und der Fluren goldene Ernte sehe ich
Und die Opale in Wassern unserer Seen,
Der Ebereschen Reihen, von denen Rauhreif
Pflückt allmählich Korallen-Wunder.

Und immer weiter eilt der Geist
Und sieht der Dinge stets neue,
Herrliche Melodien erlauscht das Gehör
Und läßt entstehen die Fabel der Lieder.

Und aus meinen Liedern – wie aus Blumen –
Winde ich meinem Ermland den neuen Kranz,
Denn nur für mein Ermland begehr ich zu leben,
Zu behüten seine Sitten und Sprache.

Und will so viel Kränze flechten,
Daß Wälle entstehen duftend und groß,
Denn dann wird der Ruhm unserer Heimat
Der Erde leuchtende Enden erreichen.

Für mein Volk will ich singen,
Denn unser armes Volk ich liebgewann,
Vielleicht trockne ich dann eine Träne,
Doch trocknen möchte ich gern alle.

Menschen wollen, ich soll anders sein,
Aber sein kann ich doch nur ich selbst,
Weil meines Lebens goldener Faden
Dicht mit Trauer umwunden ist.

Denn meine Jugend lief dahin,
Wie ein harter Pfad zwischen Feldern.
Wie ein einsamer Vogel lebte ich,
Das Leid aber war mir Gefährtin.

Ermland! Sag mir, was ist zu tun!
Sag's mir im Rauschen der goldenen Felder,
Ich aber, in dunklen und hellen Tagen
Stets antworte gehorsam: »Da bin ich!«

(Aus dem Polnischen von Ursula Fox)

ZIENTARA-MALEWSKA, MARIA, wurde 1894 in Braunswalde geboren. Sie entstammte einer polnischen Familie, die im Polenbund aktiv war und sich u. a. in der Abstimmungszeit 1920 für Polen einsetzte. In den zwanziger Jahren war sie Journalistin der polnischsprachigen Zeitung »Gazeta Olsztyńska« (Allensteiner Zeitung). Die Nazis brachten sie 1939 ins KZ Ravensbrück. Sie wurde aber 1940 freigelassen und lebte bis Kriegsende unter Gestapo-Aufsicht in Braunswalde. Nach dem Krieg unterstützte sie aktiv das neue, kommunistische System, blieb aber gleichzeitig als gläubige Katholikin der Kirche verbunden. Sie wurde sowohl von den Kommunisten mit dem Orden »Erbauer Volkspolens« als auch vom Papst mit dem Orden »Pro Ecclesiae et Pontifice« ausgezeichnet. Sie wird zu den bedeutendsten polnischen Volksdichtern des Ermlandes gezählt. Malewska starb 1984 in Allenstein.

Pruzzische Elegie

Dir
ein Lied zu singen,
hell von zorniger Liebe –
dunkel aber, von Klage
bitter, wie Wiesenkräuter
naß, wie am Küstenhang die
kahlen Kiefern, ächzend
unter dem falben Frühwind,
brennend vor Abend –

deinen nie besungnen
Untergang, der uns ins Blut schlug
einst, als die Tage alle
vollhingen noch von erhellten
Kinderspielen, traumweiten –

damals in Wäldern der Heimat
über des grünen Meeres
schaumigem Anprall, wo uns
rauchender Opferhaine
Schauer befiel, vor Steinen,
bei lange eingesunknen
Gräberhügeln, verwachsnen
Burgwällen, unter der Linde,
nieder vor Alter, leicht –

wie hing Gerücht im Geäst ihr!
So in der Greisinnen Lieder
tönt noch,
kaum mehr zu deuten,
Anruf der Vorzeit –

wie vernahmen wir da
modernden, trüb verfärbten
Nachhalls Rest!
So von tiefen
Glocken bleibt, die zersprungen,
Schellengeklingel –

Volk
der schwarzen Wälder,
schwer andringender Flüsse,
kahler Haffe, des Meers!
Volk
der nächtigen Jagd,
der Herden und Sommergefilde!
Volk
Perkuns und Pikolls,
des ährenumkränzten Patrimpe!
Volk,
wie keines, der Freude!
wie keines, keines! des Todes –

Volk
der schwelenden Haine,
der brennenden Hütten, zerstampfter
Saaten, geröteter Ströme –
Volk,
geopfert dem sengenden
Blitzschlag; dein Schreien verhängt vom
Flammengewölke –
Volk,
vor des fremden Gottes
Mutter im röchelnden Springtanz
stürzend –
Wie vor ihrer erzenen
Heermacht sie schreitet, aufsteigend
über dem Wald! wie des Sohnes
Galgen ihr nachfolgt! – –

Namen reden von dir,
zertretenes Volk, Berghänge,
Flüsse, glanzlos noch oft,
Steine und Wege –
Lieder abends und Sagen,
das Rascheln der Eidechsen nennt dich
und, wie Wasser im Moor,
heut ein Gesang, vor Klage
arm –

arm wie des Fischers Netzzug,
jenes weißhaarigen, ew'gen
am Haff, wenn die Sonne
herabkommt.

Wilna

Wilna, du reifer Holunder!
Mit grünen Augen
ist deine Wolfzeit versunken.
Ur und Bär und der Eber,
da sie erschreckte der Hornschrei
Giedemins, sie hielten
erst am Njemen atmend,
im Eichwald über dem Ufer,
äugten hinab. Es hat
Mickiewicz besungen der wilder
leuchtenden Tage Glanz
und das Düster. Doch leicht
einherflog die zärtliche Wilia.

Ach, der Himmel, ein weißes,
wehendes Tuch, geschwungen
schön von den Liedern der Dörfer.
Die Birkentänze
hell in die Felder davon –

Doch es singt Lizdejko
nicht mehr, der Bärtige schläft,
heißt es, im endlos zerspülten
Ufersand, wo aus dem See
Trakai sich hob, die dunkele
Burg, aus Schimmer der Vorwelt.

Seine Gesänge, den schweren
Ufern gleich, waldigen, alten,
die der Wilia entgegen
wandern, ihrem hüpfenden
Gang, und den Winden von Wilna;
rauchigen, die um das Haupt
der herrlichen Tochter gegangen.

Stadt der Könige, immer
singen die Ebenen alle,
alle die weißen, vom Blut
bitter der Söhne,
dir mit des Weißbarts hallender
Stimme, wie Eisgang, mit schmerzlichem
Festgetön deiner Juden,
rotem Sausen der Kiefern zu.

Die russische Birke

I

Ein Streifen Bast,
mit drei Schnitten
gelöst von der Rinde: Zeichen –
Sergej aus Rjasan
hat sie gelesen, du wirst
eines entziffern

– Dorf, der Apfelgarten,
schäumend über dem Felsgrund,
zur Tränke gehen die Pferde
über den Hang, vor Wladimir
der Nachmittag raucht: ein Ikon,
im Duft eines Schaffells –

und das andre

– am See,
in der Senke,
der junge Fischer,
unter der roten Mütze
seines Haars wie die Väter
im Zorn ihres Feuergotts –

Dunkel zuletzt

– sie würgten,
Hauptmann und Bischof, die Räubrin
im Turm, Marjas Seele,
streicht, ein Rabe, um Oka
und Moskwa, ein großer Schatten
früh in den Nebeln –

II

Der
vom Meer
heraufkommt
die Flüsse, er hört den Vogel
tiefer im Moor, einen Stein
fragt er am Weg, die Regen
tönen ihm zu.

Aber er kennt nicht den Baum.
Dann, über dem Strom
sieht er dich stehen, Birke,
du trägst deinen weißen Himmel
Meerflut, die Woge, glänzend
vom Zorngeleucht der Gewitter,
der Ebenen schwer
erschallendes Herz.

Sing, schweres Herz,
es ist Tag –
sing eine grüne Straße
über mich – einer kommt
den Sandweg, sein Schritt schwingt, das Mädchen
kommt, die Eimer am Tragholz –
sing, ich hör dich, solange
leb ich bei dir.

BOBROWSKI, JOHANNES, geboren 1917 in Tilsit, besuchte das humanistische Gymnasium in Königsberg und studierte dann in Berlin Kunstgeschichte. Über die »Bekennende Kirche« kam er mit dem religiös motivierten Widerstand gegen den Nationalsozialismus in Kontakt. Nach der Rückkehr aus sowjetischer Kriegsgefangenschaft lebte er in der DDR. Berühmt wurde er durch seinen Roman »Levins Mühle«. Bobrowski hatte ein ausgeprägtes Verhältnis zu den Nachbarvölkern im Osten, vor allem den Litauern, Polen und Russen. Er sah das »schuldhafte Verhalten« des deutschen Volkes gegenüber diesen Völkern. In seiner Lyrik unternimmt er den Versuch, dies zum Ausdruck zu bringen. Bobrowski starb 1965 in Berlin.

Jurate und Kastytis
Litauische Volkslegende

Es berichtet die Legende:
Hier im grauen Meer der Balten,
wo die rauhen Winde walten,
stand auf festem Meeresgrunde,
in der Fluten tiefstem Schlunde
einst ein herrlich' Bernsteinschloß.

In den goldenfarbnen Hallen
herrschte anmutsvoll und weise
und auf fraulichzarte Weise,
als die lieblichste von allen
eine Göttin schön – Jurate.

Unfern an der Küste Rand,
eine schlichte Fischerkate
allen Winden offen stand.
Täglich fuhr des Fischers Sohn
auf das weite Meer hinaus,
warf dort seine Netze aus
nahe bei Jurates Thron.

Oftmals sandte schon die Göttin
ihre Nymphen, ihn zu warnen,
doch des jungen Fischers Antwort
war ein unbekümmert' Lachen:
»Überbringt ihr meine Grüße.
Sagt ihr, daß Kastytis warte,
bis die Göttin selber komme,
daß schon längst bereit die Netze,
um die Jungfer einzufangen!«

Ob der dreisten Antwort zürnend,
glitt Jurate leicht vom Throne,
stieg aus ihrem nassen Reiche
schnell ans Tageslicht empor.
Da sie aus den Fluten tauchte
und den jungen Fischer sah,
wußt sie nicht, wie ihr geschah –
allsogleich ihr Zorn verrauchte,
denn es wollte das Geschick,
daß Jurate – hört ihr Götter! –
liebgewann den kühnen Spötter
innig auf den ersten Blick.

Auch Kastytis jäh verspürte,
wie bei ihrem Anblick rührte
an sein Herz ein süßes Sehnen.
Sich dagegen aufzulehnen,
kam ihm gar nicht in den Sinn –
ganz bezaubert sank er hin,
küßte heiß den kühlen Mund,
den bisher noch ungeküßten,
und die keuschen Mädchenbrüste,
folgte willig, ohne Fragen,
der Geliebten sonder Zagen
noch zur gleichen Morgenstund'
auf des Meeres tiefen Grund.

Nymphen tanzten fremd und eigen,
wundersamen Hochzeitsreigen,
und des Bernsteinschlosses Hallen
hörten frohes Lachen schallen.
Leis im Licht der Muschellüster
wehte zärtliches Geflüster
durch die schimmernden Gemächer,
wo das Brautpaar bis zur Neige
trank der Liebe Freudenbecher …

Da ergrimmte Gott Perunas,
alleroberster der Götter.
Wie ein Mensch hat sich vermessen
eine Göttin zu berühren –
und sie selbst hat sich dem Frevler,
allen Götterbräuchen trotzend
und das Strafgericht vergessend,
selig lächelnd hingegeben?!
Zornig riß er hoch die Fäuste,
Schleuderte aus schwarzen Wolken
schwertergleiche Flammenblitze
und zerschlug mit Donnerkeilen
mitleidslos das Bernsteinschloß.
Tötete den jungen Fischer,
schmiedete die Göttin finster
an die blitzzerspellten Mauern,
die ihr kurzes Glück gesehen ...

Viele Jahre sind verronnen,
Seit das Volk die Mär' ersonnen
von Jurate und Kastytis –
doch wenn wild wie die Charybdis,
ungezügelt, tosend, schäumend
sich die Wellenrosse bäumen
mit vom Sturm zerrauften Mähnen –
schimmern stets am Strand die Tränen,
die Jurate trostlos weint ...

Bernstein

Vor Jahrmillionen tropfte harzger Schweiß
den Riesenkiefern hier aus allen Poren.
Die Sonne brannte unbarmherzig heiß
auf alles Leben, das sie selbst geboren.

Epochen kamen und Epochen gingen,
veränderten der Erde Angesicht,
wobei die Urweltwälder untergingen,
Gestein und Schlamm sie deckte Schicht um Schicht.

Die Eiszeit mehrmals auf der Erde hauste,
auch Tropenhitze in der Zeiten Lauf –
und wieder Jahrmillionen später brauste
die Meeresflut in diesen Breiten auf.

... Er lag im Sande wie ein gelber Kiesel,
der Bernstein, nächtens an den Strand gespült,
und weich umspielt vom schäumenden Geriesel
des Wassers, das ihn aus dem Grund gewühlt.

Von einer rauhen Kruste rings umgeben,
er seine Schönheit offenbart erst dann,
wenn wir behutsam diesen Schleier heben
und gleichsam lösen einen alten Bann.

Dann ist's, als ob in ihm Gestalt gewonnen
vergangener Epochen Lebenssaft,
als sei in ihm zu warmem Gold geronnen
des Sonnenlichtes heiße Zauberkraft.

JACQUEMIEN, RUDOLF, wurde 1908 in Köln geboren und wuchs in einem Kinderheim auf. Als Kesselheizer auf See kam er in die Sowjetunion. Es gelang ihm, Nazideutschland zu entfliehen und in der Sowjetunion die vermeintliche Freiheit zu finden. Während des Krieges wurde er verhaftet und nach Kasachstan verschleppt. Erst 1960 kam er frei und ging nach Königsberg. Hier war er der einzige Schriftsteller deutscher Sprache. Durch ihn konnten viele Verbindungen zur deutschen Literatur hergestellt werden. Es war ihm vergönnt, nach der Wende, 1992, wieder nach Köln zu kommen. Sein Haus in Königsberg wurde zu einem Zentrum für den deutsch-russischen (Kaliningrader) Literaturaustausch, der die Verständigung und die Einheit der Kulturen anstrebt. Rudolf Jacquemien starb im Jahre 1992.

Ziele

1

Stadt, geschenkt vom Schicksal mir, und sieh:
Auferstanden neu und inspiriert,
ist sie Meisterin mir und Jury,
Freundin,
»deren Antlitz irritiert«.
Stadt, die mich erzog mit kluger Hand
(meinesgleichen hat sie Legionen),
hielt mich würdig für den Fischerstand,
salzte mich im Meer ein wie am Strand,
dirigierte mich zu meinen Molen.
Schiffsgestalt in Liebe mich versetzt.
Heimathafen –
                    seit ich angekommen,
hier ist meine zweite Heimat jetzt:
Zeit
      und Raum
                    und Handlung, unbenommen.
Unsre Zeit, das sind wir überall,
heilger Ort bleibt nicht für immer Wüste.
… Neues brandet farbig an mit Schwall,
und
      die Stadt
im Dunstblau sich verflüchtigt.
Dein Verliebtsein eile jedoch nicht,
leichthin wie die Kippe
                              auszudrücken.
Aus den Felsen ihrer Seele spricht
Unser Gestern, Lebens Ziel und Glücken.

2

Obgleich kein Hiesiger, will ich hier leben.
Ins
    Wesen meiner Fehler bring ich Licht,
wenn ich besuche all die Massengräber,
die für mich sind ein Kollegialgericht.
Ich kam nicht um,
            war niemals nicht dabei,
als wärmte nur das Feuer dort im Feld.
Doch über Gräbern neigte sich der Himmel,
wie eine Schwester mild die Hand dir hält.
Doch über Gräbern ging sie auf, die Sonne.
Entlang den Gräben,
wo ihr Weg verlief,
verlegten wir das Gas auf *eigne* Weise,
damit der Mensch
        auf seiner
            Zeitenreise
dies Feuer sich bewahr
        im Herzen tief.
Geflügelt – jeder Stein im Flammenschein …
In Reih und Glied sie liegen, viele tausend,
ganz still und nicht vor Ruhm und Rache brausend.
Voll Hoffnung blicken sie auf mich, mein Sein.

3

Es geht vorbei ein Fischer, blau die Augen.
Gebrannt vom heitern
Gespräch noch leicht,
Kastanienkerzen im flammenden Bad.
Ein Seemannslied ist zu vernehmen,
so schön wie zum Einzug die Feiern.
Dies alles ist –

            Heimat in der Heimat –

                      Kaliningrad.

Doch wieder so reich sind die Fänge.
Wir wagen es wieder.
Wir brauchen die Fänge –
wie Brot und ein Dach überm Kopf.
Und gleich noch auf Deck dann
wir teilen das Mahl aus dem Meer,
den Herrgott verfluchend,
die Buchhalter alle gleich mit.
Und wieder vom Deck dort
hör ich dein gemessenes Brausen.
Und wieder vom Schiffer am Netz
das Kommando: »Ei-ein-ho-o-len!«
Das Meer wir verließen.
Und doch bleibt es treu unser Handwerk.
Und wir kehrn zurück stets zum Meer noch.
Und woll uns kein anderes Schicksal einholen …

4

Aus Kaliningrad stammt meine Kleine! –
Steht in ihrem Ausweis, und das zählt.
Sieht man heimlich sie sich an bisweilen:
daß der Apfel weit vom Stamm nicht ... fällt.
Wenn sie aufsteht, wie im Gras ein Blatt,
oder sich in Großaufnahme wendet,
rauschen auf sogleich hier in der Stadt
die Kastanienbäume ohne Ende.

Frei und glücklich möge sie hier sein.
Leiden möge sie und etwas wagen,
möge sie hier kennen jeden Stein
und die Stadt auf Vogelschwingen tragen.
Ziele, Ziele dieser Stadt, die richtig
in uns sind,
wie Hoffnung und das Herz,
dauerhaft,
wie Schmerz wird zu Geschichte,
wie Geschichte wurde uns zu Schmerz.

(Aus dem Russischen von Peter Steger)

SIMKIN, SEM, wurde 1937 in Orenburg geboren. Nach dem Kriege kam er nach Königsberg, seiner zweiten Heimat, wo er zunächst als Matrose arbeitete. Während seines Fernstudiums am Fischereiinstitut begann er auch schriftstellerisch tätig zu werden. 1982 wurde er in den Schriftstellerverband aufgenommen. Nach der politischen Wende gründete und leitete er den Jugendliteraturverein »Rodnik« (»Quelle«). Simkin ist heute einer der profiliertesten russischen Schriftsteller in Königsberg. Er übersetzt ins Russische und publiziert deutsche Dichter und Schriftsteller des ostpreußischen Raums, u. a. Dach, Hoffmann, Kant, Schenkendorff, Scheffler, Bobrowski und vor allem Agnes Miegel, der er sich besonders widmet. Auf diese Weise können sie und andere in ihren Werken nach Königsberg zurückkehren, heute in russischer Sprache. Seine hier veröffentlichten Gedichte zeugen von Simkins Gefühl für »seine« jetzige Heimatstadt Königsberg.

Die Stadt

In Traubenstränen – Hauseingänge
(– Genie, das mit sich selber trinkt –),
Des Nebels Schmeicheln. Riesenlänge
Der Himmel. Wieder Regen klingt –
Oboenqual. Tscherwonjez-Sonne,
Für die Natur kein Groschen wert.
Dem Bahnhof grade erst entronnen,
Die Feuchte in die Knochen fährt.
Das Herz, das die Verzweiflung schmeckte,
Muß fliehen der Verluste Bau!
Die Stadt das Herz doch niederstreckte,
Die Stadt dem Herz doch Obdach schenkte,
Ob sie's jetzt freizulassen traut?
Sie war im grauen Stein, im Garten,
Mir Bollwerk für des Reiches Land,
Bis die teutonischen Standarten
Riß der April mit grimmer Hand
Von Forts, die rings die Stadt umgaben,
Von alten Mauern und von Türmen –
Zum Lärm der finstren Rachetaten –
Zu Füßen derer, die sie stürmten.
Den ewgen Schlaf dem Herrgott oben
Nahm nicht des Mordsturms brüllend Streich,
Der ließ der Stadt das Grab ausloben
Und schuf die Wiege ihr zugleich.
Noch rauchten Wälle und Vitrinen,
Des Kriegs Vulkane, wie verreckt,
Noch flogen Kugeln aus Ruinen,
Im Herz der Stille eine steckt,
Da wurde Ziehkind diese Siedlung
Des Lands, das niemand je versteht.

Sie scharte unter ihren Flügeln,
Verkohlt im eignen Wind, das Volk,
Nach vorne wankend, leidverfolgt
Und abenteuerlustig siegend.
Als triftig Anlaß mochte gelten,
Daß Angeworbne strömten her.
Nackt stand noch der Ruinen Wehr,
Doch wuchs die Stadt aus Trümmerfeldern.
In die Aorta Deutschlands flossen
Der Russen toller Schmerz, ihr Tod.
Auf keinen Gott und Teufel hoffend,
Entblößt sie, meine Stadt, die Not
In windzerzausten Häuserreihn,
Weitläufig-düster, zugig, kalt:
Des Gestern Bruder. – Abel? Kain? –
Ich weiß es nicht. Der meine halt.
Sie wächst wie rasend, höher immer.
Wird Frau. Seit sie mein Leben streift,
Musik des Regens mich ergreift,
Gefalln aus blaugekrümmtem Himmel.

Kein Grund besteht zum Pessimismus:
Sie weist kaum ab des Gestern Werk,
Die Nonne, krank vom Atheismus,
Kaliningrad *von* Königsberg!

(Aus dem Russischen von Peter Steger)

GORBATSCHOWA, NATALIA, wurde 1959 in der Ukraine geboren. Nach dem Abitur in Königsberg studierte sie am Staatlichen Kulturinstitut. Anschließend arbeitete sie als Bibliothekarin, Kindergärtnerin und Journalistin. Sie ist Mitglied des örtlichen Schriftstellerverbandes, gehört dem von Sem Simkin gegründeten Literaturkreis »Rodnik« (»Quelle«) an und schreibt Literaturkritiken. In ihren Gedichten setzt sie sich häufig mit der Vergangenheit Königsbergs auseinander.

Sprache

Keuchende Sprache.
Aus meiner Lande Nod,
Auf dem Wege zum Meer.
Wie ein wildes Tier
Gehetzt, fliehend
Vor Wilderern.
Inmitten der Nachbarn verborgen
Und außer Atem geratend.
Vom Antlitz der Erde gelöscht.

Diese Sprache. Ich sehe noch,
Wie sie durch Jahrhunderte blutet
Über heimatlosem Horizont,
Wie sie hinter sich schaute,
Einem furchtsamen Gespenst gleichend,
Zum heimischen Norden hin.
Dort leuchtet ihr Brandmal und ihre Helligkeit,
Und die Sünde der baltischen Stämme,
Wie ein herabfallender Kopf:

Blaue Äderchen
An zerfurchter Schläfe,
Rauch flatternder Haare.
»Nusam deininan geittin
dais numons schindeinan.«
Im Abglanz verwundeter Wolken,
Im geöffneten Mund des Abends,
Geheiligte Vergeblichkeit:
»Vergib uns unsere Schuld.«

Sie schreitet vor sich hin,
Der Menschen und Erde beraubt,
Sprache, die die Flüsse führten,
Stimmen der Behausungen an Wassern,
Kiefernsmaragd und Eichenhaine,
Pruzzischer Stämme heidnische Wolken,
Die frühere Heiterkeit
Unbesonnenen Daseins.
Gefährliche Aufbrüche,
Die gen Meer notwendigen Rückzüge,
Reifes Schweigen
Aufgewühlter Grabhügel.

Sprache, die hinterlassen hat
Durch Jahrhunderte gehetzte Gesichter
Und unklare Namen,
Hastig erklärt
Als Einfluß fremder Mundarten.
Und dann Verwirrung der Sprachen,
Zerlegt nach Mundart und Glaube,
Suche nach Fremden und Zurückstoßen der Fremden,
Und Stille bei angehaltenem Atem,
Die mit Zeichen versah
Bäche, Ansiedlungen und Hügel,
Mißtrauen verlorener Sprache,
Ihr vergebliches Lamento.

Manchmal scheint es,
Daß Wolken, Gräser und Wälder davon wissen.
Sie wanderten auch lange.
Fremde Sprachen
Trieben sie zum Meer.
Sie lauschten den keuchenden Stimmen,
Winden und zerklüfteten Gewittern,
Wenn die uralten Wellen
Die in Licht und Salz beschriebenen

Seiten des Vergessens umblätterten.
Sprache allzu dunkel
Für die Namenlosigkeit,
Für das Flüstern des gewissenhaften Meeres –
Allzu leblos und entfernt.

Aber alles ist in ihr,
Was Verheißung war
Und Leben atmete:
Morgenstern und Abendstern,
Fischgräten auf Dünen
Und an der Wolfshaut des Meeres
Sich dahinwälzende Fellkugeln.
Und Weinen, und Freude der Verbannten.
Und das um deren Verlust erleichterte
Antlitz der Erde.

1983   *(Aus dem Polnischen von Ursula Fox)*

Nicht dort

Nicht dort, hier
Im Norden
Ist ein Mittelmeer.
Wir ziehen in der Kühle
Boote und Wälder. Und die Toten
Folgen uns nach.

Ein verspäteter Fischer
Steht dem blaugrauen Wind gegenüber,
Der jene weckt, die entschlafen sind,
Und aus dem zerrissenen Netz

150

Bernsteinsplitter raubt,
Um sie auszustreuen
Am schwarzen Ufer.

Ihr kühles Licht
Steigt zum Himmel empor
Und läßt von dort nach Jahrhunderten
Unsere zerrissenen Herzen gefrieren.
Noch ein Augenblick, und der Elch taucht
Hinter der Zwergkiefer auf. Er beginnt zu lauschen,
Wie die Dünen singen.

Außer dem Wind
Fliegt das windstille Lied
Jener, die ihre Götter
Und Sprache verloren.
Und wie so viele schon wiederholten, manchmal
Ein Flüstern aus dieser Finsternis dringt:
Sei mutig und denk daran,
Wenn du nichts mehr vermagst
In diesem Rufen,
Das uns vom Land her umkreist –
Das Weinen der Jurate, begleitet vom Zorn des Perkun,
Entlang der Meereslinie – fremde Schiffe,
Und hinter den Wäldern der Heilige in Lumpen,
Der bald sterben wird,
Damit dann
Ein Wanderschwert
Unsere heidnischen Herzen
Öffnet.

1979   *(Aus dem Polnischen von Ursula Fox)*

Landschaftsbild aus Masuren

Ein Kind hält mich auf
Vor einem längst gestorbenen Dorf:
Schatten in Höfen, zugewachsen
Mit Unkraut und wildem Flieder.
Das Kind steht unsicher und schaut:
Geglättete Wegerichblätter, ein Bund
Kamille auf dem Steg, verwelkte
Gräser, auf denen Hitze ruht.

Ich muß nicht schauen. Der Teich erstarrt.
In der zu ihm geneigten Schmiede
Öffnet Rost das Schloß. Und niemand hütet mehr
Die kindlichen Geheimnisse.
Es erheben sich Schatten
Morscher Zäune. Über ihnen
Klettenblätter, Rauch erloschener Feuer,
Und in der Tiefe – Häuser aus Luft,
Rufen von der Schwelle, Knarren von Türen,
Lebendige Stimmen. Als wären gerade
Hier Menschen vorbeigegangen.

Sie rufen mich noch herbei,
Sie haben noch bekannte Vornamen.
Aber nur die Amsel fliegt vorbei und fällt
Ins Dickicht, wie von der Schleuder heruntergeschossen.
Plötzlich ein fremdes Schluchzen.
Das Kind läuft weinend
Im Strahl des Lichts und tritt zurück
Auf die steinernen Treppen.
Von dort schaut es auf mich
Mit entseelten Augen der Luft,
Wie die leeren Fenster schauen   *(Aus dem Polnischen*
Nach der Fährte der Verstorbenen.   *von Burkhard Ollech)*

Aus dem Land der Verstorbenen

Unser Gesang
Nur noch im Kirchengesangbuch,
Und die Kirchengesangbücher – in den Händen Verstorbener.
Wir träumten von Freiheit
Und alles erfüllte sich
In der Musik des Sandes:
Unsere Gräber
Senkten sich über uns.

Gräser
Überwucherten Friedhöfe.
Doch hinter jenen, die gegangen sind,
Sind die Tore noch nicht geschlossen.
Und niemand beklagt sich,
Wo unser Land ist.
Konnten wir hier irgendwann leben?
Hier, wo man nach unserem Leben
Die Spuren verbrennt?

Wichtig, daß Namen geblieben sind?
Wichtig, daß wir weder Himmel noch Erde mitnahmen?
Weiterhin öffnet sich die Lippe der Nacht.
Weiterhin öffnet sich die Lippe des Tages.
Und durch unser Land
Eine geschwätzige Sprache,
Statt unserer Lieder
Ertönt des Vergessens Lärm.

Welch eine Freude – zu leben
Über unserem Schweigen.
Welch ein Ruhm – sich zu erfreuen
An unserer Qual und dem uralten Zurückstoßen.
Man befreite uns von der Stimme.

Gleich nach dem Atem nimmt man die Schatten weg.
Wir verweilen auf bewaldeten Berghängen
Und in schattigen Tälern,
Inmitten von Sand und Wassergeplätscher.

Wir, die letzten der Lebenden,
Heimlich, damit unsere Lebenssünde
Nicht ans Tageslicht kommt,
Sterben leise und lange in dieser Gegend.
Soviel blieb uns vom Vaterland,
Wo durch Wiesen Wasser fließen
Und Bäume sich über Seen neigen.
Dort waren unsere Häuser und Wolken, und der Gesang.
Dort knarren manchmal noch Türen,
Plötzlich geweckt durch den flüchtigen Wind.

1983   *(Aus dem Polnischen von Ursula Fox)*

KRUK, ERWIN, geboren 1941 in Gutfeld bei Neidenburg, ist der bedeutendste lebende Schriftsteller polnischer Abstammung der gesamten Region Ermland und Masuren. Als Frühwaise infolge des Krieges wurde er im Waisenhaus in Mohrungen erzogen. Er studierte Polonistik an der Universität Thorn. Anschließend war er als Journalist in Allenstein tätig. Als Parteimitglied und Mitglied im Schriftstellerverband beeinflußte er maßgeblich das kulturell-politische Leben. 1980 trat er aus der Kommunistischen Partei aus und beteiligte sich aktiv in der »Solidarność«. 1989 wurde er als Parteiloser in den Senat (Oberhaus) des polnischen Parlaments gewählt. Kruk gilt als moralische und intellektuelle Autorität. Sein Werk ist geprägt vom Leben der Menschen dieser Region und ihrer Vergangenheit. Kruk beklagt den Untergang der eigenständigen masurischen Kultur.

Der Frauenburger Dom

... Und das, was wir so vielfach wußten,
wird dem Gedächtnis entrissen im Laufe der Zeit
vom Wissen, vom stehlenden, feindlichen und abgründigen
– Vergessen.«
Nikolaus Kopernikus (geschrieben kurz vor seinem Tode)

Wir wissen nicht genau
Was Kopernikus'
Todesursache war
Angeblich ein
Gehirnschlag

An einem frostigen Morgen
Am Frischen Haff
Eisnadeln atmende Märchen
Murmeln im Takt der aufgeblähten himmlischen
Klaviatur

Rostiges Schilf glüht
Der Dom glüht inmitten
Der Sonne
Und siebzehn Altäre
Darunter zur Südseite der zweite
Wo man Kopernikus' Leichnam
Bettete

Osiander fälschte das Vorwort
Zu den Umläufen
Herausgeber Petreius bewarf Kopernikus' Freunde mit
Schmähungen

In der windstillen Mittagszeit
Erhebt sich die Quecksilberwolke über dem Meer
Dann wandern die Tiere zur Sonne
Funkelndes Goldbrokat der Venus

Der Stern aber zerbirst im Grabe
Des Einsamen

Seine Gebeine verbrennend

(Aus dem Polnischen von Ursula Fox)

POŁOM, STEFAN, geboren 1938 in Thorn, studierte Philosophie an der Universität Thorn, lebte ab 1962 in Frauenburg. Er wohnt jetzt in Allenstein, wo er sich aktiv am literarischen und kulturellen Leben beteiligt. Seine ausdrucksstärkste literarische Phase hatte er in den sechziger Jahren. Seine Gedichte sind stark von der Kultur, der Geschichte und der Landschaft inspiriert. Połom hat sich als Prosaiker und Literaturkritiker einen Namen gemacht.

An die Schwestern und Brüder

Reiß nicht heraus die Wurzeln der Jahre,
aus denen du wuchsest als Bäumchen aus dieser Erde.
Oft kränkelt und welkt der verpflanzte Baum.
Mit Tränen löschst du nicht die von der Wiege flammende Liebe.

Kannst du zurücklassen in diesen Tälern und auf den Hügeln
das verwaiste Lächeln, Freundschaften, Trauer und Erinnerungen?
Kannst du versonnenen Flüssen zu weinen befehlen,
die Reste der Träume hineinwerfend bis auf den Grund?

In der Fremde ist sogar Weißbrot bitter.
Nie wird sie dich wie eine Mutter in die Arme schließen.
Jede Nacht schleicht sich Sehnsucht, die Geliebte, hinein,
den Ruf der Felder, Seen und Wälder mitbringend.

Vom Baum der Zeit fallen reife Monate und Jahre.
Was antwortest du denn den Früchten deiner Liebe,
wenn sie fragen: Ermland und Masuren?
Im Schmerz des Schweigens wirst du gestehen: das ist die Amme
meiner Kindheit,
und der Regen am Fenster wird dir zum Rauschen der Wellen in den
Seen.

(Aus dem Polnischen von Ursula Fox)

GEHRMANN, EDMUND (poln. German), geboren 1936 in Dietrichswalde, tat sich nach dem Kriege vor allem als sozialistisches Beispiel der Nachkriegsgeneration polnischer Ermländer hervor. In den sechziger Jahren hielt man ihn für die große Hoffnung der Allensteiner jungen Dichter. Aus persönlichen Gründen und wegen schlechter materieller Verhältnisse siedelte er jedoch 1977 nach Deutschland um und lebt heute in Bielefeld.

TEIL III

»In tüchtige Pelze eingehüllt«

Das Leben der Menschen

12 »Es bleibt jederzeit offene Rückkehr in das geistige Erbe unserer Heimat bestehen ...« (Finckenstein). Dönhoffstädt, Auffahrt und Portikus in der Schloßfassade.

13 »... wir fühlten die Armut nicht, da wir ja den Reichtum nicht kannten.« (Wiechert). Geburtshaus von Ernst Wiechert in Kleinort bei Renovierungsarbeiten 1996.

14 Käthe Kollwitz und Ernst Wiechert 1939.

15 »Das alte Nest! Die alten Dächer!« (Holz). Rastenburg.

16 »Die Spur einer versunkenen Welt. Ein Echo der verklungenen Musik« (Solowjowa). Ostseebad Cranz, Hotel Schlosser und Konzertmuschel am Ufer.

Das Majorat

Dem Gestade der Ostsee unfern liegt das Stammschloß der Frei-
herrlich von R . . schen Familie, R . . sitten genannt. Die Gegend
ist rauh und öde, kaum entsprießt hin und wieder ein Grashalm dem
bodenlosen Triebsande, und statt des Gartens, wie er sonst das Herrenhaus zu zieren pflegt, schließt sich an die nackten Mauern nach
der Landseite hin ein dürftiger Föhrenwald, dessen ewige, düstre
Trauer den bunten Schmuck des Frühlings verschmäht und in dem
statt des fröhlichen Jauchzens der zu neuer Lust erwachten Vögelein
nur das schaurige Gekrächze der Raben, das schwirrende Kreischen
der sturmverkündenden Möwen widerhallt. Eine Viertelstunde davon
ändert sich plötzlich die Natur. Wie durch einen Zauberschlag ist
man in blühende Felder, üppige Äcker und Wiesen versetzt. Man erblickt das große, reiche Dorf mit dem geräumigen Wohnhause des
Wirtschaftsinspektors. An der Spitze eines freundlichen Erlenbu-
sches sind die Fundamente eines großen Schlosses sichtbar, das einer
der vormaligen Besitzer aufzubauen im Sinne hatte. Die Nachfolger,
auf ihren Gütern in Kurland hausend, ließen den Bau liegen, und
auch der Freiherr Roderich von R., der wiederum seinen Wohnsitz
auf dem Stammgute nahm, mochte nicht weiter bauen, da seinem
finstern, menschenscheuen Wesen der Aufenthalt in dem alten, einsam liegenden Schlosse zusagte. Er ließ das verfallene Gebäude, so
gut es gehen wollte, herstellen und sperrte sich darin ein mit einem
grämlichen Hausverwalter und geringer Dienerschaft. Nur selten sah
man ihn im Dorfe, dagegen ging und ritt er oft am Meeresstrande hin
und her, und man wollte aus der Ferne bemerkt haben, wie er in die
Wellen hineinsprach und dem Brausen und Zischen der Brandung
zuhorchte, als vernehme er die antwortende Stimme des Meergeistes.
Auf der höchsten Spitze des Wartturms hatte er ein Kabinett ein-
richten und mit Fernröhren – mit einem vollständigen astronomi-
schen Apparat versehen lassen; da beobachtete er tages, nach dem
Meer hinausschauend, die Schiffe, die oft gleich weißbeschwingten

Meervögeln am fernen Horizont vorüberflogen. Sternenhelle Nächte brachte er hin mit astronomischer oder, wie man wissen wollte, mit astrologischer Arbeit, worin ihm der alte Hausverwalter beistand. Überhaupt ging zu seinen Lebzeiten die Sage, daß er geheimer Wissenschaft, der sogenannten schwarzen Kunst, ergeben sei und daß eine verfehlte Operation, durch die ein hohes Fürstenhaus auf das empfindlichste gekränkt wurde, ihn aus Kurland vertrieben habe. Die leiseste Erinnerung an seinen dortigen Aufenthalt erfüllte ihn mit Entsetzen, aber alles sein Leben Verstörende, was ihm dort geschehen, schrieb er lediglich der Schuld der Vorfahren zu, die die Ahnenburg böslich verließen. Um für die Zukunft wenigstens das Haupt der Familie an das Stammhaus zu fesseln, bestimmte er es zu einem Majoratsbesitztum. Der Landesherr bestätigte die Stiftung um so lieber, als dadurch eine an ritterlicher Tugend reiche Familie, deren Zweige schon in das Ausland herüberrankten, für das Vaterland gewonnen werden sollte. Weder Roderichs Sohn Hubert noch der jetzige Majoratsherr, wie sein Großvater Roderich geheißen, mochte indessen in dem Stammschlosse hausen, beide blieben in Kurland. Man mußte glauben, daß sie, heitrer und lebenslustiger gesinnt als der düstre Ahnherr, die schaurige Öde des Aufenthalts scheuten. Freiherr Roderich hatte zwei alten, unverheirateten Schwestern seines Vaters, die, mager ausgestattet, in Dürftigkeit lebten, Wohnung und Unterhalt auf dem Gute gestattet. Diese saßen mit einer bejahrten Dienerin in den kleinen, warmen Zimmern des Nebenflügels, und außer ihnen und dem Koch, der im Erdgeschoß ein großes Gemach neben der Küche innehatte, wankte in den hohen Zimmern und Sälen des Hauptgebäudes nur noch ein abgelebter Jäger umher, der zugleich die Dienste des Kastellans versah. Die übrige Dienerschaft wohnte im Dorfe bei dem Wirtschaftsinspektor. Nur in später Herbstzeit, wenn der erste Schnee zu fallen begann und die Wolfs-, die Schweinsjagden aufgingen, wurde das öde, verlassene Schloß lebendig. Dann kam Freiherr Roderich mit seiner Gemahlin, begleitet von Verwandten, Freunden und zahlreichem Jagdgefolge, herüber aus Kurland. Der benachbarte Adel, ja selbst jagdlustige Freunde aus der naheliegenden Stadt fanden sich ein, kaum vermochten Hauptgebäude und Nebenflügel die zuströmenden Gäste zu fassen, in allen

Öfen und Kaminen knisterten reichlich zugeschürte Feuer, vom grau-
en Morgen bis in die Nacht hinein schnurrten die Bratenwender,
treppauf, treppab liefen hundert lustige Leute, Herren und Diener,
dort erklangen angestoßene Pokale und fröhliche Jägerlieder, hier
die Tritte der nach gellender Musik Tanzenden, überall lautes Jauch-
zen und Gelächter, und so glich vier bis sechs Wochen hindurch das
Schloß mehr einer prächtigen, an vielbefahrner Landstraße liegenden Herberge als der Wohnung des Gutsherrn. Freiherr Roderich
widmete diese Zeit, so gut es sich nur tun ließ, ernstem Geschäfte, indem er, zurückgezogen aus dem Strudel der Gäste, die Pflichten des
Majoratsherrn erfüllte. Nicht allein, daß er sich vollständige Rech-
nung der Einkünfte legen ließ, so hörte er auch jeden Vorschlag irgendeiner Verbesserung sowie die kleinste Beschwerde seiner Untertanen an und suchte alles zu ordnen, jedem Unrechten oder Unbilli-
gen zu steuern, wie er es nur vermochte. In diesen Geschäften stand
ihm der alte Advokat V., von Vater und Sohn vererbter Geschäftsträger des R.schen Hauses und Justitiarius der in P. liegenden Güter,
redlich bei, und V. pflegte daher schon acht Tage vor der bestimmten
Ankunft des Freiherrn nach dem Majoratsgute abzureisen. Im Jahre
179– war die Zeit gekommen, daß der alte V. nach R . . siten reisen
sollte. So lebenskräftig der Greis von siebzig Jahren sich auch fühlte, mußte er doch glauben, daß eine hilfreiche Hand im Geschäft ihm
wohltun werde. Wie im Scherz sagte er eines Tages zu mir: »Vetter!«
(so nannte er mich, seinen Großneffen, da ich seine Vornamen erhielt)
»Vetter! – ich dächte, du ließest dir einmal etwas Seewind um die Ohren sausen und kämst mit mir nach R . . sitten. Außerdem, daß du
mir wacker beistehen kannst in meinem manchmal bösen Geschäft,
so magst du dich auch einmal im wilden Jägerleben versuchen und
zusehen, wie, nachdem du einen Morgen ein zierliches Protokoll geschrieben, du den andern solch trotzigem Tier, als da ist ein langbe-
haarter, greulicher Wolf oder ein zahnfletschender Eber, ins funkelnde Auge zu schauen oder gar es mit einem tüchtigen Büchsenschuß
zu erlegen verstehst.« Nicht so viel Seltsames von der lustigen Jagd-
zeit in R . . sitten hätte ich schon hören, nicht so mit ganzer Seele
dem herrlichen alten Großonkel anhängen müssen, um nicht hoch-
erfreut zu sein, daß er mich diesmal mitnehmen wolle. Schon ziem-

lich geübt in derlei Geschäften, wie er sie vorhatte, versprach ich mit tapferm Fleiß ihm alle Mühe und Sorge abzunehmen. Andern Tages saßen wir, in tüchtige Pelze eingehüllt, im Wagen und fuhren durch dickes, den einbrechenden Winter verkündendes Schneegestöber nach R . . sitten. – Unterwegs erzählte mir der Alte manches Wunderliche von dem Freiherrn Roderich, der das Majorat stiftete und ihn, seines Jünglingsalters ungeachtet, zu seinem Justitiarius und Testamentsvollzieher ernannte. Er sprach von dem rauhen, wilden Wesen, das der alte Herr gehabt und das sich auf die ganze Familie zu vererben schiene, da selbst der jetzige Majoratsherr, den er als sanftmütigen, beinahe weichlichen Jüngling gekannt, von Jahr zu Jahr mehr davon ergriffen werde. Er schrieb mir vor, wie ich mich keck und unbefangen betragen müßte, um in des Freiherrn Augen was wert zu sein, und kam endlich auf die Wohnung im Schlosse, die er ein für allemal gewählt, da sie warm, bequem und so abgelegen sei, daß wir uns, wenn und wie wir wollten, dem tollen Getöse der jubilierenden Gesellschaft entziehen könnten. In zwei kleinen, mit warmen Tapeten behangenen Zimmern, dicht neben dem großen Gerichtssaal im Seitenflügel, dem gegenüber, wo die alten Fräuleins wohnten, da wäre ihm jedesmal seine Residenz bereitet. Endlich nach schneller, aber beschwerlicher Fahrt kamen wir in tiefer Nacht nach R . . sitten. Wir fuhren durch das Dorf, es war gerade Sonntag, im Kruge Tanzmusik und fröhlicher Jubel, des Wirtschaftsinspektors Haus von unten bis oben erleuchtet, drinnen auch Musik und Gesang; desto schauerlicher wurde die Öde, in die wir nun hineinfuhren. Der Seewind heulte in schneidenden Jammertönen herüber und, als habe er sie aus tiefem Zauberschlaf geweckt, stöhnten die düstern Föhren ihm nach in dumpfer Klage. Die nackten, schwarzen Mauern des Schlosses stiegen empor aus dem Schneegrunde, wir hielten an dem verschlossenen Tor. Aber da half kein Rufen, kein Peitschengeknalle, kein Hammern und Pochen, es war, als sei alles ausgestorben, in keinem Fenster ein Licht sichtbar. Der Alte ließ seine starke, dröhnende Stimme erschallen: »Franz – Franz! – Wo steckt Ihr denn? – Zum Teufel, rührt Euch! – Wir erfrieren hier am Tor! Der Schnee schmeißt einem ja das Gesicht blutrünstig – rührt Euch, zum Teufel.« Da fing ein Hofhund zu winseln an, ein wandelndes Licht wurde im

Erdgeschosse sichtbar, Schlüssel klapperten, und bald knarrten die gewichtigen Torflügel auf. »Ei, schön willkommen, schön willkommen, Herr Justitiarius, ei, in dem unsaubern Wetter!« So rief der alte Franz, indem er die Laterne hoch in die Höhe hob, so daß das volle Licht auf sein verschrumpftes, zum freundlichen Lachen sonderbar verzogenes Gesicht fiel. Der Wagen fuhr in den Hof, wir stiegen aus, und nun gewahrte ich erst ganz des alten Bedienten seltsame, in eine altmodische, weite, mit vielen Schnüren wunderlich ausstaffierte Jägerlivrei gehüllte Gestalt. Über die breite weiße Stirn legten sich nur ein paar graue Löckchen, der untere Teil des Gesichts hatte die robuste Jägerfarbe, und unerachtet die verzogenen Muskeln das Gesicht zu einer beinahe abenteuerlichen Maske formten, söhnte doch die etwas dümmliche Gutmütigkeit, die aus den Augen leuchtete und um den Mund spielte, alles wieder aus. »Nun, alter Franz«, fing der Großonkel an, indem er sich im Vorsaal den Schnee vom Pelze abklopfte, »nun, alter Franz, ist alles bereitet, sind die Tapeten in meinen Stuben abgestaubt, sind die Betten hineingetragen, ist gestern und heute tüchtig geheizt worden?« »Nein«, erwiderte Franz sehr gelassen, »nein, mein wertester Herr Justitiarius, das ist alles nicht geschehen.« ...

HOFFMANN, ERNST THEODOR WILHELM (Amadeus), wurde 1776 in Königsberg geboren. Er änderte später seinen dritten Vornamen in »Amadeus«, um seiner Verehrung für Mozart Ausdruck zu verleihen. Bis heute kennt man ihn daher unter dem Namen E. T. A. Hoffmann. Nach seinem Jurastudium an der Königsberger Albertina trat er 1795 in den »Juristischen Vorbereitungsdienst« ein. Mit seinem hochangesehenen Großonkel, Justizrat Voeteri, unternahm er zu dieser Zeit eine Reise zu einigen Gutshöfen ostpreußischer Adelsfamilien. Viele Jahre später schildert er in der Erzählung »Das Majorat« seine damaligen Reiseerlebnisse. Das Schloß »R . . sitten« ist unschwer als Rossitten auf der Kurischen Nehrung auszumachen. Dort hatten sie Erlebnisse, die ihnen zunächst unbegreiflich und unerklärlich erschienen.

Zu seinen beruflichen Stationen als preußischer Beamter gehören auch die polnischen Städte Płock und Warschau in der Zeit der polnischen Teilungen. Hoffmann starb 1822 in Berlin.

Der Schaktarp

Der Winter brach herein, gleich mit strengem Froste. Viele Fischer wurden von ihm auf dem Haff überrascht und kamen in große Not. Über Nacht gefror das Wasser eine Meile weit hinaus am Ufer entlang. Das Eis war zu stark, um von den Kähnen durchbrochen werden zu können, und zu schwach, um Menschen zu tragen. Da bewährte sich des Fischmeisters ganze Tüchtigkeit. Vom Lande aus versuchte er, eine Rinne durch das Eis schlagen zu lassen. Da man auf diese Weise zu langsam vorwärts kam, eilte er nach der Stadt und ruhte nicht, bis man ihm das dort liegende Dampfboot zur Verfügung stellte. Mit Hilfe desselben gelang es ihm, ins offene Wasser vorzudringen und mehrere der Fischer, die dort noch kreuzten, in Sicherheit zu bringen. Einige waren aber bereits tief im Eise eingefroren; es mußte ein neuer Versuch gemacht werden, ihnen vom Lande aus nahe zu kommen. Mit leichten Booten, Handschlitten und langen Stangen begab man sich unter Führung des braven Kapitäns auf das unsichere Eis. Wo dasselbe zuletzt ganz unhaltbar wurde, schlug man mit Äxten ein. So gewann man freie Fahrt zu den Kähnen und rettete die Menschen, die achtundvierzig Stunden lang ohne Lebensmittel auf ihren offenen Fahrzeugen dem scharfen Froste ausgesetzt gewesen waren. Dank wollte der Fischmeister von keinem annehmen.

»Es ist ja meine verdammte Pflicht und Schuldigkeit«, sagte er lachend und die erstarrten Hände reibend.

Noch einmal riß der Weststurm das Eis auf, trieb es in die Strommündung hinein und schob es an den Ufern zusammen. Erst im Januar wurde die Decke fest, so daß die Winterfischerei in Zug kommen konnte. Nun wurde es auch auf den Flüssen lebendig; in langen Reihen fuhren Schlitten mit hellem Schellengeläute das Heu von den weiten Wiesenflächen der Niederung ab, teils tiefer in das Land hinein, teils über das Haff nach der Stadt. In der Schenke am Moor war täglich vom Morgen bis zum Abend ein lustiges Treiben;

da stampften die Fuhrleute in ihren Schafspelzen sich die Füße warm, saßen am großen Kachelofen und forderten Glas auf Glas. Jurgeitis war oft unter ihnen, trank mit jeden neuem Gaste und sang litauische Schelmenlieder oder schimpfte zur Belustigung des rohen Volkes auf die Fischereiaufseher, Förster und Wiesenpächter. Zuletzt seiner Sinne kaum noch mächtig, tanzte er, mit dem vollen Glase in der Hand, auf der Diele umher, jauchzte laut auf, schnitt Grimassen und rief:

»Den Fischmeister soll der Teufel holen – tralala! Dem Grünbaum müssen alle Blätter abfallen – ju-u-ih! Wasser muß der Kapitän saufen – heidi! Ich laß ihn schwimmen – schwimmen – schwimmen mit den Fischen – juchhe! Wartet ab, bis das Eis aufgeht, da wird er ans Land kommen – hi, hi, hi! juchhe!«

Er ist im Kopfe verrückt, hieß es allgemein.

Noch früh am Tage, wenn die Schenke sich geleert hatte, warf Jurgeitis sich aufs Bett und schlief fest bis Mitternacht. Dann aber stand er auf, rumorte ohne Licht in der Stube herum, unter seinem Handwerkszeug, schlug den Pelzkragen hoch auf und ging hinaus; selbst Else wußte nicht, wohin. Erst nach Stunden pflegte er zurückzukehren, vor Kälte an allen Gliedern zitternd. Einmal hatte er sich so verspätet, daß das Morgenlicht schon durch die befrorenen Fensterscheiben in die Sube dämmerte. Da sah Else, daß er eine Säge unter seinem Pelz hervorzog und in die Ecke stellte. Er gehe in den Wald nach Holz, dachte sie und beruhigte sich dabei. Fragen wollte sie nicht, um nicht Mitwisserin seines heimlichen Tuns zu sein.

Er ging aber nicht in den Wald nach Holz, sondern schlich in den dunklen Nächten quer über den Fluß, am Ufergebüsch hin, bis zu des Fischmeisters Haus. Es ruhte auf Pfählen und stand jetzt wie auf dem Eise. Auf den Knien konnte man unter das Haus kriechen, wenn man das dichte Strauchwerk zur Seite bog.

Das tat Jurgeitis, und dann halb liegend, halb kniend, setzte er seine Säge an den nächsten Pfahl und machte in der Mitte einen Kreisschnitt, möglichst tief in das Holz hinein, immer mit kurzen Stößen vordringend. Die Arbeit war schwer und ermüdend. Wegen des Druckes von oben saß die Säge oft fest und konnte nur mühsam wieder in Gang gebracht werden. In mancher Nacht gelang ihm ein einziger Schnitt von rechts oder links. Bei Mondhelle wagte er sich überhaupt nicht hinaus. Aber so langsam sich das tolle Werk förderte, seine Hartnäckigkeit ließ nicht ab davon. Nach Monaten hatte er auf diese Weise sämtliche Stützpfähle unter den Rosten angesägt.

Und noch lustiger klang es, wenn er in der Schenke jubelte: »Der Kapitän muß Wasser saufen – heidi! Mit seinem ganzen Schiffe muß er schwimmen zum Memeler Tief hinaus – juchhe! – schwimmen mit den Fischen.«

Grünbaum hatte einen gesunden Schlaf; es weckte ihn sobald nichts auf. Julie aber, die vielleicht auch zuzeiten aus einem besonderen Grunde wachsam auf jedes Geräusch draußen horchte, behauptete wiederholt, es lasse sich in der Nacht öfter ein Ton vernehmen, als ob jemand Holz säge.

»Dummes Zeug!« schalt sie der Alte aus. »Ich wünschte, es sägte uns einer unser Holz klein; aber das liegt fest auf dem Stapel und rührt sich nicht, bis ich es selbst herunterhole. Das hast du von deiner Mutter – die hörte auch immer allerhand Spuk. Es ist der Wind, der um das Haus streicht und die scharfen Eissplitter durch das kahle Strauchwerk jagt. Wer wird in der Nacht Holz sägen? Dummes Zeug!«

Jurgeitis wieder glaubte das eine oder das andere Mal, daß der Fischmeister ihm auf den Hacken sei. Er hörte deutlich den Schnee knirschen wie unter dem vorsichtigen Fußtritte eines Menschen. Es war ihm auch, als bewegte sich ein Schatten an der Pfahlreihe entlang, und als ob die Hintertür am Hause leise auf- und zugemacht wurde. Er hielt dann mit seiner Arbeit ein, bis alles wieder stillgeworden war, oder gab sie für diese Nacht auch ganz auf. Einmal, schon gegen Morgen, knarrte wieder die Tür. Er hörte jemand die kleine Treppe hinabsteigen, sah eine Gestalt um die Ecke des Stalles huschen und dann im Graben sich nach dem Walde zu entfernen. Das schwache Schneelicht ließ die Umrisse nicht genauer erkennen, aber Grünbaum war es nicht. Der Vorfall ereignete sich nochmals ebenso etwa eine Woche später. Und dann ein drittes Mal, als er ungewöhnlich früh an seine Arbeitsstätte gelangt war, bemerkte er die vorsichtige Annäherung derselben Gestalt aus der Richtung vom Walde her. Er schlich bis an die vorderste Pfahlreihe heran, konnte jedoch das unter der litauischen Mütze versteckte Gesicht nicht erkennen; aber oben öffnete sich wieder die Tür, nachdem leise angeklopft war, und eine weibliche Stimme sprach etwas im Flüsterton, was er nicht verstand.

Im Hause war eine Magd. Jurgeitis kannte sie aber als eine alte Person, die schwerlich noch mit solchen Heimlichkeiten umging. Er meinte dann auch auf der richtigen Fährte zu sein, als er zu Else lachend sagte: »Dem Herrn Kapitän könnt' ich's jetzt heimgeben. Er hat dich und Endrik unter der Weide auf dem Kirchhofe belauscht und ein großes Hallo davon gemacht... Das Fräulein treibt's schlimmer, hi, hi, hi! Läßt ihren Schatz nachts ins Haus –«

»Wie weißt du, Vater –« fiel Else mit Vorwurf ein.

Er duckte sich und tat, als ob er horchte. »Knistert's da nicht im Schnee – schleicht's da nicht heran – trappte es nicht die Treppe hinauf? Horch! Es klopft an die Tür, dahinter wartet jemand... Schnell auf und hinein – husch, husch, husch! Der Fischmeister schläft bis zum Morgen – der hat einen festen Schlaf.« Er sprang auf und ballte die Faust. »Meinetwegen mag er schlafen – ich werd' ihn nicht wecken, ich nicht! Wenn's ihn hinterher toll macht, um so besser. Juchhei! Ich gönn's ihm von Herzen.« Er stampfte wie zum Tanze auf und schwenkte die Arme durch die Luft.

»Wer war's, Vater?« fragte Else. Sie traute ihm nicht recht.

Er kniff das eine Auge zu und blinzelte sie mit dem andern listig an. »Ja, wer war's? Er wird nicht so dumm sein, sich ins Gesicht sehen zu lassen. Soll ich ihn festhalten, daß er mich niederschlägt? Die Nacht ist dunkel; es sieht einer aus wie der andere. Das Fräulein wird ihren Schatz schon an der Stimme erkennen. Was geht's dich an? Der Endrik wird's ja nicht sein, hi, hi, hi! Der Endrik nicht.«

An den hätte sie zuletzt gedacht. Da ihr Vater aber nun seinen Namen nannte, ging's ihr doch ganz kalt durch. Auf dem Moosbruch hatte Endrik sich gar nicht mehr blicken lassen, und nicht einmal einen Gruß hatte er ihr geschickt, wozu doch alle Tage Gelegenheit gewesen wäre. War sie wirklich ganz vergessen?

Das Herz war ihr recht schwer. Wenn sie an dem kleinen Fenster saß und Netze strickte oder Garn spann und so viel Zeit hatte, in sich hineinzugrübeln, dachte sie oft genug, daß es für sie wohl am besten sei, in die weite Welt hinauszugehen und bei fremden Leuten Dienst zu tun. Dann wäre der Endrik ihrer ledig, und sie selbst hätte ihn freigegeben und könnte sich einbilden, hätte sie es nicht getan, er würde sie nicht verlassen haben. Aber ihr Vater! Durfte sie jetzt von ihm gehen? Sie sah ja doch, wie kläglich es um ihn stand. Bei recht gesundem Verstande war er nicht mehr, auch wenn er einmal völlig ausnüchterte. Wenn er im Frühjahr die Hütte auf dem Moosbruche abbrechen sollte, wer weiß, was er dann in seiner Wildheit tun könnte! Nein, in dieser schweren Zeit durfte ihm die Tochter nicht fehlen.

Der Februar ging vorüber und der halbe März. Dann kam Sonnenschein, dann nochmals scharfer Frost, dann in ganz plötzlichem Umschlage Sturm und Regen bei lauer Luft. In den Wäldern und auf den Wiesen schmolzen die gewaltigen Schneemassen, die Eisdecke auf den Strömen und Kanälen wurde unsicher und brach doch nicht. Weithin an den Uferrändern entlang stand darauf das Wasser, überstaute das flache Land, Wiesen, Äcker und Wege. Über der ganzen Gegend lagerte ein gelbgrauer Nebel, der nur schattenhaft die nächsten Häuser und Bäume erkennen ließ. Nicht zu Fuß, nicht zu Wagen, nicht zu Kahn konnte man von der Stelle; alles Feste und Flüssige schien sich wieder zu vermischen und die Erde ein weicher Brei zu werden, der sich in Nebel aufzulösen strebte.

Man hat dort einen eigenen Namen für diesen entsetzlichen Zustand, der oft Wochen andauert, mit unheimlicher Gewalt jede Bewegung hindert, alles Leben zu vernichten droht und die Menschen in ihrer Abgeschlossenheit und Hilflosigkeit zum Tode traurig stimmt. Der »Schaktarp« heißt er, und man denkt sich ihn nun wie ein Gespenst, das heranschreitet und sich riesengroß über die ganze Niederung legt, jedem die Brust bedrückt und das Atmen erschwert. Der Schaktarp kommt, sagt man, und der Schaktarp geht oder zieht ab, oft über Nacht, wie er kam. Schnee und Eis sind dann langsam aufgezehrt, in Dunst verwandelt. Die Nebelwand hebt sich, und die Sonne, die lange wie eine trübe Ampel durch dieselbe sichtbar wurde, beginnt nun, mit ihren wärmeren Strahlen das Erdreich zu trocknen.

In diesem Jahre hatte der Schaktarp, solange er auf sich warten ließ, doch jeden überrascht. Man meinte, der späte Frost, der eine Eisdecke über die andere gelegt hatte, werde eine Weile anhalten. Am Abend war man noch tief im Winter, und am Morgen darauf rieselten die Bächlein von allen Dächern, trat der Fuß in unergründliche Pfützen von Schneewasser. Das gespenstische Ungeheuer schien diesmal mit rasender Eile einholen zu wollen, was es solange versäumt. Bei völliger Windstille und lauwarmer Luft verdichtete sich der Nebel schon am dritten Tage so stark, daß man nicht mehr die Hand vor Augen sehen konnte. Else brannte bei ihrer Arbeit eine Lampe. Jurgeitis, der nicht einmal bis zur Schenke am Moor gelangen konnte, um seine Flasche neu zu füllen, schien von allerhand spukhaften Gestalten verfolgt zu werden. Unruhig griff er dies und das an, sprach mit sich selbst, weinte und lachte, sang geistliche Lieder und las aus der litauischen Bibel laut vor. »Herr, hilf!« rief er oft dazwischen.

Plötzlich ein neuer, überraschender Witterungswechsel.

Der eben noch bleischwer lastende Nebel kam in eine wogende Bewegung, als ob er von oben her stoßweise niedergedrückt würde, auswiche und wieder zurückströmte. Wenige Minuten darauf heulte der Sturm über die weite Fläche hin, die kahlen Bäume beugend und die Strohdächer zausend. Die Luft kühlte sich im Moment ab; die Dunstmasse erstarrte zu feinen Eisspitzen und prasselnden Hagelkörnern. Das offene Wasser über den Wiesen und Äckern schlug Wellen, wie ein breiter See; mit donnerartigem Krachen borst die Eisdecke auf dem Flusse, wie von einem riesigen Nacken gehoben. Durch die Spalten quoll die strömende Flut und riß sie weiter auf; das Grundeis drückte dagegen, nahm die losgelösten Schollen auf seinen Rücken und stemmte mit verstärkter Wucht gegen die noch widerstandskräftige Mauer. Endlich, nach stundenlangem Kampfe, hatte die mächtige Strömung sich mitten im Flusse eine Rinne geöffnet. Vom Sturme aufgehalten, ergoß er sich zu beiden Seiten über die Eisfelder und weithin über das mit Schollen bedeckte Land. Zurückgeschwemmt und von rechts und links übereinandergeschoben, stopften sie schnell wieder die schmale Wasserstraße. Nur kurze Zeit. Dann krachte, knackte, prasselte, knallte es von neuem. Nun war die ganze Eisschicht an den Rändern gelöst, schnellte einen Fuß hoch auf, zersplitterte und wälzte sich mit den Wogen vorwärts.

Else blickte durch das Fenster, das grauenhafte Naturschauspiel mit ängstlicher Spannung beobachtend. Hinter ihr stand Jurgeitis, die Hand gegen den Pfosten gestützt, den Kopf vorgebeugt, unbeweglich auf einen bestimmten Punkt schrägüber am jenseitigen Ufer hinstarrend.

»Es ist gut, Vater«, sagte Else, »daß wir unsern Kahn im Graben hinter dem Hause in Sicherheit gebracht haben. Dort treibt ein anderer zwischen den Eisschollen – sie reißen ihn im Kreisel herum – packen ihn wie mit Zangen – zerdrücken ihn – stoßen ihn hinunter – sieh nur, sieh!«

Jurgeitis schien sie gar nicht zu hören. Er starrte mit fieberhafter Erwartung immer auf den Gegenstand drüben hin. »Nun – nun! Nein, noch nicht – wieder vorbei! Ah – das, das kann helfen – ein Ruck, noch ein Ruck! Faßt ihn, packt ihn, hebt ihn – noch ein Ruck! Hurra – so war's gut! Hurra!«

Seine Brust keuchte, und der Fensterpfosten zitterte unter dem Druck seiner Hand. Else wendete den Kopf nach ihm um. In diesem Augenblick aber bewegte sich drüben in der Ferne eine dunkle Masse. Da stand des Fischmeisters Haus ... Ohne Zweifel – es bewegte sich, schwankte, wurde von den ringsum gelagerten Eisschollen seitwärts geschoben.

»Vater, was ist das!« schrie sie auf. »Das Haus bricht zusammen – barmherziger Gott! – Das feste Haus!«

Er schlug eine helle Lache auf. »Das feste Haus – ja, ja! Des Kapitäns Haus steht auf hölzernen Pfählen – ha, ha, ha! – fußdick, fest eingerammt. Noch ein Ruck – da – bauz! Nieder mit dem Satan, nieder, nieder!«

Das Haus senkte sich, aber nur wenig. Es schien auf den Eisschollen festzusitzen. Keine Minute lang. Dann hob es sich wieder mit diesen, schwankte wie ein Schiff, erhielt einen Stoß, einen Gegenstoß und drehte sich halb um sich selbst. Eben brach der Sturm von neuem los, legte sich mit voller Wucht dagegen, riß es mitsamt den Schollen vom Ufer ab und warf es mitten auf den Strom, mit dem es nun forttrieb. Es war eine wundersame Erscheinung, das Haus so heranschwimmen zu sehen, von den Eismassen getragen. Aber sie trugen nicht lange die überschwere Last. Eine Scholle nach der andern bröckelte ab, der hintere Giebel senkte sich, dann der vordere; das Haus legte sich auf die Seite, richtete sich noch einmal auf, und nun, mitten im breiten Strome, geradeüber der Kate des Jurgeitis, sank es plötzlich in die sich rings aufbäumenden Schollen hinein, stieß krachend auf den Grund, wurde noch eine kurze Strecke geschleift und saß dann fest. Else hatte die Hände über die Augen gedeckt und den Kopf zwischen die Schulter gezogen. Als sie wieder aufblickte, stand das Haus bis über die Hälfte der Wände im Wasser. Die Wellen schlugen in die Fenster hinein. Mächtige Eisblöcke jagten unaufhörlich vorüber, stießen an, schoben sich dahinter zusammen, lösten sich wieder mit Gekrache und rissen große Stücke der Holzverkleidung mit sich fort.

Keine Stunde konnte dem Anschein nach der erschütterte Bau dem wütenden Angriff der sturmgepeitschten Wogen standhalten. Hatten die Bewohner sich rechtzeitig retten können? Aber wie hätten sie die Gefahr ahnen sollen? So schweren Eisgängen hat das Haus schon oft genug getrotzt. Und da öffnete sich auch oben im Giebel ein Fenster – der Arm schien es gegen den Sturm nur mit Mühe halten zu können. Der Kopf des Kapitäns erschien. Schrie er etwas hinaus, so waren die Worte jedenfalls nicht verständlich. Nun winkte er mit einem Tuche – der Wind riß es ihm aus der Hand. Von hinten her wurde ihm ein anderes gereicht. Er winkte und winkte, aber niemand schien es bemerken zu wollen. Ein Hagelschauer rasselte ihm entgegen; er mußte das Fenster schließen; wahrscheinlich waren ihm die Hände ganz erstarrt.

»Der Fischmeister muß schwimmen!« schrie der Litauer. »Es hilft ihm nichts, er muß schwimmen! Aber ans Ufer kommt er nicht – das Eis schlägt ihm den Hirnschädel ein – er muß ersaufen wie ein Hund! Heissa, ersaufen!«

Nun wurden an der dem Sturm abgewandten Seite Dachpfannen ausgehoben und hinabgeworfen. Durch das Loch kroch Grünbaum, schaute nach allen Seiten aus, legte die Hände wie ein Sprachrohr an den Mund und winkte mit den Armen. »Ja, winke nur«, rief Jurgeitis, »winke nur! Es sehen dich viele, aber es holt dich keiner hinüber ans Ufer. Du mußt Wasser schlucken! Wer wagt sein Leben für so einen Teufel? Winke nur, winke! Es kann kein Kahn hinaus vom Moosbruch. Du hast genug die Menschen gequält; es ist aus mit deiner Macht und Herrlichkeit, aus – aus – aus!«

Ein krachender Ton ließ sich vom Flusse her vernehmen; das Haus mußte von unten her durch das Grundeis einen neuen Stoß erhalten haben, der das Gefüge der Balken lockerte. Am Giebelfenster wurde eine weibliche Gestalt sichtbar, die verzweifelt die Hände rang. »Und ich wag's doch!« sagte Else plötzlich entschlossen. Sie griff nach dem Ruder, das in der Ecke stand.

Jurgeitis legte rasch seine Hand auf ihren Arm. »Bist du toll?« schrie er sie an. »Was willst du tun?«

»Es ist Christenpflicht, Vater.«

»Christenpflicht? Was weiß er von Christenpflicht gegen uns Litauer? Er ist ein Deutscher, er ist ein Herr, er ist ein Beamter –«

»Vater, sein Leben ist in Gefahr! Und das Fräulein – und die alte Magd …«

Jurgeitis versuchte ihr das Ruder zu entreißen. »Du sollst nicht! Mag sie doch ersaufen, die ganze Höllenbrut mit dem Teufel! Arm und elend hat er mich gemacht – ohne Erbarmen jagt er mich jetzt vom Moosbruch! Wenn ich an seiner Tür bettle, wird er mich mit dem Fuß fortstoßen – das ist Gottes Strafgericht.«

Else hielt die Ruderstange mit starker Hand fest. »Gottes Strafgericht, Vater? Hast du nicht dazu geholfen in den langen Winternächten?« Es kam ihr plötzlich die Ahnung, was sein Ausbleiben bei Nacht bedeutete.

»So ist's meine Rache!« rief er, und aus seinen Augen loderte wildes Feuer. »Meine Rache! Für all das Unrecht will ich mich rächen. Wenn ich ein Bettler bin, er soll es nicht mit ansehen – er soll mich nicht höhnen. In den Grund mit ihm! Die Pfähle habe ich durchgesägt, das war meine letzte Arbeit! An die will ich denken, wenn ich mich durchs Land bettle, wenn ich irgendwo am Zaun liegenbleibe und sterbe. Ich sage dir, du bleibst! Ich lasse dich nicht fort!«

»Und ich gehe doch!« entschied Else. »Soll ich deine Seele mit solcher Sünde beladen lassen? Willst du drei Menschenleben auf dem Gewissen haben? Halte mich nicht – ich muß!«

Sie rangen miteinander. Else war die Stärkere; sie entwand ihm das Ruder und eilte damit hinaus.

Oft tief einsinkend in das schlammige Moorland, gelangte sie zum Graben. Sie sprang in den Kahn und schob ihn mit der Stange durch das noch nicht überall flüssige Schneewasser bis zum Fluß. Hier begann der Kampf mit den zusammengeschobenen und treibenden Eisschollen, mit Sturm und Wogendrang. Wie eine Nußschale tanzte der Kahn auf dem schäumenden Wasser; wie ein Aal wand er sich durch die schmalen, sich in jedem Augenblick verändernden Fahrstraßen. Bald trieb ihn Else mit kräftigen Ruderstößen vorwärts, daß die Wellen vorn hoch aufspritzten, bald stieß sie die andringenden Schollen mit der Stange, oder auch mit dem Fuß übertretend, zur Seite. Manchmal wurde sie eine Strecke mitgerissen, oder es schien, als ob ein Eisberg über sie hinwegrollen wolle, dem wegen der sperrenden Massen nicht zu entrinnen war; aber ihre Kraft und Geschicklichkeit fand immer wieder einen Ausweg. In der Nähe des gesunkenen Hauses zeigte sich die Strömung am stärksten. Vergebens kämpfte sie minutenlang gegen sie an; immer neue Eisschollen sperrten den Zugang. Und schon fühlte sie ihren Arm matter werden. Da hörte sie vom Giebelfenster her den Notschrei der geängstigten Frauen. Grünbaum lehnte sich hinaus, eine aufgewundene Leine in der Hand haltend, zum Werfen bereit. Das gab ihr frischen Mut. Mit äußerster Kraftanstrengung stemmte sie sich gegen das Ruder; einen Augenblick war das Wasser vor ihr eisfrei – den benutzte sie, die Spitze des Kahnes scharf gegen das Haus zu kehren. Er schwankte heftig, nun mit der vollen Breitseite gegen den Strom gewendet – aber da fiel auch die Leine wohlgezielt über sie hin. Sie warf das Ruder weg, ergriff sie und zog sich ans Fenster heran.

»Gott sei gelobt!« rief der Fischmeister. »Du bist ein kreuzbraves Mädchen, Else – das soll dir nicht vergessen sein! Nun vorwärts! Erst dies in Sicherheit.«

Er warf seine Rechnungsbücher und Skripturen, die er bereits für alle Fälle zwischen kurzen Bretterstücken »zum Schwimmen« zusammengebunden hatte, in den auf und ab tanzenden Kahn hinab. »Nun die alte Person!«

Die Magd beeilte sich in ihrer Todesangst, diesem Befehl nachzukommen, hielt sich am Fensterpfeiler fest und ließ sich ins Boot fallen, als dasselbe ihre Füße berührte. »Jetzt Julie!« rief Grünbaum.

Julie schien vom Schreck wie gelähmt zu sein. Sie stand zitternd da, kreidebleich im Gesicht und ließ unruhig den Blick vom Fenster zur Tür schweifen. Ihre Lippen waren blau gefärbt, und ihre Finger zuckten, wie von einem Krampf erfaßt. Ihr Vater faßte sie beim Arm und suchte sie ans Fenster zu schieben; aber schon nach dem ersten Schritt leistete sie Widerstand. »Was zögerst du?« fragte er; »es ist keine Minute Zeit zu verlieren.«

Sie brach in Tränen aus. »Ich kann nicht fort, Vater!«

»Dummes Zeug! Beeile dich! Der Sprung in den Kahn ist nicht gefährlich; ich halte ihn an der Leine fest.«

»Nicht deshalb ... Aber ich kann nicht – weiß Gott, ich kann nicht!«

»In drei Teufels Namen, mache mich nicht ärgerlich ...«

Sie sank plötzlich, wie ganz gebrochen, vor ihm auf den Boden nieder und umfaßte seine Knie. »Ich kann nicht allein, Vater ... Es ist noch einer im Hause –«

Mit einem heftigen Ruck des Körpers machte er sich von ihr frei. »Noch einer? ... Wer?«

»Vater, ich habe mich schwer vergangen ...«

»Wer – wer?«

»Töte mich, aber rette ihn ... Der Jäger Edmund Görich ...«

Grünbaum schlug sich mit der Faust gegen die Stirn und stieß einen ächzenden Laut aus. So stand er eine Sekunde lang unbeweglich, eine schreckliche Sekunde lang. Unter ihnen brodelte und gurgelte das Wasser; beim Anstoßen der Eisschollen bebte das ganze Haus, daß die Dachbalken knickten und knackten; draußen rief die Magd: »Eilt, eilt! Wir können uns so nicht lange halten!« Der Fischmeister schien mit einem Entschluß zu kämpfen und nicht mit sich einig zu werden.

Endlich sagte er mit schneidender Kälte, indem er das Mädchen beiseiteschob: »So hole ihn – wie eine Katze im Sack will ich ihn nicht ersaufen lassen. Man findet ihn ja doch, und die Schande ...«

Julie hörte nicht mehr, was er sprach. Sie war aufgesprungen und hinausgeeilt, hatte eine Kammertür aufgerissen und hineingerufen: »Komm! Wir retten uns!«

Der schon auf den Tod gefaßte junge Mann ließ sich willig von ihrer Hand fortziehen. Beim Anblick des Alten erschrak er heftig. »Herr Fischmeister ...« stotterte er.

»Bube!« knirschte der Kapitän, »das kostet mein Leben. Aber fort jetzt, fort! Es ist keine Zeit zum Lamentieren. Fort, sage ich!«

Er stieß ihn gegen die Schulter nach dem Fenster hin. Görich, der einsah, daß jetzt jedes Wort der Abbitte schlecht angebracht sei, sprang ins Boot hinab und half Julie, der die Kraft versagte, sich mit den Händen an dem Fensterpfeiler zu halten, indem er sie umfaßte und hinabzog.

Der Fischmeister warf einen Blick hinaus. »Das Boot ist voll!« rief er. In demselben Moment ließ er die Leine los. »Vorwärts! Ich bleibe.«

Julie schrie auf und sank ohnmächtig nieder. Schon hatte die Strömung den Kahn fortgerissen; zwischen ihn und das Haus schoben sich die Eismassen. Else versuchte es mit allem Kraftaufwand, sich ihm noch einmal zu nähern – ganz vergebens. Der Kahn war jetzt zu schwer belastet. Es konnte auch kein Zweifel sein, daß der Fischmeister sich nicht hatte retten wollen; denn an Raum für ihn fehlte es nicht. So hielt sie nun, um den Kahn nicht in die äußerste Gefahr zu bringen, auf das Land und erreichte wirklich eine Strecke stromaufwärts nach unsäglichen Mühen das Ufer, wo sie von den Leuten, die zu Fuß auf den Dämmen oder zu Kahn auf den Gräben herangeeilt waren, mit Jubelrufen empfangen wurden. Dann lief die Frage um: »Aber der Fischmeister – wo ist der Fischmeister?« Man wunderte sich auch wohl darüber, den Forstgehilfen im Boot zu sehen, fragte aber immer wieder nach dem Fischmeister.

Julie war schon auf dem Wasser zu sich gekommen, hatte aber über den Bord starrend dagesessen, ohne ein Wort zu sprechen oder auch nur einen Laut hören zu lassen. Auf die freundlichen Zureden Görichs schien sie gar nicht zu achten; seine Hand, mit der er sie an

sich zu ziehen suchte, schob sie zurück. Nun auf dem Lande umfaßte sie Else und rief: »Rette meinen Vater! Ich will nicht leben, ich
kann nicht leben, wenn er ertrinkt.«

Else hielt noch das Ruder in der Hand; sie war sehr erschöpft,
und ihre Brust atmete stürmisch von der übergroßen Anstrengung.
»Aber wie kann ich ...« sagte sie leise; »jetzt noch gegen den Strom?
Wir sind weit abgekommen ...«

»Rette meinen Vater!« flehte Julie. »Meinetwegen ist er zurückgeblieben. O Gott, was habe ich getan? Mein ganzes Leben lang kann
ich nicht mehr ruhig werden. Er straft mich fürchterlich! Else, wenn
er mit dem Hause versinkt ... es macht mich wahnsinnig. Diese
Angst, die ich ausgestanden habe schon drei Tage lang! Er war in
der Frostnacht gekommen und konnte am Morgen nicht mehr
fort ... ich ließ ihn nicht fort. Mein Vater wußte nichts, und erst im
letzten Augenblick ... Else, rette meinen Vater!«

Else stützte sich mit beiden Händen auf das Ruder; sie schien
sich nur mühsam auf den Füßen zu halten. Mitleidig sah sie das
Fräulein an, das vor ihr die Hände rang; aber ein tröstliches Wort
konnte sie nicht sprechen. »Ich möchte wohl«, sagte sie mit gepreß-
ter Stimme, »aber es ist jetzt unmöglich.«

Julie wandte sich den umstehenden Leuten zu. »Rettet meinen
Vater!« bat sie, »und ich will's euch danken, wie ich kann.« Der Jäger bot Geld. Aber die Männer zuckten die Achseln. »Uns ist auch
das Leben lieb«, hieß es, »man soll nicht Gott versuchen, und für
den da ...« Es war ja der verhaßte Fischmeister, für den man sich in
Gefahr bringen sollte.

Julie kehrte zu Else zurück und griff nach dem Ruder. »Dann will
ich selbst ...«

»Das ist Tollheit! Du bringst den Kahn nicht zehn Schritte weit
durch das Eis.«

»Aber es muß etwas geschehen –«

»Warte noch eine Minute – die Kräfte kehren mir schon zurück.«

»Else, gute Else, du willst es versuchen?«

»In Gottes Namen!«

Die Nachbarn mahnten ab, wollten sie zurückhalten. Aber sie war
nun schon fest in ihrem Entschluß und achtete auf deren Warnungen

nicht. »Was liegt auch an mir?« sagte sie zu Julie, die ihr folgte. »Du hast deinen Schatz, aber ich … Dachte ich's doch gleich, daß es der Jäger wäre. Wenn ich nicht wiederkomme – grüße den Endrik.«

Sie stieg in den Kahn und stieß ab.

In diesem Augenblicke wurde von der rechten Seite her ein gellender Schrei vernommen. Dort stand Jurgeitis, ohne Kopfbedeckung, auf einem Baumstubben in drei- oder vierhundert Schritt Entfernung vom Landungsplatz. Seine bloßen Füße und Waden waren mit einer Kruste von Moorerde bedeckt. So weit hatte er sich durchgearbeitet; nun aber hemmte ihn ein breiter, offener Graben, der an den Nachbarhäusern vorbeiführte. Mit gespannter Aufmerksamkeit hatte er das Boot mit den Augen verfolgt, das seine Tochter trug. Als es sich wieder dem Lande näherte, war er in die Knie gesunken und hatte die Hände zum Himmel aufgehoben. Und dann – unter den Geretteten war der Fischmeister nicht. »Er muß doch daran glauben«, murmelte er mit verbissenen Zähnen. Da geschah das ganz Unerwartete: Else begab sich noch einmal aufs Wasser. Der Schreck darüber preßte ihm den wilden Schrei aus.

Else war nicht mehr zurückzurufen. »Sie fährt in den Tod!« rief er verzweifelt! »Mein Kind – mein einziges Kind! Und ich – ich – ich! Nein! Und wenn ich selbst den Teufel da herausholen müßte, sie soll sehen, daß sie einen Vater hat – sie soll umkehren. Zweimal – das kann kein Mensch leisten! Sie soll … Ihr nach!«

Er lief am Graben entlang bis zum nächsten Hause und machte das dort liegende Boot flott. Der Nachbar reichte ihm ein Ruder. Bald kämpfte auch er gegen die Eisschollen, die sich wieder dichter am Ufer zusammengeschoben hatten.

Else aber war ihm weit voraus. Sie sah auch nicht hinter sich, sondern setzte links mit aller Kraft das Ruder ein, um die Strömung zu bewältigen. Ihre Arme wurden matt, aber sie dachte immer an Endrik, und das gab ihr frischen Mut. Doch dauerte es länger als eine Viertelstunde, bis sie das Haus erreichte, das sich inzwischen schon bedenklich auf die Seite gelegt hatte. Ein Brett war am Giebel ausgedrängt, und an dem hielt sie sich mit beiden Händen fest. »Herr Kapitän, Herr Kapitän!« rief sie hinauf.

Grünbaum sah durchs Fenster. »Donnerwetter! Plagt dich …«

»Schnell, Herr Kapitän, das Brett hält nicht lange den Gegendruck aus –«

»Aber du hörst doch, ich will nicht! So mit Schimpf und Schande …« Er unterbrach sich plötzlich, streckte den Arm aus und rief: »Element! Wer ist denn das dort? Gott soll mich strafen, der Jurgeitis! Er steckt im Eise fest – die Scholle schiebt sich unters Boot … Backbord, Backbord, dummer Kerl! Wahrhaftig, er schlägt um.« –

Mit einem mächtigen Satz durchs Fenster sprang der Kapitän in den Kahn unten, nahm dem zitternden Mädchen das Ruder aus der Hand und arbeitete sich durch die hochaufspritzenden Wogen. Eine neue Sturmwolke brauste schwarz heran. Hinter ihnen brach das Haus zusammen.

Aber Else hörte und sah nichts davon. Sobald der Fischmeister ihres Vaters Namen genannt, hatte sie umgeschaut und mit einem Blick die Gefahr erkannt, in der er schwebte. Grundeis mußte das Boot gehoben und auf die Seite geworfen haben; es gehorchte dem Ruder nicht mehr. Und nun holte es ein breites Schollenfeld ein, stieß mit ganzer Wucht dagegen, brach die Bordplanke ein, drückte es nieder und warf den Fährmann kopfüber hinaus. Jurgeitis überschlug sich mit dem Ruder und versank in der Tiefe. Das Wrack kehrte die Spitze aufwärts und schwamm mit dem Eise, in das es eingekeilt war.

Der Fischmeister war nicht mehr fünfzig Schritte von der Stelle entfernt, als es geschah. »Dem ist nicht zu helfen«, sagte er, Atem schöpfend. Else war starr vor Entsetzen. Nach einer Weile erst brach sie in laute Wehklagen aus.

Da tauchte etwas Dunkles neben dem Kahne auf. Grünbaum griff danach, indem er zugleich das Ruder unterstemmte. »Mein Vater!« schrie Else. Beide zogen den regungslosen Körper hinein. Kein Zweifel: Jurgeitis war ertrunken.

Am Lande wurden vergebliche Versuche angestellt, den Toten ins Leben zurückzubringen …

Nicht lange Zeit darauf kam eines Tages der Fischmeister. An seinem Kutter hatte er die große Flagge aufgehißt, und er selbst trug seine Staatsuniform. Mit ihm waren Julie und ihr Bräutigam. Auch den Fischerschulzen und zwei Geschworene hatte er mitgebracht.

Er klopfte ans Fenster und rief hinein: »Nun kommt es, Frau Gevatterin! Wo ist die Else? Sie soll einmal ihre beste Jacke anziehen; denn was ich mit ihr zu reden habe, das ist geredet im Namen des Königs. Ein Glas Portwein hinterher kann nichts schaden. Flugs, flugs! Ich warte noch eine Minute draußen.«

Als er dann eintrat, hielt er an Else, die von Frau Endromeit an der Hand hervorgezogen wurde, eine feierliche Ansprache und steckte ihr die Rettungsmedaille an die Brust mit einem laut schallenden: »Seine Majestät, unser allergnädigster König soll leben, vivat hoch!« Das Mädchen war glühendrot vor Scham, zog die Nadel gleich wieder heraus und reichte den Orden Endrik hin, der ihn ihr doch nicht abnehmen wollte. »Aber das schickt sich ja nicht für mich«, stammelte sie, »und wenn ich damals nicht so traurig gewesen wäre, vielleicht wäre es gar nicht geschehen.«

Der Fischmeister lachte. »Traurig oder lustig, darauf kommt es dem König nicht an, und vor dem lieben Gott putzen wir uns ja mit so etwas doch nicht aus! Nun aber passe einmal auf, Kind, was ich noch zu sagen habe. Die gute Königin hat erfahren, daß ein litauisches Mädchen sich so tapfer benommen, und hat sich den Bericht vortragen lassen, und hat aus eigener Bewegung gesagt, wie sie das alles nach der Wahrheit gehört hat: ›Die Else Jurgeitis soll aus meiner Schatulle ihre Ausstattung erhalten, wenn sie heiratet, und es soll nicht geknausert werden‹ – oder ungefähr so. Und das wird nun vom oberburggräflichen Amt nach Befehl ausgerichtet werden. Na – ist es so recht, Frau Endromeit? Wenn ich einmal für einen schreibe, dann schreibe ich ordentlich!«

Um Johanni gab es in Gilge eine lustige Hochzeit.

WICHERT, ERNST, nicht zu verwechseln mit dem sich nur durch einen Buchstaben unterscheidenden Ernst Wiechert, wurde 1831 in Insterburg geboren. Er hatte an der Königsberger Universität »Albertina« Jura studiert und war viele Jahre als Richter in Königsberg und Berlin tätig. Wichert schrieb vor allem Werke mit historischem Inhalt, z. B. »Heinrich von Plauen« und »Der Große Kurfürst in Preußen«. Wie stark deutsches und litauisches Kulturgut in Nordostpreußen einander berührten, zeigt die Schilderung des Schaktarp aus seinen »Litauischen Geschichten«.

Aus meinem Leben

Ich bin als fünftes Kind der Eltern geboren. Wir lebten damals auf dem Weidendamm Nr. 9 in Königsberg. Ich erinnere mich dunkel an eine Stube, in der ich tuschte, deutlich aber besinne ich mich auf Höfe und Gärten. Durch einen kleinen Vorgarten kamen wir auf einen großen Hof, der bis zum Pregel reichte. Dort hielten die flachen Ziegelkähne, und die Ziegel wurden auf dem Hof abgeladen und geschichtet, so daß Hohlräume blieben, in denen wir Kinder und Mutter spielten. Links an den Hof schloß sich ein ebenfalls bis zum Pregel reichender Garten. Er hatte einen über das Wasser hinausgebauten runden Pavillon. Einmal, weiß ich, sang meine damals noch so junge Tante Lina wunderschön, aber traurig in diesem Pavillon. Rechts an den Hof – durch niedrige Gebäude getrennt nur an einer Stelle offen, schloß sich ein anderer Hof. An diesen knüpfen sich lebhafte und starke Erinnerungen. Unten am Pregel war ein Floß zum Wäschespülen. Da wurde einmal ein totes Mädchen angespült und mit dem Armen-Leichenwagen abgeholt, einem schauderhaften Leichenwagen und Sarg.

Dann wohnten da Ratkes, mit denen wir spielten, der Max, die Lene, die Liese. Sie waren alle älter als ich, vor allem spielten Konrad und Julie mit ihnen, ich wurde gerade noch so mitgeschleppt. Die Ratkeschen Kinder hatten ihre Mutter verloren. Der Vater war Kaufmann und hie und da betrunken. Einmal war ich mit den Mädchen oben in der Wohnung und sah den angetrunkenen Vater, wie er taumelte (entweder habe ich damals darüber sprechen hören oder im späteren Erinnern daran habe ich verstanden, was mit ihm los war in den letzten Jahren unseres Dortseins, wie ich wußte, was das war »betrunken«).

In den niederen langgestreckten Gebäuden, die die beiden Höfe trennten, wohnte ein Gipsgießer. Da stand ich oft und sah zu, wie er formte. Ich rieche noch die feuchte Gipsluft da unten.

Von dem mittleren Hof führte am Haus vorbei ein Durchgang

nach der Straße, dem Weidendamm. Hin und wieder, aber selten, führten die Spiele da hinaus. Die großen Kinder rannten da manchmal raus. Der Liese Ratke gingen immer ihre kurzen Zöpfe auf und flogen beim Rennen die glatten, dicken weißblonden Haare wie eine Fahne vom Kopf weg.

Bis zu meinem neunten Jahre wohnten wir auf dem Weidendamm. Immer haben wir Kinder mit Sehnsucht daran zurückgedacht. Es gab unendliche Spielgelegenheiten und viele Abenteuer auf den Höfen. Zum Beispiel war ein Steinkohlenvorrat am Pregel angefahren und auf dem Hof so aufgefliehen, daß er langsam anstieg und dann plötzlich abfiel nach der Seite des Vorgartens zu.

Es war eine gewagte Sache, da oben heraufzugehen bis ziemlich an den Rand. Ich selber habe es nie gewagt, aber der Konrad. Ein anderer Junge, der es tat, verunglückte dabei: oben am Rand glitt eine Kohle unter ihm fort, und er fiel auf den Staketenzaun runter.

Dann gab es die Grube mit dem ungelöschten Kalk, ein einzelnes Brett lag darüber. Wenn man hineinfiel, sollte man blind werden.

Dann gab es die Lehmhaufen, aus welchen Burgen gebaut wurden, eine hüben am Hof, eine drüben; die Angreifer schmissen mit Lehmkugeln, das tat gehörig weh.

Ich war an der Altersgrenze, wo es den älteren Geschwistern lohnend wird, einen mitspielen zu lassen. Später habe ich gern mit Jungen gespielt, damals war es mir doch noch sehr ängstlich, ich konnte mich nicht genügend gegen die älteren durchsetzen. Mein neunter Geburtstag zum Beispiel, weiß ich, war ein schwarzer Tag. Von vornherein liebte ich die Zahl 9 nicht. Dann bekam ich ein Kegelspiel geschenkt. Am Nachmittag, als alle Kinder damit spielten, ließen sie mich – ich weiß nicht warum – nicht mitspielen. Da hatte ich dann wieder Bauchschmerzen. Diese Bauchschmerzen waren ein Sammelbecken für körperliche und seelische Schmerzen. Damals begann wohl schon mein Gallenleiden. Ich ging tagelang elend und gelb im Gesicht herum und legte mich mit dem Bauch platt auf einen Stuhl, weil mir das wohl tat. Die Mutter wußte, daß ich unter Bauchschmerzen auch Kummer versteckte. Sie ließ mich dann neben sich sitzen, ganz dicht.

Meine Schwester Lisbeth war zu jener Zeit noch ganz klein und kam für mich kaum in Betracht.

Der Konrad war ein fixer, lebendiger und phantasievoller Junge. Er war den Eltern nicht ungehorsam, er tat, was sie sagten, aber er kam immer auf neue, noch unverbotene Abenteuer. Einmal, in der Indianerbücherzeit, beschloß er, nach Amerika auszuwandern. Er ging einfach über die Pregelwiesen los. Erst nach langem Suchen kam man ihm auf die Spur und brachte ihn zurück.

Auf Julie besinne ich mich aus jener Zeit wenig. Die Mutter erzählte später, daß sie ein sorgliches Kind gewesen sei, das, zwei Jahre jünger als Konrad, doch immer hinter ihm her gewesen sei, um ihn vor Unheil zu schützen. Schon damals begann ihr Bemuttern, gegen das wir uns später so auflehnten.

Die Mutter schickte sie und mich einmal zur Ernestine Castell. Als sie mit mir fortging, steckte sie aus der Dose ein Stück Zucker zu sich. »Warum?« fragte Tante Tina. »Es der Käthe in den Mund zu werfen, wenn sie brüllen will.« Dies bockige Brüllen war gefürchtet. Ich konnte brüllen, daß es unerträglich war. Einmal muß es auch nachts gewesen sein, denn der Nachtwächter kam, um nachzusehen, was los sei. Ging die Mutter mit mir aus, so war sie froh, wenn ich nicht auf der Straße den Bock bekam und durch nichts zu bewegen war, weiterzugehen. Kam der Bock zu Hause über mich, so hatten die Eltern die Methode, mich allein in eine Stube zu sperren, bis ich mich ausgebrüllt hatte. Geschlagen wurden wir nie.

Im ganzen war ich ein stilles, schüchternes Kind und auch ein nervöses. Später traten an Stelle dieser Anfälle von Eigensinn, die sich in Gestrampel und Gebrüll äußerten, Verstimmungen, die Stunden und Tage anhalten konnten. Ich konnte es dann nicht über mich bringen, mit Worten die Verbindung mit den anderen aufrecht zu erhalten. Je mehr ich merkte, welche Last ich den anderen dadurch wurde, desto weniger konnte ich aus mir herauskommen.

Was war auf dem Weidendamm noch Schönes? Wagen und Pferde, die der Vater damals hielt. Die Pferde waren Füchse. Der Kutscher hatte einen blauen Tuchrock und hieß Gudovius. Später, als der Vater das Fuhrwerk aufgab, wurde aus dem blauen Tuchrock ein

Anzug für Konrad gemacht. Er roch darin immer nach Gudovius, nach Pferden und Stall.

Die Ziegel, die von den Schleppkähnen auf dem Hof aufgefliehen wurden, wurden dann in Ziegelwagen wieder nach Vaters Bauten gefahren. Diese Ziegelwagen sind mit der Erinnerung an die Straßen von Königsberg ganz verquickt. Es fuhren immer mehrere nacheinander im langsamsten Tempo, staubig, knarrend, schleppend, elende Gäule, grobe, plumpe Kutscher. Mit einem solchen Ziegelwagen kam mal ein Fohlen mit auf unseren Hof. Es war blind. Konrad beschwor den Vater, es zu kaufen. Er ritt darauf, aber das Fohlen war doch nicht so blind, daß es nicht sah, wo Mauern und Bäume waren. Da steuerte es ran, um Konrads Beine dran zu quetschen.

Das Bild der Eltern aus jener Zeit ist mir nur dunkel. Der Vater war wohl sehr viel in der Arbeit. Wahrscheinlich hatten wir schon damals den Baukasten, den Vater uns hatte machen lassen. Es waren große, solide Klötze, und wir bauten viel damit. Von seinen gezeichneten Bauplänen in seiner Arbeitsstube fielen lange Streifen Papier ab. Die bekamen wir zum Bezeichnen. Konrads Phantasie ließ darauf immer Verfolgungen von Schlittenfahrten durch Wölfe oder ähnliches erstehen. Der Vater ließ alles dies nicht unbemerkt. Er hob sich bald manche Streifen auf, die wir bekritzelt hatten.

Auf die Mutter besinne ich mich aus jener Zeit gar nicht. Sie war da, und das war gut. In ihrer Luft wuchsen wir Kinder auf. Die Mutter hatte zwei Kinder vor Konrad verloren. Es gibt ein Bild von ihr mit dem ersten Kind, das nach meinem Großvater Julius genannt war, auf dem Schoß. Es war das »Erstlings-Kind das heil'ge«. Dies Kind verlor sie und das zweite danach. Wer das Bild ansieht, erkennt, daß sie als Rupps Tochter nie fassungslos im Schmerz gewesen ist. Aber das schwere Leid ihrer frühen Mutterzeit, dem sie sich nie hemmungslos hingegeben hat, hat wohl bewirkt, daß sie etwas von der Entferntheit der Madonna an sich gehabt hat. Vertraute, Kameradin, Genossin ist unsere Mutter uns nie gewesen. Aber wir liebten sie. Nie war der Respekt, den wir vor den Eltern hatten, so groß, daß er der Liebe Abbruch tat.

Ein paar Minuten vom Weidendamm war dann der alte Pauperhausplatz. Nr. 5 wohnten die Großeltern. Davon ist noch viel zu erzählen.

Was wir mit dem Wegziehen vom Weidenzaun verloren haben, begriffen wir erst später ganz. Vorläufig freuten wir uns. Wir zogen jetzt nach der Königstraße in eines der schönsten neuen vom Vater gebauten Häuser. Im unteren Stock wohnten wir und daneben mein Onkel Julius Rupp, der sich damals verheiratet und als Arzt niedergelassen hatte. In diesem Haus bekam meine Mutter unter großen Schmerzen ihr letztes sehr geliebtes Kind, das auf Vaters Wunsch Benjamin genannt wurde. Auch dieses Kind wurde nur ein Jahr alt und starb wie das älteste Kind an der Meningitis. Ganz starke Eindrücke habe ich aus dieser Zeit behalten. Es ist wohl kurz vor dem Tode gewesen, wir saßen um den Eßtisch, und die Mutter war gerade beim Suppeeinschöpfen, als die alte Kinderfrau die Tür aufriß und laut rief: Er bricht wieder, er bricht wieder. Die Mutter blieb stehen und schöpfte weiter auf. Daß sie nicht vor uns weinte und aufgeregt war, empfand ich sehr, denn daß sie litt, fühlte ich deutlichst.

Für mich war Benjamins Tod noch mit besonderen drückenden Seelenumständen verbunden. Ich hatte von den Eltern sehr früh die Schwabschen Sagen geschenkt bekommen, und ich glaubte an die griechischen Götter. Ich wußte wohl, es gibt einen christlichen »lieben Gott«, aber ich liebte ihn nicht, er war mir ganz fremd.

Lise und ich waren aus der Kinderstube geschickt; was Lise vorhatte, weiß ich nicht, ich saß auf dem Boden, hatte mir mit Klötzchen einen Tempel gebaut und war dabei, der Venus zu opfern. Da ging die Tür auf und der Vater und die Mutter kamen herein. Der Vater hatte mit dem Arm die Mutter umfaßt, sie kamen zu uns, und der Vater sagte, daß unser kleiner Bruder gestorben sei. (Wahrscheinlich sagte er, daß Gott ihn zu sich genommen hätte.) Sofort wußte ich: Das ist die Strafe für meine Ungläubigkeit, jetzt rächt sich Gott dafür, daß ich der Venus opfere. So wie ich zu den Eltern stand, sagte ich kein Wort, aber welch ein Druck war auf meiner Seele, daß ich an des Bruders Tod schuldig sei.

Dann lag der kleine Benjamin in der Vorderstube aufgebahrt und sah so weiß und schön aus, ich dachte mir: Nur die Augen aufmachen, dann lebt er vielleicht noch. Aber ich traute mich nicht, die Mutter aufzufordern, daß sie die Augen des Kindchens aufmachen möge und daß dann alles gut sei. Ob ich gewagt habe, die kleine Leiche anzufassen, weiß ich nicht.

Konrad und ich waren in der großen Vorderstube. Konrad stand an der Tür zu der kleinen Stube, wo die Leiche lag. Da ging diese Tür auf und der Großvater Rupp trat heraus. Das ist das erste Besinnen, das ich bewußt an ihn habe. Er war drin beim Bennochen gewesen. Als er herauskam, stieß er auf Konrad, und er sagte einige ernste Worte zu ihm, meiner Erinnerung nach solche wie: »Siehst du nun, wie vergänglich alles ist?« oder ähnlich. Die Worte waren ernste Predigerworte und vom Konrad wohl (vielleicht?) verstanden. Mir kamen sie grausam und lieblos vor.

Dann sprach der Großvater neben dem kleinen Toten und dann fuhr der Vater, wohl auch der Großvater und Freunde mit ihm die Königstraße herunter durch das Königstor auf den Friedhof der Freien Gemeinde. Die Mutter stand am Fenster und sah dem Wagen nach. Ich hatte sie so schrecklich lieb, aber ich ging nicht zu ihr hin.

Meine Liebe für die Mutter war in jenen Jahren besorgt und zärtlich. Immer fürchtete ich, sie könnte verunglücken. Badete sie, auch nur in der Wanne, so fürchtete ich, sie könnte ertrinken. Einmal stand ich am Fenster, es war die Zeit, als die Mutter zurückkommen sollte, ich sah sie auf jener Seite der Straße kommen, aber ohne nach unserem Haus hinzusehen, mit dem ferngerichteten Blick, den sie hatte, ruhig weitergehen die Königstraße herunter. Wieder diese schwere Angst im Innern, sie könnte sich verirrt haben und nicht mehr zurückfinden! – Dann Angst davor, die Mutter könnte wahnsinnig werden. Vor allem aber Angst um den Schmerz, den ich haben würde, *wenn* Vater und Mutter stürben. Manchmal war die so groß, daß ich wünschte, sie wären erst tot und ich hätte es hinter mir.

Für diesen Fall hatte ich schon vorgesorgt. Ich wollte dann zu Prengels gehen und ganz bei ihnen bleiben.

Aus den späteren Jahren von dem Leben in dieser Wohnung weiß ich nicht viel zu erzählen. Wir spielten im Garten Croquet und zankten uns greulich dabei und kamen ins Mogeln, daß die Eltern das Spiel beiseite brachten. Trotzdem auch hier ein Spielplatz und Garten an das Haus stieß, fühlten wir uns gegen den Weidendamm beengt. Aber eine große Schaukel war da, auf der schaukelte ich im Stehen für meine Begriffe ganz hoch, das war schön.

Von der Königstraße zogen wir nach der Prinzenstraße. In dieser Zeit hat der Vater sicher schon seine praktische Arbeit aufgegeben und die Predigerarbeit an der Freien Gemeinde aufgenommen.

Die nun kommenden Jahre waren für mich sehr wichtig. Es waren körperlich und seelisch Entwicklungsjahre. Wann zuerst sich bei mir die nächtlichen Ängstigungen eingestellt haben, weiß ich nicht. In dieser Zeit hatte ich sie sicher. Sie ängstigten die Eltern, weil sie Epilepsie befürchteten. Ich wurde damals auch von Konrad aus der Schule abgeholt, weil man fürchtete, die Zustände könnten mich auch tags überfallen, es ist aber nie gewesen. Für Konrad und mich war es gleich peinlich, daß er mich begleiten sollte. Er ging auch nie neben mir, sondern immer auf der entgegengesetzten Seite der Straße.

Nachts quälten mich entsetzliche Träume. Der schlimmste, der mir in Erinnerung geblieben ist, ist dieser: Ich liege in der halbdunklen Kinderstube in meinem Bett. Nebenan sitzt die Mutter am Tisch bei der Hängelampe und liest. Ich sehe nur den Rücken durch die angelehnte Tür. In der Ecke der Kinderstube liegt ein großes zusammengerolltes Schiffstau. Es fängt an, sich auszudehnen, aufzurollen und lautlos die ganze Stube zu füllen. Ich will die Mutter rufen und kann nicht. Das graue Seil füllt alles aus.

Dann war ein schlimmer Zustand, wenn die Gegenstände anfingen, kleiner zu werden. Wenn sie wuchsen, war es schon schlimm, wenn sie aber kleiner wurden, war es grauenvoll.

Zustände gegenstandsloser Angst habe ich durch viele Jahre noch gekannt, sogar in München traten sie, aber geschwächt, noch auf. Ich hatte dauernd das Gefühl, etwa als ob ich im luftleeren Raum wäre, oder als sänke ich oder schwinde hin. Ob diese Zustände so schlimm zu deuten waren, wie die Eltern es taten, weiß ich nicht. Damals sorgten sie sich sehr um mich. Später bin ich von uns Geschwistern mit die leistungsfähigste gewesen.

In unserem Hause oben wohnte ein Junge, Otto Kunzemüller, der war meine erste Liebe. Wir spielten unten im Hof und Garten mit den anderen Hauskindern in ziemlicher Freiheit. Die Julie hatte entdeckt, daß ich und Otto manchmal in den Keller gingen, um uns zu küssen, und sie sagte es der Mutter, nicht um zu petzen, sondern weil sie sich sorgte. Ich hatte damals die Befürchtung, daß ich nun nicht mehr mit dem Otto würde spielen dürfen, aber die Mutter in ihrem wortlosen Vertrauen sagte mir nichts und verbot mir nichts. Das Küssen war kindlich und feierlich. Es wurde nur immer ein Kuß gegeben und wir nannten das eine Erfrischung. Außer Julie ist uns wohl niemand auf die Spur gekommen, denn wir kletterten dazu über den Zaun in den verwilderten Nachbargarten oder gingen in den Keller. Ich weiß, daß ich ganz ausgefüllt war davon. Weil ich aber in Liebessachen ganz unwissend war und er, will mir jetzt scheinen, auch, so blieb es bei diesem Erfrischungskuß. Er war ein reizender Junge, gewandt und hübsch. Er räuberte mir die wahnsinnigsten Erzählungen aus seinem früheren Leben vor, die ich alle glaubte.

Einmal sagte er mir, er könnte mich nicht heiraten. Warum? fragte ich erschreckt. Weil ich zur Freien Gemeinde gehöre und er nicht. Ich meinerseits mußte eine Weile mich überwinden, ihn heiraten zu wollen, weil er Kunzemüller hieß, das war ein scheußlicher Name, besonders, da die anderen Jungen ihn noch immer Kumstemüller nannten.

Unser Spielen zusammen war herrlich. Damals war ich gut angeschrieben, auch die anderen Jungens haben gern mit mir gespielt, weil ich gut Klippball schlug. Und im Winter sausten wir im Handschlitten die schräge Prinzenstraße herunter, ich drauf, Otto und der Trenck vorgespannt.

Diese Liebe hatte ein Ende, weil Kunzemüllers wegzogen. Otto versprach, über die Zäune der Gärten mich noch besuchen zu kommen, einmal tat er es auch, aber dann blieb er doch weg. Ich sehnte mich schrecklich. Weiß noch, wenn ich von der Schule die Treppe raufkam und vom Flurfenster in den leeren Spielhof mit dem alten Birnbaum an heißen Sommertagen. Aller Reiz war weg. Ich empfand Sehnsuchtsschmerz und alle Spiele mit anderen waren schal und leer. An die Innenfläche meines linken Handgelenks hat-

te ich mir ein O eingeritzt, das ich immer, wenn es vernarben wollte, wieder vertiefte.

Von dieser meiner ersten Verliebtheit an bin ich immer verliebt
gewesen, es war ein chronischer Zustand, mal war es nur ein leiser
Unterton, mal ergriff es mich stärker. In den Objekten war ich nicht
wählerisch. Mitunter waren es Frauen, die ich liebte. Gemerkt haben es die, in welche ich verliebt war, selten. Daneben fühlte ich
mich dann den Zuständen ausgeliefert, die, ohne sich auf ein be-
stimmtes Ziel zu richten, den Pubertätsmenschen peinigen. Damals
entbehrte ich deutlicher, daß die Mutter nicht Vertraute war. Bei
dem moralischen Grundton unserer Erziehung konnte es nicht anders sein, als daß ich – unerfahren in dem Naturwissenschaftlichen
des Menschen – meine Zustände als Schuld empfand. Ich hatte das
Bedürfnis, mich der Mutter anzuvertrauen, zu beichten. Da ich Lüge der Mutter gegenüber nicht kannte, auch nicht Ungehorsam,
meinte ich, wenn ich täglich der Mutter Bericht über meinen Tag er-
stattete, würde ich an ihrem Mitwissen eine Stütze haben. Aber sie
schwieg, und so schwieg ich auch. Die Unkenntnis des Körperlich-
Menschlichen blieb mir noch lange Jahre. Vom Kinderkriegen hatte
ich die albernsten Vorstellungen. Ich las die Marquise von O. von
Kleist, verstand selbstverständlich nicht, worauf sich die ganze Erzählung aufbaut, und war überzeugt und gewärtig, auch ich könnte
ganz aus heiler Haut ein Kind bekommen. Geringe Hilfe kam mir
in jener Zeit ein einziges Mal, und zwar vom Konrad. Sprechen taten wir natürlich nicht darüber. Aber er, der ähnliche Nöte kannte,
merkte wohl, wie es mit mir war. So fand er einmal eine Zeichnung
von mir, in welcher ich mich erleichtert hatte. Seither wachte er
über dem, was ich las, und entzog mir manches. Immer wortlos. Es
war vielleicht nur die Ahnung, daß auch er nicht ein Unfehlbarer
sei, was mir etwas Halt gab. Auch sah ich von jeher zu ihm auf und
wünschte, er möchte mich achten.

Rückblickend auf mein Leben muß ich zu diesem Thema noch
dazufügen, daß, wenn auch die Hinneigung zum männlichen Geschlecht die vorherrschende war, ich doch wiederholt auch eine
Hinneigung zu meinem eigenen Geschlecht empfunden habe, die
ich mir meist erst später richtig zu deuten verstand. Ich glaube

auch, daß Bisexualität für künstlerisches Tun fast notwendige Grundlage ist, daß jedenfalls der Einschlag M. in mir meiner Arbeit förderlich war.

Lieber als über meine körperliche Entwicklung spreche ich jetzt von meiner nichtkörperlichen. Jetzt war es dem Vater lange klar, daß ich zeichnerisch beanlagt war, er hatte große Freude darüber und wollte mich ganz zur Künstlerin ausbilden. Leider war ich ein Mädchen, aber auch so wollte er alles daransetzen. Er rechnete damit, daß, da ich kein hübsches Mädchen war, mir Liebessachen nicht sehr hinderlich in den Weg kommen würden, und darum war er wohl auch so enttäuscht und aufgebracht, als ich mich bereits mit siebzehn Jahren an Kollwitz band.

Fürs erste bekam ich Unterricht bei dem Kupferstecher Mauer. Es waren wohl noch ein oder zwei Mädchen dabei. Wir zeichneten Köpfe nach Gips und nach Vorlagen. Es war Sommer, wir saßen in der Vorderstube. Unten auf der Straße hörte ich die Steinsetzer rhythmisch stampfen, über den großen Bäumen des Gartens gegenüber brütete heiße, unbewegliche Stadtluft. Das spüre ich noch wie heute.

Ich war fleißig und respektvoll, und die Eltern freuten sich über jedes Blatt. Es war damals überhaupt für Vater in dieser Beziehung eine glückliche Zeit, wir Kinder waren alle in den Entfaltungsjahren, Konrad dichtete, und wir führten seine Tragödien auf, bei mir brach unverkennbares Zeichentalent durch und bei Lise auch. Ich weiß noch, wie ich einmal aus der Nebenstube ganz beglückt den Vater zur Mutter sagen hörte, wir seien alle beanlagt, am meisten aber wohl der Konrad. Ein andermal sagte er etwas, woran ich sehr lange zu fressen hatte. Er hatte eine Zeichnung von Lise gesehen, die ihn erstaunte, da sagte er zur Mutter: die Lisuschen wird die Kartuschchen bald eingeholt haben. Damals empfand ich vielleicht zuerst in meinem Leben, was Neid und Eifersucht heißt. Ich liebte die Lise sehr. Wir hingen engstens zusammen, ich gönnte ihr auch ein Vorwärtskommen bis an die Grenze, wo ich anfing, darüber hinaus wehrte sich in mir alles. Ich mußte immer einen Vorsprung haben. Diese Eifersucht verließ mich durch Jahre nicht. Als ich in München studierte, war davon die Rede, daß auch Lise hinziehen sollte. Ich hatte widerstrebendstes Empfinden, Freude auf sie und zugleich die Befürchtung, sie könnte mein Talent durch das ihre und meine Person durch die ihre in Schatten stellen, gingen in mir hin und her. Es wurde aus ihrem Hinkommen übrigens nichts, sie verlobte sich damals und hat eine gründliche Ausbildung nie erfahren. Wenn ich mich jetzt frage, warum Lise bei all ihrem Talent nicht Künstlerin im eigentlichen Sinne, sondern doch nur hochbegabte Dilettantin geworden ist, so ist mir das jetzt klar. Ich war stark ehrgeizig und Lise nicht. Ich wollte und Lise nicht. In mir war Zielrichtung. Dazu kommt freilich der Umstand, daß ich um drei Jahre älter war als sie. So lag mein Talent früher zutage als ihres, und der noch ganz unenttäuschte Vater bereitete mir freudigst den Weg. Wäre die Lise härter und egoistischer gewesen, als sie es war, so hätte sie fraglos beim Vater ebenfalls die konsequente Ausbildung durchgesetzt. Aber sie war weich und selbstlos (»Die Lise wird sich immer opfern«, sagte der Vater). So ist ihre Begabung nicht entfaltet. Begabung an sich – wenn man die auf einer Waage abwägen könnte – hat sie mindestens soviel gehabt wie ich. Nur fehlte ihr die vollkommene Einstellung darauf. Ich wollte in nichts anderem ausgebildet werden als in dieser Sache. Hätte ich gekonnt, so hätte ich mein ganzes geistiges Vermögen aufgehoben und meiner künstlerischen Fähigkeit zugeschlagen, damit doch bloß dieses Feuer hell brannte.

In den Entwicklungsjahren nährt sich das Talent von dem, was von allen Seiten zuströmt. Fast jeder Mensch ist in diesen Zeiten begabt, weil empfänglich. Die Eltern verfolgten die Methode, uns Gelegenheit zur Weiterentwicklung zu geben, ohne uns mit der Nase darauf zu stoßen. Zum Beispiel stand der Bücherschrank uns Kindern offen, und es wurde nicht nachgeforscht, was wir uns daraus holten. Es waren auch alles gute Bücher. Ich las Schiller in einer großen, schönen Ausgabe mit Stichen von Kaulbach, und ich las Goethe. Goethe hat sehr früh bei mir Wurzel gefaßt. Ich habe ihn mein ganzes Leben lang nicht mehr gelassen.

Auch las Vater uns mitunter vor. Einmal las er – ob das jetzt oder doch erst später war, weiß ich nicht – »Die Toten an die Lebenden« von Freiligrath. Dies Gedicht machte einen unverwischbaren Eindruck auf mich. Barrikadenkämpfe – Vater und Konrad dabei beteiligt, ich ihnen die Flinten ladend, das waren heroische Fantasien.

Lise und ich gehörten unbedingt zusammen. Wir waren so verquickt, daß wir gar nicht mehr zu sprechen brauchten, um uns zu verständigen. Wir waren wirklich untrennbar. Wir konnten auch mit niemand anders spielen als zusammen, was wir beide Spielen nannten. Puppen hatten wir nicht und hatten auch gar kein Verlangen danach. Aber wir kauften uns nach und nach aus einem Papiergeschäft (bei Fräulein Sander in der Königstraße) die Bilderbogen mit Theaterpuppen zu sämtlichen Stücken. Diese Figuren tuschten wir an und schnitten sie aus, es waren über hundert, und mit denen spielten wir. In unserer Stube waren wir ganz unser Herr, da spielten wir durch die ganze Stube und mit umgekehrten Stühlen und Tischen nach momentan sich ergebenden Plänen. Die griechische Mythologie, aber auch Themen aus Schillerschen Stücken, ganz freie Erfindungen, wir waren nie verlegen. Bauklötze wurden zu Hilfe genommen, Paläste aufgeführt, Altäre, Opferungen mit Bernstein, des Sängers Fluch mit zusammenstürzenden Säulen, wir waren unermüdlich. Lise, obwohl drei Jahre jünger, hielt in allem Schritt mit mir und fügte sich mir. Ohne sie war kein Spielen.

In der Übergangszeit aus der Kindheit in die folgenden Jahre schwand langsam dies Spielen. Wir wollten es halten, begannen immer wieder, aber es hatte seine Zeit überdauert und erlosch in sich. Ich weiß, wie leer ich mir vorkam, ich fühlte deutlich meinen Verlust. Wir glitten nun in andere Formen über, meist Lise und ich gemeinsam, sie mir folgend. Ich liebte sie sehr und hatte mir vorgenommen, nie zu heiraten, aber auch Lise sollte nie heiraten, sie sollte immer bei mir sein und mir gewissermaßen gehören. Sie war unendlich gutherzig und leicht zu verletzen. Mitunter reizte mich der Teufel, es zu tun. Hatte ich sie soweit, daß sie weinte, zerriß es mich fast innerlich. Wieviel verdanke ich Lise dadurch, daß sie mir unermüdlich Modell saß. Wenn ich zeichnete und bekam die Stellung nicht so heraus, wie ich sie haben wollte, dann machte sie die Stellung und machte sie immer gut und war unendlich geduldig.

Eine wirklich mir ganz nahestehende Freundin habe ich außer Lise eigentlich nie gehabt. Nur ein paar Jahre später die Lisbeth

Kollwitz, die war unser beider Freundin. Sie hatte das glücklichste Temperament und war viel lebhafter als wir, mit ihr zu bummeln erhöhte noch das Vergnügen.

Auch Karl Kollwitz und seine Freunde lernten wir damals kennen. Sie waren noch Schüler, aber schon Sozialdemokraten. Der Hans Weiß, älter als Konrad und Karl, eine fanatische politische Natur, drang mit seinen Ideen über freie Liebe zu unserer Familie vor und bearbeitete Julie mit all den Auffassungen aus der Bebelschen Frau. Julie, der das fern lag, wurde aber nicht sehr davon berührt. Lise und ich kamen für ihn noch nicht in Frage.

Höhepunkt des Jahres waren die Sommerferien in Rauschen. Seit meinem neunten Jahr waren wir alle Sommer dort. Die Eltern machten einmal eine Reise durch das Samland und kamen nach dem Fischerort Rauschen, eine halbe Stunde von der See entfernt. Es waren vor kurzem mehrere Männer des Ortes von einem großen Sturm auf See ertrunken. Die Witwe eines solchen, eine Frau Schlick, fanden die Eltern teilnahmslos vor sich hinbrütend auf der Schwelle ihres Hauses sitzen. Dies Haus hatte eine Lage, die die Eltern entzückte. Sie mieteten es erst und kauften es dann der Frau Schlick ab, so aber, daß diese mit ihren beiden Töchtern weiter im Haus wohnte. Der Vater nahm nun ein paar Veränderungen an dem Haus vor, aber es behielt ganz den Charakter des Bauernhauses. Die Fahrt nach Rauschen dauerte fünf Stunden. Eisenbahn gab es nicht, wir fuhren mit einer Journaliere, das war ein großer, mit vier oder fünf Sitzreihen versehener bedeckter Wagen. Die hinteren Sitzreihen waren herausgehoben, und es kam da herein, was man für viele Wochen brauchte: Bettsäcke, Wäsche, Körbe, Bücherkisten, Weinkisten. Welche Wonne, wenn erst die Journaliere vor dem Hause stand, alles aufgeladen war, Mutter, Mädchen, wir Kinder (der Vater kam meist nach) auf den Vordersitzen verstaut waren, der Kutscher sich auf seinen vorderen Extrasitz schwang, die drei, manchmal vier Pferde anzogen, und es losging durch die engen Königsberger Straßen, durch das hallende Tragheimer Tor und dann quer durchs ganze Samland. Erst kurz vor Sassau konnte man zum erstenmal die See sehen. Da standen wir alle auf Zehenspitzen und schrien: Die See, die See! Die See ist mir niemals und nirgends mehr, auch

195

nicht die Ligurische See, auch nicht die Nordsee, das gewesen, was die samländische See war. Diese unaussprechliche Erhabenheit der Sonnenuntergänge von der hohen Küste aus! Dies Ergriffensein, wenn man zum ersten Male sie wieder nah sah, den Seeberg runterrannte, Schuh und Strümpfe auszog und die Füße wieder das Gefühl des kühlen Seesands hatten! Dieser metallische Schall der Wellen!

Die schwärmerische Seeliebe wuchs, je mehr man in die empfindsamen Jahre hineinkam. Aber damals war Rauschen ein unbekannter Ort, nur aufgesucht von Naturschwärmern, da war man noch allein bei Sonnenuntergang, war die Küste unbebaut. Dies Kinderparadies ist gründlich verloren.

Die Mutter blieb mit uns Mädchen bis in den September draußen, weil wir an keine Schule gebunden waren. Konrad durfte sich Freunde für längere Zeit mit rausbringen, wir hatten manchmal die Lisbeth Kollwitz draußen.

Hier kann ich rasch noch von der Schule sprechen, die mir keine Freude machte. Großeltern, auch Eltern waren gegen die öffentlichen Schulen, so hatten wir Mädchen in kleinerem Zirkel Unterricht. Mit Julie und besonders Lise ist das wohl gut geglückt, zu meiner Zeit fand sich ein Zirkel zusammen, in dem wir Kinder nicht gut lernten. Die Leiterin war eine lungenkranke Dame, die Lehrerinnen waren, scheint mir, ohne Qualitäten. Nur den Literaturunterricht hatte ich gern und Geschichte. Im Rechnen war ich dumm und in den meisten anderen Fächern wohl auch mehr unintelligent als intelligent. In Rauschen unterrichtete ein Weilchen der Vater mich und Lise in Mathematik, die Lise begriff über Erwarten gut, ich über Erwarten schlecht.

Wofür ich den Eltern immer sehr dankbar gewesen bin, das ist, daß sie Lise und mich stundenlang nachmittags in der Stadt herumstreifen ließen. Auch hier wieder großzügiges Vertrauen und keine Nachspürerei. Nur wünschten die Eltern, daß wir nicht auf Königsgarten promenierten. Königsgarten entsprach etwa der Tauentzienstraße. Wir durften ihn nur überqueren, wenn der Weg so führte. Wir legten ihn meist so. Wir waren auf unsere Weise sehr eitle Dinger, ließen das Halstuch herauswehen und putzten uns zurecht, waren oft albrig und sehr kindisch. Das war der Teil Wegs, der über Königsgarten führte. Dann aber wurde es besser. Erst kauften wir Kirschen oder was es gab, und dann ging das los, was wir Bummeln nannten. Und was auch wirklich so war. Wir bummelten durch die ganze Stadt und zu den Toren heraus, ließen uns über den Pregel setzen und strichen am Hafen herum. Dann standen wir wieder und sahen den Sackträgern zu, dem Auf- und Abladen der Schiffe. Die kleinsten, romantischsten Gäßchen, die unter Torbögen durch kreuz und quer die alte Stadt durchzogen, kannten wir. Wie oft standen wir, wenn Brücken aufgezogen wurden, am Geländer und sahen zu, wie unten die Dampfer und Kähne durchzogen, sahen auf das Gewirre von Obstkähnen herunter, bummelten durchs Schloß, bummelten am Dom vorbei, bummelten auf die Pregelwiesen heraus. Wir wußten, wo die Witinnen, die Getreideschiffe lagen mit den Jimkes drauf in Schafspelzen und mit lappenumwickelten Füßen. Russen oder Litauer waren das, gutmütige Leute. Abends spielten sie auf den flachen Schiffen die Ziehharmonika und tanzten dazu. Dieses scheinbar planlose Bummeln war der künstlerischen Entwicklung sicher förderlich. Wenn meine späteren Arbeiten durch eine ganze Periode nur aus der Arbeiterwelt schöpften, so liegt der Grund dazu in jenen Streifereien durch die enge, arbeiterreiche Handelsstadt. Der Arbeitertypus zog mich, besonders später, mächtig an. Die erste Zeichnung, die ganz deutlich Arbeitertypen hatte, machte ich freilich mit etwa sechzehn Jahren, es war eine Zeichnung aus dem Gedicht »Die Auswanderer« von Freiligrath. Diese Zeichnung legte ich auf Wunsch meines Vaters ein Jahr später meinem Lehrer Stauffer-Bern in Berlin vor, er erkannte sie als so charakteristisch, wie sie tatsächlich für mich und das Milieu, aus dem ich kam, war.

Später, zwischen den Aufenthalten in München und meiner Verheiratung, ging ich vollkommen bewußt daran, das Arbeiterleben in seinen charakteristischen Situationen wiederzugeben. Mit der Übersiedlung nach Berlin wurde das ganz unterbrochen, weil der Arbeitertyp, wie Berlin ihn bot, ein ganz anderer war. Der Berliner Arbeiter stand auf einem höheren Niveau und war in allen mir sichtbaren Äußerungen künstlerisch nicht verwertbar. Ich habe es später (besonders bei einem Besuch in Hamburg) bedauert, in Königsberg nicht so lange geblieben zu sein, bis ich alles dort herausgeschöpft hatte, was ich hätte herausschöpfen können.

Wann ich zum erstenmal in die Freie Gemeinde kam, weiß ich nicht. (Die Eltern, Konrad und Julie und zum ersten Male ich kamen in den Gemeindesaal und gingen zwischen den Sitzreihen durch, um nach der vorderen Reihe zu kommen. Wir kamen an Prengels vorbei, und ich sah Max Prengel sitzen, meinen ungefähr gleichalten Vetter, mit dem ich oft gespielt hatte. Statt des vertraulichen Zunickens hatte er jetzt eine gemessen feierliche Verbeugung.) Ich nehme an, daß der Religionsunterricht und das Besuchen der Sonntagsversammlungen zu gleicher Zeit für die Gemeindekinder begann. Es waren die letzten Jahre, in denen der Großvater Rupp sprach.

Der geistige Gehalt der Religionsstunde sowohl wie vor allem der Sonntagspredigt wurde wohl in der Religionsstunde von Rupp durchgesprochen, er wünschte dann aber in der nächsten Stunde wenigstens etwas daraus, am besten einen Überblick des Ganzen, wiedergegeben. Das war mir sehr schwer. Solange ich folgen konnte, war es mir auch möglich, wiederzugeben, aber das Folgen eine volle Stunde hindurch war sehr schwer, selbst dem Konrad. Nach einem Vortrag erzählte der Großvater, wie Konrads Gesicht vor ihm aufleuchtete, als er sagte. »Zum Schlusse ...«

Nach dem Sonntagsvortrag versammelten sich einige Gemeindemitglieder, Henriette Castell, Lonny Ulrich und die Kinder und Schwiegerkinder Rupp mit den ältesten Enkeln bei den Großeltern im alten Pauperhausplatzhaus. Der Großvater, der zuerst zum Ausruhen in seiner Stube war, kam dann zu uns herüber in die Wohnstube. Wenn er durch die kleine weißgestrichene Tür hereinkam, kam er mir groß und ehrfurchterweckend vor. Wir alle standen auf und begrüßten ihn. Ob er groß war, weiß ich nicht, jedenfalls erschien er mir so. Groß, schmal, ganz in Schwarz bis zum Kinn, die Brille leicht bläulich gefärbt, das blinde Auge durch ein matteres Glas gedeckt. Sehr schön waren Großvaters Hände, meiner Mutter Hände erinnern an sie, sie waren groß und ausdrucksvoll geformt, er trug einen Siegelring, den Onkel Julius von ihm geerbt hat ... An dem einen breiten Fenster, das die Stube hatte, standen zwei alte Lehnstühle einander gegenüber, da saßen die Großeltern, das ganze Fenster war im Halbbogen umschlossen von Efeu. Hier wurde meist noch über den Vortrag, aber auch über Politik und sonst Interessierendes gesprochen. Hier war die Atmosphäre, die, nicht mehr ganz geistig, für mich gemütlicher war. In der dunklen Wandecke rechts vom großen Fenster, hinter Großvaters Stuhl stand ein Tisch mit einer großen Mappe mit Kupferstichen, an der schmaleren Seitenwand links hinter Großmutters Stuhl war ein kleines Wandbrett mit Büchern. Da holten wir uns die Grimmschen Hausmärchen heraus. Meist aber saßen ich und Lise an der Bildermappe. Wir verhielten uns mucksstill, hörten halb dem Gespräch zu, waren mehr bei den Bildern. In der Stube hing noch Großvaters Bild aus den Mannesjahren, von Gräfe gemalt. Wenn meine Erinnerung richtig ist, war es ein sehr gutes Bild, es ist, glaube ich, bei den Theobaldschen Nachkommen geblieben.

Aus dieser Nach-Vortrag-Stunde in der warmen, hellen Großelternstube ist mir der Großeltern Bild unendlich freundlich, gütig und geistig in Erinnerung geblieben, dann aus den festlichen Sonntagsnachmittagszusammenkünften bei uns zu Hause und aus der Weihnachtsfeier am ersten Feiertag. Darüber muß ich noch besonders sprechen.

In den Vorträgen jedoch und auch in den Religionsstunden war der Großvater mir nur ehrfurchgebietend. Wenn wir, seine Enkel, in die Religionsstunde kamen, waren wir für ihn nicht die Enkel, sondern die Gemeindekinder, genau so nah, genau so fern wie die übrigen. Schon das machte mich scheu. Nicht die geringste Scheu aber hatte der Konrad vor ihm. Wenn der Großvater bei uns war und im größeren Kreise Allgemeines besprochen wurde, der Großvater stets der verehrte und respektierte Mittelpunkt jedes Gesprächs war, setzte der Konrad sich auf seinem Fußbänkchen dicht an Großvaters Füße und fragte unbefangen mitten herein. Er machte sich auch gar nichts daraus, in der Religionsstunde zu spät zu kommen und dann, während er hinten an der Stubenwand seinen Überzieher von den Armen schlenkerte, schon von da aus zu antworten, während der Großvater vorn an jemand eine Frage stellte. Konrad war aber nicht im geringsten frech, nur naiv und zutraulich und für alles Geistige so interessiert, daß er in Rupps geistiger Atmosphäre gedieh und alle Poren öffnete. Er hat von uns Kindern die stärkste Einwirkung durch Rupp erfahren. Später hatte ihn der Großvater oft bei sich, half nach im Latein und Griechisch, sprach mit ihm Gelesenes durch, wies ihn hin auf das, was er lesen sollte. Besonders manches kurze Wort ist in Konrad haften geblieben. Der Großvater war immer bereit, ihm zu geben, immer gütig und mitteilsam, und auch seinen kurzen Humor lernte er kennen. Konrad war schon Student, als der Großvater starb, er ist also in seinen empfänglichsten, richtunggebendsten Jahren noch von ihm beeinflußt. Ich war siebzehn Jahre, als der Großvater starb.

Die Schwester Julie – zwischen Konrad und mir im Alter – hatte wenig von der intelligiblen Beeinflussung, wohl aber von der moralischen. Sie las dem Großvater oft vor. Sie hatte beide Großeltern herzlich lieb.

(Man hat oft gesagt, daß der geistige Maßstab, den Rupp an einen großen Teil der Gemeindemitglieder legte, ein zu hoch gegriffener sei.) Rupp entwickelte sein religiös-philosophisches System in den Sonntagsversammlungen. In den abendlichen Donnerstagsversammlungen, die auf freier Aussprache fußten, wurden mehr Themen ethischen Inhalts durchgesprochen. Daneben ging die Evangelienbesprechung.

Rupp ging fast ausschließlich auf das Matthäus-Evangelium zurück. Die Wunder erklärte er nicht rationalistisch, sondern er überging sie. Der Auszug der vier Evangelien, den die Kinder der Freien Gemeinde besaßen, war gewissermaßen die reine Morallehre, wie Rupp sie durch Jesus der Welt offenbart glaubte. Das Matthäus-Evangelium lernten wir gründlich kennen und die wichtigsten Aussprüche lernten wir auswendig. Das alte kirchliche Gesangbuch blieb nur in seinen sehr schönen Gesängen der Gemeinde erhalten, der Text zu den Melodien war mitunter ein zeitgenössischer. So wurde das alte Integer vitae mit Worten gesungen, die begannen: »Geist ew'ger Wahrheit«. Das Bundeslied der Gemeinde »Wir haben uns gefunden, uns brach das Joch entzwei« ging nach »Wir hatten gebauet«. Aus der Gemeinde heraus entstand eine Sammlung:

»Stimmen der Freiheit«. Hier waren die lautersten Sprüche, Gedichte von Confucius bis zu Mitlebenden gesammelt. Aus diesen Stimmen der Freiheit wählte der Großvater oft ein Stück, um es mit uns Religionskindern zu besprechen. So gab es im Rahmen der Religionsstunde die Predigtbesprechung, die Evangelienbesprechung, das Durchsprechen eines wertvollen Gedichtes oder längeren Dichtwerks (Nathan der Weise) und ein Stück Religionsgeschichte. Zu diesem Zweck ließ der Großvater Tabellen anlegen, Zeitquerschnitte. (Es wurde also nicht nur gelehrt, wie die Kirche sich im 15. Jahrhundert in Italien entwickelte, sondern es wurde zu gleicher Zeit die Verkörperung der religiösen Idee in anderen Ländern und Erdteilen gezeigt.)

Diese Religionsstunden waren sehr gehaltvoll, die geistig entwickelteren Kinder hatten außerordentlich viel davon. Die Eltern der Kinder (ein Beiwohnen war erlaubt) ebenfalls. Ich habe später bedauert, nicht reif genug gewesen zu sein zu diesem Unterricht. Gewiß verdanke ich ihm viel, doch fühlte ich mich erleichtert, als mein Vater an Großvaters Stelle die Religionsstunden übernahm. Der Vater paßte sich mehr dem Durchschnitt der Kinder an und lehrte mehr eine schlichte Ethik.

KOLLWITZ, KÄTHE, wurde 1867 in Königsberg geboren. Sie studierte in Berlin und München und zählt zu den bedeutendsten deutschen Graphikern unseres Jahrhunderts. Weniger bekannt ist ihre literarische Hinterlassenschaft in Form von Tagebuchaufzeichnungen und Briefen. Sie gewähren einen tiefen Einblick in ihre großartige Menschlichkeit und Sensibilität. Ihre Erinnerungen sind ein »Testament des Herzens«, das uns teilhaben läßt am Leben einer bedeutenden Familie Königsbergs. Käthe Kollwitz lebte seit 1897 in Berlin, wo ihr Mann Arzt in einem der Elendsviertel war. Sie starb wenige Tage vor Kriegsende im Jahre 1945 in Moritzburg. Später wurde sie auf dem Zentralfriedhof in Berlin-Lichtenberg beigesetzt.

Der Dorfheld

Es gab da ein Dorf in Preußisch-Litauen. Dort wohnten größere und kleinere Bauern. Einer von ihnen, namens Norkus, besaß ein großes und schönes Anwesen, das mit seinem ausgedehnten Obstgarten an das Dorf grenzte. Im übrigen war das Gut durch einen kleinen Bach von den Leuten im Dorf getrennt. Lediglich weiter unten gab es eine Brücke. Der Gutsbesitzer, obgleich Litauer, lebte hier mit seiner Frau und seinem Töchterlein, einem aufgeweckten Kinde, ohne sich viel um die Dorfleute zu kümmern.

Im Dorf gab es auch eine Schule, an der drei Lehrer unterrichteten. Der jüngste von ihnen lebte recht zurückgezogen von den anderen. Er pflegte keine Freundschaft mit den Landwirten, wie es seine Kollegen taten. Auch mit ihnen sah man ihn selten zusammen. Er widmete sich voll und ganz seinen Pflichten und Studien. Traf er jedoch jemanden, dann begrüßte er ihn sehr herzlich und redete mit ihm. Kurzum: er war ein gutes Beispiel für jedermann. In Dorfangelegenheiten mischte er sich nicht ein, doch hatte man den Eindruck, als warte er nur auf eine Gelegenheit, zu beraten und zu helfen.

Das war in der Tat nötig. Die Dorfbewohner waren nämlich der Trunksucht verfallen, und wie absichtlich war vor einigen Jahren eine Schankwirtschaft eröffnet worden. Die Leute sagten, früher sei es im Dorf ordentlich zugegangen. Jetzt aber, die Schule und das Gut ausgenommen, zeigte sich deutlicher Verfall. Ganz besonders hart traf es die Familie jenes Bauern, der am Gutsende wohnte. Früher hatte sie im Wohlstand gelebt, jetzt geriet sie mehr und mehr in Armut.

Die Obstgärten des Gutsbesitzers Norkus und des Bauern Vybaras waren nur durch einen kargen Zaun voneinander getrennt, den der Gutsbesitzer gezogen hatte und instand hielt. Er war ein gutherziger Mann und unterhielt sich öfter mit seinem Nachbarn, obwohl er mit ihm keine Freundschaft pflegte. Doch als jener der Trunksucht verfiel, vermied er es, ihm zu begegnen.

Dem Vybaras war eine Kuh eingegangen und kurz darauf ein Kalb verendet. Um den Kummer zu vergessen, ging er in die Schenke und betrank sich. Damit begann sein Niedergang. Das Trinken wurde zur Gewohnheit und verursachte viel Übel. Das Dienstpersonal wollte einem betrunkenen Bauern nicht gehorchen, der es oft grundlos beschimpfte. Es kam zu Streit. Der Bauer blieb mehr als einmal ohne Hilfskraft. Nicht genug, daß sein Geld in der Schenke dahinschmolz, verschwand der Wohlstand auch in seinem Hause. Die Frau des Bauern vermochte dagegen nichts auszurichten. Sie vertraute auf Gott, unternahm aber selbst nichts gegen diesen Zustand. So gerieten sie immer mehr in Schulden, und über das ganze Anwesen breitete sich der Verfall aus.

Die Bauersleute hatten drei Kinder. Als der Vater der Trunksucht verfiel, war Aurys, sein ältester Sohn, zwölf Jahre alt, die Tochter acht und der Kleine sechs. Alle drei waren gesunde, hübsche, aufgeweckte und freundliche Kinder. Doch als der Vater dem Alkohol verfiel, wurden sie sehr bald scheu und still. Kam der Vater betrunken nach Hause, schrie er sie an und schlug sie für Nichtigkeiten.

Eine Freude hatte Aurys dennoch. Und das war Else, die Tochter des Gutsbesitzers. Sie war zwar zwei Jahre jünger als er, jedoch ihm gleich und seines Vertrauens würdig. Sie kam aber nie zu ihm ins Haus, jedoch der Gartenzaun trennte sie nicht sonderlich voneinander. Zudem wuchsen die Bäume so sehr in dessen Nähe, daß sich ihre Äste kreuzten. Es war nicht schwer, von einem Baum zum andern hinüberzuklettern. Die Kinder kannten sich von früher, konnten jetzt aber nur zusammenkommen, wenn es Schulferien gab. Dann kehrte sie aus der Stadt zurück. Sobald er mit ihr gesprochen hatte, war er wie erneuert und wirkte fröhlicher. Diese Stimmung brachte er auch nach Hause mit, die sich sogar auf die Mutter übertrug. Aurys begann, das Verhalten seines Vaters anders einzuschätzen. Er machte sich darüber seine Gedanken.

Vor allem dachte er darüber nach, was es zu bedeuten habe, daß der Vater manchmal sagte, er müsse trinken, weil er Durst habe. Damals war Aurys vierzehn Jahre alt und ging nicht mehr zur Schule. Doch einmal ging er zu dem jungen Lehrer und fragte, was die Ursache dafür sei, daß der Mensch von einem solchen Durst über-

kommen werde. Der Lehrer schaute Aurys an und sagte: »Es könnte sein, daß die Mahlzeit zu gesalzen war.« Und als wolle er nicht
weiter belästigt werden, vertiefte er sich wieder in sein Buch. Aurys
trollte sich davon.

Daheim verrichtete er seine Pflichten sehr nachdenklich. Nach
einigen Tagen, als der Vater wieder in die Kneipe gegangen war,
wandte sich Aurys an seine Mutter, die gerade Vaters Kleidung flick-
te, und sagte: »Mütterchen, nimm nicht so viel Salz zu den Speisen,
dann wird der Vater nicht hingehen müssen, um zu trinken.« Die
Mutter war erstaunt. Es schien ihr nicht ziemlich für einen Vier-
zehnjährigen, so etwas zu denken. Dennoch sagte sie: »Ich salze
doch nicht mehr als nötig. Wir essen doch alle das gleiche und leiden nicht unter Durst.« Aurys entgegnete nachdenklich: »Vielleicht
hat jeder Mensch ein anderes Durstgefühl, manch einer wird daher
eher durstig.« Die Mutter sagte: »Wer sich einmal dem Suff hingegeben hat, der hat immer Durst. Glaube nicht, daß du es dem Vater
abgewöhnen kannst. Ich habe ihn zur Genüge darum gebeten, ihm
abgeraten, als er damit begann. Er hat es oft versprochen, aber
nicht gehalten. Wir müssen eben leiden. Gott allein kann da helfen.«

Damit war der erste Anlauf von Aurys auch schon zu Ende.
Langsam wuchs in ihm die Überzeugung, daß es wohl so bleiben
müsse, wie es war. Es gehöre sich, zu leiden. Doch das war nicht
leicht. Der Durst des Vaters nahm immer mehr zu. Der Vater ging
seiner Wege, und wenn er nach Hause kam, begleiteten ihn alle Teufel. So vergingen Tage, Wochen und Monate, jedoch sehr langsam.

Wenn Aurys doch wenigstens die Möglichkeit gehabt hätte, Else
zu treffen. Aber er sah sie den ganzen Winter über nicht. Der Frühling wärmte bereits die Erde, und er hatte sie immer noch nicht gesehen. Er stand beim Apfelbaum, der den Birnbaum im Norkus-
garten gleichsam umfangen hatte, und überlegte: Welch unzer-
trennliche Freunde sind doch diese beiden Bäume. Dann aber sah
er Else. Es war Pfingsten. Sie ging im Garten mit ihren Eltern spazieren. Es war sehr wohltuend, zu sehen, wie herzlich sie miteinander sprachen. Ihm fiel das Leben seines Vaters ein. Er lief fort, so
sehr berührte es ihn. Immerhin kam er erneut zur Umzäunung. Auf
seiner Seite war der Pfad schon kräftig ausgetreten. Doch der von

Else war kaum zu erkennen. Schließlich bemerkte Aurys, daß sie dennoch einmal dagewesen sein mußte. Und dann klappte es mit dem Wiedersehen. Sie sprachen miteinander. Else erzählte viel von der Stadt und auch, daß sie Aurys fast vergessen habe. Doch nun freue sie sich, ihn wiederzusehen. Man müsse sich jetzt öfter treffen.

Die Bäume blühten, und wenn Aurys manchmal zum Nachbargarten hinüberschaute, grüßte ihn ein freundliches Lachen aus dem Birnbaum. In ihren weißen Kleidern war Else unter den Blüten kaum zu erkennen. Er kletterte dann auch in seinen Baum. Sie unterhielten sich, er vergaß seine Traurigkeit und trug Elses Frohsinn nach Hause. Das war öfter so. Für Aurys war die Pfingstzeit jedoch zu schnell vorbei. Im Sommer war Elses Trampelpfad öfter begangen als der seine. Er mußte auf den Feldern arbeiten. Der Vater überließ das ganze Anwesen der Sorge der Mutter und der Kinder. Aurys war deshalb sehr bekümmert.

Im Herbst, als er Else wieder begegnete, gab sie ihm einen Apfel. Sie sagte, er sei aus seinem Garten in den ihren gefallen. Sie habe ihn bei sich für ihn aufbewahrt. Jetzt müsse Aurys ihn essen, und er solle wissen, daß sie immer in seiner Nähe sei. Denn sie würden sich nun eine lange Zeit über nicht sehen.

Wieder war ein Winter ins Land gegangen und ein neuer Frühling erblüht. Über das Elternhaus von Aurys war noch mehr Elend, Not und Kummer gekommen. Aurys konnte kaum die Pfingstzeit erwarten, in der Else wiederkommen sollte. Mehr als einmal kletterte er in den blühenden Apfelbaum und wartete. Schließlich sah er sie, und sein Herz schlug heftig, als sie im Garten auf den Zaun zugelaufen kam, sich ein wenig umschaute und dann ihren Birnbaum bestieg. Erst als sie sich gesetzt hatte, erblickte sie Aurys. Sie kletterte näher an ihn heran und reichte ihm die Hand. Sie tat dies zum ersten Mal und lachte dabei fröhlich.

Plötzlich verstummte sie. Er hatte noch nichts gesagt, sie lediglich angeschaut. »Bist du traurig?« fragte sie ihn. »Wir alle sind traurig.« – »Weil dein Vater der Trunksucht verfallen ist?« – »Er ist jetzt fast dauernd betrunken, und niemand kann ihn retten.«

Beide verstummten. Lange schauten sie einander still an. Plötzlich leuchteten ihre Augen. Ihr Gesicht verkündete einen Sieg. »Du wirst den Vater retten!« sprach Else und deutete mit ihrem weißen Finger auf ihn. Er schüttelte den Kopf, doch sie redete auf ihn ein. Ihm wurde ganz seltsam zumute. Ihre lieben Worte weckten in ihm eine Lebendigkeit, Hoffnung und Freude. Stolz kam in seinem Herzen auf. Doch dann fiel er wieder in sich zusammen. Als wäre er ein zehnjähriger Knabe, sagte er ängstlich: »Speisen muß man ja salzen, aber der Durst kommt immer wieder.« Else machte ein wirklich dummes Gesicht. Ihr schien es, als habe sie sich in Aurys getäuscht. War er denn wirklich nur ein dummer Bursche, wie alle Dorfjungen?

Trotzdem fragte sie: »Vielleicht willst du ihm gar nicht helfen?« – Aurys antwortete betrübt: »Ich weiß nicht, wie ich das könnte.« Da wurde auch sie traurig. Doch nach einer kleinen Pause sagte sie leise: »Ich weiß es auch nicht.« Doch sofort, sich offensichtlich besinnend, fügte sie lebhaft hinzu: »Aber man muß wollen und glauben. Wenn du es wollen wirst, so richtig wollen, und daran glaubst, dann wirst du es bald wissen. Der Vater selbst muß es wollen, vom Trinken abzulassen, dann wird alles gut werden.«

Nachdem sie dies gesagt hatte, kletterte sie rasch hinab und lief fort, so als hätte sie etwas angestellt. Aurys war noch niedergeschlagener. Sie lief von ihm weg. Fast hätte er weinen können. Er fürchtete aber, sie könnte es sehen. Sie war tatsächlich stehengeblieben und schaute sich um. Nun lief sie weiter.

Ihn traf das sehr. Er fühlte neuen Mut, kletterte hinab und ging zum Zaun. Ihr Wort: »Du wirst den Vater retten« klang in seinem Herzen nach. Und nunmehr geschah tatsächlich etwas.

Lange stand er da und hatte nicht bemerkt, daß sie wiedergekommen war. Erneut reichte sie ihm ihre Hand und sprach feierlich wie einen Segensspruch: »Willst du den Vater retten?« Er hielt ihre Hand fest. Sie schaute ihn auf eine Weise an, als erblickte sie ein Wunder. Und er sagte: »Ich will.« Er ließ ihre Hand los und ging, ohne ein weiteres Wort zu sagen, in Richtung seines Elternhauses.

Sie blieb zurück, und für einen Augenblick wurde ihr weh ums Herz. Doch sie fühlte etwas, was sie zuvor noch nie gefühlt hatte. So wie Aurys dahinschritt, so wollte sie ihn allezeit sehen. Schritt für Schritt wurde er in ihren Augen immer größer. Er schien kein Junge mehr zu sein, sondern ein wie aus Bronze gegossenes Bildnis. Aber dann wurde er gleichsam wieder zu der zarten Gestalt eines Jünglings.

Er war unsagbar schön. Zu seinem Dahinschreiten paßte genau sein Wort: Ich will. Es tönte in ihrem Herzen, zusammen mit den Schritten des lieben Aurys. In seiner Seele wuchs dieses Wort wahrscheinlich zu etwas Neuem heran. Else stand da und war glücklich wie noch nie in ihrem Leben. Ach, wenn der geliebte Aurys sich doch nur noch einmal umgeschaut hätte! Aurys ging geradewegs zu seinem Lehrer, um sich über seinen Vater auszusprechen. Der Lehrer erklärte ihm, daß es nicht leicht sein werde, dem Vater zu helfen. Wenn ein Mensch seit langem der Trunksucht verfallen sei, dann sei sein Körper sehr stark an den Alkohol gewöhnt und zwinge zum Weitertrinken. Daher müsse man erreichen, daß der Vater selbst von diesem Laster wegkommen wolle. Dazu wären einige Schriften von Nutzen. Der Lehrer gab ihm solche Schriften, in welchen nachgewiesen wird, daß die Trunksucht der Gesundheit und dem ganzen menschlichen Leben schade.

In der Meinung, daß damit schon alles erreicht sei, was er anstrebe, trug der liebe Aurys die Schriften nach Hause und blätterte sogleich in ihnen. Er fand darin viele Beispiele. Dargestellt waren Krankheiten im Magen und in den Eingeweiden von Trinkern. Ferner waren alle durch Alkoholmißbrauch entstandenen Schäden erklärt und dargestellt, sogar mit Zahlen belegt.

Die Mutter beobachtete den Sohn zunächst, kam dann näher, um zu sehen, was er da mitgebracht hatte. Aurys sagte stolz: »Jetzt werde ich den Vater retten!« Er zeigte ihr die Hilfsmittel. Sie wurde traurig, weil sie meinte, ihren Sohn verspotten zu müssen. Doch sie schwieg und seufzte nur. An ihre Arbeit zurückkehrend, blickte sie nochmals zu Aurys hinüber. Sonderbar, als ob in ihr Hoffnung aufleuchtete. Ihr lieber, kleiner Aurys war davon überzeugt, daß man nicht daran zweifeln dürfe und es ihm gelingen werde, was er sich vorgenommen hatte.

Der Junge legte die Schriften zur Seite und holte sie nach dem Abendessen wieder hervor und begann, darin zu blättern. Der Vater griff sich sofort eine dieser Schriften und begann die Bilder anzuschauen und zu lesen. Er beherrschte das Deutsche ganz gut. Aurys wagte kaum zu atmen. Und schon schrie ihn der Vater an: »Solch ein Zeug bring mir nicht ins Haus! So etwas brauchen wir nicht!« Scheu entgegnete Aurys: »Ich will, daß du lange lebst und gesund bist. Aber man sagt, daß Schnaps und Bier am Ende ...« Der Vater ließ ihn nicht ausreden: »Blödes Kalb! Wer sagt das? Alle Ärzte verordnen das Trinken! Und ich trinke überhaupt nicht viel. Bin ich denn ein Säufer? Fehlt gerade noch, daß sich der eigene Sohn so etwas einbildet!«

Es war das erste Mal, daß sich der Vater mit einigen Worten vor Aurys rechtfertigte. Daher faßte er Mut: »Aber selbst die Pastoren und die Lehrer beginnen die Menschen zu ermahnen, sich von solchen Getränken fernzuhalten.« – »Und selber saufen sie alle, soviel sie nur bekommen. Haben denn unsere Lehrer nicht oft genug mit mir gezecht?« – So sprach der Vater, als ob er erwischt worden wäre. Aurys sagte sofort: »Aber der dritte trinkt niemals. Wird er deswegen vielleicht weniger geschätzt?« – Der Vater ließ ihn wieder nicht ausreden. »Hört euch das an, wie klug der plötzlich geworden ist.« Mit noch mehr Mut fuhr Aurys fort: »Mein Lehrer hat mir viel gesagt, ich aber fürchte sehr um dein Leben. Er sagte, wie schnell sie sterben ...« Der Vater unterbrach ihn: »Unsinn! Der Jurjons starb im Alter von sechsundachtzig Jahren und war Tag für Tag besoffen, daß er sich wie ein Ferkel im Dreck wälzte. Mir werden achtzig Jahre auch genügen.« Aurys wußte nicht, was er antworten sollte. Wahr ist es, daß der Jurjons mit sechsundachtzig verstarb. Er ging hinaus, um nach dem Vater zu sehen, dieser war längst wieder in die Kneipe gegangen ...

Daß man nichts gegen den Durst unternehmen könne, davon hatte sich Aurys schon überzeugt. Er wollte aber dennoch erreichen, daß wenigstens die Nachbarn den Vater nicht in die Wirtschaft lockten. Er dachte darüber nach, und es kam ihm ein sonderbarer Gedanke: Alle Jungen des Dorfes müßten sich verbünden und die Väter von der Kneipe fernhalten. Er zweifelte nicht daran, daß dies erreichbar sei. Sein Herz wurde froh.

Als erste sollte Else davon erfahren. Es dauerte jedoch noch einige Zeit bis zum Schulschluß. Dann trafen sich die beiden. Sie fragte ihn sofort, wie sein Vorhaben gelungen sei. Er hatte jedoch nichts vorzubringen, womit er sich hätte rühmen können. Lediglich seine neuen Pläne konnte er ihr vortragen. Sie stimmte ihm so herzlich zu, daß er es geradezu spürte, wie er mit seinen Plänen wieder wuchs. Sie sagte sogar, daß sie hin und wieder im Kreis dieser jungen Leute mitmachen wolle.

So schritt Aurys voll froher Zuversicht zur Tat und sammelte seine Freunde um sich. Unter zwanzig fanden sich aber nur drei von ihnen bereit. Unter dem Apfelbaum in des Vaters Garten kamen sie zusammen. Else wartete bereits auf der anderen Zaunseite. Leise erkundigte sie sich danach, was die Burschen beschlossen hätten. Diese sprachen kaum oder nur stockend. Else war ihnen zu fremd und zu vornehm in ihrer Runde. Sie vereinbarten, sich wöchentlich an einem geeigneten Ort zu treffen, den Aurys jeweils festlegen sollte. Da wollten sie immer ihr Versprechen erneuern und darüber nachdenken, wie man die Väter von der Kneipe fernhalten könne. Schließlich gab Else allen die Hand und sagte: »Ich wünsche euch von Herzen Erfolg.«

Nach einer Woche kamen die Burschen wieder zusammen. Einer von ihnen, Martin Reinus, schlug vor, die Regierung zu bitten, sie möge die Kneipen schließen lassen. Er hatte bereits alles schriftlich verfaßt und selbst unterschrieben. Das gefiel allen sehr. Sie setzten ihre Namen darunter. Martin schickte den Brief ab.

Voller Ungeduld warteten sie auf die Schließung der Schenke. Doch nichts geschah. Im Gegensatz zu früher fand sich Aurys allein am verabredeten Ort ein. Er beklagte sich darüber bitter bei Else. Sie beruhigte ihn, so gut sie konnte, und meinte, große Dinge könnten nicht in Eile geschehen. Innerlich zweifelte sie fast schon an der Heldenhaftigkeit ihres lieben Aurys. Sie verabschiedete sich für eine längere Zeit und schärfte ihm ein, er möge immer daran denken, daß sie ihm von Herzen Erfolg wünsche.

Auf dem Weg nach Hause sah er den Vater mit dem Nachbarn Reinus im Gespräch. Der Vater rief ihn herbei. Aurys vermutete sogleich, daß es hier etwas Neues gab. In der Tat, der Vater warf ihm mit lautem Gebrüll vor, er wolle sich unterfangen, die Welt zu regieren, sogar der Obrigkeit vorzuschreiben, wie sie alles zu ordnen habe. Aurys richtete sich auf und sah dabei keineswegs mehr wie ein Jüngling von siebzehn Jahren aus. Kaum hielt der Vater inne, da ließ er sich auch schon vernehmen: »Das war schon lange notwendig. Weder die Obrigkeit noch ihr mit eurem Branntwein begreift doch, was gut ist. Wir haben noch einen unvernebelten Verstand. Wir werden dem Schnapsgestank nicht nachgeben!«

Dem Vater und dem Nachbarn blieb der Mund offen, sie wußten nicht, was sie sagen sollten. Doch dann legte der Vater mit Flüchen und Beschimpfungen los, daß einem angst und bange werden konnte. Aber Aurys fürchtete sich nicht. Er drehte sich langsam um und ging seines Weges zum Pferdestall und seinem Zweigespann, um es zu versorgen, wie gewöhnlich. Der Vater schrie und tobte noch etwas und zog dann mit dem Nachbarn in die Schenke.

Nachdem Aurys seine Arbeit verrichtet hatte, ging er zu Martin hinüber. Da bekam er es zu wissen. Dessen Vater hatte von der Obrigkeit einen Brief bekommen, in dem stand, er möge seinem Sohn beibringen, er solle sich nicht in Angelegenheiten einmischen, von denen er nichts verstehe. Martin solle sich um die Sache nicht mehr kümmern.

Eine solche Schwäche entzündete den Mut von Aurys. Er begann zu reden, wie er wohl noch nie in seinem Leben geredet hatte. Er erläuterte, welch eine große Aufgabe sie sich vorgenommen hatten, die für das ganze Dorf zum Segen werden könnte, daß sie die Dinge weitaus vernünftiger beurteilten als ihre Väter, selbst als die Obrigkeit. Martin begriff das. Er gewann neuen Halt und versprach erneut, von jetzt an nicht mehr nachzugeben. Er versprach sogar, auch die anderen zu überzeugen.

Wieder versammelten sie sich, diesmal im Wäldchen am Bach. Einer meinte, man müsse die Schankwirtschaft anzünden, ein anderer gab zu bedenken, daß dies nicht anständig und gegen das Gelöbnis sei. Ein dritter riet, noch mehr Freunde zu gewinnen und die Säufer abends zu erschrecken. Das gefiel allen, nur Aurys war dagegen. Er meinte, es wäre ratsamer, den Vätern strikt zu verbieten, in die Kneipe zu gehen. Dem stimmten alle lauthals zu. Sie begannen sogar, lautstark zu lärmen.

Aus der Kneipe traten zwei Männer heraus, um sich auf den Weg zu machen. Sie redeten laut miteinander. Aurys schwieg, er erkannte die heisere Stimme seines Vaters, der volltrunken war. Aurys trat ihm in den Weg. Der Vater fragte, was er hier treibe. Aurys antwortete, daß er dies nicht sagen werde. Der Vater brüllte. Aurys sagte, er werde es ihm sagen, jedoch erst, wenn er sich beruhigt habe. Der Vater versprach dies. Da sagte Aurys, er und seine Freunde würden den Vätern verbieten, in die Kneipe zu gehen. »Was, ihr Kälber wollt uns Männern etwas verbieten?« Laut schreiend stürzte er sich auf Aurys und wollte ihn prügeln. Dieser zog sich mit den Worten zurück: »Daß ihr euch auch nicht beherrschen könnt …!« »Nicht beherrschen – wir?« schrie der Vater, stolperte dabei über eine Baumwurzel und flog der Länge nach hin. Sofort sprang Aurys hinzu und half ihm aufzustehen. Der Nachbar brach in ein fürchterliches Gelächter aus. Der Vater wurde noch zorniger, stieß Aurys zur Seite, und da er wieder auf den Beinen stand, zog er mit seinem Nachbarn heimwärts. Dabei rief er immer wieder: »Ich – mich nicht beherrschen, nicht beherrschen!«

Aurys kehrte zu seinen Freunden zurück, die ihn wie einen Kriegshelden empfingen. Alle schworen, auf ebensolche Weise tätig zu werden. Sie verabschiedeten sich und gingen nach Hause. Alle waren sehr guter, gehobener Stimmung. Doch Aurys fühlte auf dem Heimweg, daß dies nicht der rechte Weg war, um dem Vater zu helfen.

Kurz darauf ging Aurys wieder zu seinem Lehrer und erzählte ihm, was sie in letzter Zeit ersonnen und erfahren hatten. Der Lehrer lachte und meinte, dies sei alles sehr gut, nur leider unklug. Mit einem solchen Verbot oder der Kneipenbeseitigung erreiche man nichts. Die Trunksüchtigen müßten es selbst wollen, ganz ohne berauschende Getränke auszukommen. Darin liege das ganze Geheimnis ihrer Besserung, sie müßten lernen, zu wollen, was schöner als Kneipengestank sei und was dem Menschen besser anstehe als Kneipenlärm und Unanständigkeiten. Dazu gehörten ein schönes, ordentliches Heim, ein anständiges Miteinander der Familie, gemeinsam etwas Gutes lesen und so fort. Er selbst könne sich an diesem Vorhaben nicht beteiligen, weil er viele andere Pflichten habe. Er könne aber ein gutes Beispiel für die Leute sein. Aurys und seine Freunde sollten sich hingegen ihren Müttern zuwenden und sich mit ihnen beraten. Diese müßten versuchen, ihre Männer im Hause zu halten ...

Es kam der Geburtstag von Aurys' Vater. Aurys hatte zusammen mit seinem kleinen Schwesterchen und seinem Brüderchen für diesen Tag das ganze Haus schön geschmückt. Die Mutter hatte dabei geholfen. Der Vater war verwundert. Tagsüber wanderte er in Gedanken versunken umher. Als es Abend wurde, stand er auf, um wieder in die Schenke zu gehen. Aurys griff sogleich zu den Büchern, zeigte Bilder und sagte, er werde eine bemerkenswerte Geschichte aus fernen Ländern vorlesen. Der Vater merkte auf. Er vermutete natürlich, es werde etwas über die Trunksucht sein. Aurys bemerkte das und fühlte sich groß vor dem Vater. Er erklärte ihm, was das Buch beinhalte. Dennoch ging der Vater los. Das Töchterchen hing sich an ihn und bat, er möge doch wenigstens an diesem Tage bei ihnen bleiben, sie hätten sich alle sehr darauf gefreut, daß er den ganzen Abend in ihrer Mitte verbringen werde. Der Vater ließ seine Blicke wandern, die Mutter saß tief über ihr Strickzeug gebeugt und schwieg. Da murmelte der Vater etwas vor sich hin, stieß die kleine Tochter weg und ging hinaus.

Eine beklemmende Stille machte sich im Hause breit. Der Mutter rannen die Tränen über das Gesicht ... Alle warteten. Der Vater kam heim, er war nicht lange fortgeblieben, war jedoch in Stimmung ... Dann ging der Vater über eine längere Zeit nicht mehr in die Wirtschaft. Als der Herbst kam und mit ihm die Zeit der Schlachtungen, nahm das Trinken wieder zu. Das machte Aurys oft sehr traurig. Es schien, als gehe wieder alles den Bach hinunter, was er anstrebte. Er sehnte sich sehr nach den beruhigenden und stärkenden Worten von Else, aber er wußte, daß sie weit weg war, in der Stadt. Andererseits spürte er förmlich, daß sie ihm mit ihrer Seele nahe war. Deshalb trieb er sein Werk voran. Der Vater hielt sich immer öfter zu Hause auf. Dann verfiel er aber auch wieder der Trunksucht.

So verging der Winter. Als der Frühling die Welt grüßte, überkam Aurys neuer Mut. Eine besondere Neuigkeit bekam er von seinem Freund, dem Lehrer, zu hören. Dieser wurde an eine andere, bessere Stelle versetzt. Aurys war darüber erschrocken.

Dieses Ereignis machte einen großen Eindruck auf das ganze Dorf. Alle schätzten diesen Lehrer. Selbst der Vater von Aurys sagte beim Mittagessen: »Das war tatsächlich ein ehrenwerter Mensch.« Aurys fühlte, daß man jetzt etwas dazu sagen müsse, er fand aber nicht so schnell die richtigen Worte. Dafür sagte die Mutter: »Ist es nicht deshalb, weil er jederzeit ordentlich, würdevoll und nüchtern blieb?«

Stille trat ein. Der Vater sagte nichts mehr. Er ging an seine Tagesarbeit und mied über eine lange Zeit die Schankwirtschaft. Vielleicht zwang ihn auch die Frühjahrsbestellung dazu, auf den Feldern zu bleiben. Nur ganz selten ging er mit dem Nachbarn zur Kneipe.

Endlich wurde es Pfingsten. Aurys wußte, da würde er bestimmt Else wiedersehen. Er sah sie schon von weitem und erstaunte. Das war kein Mädchen mehr. Sie schritt wie eine Dame. Dem Aurys kamen ganz krause Gedanken in den Sinn, während sie ihn begrüßte. Ihm wurde wohl zumute. Sie war ja doch dieselbe geblieben wie zuvor. Else freute sich, daß alles so gelaufen war, wie sie es vorausgeahnt hatte. Aurys hatte nicht nur seinen Vater sondern das ganze Dorf gerettet. Das war ihm nicht bewußt gewesen. Erst jetzt wurden ihm dafür die Augen geöffnet, daß der Vater tatsächlich nicht mehr so oft wie früher trank. Else hatte von ihrem Vater erfahren, daß es sich mit dem ganzen Dorf so verhielt. Obwohl es Aurys peinlich war, so etwas von Else zu hören, freute er sich sehr darüber. Dann galt es, voneinander wieder Abschied zu nehmen. Ihre Worte klangen eigentümlich scheu, als sie ihn fragte: »Lieber Aurys, möchtest du vielleicht ein Studium beginnen?« Röte schoß ihm ins Gesicht, hatte er doch schon selbst oft daran gedacht und erkannt, daß dies unmöglich war. In Elses Worten schwang etwas mit, was er nicht zu deuten wußte. Es leuchtete etwas auf, was unerreichbar weit weg war. Er antwortete mit leiser Stimme: »Wer soll den Vater retten?« Else stand da, schaute ihn lange an und ging, als ob sie traurig wäre, hinweg.

Aurys brachte seine Tage mit tiefen Gedanken zu. Er tat seine Arbeit wie im Traum und hielt sich von Freunden fern. Nur seine Bücher las er, als wollte er alles auswendig lernen ...

Aurys wußte, was ihm fehlte. Elses kleiner Trampelpfad grünte mehr und mehr ein. Ganz selten, nur ab und zu, kam Else herbei, um Aurys zu begrüßen, sie tat eilig, als fürchtete sie etwas. Allein schon die Tatsache blieb ihm wie ein lieber Sonnenstrahl zur kalten Winterszeit, daß sie ihm schließlich gesagt hatte, sie sollten miteinander weiterhin bei dem Wörtchen »du« in der Anrede bleiben.

Im Herbst kam sie überhaupt nicht mehr herüber. Einsam stand er am Zaun und horchte, ob ihre Schritte nicht doch zu hören seien. Nichts. Nur das Wasser im Bach rauschte. Manchmal erschienen Gäste bei der Familie Norkus. Dann beobachtete Aurys das Licht, das aus den Fenstern hinter dem großen Garten durchschimmerte.

Bereits im Sommer waren mit Else manchmal allerlei Gäste aus der Stadt angereist. Dabei pflegte ein junger Offizier öfter zu kommen. Die Leute im Dorf brachten in Umlauf, des Gutsherren Else werde einen Offizier heiraten.

Wieder einmal hatte Aurys beobachtet, daß sich bei den Norkus Gäste aus der Stadt versammelten. Er ging immer wieder in den Obstgarten, um Ausschau zu halten, bis es ganz dunkel war. Er stand lange da und schaute zu den Norkusfenstern hinauf. Plötzlich erblickte er Else. Er erschrak, wie sie bei der Dunkelheit über den Steg schritt, der den Bach überspannte. Sie flog förmlich herbei, weiß wie ein Täubchen. Sie erkannte ihn und ließ ihn näher kommen. Else gab ihm die Hand und sagte, sie wisse nicht, was geschehen werde. Die Eltern wünschten, sie solle sich mit einem Offizier verloben. Ihr bereite das Kummer. Sie meinte, wenn sie die Hand des lieben Aurys erfaßt habe, dann werde sie standhaft sein können.

Aurys sagte nichts. Noch nie war ihm das Leben so düster erschienen wie jetzt. »Lieber Aurys, sag etwas, wenigstens ein Wörtchen« flehte sie ihn an. Daraufhin fand er die Sprache wieder. Seine Worte klangen wie aus Eisen geschmiedet: »Ich kann nichts sagen. Vielleicht ... Adieu!« Er ließ ihre zitternde Hand los und vermochte kaum zu gehen. Es schien ihm auch, als ob die Bäume fortgingen und dabei seine liebe Else von ihm wegführten.

Sie stand da und preßte ihre Hand ans Herz. Tränen flossen. Sie wollte den lieben Aurys nochmals zu sich holen. Da hörte man eine Stimme im Garten. Man rief nach ihr. Sie lief rasch zurück, wie aufgescheucht, und verschwand im Dunkel.

Seither ist Aurys nie wieder seinen Trampelpfad gegangen. Er war jetzt sehr still geworden. Schmerz zeichnete sein Gesicht und verschönte es zugleich wie mit Farbe aus einer edlen Gesinnung. Er war ja ohnehin ein hübscher, hochgewachsener junger Mann mit seinen neunzehn Jahren. Im Hause seiner Eltern dagegen war Fröhlichkeit eingekehrt. Ihr Wohlstand war in diesem Sommer reichlich gewachsen. Die Speicher waren gefüllt. Das Vieh war gesund. Und der Vater wirkte, als ob er jünger geworden wäre.

Nur der gute Aurys bewegte sich wie ein Kranker. In seiner Freizeit vertiefte er sich in seine Bücher und kümmerte sich nicht um ferner liegende Dinge. Nur wenn jemand etwas über das Gut berichtete, dann hörte er genau zu. Er stellte aber keine Fragen. So erfuhr er gerade so viel, daß Else krank sei. Angeblich sei sie bei Dunkelheit in den Bach gefallen, nun erhole sie sich nicht davon. Die Ärzte wüßten keine Hilfe. Es scheine, als wolle sie sterben.

Das alles lag schwer auf seiner Seele, aber hingehen, um sie wiederzusehen, das konnte er ja nicht tun. So litt er den Winter über, der sehr kalt war. Die Leute verließen ihre Hütten kaum. Getrunken wurde überhaupt nicht mehr. Das eine oder andere Mal hatten sich die Männer noch in der Schankwirtschaft versammelt, auch der Vybaras, aber dann schämte er sich offensichtlich, Aurys in die Augen zu schauen.

Es kam das Gerücht auf, der Kneipenwirt wolle die Schenke samt Garten und Ackerstück verkaufen. Aurys redete dem Vater sehr zu, den Hof zu kaufen, wenn nötig mit geliehenem Geld. Der Vater tätigte den Kauf. Nun war der Acker der Schankwirtschaft zu einem Teil der Vybarasfelder geworden. Das Gebäude war dazu geeignet, dort Wohnungen für die Arbeiter einzurichten. Auf diese Weise wurde das Dorf seine Kneipe los.

Es war bereits nach Ostern. Da kam eines Tages eine Dienstmagd vom Gutshof zu den Vybaras. Aurys möge so schnell wie möglich herüberkommen. In aller Eile zog er sich um, so schnell wie er es eben vermochte. Der Norkus empfing ihn freundlich, aber sehr traurig. Er bat ihn ins Haus und dann in ein Zimmer. Dort erwartete ihn Frau Norkus an der Tür. Sie führte ihn in ein weiteres Zimmer. Aurys schritt wie benommen. Als er von zu Hause hinüberging, ahnte er schon, was geschehen war.

Jetzt wäre er fast hingeschlagen, wenn Norkus ihn nicht gestützt hätte. Da lag Else im Bett, weiß wie eine Lilie. Sie streckte die Arme nach Aurys aus und sagte leise: »Ich bin nicht verlobt, aber zu leben ist mir nicht vergönnt. Du allein bist es, den ich geliebt habe. Obgleich du ein einfacher, schlichter Junge bist, warst du ein ganzer Held. Sei du an meiner Stelle – meinen Eltern ...«

Sie hatte schon schon zuviel gesprochen, brach ab und sagte nichts mehr. Else entschlief in diesem Augenblick.

Das ganze Dorf begleitete den Sarg mit dem Mädchen zum Friedhof. Es ging ein Gerücht um, der Gutsherr werde dem Aurys Vybaras eine Ausbildung zukommen lassen und ihm später das Gut übergeben. So habe es die Verstorbene gewollt. Aber niemand wußte davon, daß sie es war, die den Aurys zum Helden gemacht hatte.

Aurys verließ sehr bald das Dorf. Sein Trampelpfad grünte zu. Doch jene beiden Bäume zu beiden Seiten des Zaunes blühten wieder in ihrer innigen Umarmung wie in jedem Frühling.

(Aus dem Litauischen von Alfred Franzkeit)

VYDUNAS, eigentlich VILIUS STAROSTA, wurde 1868 in Juknaičiai bei Silute (Heydekrug) in einer Pastorenfamilie geboren. Den größten Teil seines Lebens hat er im zu Deutschland gehörenden Ostpreußen zugebracht. Schon als Lehrer, u. a. in Tilsit, besuchte er Vorlesungen an den Universitäten Greifswald, Halle und Leipzig. Von den Nazis wurde er verfolgt, verhaftet und auf Proteste von Schriftstellern hin 1938 wieder freigelassen. Seit 1925 war er Mitglied des PEN-Clubs. Sein Werk »Siebenhundert Jahre deutsch-litauischer Beziehungen« wurde von den Nazis verboten. Gegen Kriegsende zog er nach Detmold, wo er 1953 starb.

Das Bilderbuch meiner Jugend

Zu jener Zeit stand's schlimm um meines Vaters Haus. Die Leute wollten sein Braunbier nicht trinken. Es war nicht schlechter als das der anderen Brauereien, aber er ermangelte der Fähigkeit, sich und sein Produkt in Szene zu setzen. Da war sein Konkurrent, Herr Münsterberg aus Werden, schon ein ganz anderer Kerl. Wenn der mit seinen flotten Vatermördern und der prallen, perlengestickten Zigarrentasche von Gasthaus zu Gasthaus fuhr, anpreisend und überredend, dann hätte ich den Wirt sehen mögen, der seinen Leistungen widerstand. Und wenn morgens der Werdener Bierwagen, mit Tonnen bergehoch beladen, auf der Chaussee an uns vorüberfuhr, dann standen wir alle angstvoll hinter der Gardine, und Mama preßte die Hand aufs Herz und ging schweigend nach hinten.

Und dann kam das schwerste aller Jahre – dann kam das Notstandsjahr.

Das war im Sommer 67, da gab es überhaupt keine Sonne mehr. Vom Juni an Tag für Tag nichts wie sickernder, suppender, trommelnder Regen. Das Erdreich weichte auf, der Roggen reifte nicht, die Erntefelder sahen aus wie Lehmtennen, denn alle Halme lagen glatt und braun und feuchtglänzend am Boden. Und das Schlimmste von allem; die Kartoffeln verfaulten. Was man zu Ende August als genießbar dem Boden entzog, hatte Haselnußgröße und war mit Pfropfen durchsetzt, sie gingen querdurch bis ans andere Ende. Erst gegen Mitte September stellte zugleich mit dem Herbstreif blauer Himmel sich ein – aber da war schon alles verloren. Das hieß hungern, und unter Umständen hieß es verhungern.

Wer hätte in solchen Zeiten, in denen jeder Groschen ein Schatz ist, Bier trinken mögen!

Darum wurde auch im Sudermannschen Hause Schmalhans Küchenmeister. Freilich – wenn ich euch heute erzähle, daß die Butter vom Tische verschwand, daß die Fleischtage rar wurden und daß die Semmeln zur Sonntagskost aufstiegen, so macht euch das ver-

flucht wenig Eindruck, denn wir haben Schlimmeres kennengelernt, und die meisten stecken noch dick mitten drin. Aber vergeßt
nicht, daß das, was wir heute erleben, unseren Enkeln, falls sie inzwischen nicht eingegangen sind, manche Gänsehaut über den Leib
jagen wird. Wer heute Jungmädchen ist, braucht bloß in die Jahre
zu kommen, um als Märchentante die Kinder das Gruseln zu lehren, nur daß ihre Märchen einst härteste Wirklichkeit waren.

Und es gab damals auch viele, die waren noch weit ärmer als wir.
Im Chausseegraben lagen sie familienweise und konnten vor
Schwäche nicht weiter. Die Tür stand tagüber von Bettlern nicht
still, und wenn man ihnen das übliche Zweipfennigstück gab, so
schimpften sie, denn Kupfer kann man nicht essen. An den Markt-
tagen war es besonders schlimm: dann belagerten sie die Haustür
und prügelten sich um den Eintritt, und meine Mutter teilte unser
Letztes mit ihnen. Die Kartoffeln, so schorfig, so klein wie sie waren, wurden in Kesseln gekocht und an die Draußenstehenden verteilt, die sie noch siedendheiß und mit den Schalen verschlangen.

In den Hausflur ließen wir sie ungern, denn was von ihnen
zurückblieb, machte sich tagelang juckend bemerkbar. Jeden Abend
gab's große Jagden in Hemde und Beinkleid, und hätte man damals
schon gewußt, wo der Hungertyphus eigentlich herstammt, Mama
wäre noch viel ängstlicher gewesen.

Als der harte ostpreußische Winter hereinbrach, wurde das Elend
erst recht groß. Wahrhaftig, die eigene Not verschwand hinter der,
die sich schlotternd und zähnefletschend tagtäglich rund um uns
auftat. Und die Not erst, die sich nicht mehr sehen ließ! – Mama
war tapfer wie immer. Mit den anderen Vorsteherinnen des Frauen-
vereins fuhr sie von Dorf zu Dorf, lindernd und helfend überall, wo
Hilfe und Linderung gerade noch als Wunder vom Himmel herab-
fallen konnten.

So nahte das Weihnachtsfest. Und uns Kindern wurde bedeutet,
daß dieses Mal infolge der großen Not an eine Bescherung nicht zu
denken war; wir möchten uns zufriedengeben und uns derer erinnern, denen im Leben nie ein Weihnachtsbaum brennt. Das kam
uns hart an, und von allen Entbehrungen, die das Notstandsjahr
auferlegte, war dies entschieden die härteste. Aber in unserem tief-

sten Innern ließ das Gefühl sich nicht zum Schweigen bringen: so schlimm kann es nicht werden, und Mama wird schon Rat schaffen.

Auch meldeten sich gewisse Anzeichen, daß allerhand Vorbereitungen im Schwange waren, die auf Großes und Heimliches hinwiesen. In der Weihnachtswoche konnten wir nicht mehr einschlafen, und wenn Großmama hinter ihrem Bettschirm tiefer atmete, dann schlüpften wir leise zur Tür hinaus und die Treppe hinunter, um zu erforschen, was unten geschah. In unseren Hemden standen wir frostzitternd im eiskalten Hausflur, bald der eine, bald der andere mit dem rechten Auge vorm Schlüsselloch, dessen Lichtschimmer bewies, daß Mama immer noch auf war. Mochte es zwölf sein oder zwei oder drei, Mama saß vor ihrem Arbeitskasten und nähte. Aber niemals zeigte sich ein Baumbehang oder ein vergoldeter Apfel.

Darum schwand uns bei Tage jegliche Hoffnung, aber in der nächsten Nacht begannen wir das Spiel der Sehnsucht aufs neue.

Der Weihnachtsabend kam heran, und wir durchstöberten sämtliche Winkel, aber nicht die Spur eines Tannenbäumchens ließ sich entdecken, und wenn wir uns Mama an den Hals hängten, blieb sie dabei: »In diesem Jahre gibt's keine Bescherung.«

Wäre nur das weiche und verschämte Lächeln nicht gewesen, mit dem sie sich aus unsrer Umklammerung löste, und da bei uns der Tannenbaum nicht schon am Abend, sondern nach alter Strandsitte erst am Weihnachtsmorgen angezündet wurde, so brauchten wir immer noch nicht zu verzagen.

In dieser Weihnachtsnacht schlossen wir drei kein Auge. Als die Uhr zwölf schlug, tappten wir zum ersten Male hinunter – da saß Mama noch vorm Nähzeug. Um eins zum zweiten Male – da war das Schlüsselloch verhängt.

Hatten wir in den vorigen Nächten Großmama erweckt, und hatte sie uns verraten? Oder waren wir vorher im Hausflur zu laut gewesen?

Wie dem auch sein mochte, Schlimmes konnte die neue Heimlichkeit nicht bedeuten.

Um zwei war noch Licht. Um drei auch noch. Um vier wurde es dunkel. Und um fünf saßen wir fertig angezogen auf unseren Stühlen, um, wenn wirklich die Glocke klang, den großen Augenblick nicht zu versäumen.

Um sechs erwachte Großmama und sagte wie immer: »Ich habe diese Nacht kein Auge zugemacht, so unartig seid ihr gewesen.«

Um sieben Uhr zündete sie Licht an und begann, sich hinter dem Bettschirm anzuziehen. Das tat sie freilich auch sonst um diese Zeit, aber heute war Feiertag – warum heute? Und dann schalt sie: »Kinder, die so böse sind, daß sie ihre alte Großmama nicht schlafen lassen, die wollen auch noch eine Bescherung haben?«

Da war es mit unserer Zuversicht von neuem zu Ende.

Um halb acht brach der erste Morgenstrahl durchs Fenster. Nun war gar nichts mehr zu hoffen, denn bei Tage können die Weihnachtsbäume nicht brennen.

Aber plötzlich – noch heute, da ich dies niederschreibe, macht mein Herz einen Sprung – ging es tieftönig wie eine Kirchenglocke »Bum, bum, bum« durchs ganze Haus.

Und als wir hinunterstürmend die Tür des Wohnzimmers aufrissen, da brannte der Weihnachtsbaum genau so hell, wie er in glücklichen Jahren gebrannt hatte. Und ringsum standen die bunten Teller und lagen die Geschenke in nicht geringerer Fülle, als sie uns sonst beschert worden waren.

Zwar, sah man genauer hin, so fand es sich, daß in dem Stall ein Pferdchen fehlte und daß der Säbelgriff mit einer Drahtschlinge an der Klinge befestigt war – Böswillige hätten sagen können, es seien alte Bekannte –, wir aber staunten und jubelten und hatten nie eine reichere Weihnacht erlebt.

Später, als wir größer waren, hat meine Mutter uns erzählt, wie die Bescherung zustande gekommen war. Sie hat alles in allem nach heutigem Gelde drei Mark fünfundsiebzig gekostet. –

Auch jener böse Notstandswinter ging vorüber, und als das Haff und die Flüsse aufgetaut waren, lagen eines Tages am Heydekrüger Marktplatz zwei große Frachtkähne von einer seltsam bauchigen Form, wie wir sie noch niemals erblickt hatten. Die waren von Stettin übers Meer gekommen und bis zum Rande gefüllt mit Kartoffeln, eigroßen, glattschaligen, goldgelben Kartoffeln, wie sie uns schon fast aus dem Gedächtnis verschwunden waren.

Die Leute standen in Haufen ringsum und besahen sich das Wunder. Der Verteilungsausschuß ging ans Werk, und von nun an wurde es besser.

SUDERMANN, HERMANN, wurde 1875 im memelländischen Matziken geboren. Sein Studium der neueren Sprachen absolvierte er in Königsberg und Berlin. Nach anfänglichem Mißerfolg wurde Sudermann zum meistgespielten deutschen Dramatiker der Jahrhundertwende. Sein Drama »Heimat« wurde noch fünfzig Jahre nach der Uraufführung verfilmt (mit Zarah Leander und Heinrich George). Sudermanns Werke spiegeln vielfach das Leben in Ostpreußen wider. Berühmt ist seine »Reise nach Tilsit«, enthalten in den »Litauischen Geschichten«. Von seiner Kindheit erzählt er in »Das Bilderbuch meiner Jugend«. Sudermann wird heute wieder sehr stark in seiner Heimat, im Memelland, beachtet. Seine Werke werden in litauischer Sprache veröffentlicht und gespielt. Er starb 1921 in Berlin.

Rastenburg – Das alte Nest

Das alte Nest! Die alten Dächer!
Aus dunklen Linden dort der Turm!
Wie klangen sonntags seine Glocken,
draußen, fern, wo der Kuckuck rief ...
Da war's so still.

Wir pflückten Blumen, sangen
und horchten, wie's im Bach kluckerte.
Dreißig Jahre darüber hin!
Der Wald so grün, der Himmel tief blau,
noch alles wie damals!
Nur du nicht!
Nur du!

Noch einmal jung sein! Mit neuen Augen in die
Welt sehn!
Wieder alles wie zum erstenmal
unschuldig in sich trinken!
Mit frohem reinem Kindersinn! Seligen Herzens!
Ach,
wer das könnte!

Kurz vor Weihnachten

Aber das Schönste war doch, wenn man kurz vor Weihnachten,
frühmorgens,
wenn man eben aufgestanden war, und das ganze Haus nach
Marzipanherzen roch,
grad
unter dem kleinen, viereckigen, dämmernden Kucksloch oben,
auf dem platten,
glatten,
glitschig ausgetretenen Ziegelsteingetäfel,
dicht
vor dem niederigen, altertümlichen,
zerborstenen,
ausgedienten, ausrangierten
Pochherd,
auf dem noch von langvorfrüher, auf dem noch aus der ollen
Fritzenzeit,
auf dem noch
von dem drolligen,
verrückten, vermordspiepelten Perückenhuzzelmännchen her,
das damals hier
hauste,
herumgespensterte und herumhantierte,
zwischen Kisten und Kästen, neben allerhand Gerümpel, unter
Kram und Schurrmurr
eine Glutzange, eine Schürschaufel
und
ein ganz verkrumpelter, ganz verschrumpelter,
ganz verschimmelter Blasebalg lag,
einen
blanken, runden, weißen,
spitzigen,
wie aus lauter Fünkelflitterchen, wie aus lauter
Sternflinkerchen,

wie aus lauter Streuzuckerklickerchen
fabrizierten, formierten,
wie
glasierten
Schneehaufen entdeckte.

HOLZ, ARNO, geboren 1863 in Rastenburg, siedelte schon in jungen Jahren mit seinen Eltern nach Berlin über, wo er als Journalist und Schriftsteller tätig war. Er gilt als Mitbegründer des theoretischen Naturalismus und bezog in seine Werke die Umgangssprache und sozialkritische Themen ein. Ostpreußen blieb er zeitlebens verbunden. Davon zeugen hier seine beiden Gedichte, in denen er Kindheitserinnerungen lebendig werden läßt. Holz starb 1929 in Berlin.

Feste und Spiele

Man wird mir gern glauben, daß wir zu unsrer Kinderzeit nicht in die Versuchung geführt wurden, in Wohlleben und Behaglichkeit zu ersticken. Wir hatten aus Haus und Hof, aus Acker und Vieh, aus Wald und See unser gesundes und ausreichendes tägliches Brot, aber darüber hinaus konnte kein Wunsch sich schwingen, und selbst dieses war dem Unglück zuweilen ausgesetzt, wenn Mißernten oder Seuchen auch über unsre kleine Welt hinweggingen, wie ich mich noch des Bildes meiner Mutter gut erinnere, die weinend auf der Stallschwelle saß, nachdem eine Rotlaufseuche in zwei Sommertagen alle unsre zwölf Schweine getötet hatte.

Aber wir fühlten die Armut nicht, da wir ja den Reichtum nicht kannten, sondern vielmehr in den kümmerlichen Hütten der Waldarbeiter täglich einen Mangel sahen, an dem gemessen wir im Überfluß lebten. Im Sommer gingen wir barfuß, und im Winter trugen wir Holzpantoffel oder hohe Stiefel, und da wir gewohnt waren, uns, auf eine übertragene Weise, auch den übrigen Erscheinungen des Lebens ebenso natürlich anzupassen, so waren wir wahrscheinlich glücklicher als Kinder, die zwischen Schuhen und Kleidern jeden Tag wählen konnten.

Auch kamen die Feste in unsre kleine Welt ebenso pünktlich wie in das Kaiserhaus, und mir war zudem gegeben, mich auf eine leidenschaftliche und fast besinnungslose Weise dem hingeben zu können, was ja auch die ärmste Kinderwelt verzaubert: dem Spiel. Zwar war an »Spielsachen« unser Haus mitunter so leer wie eine Mönchszelle, aber besaßen wir nicht Holz, Bindfaden, Draht und Nägel, soviel wir wollten? Und besaßen wir nicht in Hof, Feld und Wald einen Spielplatz, der so weit reichte wie der Himmel? Und wenn auch Bücher nur zu Weihnachten den Weg zu uns fanden, so besaßen wir doch den »Lederstrumpf« und den »Robinson Crusoe«, und jedes von beiden genügte, um eine ganze Welt des Abenteuers, des Kampfes, der Tapferkeit und des Ruhmes damit aufzubauen.

Es war wohl nicht so sehr die Erziehungskunst meiner Eltern, sondern vielmehr der Zwang unsrer Armut, der uns nötigte, zu unsren Spielen den ganzen »Robinson« noch einmal zu verwirklichen, das heißt, von Pfeil und Bogen bis zur Kunst des Feuermachens und andren Künsten alles unsren eignen Händen zu verdanken. Es gab keinen »Waffenladen« bei uns und kein Proviantdepot, kein Kleidermagazin und keine Schiffskiste, und was unsre kindliche Welt erfüllte und beseligte, mußten wir selbst herstellen: Tomahawks und Kanus, Armbrüste und Schilde, Wagen und Schlitten, Sturmleitern und Kanonen, und selbst an traumhafte Dinge wagten wir uns mit Zuversicht und nicht immer mit gänzlichem Mißlingen, an Kielboote, Fahrräder (aus alten Faßreifen) und sogar an Schiffe, die zwar ihre Werft nicht verlassen konnten, aber die doch herrlich dastanden, wenn man freundlich übersah, daß sie auf der Erde lagen statt auf dem ihnen zugehörigen Element.

Versuche ich in der Erinnerung, in diese kindliche Welt der Spiele eine Ordnung zu bringen, so zerfallen sie mir in der Hauptsache in Helden- und Träumerspiele. In jenen, die Feld und Wald mit Lärm und Ruhm erfüllen, scheint sich die primitive Stufe aller Menschheit noch einmal darzustellen, eine vergangene Entwicklungsstufe, die das Kind nach biologischen Gesetzen noch einmal überschreiten muß. In diesen aber scheint etwas Künftiges sich zaghaft anzudeuten, im Träumen, Formen, Bilden, Dichten und Trachten. In ihnen ist Stille und Versunkenheit, ja Einsamkeit. Ihnen gehört das Haus am Winterabend, wenn der Schnee um die Fenster treibt und die Füchse aus den mondbeschienenen Dickungen bellen. Sie erheben sich nicht aus dem wilden Atem fremder Länder, sondern aus dem stillen Glanz der Märchen. Sie sind viel mehr Spiele der Seele als solche der Hand und des Auges, und manchmal enden sie in der Versunkenheit, im Entrücktsein, ja in Tränen und einer wilden, uferlosen, nicht zu beschreibenden Sehnsucht.

O schöne, versunkene Welt des Ofenwinkels, wohin das Licht der Petroleumlampe, der Rauch aus des Vaters langer Pfeife und die Blicke der Großen nur selten und aus der Ferne kommen. Wo Hund und Katze stille Gefährten sind, das eine schlafend und von Jagden leise träumend, das andre mit fernen Augen vor sich hindenkend oder -träumend. Wo die Glut des Buchenfeuers rötlich und immer wechselnd über eine verzauberte Welt tastet und nur die Stimme des Windes klagend durch den Schornstein geht. Dann sinken die müden Hände langsam von den Bauklötzen, die sie zu Domen und Brücken aufrichteten, von den Wagen aus Garnspulen, in denen Königskinder fahren, von den weißen Blättern, die der Bleistift mit Traumwäldern und Gesichten bedeckt hat. Sinken langsam in den Schoß und falten sich, indes die Augen sich auf die seltsamen Bilder des Feuers richten, die alles umfassen, was zwischen Grauen und Süße lebt, und deren Züge mit so unheimlicher Schnelligkeit wechseln, daß nun schon der Rattenfänger von Hameln ist, was eben noch die stille Heiligkeit Josephs war, und nun schon in den kalten Windungen des Drachens sich ringelt, was eben noch als Ochs und Esel an der Krippe friedenvoll stand. Und über dem Ganzen steht fast unbeweglich der hohe, klagende Ton verglühenden Holzes, derselbe, der mitunter durch die Wipfel des Waldes geht, der spricht und ruft und lockt, immerzu, aber von dem die kindliche Seele niemals weiß, woher er kommt, und wohin er geht.

Wir begraben Vögel und Mäuse wie andre Kinder, und gleich diesen stellen wir alles dar, was der Tod zu seinem stillen Amt erfordert: Pfarrer und Küster, Totengräber und Gemeinde. Wir spielen Theater mit so kümmerlichen Mitteln, wie nur Robinson und Freitag es hätten spielen können, aber der Glanz unsrer Uraufführungen ist nicht geringer als der auf den Bühnen der Welt. Wir verkleiden uns zum Dreikönigstag und zur Fastnacht, und ich weiß nicht, ob die Bären und Wölfe, die wir darstellen, aus uralten Bräuchen oder aus der Luft unsrer dunklen Wälder stammen. Wir haben keine Lokomotiven und Eisenbahnen, keine Elektrisiermaschine und kein Laboratorium. Unsre Rodelschlitten bestehen aus zwei abgeschrägten Brettern, über die ein drittes Brett genagelt ist. Unsre ersten Schlittschuhe sind Holzpantoffel, in deren Sohle wir einen langen Draht einhämmern. Unsre Waffen sind die Steinschleuder, der Bogen und die Armbrust. Unser Kriegskleid ist der Papierhelm mit Bussard- und Habichtfedern. Unsre Trommeln sind alte Kochtöpfe, unsre Flöten sind aus Weidenrohr gemacht und die Friedenspfeife aus Schilfhalmen mit einem Kopf aus dem Stengel des wilden Rhabarbers. Sie zu rauchen, erfordert wahres Heldentum, und keiner der daran Beteiligten ist für lange Zeit imstande, an das Wiederausgraben des Kriegsbeiles zu denken.

Ist es ein Traum, oder war ich damals ein großer Tänzer auf den Holzdielen meines Vaterhauses? Nein, es war so, und langsam steigt es aus dem Nebel empor: die winterliche Wohnstube im späten Lampenlicht, die Eltern fort, in der Stadt oder einer andern Försterei, die Großmutter im schwarzen Kleid, die Musik macht auf einem in Seidenpapier gehüllten Kamm, das Dienstmädchen in Unterrock und Strümpfen, und wir, noch einmal aus den Betten geholt, in langen Nachthemden: die Enkelin der Großmutter und wir drei Brüder. Drei Herren und drei Damen. Wir stehen einander gegenüber, so feierlich wie auf dem Parkett des Hofes, gehen aufeinander zu, entfernen uns, verbeugen uns und lächeln, und immerzu spielt die Großmutter den alten Kontretanz unsrer Heimat: »Siehst du woll, da kömmt er, lange Schritte nimmt er … siehst du woll, da kömmt er schon, der betrunkne Schwiegersohn.« Ein rauher Text, aber ein zarter Tanz, dem ich mit Hingebung verfallen bin, und den ich mit der Kreuzpolka zusammen erlerne, um auf den seltenen Festen im Saal des Dorfwirtshauses als ein frühes Genie bewundert zu werden.

Ja, diese Feste der Landschaft, ein oder zwei im Jahr – weshalb ist ihr Glanz noch immer so groß, daß alles, was inzwischen gewesen ist, davor verblaßt? Liegt es daran, daß ich ein Kind war, immer bereit, Wunder zu sehen, oder waren sie wirklich inniger, froher, heller als heute? Es will mir scheinen, als seien sie in der Armut damaliger Zeit und Landschaft wirklich »Feste« gewesen, nicht verblaßt und müde geworden durch alltägliche Wiederholung, und als seien die Menschen, die sie feierten, auch mit dem Willen hingefahren, festlich zu sein und alles dazu zu tun, was in ihren Kräften stand. Es gab ein Lehrerfest und ein Frauenvereinsfest. Es gab keine »Exklusivität«, und Bauern, Dienstmädchen und »Herrschaften« saßen mit den gleichen kindlichen Augen vor dem Vorhang der Bühne und drehten sich mit der gleichen Leidenschaft im Tanz. War nicht die Fahrt schon ein Märchen, durch den tief verschneiten Wald, über dem der Mond und die Sterne so standen, daß man es glauben mußte, dort sei eine andere Welt? Und wie herrlich war der

Saal, wie froh die Gesichter, wie glänzend und voller Geheimnisse die Instrumente der Kapelle und ihre zerknitterten Notenblätter mit ihren schwarzen Zauberzeichen! Gibt es noch ein Geigensolo wie das des »dritten Lehrers« mit den schwarzen Locken? Ein bißchen falsch vielleicht, aber voll unbeschreiblicher Süße? Gibt es noch ein Lied, dem zu vergleichen, das der erste Lehrer singt, wenn die Mitternacht schon da ist und der ganze Saal ihn darum bestürmt: »Denn die Gedanken zerbrechen alle Schranken ... die Gedanken sind frei?« Klingt es mir nicht nach vierzig Jahren noch immer so im Ohr wie damals, als mir die Tränen aus den Augen stürzten, jedesmal, wenn seine Melodie mich überfiel?

Und zu Hause, einmal im Winter, wenn wir unsre »Gesellschaft« gaben, war es nicht so, daß man nachher kaum weiterleben konnte? Wo hatten sie Raum, die zwanzig, fünfundzwanzig Menschen, in unsren kleinen Zimmern? Soviel Raum, daß gleichzeitig getanzt, gespielt, erzählt werden konnte? Daß eine Polonäse durch das Haus ging, ohne daß das erste Paar an den Rücken des letzten stieß? Und daß für uns noch Raum im »Kabinett« war, wo wir die Kurbel des ungeheuren Leierkastens drehten? Feste, die am Nachmittag mit Kaffee begannen und im nächsten Tageslicht beim Kaffee endeten, ja, die manchmal noch die nächste Nacht brauchten, damit alle Seligkeit ausgekostet werden konnte? Gibt es Duette, wie sie damals gesungen wurden, Verkleidungen, Aufführungen, Geschichten, wie Tante Veronika sie erzählte? Gibt es noch eine Küche mit riesigem Herdfeuer, bis zum Bersten gefüllt von seligen Kutschern in Lammfellmützen und vom Zigarren- und Pfeifenrauch so verdunkelt, daß man über unzählige Beine fällt?

Es wird wohl alles dies noch geben, in den stillen Winkeln unsres Vaterlandes, aber für mich ist es ein versunkener Traum, und nur manchmal steigt es noch auf, wie dunkle Wälder unter dem blauen, lautlosen Licht der Blitze hinter dem Horizont.

Doch darf ich, da ich diese vergangene Welt einmal beschworen habe, nicht an dem vorübergehen, was die Krone aller Feste und Spiele war, worin des Jahres Anfang und Ende sich zusammenzog und was über allen zweiundfünfzig Wochen wie ein sich langsam hebender Stern der Verheißung stand: das Weihnachtsfest.

Wenn ich es recht bedenke, begann es für mich im Frühjahr, wenn ich auf meinen Waldwegen nach dem nächsten Weihnachtsbaum Umschau zu halten begann. Und glaubte ich ihn dann gefunden zu haben, manchmal früh, manchmal spät im Jahr – denn die alten Waldleute pflegten zu sagen, einen richtigen Weihnachtsbaum zu finden, sei mindestens ebenso schwer, wie die richtige Frau zu finden –, so konnte ich ein paarmal in der Woche vor ihm sitzen, der noch durch nichts über seine Umgebung erhoben war, und mir vorstellen, wie ich ihn auf dem Rücken heimtrage und wie das Fest unter seinen Zweigen sein würde. Auch tat es diesem schönen Amt keinen Abbruch, als einmal am Heiligen Abend, als ich mit der Axt über der Schulter ihn holen kam, ein Wildschwein von nicht geringer Majestät sich unter seinen Zweigen erhob und zornig schnaufend aus dem gestörten Lager sich davonmachte. Vielmehr habe ich diesen Baum in einer besonders schönen Erinnerung, und ich weiß, daß ich mich nicht ohne Scheu umblickte, ob nicht vielleicht das Dach eines Stalles durch den verschneiten Wald zu sehen wäre und das Licht über der Krippe, das allen Tieren des Waldes eine Freistatt verheißen sollte.

Je tiefer ich zurückzugehen versuche in das Land der verfließenden kindlichen Erinnerung, desto mehr scheint mir, als ob nicht das erste Weihnachtslicht es sei, das sich aus dem Dunkel der Heiligen Nächte vor meinen Augen aufhebt, sondern als sei vielmehr die erste Erinnerung an den Glockenton gebunden, der an jedem Adventssonntag und in der letzten Adventswoche an jedem Abend »vom Himmel hoch« bis an die Fenster unsrer Wohnstube kam. Die Knechte, die wir während meiner Kinderzeit hatten, mögen in ihrer Tüchtigkeit und Zuverlässigkeit verschieden gewesen sein, aber in einer Hinsicht war ihre Fertigkeit gleicher Bewunderung würdig: in der Kunst, den Klang der Schlittenglocke von der Stalltür bis zum Fenster so allmählich anschwellen zu lassen, daß auch der verstockteste Heide auf die Knie gezwungen worden wäre, weil eben kein Zweifel daran sein konnte, daß dieser Glockenton aus dem Himmel herabgestiegen kam, von Schneeflocken umweht, vom Winde leise vertrieben, bis das Metall sich draußen auf das Fensterbrett legte und nun das Schweigen eintrat, das nur über zwei gestalteten Engelsschwingen wohnen konnte.

Ich kann nicht glauben, daß die »Hirten auf dem Felde« überwältigter gewesen sind von Licht und Chor der himmlischen Heerscharen, als ich es damals war. Voller Ernst und Spannung wandten
die Gesichter der Großen sich uns zu, indes wir die Hände falteten
und nacheinander die Gebete sprachen, die man uns gelehrt hatte,
wobei das Herz uns im Halse schlug und unsre Augen auf das verhängte Fenster gerichtet waren, hinter dem doch kein Schatten verriet, ob ein Engel oder Gottvater selbst davorstand. Und dann kam
die dunkle fremde Stimme von jenseits der Sterne: »Sind's art'ge
Kind? Sind's böse Kind?« Und die klare, tapfere Antwort unsrer
Mutter: »Sind art'ge Kind!« Dann hob die Glocke sich auf, immer
höher, leiser und ferner, bis sie verstummte und das Blut wieder
zum Herzen strömte. Eine Weile später führte die Mutter uns in die
Vorderstube, wo auf der Ecke des Tisches eine Pfeffernuß für jeden
von uns lag. Nur ein einziges Mal, wenn ich mich recht erinnere, lag
ein Stock statt der Kuchen da, und wiewohl das sicherlich seinen
zureichenden Grund gehabt hat, so ist mir nicht ein tiefes Schuldgefühl mit dieser Erinnerung verknüpft, sondern ein fassungsloses
Erstaunen, daß dieser Stock schwarz und glänzend von Ruß und
Fett war, genau wie die Stöcke, über denen in der Räucherkammer
die Würste und Schinken zu hängen pflegten. Doch mag ich mich
wohl damit getröstet haben, daß dieser Stock aus höllischen Bezirken entliehen sein konnte und daß es dort vielleicht nicht viel anders aussehen mochte als in unsrer Räucherkammer, die an und für
sich ein Ort des Schreckens für uns war, weil mitunter Feuer in ihr
ausbrach und mein Vater dann auf das Dach steigen mußte, um
feuchte Betten auf den Schornstein zu pressen.

Trat also mit diesem Glockenton die jenseitige Welt bis an die
Schwelle unsres Hauses und Lebens, so hatten wir in der diesseitigen doch das Unsrige zu tun, um ihr auch würdig und feierlich zu
begegnen. Das Landleben war ja damals noch auf eine altertümliche Weise an den Gang des Jahres und der Feste angeschlossen, und
die Zurüstung zu den Heiligen Nächten mochte bei uns nicht viel
anders gewesen sein als auf einem Bauernhof Schwedens oder Norwegens, weil die Bedürfnisse, die Frömmigkeit und der Aberglaube
der nordischen Seele sich überall auf die gleiche Weise bewahrt hat-

ten. Und wenn auch die wirtschaftliche Seite, das heißt das Schweineschlachten, mir auf eine unpassende Art in diesen Kreislauf eingeschlossen schien, so war mein Reich doch unter dem milden Licht der Hängelampe, und dort entstanden unter unsren Händen alle die Zauberwerke, die dieser verzauberten Zeit vorbehalten waren: Ketten aus rotem und blauem Glanzpapier, versilberte und vergoldete Nüsse und Äpfel und bronzierte Tannenzapfen. Auch mußte heimlich angefertigt werden, was wir selbst auf den Gabentisch zu legen hatten, und dann wurde unter der Leitung des Letzten der Mohikaner unsre Oberstube mit dem grünen Kachelofen und dem Duft der Bratäpfel ein Paradies, in dem wir nicht viel anders schalteten und walteten als Gottvater zu seiner Zeit, wenn er Tiere und Vögel bunt und fröhlich anmalte, um die frohe Erde damit zu erfüllen.

So hatte das Allerheiligste dieses Festes den schönen Vorzug, daß vor ihm eine Reihe von »Vorhöfen« lagen, in denen das Letzte bereits zu ahnen war, und nicht der geringste von ihnen war die Stätte der Weihnachtsbäckerei, die vom Reiben der Mandeln bis zur Herstellung des Marzipangusses alle Künste erforderte, derer wir fähig waren, und bei der nicht etwa das Recht auf Abfälle und Reste das Beseligende war, sondern die schöne Feierlichkeit alter Gebräuche und Rezepte, die Eintracht, der Friede, das stille Geborgensein im tief verschneiten Haus und in der Liebe der Eltern, die um diese Zeit ja von besonderer Innigkeit war.

Und gingen bei aller Tätigkeit die Tage auch mit erschreckender Langsamkeit dahin, so kam doch einmal der Morgen, an dem der Baum hereingeholt und in seinen Fuß gestellt wurde, worauf er in der Vorderstube verschwand und damit das Haus und das Leben in zwei Hälften zerfielen, eine irdische und eine himmlische. Früher als sonst wurde die Wirtschaft »beschickt«, wie man bei uns sagte, und während wir beim Licht der Stallaterne auf der Futterkiste saßen, indes die Pferde gefüttert und die Kühe gemolken wurden; während die großen Schatten der Tiere an den Wänden auf und nieder glitten, die Ketten sich leise rührten und aus den Wäldern der Ruf der Eulen über die verschneite Erde ging, hörten wir den Geschichten des Knechtes und des Mädchens zu, biblischen, weltlichen und jenseitigen Geschichten, mit der Gläubigkeit einfacher Seelen erzählt, und Haus und Stall erschienen unsren erschauernden Herzen als der stille, verschollene Mittelpunkt aller Welt, umgeben von himmlischen Heerscharen, überstrahlt vom Stern von Bethlehem, und wir selbst auf eine unverlierbare Weise eingebettet in eine göttliche Vaterhand, aus der uns kein Leben und kein Tod jemals würden vertreiben können.

Unendliche Stunden am Ofenfeuer der Wohnstube, indes nebenan hinter der verschlossenen Tür Schritte und Stimmen heimlich gehen, Papiere rascheln und ab und zu ein Ton leise aufklingt, als habe man eine Geige berührt oder ein geheimnisvolles Instrument, von den Engeln bis in unsre Wälder gebracht. Hoffnung, Verzagtheit, Seligkeit und Angst. Bis doch einmal die Tür sich öffnet und in unsre fassungslosen Augen und Herzen das Allerheiligste überwältigend sich stürzt.

Was gab es auf dem kleinen Gabentisch, was ich noch besitzen möchte? Einen Taubenschlag, anderthalb Spannen hoch, und wenn man eine Kurbel dreht, ertönt eine ganz zarte, leise und verstimmte Melodie. Einen Leierkasten an einem breiten grünen Band, und wenn man den Deckel öffnet, sieht man die Walzen mit glänzenden Stiften sich langsam gegeneinander drehen. Ein Paar Schlittschuhe für uns drei Brüder zusammen, eine Kegelbahn und eine Kanone. Ein Buch vom Schmied von Ruhla und vom Rattenfänger von Hameln. Holztiere mit steifen Beinen und herrliche Bäume, die man hinstellen kann, wo man will, und die so grün sind, daß sie sicherlich nicht von dieser Welt stammen. Und dann der erste kleine Tesching, den ich ins Bett nehme, und einen Säbel, über dem ich vor dem Einschlafen auf der Brust die Hände falte, so daß ich daliege wie ein kleiner Ritter in einer Kirchengruft.

Täuscht mich die Erinnerung oder liegt ein ganz kleiner Schmerz neben allen diesen Freuden? Und ist es nicht deshalb, weil meine Mutter leise weint unter dem brennenden Baum? Zuerst ist es der gestorbene Bruder, den sie nie vergißt, und dann ist es wohl ein leiser Gram um manches, was im Jahr gewesen ist, und um manches, das sich nicht erfüllt hat und von dem sie weiß, daß es sich nie erfüllen wird. Und dann ist es wohl die Ahnung, daß der Tod früher für sie kommen wird als für uns andere und daß sie gehen wird, oh-

ne zu wissen, was aus uns werden wird, und ob wir auch nie vergessen werden, daß Gott durch alle Wände sieht.

Aber für ein Kind ist das ein kleiner Schmerz, denn wenn die Träne vorbei ist, glaubt es, daß alles andre vorbei ist. Und niemals kann
dieser Abend aufhören, weil es ihn noch in seine Träume mitnimmt,
die Hände um die kostbarsten Geschenke gefaltet, und jedes Erwachen versichert es der Seligkeit des Gestern und des Morgen.

Vier Feiertage gab es auf dem Lande, Schlittenfahrten, Gäste,
Lieder und Tanz. Und es gab den Silvesterabend, von alten Bräuchen erfüllt, unter denen der feierlichste das Glückgreifen war, an
das auch die Großen nur mit einem leisen Bangen gingen. Denn
Himmelsleiter und -schlüssel und der Totenkopf sahen den ernsthaft an, der den Teller von ihnen hob, und mochte das Jahr auch
deutlich genug gezeigt haben, daß weder Geld noch Kranz noch
Ring noch Wiege mit ihren Symbolen sich erfüllt hatten, so vergaß
es sich doch immer wieder vor der neuen Weissagung, und der
furchtloseste Knecht erblaßte, wenn aus dem freundlichen Kuchen-
teig die schwarzen Kreidenelken ihn ansahen, die die Zähne des
Totenkopfes bildeten.

Hatte aber die Schwarzwälder Uhr das neue Jahr geschlagen und
stand der Wintermond hoch am Himmel, so rüsteten wir uns zu der
Hasenjagd, die immer ein feierlicher Beginn des neuen Jagdjahres
war. Mein Vater nahm seinen Stand an der Kiesgrube, die den Waldrand im Norden unsrer Felder begrenzte, und wir drei Brüder, eingehüllt wie Nordpolfahrer, machten uns auf den Weg nach den süd-
lichen Waldrändern, wo wir uns verteilten, um dann das weite Feld
meinem Vater zuzutreiben. Es war nicht so sehr die Jagdleiden-
schaft, die mich in dieser Stunde erfüllte, sondern das Feierliche des
Herkommens und die Größe der schweigenden Landschaft, die
noch heute unverändert vor meinen Augen steht. Unendlich schienen die weißen Felder, düster und schweigend die wenigen Gehöfte,
von dunklen Wäldern umschlossen und von einem eisigen Mond be-
strahlt. Und so klein waren wir drei auf der unermeßlichen Fläche,
auf der der Schnee unter unsren Füßen knirschte und über die der
Wind aus den russischen Steppen leise klagend ging.

Täusche ich mich oder war es in einer solchen Nacht, als der erste Vers sich leise blühend aus meinem Blute hob? Oder war es an jenem Ostertag, als ich durch die Wälder ging und zum erstenmal hörte, wie herrlich die Drossel sang? Oder war es an jenem Pfingstmorgen, als ich über den Birkenschonungen saß und der Kuckuck mir zurief, daß ich niemals sterben würde? Ich weiß es nicht mehr. So beglänzt liegt dieses Land vor meinen Augen, daß mir ist, als könnte jeder Tag und jede Nacht mich zu dem erweckt haben, was ich einmal werden sollte.

Oder war es nicht doch das Erntefest? Der Plonn, wie es in unsrer Landschaft hieß? War es nicht nach Weihnachten das schönste Fest meiner Kindheit? Da stehen sie auf den gemähten Feldern um die letzten Garben, die sie aufgestellt haben, Männer und Frauen, barhäuptig, und indes sie die Ähren zu Strauß und Krone einzeln aus den Garben ziehen, singen sie in ihrer polnischen Sprache langsam und schwermütig das Lied »Ach, bleib' mit deiner Gnade …«. Ganz still ist die Luft, in der hoch oben die Raubvögel kreisen, und die ganze Welt erscheint mir erfüllt von diesem klagenden Lied, mit dem der Sommer sich wieder von uns wendet. Der Kranich steht neben mir am Gartenzaun, die klugen Augen auf das leere Feld gerichtet, über dem nun bald die klingenden Geschwader seiner Brüder brausen werden. Meine Hand liegt unter seinem linken Flügel, und so sehen wir beide zu, wie der langsame Zug über die Stoppeln zum Hof hcraufkommt, Krone und Strauß den Eltern zu überreichen.

Aber während es noch geschieht, stehen Knecht und Hütejunge schon mit Eimern versteckt, und nach uralten, vergessenen Bräuchen stürzen sie sich auf die Mädchen, und der Hof wird zum Schauplatz einer Wasserschlacht. Und dann zu einer gastlichen Tafel und dann zu einem Tanzplatz. Und wiewohl jeder trinken darf, wieviel er will, bleibt es doch in Frieden und Fröhlichkeit, außer daß die Frau des Kranichjägers einen Stein in ihr Taschentuch bindet und damit auf den Rücken ihres Mannes einschlägt, um ihn zum Nachhausegehen zu bewegen. Aber er wird nicht zornig. Er lacht um so mehr, je mehr sie schlägt. Wir alle lachen, und noch immer höre ich aus den Wäldern das Echo der Lieder, mit denen sie heimkehren in ihre armseligen Dörfer und ihr armseliges Alltagsleben.

Mir ist, als hätten mich damals alle Menschen geliebt, bezwungen von dem grenzenlosen Vertrauen, mit dem ich jede mir dargebotene Hand ergriff. Als sei, nicht nur zur Adventszeit, immer ein Engel mit der Glocke in den himmlischen Räumen bereit gewesen, sich hinabzuschwingen zu unsrem Gehöft, um mit der Klarheit seiner Augen und dem Glanz seiner Fittiche alle Wolken zu zerstreuen, die sich um unser Kinderleben auftürmen wollten. Und als sei ihm zu verdanken, daß alles Traurige mir ohne Bitterkeit erscheint und alles Fröhliche, alle Feste und alle Spiele, von dem Glanz verklärt, den nur der frühe Morgen hat, bevor eine Fährte durch den Tau läuft und eine Vogelstimme über den dampfenden Wäldern steht.

WIECHERT, ERNST, wurde 1887 im Forsthaus Kleinort bei Sensburg geboren. Seit 1933 lebte er in Bayern, blieb seiner Heimat aber stets verbunden. Wiechert wurde durch seine Bücher »Das einfache Leben«, »Die Jerominkinder« und besonders durch den »Totenwald« zu einer moralischen Instanz. Wegen seiner Gegnerschaft zum Dritten Reich war er zeitweise im KZ Buchenwald inhaftiert. Von den Nazis wieder freigelassen, erhielt er Schreibverbot. Nach dem Kriege ging Wiechert in die Schweiz, wo er 1950 in Urikon starb.

Eine Reihe seiner Bücher sind in polnischer Übersetzung erschienen. Sein Geburtshaus, an dem eine Gedenktafel an ihn erinnert, wird gerade zu einem kleinen Wiechert-Museum umgestaltet. Das Kapitel »Feste und Spiele« aus dem Buch »Wälder und Menschen« läßt eine spartanische, aber zufriedene Lebensweise aufscheinen, die damals in Ostpreußen üblich war, heute aber der Vergangenheit angehört.

Die Schleppende

Es schien schwerer, durch die Ebene zu wandern als durch den Wald. Die Ebene war endlos, zuweilen von halbnackten Sträuchern unterbrochen, an welchen vereinzelt Blätter vom Vorjahr raschelten. Die Füße sanken immer wieder ein. Wenn sie nicht den knorrigen Knüttel hätte, auf den sie sich stützte, dann wäre es doppelt schwer. Die Last drückte auf den Rücken, stach ins Kreuz, in die Schläfen, die Ohren. Ihre Beine wurden um so kraftloser, je weiter sie ging. Vor den Augen tanzten Schatten, welche die grauweiße Ferne der Ebene verdunkelten. Die Last – das waren zwei kleine Kinder, die in einem großen karierten Tuch eingebunden kauerten, das eine anderthalb, das andere etwa drei Jahre alt. Sie waren derart abgemagert, daß sie kaum noch schwer sein konnten, wenn ... Wenn die Schleppende nicht einem dürren Scheitholz ähnlich gewesen wäre, das aus dem Stamm einer Birke oder Espe hervorragt. Diese Frau mit fahlem Gesicht, die sich auf den unförmigen Stab stützte, schwankte ständig, zwischendurch irgend etwas leise vor sich hin murmelnd. Doch meistens schlich sie schweigend dahin, nur die Krähen über ihrem Haupte krächzten in der Ebene, wo es nur hier und da ein kümmerliches Gesträuch gab, dazu Schnee, einen grauen Himmel und kein bißchen Sonne. Still, mit geschlossenen Augen, kauerten die Kinder auf dem Rücken der Schleppenden. Man hätte meinen können, sie seien tot, doch die Frau fühlte durch das dicke Wolltuch die Wärme ihrer zwei ausgedörrten kleinen Leiber. Es gab für sie nur dieses sinnlose »Vorwärts« über die endlose Ebene, wo die Augen ermüdeten und die Frau mürrisch vor sich hin starrte. Sie schaute weder zur Seite, noch wandte sie sich um, sie sprach die Kinder nicht an. Wenn sich Gott erbarmte, endete die Ebene womöglich doch, vielleicht gäbe es da ein Wäldchen, wo sie einen Baum fände, seine Rinde abschälte, um an ihr mit gierig zubeißenden Zähnen zu nagen, die dann wohl wackelten und bluteten. Anders konnte es jetzt auch nicht sein, da überall ein fürchterliches Unwetter tobte, das von den Leuten die Pest genannt wurde.

Die Pest in Klein-Litauen. Nach einem heißen Sommer verdorrten die Aussaaten, fielen die Ähren aus, vertrockneten die Bäche, auch die Brunnen standen leer. Ihre Schwengel weckten mit ihrem schrecklichen Knarren Entsetzen. Im Herbst dagegen ergossen sich Regenfluten, trübe, quirlige Wassermassen unterspülten die Baumwurzeln, ja selbst die Hausfundamente. Auf den ausgespülten Wegen kam die Pest daher, dieser alte, bekannte, aber ungebetene und unerwartete Gast, wodurch Dörfer und Städte verödeten. Vergeblich beteten die Pastoren laut in den düsteren Kirchen, vergeblich hafteten die hoffenden Augen der Frauen, der Alten, der Kinder und Männer an ihnen. Gott hatte seine Augen abgewandt, und die Menschen, die ohne jede Hoffnung geblieben waren, beerdigten ihre Toten. Sie taten dies bedauernd und beweinend, sie taten es oft in Eile, um die Leichen möglichst schnell loszuwerden, als könnten sie dadurch ihr eigenes Leben länger erhalten. Seltsam, daß in den Hütten, wo Mann und Frau beieinander lebten, trotzdem nächtens neues Leben auf die Welt kam, ein Hans oder ein Willy, die Milch und frische Luft nötig gehabt hätten. Statt dessen lagen in der stickigen Hütte die Großeltern im Todeskampf, und die Brüste der Mütter glichen eher vertrockneten Baumästen als warmen, milchgefüllten Frauenbrüsten. Und das neue Leben, das seine Ankunft mit einem endlosen Geplärr angezeigt hatte, zog sich dann aus dieser ungastlichen Welt zurück, ohne Zeit gehabt zu haben, sich mit der Pest zu infizieren und alle Qualen dieser Krankheit zu erleiden.

Die Schleppende hatte zwei am Leben gebliebene Kinder: ein Mädchen von anderthalb Jahren und einen Buben von drei Jahren. Sie waren noch vor der schrecklichen Zeit geboren. Ihr Mann starb an der Pest. Die Kinder schauten ihn mit aufgerissenen Augen an, als er auf dem Bettstroh lag. Sie verstanden nichts, und die Mutter erklärte ihnen auch nichts, denn dazu war keine Zeit. Sie holte einen Kessel voll Schnee herein, stellte ihn an die Kochstelle und wärmte ihn an. Dann wusch sie den Leib ihres Mannes, zog ihm an was sie in der Kiste fand, und wickelte ihn in eine hausgewebte Pferdedecke. Ihr gesamtes Vieh war eingegangen, es hatte den Win-

ter nicht mehr erlebt, daher konnte die Frau keine Hilfe durch ein Pferd erwarten. Sie spannte sich daher selber ein und zerrte den Schlitten zum Hügel hinauf, wo die Leute aus der Umgebung ihre Toten hinbrachten. Wer es schaffte, hob ein Grab aus. Andere ließen die Leichen dort bis zum Frühling zurück, in der Hoffnung, daß sie dann, unter Aufbietung der letzten Kräfte, es schaffen würden, die Verstorbenen gebührend zu ehren und sie zu begraben. Die Leichen wurden vom Schnee überweht, sie lagen da, starr, weiß und still, befreit von der schrecklichen Seuche und jeglicher Qual dieser Welt …
Sie waren in das gelobte Land zurückgekehrt, genauer gesagt, lagen auf seiner Oberfläche wie auf einem Tisch, bedeckt von einem weißen Tischtuch. Die Frau, die ihren Mann hierher gebracht hatte, hielt den Spaten in ihren Händen, sie hatte jedoch nicht die Kraft, die gefrorene Erdschicht zu durchbrechen, um wenigstens eine einigermaßen tiefe Grube auszuheben. Zunächst wühlte sie noch den Schnee fort und überzeugte sich, daß darunter niemand lag. Dann stocherte sie in und an der Erde herum. Doch der Schweiß brach ihr aus, und sie erkannte, daß sie nichts aufgraben könne. Daher legte sie den Mann zwischen vier Schneewände, schüttete ihn mit Schnee zu und stach den Spaten so ein, daß es die Leute bemerkten und nicht versuchten, an gleicher Stelle zu graben. Dann würden sie nämlich das Gesicht des Toten verletzen, und seine Hände, die auf der Brust gefaltet waren. Nachdem sie das vollendet hatte, wankte sie heim und schaute sich nicht mehr um. Sie zog wieder den Schlitten, in ihrem Kopf gab es keine Gedanken, nur den strengen Befehl: fliehen. Beide Kinder in das Tuch wickeln, und dann weg von hier. Irgendwo mußte das Elend ja zu Ende sein. Es gab ja noch andere Menschen und andere Wohnstätten sowie sicher auch Barmherzigkeit für sie und ihre Kinder, die, ausgedörrt, langsam wie zu Brandscheiten wurden.

So also war es um die Schleppende bestellt, die schwer durch den Schnee der Ebene in die Endlosigkeit stapfte, dem grenzenlosen, kalten Horizont zu, der sich nach Westen hin erstreckte. Selbst wenn die Frau zu denken begänne, würde sie es nicht begreifen, warum Gott die Litauer so strafte, diese Bauern, überaus geduldig und arbeitsam. Er strafte dagegen nicht die Kolonisten, allerlei

Deutsche, Salzburger oder andere, die wie ausgehungerte Wolfsrudel in dieses einst fruchtbare Land einfielen. Die Regierung siedelte sie auf den verlassenen Höfen an, versprach und gewährte ihnen
Unterstützung und Großzügigkeit. Gott strafte das eine Volk und
nahm sich des anderen an. Wenn die Frau begänne, über solch eine
Ungerechtigkeit nachzudenken, würde sie zusammenbrechen und
sich nicht mehr rühren. Das wäre dann das Ende für sie und ihre
Kinder. Sie würden dann kein geringes Festmahl für die Krähen
sein, die krächzend von Strauch zu Strauch flogen. Vielleicht aber
auch kein Festmahl, denn die Krähen waren vollgefressen und satt.
Sie waren wählerisch geworden, wie Menschen, denen alles auf das
beste gedeiht, wenn es weder Arbeit noch Mühe bedarf und das
himmlische Manna geradewegs in die aufgesperrten Mäuler herab-
fällt. Die Frau bemerkte die Krähen nicht, sie hörte nicht ihr Gekrächze, denn daran war sie gewöhnt, das war alltäglich. Sie brach
fast zusammen, als sie offensichtlich über einen vom Schnee über-
wehten Baumstumpf stolperte. Als sie sich mit viel Mühe endlich
wieder aufrichtete, erspähten ihre getrübten Augen dort vorne etwas Neues in der Landschaft. Sie erkannte die Umrisse von Bäumen, die im Halbkreis standen. Das bedeutete, daß dort eine Siedlung war, eine menschliche Wohnstätte, und vielleicht wartete da
ein Obdach, ein Schluck warmen Wassers oder sogar noch etwas
Besseres. Die Augen der Frau leuchteten und wurden lebendig, sie
glichen den Augen eines Menschen und nicht denen eines Tieres,
das zur Schlachtbank geführt wird. Ihre Kinder hingen weiterhin
mit geschlossenen Augen in ihrem Tuch, denn sie nahmen an diesem
Kampf ohne Waffen und Geschrei – dem Kampf um das Überleben
– nicht teil. Nur die Frau, die Schleppende, hatte daran ihren Anteil.

Als sie die Bäume erreichte, war es fast Abend geworden. Tatsächlich, hinter den Bäumen ragte dunkel ein Tor, ein Hof, hervor.
Das Haus war mit roten Dachziegeln gedeckt, ebenso die Stallun-
gen und die übrigen Wirtschaftsgebäude. Sie kamen der Frau bekannt vor, weil sie selber jenseits der endlosen Ebene solche beses-
sen hatte. Das Tor zum Hof stand offen, die Pforte daneben ebenfalls. Man brauchte also keine Kräfte zu vergeuden, um sie zu öff-

nen und hinter sich zu schließen. Der Fußweg oder Pfad war ganz
verschneit, nirgends sah man eine menschliche Fußspur. Als sie
näher kam, sah die Frau, daß die Haustür weit offen stand. Mein
Gott! Das bedeutet, die Schleppende wird hier wohl kaum eine Un-
terkunft finden. Lebendige Menschen lassen, solange sie noch über
Kräfte verfügen, die Türen nicht für alle Winde offenstehen. Sollte
dieser Bauernhof also ausgestorben sein? Die Frau wußte, daß sie
für ein Weitergehen keine Kraft mehr haben würde, also mußte sie
hineingehen. Sie wankte bis zur offenen Tür, überschritt schweren
Fußes die Schwelle und sah andere, ebenfalls geöffnete Türen, die
aus dem schneeverwehten Hausflur zu den Zimmern führten. Die
Frau überschritt die nächste Schwelle und erblickte im Dämmerlicht einen weißschimmernden Ofen, einen Tisch und an den Wänden entlang Bänke. Überall war es kalt, öde und leer. Da gab es eine
weitere Tür, eine weitere Schwelle, über die sie samt ihrer Last, die
in das Tuch eingebunden war, hinübertrat. Im Bett in der Ecke lag
eine Frau mit zerwühltem Haar. Neben ihr ein halb erwachsenes
Mädchen. Man brauchte sie nicht zu betasten, um die Wahrheit zu
erfahren. Ein fürchterlicher Gestank bezeugte, daß beide tot waren.
Neben dem Bett auf dem Fußboden lagen vertrocknete, verschim-
melte Brotreste. Dies bedeutete, sie starben nicht vor Hunger. Die
Frau, sich aus der ermüdeten Hüfte herabbeugend, um das Brot
aufzuheben, sank auf die Knie zusammen. Ihre Last rutschte von
ihrer Schulter und schlug auf den Boden auf. Die Kinder piepsten,
als wecke sie jemand aus dem Schlaf auf, und sie begannen, mit
ihren dünnen Stimmchen unheimlich zu weinen. Kniend versuchte
sie, das Tuch von der Schulter abzubinden, was ihr lange nicht gelang. Doch als sie es gelöst und sich selbst mit Mühe vom Fußboden
erhoben hatte, vergaß sie zunächst das Brot, schleppte die Kinder
zum Stuhl in der Ecke und packte sie dort hin, so wie man Steine
hinpackt. Dann wandte sie sich wieder den Brotresten zu, sammelte sie alle bis zum letzten auf, wenigstens schien es ihr so, raffte sie
in ihrem Lodenrock zusammen und ging wieder zu den Kindern,
die bereits still geworden waren, nur war es unklar, ob sie wieder
eingeschlafen waren oder nicht. Die Frau sah, daß sie die Kinder
nicht in diesem Halbdunkel und in diesem Gestank lassen durfte,

sie ergriff daher das Bündel und kehrte taumelnd dorthin zurück, wo sie den Ofen gesehen hatte und jetzt auch undeutlich Töpfe sah, Warmhaltegeschirr und allerlei Küchengeräte. Das Brot war unbeschreiblich hart. Aber auf dem Hauklotz am Herd lag ein Beil, und ihr war klar, was sie tun mußte. Die Frau begann, das Brot in kleine Bissen zu zerhacken, sie zerkleinerte es, immer wieder nach Atem ringend und sich immer wieder ausruhend. Doch sie schaffte es, legte das Beil zur Seite und steckte den Kindern ein paar Bröckchen in den Mund. Die Kinder begannen, daran zu knabbern und zu lutschen, sie verschluckten sich dabei und sabberten. Die Frau setzte sich auf den Hauklotz und fing ebenfalls an, an einem Brotkanten zu lutschen. Langsam gewöhnten sich die Augen an die Dunkelheit, und die Frau sah, daß es ofenfertiges Holz gab. Man mußte irgendwie Feuer machen, Wasser anwärmen, wenngleich es völlig unklar war, wozu es dienen sollte. Aber wenn sich eine Aufgabe stellt, dann stellen sich auch Kräfte ein. Die Frau erhob sich, scharrte in der Ofenöffnung die Asche zur Seite, schichtete einige Späne und Holzscheite darauf und entfachte das Feuer, das sich widerstrebend der Menschenhand ergab und schließlich brannte. Die Flamme wuchs, wurde größer, erleuchtete die Ecken der Stube und die Kinder, die an ihren Bissen lutschten und mit verwunderten Augen bald die Mutter, bald das Feuer anstarrten. Die Mutter erwärmte sich und begann einzuschlummern, der Kopf sank ihr auf die Knie. Sie sprang auf – nein, das geht nicht, dachte sie, jetzt darf ich auf keinen Fall einschlafen, da man in diesem Haus Brennholz und Brot gefunden hatte. Wer einschläft, der würde womöglich nie wieder aufstehen ... Man mußte gehen, um die anderen Gebäude zu besehen, wie es zur Abendzeit alle ordentlichen Hauswirte tun. Die Frau stand auf, schritt über die Schwelle, schlich zum Flur und ging dann zum Stall. Heiliger Gott, dort muhte eine traurige Kuh, neben ihr stand ein Kälbchen. Einige Schafe waren auch da. Sogar ein Pferd mit eingefallenen Flanken stand da. Alle Tiere waren hungrig, denn seit Tagen hatte ihnen niemand mehr einen Arm voll Heu vorgeworfen oder einen Eimer Wasser hingestellt. Man mußte weitergehen und nachsehen, ob es Futter für die Tiere gab. Die Frau staunte, als sie sah, daß sich im Fach nebenan Stroh und Heu befanden.

242

Es war zwar nicht viel, aber es reichte aus, daß die Tiere nicht vor Hunger eingingen, bevor der Frühling kam. Notfalls konnte man sogar das Stroh vom Dach des Nebenfachs abreißen und es den Tieren geben. Sie packte einen Arm voll Heu und schleppte ihn zum Stall. Einmal, zweimal und einen dritten Arm voll Heu nahm sie, das sie geizend, aber sehr umsichtig verteilte. Die Tiere, die die Frau als Retterin fühlten, dankten es ihr mit einem begierigen Muhen, Blöken und vertrautem, leisem Wiehern. Danach umschritt die Frau noch die anderen Stellen des Hofes, sie fand einen Keller und überzeugte sich davon, daß es zwar gefrorene, aber immerhin Kartoffeln und auch Kohlrüben gab. Das war die Rettung. Ein Festschmaus zur Zeit der Pest, vorausgesetzt, sie würden nicht erkranken. Aber eigentlich konnten sie hier nicht erkranken, wenn es süße, gefrorene Kartoffeln gab und im Stall das Vieh Heu fraß, wenn in der Stube das Mädchen und der Bub an Brotrinde suckelten. Das Feuer brannte und im Kessel wurde das Wasser warm, das jemand zuvor an die Kochstelle gehoben hatte.

Als das Wasser warm geworden war, weichte die Frau noch einige Brotbrocken ein, zerkrümelte sie und gab den so entstandenen Tee den Kindern zu trinken. Sie trank auch selber davon. Dann schloß sie die Türen und blieb hier, um in der Küche zu schlafen, wo der Ofen eine längst vergessene Wärme verbreitete. Jedoch dort in der Kammer, dort lagen sie noch beide – die Frau und das junge Mädchen. Morgen wird sie aufstehen, zunächst ein paar Kartoffeln kochen und diese mitsamt den Schalen zusammen mit den Kindern essen. Anschließend wird sie in den Stall gehen, das Vieh füttern, und dann, wenn sie Kräfte gesammelt hat, wird sie in die Kammer gehen, die Leiber nehmen und sie auf den Hof hinausschleppen. Und wenn sie Leinenstoff findet, wird sie beide einzeln einwickeln und einbinden. Falls nicht, möge Gott sie nicht strafen. Ja, sie wird sie auf den Hof hinausschleppen, etwas abseits der Gebäude hinlegen und nach einigen weiteren Tagen, wenn ihre Kräfte zugenommen haben, dann wird sie die Körper bis hinter das Tor des Gehöftes weiterschleifen und Ausschau halten, ob nicht ein kleiner Hügel zu sehen sei, wo man die Leichen beerdigen könne. Sie sind gewiß die Eigentümer dieses Anwesens und sollen nicht von den Krähen zerhackt werden und nicht angefressen von herumstreunenden Hunden oder einem Wolfsrudel. Und dann: beim Ofenheizen, Wasserwärmen, Kindernähren, die sie mit süßen Kartoffeln füttern wird, und beim Versorgen der Tiere, wird sie das Leben in diesem Lande, das man Klein-Litauen nennt, neu beginnen müssen. Das ist das Land jenseits der Memel, unter dem grauen, südwestlichen Himmel. Solange es Frauen und ihre Kinder gibt, solange sie warm gehalten werden, sich regen und bewegen, solange im Stall das Vieh muht und brummt, besiegt das Leben die Pest, die man hier noch Unwetter nennt. Sie werden auf den Frühling warten. Der Winter wird bald vorbei sein, dann ...

Dann schlafen die Frau und ihre Kinder neben dem warmen Ofen ein, unter einem Dach mit den Verstorbenen. Aber das macht nichts, überhaupt nichts. Alles ist möglich. Die Nacht bricht durch die Fenster herein und verspricht, die Morgenfrühe herbeizubringen. Dies geschah im eintausendsiebenhunderteinundzwanzigsten Jahr, als Kristijonas Donelaitis sieben Jahre alt war.

(Aus dem Litauischen von Alfred Franzkeit)

BALTRUSAITYTÉ-MASIONIENÉ, BIRUTÉ, wurde am 24. Oktober 1940 in Lomiai in der Nähe von Tauroggen geboren. Nach dem Abitur 1960 studierte sie an der Universität Wilna russische Philologie. Nach dem Studium blieb sie an dieser Universität und war hier als wissenschaftliche Mitarbeiterin tätig. Dort arbeitet sie heute noch als Dozentin.

Erst nach dem Tode ihres Mannes (1974), des Lyrikers Antanas Masionis, begann sie selbst zu schreiben. Zu ihren bekanntesten Werken zählt man »Die moderne estnische Prosa«, »Leo Tolstoi und Litauen« sowie einige Lyrikbändchen.

»Die Schleppende« von 1985 ist eine eindrucksvolle Schilderung dessen, was der Mensch, hier eine Frau, in extremen Situationen des Lebens zu leisten vermag. Da es ihr, wie vielen anderen Schriftstellern, nicht möglich war, in der Sowjetzeit die Wirklichkeit zu behandeln, wich sie auf historische Themen aus, die chiffriert Anspielungen auf die Gegenwart enthielten.

Alte Filme

Abends schalte ich mein Filmvorführgerät ein und schaue mir die alten Streifen an. Seinerzeit habe ich unser Leben mit einer einfachen Kamera der Marke »Sport« gefilmt. Lautlos schwebt meine Frau über die Leinwand, der Kleine rennt herum. Die Schwiegermutter ist gekommen, jetzt erzählt sie etwas, der Ton fehlt natürlich, egal, ich kann mich an ihre Litanei erinnern: »Wann lernt ihr endlich, richtig zu leben? Wozu füttert ihr fremde Leute? Das Haus ist immer voll! Was findet ihr nur Gutes an diesem fremden Land?« Da zeigt sie auf unsere ramponierte Couch, auf Bücher, die überall herumliegen. Dann bringen wir sie zum Bahnhof, es ist der überdachte deutsche Bahnhof, der noch aus der Vorkriegszeit stammt. Er zieht abgeschabte Waggons in seinen Schlund hinein. Vor einem halben Jahr habe ich auf demselben Bahnhof von meiner Frau Abschied genommen. Ganze sechs Monate ist es her. Der Kleine ist wohl schon ganz groß geworden … Hier, auf dem alten Streifen planscht er in der Badewanne, es ist keine gewöhnliche Badewanne – sie ist von den Leuten zurückgeblieben, die in diesem Haus vor uns gewohnt haben. Ein erwachsener Mensch findet darin nur im Sitzen Platz, für den Kleinen ist es ein ganzer See. Die Aufnahmen sind verschleiert – das Licht reichte nicht aus, aber alles, was nicht besonders klar zu sehen ist, kann ich leicht nachzeichnen, ein Strich genügt, er hilft weiter, und der Faden wird entwirrt. Da ist wieder der Kleine. Er sieht mir erstaunlich ähnlich, selbst die Gangart – den Kopf etwas in den Nacken geworfen, die Beine federnd. Als ich die Kamera zum erstenmal auf den Kleinen richtete, weinte er. »Was hast du?« fragte ich. »Alik, was ist mit dir?« »Ich will nicht auf den Film, ich will nicht!« »Warum?« »Wer soll mir dort zu essen geben? Die Mama ist doch nicht drauf, nimm sie zuerst auf!« Du hast recht, Kleiner … Da ist sie auch schon, ihre langen blonden Haare fliegen im Wind, sie ist mit dem Kleinen im Hof, auf einer Schaukel, die Kamera bringt seinen lachenden Mund mit den noch lückenhaften Zähnen näher. Wanja Krutow schwingt die Schaukel, eine Seele von einem Menschen, der durch Zufall bei uns im Hause angeschwemmt wurde. Er fand den Paß, den meine Frau verloren hatte, und tauchte eines Nachts auf. Wie haben wir uns damals über ihn gefreut! Er kam aber immer öfter, dazu meistens in der Nacht. Wir lagen dann schon auf der Couch, mußten ja morgens früh zur Arbeit, und er saß dann auf dem Fußboden, die Beine gekreuzt, und redete ununterbrochen, unser Wanja Krutow. Nichts verband uns. Im Betrieb arbeiteten wir in verschiedenen Abteilungen. Er hielt nichts von der Kunst, wir aber schwärmten damals gerade abwechselnd für Malerei und Dichtung ... Ich verstand ihn damals nicht, aber er war nur ein einsamer Mensch und wollte Wärme, er wollte angehört werden ... So wie ich jetzt ...

Das Vorführgerät surrt gleichmäßig, ich schlafe im Sessel ein. Als ich die Augen öffne, wackelt ein weißes Quadrat an der Wand, der Film ist längst zu Ende. Stille füllt das leere Zimmer. Es ist ein Uhr in der Nacht – morgen muß ich früh aufstehen ...

Morgens drängen sich fast alle Bewohner unserer Arbeitersiedlung an der Bushaltestelle, und oft rast der Bus vorbei, zum Bersten gefüllt. Und dann stehe ich auf dem Steg ganz oben, von hier aus ist das Schiff gut zu sehen, das im Dock liegt. Es erinnert an einen riesigen stählernen Wal: die runden Seitenkonturen, der von Muscheln runzlige Boden. Mit seiner ganzen Wucht hat er die Holzstützen zusammengedrückt, ich habe noch das Krachen der Balken in den Ohren, das die Stille der Nacht zerriß, als wir das Dock hochhoben. Jetzt ist alles normal, Holzgerüste umspannen die Bordwände. Heute müssen die Anstreicher fertig werden.

Kaum habe ich meine Kabine unter dem Steuerpult betreten, läutet dauernd das Telefon, alle wollen alles, und zwar vorrangig, wie immer reicht der Dampf für die Heizung des Schiffes nicht aus, wieder haben die Zimmerleute gepfuscht – die Holzgerüste am Achterdeck sind nicht zu Ende gebaut, an den Spillen sind keine Leute, es ist keiner da, um die Schraube abzubauen. Jetzt meldet sich auch mein Chef, Zachow, den alle so nennen, wie meine Frau ihn einmal getauft hat – Klein Zaches. Ich kann die Hand dafür ins Feuer legen, daß er ein Nachkomme des Hoffmannschen Helden ist: die

246

gleichen Spinnenbeinchen, der gleiche schmächtige Körper, und er
bildet sich ein, Napoleon zu sein, als hätte er nicht zwei Docks unter sich, sondern große Bataillone. »Schmeißen Sie unverzüglich die
Zimmerleute raus! Ich will nichts hören! Ziehen Sie die Kündigung
gegen Koslow zurück! Der Mann wird gebraucht!« Er teilt die Leute ein in solche, die gebraucht und solche, die nicht gebraucht werden. Ich weiß, der Zuträger Koslow wird gebraucht, auf ihn ist Ver-
laß, aber wenn du ein Zuträger bist, wenn du Geld im Betrieb und
im großen Haus kriegst, dann solltest du selbst nicht klauen. Es
war ja nicht eine Dose Farbe, sondern eine große Kanne. Die würden alles klauen. Die kleinen Zuträger lassen Kleinigkeiten mitgehen, die Leitung hat aber andere Ansprüche. Es gibt den Spruch:
»Was man nicht unterm Arm rausschaffen kann, läßt sich im Auto
mitnehmen.« Da kam Zachow nach dem Krieg hierher und hat es
fertiggebracht, ein möbliertes Einfamilienhaus und eine Datscha an
der Küste zu belegen, und es ist ihm immer noch nicht genug – jetzt
baut er eine Sauna. Koslow wird gebraucht ...

Du kannst dich zerreißen oder kopfstehen – egal, selbst wenn
man fest entschlossen war, das Schiff am Morgen ins Dock zu heben, alles rutscht in den Abend hinein. Das zermürbende, lange
Warten, unnütze Streitereien, dauernd wird etwas geklärt, mal hat
das Schiff starke Schlagseite, dann machen die Schlepper nicht mit,
ein andermal sind die Treibstofftanks voll. Aber dann ist alles be-
reinigt, Klein Zaches ist endlich verschwunden, er mag kein Docken
– wenn etwas schiefgeht, ist er nicht dagewesen, er kann nichts
dafür. Soll er, ohne ihn ist es ruhiger. Das Dock senkt sich langsam,
Wasser füllt plätschernd die Nischen, die Dockgerüste verschwinden im Wasser, die Docktürme ragen aus dem Wasser wie lange Inseln, in der Ferne hört man Hupen und Ächzen – die Schlepper
kommen. Wir schalten die Scheinwerfer ein, und schon fährt das
Schiff zwischen die Docktürme. Ich flitze zwischen Pult und Steg
hin und her, Zigarettenkippen der Marke »Weißmeerkanal« markie-
ren meinen Weg an Deck, das Hemd ist zum Auswringen naß. Wir
beginnen, das Wasser abzupumpen, und schwimmen jetzt mit dem
Schiff zusammen hoch. Oft muß man das Docken von vorn anfangen – das Schiff neigt sich zur Seite, rutscht von den Gerüsten ab

und hängt mit seiner Riesenmasse über uns. Ich muß ruhig bleiben – von mir werden Entscheidungen erwartet. Die Leute, die meine Befehle ausführen, sind fast alle älter als ich. Sie sind gleich nach dem Krieg aus ausgeplünderten und niedergebrannten Dörfern in diese Stadt gekommen, eine Stadt, von der auch nur Ruinen übrig waren. Nur der Betrieb blieb unberührt, die Docks sind auch erhalten geblieben. Die ganze Dokumentation war in Deutsch, so daß meine Sprachkenntnisse gebraucht wurden. Ich mache Berechnungen für das Eindocken. Zachow hält es für ein Kinderspiel. Warum sollte man auch die Verantwortung auf sich laden, wo es doch ein Konstruktionsbüro gibt. Mein Assistent traut diesen Berechnungen auch nicht ganz. Er ist ein älterer, wendiger Mann über Vierzig. Leute, die das vierzigste Lebensjahr erreicht haben, werden bei uns im Dock kurz Vierziger genannt. Er wartet, bis ich einen Fehler mache. Aber bisher ist mir das Schicksal gnädig, wir holen die Schiffe kielgerade herein, ohne die Außenwand zu beschädigen – freilich müssen wir manchmal die ganze Nacht durchmachen. Und wenn das Schiff hochgedockt ist, geht die Hetzerei weiter. Der Rumpf muß außen gereinigt und angestrichen werden, die Schiffsschraube und das Lenkgetriebe müssen gerichtet werden.

Die Anstreicher müssen heute fertig werden. Die kleinen Turbinen der Schleifmaschinen surren ununterbrochen. Der Lärm verfolgt mich den ganzen Tag. Man kann sich davor nirgendwo verstecken. Selbst wenn man die Bullaugen in der Kabine fest verschließt, dringt das Rasseln vom Schweißen und das Donnern der Vorschlaghämmer herein, und wenn oben der Kran über das Deck rollt, wackelt alles wie verrückt. Lange kann man in der Kabine ohnehin nicht sitzen bleiben – der Dockmeister wird mal hier, mal da gebraucht –, da rennst du die Treppe herunter, dann wieder herauf, du kletterst unter den Schiffsboden, dann steigst du auf die Gerüste. Endlich haben die Anstreicher mit dem letzten Abschnitt begonnen – sie streichen das Steuerbord an ... Das Klappern der Preßlufthämmer der Nieter wiederholt sich wie ein Echo zwischen den Docktürmen. Es riecht nach Farbe, Azetylen und Gummi ...

Die Zeit der Mittagspause gehört mir. Ich schraube die Bullaugen fest zu. Im Dock ist es für eine Weile still. Die Kabinenheizung glüht, man kann sie nicht anfassen, ich stelle den schlappohrigen Lüfter an. Früher ging ich zusammen mit meiner Frau in die Direktionskantine zum Essen. Meine Frau arbeitete in der Finanzabteilung und konnte sich mit als erste in die Schlange stellen.

Jetzt habe ich keine Lust, die Zeit zu vergeuden, um dort eine Stunde lang allein nach einem Teller kalt gewordener Suppe anzustehen, die nach nichts schmeckt. Ich komme mit den mitgebrachten Broten aus. Auch habe ich eine Kaffeemaschine in der Kabine. Freilich empfiehlt es sich nicht, Eßbares in der Kabine aufzuheben. Hier wimmelt es von Kakerlaken. Diese ständigen Bewohner der Schiffe und Docks sind zählebig und wendig. Die Suche nach etwas Eßbarem macht sie schnell und flink ...

Ab Mittag beginnt die Lohnzahlung, die Leute könnten mir weglaufen, und wir müssen noch das Bord fertigmalen ... Ich muß mich auch beeilen, weil jetzt die Telefonplage beginnt. Da ist schon der erste Anruf, ich hätte nicht abnehmen sollen. Eine Frau. »Boris Gawrilowitsch, ich habe heute Spätschicht und kann nicht kommen, lassen Sie an meinen Mann nichts auszahlen, sonst bringt er nichts nach Hause.« »Verstehen Sie doch, ich habe kein Recht ...« »Da wird er sich schön vollaufen lassen, der pfeift auf alles.« »Was soll ich denn machen?« »Schon gut, ich schicke meine Tochter hin.« Es klingelt schon wieder. Diesmal ist die Stimme grob und entschlossen: »Genosse Chef, Sie können das Geld für meinen Mann abholen, ich hab'Vertrauen zu Ihnen.« »Aber der ist ja selber da.« – »Ich werde mich beim Parteikomitee beschweren!«

Nein, ich hebe nicht mehr ab. Mist, verfluchter, überall haben sie um den Betrieb diese Buden gebaut, als wollten sie einen ärgern. Am Lohntag wird billiger Wein becherweise bis spät in die Nacht hinein verkauft. Und morgen ist sage und schreibe kein Arbeitstag, alle sind auf der Suche nach Alkohol, um den Kater wegzuspülen, weil die Augen trübe sind und die Hände zittern ...

Habe ich denn ein Recht, sie zu tadeln? Meine Wohnung ist an solchen Tagen auch voller Menschen, davor kannst du dich nicht verstecken. »Du wirst hier zum Trinker«, sagte meine Frau. »Wir müssen weg aus dem Betrieb.« Ich versuchte abzuwiegeln. »Aber wo werden wir sonst noch gebraucht, Albina? Wir sind nach der Hoch-

schule hierhergeschickt worden. Es war ja auch nicht das Schlech-
teste. Wir leben fast im Zentrum Europas.« »Und was haben wir davon?« fragte sie. »Wir können nirgendwohin reisen, hier sehen wir
nichts, der Mensch muß in seiner Heimat leben!« Wahrscheinlich
hatte sie recht. Aber der Sohn war hier geboren, das ist seine Heimat, was wird er sagen …

In meiner Wohnung ist jetzt niemand mehr. Früher war sie am
Zahltag gewöhnlich voll. Wanja Krutow ist lange nicht mehr aufgetaucht, ich konnte ihn trotz mehrfacher Bemühungen nicht finden,
mein Freund Tschermak, der Maler, ist wieder einmal verliebt und
hat für mich keine Zeit. Ich trinke mehrere Tassen Tee hintereinander und mache es mir im Sessel bequem, am Fenster hängt ein
Bettuch statt einer Gardine. Ich stelle das Vorführgerät an. Langsam spult der Film ab. Diesmal ist es ein Farbfilm, einer von den
ganz gelungenen, alles ist so scharf, daß man die Fliederblüten
zählen kann. Das gleichmäßige Surren des Geräts erfüllt den Raum,
und wir sind wieder alle zusammen: ich, meine Frau und der Kleine … Es ist irgendein Ausflug ins Grüne, eine Ruine eines Ritter-
schlosses ist zu sehen, dahinter ein Wald, da ist der Strand mit dem
goldigen Sand. Warum gefiel ihr diese Gegend nicht, sie konnte
doch davon nur träumen – wir sind in der Heimat Hoffmanns, über
ihn konnte sie endlos sprechen. Das war in Leningrad, als wir uns
kennengelernt hatten …

Wir haben uns ohne Streit und gegenseitige Vorwürfe getrennt.
Vor der Abfahrt des Zuges saßen wir lange im halbleeren Restau-
rant. Die Kellnerinnen standen am Buffet und unterhielten sich lär-
mend. Der Ansager verkündete laut die Abfahrt immer neuer Züge.
Unser Kleiner thronte wie ein Erwachsener am Tisch und freute
sich über die vielen Süßigkeiten. »Hast du es dir nicht anders über-
legt?« fragte ich. »Ich werde nie wiederkommen, davon kann keine
Rede sein, ich bin müde«, antwortete sie und wandte sich ab. Eine
Träne verwischte die Wimperntusche und rollte die Wange hinunter.
Ich warf ihr nichts vor, sie war wirklich müde …

Wir waren so selten zu zweit alleine. Unsere Zimmer waren so etwas wie ein Zwischending aus einer Malerwerkstatt und einer Ab-
steige, immer schlief bei uns jemand auf einem Feldbett, mal war es

ein Freund, der aus der Hauptstadt gekommen war, um an der See auszuspannen, mal waren es malende Landsleute, die auf die Eröffnung einer Ausstellung warteten, mal Freunde, die keine Ruhe in ihrem Haus fanden. Als wir uns noch in unserer Leningrader Studentenzeit ein Zimmer am Sagorodny Prospekt mieteten, dachten wir, daß wir zu unserem Bestimmungsort reisen und dort eine Wohnung zugeteilt bekommen würden, und unser Haus sollte für Freunde immer offen sein. Dort in Leningrad störte und quälte uns unser Zaunkönigdasein, und wenn einer der Freunde kam, unterhielten wir uns halb im Flüsterton, das »Tauwetter« war längst vorbei, wir mußten Zuträger fürchten und unsere Gäste gegen zwölf Uhr nachts hinauskomplimentieren, um Krach mit der Wirtin zu vermeiden ...

Und nun, da wir im Besitz von zwei eigenen Zimmern waren, schien es, wir würden ein richtiges Leben beginnen. Sowohl ich als auch meine Frau fühlten uns zu der Kunst hingezogen – so bildete sich ein Kreis von Freunden. Ich schrieb Erzählungen, meine Frau hatte das feinste Gespür von uns allen, sie verstand es immer, ein gewisses Etwas in jedem neuen Werk zu finden, und kannte viele Sachen von Hoffmann fast auswendig ... Wir konnten uns unser Leben außerhalb dieser Leidenschaft nicht vorstellen. Es schien alltäglich und zu einfach, im Betrieb zu arbeiten, sich nur um diese Arbeit Sorgen zu machen, in den Kleinigkeiten des häuslichen Lebens zu versinken. Jetzt verstehe ich, daß die Menschen sich gerade von ihr zu unserem Haus hingezogen fühlten, obwohl diese Freunde möglicherweise der Grund für den Zerfall unserer Ehe wurden ...

Da ist einer von ihnen auf der Leinwand. Ein gewisser Kobrud, der vielleicht den Ausschlag dafür gab. Da wälzt er sich auf dem Laken hin und her – ein linkischer Jüngling mit glühenden schwarzen Augen, zerzaust und fiebrig. Ein Doppelgänger des Hoffmannschen Anselm. Er hat sogar genauso wie Anselm eine schwarzglänzende Seidenhose. Er fuchtelt ständig mit seinen etwas zu großen Händen umher und poliert immer die Brillengläser, die beschlagen. Er hatte sich ganz der Dichtkunst zugewandt.

Vielleicht war er als einziger von uns kein Doppelgänger. Seine letzte Arbeit, von der er vertrieben worden war, war in einem Klub-

haus in einer Fischereikolchose. Er war dort Unterhaltungsbeauf-
tragter gewesen, ein läppischer Name für eine läppische Stellung.
Ich konnte mir ihn in dieser Eigenschaft gar nicht vorstellen. Er
vertraute den Menschen voll und verschloß den Klub nie mit dem
schweren Vorhängeschloß, seine Frau hatte von ihrem kargen Lohn
die gestohlenen Teppiche bezahlt und die verschwundene Kopie der
»Neunten Welle« (bekanntes Gemälde des Marinisten Iwan Aiwa-
sowski). Als er in unserem Haus erschien, wurde mir klar, daß es gefährlich war, ihn in unserer Siedlung auf der Straße herumlaufen zu
lassen. Seine Locken waren rabenschwarz, seine Nase war gebogen,
und seine Seidenhose sprang einfach provozierend ins Auge. Ich
glaube, er hatte sie sich aus einem Bühnenvorhang zusammen-
genäht. Die Straße hätte ihn sicher nicht akzeptiert. Diese Gegend,
wo die Burschen vom Dock wankend auf der Suche nach ihren
Häusern herumtorkelten oder dem langgezogenen Schluchzen der
Ziehharmonika zustrebten, um vor dem Lebensmittelladen in einem ungelenken Tanz herumzustapfen und die Stille durch unfläti-
ge Lieder zu zerreißen. Hier führte der Vorarbeiter der Anstreicher-
brigade das große Wort, der auf jeden Neuankömmling mit geball-
ten Fäusten losging.

Mit der kleinen Rotaprint-Maschine vom Klub hatte Kobrud
einen Band seiner Gedichte gedruckt, so daß wir einen richtigen
Dichter vor uns hatten. Wir verbeugten uns vor seiner Zielstrebig-
keit – er hatte sein Technikerdiplom weggeworfen und danach seinen Klub verlassen, er kam, um dem Schriftstellerverband beizutreten, und zwar ausgerechnet in unserer Stadt, weil er überzeugt
war, daß dieser Stadt die Zukunft gehörte. Er sprach begeistert davon, daß es hier keine angestammte Bevölkerung und folglich keinen nationalen Zwist gab, daß Menschen aus verschiedenen Republiken hierhergekommen waren, daß hier schon eine eigene Aura im
Entstehen war.

Es war schon ganz spät, als er zum erstenmal bei uns zu Hause
auftauchte, Sajenko hatte ihn mitgebracht, mein alter Bekannter
noch aus der Hochschulzeit, er zog mich in die Küche und legte im
Flüsterton los: »Verstehst du, Kobrud ist zu mir gekommen, aber du
kennst ja meine komplizierten Beziehungen zu der Frau, ich kann

das einfach nicht weiter auf die Spitze treiben, sie wird ihn nicht einmal über Nacht behalten wollen, hör mal, der ist ein goldiger Junge. Laß ihn bei dir wohnen, ja? Also, ich muß jetzt weiter, eh? Na, prima, altes Haus …«

Sajenko huschte zur Tür hinaus, ohne meine Antwort abzuwarten, ich aber führte Kobrud zum Ofen und fing an, seine weiß gewordenen Ohren mit einem Fäustling zu massieren. Er ließ alles über sich ergehen, lächelte aus irgendeinem Grunde geheimnisvoll, und ich verstand, daß er mich einfach nicht registrierte. Dann wärmte er sich lange am Ofen, und ich schaute auf sein rotes, von den Reflexen der Flammen erleuchtetes Gesicht, auf seine glühenden, erhitzten Ohren. Mir schien, als züngelten goldene Blitze in seinen Augen. Ich fing an, in Andeutungen zu reden, es wäre schön, wenn wir uns wärmten, man sollte die neue Bekanntschaft irgendwie feiern. Ich war nach dem Arbeitstag hundemüde, im Dock war der Kran kaputtgegangen und wir hatten Sauerstoff- und Azetylengasflaschen über steile Treppen mit eigenen Händen schleppen müssen. Ich wollte ausspannen und diesen Tag vergessen.

Er sah mich verständnislos an. Ich holte zwei Wassergläser aus der Küche, nahm einige gekochte Kartoffeln aus dem Topf, breitete Zeitungen auf dem Tisch aus und goß die Gläser voll. Er hat sein Glas gar nicht angerührt. Er schaute mich nur erstaunt an, und sein Gesicht wurde immer röter, es schien, als würden die Kunststoffbügel seiner Brille sogleich zu qualmen anfangen. Ein solches Gesicht hatte ich nur einmal beim Dockmaler Schulga gesehen, als der ins Wasser fiel und sein Eimer, voll von Mennige, hinter ihm herflog. Schulga tauchte genau an der Stelle wieder auf, wo die Farbe an der Wasseroberfläche zerfloß …

Als meine Frau kam, war ich schon völlig nüchtern, er aber sah erhitzt aus, obwohl er keinen Tropfen getrunken hatte. Er lief um den Tisch herum und schrie etwas wie, noch niemand habe Verlaine verstanden, und ich pflichtete ihm bei. Dann warf er den Kopf in den Nacken, wobei er an einen alten Propheten erinnerte; er schaute die Decke an, erhob die Arme und verkündete etwas. So sprach er davon, daß es unmöglich sei, mit ständiger Rücksichtnahme zu leben, daß der Mensch in der Kreativität aufgehen müsse und daß

Lüge und Kunst miteinander unvereinbar seien. »Das Reich wird fallen!« rief er aus. »Wir werden es erleben! Die Freiheit wird in diese Stadt kommen! Wir werden hier die Kunst ins Leben zurückrufen! Hier, wo die Steinquader das Andenken des großen Kant bewahren, hier, wo in der Luft die Zauberwelt Hoffmanns herrscht!«

»Um Himmels willen leiser«, flehte meine Frau. »Die Nachbarin wird es hören ...«

Um ihn von anstößigen Reden abzulenken, schlug ich vor, etwas zu singen. Er hatte eine getragene und klangvolle Stimme. Ich verstand kein Wort, aber das Lied gefiel mir. Er aber sang inzwischen nicht nur, sondern kreiste im Zimmer umher. Die langen Finger gespreizt und die Sakkorevers festhaltend, raste er wie ein roter Wirbelsturm um den Tisch. Mal kam er näher, mal verschwand er in einer Zimmerecke, und ich saß im Halbschlaf in den Sessel zurückgelehnt, und die Zimmerdecke kam auf mich zu.

Mein Sohn verbrachte die Winterferien bei meiner Schwiegermutter, so haben wir für Kobrud das winzige Kinderbett bezogen; er schlief zusammengerollt wie ein Knäuel, sein vom Schlaf beruhigtes Gesicht kühlte ab, die Farbe verblaßte, und ich sah, daß seine Haut zart und dünn war.

»Wie soll er in dieser Stadt leben, das arme Schwein, man wird ihn gewiß einsperren, vielleicht nicht gerade ins Gefängnis, aber sicher in eine Klapsmühle«, sagte Albina.

Wir retteten uns vor ihm in den Betrieb, er blieb tagelang zu Hause und schrieb Gedichte auf kleine Zettel aus dem Schreibblock und ließ diese Zettel in allen Ecken liegen. Nachts tauchte oft Wanja Krutow auf, die beiden freundeten sich an, und Wanja – niemand hätte ihm so etwas zugetraut – dichtete sogar ein Epigramm: »Tot macht die Schreiber ihre Schreibwut – bis auf meinen lieben Freund Kobrud.« Und unser Gast nahm ihm das nicht übel, denn Wanja war ein idealer Zuhörer und redete nie dazwischen, wenn Gedichte vorgetragen wurden.

Alle unsere Anspielungen, es wäre an der Zeit, sich um eine Arbeit und ein Obdach zu kümmern, überhörte Kobrud geflissentlich, er hatte sogar die seltsame Theorie, wonach die Häuser, die von den alten Bewohnern zurückgeblieben waren, niemandem speziell gehörten, sie seien Gemeinschaftsgut, und deshalb könne man sich darin einquartieren.

Uns konnte er noch etwas vormachen, dagegen erwies er sich gegenüber seiner Frau als machtlos. Als wir eines Tages von der Arbeit kamen, erlebten wir eine unwahrscheinlich laute und erniedrigende Szene bei uns zu Hause. Ein Milizionär mit rotem Schnauzbart stand an der Tür, und in unserem Zimmer suchte Kobrud vergeblich, seine Frau zu beruhigen. Das große, breitgesichtige Weib warf ihm einen Fluch nach dem anderen an den Kopf. Der Milizionär wurde nicht gebraucht, sie schleifte Kobrud selbst aus dem Haus. Ihren wütenden, oft unzusammenhängenden Worten entnahmen wir, daß sie Kobrud nur dank einer guten Beziehung als Unterhaltungsbeauftragten im Fischerklub untergebracht hatte, er hätte sogar Klubleiter werden können, man schätzte ihn, er unterschlug aber gedankenlos das für die Anschaffung von Klarinetten bestimmte Geld, kaufte dafür eine Rotaprint-Maschine und druckte damit sein Buch und verschwand dann. Nun erwartete ihn die Vergeltung.

Er tat uns richtig leid, doch atmeten wir erleichtert auf, als wir wieder zu zweit waren. Und jetzt wünschte ich mir, eine Frau wie der Kobrud zu haben, die hier hereinstürmen und ihr Recht fordern würde. Nein, Albina war zu stolz, und konnte man sie überhaupt mit Kobruds Frau vergleichen? Wenn sie Angst vor Kobruds Äußerungen hatte, fürchtete sie nicht für sich selbst, sondern es war ein Teil der allgemeinen Angst, die Nachbarin könnte etwas weitererzählen, es hätte auch Wanzen in den Wänden geben können ... Aber auch wir hielten uns oft nicht zurück, hatte denn jemand Interesse, das alles aufzuzeichnen? Wozu brauchten sie das? Um Kobrud einzubuchten, dafür hätten seine Klubgeschichten ausgereicht! Vielleicht wollten sie aber einen zionistischen Agenten aus ihm machen, der danach trachtete, Kontakt mit den Deutschen aufzunehmen, um ihnen dieses Land zurückzugeben. Aber was hätte sinnloser sein können als so etwas!

Als ich diese Gedanken meiner Frau erzählte, sagte sie: »Und ob, sinnloser kann es wirklich nicht sein! Er hat es dir doch erzählt? Nein? ... Seine Eltern sind im Krieg erschossen worden ... Er hat sich nur durch ein Wunder retten können. Was sollen da die Deutschen! Aber ehrlich, wir sollten endlich mit diesen Gästen Schluß machen – ich bin müde ...«

Es ist seltsam, sie war gegen die Gäste, und jetzt ist sie weg, und die Zimmer stehen leer, also hat sie selbst die Menschen angelockt, meine Freunde wollten Wärme, von ihr ging diese Wärme aus. Und wir alle stammten hauptsächlich aus Wohnheimen, meine Altersgenossen, die im Krieg geboren worden waren. Ich selbst konnte mich an meine Eltern kaum erinnern, sie hatten sich evakuieren lassen und starben in der Fremde, es war eine Typhusepidemie, dann wurde ich von einer Verwandtenfamilie zur anderen gereicht, als ich in die Fachschule ging, wohnte ich im Heim, während des Hochschulstudiums auch. Ich kann keine bestimmte Stadt meine Heimat nennen, dort, wo ich geboren wurde, habe ich längstens einen Monat gelebt, bin dann quer durch das ganze Land gezogen – die Flucht vor dem Krieg, dann ein Internat irgendwo hinter Tscherdyn ... Albina aber hat ihre Heimat, eine stille, gemütliche Stadt voller Sonne. Sie hatte eine eigene Wohnung. Das kann ich mir nicht einmal vorstellen.

Allein sein – wie ist das? Das hat sich jetzt so ergeben – die Freunde sind irgendwohin verschwunden, aber die Nachbarin ist da, jemand, dem man »Guten Tag« sagen kann ... Aber keine Frau wird mir Albina ersetzen können ... vielleicht sollte ich selbst zu ihr ziehen, meine Vertragszeit ableisten und weg, wahrscheinlich hätte ich die Stelle hier gleich ablehnen sollen ... Das Erstaunlichste ist aber, ich habe diesen Landstrich anfangs verflucht, kann ihm gegenüber aber jetzt nicht gleichgültig sein. Diese Gegend begann, sich in meine Seele einzuschleichen, mich einzunebeln und in ein Gefühl der Gegenseitigkeit einzubeziehen. Jetzt weiß ich jedenfalls, daß ich ohne die Meeresbrandung, ohne die goldgelben Dünen, ohne diese Ziegeldächer und spitzen Türme der leerstehenden Kirchen nicht werde leben können ... Aber auch Albina fühlte sich an dieses Land trotz allem gebunden. Wir hatten es doch nirgendwo so schön wie hier gehabt. Im ersten Jahr hatten wir keine Bleibe und wohnten in einem schmutzigen, von ständig betrunkenen Arbeitern überfüllten Wohnheim, aber selbst damals brachten wir es fertig, eine glückliche Zweisamkeit in einem Zelt auf der Nehrung zu finden, die die schäumende Härte der See von der ruhigen Ebenmäßigkeit des Haffs trennte. Wir stießen in dieser Stadt sogar auf einen Verwandten, Albinas Cousin Jascha Woinowitsch, eine lokale Größe im Militärstab, er wohnte in solchen Gemächern, die man nicht im Traum zu sehen bekommt. Ein flinkes, glatzköpfiges Männlein. Abends führte ihn seine Frau ins Theater aus, damals fand gerade ein Gastspiel des Moskauer Symphonieorchesters statt. Seine Frau war musikbegeistert, eine Frau von unfaßbarer Breite, wir nannten sie »doppeltes Federbett«. Jascha verstand nichts von Musik, aber was sollte er machen. Wahrscheinlich schlief er im Parkett ein. Das Schummerlicht der Kronleuchter spiegelte sich in seiner Glatze. Das Orchester rief die große Trommel zu Hilfe. Die Bühne atmete Kälte. Er zuckte zusammen ... An diesen schönen Abenden paßten wir auf die kleinen Töchter der Woinowitschs auf. Dafür stand uns, die wir im Betriebswohnheim hausten, die riesige Luxuswohnung zur Verfügung. Meine Frau erzählte Woinowitschs Töchtern mit dünner Stimme Zaubermärchen, damit sie schneller einschliefen. Ich betete zu allen Göttern, sie möchten schnellstmöglich süße Träume auf diese unermüdlichen Bestien herabschicken. Aber auch ich habe jene seltsamen Märchen liebgewonnen, wo Zauberelfen und Walküren das böse Hexengezücht bekämpften und kleine hurtige Schlangen zwischen den Holundersträuchern umherhuschten. Ich könnte diese Märchen sogar jetzt noch nacherzählen, aber ich habe eine grobe Stimme, und sie würden ihren geheimnisvollen Charme verlieren. Als sich in jenen fernen Zeiten die kleinen Woinowitschs bei diesen Märchen beruhigten, blieben uns rund zwei Stunden Zeit, und das war dann das zauberhafteste Märchen ...

Erst später haben wir uns hier, am Haff, im Winter eine leerstehende Datscha gemietet – das war unser erstes Zuhause, und wir freuten uns über alles Vorhandene – über das im Kachelofen lodernde Feuer und darüber, daß rundum Schnee lag, und über die Stille, und ich bat Albina, jene Zaubergeschichten zu erzählen ... Hier waren wir wohl noch glücklicher als im Haus der Woinowitschs, wir brauchten nicht zu fürchten, daß jemand kommt ... Freilich stöberten uns die Freunde selbst auf der Nehrung auf.

Dann bekamen wir ein Zimmer zugeteilt, wobei »zugeteilt« nicht das richtige Wort ist, wir hatten es im Kampf erobert. Die Einzugsfeier wurde auf einem gesonderten Film verewigt, wir hatten die Kamera damals noch nicht voll im Griff, und die Aufnahmen fielen nicht sehr scharf aus.

Jetzt beginnt an der Leinwand gerade unser Leben in einem eigenen Zimmer. Es ist die Einzugsfeier. Ein heimliches Mahl, weil niemand wissen durfte, was wir feierten. Wir hatten noch keine Zuzugsgenehmigung für diesen Wohnraum. An dem aus Brettern zusammengezimmerten Tisch sieht man rechts von meiner Frau meinen Assistenten Wladimir Iwanowitsch sitzen – den Hauptinitiator unseres Einzugs in das Zimmer. Er hat ein schlaues Lächeln in einem Fuchsgesicht und vom ständigen Hantieren mit den Dockpumpen schwarze Hände. Er ist ein Veteran und war bei den Partisanen, in der Gefangenschaft und nahm zudem an der Erstürmung dieser Stadt teil. In den Betrieb war er als einer der ersten gekommen. Er kann sich noch an die Zeit erinnern, als das Wasser um die Docks so sauber war, daß man direkt von den Türmen herunterspringen konnte, nicht wie jetzt, da alles von einer Schicht Kesselöl überzogen ist. Mit ihm zusammen habe ich die schwimmende Anlage zum Einsammeln dieses Öls ausgedacht – meine erste Erfindung. Man kann sagen, daß Wladimir Iwanowitsch eine angeborene Ingenieurbegabung hat. Nur schade, daß es mit seiner Vorbildung hapert.

Das Zimmer, das wir bezogen, hatte ihm gehört, er bekam eine eigene Wohnung und zerrte mich hier buchstäblich mit Gewalt herein. Wir brachten mit dem Lieferwagen unsere bescheidene Habe hierher, die bei ihm auf große Verwunderung stieß – drei mit Büchern vollgepackte Koffer. Möbel hatten wir keine. Deshalb sitzen die Gäste auf den Büchern, und der Tisch wurde auf die Schnelle zusammengezimmert. Das war ein Tisch! Gesottene Zander, dick wie Holzbohlen mit grünem Lauch bestreut, fettglänzende Aale, die einem im Mund buchstäblich zerflossen. All das war die Gabe unseres Bootsmanns Kostyrja. Auf der Leinwand lächelt er gutmütig und schüttet ein neues Wasserglas voll Wodka in sich hinein. Er hat unverhältnismäßig große Hände, selbst ist er klein wie ein Stöpsel, aber in seinen Händen steckt eine unmenschliche Kraft, er gewinnt Wetten damit, daß er Nägel angeblich mit der Handfläche in einen

Eichenbalken hineinschlagen könne. Die Fische auf dem Tisch hatte er im Haff gefangen …

Ein Geschenk von Wladimir Iwanowitsch ist sein Eisenbett und dazu eine Axt. Auf dem Bild sieht man gerade, wie er mir dieses Geschenk überreicht. Da es einen Ofen gibt, ist eine Axt im Haushalt unentbehrlich. Bei jener Tafelrunde hat er die Übergabe mit einer langen Lobrede auf die Axt begleitet.

»Da, Boris Gawrilowitsch, halt sie fest«, sagte er zum Abschluß seiner Rede. »Wenn sie von der Betriebskommission kommen, stell dich mit dieser Axt an die Tür und basta!«

»Sie schaffen es nicht«, meldete sich Kostyrja zweifelnd zu Wort und erbot sich, für die Zeit der mutmaßlichen Belagerung im Zimmer zu bleiben. Ich erinnere mich, daß wir ihn an jenem Tag nur mit Mühe hinausbekamen.

Und da ist auch unser Hauptgast, mein Chef Zachow, damals hatten wir noch das herzlichste Verhältnis zueinander. Da steigt er gerade auf einen Bücherstapel und wartet, bis alle verstummen. Sein schmaler Mund wird breiter, seine Augen glänzen. Die Leinwand bleibt stumm. Ich kann mich jetzt nicht an alles erinnern, was er sagte. Jedenfalls schwor er, alles in Ordnung zu bringen, er wollte zu seinem Freund, dem Vizedirektor für Sonder- und Regimefragen, gehen, dessen Wort alles entschied. Meine Frau hielt die Kamera. Deshalb ist auch meine Person auf Zelluloid gebannt. Ich schaue Zachow gerührt und begeistert an.

Es kam erst viel später, daß wir einander nicht mehr ertragen konnten, zu dem Zeitpunkt, als ich anfing, die Schiffe auf maltesische Art einzudocken, das heißt ohne Gerüste, wobei das Gleichgewicht des Schiffsrumpfes von Stützen aufrechterhalten wird. Er erschrak anfangs und verbot eine solche Neuerung, schob sich aber später überall als der Erfinder dieser neuen Methode in den Vordergrund. Bei jener Festtafel schien er mir aber charmant und allmächtig. Er küßte Albina elegant die Hand, er sang, und es stellte sich heraus, daß er einen angenehmen Bariton besaß, ja und dann war er es gerade, der erreichte, daß wir nicht nur eine Zuweisung für das besetzte Zimmer, sondern auch noch ein weiteres Zimmer in dieser Wohnung dazu bekamen, als unser Sohn geboren wurde und sich einer der Nachbarn für die Arbeit auf den Ölfeldern verpflichtete ...

Ich war zu selten mit Albina allein, vielleicht geriet bei uns gerade deshalb alles aus den Fugen.

Im letzten Sommer redeten wir sogar einen ganzen Monat lang nicht miteinander, und unsere Trennung hätte sich wahrscheinlich damals vollzogen, wenn uns die Natur nicht entgegengekommen wäre ...

Zugetragen hatte sich folgendes: An jenem Abend kam ich früh von der Arbeit, nahm mir ein Buch und versuchte nicht einmal, Albina anzusprechen. Sie brachte den Kleinen ins Bett und setzte sich auch an ein Buch. Ganz spät, so gegen zwölf, ging ich in die Küche und machte mir einen Tee. Alle schliefen längst in unserer Arbeitersiedlung. Es war Spätherbst, zuvor hatte der Wind eine Woche lang von der See her geblasen, und an jenem Tag wurde es endlich ruhig. Still war es auch in der Küche, man hörte sogar eine Mücke oder Fliege über dem Waschbecken surren. Dann kam dieses Surren näher und verschmolz mit dem feinen Summen der Glühbirne. Durch die geöffnete Tür sah ich, wie meine Frau immer noch in ihrem geliebten Hoffmann blätterte. Wenn sie eine Seite umschlug, übertönte das Papierrascheln alle anderen Geräusche.

Ich hielt es nicht mehr aus. »Es ist Zeit zum Schlafen, hör auf zu schmollen«, sagte ich, bekam aber nur Schweigen zur Antwort. Noch eine halbe Stunde verging, die Stille preßte mich zusammen, sie schien dicht und greifbar. Und plötzlich hörte man draußen ein fernes Dröhnen, so als würde man etwas sprengen, aber weit weg, etwa vierzig Kilometer von der Siedlung entfernt. Dann wurde das Dröhnen deutlicher – es kam immer näher ...

Albina kam aus dem Zimmer, blieb hinter meinem Rücken stehen und horchte. Wieder wurde alles still. »Was kann das sein, eine Explosion und dann wieder Stille?« fragte sie. Ich hatte noch nicht geantwortet, als ein neuer Schlag die Stille der Nacht buchstäblich zerriß. »Es ist wohl Gewitterdonner«, vermutete ich. »Im November?« staunte sie. Wir lauschten. Ich kann mich entsinnen, daß sie zu dem Schluß kam, man würde wohl Minen im alten Steinbruch sprengen, es gab bei uns eine Menge davon in den Schutthalden, immer wieder berichten die Zeitungen davon, wo man sie findet, es sind Spuren des Krieges. »Und wenn nicht?« fragte ich zweifelnd. Und stellte mir vor, daß irgendwo an der Grenze die Soldaten schon herumliefen, die Raketenmannschaften breiteten die Tarnnetze aus und öffneten die schweren Deckel, und stählerne Zigarren wurden aus den unterirdischen Depots hinausgefahren ... Die Grenze ist ganz in der Nähe ... Hat denn die Vergangenheit uns nichts gelehrt ... Ich stellte mir damals wahrhaftig den tödlichen Atompilz vor, der da in die Höhe schießt, sich dreht und die Häuser, die Autos und die Menschen in sich hineinzieht. Alles Lebende und Leblose schmilzt, geht darin auf und verdampft. Ich gebe es offen zu, ich dachte damals wirklich, daß jetzt Schluß sei – aus, die Detonationswelle rolle unaufhaltsam hierher, und die Luft werde vom unsichtbaren Tod, von der Strahlung verseucht ...

Einige Minuten blieb es still. Und plötzlich wieder ein lautes Krachen, wie ein Einsturz, als würde ein Haufen Metall einen Berg hinunterrollen, diesmal ganz nahe. Der Kleine wachte auf, Albina lief hin, um ihn zu beruhigen. Ich ging hinter ihr her ins Zimmer und schaltete das Radio ein. Wieder knallte es irgendwo. Den Kleinen durchzuckte es, er stöhnte kurz auf, wurde dann aber ruhig. »Es ist schon zwei Uhr nachts, wahrscheinlich arbeitet einfach kein Sender mehr«, sagte ich, um meine Frau zu beruhigen. »Das gibt es nicht«, entgegnete sie. »Gott, wie oft habe ich vorgeschlagen, nach Troizk zu ziehen – wir leben hier so nah an der Grenze, wir werden keine Zeit haben, von hier wegzukommen!«

Wir schalteten das Licht aus und spähten in das Dunkel nach draußen. Im Haus gegenüber ging das Licht an. Das Donnern wuchs an. Und es flammte am dunklen Himmel zwischen den Bäumen hell und schneidend auf. Und das Aufflackern machte die nackten Baumzweige wie auf einer Momentaufnahme sichtbar.

»Ein Blitz! ein Blitz!« riefen wir wie aus einem Munde.

Das Aufflackern wiederholte sich. Wenige Sekunden danach ließ das Poltern wieder alles erzittern, und die ersten Tropfen trommelten gegen die Fensterscheiben. Es rauschte in den Dachrinnen, und es rauschte im Garten, der Donner wurde noch lauter, und er kam noch öfter, erschreckte uns aber nicht mehr, wir freuten uns sogar.

Ich umarmte meine Frau, und sie sagte: »Wie schön – ein Gewitter! Es ist immer etwas Reinigendes darin! Und ich war so erschrocken, ich bin ein richtiger Angsthase!« Der Regen trommelte immer stärker gegen die Scheiben. Ich stieß die Fensterhälften auf, und wir lehnten uns hinaus, obwohl es kalt war, und hielten die Handflächen in die Fluten, die vom Dach herunterströmten ...

Von dieser Nacht an, die uns so erschreckt hatte, begann unsere Wiederannäherung. Es schien, als wäre alles wieder normal, aber es schien eben nur so.

Die nächsten Tage brachten viel Aufregung für mich, der Frühling nahte, das Baltikum wurde von mächtigen Wirbelstürmen heimgesucht. Fast jeden Tag bekamen wir eine Sturmvorwarnung, einen kleinen Zettel mit einem schrägen roten Streifen. Jeden Abend überprüfte ich sorgfältig alle Anlegeseile und Fender und wies den Bootsmann an, zusätzliche Taue an der Seedalbe anzulegen. Eine Vorahnung ließ mich nicht einschlafen, und als in jener Nacht der Pritschenwagen am Fenster unseres Hauses tuckerte, empfing ich den diensthabenden Kollegen vom Betrieb schon angezogen, ich verschloß die Tür und folgte ihm, ohne Fragen zu stellen.

Im Kasten des Autos sah ich unter den Arbeitern vom Nachbardock, die ich kaum kannte, Wladimir Iwanowitsch und zwängte mich neben ihn. Der Wagen raste los, es war kalt, und man konnte die Worte im Windgeheul schlecht verstehen. Keiner wußte etwas Genaues, man sagte aber, das Wasser im Haff sei um mehr als zwei Meter gestiegen, die Seile rissen wie Fäden, die Schiffe würden gegen die Anlegestellen geworfen, und der Direktor habe den Befehl gegeben, alle Leute zusammenzutrommeln und auf der Hut zu sein. Ich weiß genau, daß dies notwendig ist, aber überraschende Nachteinsätze versetzen mir immer einen Schock, schon deshalb, weil es im Auto nach Fusel riecht, denn viele wurden beim Trinken gestört, einige haben Alkohol mit auf den Weg genommen.

»Nicht schlimm, Boris Gawrilowitsch«, schreit mein Assistent. »Unsere Taue hängen immer durch ... Denken Sie, der Kostyrja spannt sie richtig? Er tut nur so ...«

Ich weiß, daß Kostyrja keinen Handschlag zuviel macht, heute kann sich seine Faulheit als Rettung für das ganze Dock erweisen, trotzdem ist mir nicht wohl zumute.

»Wer hat bei uns Bereitschaftsdienst?« frage ich Wladimir Iwanowitsch.

»Koslow ...«

»Ich habe doch verboten, diesen Hund einzusetzen«, schreie ich zurück.

... Dunkle, unsichtbare Wogen stürmten auf das Stapeldeck, das Dock wurde hochgehoben und von den Dalben weggezerrt, dann aber wieder darauf geworfen. Ballons, die die Fender ersetzten, kreischten und wurden platt gedrückt. Scheinwerfer brannten an den Seiten, der Wind tobte pfeifend zwischen den Türmen. Unter ein viel zu schweres Tau gebückt, kletterte Kostyrja auf den Pier. Also ist er schon hier. Wenn er im Dock ist, kann man beruhigt sein.

»Rennt alle zum Dock sieben!« ruft Kostyrja. »Ich will auch hin, mache nur noch das Tau hier fest. Die liegen dort am Boden!«

Klar, das siebte Dock liegt nicht direkt am Ufer, sondern wird von Seilen mitten über der sogenannten Kohlengrube gehalten, es ist sehr breit, hat eine große Angriffsfläche und wird die Belastung durch den Wind schwerlich aushalten. Das ging mir durch den Kopf, als ich neben Wladimir Iwanowitsch am Pier entlanglief. Wir stolperten über Balken und Ketten, stießen gegen zahlreiche Laufstege und Seile, versanken immer wieder in Pfützen und fluchten vor uns hin.

Während wir liefen, setzte ein starker Regen ein, fast ein Wolkenbruch, und wir wurden von Kopf bis Fuß naß. Der Regen bedeutete aber, daß der Wind nachließ, Regen bringt immer jeden Sturm zur Ruhe. Tatsächlich wurde der Wind merklich schwächer, als wir die Kohlengrube erreichten. Am Ufer drängten sich viele Menschen, und ich erkannte sofort die kleine Gestalt unseres Chefs Zachow, den Dockmeister von Dock sieben, Below, und den Bootsmann Kostyrja, der uns auf rätselhafte Weise zuvorgekommen war. Alle blickten in die Ferne, auf die dunkle Masse des siebten Docks, fuchtelten mit den Armen und schrien durcheinander. Es war seltsam, den kleinen Zaches, der zu kommandieren versuchte, hier zu sehen. Normalerweise tauchte er erst auf, wenn alles schon dem Ende zuging.

Mit der einen Hand klammerte er sich an Below fest und stieß mit der anderen immer wieder gegen Kostyrjas Brust, seine Worte konnte ich nicht verstehen.

»Was gibt's da zu klären? Warum soll man nach Schuldigen suchen!« schreit Kostyrja. »Das Dock hängt an einem Tau! Laßt euch nicht davon täuschen, daß sich der Wind gelegt hat! Eine kleine Bö, und es ist aus! Wir brauchen ein Boot! Wir besetzen es mit Leuten und ziehen Seile ein!«

Zum erstenmal erlebe ich Kostyrja so entschlossen, gewöhnlich ist er bemüht, nicht zu viel zu arbeiten. Er läuft sogar träge, langsam mit den Füßen schlurfend.

»Der Chef hat recht«, ergreift Below, der vorsichtige Dockmeister von sieben, für Zachow Partei. »Wir kommen mit dem Boot nicht zurecht, wir müssen Seeleute von den Kriegsschiffen anfordern!«

Aber ohne Boot kommt man nicht zum Dock hinüber, die Schwimmbrücke, die dorthin führte, wurde weggerissen und weggeschwemmt. Dort im Dock ist nur der Wachhabende allein. Was kann er da ausrichten, Kostyrja hätte dort sein sollen, er hätte sich richtig aufgespielt.

Indessen wird der Wind wieder stärker, der Regen hat aufgehört. Wir frieren und streiten weiter. Das Dock wird von einem einzigen Seil gehalten und wankt wie ein Riesenpendel. Eine Sirene heult auf, und wir sehen zwei sich bewegende rote Lichter. Ein Feuerwehrboot nähert sich der Küste. Am Bootsbug steht mein Assistent. Er hat es geschafft, zur Feuerwehr zu laufen, während wir stritten, und bringt nun ein Boot herbei.

Wir stürzen zum Boot, Kostyrja schreit, daß nur drei einsteigen sollen, alle hätten dort nichts zu suchen. In diesem Augenblick knallt es fürchterlich in der Ferne. Etwas pfeift durch die Luft. Wir ziehen unwillkürlich die Köpfe ein. Das letzte Tau, an dem sich noch das Dock hielt, ist gerissen. Nun hat der Wind das Dock gedreht, es setzt sich in Bewegung und treibt in das Haff. Erst langsam, dann immer schneller an Schwung gewinnend, fährt es auf die Schiffe zu, die am Ausgang der Kohlengrube liegen.

Auf den Schiffen hat man bemerkt, daß sich das Dock in ihre Richtung bewegt, die Glocke schlägt an, die Hupen ertönen, auf dem Feuerwehrboot heult die Sirene. Ohne uns abzusprechen, laufen wir am Pier entlang zu den Schiffen. Im Laufen kann ich rechts von mir bewegliche Lichter sehen – hochleistungsfähige Schlepper eilen aus dem Hafen zu Hilfe. Die Hauptsache ist, sie schaffen es rechtzeitig – sonst bewahre uns Gott vor dem, was passieren kann –, das Ungetüm von Dock wird alles zermalmen, was ihm im Wege ist. Wir müssen schnell auf die Schiffe hinüber.

Als ich über das glitschige Deck des ersten Schiffes lief, stolperte ich über eine Luke und schlug mit dem Knie auf. Erst achtete ich nicht darauf und stieg hinkend auf das nächste Schiff. Dort mußte ich mich aber hinhocken und kam nicht mehr weiter. Ich sah, wie Matrosen und unsere Arbeiter Holzbalken schleppten, sie über Bord hängen ließen, wo der Zusammenstoß zwischen dem Schiff und dem Dock möglich war, wie Below Fender aus Tauen, die er irgendwo aufgegabelt hatte, über das Deck schleppte, wie die Seeleute Seile ausrollten. Und ich konnte deutlich sehen, wie die schwarze Silhouette des heranrückenden Docks wuchs und alles überschattete. Ich wußte, wenn man jetzt den Aufprall nicht abfedert, das Dock nicht aufhält, dann ist alles dahin – es wird Dutzende von Schiffen auf seinem Weg zerstören, Maste umknicken, Bordwände einbeulen, Aufbauten zusammenpressen. Alle erstarrten voller Spannung an Bord. Die Hupen und die Sirenen überschlugen sich nicht mehr im Geheul. Das Stahlmonstrum rückte näher. Alles wirkte wie irreal. Gleichzeitig stach es scharf in meinem Knie, aber ich arbeitete mich trotzdem voran, um beim Abwerfen eines schweren Fenders zu helfen. Das Dock war nur noch etwa zwei Meter entfernt. Ein dunkler, violetter Wasserstreifen trennte es vom Schiff. Und da geschah ein Wunder: Entweder hatte der Wind gedreht, oder die Hafenschlepper hatten es geschafft, das Dock zurückzuhalten, jedenfalls blieb der Zusammenstoß aus. Die dunklen Docktürme, die den Himmel und alles rundum verdeckten, bewegten sich an uns vorbei, und als das Dock ganz nahe war, sprang Kostyrja, der auf das Deckhaus des Schiffs geklettert war, auf das Dock hinüber.

Ein allgemeiner Aufschrei folgte. Es gelang ihm, sich an der Reling des Dockturms festzuhalten, und man begann sofort, Seile zum Dock hinüberzureichen. Und dann, als das Dock an den anderen

Schiffen vorbeifuhr, konnten noch drei Matrosen hinüberklettern. Sie banden die Seilenden fest, und wir wickelten am Ufer die Seile um die Poller und konnten den Stahlkoloß langsam zum Stehen bringen, indem wir die Seile stückweise losließen ...

Gegen fünf Uhr früh, als es hell wurde, war alles wieder in Ordnung. Das Dock war vertäut worden, die Leute gingen, um sich zu trocknen und aufzuwärmen. Mein Assistent, der einen besonderen Riecher für Alkohol hat, schleppte mich in Zachows Arbeitszimmer. Wladimir Iwanowitsch hatte sich nicht getäuscht. Hier saßen schon Zachow und Below vor einer angebrochenen Dreiliterflasche. Wir tranken je ein Wasserglas voll Spiritus und spülten ihn mit warmem und etwas trübem Wasser hinunter. Dann zogen wir unsere Kleider aus und hängten sie an die Heizung. In Unterwäsche saßen wir um den Tisch im Chefzimmer. Bald stieß auch Kostyrja zu uns. Er hatte jedenfalls ein Anrecht auf ein Glas Schnaps, zudem hatte er sich ein paar gute Worte verdient.

Zachow aber, wohl vom Spiritus aufgeputscht, fand schon wieder in seine Rolle zurück. Er setzte sich auf den Tisch, um auf uns von oben herabzuschauen, machte mit seiner kleinen, mit rötlichem Flaum bewachsenen Hand eine Kreisbewegung über den Köpfen und fing an, ununterbrochen zu reden.

»Was hättet ihr ohne mich gemacht! Was hätte es für einen Sinn gehabt, zum Dock mit dem Boot zu fahren. Es hätte euch platt gedrückt! Was für eine Eile und Panik war in euren Bewegungen! Und Sie« – er wies mit der Hand in meine Richtung –, »ein schöner Fachmann sind Sie. Sie konnten nicht einmal den Durchmesser der Haltetaue berechnen, das wird Ihnen eine Lehre sein – nicht Ihre Theorien, sondern das Leben hat recht! Ich habe keine Vorbildung, aber die Situation habe ich gleich durchschaut!«

Mein Assistent und Kostyrja ließen die Rede des Chefs schweigend über sich ergehen und kippten ein Glas nach dem anderen hinunter. Below pflichtete Zachow bei. Und da riß die Geduld bei mir. Ich wollte Klein Zaches nicht vorhalten, daß er den Wachdienst auf den Docks nur von seinen geliebten Zuträgern machen ließ, auch nicht, daß er selbst nichts unternommen hatte, als das Dock weggerissen wurde, ich sagte nur:

»Was würden wir jetzt machen, wenn Kostyrja nicht dagewesen wäre und wenn die Schlepper nicht rechtzeitig gekommen wären. Was Ihre Befehle angeht, so ist es nichts Neues, daß jede erfolgreiche Tat von Ihnen auszugehen hat und die Fehler die anderen machen, selbst wenn es Ihre eigenen sind!«

Diese Worte trafen ihn sehr, er war Widerspruch nicht gewöhnt. Seine Stimme ging fast in Kreischen über.

»Sie Grünschnabel! Ich habe alles für Sie getan! Ich habe Sie gedeckt! Der stellvertretende Direktor für Regimefragen ist mein Freund! Denken Sie daran! Sie sind in vieles verwickelt! Sie haben sich mit einem gewissen Kobrud eingelassen – mit diesem Antisowjetkerl! Jetzt werde ich Sie aber nicht mehr schützen! Ihre Wohnung ist immer voll von verdächtigen Personen! Ich habe mir die Bänder von Ihren Unterhaltungen angehört! Und Koslow hat auch einen Bericht geschrieben ... Sie filmen Militärobjekte!«

Mein erster Wunsch war, ihn hochzuheben und auf den Fußboden zu werfen, er sah einer Spinne ähnlich, die man aus ihrer Spinnwebe hätte herausreißen sollen, aber zugleich wußte ich: So jämmerlich er aussah, das Opfer sollte ich werden. Es ist keine Spinnerei im Suff, es ist eine Falle, und deshalb muß ich mich zurückhalten. Ich nahm das halbtrockene Hemd und die Hose und fing an, mich schnell anzuziehen.

»Wo willst du hin, Gawrilowitsch?« fragte Kostyrja gedehnt, der meinen Aufbruch mitbekam. »Da ist noch jede Menge Sprit, reicht für alle, und wenn's nicht reicht, gibt der Chef noch einen aus! Der ist in Ordnung, hör nicht darauf, was er da androht, nimm dir das nicht zu Herzen, der hat einen zuviel getrunken – das kommt vor ...«

Ich wußte, daß Kostyrja versuchte, unseren Konflikt abzuschwächen. In allen von uns, selbst in Kostyrja, lebte die Angst, daß der Augenblick kommen könnte, da wir schutzlos werden würden ...

Die Sonne stand schon über den Dächern unserer Siedlung, als ich mein Haus erreichte. Das angeschlagene Knie schmerzte, und mir war mulmig zumute. Vom nächtlichen Wind war keine Spur mehr zu spüren, kein Mensch war mir zu dieser frühen Stunde auf meinem Weg begegnet. Ich war auf das Schlimmste gefaßt, es war nicht ausgeschlossen, daß ich zu Hause schon erwartet wurde, daß alles von unten nach oben gekehrt und jeder Winkel durchstöbert war. Wenn man es darauf anlegt, kann man alles beweisen, was man will, ich hatte nicht wenige Geschichten darüber gehört, auch konnte man Kobrud zwingen, alles zu unterschreiben, was sie wollten. In Koslows Anwesenheit hatte ich auch kein Blatt vor den Mund genommen. Schade, daß ich keine Pistole habe, von einer Axt lassen sie sich nicht einschüchtern ...

Die Außentür war verschlossen, ich drehte den Schlüssel im Schloß um und machte sie sehr vorsichtig einen Spaltbreit auf, Korridor und Küche waren leer, alles im Hause war still und friedlich. Und plötzlich bemerkte ich an meiner Zimmertür einen schmalen Papierstreifen, der mit einer Reißzwecke befestigt war. Da, es ist eine Vorladung, ging es mir durch den Kopf, und erst als ich dicht an die Tür herangetreten war, begriff ich, daß es ein Telegramm war, und wußte sofort, es war von Albina! Ich las den kurzen Text mehrere Male durch. Die Maschine kommt heute an. Ich muß ein Taxi nehmen, sonst schaffe ich es nicht. Wie schön, daß ich mich mit Zachow verkracht habe, daß ich dort weggegangen bin. Noch zwei oder drei Stunden, und ich werde nicht mehr allein sein, und nichts ist verloren, es sind schließlich nicht mehr die alten Zeiten. Plötzlich erschienen mir alle meine Ängste lächerlich. Und das Wichtigste war für mich jetzt: nicht zu spät zu kommen, rechtzeitig in dem Moment dazusein, wenn die Maschine, die ihren Weg hinter dem Ural begonnen hatte, die von der Nacht durchweichte Erde mit den aus dem Rumpf ausgefahrenen Rädern berührt.

(Aus dem Russischen von Alexej Dubatow)

GLUSCHKIN, OLEG BORISSOWITSCH, wurde 1937 in einer jüdischen Familie in Welikije Luki, im Gebiet von Pskow, geboren, er studierte in Leningrad Schiffbau und kam 1960 nach Kaliningrad, wo er als Dockmeister in dem Betrieb »Jantar«, der ehemaligen Schichau-Werft, arbeitete. Mehrere Jahre fuhr er zur See.

Seine ersten Erzählungen erschienen 1963. Sein zweites Buch, »Das fünfte Dock«, konnte nicht mehr erscheinen, es war zu kritisch. Zehn Jahre lang konnte Gluschkin nicht mehr publizieren. Als die Zensur wieder eingriff, wich er auf historische Themen aus und arbeitete gleichzeitig als Ingenieur im Fischereiwesen. Seit 1989 widmet er sich ausschließlich der literarischen Arbeit. Eine Reihe seiner Bücher konnte nun erscheinen. Gluschkin wurde Vorsitzender des demokratischen Kaliningrader Schriftstellerverbandes und Chefredakteur der Zeitschrift »Der Westen Rußlands«. In ihr greifen die Autoren u. a. auf die kulturelle Tradition dieses Landes von vor 1945 zurück. Seine hier veröffentlichte Erzählung zeigt deutlich, wie anders das Leben in Königsberg nach dem Kriege geworden war, aber auch, wie die Naturgewalten in Ostpreußen die gleichen geblieben sind wie früher.

Divertimento

Einmal – es war Mitte der fünfziger Jahre – saß Vitka Korjakin an einem Festtagsabend hinter dem Schrank und sah heimlich zu, wie die Erwachsenen feierten. Es waren viele Gäste gekommen, hauptsächlich Papas Kollegen mit Ehefrauen. Mama hatte ein üppiges Mahl bereitet: mit Fleisch, geschmorten Kartoffeln, Pasteten mit Pilzfüllung und Pelmeni[1]. Knusprige, mit kleinen Noppen übersäte Gurken waren auch da, dann in Stückchen geschnittene und mit Sonnenblumenöl beträufelte Salzheringe mit Zwiebelringen und die harte, tiefdunkelrote Wurst mit durchscheinenden Speckaugen, und mit Dill und Johannisbeerblättern eingelegte Milchpilze, und Sauerkraut, und das Wichtigste – Fischkonserven waren auch da. Fünf oder sogar sechs Dosen. Vitka litt hinter seinem Schrank schweigend unter der Unerreichbarkeit dieser köstlichen Speise. Konserven wurden nur an Festtagen gekauft, und die Kinder bekamen sie selten zu essen. Mama hatte sich beeilt, den Vitka und die Galka zu füttern und in ihre Betten zu stecken, damit sie die Erwachsenen nicht störten. Die Konserven hatte sie für die Gäste aufgehoben.

Vitka verfolgte den Vorgang des Konservenverzehrs mit gespannter Aufmerksamkeit. Mal angelte sich der eine, mal der andere Gast mit der Gabel eine golden schimmernde Ölsprotte oder eine orangefarbene Schnitte Zander in Tomatensoße, führte den Bissen gemächlich zum Mund, kaute daran bedächtig, und – Vitka schluckte den in seiner Situation völlig nutzlosen Speichel hinunter.

Nach einiger Zeit hatten sich die Gäste satt gegessen. Sie kauten schon widerwillig, als wären sie dazu verpflichtet, damit die guten Sachen nicht vergammelten.

»Das Gute darf nicht schlecht werden, lieber laß ich den Wanst platzen!« scherzte Onkel Sascha. »Es mag kommen, wie es will, fünf

---

[1] Sibirische Teigtaschen mit Fleischfüllung, ähnlich wie Ravioli. Pelmeni werden aber mit saurer Sahne oder Essig serviert.

Pelmeni schaffe ich wohl noch, wenn ich mich richtig anstrenge.«
Und er langte nach der großen Schüssel in der Tafelmitte.

Die Platten mit Hering und Wurst blieben fast unberührt. Vitka
dachte daran, daß die dünnen Wurstscheiben bis morgen aus-
trocknen, sich wölben, hart und dunkel wie Pappe werden und
kleine Fettropfen schwitzen würden, und wenn man so ein Stück
hinter die Backe steckte, konnte man den ganzen Tag lang
daran lutschen wie an einem Zuckerbonbon. Auch die Pasteten
würden nicht schlecht werden. Morgen würde Mama sie mit saurer Sahne bestreichen und in die Backröhre stecken. Dann
schmeckten sie wie frisch gebacken, sogar noch besser. Die Konserven aber würde er nicht kosten können, obwohl in den Dosen
noch etwas drin war. Mama würde sie in den Mülleimer
schmeißen. Sie gestattete es nie, aus Konserven von gestern zu essen, weil man sich daran vergiften konnte, so daß man starb. Mit
einem ihrer Bekannten hatte sich schon mal so ein trauriger Fall
ereignet ...

In ihre Stühle zurückgelehnt, fingen die satten Gäste an, laut und
gefühlvoll zu singen. Sie sangen von den Straßen und Wegen des
Krieges, von der einsamen Ziehharmonika am Dorfrand, von den
Laublocken einer Eberesche und andere Lieder, die einem an die
Seele gingen.

Besonders gut gelang ihnen das von den drei Panzersoldaten. Papa, Onkel Sascha und ein anderer Onkel, Oberleutnant Berjoskin,
sangen dieses Lied zu dritt. Sie standen Schulter an Schulter nebeneinander, fest umschlungen, die Gesichter nachdenklich und
streng, und intonierten mit mutigen Stimmen: »Panzer jagten, und
der Wind stob auseinander ...«, und alle anderen Gäste klatschten
ihnen den Takt und fielen geschlossen mit dem Refrain ein. Das sah
prima aus! Vitka beschloß damals, auch Panzersoldat zu werden,
wenn er groß war. Wie der Papa, Onkel Sascha und Leutnant Berjoskin. Aber dann hat er sich's anders überlegt.

Als die Gäste vom Singen genug hatten, fingen sie an, zur Gram-
mophonmusik zu tanzen. Aber das machte ihnen bald keinen Spaß
mehr, weil es nur wenig Schallplatten gab. Nur zwei. »Die Amur-
Wellen« und noch irgendeine.

Früher hatten Vitkas Eltern viele Platten, aber eines Abends kam Vater betrunken nach Hause und schlug fast alle kaputt. Er schlug sie kaputt, weil Mama keine Notiz von ihm nahm. Und er wollte, daß sie es tat. Und da schmiß er die Schallplatten von einem Ende des Zimmers zum anderen und wollte die Ecke des Kachelofens treffen, damit es lauter einschlug. Mal traf er sie, mal ging es daneben. Mama hob den Kopf aber trotzdem nicht. Sie saß am Tisch unter dem orangefarbenen Lampenschirm und las in irgendeinem interessanten Buch. Es muß so interessant gewesen sein, daß Mama sich davon nicht losreißen konnte und nichts um sich merkte. Es muß nur eben ein trauriges Buch gewesen sein, weil ihr Tränen die Wangen runterkullerten, die sie ununterbrochen mit einem Tuch abwischte.

Und der Vitka und die Galka jubelten. Die Platten flogen über den Köpfen, mit sanftem Pfeifen die Luft zerschneidend, und fielen krachend zu Boden. Der Berg schwarzer Scherben am Ofen wuchs immer höher. Vitka und Galka saßen unter dem Tisch und jauchzten leise vor Begeisterung, und die Platten flogen und flogen, bis sie alle waren. Am anderen Morgen kehrte ein leiser Papa sie zusammen und trug sie im Eimer auf den Müll. Und die Mama hatte immer noch nichts gemerkt. Nur Schallplatten hat sie seitdem keine mehr gekauft.

Als die mehrfach abgespielten Schallplatten allen schon aus den Ohren rauskamen, rührte jemand an die Tasten des Beuteklaviers. Es war ein deutsches Klavier, das den Vorbesitzern der Wohnung gehört hatte und im Haus stehengeblieben war. Es wurde nie beachtet. Es stand eben da. Nur manchmal gab sich Mama Phantasieplänen hin, es wäre schön, der Galotschka das Klavierspielen beizubringen, damit sie einmal eine berühmte Pianistin werden würde.

»Und was ist mit mir?« flennte der Vitka.

Er war es leid, daß die Galka eine berühmte Pianistin wurde und er nicht.

»Dir bringen wir das Trommeln bei«, beruhigte ihn der Vater. Die Trommel sei was für Männer.

Damit tröstete sich Vitka. Die Trommel war, versteht sich, besser.

Zukunftspläne blieben aber Zukunftspläne, weil es in dem kleinen Städtchen im früheren Ostpreußen in jener Zeit weder Musikschulen noch Musikzirkel gab. Es war überhaupt eine ganze Menge, was es dort nicht gab. Zum Beispiel gab es keine Kindergärten. Es gab auch in der ganzen Stadt keine einzige alte Frau, die man hätte bitten können, auf die Kinder aufzupassen, solange die Mama arbeiten ging. Deshalb blieben Vitka und Galka oft ohne Aufsicht. Und Mama machte sich große Sorgen um sie.

Dafür gab es neben dem Haus einen weiten Garten und einen mit großen Kopfsteinen gepflasterten Hof und rundherum eine Unmenge Trümmer. Einige Häuser waren vollkommen zerstört, und manche nur zum Teil. Da stand beispielsweise ein Haus, auf dem kein Dach drauf war. Oder ein Riß zog sich durch die ganze Wand. Verkohlte Böden. Eingeschlagene Fenster. Eingetretene Türen. Am häufigsten gab es aber Häuser, von denen gar nichts mehr übrig war, nur eine unförmige Ziegelhalde. Dort konnte man hervorragend Krieg spielen und Ausgrabungen vornehmen. Es gelang, viele wertvolle Sachen aufzustöbern. Einmal hatten sie einen Koffer mit halbverfaulter Kleidung ausgegraben. Waffen, Knochen, verschiedene Gläser, Flaschen, bunte Glasperlen, fast ganze Geschirrstücke und Möbelteile kamen oft vor.

Die Erwachsenen behinderten aber die wissenschaftlichen Forschungsaktivitäten der Kinder in jeder Weise.

Wenn Mama zur Arbeit oder zum Einkaufen ging, zählte sie gewöhnlich lange auf, was man nicht tun oder wo man nicht hingehen durfte:

Nicht auf das Dach klettern, kein Feuer anmachen, nicht auf die Straße laufen, nicht durch die Kellerräume schlawinern und schon gar nicht zum Schrottplatz gehen …

Vitka und Galka standen während der Unterweisung stramm und hörten sich aufmerksam alles an, was die Mama sagte. Es war sehr wichtig, aufmerksam zuzuhören, weil Mama unbedingt etwas außer acht ließ.

Wenn sie weg war, tauschten Vitka und Galka listige Blicke aus: Die Bäume hatte sie vergessen!

Es standen genug Bäume in der Umgebung. Dem Vitka und der

Galka machte es nichts aus, auf jeden von ihnen zu klettern. Nach ihrem Wunsch verwandelten sich die Bäume in ein Flugzeug oder ein Schiff, oder in einen T-34 oder in einen geheimen Unterschlupf heldenhafter Kundschafter. Die Bäume hatten nichts dagegen. Sie standen da, friedlich mit dem Laub rauschend und merkten nicht einmal etwas von ihren Verwandlungen. Die Bäume waren gut.

Wenn die Mutter zurückkam, fand sie ihre heißgeliebten Kinder in einer Höhe, wo sonst nur die lieben Vögel fliegen.

Vitka und Galka wiesen alle Vorwürfe zurück.

»Du hast aber nichts von den Bäumen gesagt«, wunderten sie sich scheinheilig.

Beim nächsten Mal kamen die Bäume natürlich auf die Verbotsliste. Irgend etwas blieb aber immer in Reserve. Zum Beispiel die gesprengte Brücke. Oder der deutsche Friedhof.

Vom Friedhof hatte ihnen Soika Schukowa erzählt. Sie ging dorthin, um leere Flaschen zu sammeln. Nach ihren Worten war es der flaschenreichste Ort in der ganzen Stadt. Und die Soika kannte sich in solchen Dingen aus.

Der Soika ging es gut. Keiner paßte auf sie auf. Niemand sagte ihr, wo sie hingehen dürfe und wo nicht. Weil ihre Mutter eine Schlampe war und ihre Großmutter trank. Sie hatten keine Zeit, um Soika zu erziehen. Da ging sie eben dorthin, wohin sie wollte.

Die Soika war klein, dunkelhäutig und schmal wie ein Affe. Ununterbrochen kaute sie irgend etwas, selbst auf die Straße ging sie mit einem Stück Brot in der Hand. Die Brotscheibe bestreute sie mit losem Zucker und spritzte oben Wasser drauf, damit der Wind den Zucker nicht wegpusten konnte. Das Essen machte ihr sichtlich Spaß, so daß Vitka und Galka neidisch wurden.

»Laß mich einmal reinbeißen«, bettelten sie.

»Hab' selber nicht genug«, antwortete Soika geizig.

Vitka und Galka rannten um die Wette die Treppe in den ersten Stock hinauf – nach Hause.

»Mama, können wir ein bißchen Brot mit Zucker haben?«

»Das hätte noch gefehlt!« Die Mama wurde böse. »Keine Happen zwischendurch! Gegessen wird nur am Tisch.«

»Warum darf ich nicht draußen essen?«

»Nun ...« Mama überlegte eine Sekunde. »Weil draußen die Mikroben sind!«

»Wo denn da?«

»In der Luft. Überall. Die sind klein, man sieht sie nicht. Wenn man aber draußen ißt, gelangen die Mikroben mit der Nahrung in den Organismus. Es ist sehr gefährlich.«

Mama erzählte, was für furchtbare Krankheiten von den Mikroben kamen. Dem Vitka und der Galka verging sofort der Appetit. Sie hatten sogar Angst, den Mund zu oft aufzumachen, damit sich die Mikroben nicht reinschleichen konnten. Jetzt waren sie eher bereit, den Hungertod zu sterben, als draußen aus nicht gewaschenen Händen etwas zu essen.

Natürlich erzählten sie der Soika unverzüglich von den Mikroben, aber sie glaubte es nicht.

»Das sind alles Märchen!« Sie winkte verächtlich ab. »Zeigt mir eure Mikroben! Wo sind sie?«

»Die sieht man nicht!«

»Wenn man sie nicht sieht, dann gibt es sie nicht!«

»Doch! Mama sagt, die gibt es, also sind sie da!«

»Eure Mama hat keine Ahnung!«

»Ja, hat sie! Sie ist Lehrerin! Sie weiß alles!«

»Mein Papa hat mir aber eine leere Zigarettenschachtel geschenkt! Die Marke heißt ›Herzegowina Flor‹! So eine habt ihr nicht!« Diesen Trumpf konnten sie nicht mehr stechen. Vitka und Galka schauten sich die schöne Zigarettenschachtel an und seufzten niedergeschlagen.

Die Soika hatte Glück.

Bei ihrer Mutter tauchte fast jeden Monat ein neuer Ehemann auf. Alle ihre Männer sprach Soika mit »Papa« an.

Sie kriegte lauter gute und lustige Papas, die sie mit Bonbons fütterten und ihr leere Zigarettenschachteln schenkten. So eine Sammlung von Zigarettenschachteln hatte außer Soika sonst niemand in der Stadt.

Vitka und Galka hatten aber nur ihren einzigen Papa, und der rauchte immer die gleichen Zigaretten der Marke »Weißmeer-Kanal« mit Pappmundstück in häßlichen Papierpackungen.

Und dann hat Soika geprahlt, daß sie selbst alle Zigarettensorten kaufen könne, wenn sie Lust habe. Sie hatte nämlich einen Haufen Geld. Das Geld hatte sie, weil sie auf dem Friedhof leere Flaschen sammelte und das Flaschenpfand vom Laden holte. Und dann kaufte sie sich alles, was ihr gefiel.

Einmal konnten Vitka und Galka die Soika überreden, sie auf die Pirsch mitzunehmen.

»Schon gut«, meinte Soika großzügig. »Wir müssen nur bei mir die Säcke für die Flaschen abholen.«

Soika wohnte im nächsten Hauseingang zu ebener Erde. In ihrer Wohnung standen Sperrholzplatten anstelle von Glasscheiben vor den Fenstern. Vitka und Galka waren noch nie bei Soika zu Hause gewesen und wurden jetzt von Angst und Neugierde getrieben. Die Nachbarn hatten erzählt, es sei kein Zuhause, sondern ein Chaos, wie in einem Bordell. Aber es war kein Chaos. Nur hier und dort lagen Zigarettenstummel, und die betrunkene Oma schlief auf dem Fußboden. Sonst gab es nichts Bemerkenswertes. Soikas Mutter saß vor einem Spiegel und malte sich das Gesicht an.

»Mama, ich gehe zum Friedhof Flaschen sammeln«, informierte Soika geschäftig. »Dann hole ich das Pfand und eß in der Stolowaja[1].«

»Gut so.« Die Mutter nickte zustimmend. »Kommst du mit dem Geld aus?«

»Dicke! Ich hab' noch etwas vom letzten Mal.«

»Dann ist es gut«, sagte die Mutter wohlwollend. »Geh hin, Töchterchen.« Dann liefen Vitka und Galka zu ihrer Mutter, um ihr Bescheid zu sagen. Sie gingen nicht in die Wohnung, sondern riefen ihr von der Straße zu:

»Mama! Mamachen!«

»Was habt ihr?« fragte Mama, aus dem Küchenfenster schauend.

»Wir gehen auf den Friedhof Flaschen sammeln, dann holen wir das Pfand und essen in der Stolowaja.«

Sie hatten alles richtig gesagt, genau wie die Soika, und dachten, daß die Mutter sie auch loben würde. Aber Mama gab keine Ant-

---

[1] Kantine; schmutzige, billige Gaststätte

wort. Sie schlug sofort das Fenster zu, lief ganz schnell die Treppe hinunter, faßte die Kinder an den Händen und schleppte sie nach Hause.

»Was für ein Friedhof? Was für Flaschen?« sprach sie mit zitternder Stimme. »Was schreit ihr durch die ganze Straße wie verrückt? Wollt ihr vor allen Nachbarn eine Schande über mich bringen? Gebe ich euch nichts zu essen, ja? Habt ihr zu Hause nichts zu essen?«

Da kam gerade Papa zum Mittagessen, und sie fing an, sich bei ihm zu beschweren:

»Die haben sich was einfallen lassen! In die Stolowaja wollten sie gehen. Kannst du dir das vorstellen? Und das kündigen sie draußen laut an. Was denken die Leute von uns?«

»Ich zeig' euch die Stolowaja! Ich werde euch ein Restaurant hier veranstalten!« Papa schlug mit der Faust auf den Tisch. »Ihr werdet mir drei Tage lang auf euren Hintern nicht sitzen können!«

Prügel gab es zwar keine, aber an diesem Tag durften sie nicht mehr rausgehen. Die Eltern waren sehr verstimmt.

»Die Kinder wachsen wie die Stadtstreicher auf«, jammerten sie. »Das kann nicht gutgehen ...«

So verstimmt hatten Vitka und Galka sie nur einmal gesehen, vor einem Jahr, im Frühling, als Stalin gestorben war. Erst war alles normal, man streifte ihnen einfach rote Armbinden mit einem schwarzen Streifen über. Dann wurde ihnen erklärt, Stalin sei gestorben, und sie durften in den Hof spielen gehen. Sie waren furchtbar stolz und zufrieden, rannten in den Hof und prahlten vor den Nachbarn:

»Guckt mal, haben wir nicht schöne, schmucke Armbinden? Das ist, weil Stalin gestorben ist!«

Und dann hüpften sie in einer Anwandlung von Gefühlen durch den Hof und schrien lauthals:

»Stalin ist gestorben!

Der Stalin ist tot!

Tra-la-la! La-la! La-la!«

Papa kam, nur mit Unterhose und Unterhemd bekleidet, angerannt. Sein Gesicht war grau und zerknautscht wie eine alte Zeitung. »Marsch, nach Hause!« befahl er im Flüsterton. Seine Lippen zitterten.

Kurz, damals wurden sie Opfer von ungesetzlichen Repressalien. Es gab Prügel mit dem Hosenriemen, und dann mußten sie bis zum Abend in einer Zimmerecke stehen. Offenbar waren sie die letzten Opfer des Personenkults ...

Wegen des gescheiterten Feldzugs zum Friedhof mußten sie auch eine ganz schöne Zeit lang in der Ecke verbringen.

Da sie die Strafe im voraus verbüßt hatten, beschlossen Vitka und Galka am nächsten Tag, daß sie nun zum Friedhof gehen konnten, ohne Gewissensbisse haben zu müssen. Sie wollten ihre Eltern natürlich nicht informieren, um ihnen unnötigen Kummer zu ersparen.

Der deutsche Friedhof war sehr schön. Lebensbaumbüsche standen in geraden Reihen. Glitzernde schwarze Grabsteinplatten mit fremden Inschriften sah man in dem üppigen Gras. Es gab viele Blumen. Auf den kleinen Hügeln leuchteten hie und da blaue Vergißmeinnicht-Farbtupfer, Ackerwinde umklammerte in einem dichten Netz die Grabsteine. Große goldgelbe Büschel wippten leise an langen, schlanken Stielen.

Soika erläuterte die Zeichen, an denen man die Flaschen fand – da wo das Gras niedergewalzt war und Papierfetzen herumlagen. Tatsächlich fand Vitka an einer solchen Stelle zwei Flaschen auf einmal. Dann fand Soika drei und Galka eine. Sie wurden von einem richtigen Jagdfieber gepackt, aber da schaute irgendein Kerl aus den Büschen hervor und sagte sanft lächelnd:

»Kinder! Kommt mal her, ich zeig' euch was.«

Sie traten näher. Der Kerl ließ die Hose runter und zeigte das, was bei ihm da drin war. Galka erschrak und weinte. Vitka faßte sie an der Hand und schleppte sie fort.

Soika holte sie ein und sagte ruhig:

»Na, was fürchtet ihr euch? Das ist doch der Schüttel-Iwan. Er hätte euch nichts getan. Ich sehe ihn oft hier. Letzte Woche hat er mir einen Rubel geschenkt, einfach so.«

Galka sagte aber, daß sie keine Flaschen mehr brauchte und nach Hause wollte.

»Die Mama sucht uns wahrscheinlich schon«, bekräftigte unschlüssig Vitka.

»Ihr Muttersöhnchen!« geiferte Soika. »Ich werde euch nie wieder mitnehmen!«

»Wir gehen ohne dich hin«, gab Vitka düster zurück. »Wenn wir wollen ...«

»Einen Dreck werdet ihr hingehen! Ihr könnt nur im Sand vor dem Haus rumstochern! Feiglinge! Angsthasen kriegen Wasserblasen!«

»Bist selber blöd«, gab Galka gekränkt zurück.

Sie hatten es gar nicht vor, ihr Leben lang im Sandkasten vor dem Haus herumzustochern. Sie gingen dann auch oft auf den Friedhof. Bis sie von Mama auf frischer Tat ertappt wurden. Danach war natürlich Schluß mit den Ausflügen zum Friedhof. Vitka und Galka waren ja im Grunde genommen artige Kinder. Sie taten nie etwas, was ihnen nicht erlaubt war.

Auch dann, wenn die erschütterte Mama ihnen eine Standpauke hielt: »Was ist nur los? Euch ist doch auf gut russisch gesagt worden, daß ihr nicht auf den Friedhof gehen dürft. Wißt ihr noch, wie Papa und ich darüber geschimpft haben?« Vitka und Galka zuckten nur ratlos mit den Schultern:

»Aber nicht doch! Ihr habt nicht deswegen geschimpft. Ihr habt uns ausgeschimpft, weil wir in die Stolowaja gehen wollten. Vom Friedhof habt ihr nichts gesagt.«

Und das war die reine Wahrheit.

Dann fiel auch die gesprengte Brücke unter das Verbot – nachdem Vitka dort danebengetreten und ins Wasser gefallen war. Er ertrank zwar nicht, vorbeigehende Leute holten ihn raus, aber Mama erschrak trotzdem sehr. Schon früher hatte sie ihnen verboten, zum Schrottplatz zu gehen, als sich Kolka Safonow in die Luft gesprengt hatte. Er hatte irgendwo ein ganzes Geschoß gefunden, so ein großes, langes Ding, Vitka und Galka hatten es gesehen und sogar angefaßt, aber dann rief sie Mama zum Mittagessen, und Kolka sagte:

»Ist gut, ihr könnt essen gehen, ich mach solange Feuer. Das gibt einen Knall! Macht aber schnell, ich will nicht lange warten.«

Und er wartete tatsächlich nicht. Dabei beeilten sich Vitka und Galka so! Sie würgten den heißen Borschtsch hinunter und ließen das Kompott stehen. Aber alles war umsonst. Durch die Explosion flogen alle Fenster in den umliegenden Häusern raus, und Kolka wurde einige Meter weit geworfen.

Kolka war ein netter Kerl gewesen. Aber eben ein Ekel. Er hatte nie gewartet.

Seitdem durften sie nie wieder zum Schrottplatz.

Der liebe, schöne Schrottplatz! Ein zauberhafter Märchenort. Was für Schätze lagen dort begraben! Was für Geheimnisse …

»Wenn ich groß bin«, dachte Vitka, »dann gehe ich auf den Schrott, soviel ich will. Meinetwegen jeden Tag!«

Aber es dauerte so lange, bis er groß wurde, daß Vater in dieser Zeit in eine andere Stadt versetzt wurde. In dieser Stadt gab es keine Schrottplätze, Bäume gab es auch keine, und die Stadt als solche existierte im Grunde genommen auch nicht – es waren nur mehrere fünfstöckige Häuser mitten in einer heißen Steppe.

Es gab aber auch noch andere Städte. Es war eine Menge, was es alles noch gab …

Und Vitka dachte immer wieder: »Macht nichts. Wenn ich groß bin, kehre ich dorthin zurück. Allein …«

Und er wurde groß. Und er kehrte zurück.

Nur gab es dort keine Schrottplätze mehr. Keinen einzigen. Und das zweigeschossige Haus mit dem abbröckelnden Putz unter einem Ziegeldach – das Haus, wo sie damals in der Eckwohnung links im ersten Stock gelebt hatten – war auch nicht mehr da. Verschwunden waren auch zwei Nachbarhäuser. Keiner der altvertrauten Bäume war mehr da. Statt dessen standen dort neue Hallen einer großen Fabrik von Allunionsbedeutung. Hinter der hohen Ziegelmauer ratterten monoton Maschinen, die etwas für das Land Nützliches und Wichtiges verrichteten. Weiß der Himmel, was sie da verrichteten. Hinter der Mauer konnte man es nicht sehen.

Und Viktor lief an dieser Mauer auf und ab und konnte die Stelle, wo ihr Haus gestanden hatte, partout nicht finden. Es gab nicht einmal eine Spur.

Natürlich war es ein altes Haus gewesen. Die Wände voller Risse, das Dach undicht. Bei Regen tropfte es ewig von der Decke, man mußte Schüsseln und Eimer hinstellen. Und die sanitären Anlagen waren draußen, in Form einer Bretterbude.

Es war schade um die Bäume ...

Ein Baum hatte dicht am Fenster gestanden, und man konnte, wenn man sich über das Fensterbrett hinauslehnte, einen Zweig zu fassen kriegen. Nachts, wenn der Wind blies, knarrte und seufzte der Baum, als wollte er etwas sagen. Etwas sehr Wichtiges ... Unter diesem Rascheln und Seufzen war Vitka eingeschlafen, welche Träume er geträumt hatte, daran konnte er sich nicht erinnern. Aber auch das, was wirklich einmal war, scheint jetzt nur ein Traum gewesen zu sein.

... Vitka hatte es sich hinter dem Schrank schön bequem gemacht, auf einem Haufen alter Sachen, die Mama Zigeunern geben wollte. Die Zigeuner hatten sich auf diesem Territorium schnell häuslich eingerichtet. Von ganzen Trauben rotznäsiger Kinder behangen, klapperten sie die Wohnungen ab und erbettelten Lebensmittel und Kleidung. Mama gab gewöhnlich weg, was für Vitka und Galka schon zu klein war. Niemand hatte aber gesehen, daß die Zigeunerkinder mit diesen Sachen herumliefen. Sie hatten immer ein und dieselben abgewetzten Strickjacken an, lange Röcke aus mehreren Stoffschichten und bunte Schultertücher. Man konnte sich die kleinen Zigeuner in Vitkas Matrosenanzug mit eingestickten Ankern oder in Galkas weißem Kleid mit Spitzenkragen ja auch schlecht vorstellen. Trotzdem stapelte Mama all die Sachen sorgfältig und hob sie für die Zigeuner auf. Man saß schön weich auf diesen Lumpen. Durch die Ritze zwischen dem Schrank und der Wand konnte Vitka alles ausgezeichnet sehen, was im Zimmer geschah.

Da sprach einer der Gäste:

»Spielen sollte man können! ...« und drückte mit dem Finger auf eine Taste. Ein unangenehmer, klirrender Laut ertönte, der Vitka die Backen verzog, als hätte man ihm gleich eine halbe Zitrone in den Mund gesteckt. Papa kam und spielte. Er konnte nur den Hundewalzer spielen und tat es sehr laut und ausdrucksvoll. Er bekam stürmischen Beifall.

»Die Olja soll spielen«, schlug jemand vor. »Und wir tanzen.«

»Sie können spielen?« fragte Mama erfreut.

Olja lächelte und zuckte unschlüssig mit den Schultern.

Onkel Sascha sagte stolz:

»Mein Oljachen hat das Konservatorium absolviert«, Olja war die Frau von Onkel Sascha. Er hatte sie erst vor kurzem aus Leningrad mitgebracht.

»Es ist schön«, sagte Mama. »Spielen Sie uns doch bitte etwas vor, wir hören gern zu.«

»Die Sache ist«, sagte Olja, »daß ich keine leichte Musik spiele. Und überhaupt ... ich habe so lange nicht mehr gespielt ... ich habe sogar Angst, mich dem Instrument zu nähern.«

»Zier dich nicht«, sagte Onkel Sascha. »Du siehst doch, das Publikum bittet!«

»Bitte! Bitte!« riefen alle und klatschten.

»Na gut«, sagte Olja und setzte sich ans Klavier. Ihre Finger glitten über die Tasten und zuckten zurück, als hätten sie etwas Heißes berührt.

»Verstimmt«, sagte sie und schaute zu Onkel Sascha zurück.

»Unsinn«, sagte er. »In solchen Feinheiten kennt sich hier niemand aus. Leg los!«

Olja spielte zuerst leise und unentschlossen, dann wuchs die Musik. Sie erstarkte und füllte den ganzen Raum.

»Ein Divertimento«, sagte Olja.

»Schön«, billigten die Gäste die Darbietung und applaudierten kurz.

Olja griff wieder in die Tasten, ohne abzuwarten, daß sie gebeten wurde.

Sie machte keine Pause mehr und erklärte nicht, was sie spielte. Nur ein Aufatmen, ihre blassen, feinen Finger senken sich für eine Sekunde und werden dann wieder von den Tasten wie von einem Magneten angezogen. Es scheint, als würde das Leben aus diesen langen, flexiblen Fingern in die Musik fließen, als seien es nicht die Tasten, sondern die Finger selbst, die Töne hinzaubern – aus dem Nichts, aus der Leere, aus der Luft. Vielleicht entläßt sie aber mit ihren leichten Berührungen die Musik in die Freiheit, die in dem Holzkasten steckt, schon seit Jahren, ohne jede Hoffnung auf die Befreiung ...

Die Gäste langweilten sich. Olja hatte sie völlig vergessen. Es mochte eine Stunde vergangen sein oder mehr – sie spielte immer noch. Erst sangen gelangweilte Stimmen mit, einige Paare versuchten vergeblich zu tanzen. Dann gingen die Männer auf den Gang, um zu rauchen, die Frauen fingen an, den Tisch abzuräumen, und Olja spielte immer weiter.

Vitka hörte zu.

Dann schaute sie sich plötzlich um und sah, daß nur noch einige Frauen im Zimmer waren, die Teetassen servierten. Sie verstand, daß ihr niemand zugehört hatte (von Vitka wußte sie natürlich nicht), lief purpurrot an und klappte den Klavierdeckel zu.

In die Frauen kam sofort Bewegung, jemand legte eine Platte auf, die Männer kamen einer nach dem anderen in das Zimmer, es wurde laut, man unterhielt sich wieder.

Olja stand am Fenster, den Vorhang beiseite geschoben und die Stirn an die Scheibe gepreßt. Sie hatte einen schmalen, gebeugten Rücken, die Schultern waren hochgezogen, und die spitzen Schulterblätter hoben das Kleid aus chinesischer Seide an.

Draußen stand unbeweglich die Dunkelheit, und ein schmaler Papierstreifen über einem Riß durchzuckte wie ein Blitz die Glasscheibe.

Dann fing Olja leise an, mit den Schuhabsätzen den Takt der ausgeleierten Schallplatte zu klopfen, machte plötzlich kehrt, zwängte sich in die Menge der Tanzenden und huschte zwischen ihnen schlank, leicht, mit glänzenden Augen, glühenden Wangen und einem erstarrten Lächeln auf den Lippen hindurch ...

An dieser Stelle muß Vitka eingeschlafen sein. Als er wieder aufwachte, waren nur Mama und Olja im Zimmer.

»Ich habe Ihnen den Abend verdorben«, sagte Olja schuldbewußt.

»Aber nicht doch«, erwiderte Mama höflich. »Im Gegenteil ...«

»Wissen Sie, ich habe mein Instrument so vermißt. Sie haben ein gutes Instrument, es ist eine berühmte Firma. Nur ist es ein wenig verstimmt.«

»Die Kinder«, sagte Mama. »Sie schlagen mit dem Finger drauf, wie es gerade kommt.«

»Wissen Sie«, sagte Olja. »Mir wurde erst heute bewußt, daß ich in dieser ganzen Zeit gar nicht gelebt habe. Ich liebe Sascha sehr, ich bin für ihn zu allem bereit, aber wie lange kann ich noch aushalten? Ich bin immer allein. Hier gibt es für mich keine Arbeit, nicht einmal ein Instrument, auf dem ich für mich selbst, für die Seele spielen könnte ... und meine Musik braucht hier niemand.«

»Sie sollten ein Kind haben«, sagte Mama. »Sie werden sehen, dann wird alles anders. Ich dachte zuerst auch, ich könnte mich nie gewöhnen, und jetzt ...«

Plötzlich weinte Olja und sagte Mama etwas kaum hörbar. Vitka verstand es nicht.

»Mein Gott«, sagte Mama.

»Alles ist sinnlos«, schluchzte Olja. »Das Leben hat für mich keinen Sinn. Ich fühle, wie mich in meinem Inneren etwas verläßt. Jeden Tag bleibt von mir immer weniger übrig. Wissen Sie, manchmal träume ich, daß ich Klavier spiele, auf einer Bühne. Ich spiele sehr gut, der Raum ist aber dunkel. Dann geht das Licht an, und ich sehe, daß niemand im Zuschauerraum ist. Ich habe in die Leere gespielt. Mein ganzes Leben geht ins Leere.«

»Aber dafür können Sie doch nichts«, sagte Mama voller Mitgefühl. »Es ist der Krieg. Vielen geht es so.«

»Ja.« Olja nickte niedergeschlagen. »Nur hilft mir das nichts.«

»Wissen Sie was«, sagte plötzlich Mama. »Nehmen Sie dieses Klavier.«

»Aber das geht doch nicht«, erwiderte Olja verstört.

»Nein, wirklich, ich meine es ernst.« Mama redete schnell, als hätte sie Angst, sie könnte es sich anders überlegen. »Es steht bei uns nur herum und nimmt Platz weg. Es ist ohnehin eng, man kann sich kaum bewegen. Es wird sowieso niemand darauf spielen, nehmen Sie es mit!«

»Aber es kostet doch viel«, entgegnete Olja unsicher. »Wir werden Ihnen das Geld dafür nicht sofort zahlen können.«

»Was für Geld!« Mama winkte ab. »Wir haben es umsonst bekommen, was kann es da für eine Bezahlung geben.«

Am nächsten Tag kam ein Lastauto, und drei Soldaten luden das Klavier auf. Die glückliche, aufgeregte Olja stand daneben und wiederholte immer wieder:

»Vorsichtiger bitte! Um Himmels willen vorsichtiger!«

Die Galka wurde doch keine berühmte Pianistin.

Und Olja reiste nach einiger Zeit trotzdem nach Leningrad ab.

Onkel Sascha kam dann mehrere Male betrunken zu ihnen und klagte Mama, Olja habe ihn verlassen, und Mama seufzte und sagte: »Was willst du da machen, man muß sie ja auch verstehen ...«

Onkel Sascha schlug die Faust auf den Tisch und schrie: »Diese Musik! Der Teufel soll sie holen! Die Musik!«

Einmal sagte Mama zu Papa: »Vielleicht sollten wir das Klavier zurückholen, was will er jetzt damit ...« Aber dann beschlossen sie, daß es taktlos wäre, mit Onkel Sascha darüber zu sprechen – der Mann hatte es ohnehin schwer, und da reden die von ihrem Klavier ...

Und bald wurde Onkel Sascha in eine andere Stadt versetzt und verkaufte das Klavier vor der Abreise für ein Butterbrot den Nachbarn.

Man erzählte, die neuen Besitzer hätten darin Wertgegenstände gefunden, die von den Deutschen versteckt worden waren – Goldschmuck oder so, aber genau wußte es niemand ...

... Vitka war in jener Nacht, so wie er da saß, hintern Schrank eingeschlafen. Am anderen Morgen waren alle erschrocken – das Kind war verschwunden, eine überstürzte Suchaktion begann, er war aber schon da – kam hintern Schrank hervorgekrochen, voller Spinnweben. Er bekam dafür ganz schön Haue!

Aus irgendeinem Grunde fiel ihm nun jener Abend ein. Warum bloß?

Er ging an der blinden Ziegelmauer immer auf und ab und versuchte vergeblich, die Stelle zu erraten, wo einst sein Haus gestanden hatte.

Dort, hinter der Mauer lebt und leidet die vergessene Musik, vom schweren Dröhnen der unermüdlich arbeitenden Maschinen zusammengepreßt. Er wird sie unbedingt hören und wiedererkennen ... Nur jene Stelle muß er finden ...

Er hört Musik gern. Er hat eine wunderbare Schallplattensammlung, er geht oft in klassische Konzerte. Aber nie wieder in seinem Leben hat er jene Stücke wieder zu hören bekommen, die Olja spielte. Manchmal geistert etwas Vertrautes durch den Raum, so daß es einem den Atem verschlägt – na endlich! Aber nein, das ist es wieder nicht. Es ist nicht das.

Galka wurde keine berühmte Pianistin. Sie ist eine solide, häusliche Frau, Mutter von zwei Kindern und mit einem wissenschaftlichen Mitarbeiter verheiratet.

Bei den seltenen Begegnungen, wenn sie bei ihren Eltern zusammenkommen, die Vaters Dienst an das entgegengesetzte Ende des Landes verschlagen hat, fällt der Galka die Geschichte mit dem Klavier ein, und sie schimpft auf die Eltern, weil sie so unpraktisch waren.

»Könnt ihr euch wenigstens vorstellen, wieviel dieses Instrument heute kostet?« will sie wissen. »Es kostet ja mehr als ein Auto! Ich habe Experten danach gefragt.«

»Wer hat das damals schon gewußt?« rechtfertigt sich Mama. »Was soll das auch heute ...«

Aber Galka gibt keine Ruhe und geht den Eltern auf die Nerven. Sie hält ihnen ihre unpraktische Lebensweise vor ...

Auch Vitka ist kein berühmter Trommler geworden. Er wurde überhaupt nicht berühmt. Und wird es wohl auch nicht mehr werden.

Er arbeitet als Russisch- und Literaturlehrer. Es ist ein guter Job. Gefällt ihm.

Welches Fest haben sie damals gefeiert? Entweder den siebten November[1] oder den dreiundzwanzigsten Februar[2]. Damals gab es verschiedene Festtage, man konnte sie nicht alle im Kopf behalten.

Es ist eben lange her.

Er steht an der blinden Ziegelmauer, hinter der jetzt Tag und Nacht Maschinen arbeiten. Aber es kann doch nicht alles spurlos verschwinden! Irgend etwas muß übrigbleiben. Ein Zeichen. Die Spur einer versunkenen Welt. Ein Echo der verklungenen Musik. Ein Abdruck vergangener Tage.

An einer Stelle stehen drei steinerne Stufen kaum merklich am Mauerwerk vor, die nirgendwohin mehr führen. Es sind die Stufen des Hauses, wo er vor vielen Jahren lebte.

---

[1] Revolutionsfeiertag
[2] Tag der Sowjetarmee

Das Dröhnen setzt sich in einer dicken Schicht auf dem Boden ab, es verschlingt alle anderen Laute und löst sie auf.

Nur die Musik vermischt sich nicht mit dem Gedröhn und klingt, und klingt in seiner Seele fort.

»Alles vergeht«, sagt die Musik. »Alles bleibt ewig ...«

(Aus dem Russischen von Alexej Dubatow)

SOLOWJOWA, VALENTINA BORYSOWA, wurde 1949 in Kostromie geboren und lebt seit ihrer Kindheit in Königsberg. Nach dem Studium an der dortigen Universität war sie als Lehrerin und Bibliothekarin tätig, gegenwärtig arbeitet sie als Journalistin. Ihr erstes Lyrikbändchen veröffentlichte sie im Alter von siebzehn Jahren. Seit 1988 ist sie Mitglied des russischen Schriftstellerverbands. Ihre Geschichte »Divertimento« zeigt den totalen Bruch zwischen Vergangenheit und Gegenwart in Ostpreußen auf.

Konfirmation

Zu Friedels Konfirmation war die Familie komplett zusammenge-kommen. Aber nicht nur wegen der Konfirmation. Lotte, die sich mit Tante Else in der Küche tummelte, wußte nur zu gut, warum der dicke Onkel Deer bei ihrem Anblick errötete und seinen rothaarigen Schnurrbart sträubte und Tante Frieda sie wortlos auf die Stirn küß-te. Als sie ins Zimmer hineinging, schwiegen alle schwarzgekleideten Matronen, die sich in einer Reihe am Tisch breitmachten, und bewar-fen sie mit durchdringenden Blicken. Sie war nicht schwanger. Ab-sichtlich hatte sie über dem Seidenkleid ein knappes Schürzchen an-gelegt, damit sie sahen, daß sie einen ganz flachen Bauch und keine großen Brüste hatte. Die übrigen Tanten: Emma, Mina und Maria, Frau Burscheit, die schwerhörige Alte aus der Nachbarschaft, Frau Stubnick, Schimanski und Lingnau, sogar Frau Kurschatt, deren Mann niemals an Familienfeiern teilnahm, wußten vermutlich alles, was nötig war. Die frühere wohlmeinende Gleichgültigkeit nahm sie in ihren Blicken nicht wahr. Diese Tatsache stellte sie immer wieder fest, wenn sie ins Zimmer hineinging. Einzig »Upa« Karl, Großvater Schwan, wie sie ihn im Dorf nannten, schaute sie mit tränenden Au-gen an, wohlwollend. Er war sechsundachtzig Jahre alt und verstand nicht viel von dem, was sich tat. Er schwatzte irgend etwas mit Upa Sokoll auf masurisch, und niemand beachtete ihn. Die übrigen Män-ner waren im Alter von Onkel Deer, und sie, Lotte, ging von einem zum anderen, als sie das Essen reichte. Sie sprachen halblaut über wirtschaftliche Dinge, beschäftigt mit dem Wiederkäuen des gebrate-nen Geflügels, das diesmal mürbe und saftig geraten war. Friedel, sei-ne Freunde und Freundinnen, zählten nicht. Lotte, das pausbäckige, vor Erregung gerötete Gesicht ihres Bruders betrachtend, erinnerte sich an ihre eigene Konfirmation. Das war ein Jahr vor dem Krieg, aber damals dachte sie nicht daran, daß eigenartige, furchtbare Zeiten kommen könnten. Georg, Willi, Horst und Werner folgten ihr nach wie die Kälber. Und jetzt sind sie nicht da und werden nie mehr dasein.

Tante Else war zufrieden, daß das Geflügel mürbe und saftig geraten war. Lotte räumte die Knochen und leeren Schüsseln vom Tisch. Sie reichte den Pudding, die Sahnecreme und das Kompott. Dann hatten sie etwas Muße, um den Abwasch zu bewältigen und die Gedecke für den Nachmittagskaffee vorzubereiten. Sie brühten »Bohnencaffe«, schnitten Torten und Kuchen auf.

Aus dem Zimmer drang Stimmengewirr. Der hausgemachte Johannisbeerwein lockerte die Stimmung nicht, sogar die Kinder saßen ruhig da, ab und zu auf den Hof entwischend. Inmitten des Geräusches in deutscher Sprache hörte sie die Stimme des Großvaters und das Gequake des alten Sokoll. Sie redeten beide auf masurisch und laut wegen ihrer Taubheit. Die Zeit lief dahin. Eh' Lotte sich's versah, brachte die Tante zwei Flaschen »Eierkognak«. Der Tisch mußte wieder gedeckt werden. Mit einer gewissen Unruhe dachte sie daran, daß alsbald der entscheidende Augenblick kommen würde. Dieser erfolgte jedoch erst gegen Abend. Die Mutter kam in die Küche hinein und sagte nur:

»Komm!«

Im Schlafzimmer saßen aufgeblasen alle vier Tanten, Onkel Deer und Vetter Thomas, und Großvater, gestützt auf ein dünnes Stöckchen, in der Mitte, zwischen ihnen, nicht weniger feierlich und ein wenig dümmlich, denn er hatte drei Gläser »Eierkognak« getrunken.

Sie stellte sich neben den Ofen und wartete. Die Mutter ließ die Tür polternd zufallen und setzte sich dann zornig schnaufend auf den freien Stuhl.

»Sie will«, sagte sie auf deutsch, »den Förster heiraten. Ein böser Geist brachte ihn in unser Dorf. Das ist ein früherer polnischer Partisan, der auf unsere Brüder schoß und sie tötete. Sie will ihn heiraten. Ein deutsches Mädchen. Ich habe ihr eine ordentliche Erziehung zukommen lassen, sie vor Unglück bewahrt, und jetzt läuft sie, diese Schlampe, diese Dirne, zu diesem verfluchten Polen!«

Am Ende erhob die Mutter die Stimme, verschluckte sich und fing an zu weinen. Alle vier Frauen bedeckten ihre Augen mit Taschentüchern, und Großvater glotzte aus geröteten Augen und schluchzte laut.

»Was stellst du an, Mädchen?« sprach Tante Maria.

Die Mutter hörte plötzlich auf zu weinen. Die Hände auf dem Bauch faltend, sagte sie: »Ich verfluche den Augenblick, in dem ich sie geboren habe. Ich schlage sie tot wie einen Hund. Das ist Schimpf und Schande für die ganze Familie. Wir sind Deutsche. Lieber sterben als einen Polen heiraten. Und was für einen. So ein dahergelaufener Kerl. Was für ein Beispiel für Friedel. Sie werden ihm sowieso den Nationalstolz austreiben in dieser polnischen Schule, und jetzt so ein Beispiel von seiner Schwester. Mein Gott, mein Gott! Der Vater ist im Krieg gegen die Polen umgekommen, und seine geliebte Tochter verrät das Vaterland! Schande! Schande! Schande!«

Die Tante bewegte heftig die Brust, der Großvater klopfte immer wieder sinnlos mit dem Stöckchen auf den Fußboden. Onkel Deer stand auf und näherte sich ihr.

»Bist du verliebt?« fragte er.

»Dummheit«, schrie die Mutter, »er ist alt und häßlich. Nein, sage ich dir, nein, einfach ›Dreck‹. Sie ist vollständig verrückt geworden.«

»Was denkst du eigentlich, Mädchen?« sprach Tante Mina.

»Ich will leben«, sagte sie leise.

»Hört ihr«, schrie die Mutter, »sie will leben. Es geht ihr wohl schlecht. Andere haben Vermögen verloren, treiben sich für Hungerlöhne auf den Staatsgütern herum. Wir haben, Gott sei Dank, einen Bauernhof, sind auf dem Eigenen geblieben. Was denkst du«, wandte sie sich an sie, »polnische Bastarde zu erleben? Damit dir nachher jeder ehrliche Deutsche ins Gesicht spuckt? Willst du im KZ umkommen?«

»Ich will leben«, wiederholte sie trotzig.

»Pfui«, die Mutter spuckte aus. »Die Erde soll dich ...«

Onkel Deer unterbrach sie mit einer Handbewegung: »Warte.« Die Tanten schauten ihn bewundernd an. Er stand ruhig und breitbeinig da, ein alter, fetter Mann. Er, der Vertreter der germanischen Vernunft.

»Hör zu, Lotte«, sprach er, »sag, bist du eine Deutsche?«

Sie nickte schweigend.

»Dein Vater war Deutscher, ja, dein Großvater …«, er zögerte einen Augenblick und warf unwillkürlich einen Blick auf den Greis, »dein Großvater«, wiederholte er, »ist ebenfalls Deutscher. Du stammst aus einer ordentlichen deutschen Familie, die deutsche Schule hat dich erzogen, in deutscher Ordnung. Unter uns kann ich sagen, daß die Hitlerjugend die edlen Grundsätze unseres Volkes der Jugend eingeprägt hat. Was gedenkst du zu tun?«

»Ich bin dreißig Jahre alt und will leben«, sagte sie.

»Warte. Nicht mehr lange. Es kommt der Tag der Abrechnung. Die Geduld wird belohnt.« Er schaute sie drohend an und schrie: »Du darfst es nicht! Verstehst du? Du darfst es nicht! Wir alle, die ganze Familie, verbieten dir das. Verstehst du?«

»Ihr habt kein Recht dazu.«

Diese Worte entfesselten ein Gewitter. Sie begannen alle auf einmal zu reden. Die Tanten riß es von den Stühlen. Onkel Deer donnerte mit Tubastimme, nur der Großvater klopfte immer wieder vergebens mit dem Stöckchen. Schließlich stand auch er auf.

»Seid ruhig, äää, seid ruhig«, sprach er auf masurisch.

Sie verstummten sogleich respektvoll, und der Großvater klopfte energisch mit dem Stöckchen und begann mit seiner hölzernen Stimme zu reden: »Ich bin schon alt und werde bald sterben. Vielleicht ein Jährchen, vielleicht auch zwei. Enkel habe ich, und – wie man so sagt – Urenkel würde ich gerne noch erleben. Das Mädchen ist in die Jahre gekommen, und es ist Zeit zum Heiraten. Pole oder Deutscher, egal, ein Mann. Und der Förster, ein passender Herr …«

Sie ließen ihn nicht ausreden, obwohl der erregte Greis immer stärker mit dem Stöckchen klopfte. Sie schrien ihn von allen Seiten an, und die Mutter, Lottes Haare packend, versetzte ihr zwei Ohrfeigen.

Betäubt stand sie da und sah, wie der Großvater mit der Mutter rangelte und drohend mit dem Stock herumfuchtelte. Tante Emma, die Ruhigste, faßte sie an die Schulter und schob sie in den Flur hinaus. Dort hörte Lotte, an die Wand gelehnt, ihre Beschimpfungen. Sie schrien alle den Großvater an, der nur sein äää, äää stöhnte.

Am späten Abend, als alle, nachdem sie beim Abendessen etwas

291

getrunken hatten, fröhliche Lieder sangen, warf sie sich einen Mantel über und lief zur Försterei.

Kruczek begrüßte sie auf dem Hof mit Sprüngen und Winseln. Sie ging in die dunkle Küche hinein. Der Schein der Petroleumlampe fiel durch die angelehnte Tür und beleuchtete die Junggesellenunordnung. Der Förster saß im Zimmer am Tisch. Auf einem Stück Papier waren Brot und Wurst ausgebreitet. Beim Essen las er die Zeitung. Auf das Geräusch in der Küche hin wandte er sein Gesicht um. Die schwarzen, lichten Haare waren nachlässig zurückgekämmt. Er hatte ein kurzes, tatarisches Gesicht, von der Sonne braungebrannt und gerötet.

»Lotta«, sprach er sich erhebend.

Sie ging auf ihn zu und sah ihm in die Augen.

»Ich bleibe bei dir«, sprach sie ohne Umschweife.

»Du sagtest, das sei unmöglich.«

»Es ist möglich, wenn ich hierhergekommen bin.«

Er nickte. Sie spürte seine Hand auf ihrem Rücken. Er legte den Arm um ihre Schultern und schwieg lange.

Angeschmiegt an seine Brust, konnte sie das Schluchzen nicht aufhalten. Sie spürte nur, daß sie getan hatte, was getan werden mußte. Und er sagte:

»Du weißt, daß ich dich liebe. Warum weinst du?«

Sie erklärte ihm nichts weiter, das hatte gar keine Bedeutung. Sie lauschte der Hand, die ihren Rücken streichelte, beruhigt, daß sie getan hatte, was getan werden mußte.

1958   *(Aus dem Polnischen von Ursula Fox)*

PANAS, HENRYK, geboren 1912 in Lemberg, war zwar kein Ostpreuße von Geburt, lebte aber seit 1956 bis zu seinem Tode 1985 in Allenstein und war emotional mit diesem Land verbunden. Als polnischer Soldat geriet er 1940 zunächst in russische Gefangenschaft und dann in KZs. Nach seiner Freilassung kam er über den Nahen Osten, Italien und England (Anders-Armee) nach Polen, wo er zunächst der kommunistischen Partei beitrat, die ihn aber schon 1952 aus ihren Reihen ausschloß.

In Allenstein wurde er Chefredakteur der Zeitschrift »Ermland und Masuren«, Verlagsleiter und, wieder in die Partei aufgenommen, Kulturfunktionär in Allenstein. Nach der Verhängung des Kriegsrechts in Polen 1981 unterstützte er die Politik von General Jaruzelski. Als einflußreicher Funktionär hatte er maßgeblichen Einfluß auf das kulturelle Leben der Region. Als Schriftsteller machte er sich einen Namen durch seine Masurenerzählungen »Gott, Wölfe und Menschen« sowie durch seinen Roman über das Leben Jesu.

Wacholderstrauch

Die Welt gehört vor allem der Jugend. Dies behauptet Tante Inge in Augenblicken seltsamen Nachdenkens über das Leben.

Die jungen Menschen sind in ihrem Element, weil die Welt niemals altert. Alljährlich gibt es den Frühling, und alljährlich erblühen Blumen und Bäume. Die Jugend macht sich keine Gedanken über die Zukunft. Sie hat keine Zeit für Abschiede, denkt nicht darüber nach, was sie an einem neuen Ort erwartet. Für einen alten Menschen endet ein Ortswechsel oft mit Wehmut. Für viele alte Menschen, die von dort hierhergekommen sind, ist alles schon zu Ende.

Tante Inge seufzt und schließt seufzend: »Ach, wenn man doch immer jung bliebe!«

Von den drei am Tisch sitzenden Frauen ist keine mehr jung. Sie sitzen, trinken Kaffee, nehmen von dem Kuchen, den Mutter gebacken hat, werden oft nachdenklich. Ob sie sich an die Zeit erinnern, als sie jung waren? Also erinnert sich auch Mutter daran, wie sie jung war und Vater kennenlernte. Niemals haben sie zu Hause darüber gesprochen. Soweit ich mich erinnere, wurde in unserem Hause die Jugendzeit nicht erwähnt. Alles ereignete sich jetzt, und alles war den aktuellen Geschehnissen untergeordnet. Vielleicht deshalb, weil Krieg war?

»Du, Inge, hast das große Los gezogen. Du hast die Rückkehr von Heinz erlebt. Ich hatte auf niemanden zu warten«, sagt Mutter plötzlich.

In einem solchen Augenblick schwanke ich, ob ich aufstehen und heftig protestieren soll oder die Ohren zustopfen und nur wahrnehmen, wie mir kleine brennende Dolche ins Herz dringen. Bei jedem Wort von Mutter erschaudere ich und spüre diese Stiche.

Irgendwo tief im Innern gibt es einen solchen Raum, in den ich niemanden hineinlassen möchte, wo ich selbst vorsichtig hineinschaue, und doch weiß Mutter, wie sie mich erreichen kann. Diese eine Sache unterliegt nicht der Verjährung und dem Vergessen. Als wenn wir beide die gleiche Wunde hätten.

Und trotzdem sitze ich und schweige. Ich höre doch ihre Stimme, finde sie in mir wieder, sättige mich damit, wie der Dürstende sich mit dem Quellwasser sättigt. Aber sie wird nie in den Wald gehen, in jenen Wald, um für einen Augenblick am Wacholderstrauch innezuhalten und an ihn zu denken. Sie hat ihn aus dem Gedächtnis gestrichen. Sie sagte: »Ich hatte auf niemanden zu warten.«

Aber gerade hier, der Wirklichkeit zum Trotz, lebe ich aus der Erinnerung. Wenn ich die Straße entlanggehe, erinnert sie mich an einen Straßenzug in Johannisburg. Manchmal denke ich: Wie werde ich das Großmutter Maria nur erzählen? Ich werde ungeduldig, weil ich es nicht sofort jemandem erzählen kann. Den Aufenthalt hier erlebe ich, indem ich vergleiche. Und wie ist es bei uns? Wäre das bei uns möglich? Ich brauche einen Augenblick der Konzentration, um mich morgens nach dem Aufwachen zu finden. Gestern dachte ich darüber nach, ob ein Brief von Mutter dasein würde. Und ich bin schon eine ganze Woche hier. Es wird jedoch die Zeit kommen, daß ich über sie als Wirklichkeit nachdenke. Ich habe ihr in Briefen alles beschrieben, was ich über Vaters Tod erfahren habe, ich habe den Ort im Urwald beschrieben, wo jetzt nur Bas hineinschaut, wo Bardoch Vater ermordet hat. Sie erwähnt dies mit keinem Wort. Aber jetzt weiß ich bereits warum.

Gestern ging ich eine Gasse entlang, die vom Markt her schmaler wird und sich gegen die Anhöhe fast in einen engen Pfad verwandelt. Dort stehen kleine rote Häuschen, gepflegt, klein wie Kinderspielzeug. Es ist sehr sauber hier, in den Gärtchen viele Blumen, jeder Stein ist hier an seinem Platz, und jedes überflüssige Gräschen ist ausgejätet. In den Fenstern hinter den Gardinen ebenfalls viele Blumen. Die Gasse ist fast leer, riecht nach den Bauerngärten. Es reizte mich, das Ende der Gasse anzuschauen. Und eben in jener Gasse, auf der Bank vor dem letzten Haus, wo schon Fichten wuchsen und der Wald begann, sah ich einen alten Menschen, der mich an jemanden erinnerte. Jener Mensch saß und rauchte eine Pfeife, und sein Gesicht, auf das ich hartnäckig meine Blicke heftete, erinnerte mich an jemanden, den ich schon irgendwo gesehen hatte.

Plötzlich überlief mich ein Schaudern – das war doch Gustav Bardoch! Er war älter geworden, sein dichter Backenbart grauer, aber die Augen und die buschigen Augenbrauen waren dieselben. Ich stand also vor dem Törchen dieses Hauses, das sich nur dadurch von den anderen unterschied, daß im Gärtchen weniger Ordnung herrschte und in den Fenstern die Blumen fehlten.

Ich stand da wie angewurzelt. Das hat wohl seine Aufmerksamkeit erregt, denn er stand schwerfällig von der Bank auf und näherte sich mir langsam. Er nahm die Pfeife nicht aus dem Mund, hielt sie nur mit einer Hand fest. Das war er, nun war ich sicher. Ich habe ihn zwei-, vielleicht auch dreimal im Großen Wald gesehen, obwohl ich nie mit ihm gesprochen habe; aber jetzt hatte ich den Eindruck, daß ich ihn schon häufig getroffen habe, daß ich sogar mit ihm gesprochen habe. Ja, ich kannte ihn gut, ich habe ihn nicht selten gesehen, mit der Pfeife auf einem Baumstamm neben einem Wacholderstrauch sitzend, aber er erkannte mich nicht. Er kannte mich nicht. Ich wartete mit klopfendem Herzen, bis er sich dem Törchen näherte, und ich hatte sein Gesicht nah vor Augen, ich spürte sogar den Rauch der Pfeife. Er nahm sie schließlich aus dem Mund und fragte:

»Suchen Sie jemanden?«

Diese Frage überraschte mich. Wie konnte er mich so fragen? Das erstaunlichste war, daß mir auch der Klang seiner Stimme bekannt vorkam. Da fragte Bardoch mich, wen ich suche. Dieser Mensch, der mit meinem Vater untrennbar verbunden war, fragte mich jetzt und schaute mich mit angestrengter Aufmerksamkeit eindringlich an. Einen Augenblick später sagte er: »Sie sind kein Hiesiger. Ich habe Sie noch nie gesehen. Suchen Sie jemanden?«

Ich wollte rufen: »Dich, Gustav Bardoch! Dich suche ich ständig und wundere mich, daß du mich nicht erkennst. Haben wir nicht viele Stunden im Gespräch verbracht? Nur daß wir uns nie in Obersee gesprochen haben. Wir sprachen miteinander an einem Ort im Urwald, wo sich ein alter Baumstamm befindet und wo ein Wacholderstrauch wächst. Es gibt im Großen Wald einen solchen Ort, den du gut kennst. Aber vielleicht ist dies ein zwischen uns verabredetes Spiel, daß wir beide so tun, als ob wir uns gar nicht kennten. Denn es hat mir doch niemand gesagt, daß ich dich hier antreffe. Daß auch du deine sichere Anlegestelle gefunden hast, in Obersee, wie die Tante, der Onkel, die Mutter, Rudi und die Frau, die zur Mutter zum Kaffee gekommen ist?«

»Nein, ich suche niemanden«, antwortete ich und fügte noch nicht einmal hinzu, daß er mich an jemanden erinnerte. Ich sagte: »Mir gefällt Ihr Gärtchen.«

Er schaute ungläubig auf meine Handbewegung und tat nicht einmal so, als ob er mir mein Lob abnehmen würde. Vielleicht nur diese Fichte mit dem grauen Belag auf den Nadeln, denn der Rest sah ebenso aus wie in den anderen Gärtchen: Nelken und Pfingstrosen, na und ein wenig Unkraut wucherte zwischen den Blumen.

Bardoch stand auf der anderen Seite des Gärtchens, stützte sich auf den Zaun, sein Gesicht gegenüber dem meinen. Es trennte uns nur die Umzäunung, aber seine Hand mit den dicken Fingern ragte über den Zaun. Dicke Finger, gelb vom Tabak, umfaßten fest das Geländer, stützten sich darauf ab.

»Wenn es Ihnen so gefällt, dann setzen wir uns vielleicht auf die Bank«, schlug Bardoch vor. »Ich würde mich gerne mit Ihnen unterhalten, denn hier kehrt selten jemand ein. Einst...«

Ich bedauerte, daß Bas nicht bei mir war. Denn mit ihm hatte ich auf der Lichtung darüber gesprochen, was wir tun würden, wenn plötzlich Bardoch erscheinen würde. Bas wußte über ihn Bescheid, wir haben über Bardoch gesprochen, wir erinnerten uns an Gustav Bardoch, denn indem ich Vaters Tod erinnerte und überdachte, habe ich den Menschen nicht vergessen, der über seinen Tod entschieden hat.

Bardoch hätte anders entscheiden können, er kannte doch meinen Vater, aber er wollte sich durch die Vollstreckung dieses Urteils noch mehr verdient machen, damit man ihn nicht an die Front schickte. Er war der Mensch, dem Vater zum letzten Mal in die Augen gesehen hatte. Ob er irgendeinen Wunsch hatte?

Ich schaute in Bardochs Augen, fast in der Hoffnung, daß ich den Widerschein der Augen meines Vaters sehen würde. Ich wollte seinem Gedächtnis das entreißen, was er über meinen Vater in jenem Augenblick wußte, und hatte doch nicht den Mut, ihm zu sagen, wie

ich hieß. Ich war nur darüber erregt, daß ein solcher Augenblick gekommen war, in dem ich nun mit Gustav Bardoch auf der Bank vor
Bardochs Haus saß und zuhörte, wie er über seinen schlechten Ge-
sundheitszustand und seine Vereinsamung sprach. Vor einigen Wochen starb die Frau, die ihm den Haushalt geführt hatte; nein, nicht
die Ehefrau, noch nicht einmal eine Verwandte. Einfach eine Frau
von dort, die kein eigenes Zuhause hatte und irgendwann einmal zu
ihm gekommen und geblieben war. Sie ist noch gar nicht einmal alt
gewesen, sie war jünger als er. Er ist jetzt sechzig Jahre alt, sie war
fünfzig. Sie kochte gut, wusch die Wäsche, sorgte für Ordnung in
Haus und Garten. Er wollte ihr sogar dieses Haus vererben, aber –
da hast du's nun – sie erkrankte und verstarb unverhofft. Er kann
dies noch nicht abschütteln, noch nicht ganz glauben. Nein, das
heißt, er glaubt es, denn er muß es glauben, wenn er selbst eine
Handvoll Erde auf ihren Sarg geworfen hat, aber manchmal wacht
er morgens auf und erinnert sich erst nach einer Weile daran, daß
ihm niemand das Frühstück zubereiten wird, daß er alleine ist ... Es
ist schwer, alleine zu leben. Die Menschen sind beschäftigt, jeder
jagt seinen Interessen nach, jedem fehlt Zeit für sich selbst. Wie soll
man sie dann noch für einen anderen Menschen finden, für einen alten Menschen, denn so fühlt er sich schon, obwohl sein Vater über
neunzig Jahre alt geworden ist, aber das war anderswo. Dort war
ein ruhiges Dorf, im Wald, weit entfernt von der Stadt, von Lärm
und Krach. Wenn der Mensch in solch einem Wald lebt, dann lebt
er so lange wie die Bäume. Es ist so, als wenn die Bäume Lust zum
Leben geben würden. Und Kraft. Immer öfter denkt er an jenes
Dorf, weit weg, im Urwald verfallen.

Ich wollte ihm sagen, wie dieses Dorf heißt, aber ich fürchtete,
daß ich ihn irritiere, und schließlich war ich nicht sicher, ob sein
Vater im Großen Wald gewohnt hat.

Er hat große Lust, dieses Dorf noch einmal zu sehen, den Wald,
und vielleicht sogar einen bekannten Menschen zu treffen, denn er
spürt, daß er erst dann die Kraft und Lust zum Leben wiedererlan-
gen würde. Denn was ist das jetzt für ein Leben? Die Untätigkeit
quält ihn, doch auch wenn er wollte, es fehlen ihm jene Kräfte. Und
jene Lust. Obwohl ihm eigentlich nichts fehlt.

Es war Mittagszeit, die Sirene im Sägewerk verkündete dies für ganz Obersee.

»Ich werde mich wohl hinlegen«, sagte Bardoch. »In der Mittagszeit muß ich immer ein Schläfchen machen. Solch ein Mensch wie ich, das ist schon eine sehr komplizierte Maschine, die immer öfter ihre Ausfälle hat.«

»Geht es Ihnen nicht gut?« fragte ich.

»Nicht schlechter als sonst, aber ich muß vorsichtig sein. Ich bin gerührt, wenn ich die Sirene oder das Läuten der Glocken höre.«

»Werden Sie dadurch an etwas erinnert?«

Bardoch schaute mich aufmerksamer an.

»Nein«, sagte er nach einer Weile. »Obwohl ...«

»Also doch ...«

»Sie haben recht. Ich erinnere mich dann an etwas aus dem Krieg.«

»An etwas Unangenehmes?«

Bardoch antwortete nicht. Nach einer Weile wandte er sich in Richtung Haus um. »Treten Sie ein.«

Wir gingen in einen kleinen Flur hinein. Auf dem Fußboden lag ein kleiner Teppich, an der Wand hingen Hirschgeweihe. An beiden Seiten waren Türen, und die Treppen führten nach oben. Bardoch öffnete die rechte Tür und bat mich mit einer Handbewegung einzutreten.

In einer Ecke des Zimmers stand eine große Pflanze, irgendeine Palme, die gepflegt wurde, denn ihre hochgewachsenen Blätter waren intensiv grün.

»Setzen Sie sich.« Bardoch wies auf einen Sessel.

»Ich mache Ihnen einen Tee. Oder trinken Sie vielleicht Kaffee? Setzen Sie sich also und schauen das Album an, während ich in die Küche gehe, um Wasser aufzusetzen. Es wäre mir angenehm, wenn Sie dem alten Menschen Gesellschaft leisten würden.«

Er wandte sich zur Tür: »Sind Sie nicht hungrig?«

Ich schloß die Augen. Ich wollte mir Bardoch in der NSDAP-Uniform vorstellen, er war doch in dieser Uniform gegangen, hatte eine Armbinde mit Hakenkreuz getragen, vielleicht hatte er diese Uniform noch irgendwo. Er hatte sich nicht von ihr getrennt, gerne mit ihr geprahlt, sogar gegenüber Leuten aus dem Großen Wald. Ich bemühte mich, mir den Augenblick vorzustellen, als Bardoch sich an jenem Morgen auf der Lichtung einfand. Es war ein Ort ähnlich wie andere im Urwald, umgeben von mächtigen Fichten, mit Farnkraut und Schilf bewachsen. Es stand dort ein Schuppen, von Waldarbeitern aus Brettern zusammengehauen, weit entfernt von den Hauptwegen und Pfaden im Wald, vielleicht wußte sogar Bardoch vorher nichts davon. Vielleicht wußten davon nur die bei Bardoch beschäftigten Zwangsarbeiter? Haben diese zwei Menschen so sehr auf die Sicherheit dieses Ortes vertraut, daß man sich ihm unbemerkt nähern konnte? Aber es waren doch zwei. Erst später rückten die von der Gestapo an, die sich zur Jagd aufgemacht hatten. Alle drei waren mit der Jagd sehr zufrieden. Sie befahlen den Gefangenen, sich auszuziehen, dann fesselte man ihnen die Hände und band sie mit einem Strick an den Baum. Sie mußten rund um ihn herum laufen, sich durch die Wacholdersträucher hindurchkämpfen, und als sich die Schnur um den Baumstamm gewickelt hatte, schlug Bardoch sie mit der Peitsche.

»Sind Sie nicht hungrig?«

»Nein, nein«, entgegnete ich. Und gleichzeitig dachte ich: »Ich sage es ihm geradeheraus. – ›Ich bin der Sohn von Piotr Kraski, den Sie im Wald erschlagen haben. Sagen Sie mir, Bardoch, wie war das mit meinem Vater? Haben Sie ihm eine Chance gegeben, irgendeine Wahlmöglichkeit, bevor Sie sich entschieden haben, ihn zu ermorden? Vielleicht bat mein Vater, daß Sie ihm das Leben schenken, Bardoch? Vielleicht tat ihm das, was er getan hat, leid? Sie müssen sich daran erinnern, wie das gewesen ist. Kann man so ruhig auf der Erde herumlaufen angesichts der Erinnerung daran, daß wir jemandem für immer die Möglichkeit genommen haben, auf derselben Erde herumzulaufen?‹«

Ich hörte das Klirren der Gläser, und dann klangen die Gläser neben mir, Bardoch zitterten wohl die Hände.

»Sie langweilen sich gewiß und bedauern, daß Sie die Einladung eines alten Menschen angenommen haben. Man kann niemals wirklich glauben, daß man alt ist. Es ist doch gar nicht lange her, daß auch ich kraftvoll war, daß ich im Laufe des Tages nicht einmal daran gedacht habe, einmal alt und unbeholfen zu werden. Bitte, das ist Ihr Tee. Oder vielleicht trinken Sie etwas Stärkeres? Habe ich, selbstverständlich habe ich das. Beim Alkohol vergißt man die unangenehmen Sachen, ich möchte aber nicht, daß Sie an mir Anstoß nehmen. Sie sind doch von dort hergekommen?«

»Ja«, antwortete ich. »Wie haben Sie das erraten?«

»Ich habe es erraten. Ich war zu lange dort, um mich zu irren. Also habe ich es erraten? Na, das ist noch eine Gelegenheit, um etwas Stärkeres zu trinken. Ich werde Sie zu nichts weiterem überreden als nur zu einem Gläschen. Sie müssen diesen Wodka kennen. Das ist ein starker polnischer Wodka. Die Polen trinken starken Wodka, und wenn sie nicht so viel trinken würden ...«

Er hielt das Glas schon bereit, seine Augen glänzten, sicher war dies nicht sein erstes Gläschen. Er trank es schließlich aus, lehnte sich bequem in den Sessel, und sein Gesicht rötete sich. Er wurde fröhlich.

»Sie haben noch nicht getrunken? Trinken Sie aus, ein Gläschen schadet niemandem. Na, sehen Sie! Sie haben diesen Wodka doch schon dort getrunken, nicht wahr?«

»Ich habe ihn getrunken.«

Er schaute mich wohlwollend an, schwieg eine Weile.

»Spüren Sie, wie angenehm das wärmt? Und nach einer Weile werden Sie spüren, wie alles Unangenehme zu verdunsten beginnt.«

Er wurde fröhlich und deutlich lebendiger.

»Fühlen Sie sich jetzt schon gut?« fragte ich.

»Ganz gut. Das brauche ich von Zeit zu Zeit. Nur«, hier beugte er sich zu mir herüber und sagte vertraulich, »lassen Sie das nur unser Geheimnis sein. Sehen Sie, ich erlebe manchmal Gefühle der Unlust und Schwermut ... Wissen Sie, ich möchte noch dahin zurückkehren. Das ist ein Land, in dem das Leben schwieriger ist, aber nach dem man sich sehnt. Herr Klamer, mir fehlt hier nichts, wie Sie sehen. Und Sie haben bisher wenig gesehen. Wissen Sie nicht, daß ich mein großes Kapital in der Firma Ihres Onkels angelegt habe und beruhigt leben kann? Nur, was ist das für ein Leben, Herr Klamer?«

»Ich heiße nicht Klamer«, sagte ich.

»Nicht? Ist schließlich egal. Das hat keine größere Bedeutung.

Ihre Mutter hieß ebenfalls anders, aber jetzt heißt auch Ihr Bruder anders. Ihre Mutter, das ist eine tapfere Frau. Eine wirkliche Deutsche. Es gibt immer weniger solcher Frauen in unserem Land. Der Krieg hat in ihr das gestärkt, was ihre wunderbare Charaktereigenschaft gewesen ist. Denken Sie daran, daß Sie eine außergewöhnliche Mutter haben. Wenn alle Deutschen ihrer Mutter ähnlich wären, hätten wir den Krieg niemals verloren ...«

Jetzt nötigte er mich nicht mehr zum Trinken. Er goß sich selbst ein Glas ein, und schaute, indem er es zum Licht hob, hinein, als wenn er aus der goldgelben Flüssigkeit für sich wahrsagen würde:

»Ich habe sie immer bewundert und bewundere sie weiterhin. Sie weiß aber ebenso wie ich es weiß, daß Ihr Onkel von Illusionen lebt. Eines Tages zerplatzen die Illusionen, seine hochwohlgeborene Alte macht die Augen zu, und die Erben vertreiben ihn aus dem Palast. Dieses Sägewerk gehört gar nicht ihm, obwohl alle fest davon überzeugt sind. Sogar ich kann ihm dies nicht sagen, weil er mir nicht glauben würde. Er bildet sich ein, daß diese taube Größe, die im Rollstuhl durch die Palasttüren geschoben wird, ihn als Alleinerben einsetzt. Vielleicht hat er sogar ihr Versprechen. Aber bedeuten hier Worte etwas? Ehrenwort und guter Wille sind keine Grundlage für Geschäfte. Sie werden sagen: Warum ich denn mein Kapital in dieses Geschäft gesteckt habe? Vielleicht wegen der schönen Augen Ihres Onkels, vielleicht sogar wegen Ihrer Tante Inge? So ein Dummkopf bin ich nicht. Solch eine Frau wie Frau Inge taugt zur Ehefrau eines Friseurs, nicht eines Unternehmers. Für die Ehefrau eines Friseurs reicht es aus, wenn sie den Kunden schmeichelt und über die Vorzüge ihres Mannes plaudert. Dem Ehemann kann dies bei der Kundenwerbung nützlich sein. Aber wenn man die Ehefrau eines Sägewerksbesitzers ist ... Obwohl, ich sagte Ihnen schon, Herr Klamer, Entschuldigung, aber das ist wohl egal. Ich sagte Ihnen, daß Ihr Onkel bis jetzt nicht das Eigentumsrecht geregelt hat, und sie hat damit keine Eile. Und derweil werden sich nach dem Tode der Baronin die Raben auf das Aas des Erblassers niederlassen. Vielleicht weniger hochwohlgeborene, aber um so geldgierigere. Innerhalb eines Tages kann Ihr Onkel ohne Dach über dem Kopf dastehen. Na, vielleicht wird es auch nicht so schlimm werden, vielleicht

lassen sie ihm auch dieses alte Herrenhaus als einziges Entgelt für
die Führung der Geschäfte ... Herr Klamer.«

»Ich sagte Ihnen schon, daß ich nicht Klamer heiße.«

Bardoch erhob sich aus dem Sessel und legte seine Hand auf meine Hand. Seine dicken Finger, an der Handwurzel mit dunklen
Haaren bedeckt, drückten mir fest die Hand. Er näherte sein Gesicht dem meinen, und unter den buschigen Augenbrauen schaute
er mich aus seinen blaßblauen Pupillen aufmerksam an. Er sah gar
nicht wie ein Betrunkener aus, im Gegenteil, er machte den Eindruck eines vollständig Beherrschten.

»Sie sind erstaunt, warum ich Ihnen das alles sage? Nicht wahr,
Sie wundern sich? Streiten Sie es nicht ab, das sehe ich an Ihrer
Miene. Sie sind bei mir zufällig vorbeigekommen, haben einen alten
Menschen gesehen, auf der Bank vor dem Haus sitzend und die
Pfeife rauchend ... Das stimmt alles, aber Sie wissen nicht, daß
nicht alles so ist, wie es aussieht. Ich bin noch nicht so alt. Mein Vater ist neunzig Jahre alt geworden, und auch ich habe gar keine
Lust, früher von dieser Welt zu gehen. Diese Welt ist nicht so
schlecht, wenn man etwas Grips im Kopf und Lust zum Leben hat.
Und ich spüre in mir viel Lust. Sie heißen nicht Klamer, ich weiß,
aber ich spreche zu Ihnen wie zu einem sehr nahen Menschen. Sehr
nahen, einem sehr viel näheren, sehr viel näher als Sie glauben, Walter.«

»Sie kennen meinen Vornamen?«

»Auch Ihren Bruder kenne ich gut. Rudi kommt manchmal zu
mir. Wir haben sogar gemeinsame Interessen. Aber vor allem müssen Sie wissen, daß ich Ihre Mutter gut kenne und sehr schätze, die
Frau Klamer. Ja, ich möchte nicht, daß Sie dies von jemand anderem erfahren, sondern von mir, daß ich die Absicht habe, Ihre Mutter zu heiraten ...«

»Was sagen Sie?!«

»Nein, Sie haben sich nicht verhört. Ich möchte Ihre Mutter heiraten.«

»Sie sollten nicht einmal daran denken!«

»Woran, Herr Walter?«

»An eine Ehe mit meiner Mutter.«

»Warum? Sie hatte kein leichtes Leben. Solch eine Frau wie Anna konnte kein leichtes Leben haben.«

»Mutter darf das nicht tun!«

Bardoch sah mich mit angestrengter Aufmerksamkeit an. Eine Weile schwieg er, dann lächelte er:

»Sie sind jung. Sie verstehen nichts. Und Sie sind zu kurz hier, um zu verstehen. Ihre Mutter kann in diesem großen Haus nicht frei atmen. Haben Sie es sich schon angesehen? Ein großes Haus, ich würde sogar sagen, ein Palast, wenn Sie wollen, aber ich sagte Ihnen bereits, daß Ihr Onkel von Illusionen lebt... Sollte die alte Löwenthal nur sterben, wird alles eine andere Wendung nehmen. Deshalb habe ich die Erben ausfindig gemacht und verhandle mit ihnen. Und ich kann mir das leisten, junger Mann. Ich konnte mir eine Beteiligung am Sägewerk leisten, kann mir aber auch noch mehr leisten, damit Sie es wissen. Ich selbst lebe bescheiden, wie Sie sehen, aber es ist mir nichts zu schade dafür, daß Frau Anna noch etwas von diesem Leben hat. Wünschen Sie dies Ihrer Mutter und Ihrem Bruder nicht?«

»Und Sie würden es wagen, nach dem, was Sie getan haben, meiner Mutter die Ehe anzutragen? Könnten Sie...«

Bardoch schaute mich geduldig an, und dann stand er auch auf und legte mir die Hand auf die Schulter. »Setzen Sie sich. Setzen Sie sich, bitte, und hören geduldig zu, was ich Ihnen sage. Diese Sache ist schon beschlossen. Ich und Ihre Mutter haben unsere erste Jugend hinter uns, und in unserem Alter trifft man keine leichtfertigen Entscheidungen, glauben Sie mir. Aber wenn man etwas entschieden hat, führt man es bis zum Ende durch.«

»Meine Mutter muß endlich glauben, daß Sie meinen Vater ermordet haben!« schrie ich.

»Schreien Sie nicht. Obersee ist klein wie ein Fingerhut, und es könnte noch jemand hören, daß Sie Ihre Mutter beschuldigen. Ja, Ihre Mutter hat eine hohe Entschädigung für ihren Mann erhalten, der an der Front gefallen ist. Alles ist aufgeschrieben und amtlich beglaubigt. Das braucht man nicht mehr aufzugreifen. Ihr Vater ist den Heldentod gestorben, Herr Kraska. Er starb, wie viele Soldaten an der Front gestorben sind. Wir, die Deutschen, haben getötet, aber auch uns hat man getötet. Sie waren doch auch an der Front. Das ist Grund genug, stolz zu sein. Nicht Sie haben diesen Krieg heraufbeschworen und auch nicht ich. Und der Gehorsam verpflichtete uns alle. Nein, das ist gar nicht so erstaunlich in unserer Geschichte. Und außerdem ging unser Adolf aufs Ganze. Sie kennen doch wohl sein Versprechen: Wenn auch nur so viele Deutsche übrigblieben, daß sie unter einer Eiche Platz hätten, so habe der Krieg sich doch gelohnt. Es ist anders gekommen ... Jeder von uns hat sich die Finger in diesem Krieg schmutzig gemacht, und niemand ist sauber. Und wenn niemand sauber ist, wissen wir dann, wer schmutzig ist? Die Politik, junger Mann, das ist eine komplizierte Angelegenheit. Fragen Sie Ihren Onkel, der gerne die Heilige Schrift liest, und er wird Ihnen sagen, wann man die Hände wäscht. Sie sind bereit, mich anzuklagen, Ihre Mutter, aber warum klagen Sie sich nicht selbst an? Auch ihr Rotzbuben habt euch doch um den Krieg gerissen! Und Ihr Vater ...«

»Sprechen Sie nicht über ihn!«

»Nicht? Sie sind doch deswegen hierher zu mir gekommen. Ich habe von Anfang an gesehen, wie Sie mich angeschaut haben. Sie wollten alles wissen. Warum? Weil Sie eine Rechtfertigung für sich suchen. Sie wissen nicht, wer Sie sind, und ich werde Ihnen dabei nicht helfen. Auch Ihr Vater nicht! Sie haben doch gehört, was er über diesen Krieg gesagt hat, und warum haben Sie damals nicht auf ihn gehört? Weil Sie an eine andere Wahrheit glaubten, die Wahrheit der Deutschen! Erst als er umkam, begannen Sie daran zu glauben, woran er glaubte. Aber damals war das Verrat! Ihre Mutter hat ihm diesen Verrat niemals verziehen.«

»Schweigen Sie!«

»Gut«, sagte Bardoch. »Sie tun mir leid. Sie sind jung. Sie sind noch sehr jung.«

Er schmiegte sich in den Sessel und verstummte. Ich wollte endlich hier heraus, aber ich konnte mich nicht von der Stelle rühren. Etwas kettete mich an diesen Menschen. Zeitweilig fühlte ich eine vollständige Leere im Kopf, mir schien, daß noch nicht alles auf mich eingestürzt war; daß mich noch ein Schlag treffen müßte, damit ich vollständig betäubt sein würde. Ich sehnte mich danach.

305

Im Zimmer war es schon halb dunkel. Durch das offene Fenster flog eine Mücke herein, und ihr leises Summen klang wie eine sichere Sommermelodie. Ich erinnerte mich an Augenblicke am See, als in mir noch Glaube, Hoffnung und Liebe waren. In diesem Augenblick wußte ich nicht, was ich ersehnte und glaubte nicht, daß ich noch etwas ersehen konnte.

»Trinken Sie aus.«

Bardoch hielt die Flasche über mein Glas und sah mich an. Ich antwortete nicht. Er füllte das Glas.

»Ich wollte dies alles nicht sagen, aber Ihre Mutter versicherte mir, daß Sie schon begriffen hätten, was den Krieg ausgemacht hat. Sie hatten dazu reichlich Zeit. Doch Sie sind zu mir gekommen wie ein Richter, sogar mit einem fertigen Urteil. Aber denk' nur, Junge, ich und du, wir fühlen uns beide schuldig. Denn du fühlst dich auch schuldig. Ich weiß, was sich in dir tut, aber glaube mir, weil ich schon alt bin und viel im Leben durchgemacht habe, daß du dich zu Unrecht anklagst und andere zu Unrecht anklagst. Es war Krieg. Der Krieg entfesselt im Menschen das Tier. Ob man es will oder nicht – der Soldat ist von dem Augenblick an, wenn er in den Krieg zieht, kein Mensch mehr. Über seinen Verstand und seinen Willen herrscht der Befehl. Versuche während des Krieges, die Ausführung eines Befehls abzulehnen. Und es gibt keine gerechten und heiligen Kriege, wie man es manchmal so sagt – und der, der den Krieg anfängt, und jener, der sich wehren muß, sie diskutieren nicht. Sie schießen! Weder ich noch du hatten in diesem Krieg etwas zu sagen. Man forderte blinden Gehorsam von uns ...«

Es drang nicht mehr viel zu mir hin. Ich saß wie angewurzelt auf der Stelle. Ich spürte in mir weder Haß noch Verachtung für Bardoch. Vielleicht hatte ich sogar schon vergessen, weshalb ich hierhergekommen war. Ich fühlte nur eine große Leere, zuweilen vergaß ich sogar, wo ich war und wer der Mensch war, der zu mir sprach. Ich erinnere mich auch nicht daran, wann ich hinausgegangen und warum ich noch einmal zu Bardochs Haus zurückgekehrt bin. Aber die Fenster waren dunkel. Im ersten Moment wollte ich unwillkürlich schreien, an die Tür klopfen, damit er aufwachte, aber ich erinnerte mich daran, was er mir noch gesagt hatte und was in meinem

Gedächtnis haftengeblieben war: »Denk über dich in jener Zeit nach. Es ist nur Zufall, daß Sie Ihren Vater nicht auf der Gegenseite angetroffen haben.« Und das stimmte. So waren ich und Bardoch quitt.

(Aus dem Polnischen von Ursula Fox)

OLEKSIK, KLEMENS, geboren 1915 in der Nähe von Kielce, lebte nach dem Krieg in Allenstein, wo er sich hauptsächlich seiner literarischen Arbeit widmete. Er schrieb Gedichte, Erzählungen, Märchen, Kinderbücher und Romane. Sein literarisches Werk ist stark von dem Land geprägt, in dem er lebte, was schon an den Titeln seiner Bücher deutlich wird: »Friedhof im Walde«, »Ruf mich aus dem Walde«, »Wacholderstrauch« u. a. Oleksik starb 1992 in Allenstein.

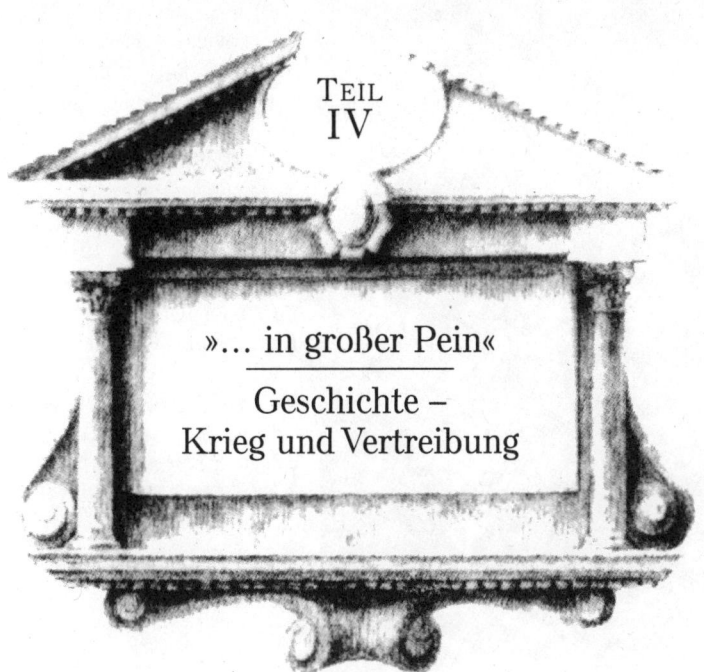

TEIL
IV

»… in großer Pein«

Geschichte –
Krieg und Vertreibung

17 Was für die Juden Jerusalem, die Araber Mekka, die Germanen der Brocken ... war, war für uns Nidden, das heilige Dorf ...« (Fürst). Nidden, der berühmte »Italienblick«.

18 »I bin a armer Exulant.« (Schaitberger). Salzburgische Auswanderer, wie sie in Preußisch Lithauen ihre Häuser und Äcker bauen, um 1732.

19 »Gott stehe mir bei und helfe mir in diesen Nöten!« (Luise). Tilsit, belebte Geschäftsstraße, um 1912.

20 »Die dem Kaiser ergebenen Preußen ihr Vaterland halten in Ehren.« (Kajka). Eine masurische Familie vor ihrem Haus um 1910.

21 »Die einzig wahre Grenze ist die Grenze des Leides.« (Darski). Allenstein deutscher Kriegsgräberfriedhof aus dem 1. Weltkrieg heute.

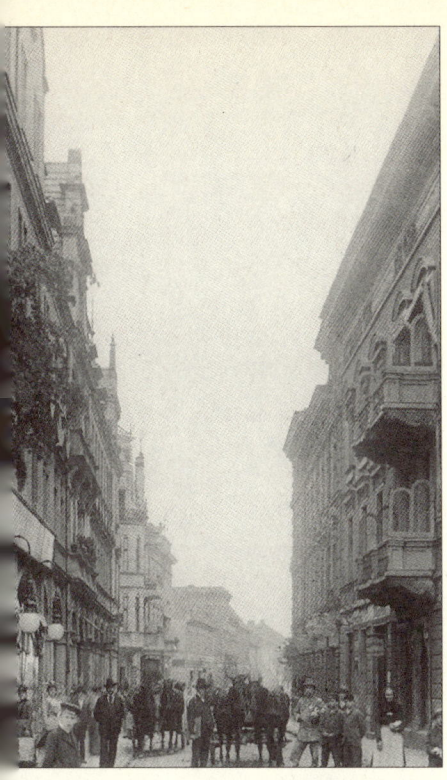

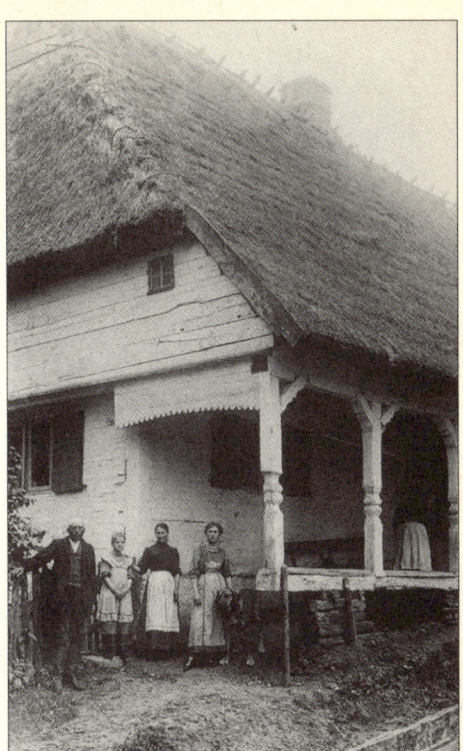

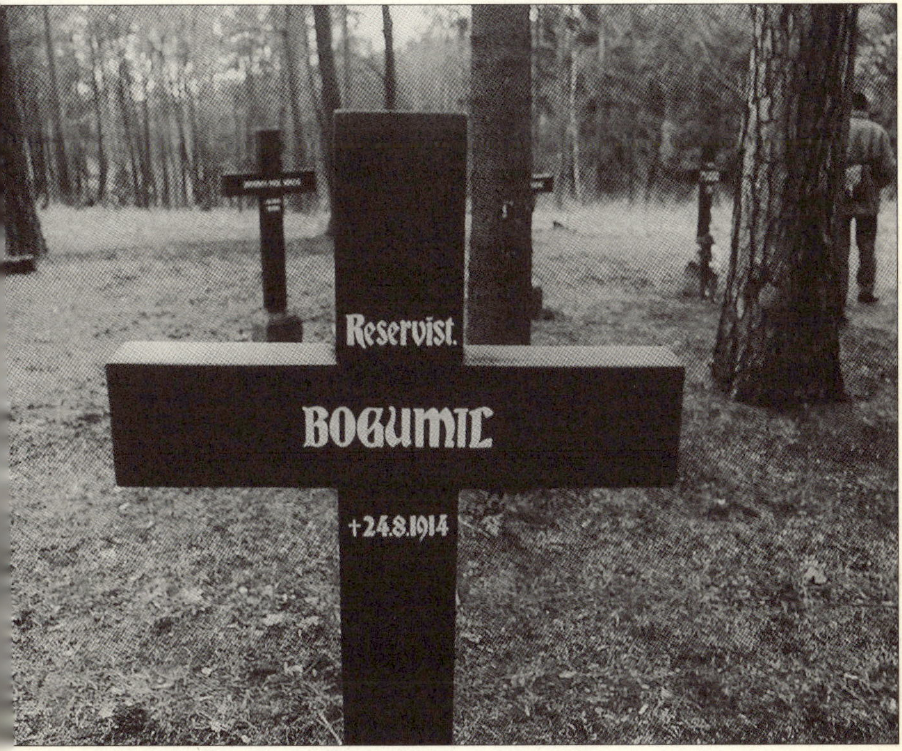
Reservist.
BOGUMIL
+24.8.1914

Verehrte Klio,

oder
zur Ehre und zum Treueschwur,
welcher
DEM UNBESIEGBAREN MONARCHEN
WŁADYSŁAW IV.,
DEM KÖNIG VON POLEN UND
SCHWEDEN etc. etc. etc.,
seitens der Preußischen Lande geleistet
IHR DURCHLAUCHTIGSTER FÜRST
FRIEDRICH WILHELM;
MARKGRAF VON BRANDENBURG;
KURFÜRST etc. etc.
Und auf die glückliche Rückkehr Ihrer Königlichen Majestät
aus Polen nach Preußen.
Niedergeschrieben von
KRZYSZTOF KALDENBACH

IN KÖNIGSBERG
Bei Jan Reusner. A. D. 1641

VEREHRTE KLIO

(...)
Nicht so bist du, ehrbarer Fürst, wie es entspricht den Wünschen,
wenngleich die dir gebührend' Ehr' die Kreise all erweisen.
Denn ihre Habe, das sind deine reichen Ländereien,
die mehr als jedes andre Glück. Wie jetzt, war es nicht immer,
als noch vor Jahren hier in Preußen in den Kreisen schlimmer
und kruder Götzendienst das Zepter schwang, und leider hatten
Ulmigeranen früher oder standen ganz im Schatten

der schandbaren Söhne Wejdewuts. (...)
(...) So kam es einmal, daß der so obszönen
Perkun und Patrymp Stadt dem wahren Gott die Ehre gönnte,
und was einst Schlangen, widerliche Kröten mußten leiden,
das widerfuhr ihr jetzt. Daher umkreisen nunmehr beide
Beherrscher Preußens Welt, und wo der Weichsel Ufer liegen,
wo breit strömt hin der ruhmvoll' Njemen, Aberglaube siegen
sowie die Barbarei. Weißt du Bedeutsames von diesem,
altehrwürdiger Romnow, den sie so einst hießen
nach einer heiligen Axt, nach einem heiligen Gebirge,
hier, wo stets unter immergrünen Eichenschirmen,
das Heidentum abgöttisch blühte; davon sicher wissen
die Haine nicht nur eines Kreises, (...).
Die Heidennacht zu Ende ist, nun ist sie ganz erloschen
wie's Tageslicht auf Erden; und Wejdelets sind gebrochen,
vorbei ist's mit den Kriweikirweits, diesen Gottesschändern;
obgleich dies manchen Streiter um sein Leben leider brachte,
als er den Glauben weitertrug; so bist auch du geschlachtet,
oh, heilger Wojciech, der du hier bei Fischaus hast gegeben
dem Herrgott wie zum Wucherpfand dein Herz, dein ganzes
    Leben,
so standhaft lagst du hier, so ehrenhaft, du, dessen Glieder
der Preuß' mit Gold wollt' überschütten; wieder, immer wieder
erlitten dieses ungezählte tapfre Ritterkrieger,
(...).
Die Kreuzritter erst gar nicht zu erwähnen. Hier aber,
wo Deutschland sich von Polen nordwärts trennt, die Preußen
    wissen
wie groß ist eure Tapferkeit, die Abwehr so gerissen,
doch kennt der Preuße auch die passenden Geschenke, Gaben,
als Konrad von Masuren euch aus Rom empfing und Schwaden
von Rauch aus den Kaminen sich euch allerorten zeigten;
vergeblich sie sich freilich damals vor euch neigten
und brannten Mars zu Ehren Feuer ab; mit euch erhielten
die öden Länder überall ein schön' Gesicht (...).
Und Konrad hat auf deine Fürsprach' hin sich erst entrissen

313

dem Hochmut Preußens und der Litauer; man gleichfalls dachte
an dich, du frommer Bruno; kommt nur, Brunsberg zu betrachten,
das ihm erbaut zum ewigen Gedächtnis der Verdienste.
Hier sind lebendig Namen, wenn auch nur in Stein und Künsten,
denn längst ins Grab sind diese ehrbarn Helden schon gesunken.
Kein einzig Zeitalter war derart grob, so stolzestrunken,
daß es vergessen hätt', die große Tapferkeit zu ehren.
Doch sollte etwa Preußen zusehn nur, wie sie verheeren,
die grausam' Kriege, welche, wie es heißt, Bellona führte
dereinst? Hat etwa nicht einst Troja, das so hochgerühmte,
und gar das alte Rom in frühren Zeiten Angst verbreitet
und etwas so gewaltig Starkes, daß das Wort entgleitet,
der einstig' Preuße sah niemals dergleichen? (...)
(...) Frage alle Bücher der Geschichte
in Gottes weiter Welt, wenn du nun findest doch dergleichen;
du hättest es gewißlich nicht geglaubt, daß diese Heiden
besaßen ein so großes Herz; mit einem Sieg nur fielen
beileibe nicht des Feindes Heere; und in allen Kriegen
die mannhaft tapfren Kreuzritter die Waffen niemals streckten,
obwohl ihr Heldenblut die Polen wie die Deutschen leckten,
obwohl die Tschechen, Dänen, Flandern diesen halfen. (...).

(Aus dem Polnischen von Peter Steger)

An die berühmte polnische Nation

Verzeihe, ehrenhaftes Volk, wenn meine Klio leider
nicht ist von adeliger Schönheit. Doch mit Polens Kleidern
wollt' sie sich schön an der Medusa Quelle putzen, schmücken:
Allein, es mangelt ihr am Vorbild, das sie ließ' erblicken,
woran's ihr fehle. Der Modelle gab's hier ungezählte,
Latein und Griechisch, Deutsch auch und noch viele, doch sie
   wählte

auf Dauer keins; das Slawische allein hielt sich verborgen
bis jetzt daheim und mied die Welt. Sie schämt sich, macht sich
  Sorgen,
will Polen nicht ansehen, ohne es so recht zu kennen.
Doch ist es ihr gelungen. Wenn mein Plädoyer will nennen
wer seinem Wunsche nicht gemäß, dann werde ich ihm sagen,
er möge dieses Sprachenbild auf schönen Worten tragen.
Er möge innehalten mit den kessen Widerreden,
als Pole seine Sprache lernen, und dann wolln wir sehen.
Gestatte, meine Klio, falls die Liebe dir zerronnen,
erringst du sie gewiß für die, die einstmals nach dir kommen.

(Aus dem Polnischen von Peter Steger)

KALDENBACH, KRZYSZTOF (CHRISTOPH), wurde 1613 in Schlesien geboren. Bekannt wurde er eigentlich als deutscher Dichter, Übersetzer und Komponist, er schrieb aber auch polnisch und lateinisch. Er studierte in Frankfurt/Oder und Königsberg. In Königsberg gehörte er dem Königsberger Dichterkreis an. Später lehrte er in Tübingen, wo er 1698 starb. Kaldenbach, der eigentlich als Deutscher betrachtet wird und der circa fünfundzwanzig Jahre lang in Königsberg zum Freundeskreis von Simon Dach gehörte, fand immerhin einen bedeutenden Platz in der polnischen Literatur. Er liebte die Dichtung von Jan Kochanowski, der als Vater der polnischen Sprache betrachtet wird. Beeinflußt von dieser Dichtung, schrieb er polnische Poeme, z. B. »An die berühmte polnische Nation«. Kaldenbach kann als Schriftsteller »zwischen den Nationen« betrachtet werden, für den der Gebrauch der Sprache nicht entscheidend dafür war, zu welcher Nation oder zu welchem Staat man gehört.

Der Tatarenangriff auf Preußen im Jahre 1656

Ps. 102, 19. Dies werde aufgezeichnet für das künftige Geschlecht,
und das Volk, das geboren wird, preise den HERRN.
Ps. 46, 9, 10. Nach der Weise: Erhöre mein Flehen.

1. O wehgemutes Vaterland, du sollst durch Tränen waten,
und Preußen, ihr, erinnert euch an euren großen Schaden,
als 1656 ganz wie eine Brücke
die vielgestaltig Heere bannten eure Blicke.

2. Ein fremdes, unbekanntes Volk aus heidnischen Gefilden,
kam, einem Adler gleich, geflogen, alles zu vertilgen:
Ganz unvermutet drang es tief in ahnungslose Gaue,
erstürmte donnernd sie auf raschem Roß mit großem Hauen.

3. Mal hier, mal dort sie Dörfer, Häuser, Korn und Scheunen
sengten,
die Kirchen sie brandschatzten und zu Schutt und Asche
sprengten:
Sie raubten und entwanden Kleider, Geld und auch die Pferde
und hinterließen nichts als nackte Not auf Preußens Erde.

4. Entsetzlich grausam die Tataren wider sie verfuhren,
den späteren Geschlechtern scheint dies wirr wie von Lemuren,
geschah dergleichen doch nicht mehr seit unvordenklich Zeiten,
und niemand glaubte mehr an so entmenschtes Tun in unsren
Breiten.

5. Doch wehe, leider! Unsre Söhne mußten jetzt erleiden,
was ihre Ahnen nicht einmal gehört, von wilden Heiden:
In grenzenloser Angst die Herzen wie im Schlag erstarrten,
im Angesicht der Bestien sie schreckgerührt verharrten.

6. Doch die Tataren, dieses elend'Volk, sie jagten
so toll, daß niemand sich vor ihrem Ingrimm schützen wagte:

316

Durchkämmten sie doch unerbittlich alle Wiesen, Felder,
zu finden die Versteckten, gleich ob dort, ob in den Wäldern.

7. Die, deren sie dann habhaft wurden, köpften sie mit Degen,
den Müttern rissen sie den Säugling fort, die düstren Schergen:
Gleich, was die Mütter jetzt erblicken, kann nur Tränen lohnen,
sie bitten flehentlich den Himmel, doch ihr Kind zu schonen.

8. Doch kennt der Heide kein Erbarmen, keine Gnade,
getrieben nur von seinem schrecklich' Trotz auf seinem Pfade:
Er reitet los, die Mutter ward ans Pferd gebunden,
der arme Säugling liegt verlassen und geschunden.

9. Und eins ums andre Mal den Leib der Menschen bitter quälte
der Hunger und die widerwärtig strenge Winterkälte:
Kein Mensch war da, der hätte sorgen können für die Kleinen,
die von der Mutter grausam fortgerissen kläglich weinten.

10. In Angst und Schrecken suchte jeder rasch zu fliehen,
zu finden ein Versteck, gleich unter welchen großen Mühen,
wo er sich sicher wähnte vor den grimmigen Tataren,
die sich als übler Feind der Christenheit hier offenbarten.

11. Doch jene, die schon gehen konnten, die der Sprache mächtig,
die irrten über Feld und Flur, verstört und unbedächtig:
Sie suchten heulend überall die Väter und die Mütter,
und klagten wie die Vögel herzerweichend und so bitter.

12. Wo sind die Mütter, wo sind unsre Väter nur geblieben?
So fragten arme Kinder allenthalben, die vertrieben.
Vom vielen Weinen wurden ihre Hälse rauh und heiser,
und Hungers und vor Kälte starben sie auf bloßem Reiser.

13. Der Vater und die Mutter sitzen aber unterdessen
in großem Kummer, vom Tatarenstrick gefesselt,
den Knebel mitleidlos tief in den Mund hineingestoßen,
so konnte niemand sie aus dieser Drangsal retten, dieser großen.

14. Wenn sie in ihrem Schmerz an ihre fernen Kinder denken,
verbergen sie, daß Leid und Kummer in das Herz sich senken:

Und das, obwohl ihr Herz vor Pein will maßlos klagen,
will einer welken Blume gleich die tiefe Trauer tragen.

15. Am Lagerfeuer der Tataren sitzen sie verlassen,
der Unterdrückung derer sind sie müde, die sie hassen:
Die Frauen und die Mädchen diese Heiden frevelnd schänden,
und gegen die Gebote Gottes sie sich trotzig wenden.

16. Verächtlich machen sie und köpfen grausam selbst die Greise,
den anderen versetzen sie den Hieb auf tödlich'Weise:
Und wieder andere fängt man und jagt man wie die Wölfe,
als Sklaven gelten sie, und die Tataren brüllen, belfern.

17. Wie in der Hölle sie die armen Christenmenschen schinden
und sie an Beinen wie an Händen fest mit Stricken binden:
Die Eheleute müssen sich dort voneinander trennen
und dürfen nicht beisammen sein und sich beim Namen nennen.

18. Sie können sich nur gegenseitig in die Augen blicken
und müssen stumm stets bleiben, seufzend sich in alles schicken;
zu essen gibt es nichts als ungenießbare Kadaver,
was die Tataren weggeworfen – wie verfaulten Hafer.

19. Wie Vieh zur Schlachtbank aneinander festgebunden,
wird jedes Christenherz geräuchert hier zu allen Stunden:
Die Christen aber auf die Heimat ihre Blicke richten
und gar beim Anblick der Verwandten sich in Tränen flüchten.

20. Auf ihrem Weiterzug passieren sie der Flüsse Furten,
wo ungebändigt Wasser zerrt und reißt an ihren Gurten:
Und viele sind's, die da von ihnen jämmerlich ertrinken,
ob jung, ob alt, ob Mann, ob Frau, sie in der Flut versinken.

21. Weil sie ein wilder Khan, nicht Moses führt auf ihren Wegen,
ein Herrscher über sein Verlies, dem fern ist Gottes Segen,
teilt sich das Wasser nicht wie einst dem auserwählten Volke,
und wer ins Wasser fällt, hofft nicht mehr auf des HERREN Wolke.

22. Als sie dann in der Heiden Länder waren angekommen,
hat jeder der Tataren sich Gefangene genommen:

Ein jeder führte die Gefangenen in seine Hütte
und opferte die Beute dort nach heidnisch fremder Sitte.

23. So ist denn alles auch geschehen wie es uns verkündet
im Buche Mose[1], wo man alles schon beschrieben findet:
Ob deiner Sünden, wegen deiner Ungehorsamkeiten
wird grausam dir der HERR voll Zorn die Rache einst bereiten.

24. Nimmst du dir je ein Weib zur Frau, wirst du sie nicht
erkennen,
und nur der Feind wird sie besitzen, und beim Namen nennen:
Baust du dir je ein Haus, wirst du niemals darinnen wohnen,
du wirst durch fremde Länder irren, nichts wird sich verlohnen.

25. Vor deinen Augen werden sie dann deine Ochsen schlachten,
doch wirst nicht du sie essen, Scheunen sie zum Brennen brachten.
Die Pferde werden sie dir nehmen und nicht wieder geben,
auf daß sie fürderhin in Heidenländern ferne leben.

26. Auch deine Söhne, deine Töchter, alle deine Lieben,
mit den Tataren ziehen, sind für immer fortgetrieben:
Du bleibst zurück im Elend und geplagt von allen Seiten,
du bleibst alleine, und kein Mensch wird dich je mehr begleiten.

27. Das böse Volk wird all dein Land und deinen Grund
verwüsten,
wie Vögel die Bewohner scheuchen zu den fernsten Küsten:
Im Anblick alles dessen wird dein Augenlicht erblinden,
und deine Hände werden nie mehr ihre Kräfte finden.

28. Dies alles ist für deine Gottesferne dir die Strafe,
weil du vor deinem HERRN unendlich viel an Bösem tatest:
Drum wirst du niemals wohnen mehr in deinem eignen Hause
und wandern nur ob deiner schweren Sünden immer draußen.

29. Ihr Preußen, haltet ein, ihr solltet immerfort dran denken,
daß euer Trotz und eure Bosheit keinen Frieden schenken!

---

[1] 3 Mos. 26, 14–40.

Wenn ihr dem Herrn im Glauben immer ehrlich wolltet dienen,
dann wird er euch bewahren vor der Strafe und der Sühne.

30. Doch leider, leider! Was ist denn in Preußen jetzt zu sehen?
Blick dich nur wachsam um, dann wirst du leider bald verstehen:
Dann wirst du bald erfahren, wie verschwindet alle Güte,
und wie der Bosheit wirre Vielzahl immer weiter wütet.

31. Bedrängnis, riesengroß, und Not bei allen armen Leuten,
die Tag und Nacht nicht Ruhe finden vor der Sorgen Meute:
Die Liebe – ausgekühlt, man findet keine offnen Worte,
die Wahrheit längst in allen Herzen wie das Gras verdorrte.

32. Geh hin, wo immer es auch sei, und öffne weit die Augen.
Ist's denn nicht so, daß alle fast nur noch zum Heucheln taugen?
In einem Wasserfaß will man den Nachbarn mal ertränken,
mal wird er überall verfolgt mit List, Verrat und Ränken.

33. Das Ziel heißt, ihn belügen und ins Unglück dann ihn stoßen,
ihn mit den andern Nachbarn zu entzweien, zu erbosen:
Wie leises Öl die Worte seinem Munde zwar entfließen,
doch wer sie richtig wahrnimmt, spürt, daß sie den Tod vergießen.

34. Der Sohn will seinem eigenen Vater nicht die Ehre geben
und weigert sich, sobald er älter wird, ihn recht zu pflegen:
Und das obgleich des HERRGOTTS Segen ruht auf guten Söhnen
und Gott gedenkt, sie durch ein langes Leben zu verwöhnen.

35. Die Mutter muß sich mit der sturen Tochter redlich plagen,
die ohne Gottesfurcht die Mutter zerrt an ihren Haaren:
Die Brüder sind sich gram und lassen ihre Wut nicht dämpfen
und packen sich am Kopf und wollen italienisch kämpfen.

36. Die Adligen und Edelleute werden nicht geachtet,
und mancher gegen sie schon freche Rebellion entfachte:
Es läßt sich all der Ärger, der Verdruß nicht mehr beschreiben,
den man, o Gott, Allmächtiger, in Preußen muß erleiden.

37. Sei wachsam jetzt, denn über dir seh ich ein Schwert tief
hängen!

Laß dich, du Land der Preußen, nicht vom Unglück so bedrängen!
Wenn auch der Schlagstock schon vorüber- und vorbeigegangen,
sieh zu, daß du nicht doch am Ende wirst noch hangen.

38. Kehr' um zu Gott und wasche deine sündenschweren Hände,
werf' dich dem HERRN zu Füßen und zu IHM dich wende.
Und blicke nicht zurück mehr auf die Unzucht und die Sünde,
damit der HERRGOTT gnädig Trost und Linderung dir spende.

39. So wird der Höchste wachsam dich im Auge stets behalten:
ER wird dir in Barmherzigkeit die Treue immer halten:
Dann muß der grimme Feind die Grenzen deines Landes fürchten
und wird vor deiner Hauptstadt zittern und vondannen flüchten.

40. DU GOTT, Allmächtiger! DU leite unsere Gedanken,
damit wir meiden unsre Sünde, kennen unsre Schranken:
Und wenn DU kommst dereinst mit DEINEN Engeln, uns zu richten,
dann laß uns bitte bei den heilgen Scharen uns verpflichten.

41. Dort werden alle wir mit neuer Stimme dann erklingen
und dankend und in großer Freude immerfort DIR singen:
Wir wollen DICH gemeinsam mit den Engelsscharen loben.
So sei es, Amen! Laß uns bitte bei DIR leben droben.

(Aus dem Polnischen von Peter Steger)

MOLITOR, TOMASZ (THOMAS), wurde 1616 in der Nähe von Arys geboren.
Er studierte in Königsberg Theologie. Als Rektor der Schule in Großfreiendorf erlebte er 1656 den Tatareneinfall in Preußen, der bei ihm einen
nachhaltigen und grausamen Eindruck hinterließ, wie das hier wiederge-
gebene Poem bezeugt. Im Jahre 1657 wurde er evangelischer Prediger in
Großfreiendorf, was er bis zu seinem Tode 1682 blieb. Molitor übersetzte
auch deutsche Kirchenlieder ins Polnische. Umgekehrt wurden auch seine
Schriften ins Deutsche übersetzt.

Ein Lied in großer Pein
Weise nach Psalm 55

Du Gott beschützt barmherzig, gnädig die Bedrängten,
dem Weinen Deiner Waisen willst Gehör Du schenken!
Welch' großes Unrecht, Herr, Du duldest auf der Erde
der Menschen alle, ob nun gut, ob mit Beschwerde,
auf alle scheint die Sonne, und Dein Regen tränket
der Guten wie der Bösen Land, doch sieh, es schwenket
die Menschheit ihre Faust und zürnet ihrem Nächsten
und treibet ihn aus Deinem Land und grimmig hetzet,
was Du geschaffen weit und breit, wir sind entrechtet,
obschon es doch erschaffen auch für uns' Geschlechter!
Als Du, o Herr und höchster Herrscher, einst den Fürsten
die Macht verliehst, nach der sie gierig lüstern dürsten,
hast Du ihr Herz Dir unterstellt und ihr Gewissen,
doch schänden sie Dein Recht, man hat's Dir gar entrissen.
Wir mußten, unser Gott, stets in Bedrängnis leben,
ganz Deiner Wahrheit, dem Gewissen hingegeben;
die Menschen wollten Deine Regel nicht beachten
und Deinen armen Waisen nach dem Leben trachten.
Doch jetzt, wo wahrlich aufgepeitschte Sturmeswogen
voll Kummer, Plagen, Drangsal, fürchterlichster Sorgen
auf unsre schwachen Schultern stetig niederbranden
und uns zerschmettern und zerquetschen gar zuschanden,
verlangt es den bedrängten Geist nach Taubenflügeln,
um irgendwo, dort über diesen letzten Hügeln
des Weltenrunds zu gleiten, daß die Seegezeiten
auf eine Insel, weit von Menschen, uns geleiten.
Dort könnte uns kein Hunger, keine Not erschrecken,
wenn Friede dort und Ruh', nicht Streit an allen Ecken!
Wenn alle Brüder dort sich wieder wollten einen,
die jetzt in alle Welt zerstreut und einsam scheinen!

Du hast gesehen, unser Gott, wie schwer wir schieden,
wie ungern wir das Vaterland, die Scholle mieden,
uns trennten von den Nachbarn, Freunden und Verwandten;
wie schwer es war, zu lassen Haus und was wir kannten,
all das, was grausam uns die Menschen weggenommen,
arm sind wir, irrend ihnen nur mit Not entkommen.
Den andern, die dem äußern Feinde sind entflohen,
bevor sie heimgekehrt zu ihren Trümmern, drohten
sie mit der nächsten schon Verbannung voller Grauen,
so daß die, ihrer Habe bar, im Elend hausten.
Nun will ein anderer in unsern Dörfern walten,
die er als Lohn für sein Verdienst im Krieg erhalten,
und mästet wie ein Wolf sich an der fremden Beute,
trinkt gottlos Waisentränen und das Blut der Leute.
Und andre wieder haben uns schamlos verraten,
auf die wir unsre Güter überschrieben hatten,
bevor wir flohn; nun treiben sie's, als wär's ihr eigen.
Uns bricht das Herz, von ferne ist dies kaum zu leiden,
sind wir auf Irrfahrt doch, im Elend, kaum bekleidet,
ein Los, um das kein Mensch uns wahrlich je beneidet.
Du siehst es doch, o Herr, Dein Blick wirft seine Flammen
ergründend scharf auf jedes Ding. Wir sind Verdammte,
die sichtlich Unrecht leiden. Hörst Du nicht die Klage
der Kränkung, die Dich ruft, o Richter unsrer Tage?
Du siehst, wie hier der Menschen Bosheit sich noch steigert,
Gerechtigkeit verbannt wird, und da noch verweigert
uns Dein Gericht den Spruch? O seltsames Erlassen!
O Langmut, nicht mit menschlichem Verstand zu fassen,
wie Du sie uns erzeigst! Du hältst in Deiner Rechten
den Schreckensblitz verschlossen, doch die argen Schlechten,
durch Deine Nachsicht schlimmer, dreist und grimmig lachen
und fordern so heraus, o Schöpfer, Deines Zornes Rache.
So daß sich unsre Schwäche zweifelnd schon verirrte
und nur das blinde Gottvertrauen noch bewirkte,
daß wieder neue Hoffnung stark hervorgetrieben;
bestärke sie, damit sie trotzt den Schicksalshieben.

In tiefem, festem Glauben mögen wir vertrauen,
auch wenn die Habe fällt in freche Feindesklauen,
auch wenn das Leben uns durch Menschenhand genommen,
daß unsre Seelen ewig bei des sohnes Kommen
errettet werden, daß wir unsre Ehrenpreise
von Ihm erhalten für das Leid der Erdenreise,
das leicht nur wiegt, verglichen mit den Himmelswonnen,
wie ein Moment, in aller Ewigkeit verronnen.
Und schenkt das Vaterland uns auch so wenig Gnade
wie die, die ohne Recht gerichtet uns zum Schade,
weil ihnen dies die Ahnen aus der Hand einst nahmen
und schworen, Glaube und Gewissen auf den Fahnen,
sie würden diese heil'gen Bande nie zerreißen,
auf die auch Könige stets neu den Eid noch leisten –
so wünschen deshalb wir doch ihnen nimmer Schlimmes,
ja, beten gar für alle diese Menschenkinder
zu Deiner heil'gen Majestät und wollen hoffen,
daß sie nach schwerem Sturm auf günst'gen Wind getroffen,
das strenge Urteil über uns gemildert werde
und wir doch sehen noch der Heimat ferne Erde.
Vergib auch denen, Herr, die uns (obgleich sie dauernd,
zwar andernorts, im gleichen Boot mit uns doch kauernd),
als Schiffbruch wir auf sturmgepeitschter See erlitten
und uns die scharfen Ufer dann die Hand zerschnitten,
entgegen dem uns angebornen Mitleidfühlen
gewaltsam stoßen in der Wogen stürmisch' Kühle
und Menschen nicht auf Deiner Erde wandeln lassen.
Selbst wilde Tiere können sich nie derart hassen,
wie Menschen dies vermögen, die doch losgebunden
von Schuld durch Christi heilig' Blut, der Sühne Wunden.
Du weißt, o Gott, am besten, daß wir nie begingen
je Sünden wider Deine Welt, vielmehr Gelingen
und alles Gute wünschten wir ihr; hör' das Klagen,
o ew'ger Herr, die täglich' Not ist nicht zu tragen,
da uns der letzte Rest des eignen Guts genommen,
ist es durch uns niemals zu Schade je gekommen,

im Gegenteil, geschädigt selbst oft und betrogen,
von vielen liederlich und offenbar belogen,
ertrugen wir geduldig all die schlimmen Dinge,
vergaßen nie, daß unsre Lieder fremd hier klingen.
Du weißt doch, wie wir irren durch die Welt, uns schämen,
in Deinem Faß sich sammeln unsre bittren Tränen.
Du Forscher in der Menschen Herz, Du mußt doch wissen,
wie uns Verleumdungen so schwer die Brust zerrissen,
als ob wir jemals uns auf Deiner Welt erdreistet
zu lästern Deinen Namen, Jesu und des Geistes.
Und alles das, weil Du sowohl der Welt Gebärer,
als auch allein'ger Herrscher über unsre Erde
sowie den Himmel. Deine göttlich weisen Kräfte
sind Gaben, die uns in der Schrift zusammenheften.
Daher ist abgewälzt auf uns der Mißgunst Fülle,
als weltunwürdig gelten wir nach aller Wille,
woraus wir schließen, daß verdammt wir sind auf immer,
und Dein Erbarmen uns gewogen sein wird nimmer.
Doch appellieren wir vor dem Gericht im Jammer
an Deine, Herr, gerechte letzte Richterkammer.
Dir, der Du auch die tiefste Heimlichkeit durchdrungen,
ist doch bekannt sehr wohl, wie ehrlich uns gelungen
zu loben Den, der hat Gestalt von Dir genommen,
der immer war, dank dem wir sind dem Tod entronnen,
dem zu der Hölle wie zum Tod die Schlüssel eigen
und dessen heilge Hände uns Erlösung zeigen.
Den solln wir schmähn? O, Herr, vor solchem Zorn bewahre
uns und vor solcher Blindheit, wende solch Gefahren
auf den verkehrten Geist, auf daß nicht Gottes Strafe
uns quäle hier, daß nicht der Tod uns ewig raffe.
Dergleichen könnte uns gewiß nur dann ereilen,
wenn dem wir trotzten, der sein heilig Blut will teilen,
der wusch die Sünden ab, der unsre Schuld vergeben,
durch seinen schuldlos' Tod uns sühnt, uns schenkt das Leben,
damit erlöst wir sind vom Land der Todesschatten
und in der Freiheit Deiner Söhne wohlgestaltet.

325

Obschon Er Abglanz war von Deiner ew'gen Ehre,
obschon Er zittern machte Himmel, Erde, Meere,
nahm Er für Seine wunderbare Menschenliebe
unfaßbar großes Leid auf sich und Geißelhiebe.
Hinieden konnt' der Himmelsherr Sein Haupt nicht schützen;
und Gottes Sohn ward Opfer gar von üblen Witzen,
man hieß ihn Beelzebub, man peitschte ihn und spuckte
ihm ins Gesicht, und mit der Dornenkrone duckte
er unters Kreuz sich, dort zu sterben. Und wir Knechte,
wohl wissend, wie mit unserm Herrn verfahrn die Schlechten,
in Kenntnis Seiner Warnung, daß auch wir mit Mühen
unzählig groß zum Himmel sehr beschwerlich ziehen,
daß man sein eigen Kreuz soll tragen, Seinen Füßen
voll Blut soll folgen, wer mit Ihm will herrschend sitzen,
wie soll's uns besser gehn, als Ihm zu Seinen Zeiten?
Warum nur spüren wir die Mühen eher sich verbreiten
als Glück und Freude? Wissend, daß sie doch vergehen
wie Welt und Himmel, unser Lohn, der bleibt bestehen,
wenn wir in unsrer Wahrheitsliebe nicht erkalten,
solang wir wissen, wem wir treue Hoffnung halten.
Wie wahr, daß Leib und Blut und beispielhaft' Gedenken
im Herrn und seinen Heiligen wir haben; senkten
sie nicht die Marterkronen ab und kraftlos wenden
die Seelen hoch zu Dir? Du solltest Tröstung spenden.
Sie wanden sich in Kummer, manchmal konntest drehen
Du ihr Geschick, hast sie bewahrt und ausersehen.
Bewahr' auch uns, o Gott, und lös' des Todes Ketten!
Ist's uns doch nicht gegeben, selber uns zu retten
vor großen Widrigkeiten. Solln wir denn vergehen
in Deinem Schiedsspruch? Und wir wolln nicht Anlaß geben,
ob unserer Gestalt des Jammers Deiner Wahrheit Mauern
zu spotten, wenn sie unsere Verderbnis schauen.
Die Schmach und Schand' sind unser – wir vertraun der Lehre,
und Deinem heilgen Namen Preis und höchste Ehre.
Wir glauben, Herr, und unsren Glauben mach' nicht wanken!
Wenn etwas wir erleiden, wollen wir Dir danken

für dieses Opfer. Bis zum Jüngsten Tag kein Glücken,
Dein Sohn geb' ihren Anteil allen Unterdrückten,
wo unsre Heimat, wo wir uns jetzt endlich betten,
Vertreibung nicht mehr fürchten, weil zuhauf der Retter
bereitet Wohnungen für uns, uns wohl zu stellen.
Dort wischt er fort die bittren Tränen, führt an Quellen
des Lebens seine glücklich' Diener. Diese fanden
sich ein von allen Grenzen und aus fernen Landen.
Komm' doch, komm', Jesus, laß Dich nun nicht länger bitten!
Ob alt, ob jung, ein jeder, der in unsrer Mitten,
zu Dir erheben wir das Haupt, Dich wolln wir schauen,
Dich suchen wir, auf Deine Rettung alle bauen.

(Aus dem Polnischen von Peter Steger)

Aus dem Zyklus

SCHMERZVOLLE THRENODIEN
IHRER MAJESTÄT, DER HOCHWOHLGEBORENEN
DAME VON DENHOFF,
DER WOIWODIN VON POMMERN, ETC. ETC. ERGEBEN
IM GEDENKEN AN DEN ENTSCHLAFENEN GRAFEN DENHOFF,
DEM WOIWODEN VON POMMERN,
DEM KÄMMERER DER PREUSSISCHEN LÄNDER,
VON SKARSZEWO, KOŚCIERZYNA, ETC. ETC.,
DEM STAROST, OBERST SEINER KÖNIGLICHEN MAJESTÄT,
DER IN UNGARN BEI PARKAN AUF UNGLÜCKSELIGE WEISE
VON DEN TÜRKEN GETÖTET
AM 7. OKTOBER A. D. 1683
UND EHRENVOLL SEIN LEBEN GEGEBEN.

Threnodie III

Vom Krieg kehrt heim der König, stolz und ungeschlagen,
sein herrschaftliches Haupt darf siegreich Kronen tragen
unzählig viel. Es freuen sich die Menschen alle,
bereiten sich nun, dem Beschützer zu gefallen.
Sie preisen seine großen Siege, Heldentaten
und schmücken triumphal die Tore wie die Katen.
Und panegyrisch überall sie gratulieren,
und allerorten lustig rufen, musizieren.
Die sehnsuchtsvollen Frauen ihre Männer grüßen,
die nun erzähln, was sie im Kampf erleben müssen.
Da läuft die Kinderschar den Vätern rasch entgegen,
sie ihre Händchen auf des Vaters Wange legen.
Nur ich, ich Ärmste, weine, schlucke meine Klagen,
und mein gequältes Herz will nun nicht länger schlagen.

Wo ist, lebend'ger Gott, mein Mann? Wo denn geblieben?
Wo mag er sein? Wohin hat ihn das Los getrieben?
Ob Hoffnung ist, daß ich ihn einmal doch noch sehe,
bevor die Seele fahren läßt des Leibes Wehe?
Nein, keine Hoffnung, keine! Weil, vom Blut gerötet,
mein lieber Mann von grimmer Heidenhand getötet.

(Aus dem Polnischen von Peter Steger)

MORSZTYN, ZBIGNIEW (lat. Morstinus Zbigneus), wurde ca. 1628 geboren. Als der polnische König Jan Kazimierz die Arianer des Landes verwies, siedelte er 1661 in das Herzogtum Preußen über und lebte auf seinen Gütern in der Nähe von Lötzen. In der polnischen Literaturgeschichte gilt er als einer der bekanntesten Barockdichter. Er beschrieb das Schicksal der Arianer ohne Haß und Aggression. Seine Werke sind geprägt vom Geist der Toleranz, sie tragen zudem religiös-patriotische Züge. Morsztyn lebte viele Jahre in Königsberg, dort starb er im Jahre 1689 als Dissident, der aus seiner Heimat vertrieben war. Davon legt sein »Lied in großer Pein« Zeugnis ab.

Die Zeit der Verbannung

*D*anzig mußte kapitulieren, am 14. *Juni 1807 siegte Napoleon entscheidend bei Friedland, Königsberg fiel in französische Hand, und die Königin mußte vor den einrückenden Franzosen wiederum von Königsberg nach Memel flüchten. Bei den Friedensverhandlungen, die seitens Preußens und Rußlands mit Napoleon in Tilsit geführt wurden, stellte sich heraus, daß Preußen um alles Gebiet links der Elbe und rechts der Memel verkleinert werden sollte, und Hardenberg sollte verabschiedet werden. Da kamen in ihrer Bestürzung die Berater des Königs auf den verzweifelten Gedanken, die schöne Königin persönlich gegen Napoleon einzusetzen und sie zu diesem Zweck nach Tilsit kommen zu lassen.*

Als Luise die überraschende Aufforderung erhielt, kämpfte sie sofort alle seelischen Widerstände gegen die Begegnung mit dem Manne, der der Feind ihres Landes war und der sie selbst mit den niedrigsten Schmähungen überhäuft hatte, nieder und machte sich unverzüglich zu dem heroischen Opfergang auf. »Ich kann Dir keinen größeren Beweis meiner Liebe und Hingabe für das Land zeigen, zu dem ich halte, als wenn ich dorthin fahre, wo ich nicht begraben sein möchte«, schrieb sie dem Gemahl. Am 4. Juli abends traf Luise nach zehnstündiger Fahrt in Piktupönen beim König ein und stieg im kleinen Pfarrhause ab. Noch am gleichen Abend empfing sie Hardenberg, von dem sie sich »auf ihre Rolle bei Napoleon vorbereiten ließ«, wie sie selbst sich ausdrückte. »Ich werde sie auswendig lernen und hersagen, so gut ich kann; denn von Herzen zu dem Menschenfreund zu reden würde schwierig sein.« Vom nächsten Tage datiert dann der Brief, den Luise an ihre Freundinnen Prinzessin Marianne und Prinzessin Luise Radziwill geschrieben hat:

Piktupönen, den 5. Juli 1807

Liebe Freundinnen! Der Tag ist heute sehr angenehm und sehr ruhig für mich. Das heißt, daß ich mich von hier nicht weg rühre, daß ich heute Morgen den Kaiser Alexander gesehen habe, daß er mit uns gespeist hat und daß der König zufrieden ist mich zu sehen – das ist aber auch alles! Morgen gehe ich in die Stadt, um die Vorkehrungen zu treffen, und meine *grandezza* wird dadurch mehr Befriedigung erhalten. Gegen drei Uhr ist hier der Großstallmeister Caulaincourt angekommen, um mich im Namen Napoleons zu begrüßen und sich zu erkundigen, wie es nach den Anstrengungen der Reise mit meiner Gesundheit stehe. Ich bin sehr höflich gewesen und habe darauf mit auffälliger Liebenswürdigkeit geantwortet, das glaubt mir bitte! Der gestrige Abend war nicht ganz so heiter und ruhig. Die Verabschiedung Hardenbergs, die Notwendigkeit, die dazu zwingt, hat mir sehr bittere Tränen erpreßt: dies ist der erste Schritt zur Sklaverei, und wir werden mehr regiert werden als Ihr denkt.

Der Kaiser [Alexander] tut alles, was er kann und setzt sich persönlich ein. Er leidet schrecklich unter diesem schrecklichen Wesen [Napoleon], das daraus noch Szenen macht. Er verspricht, was er morgen widerruft – doch um Gottes willen, all das ganz unter uns! Ich küsse meine lieben Kinder und bin fürs Leben

Eure treue Freundin Luise.

Ich küsse Wilhelm. Morgen Abend oder übermorgen früh werde ich Euch viel zu erzählen haben. Gott steh mir bei und helfe mir in diesen Nöten! Lebt wohl! Meine Empfehlungen an unsere englische Gesellschaft und an die Goltz! Ich bin um dreiviertel sieben hier gewesen.
(Übersetzung aus dem Französischen)

Am Nachmittag des nächsten Tages hat Luise dann in Tilsit in einer weltgeschichtlichen Begegnung ihrem großen Gegner gegenübergestanden. Verzweifelt hat sie mit ihm um ihr Land und ihr Volk gerungen – es konnte nicht anders als vergeblich sein; »das Wesen ohne menschlich Herz« ließ es bei kühlen Redensarten bewenden. Der Vertrag von Tilsit, den der König von Preußen, vom Kaiser Alexander im Stich gelassen, unterschreiben mußte, ist an Grausamkeit nachmals nur durch den von Versailles erreicht worden. Preußen wurde um die Hälfte seines Gebietes beraubt und auf

331

2856 Quadratmeilen mit 4,5 Millionen Einwohnern beschränkt. Es verlor alles Land westlich der Elbe, das Napoleon als Königreich Westfalen seinem jüngsten Bruder Jérôme gab, es verlor Erfurt, das in Napoleons unmittelbaren Besitz, und Bayreuth, das an Bayern kam, ferner alle polnischen Gebiete, die als Herzogtum Warschau an Sachsen fielen. Das, was dem König von Preußen verblieb, sollte von französischen Truppen besetzt gehalten werden, bis die vorgesehenen Kontributionen bezahlt wären, deren Höhe und Zahlungstermine – ganz nach der gleichen Methode wie später in Versailles – wohlweislich nicht festgelegt wurden.

Luise selbst aber, die im tiefen Gefühl einer persönlichen Niederlage aus Tilsit zurückkehrte, war in Wirklichkeit dort zur Vertreterin jener sittlichen Kräfte geworden, die immer gegen Dämonen vom Schlage Napoleons in der Stille wirksam sind, bis daß die Zeit gekommen ist. So hat denn auch seit dem Tage von Tilsit die Königin im Verborgenen gewirkt, ihr selbst unbewußt: von der Begegnung mit Napoleon an ist Luise zur Idealgestalt der deutschen Dichter und der deutschen Patrioten geworden, und an ihre Person haben sich seit jener Stunde alle Hoffnungen auf den Wiederaufstieg Preußens geknüpft. Das große Jahr 1813 hat dann schließlich erwiesen, daß, wie nie ein großes Opfer vergeblich gebracht wird, auch Luisens Opfergang nach Tilsit die Tat für eine bessere Zukunft gewesen ist.

Einstweilen aber folgte die furchtbare Zeit der Fremdherrschaft und der Kontributionen, folgte für das Königspaar die endlose Zeit der Verbannung, zunächst in Memel, seit dem 16. Januar 1808 in Königsberg: Jahre der Schmach und unermeßlichen Leides!

(Mitgeteilt von Kurt Jagow)

LUISE, KÖNIGIN VON PREUSSEN, wurde 1776 als Tochter des Herzogs Karl von Mecklenburg-Strelitz geboren und wurde die Gemahlin von König Friedrich Wilhelm III. In der Zeit der Napoleonischen Herrschaft wurde sie zu einer vom Volk verehrten Landesmutter. Fast in jeder ostpreußischen Stadt gab es eine Luisenstraße oder Luisenbrücke. Nach der Niederlage des preußischen Heeres 1806 bei Jena und Auerstedt und dem Zusammenbruch Preußens und dem Verlust von Berlin flüchtete das Königspaar nach Königsberg und schließlich nach Memel, dem letzten Preußen noch verbliebenen Landzipfel. 1807 erklärte Königin Luise sich zu einem demütigenden Treffen mit Napoleon in Tilsit bereit, um von ihm einen für Preußen milderen Frieden zu erbitten. Das Treffen war erfolglos. Sie starb 1810 und erlebte nicht mehr den siegreichen Befreiungskrieg gegen Napoleon. Ihre Verehrung erlebt heute im notleidenden Kaliningrad nach dem Zusammenbruch der Sowjetunion eine erstaunliche Renaissance.

Exulantenlied

I bin a armer Exulant
A so thu i mi schreiba,
Man thuet mi aus dem Vaterland
Um Gottes Wort vertreiba.

Ein Pulgrim bin i holt nunmehr
Mueß rasa fremda Stroßa
Das bitt i Di, Mein Gott und Herr
Du wirst mi nit verlossa.

Mueß i glei fort in Gottes Nom'
Und mir alles genomma
So waß i wohl, die Himmelskron
Wer i ohmahl bekomma.

SCHAITBERGER, JOSEPH, geboren 1658, wurde 1686 aus Dürrberg bei Hallein (Österreich) mit siebzig anderen Protestanten ausgewiesen. Aus dem Exil in Nürnberg wurde er mit seinen »Sendbriefen« der geistige Führer der Salzburger Protestanten. Dort wurde er noch Zeuge, wie die aus Salzburg vertriebenen Protestanten nach Preußen durchzogen. Unter den »Exulanten« waren auch seine Kinder. Schaitberger starb 1733 in Nürnberg. Sein »Exulantenlied« war so etwas wie die Hymne der vertriebenen Salzburger, die zahlreich auch in Ostpreußen ansässig wurden. Sein »Exulantenlied« hat darum hier Aufnahme gefunden.

Truso[1]

Der scharfe Ostwind, der über die Insterwiesen blies, hatte eben noch einen leichten Schnee aus den zerrissenen Wolken geschüttelt. Nun glänzte er wie Zucker aus den dunklen Furchen der grünen Saaten, auf den noch winterbleichen Weidegärten mit den Stubbelweiden und lag blauweiß im Schatten des Wagenschuppens. Aber die österliche Aprilsonne leckte ihn von dem dampfenden Düngerhaufen und dem weiten grauen Gutshof. Es tropfte und rieselte von den dunklen Strohdächern mit ihren grünen Moospolstern, die bunte Steinwand des neuen Pferdestalls glänzte im warmen Nachmittagslicht, das graue Holzwerk des Schafstalls, die frischgekalkte Mauer des Kuhstalls blendeten so sehr, daß die alte Frau Forstreuter einen Augenblick die altersbraunen Lider schließen mußte, wie sie jetzt die obere Halbtür nach dem Hof aufstieß.

Eisig stieß der Wind herein, ihre schwarztaffne Sonntagsschürze flog rauschend über dem weiten lila Rock, sie mußte rasch die Pelzjacke zuknöpfen und das graue Kopftuch über der weißen Haube verknüpfen.

Aber sie sog recht mit Behagen die kalte Luft ein. Die hatte sie hier oben zuerst geliebt, die hatte sie gleich in dem ersten harten Frühling hier an die frische Bergluft auf den Almwiesen des väterlichen Hofs erinnert. »Schön!« sagte sie, mehr zu sich selbst als zu den beiden Urenkeln, die neben ihr die kleinen, vom Wind geröteten Nasen über den grüngestrichenen Türrand reckten. »Da ist's gut über den Hof zu gehn, zu den Rössern!« »Zu den Purras!« verbesserte der kleine Georg, dem der Wind den hellbraunen Haarschopf über die dunkelblauen Augen wehte, und riß mit den festen Jungenshändchen am Türriegel. Aber seine Schwester, die fünfjährige Annegrete, schüttelte den Kopf mit den steifgeflochtenen Zöpfchen:

---

[1] Handelsplatz der Pruzzen, für das 9. Jahrhundert bezeugt, am Stadtrand von Elbing entdeckt.

»Nein, wir bleiben hier, Urchen, bis der kleine Bruder kommt!« Ihre großen Augen hingen an dem Storchenpaar, das in immer größeren Kreisen über dem Hof ins helle Licht schwebte. »Erst wenn die wieder aufs Nest kommen, bringen sie das Brüderchen«, tröstete die Urgroßmutter. »Da können wir noch durch alle Ställe gehn, – auch zu den kleinen Lämmern. Lauft man schnell zur Trine, sie soll euch warm anziehn. Aber leise, leise!« Sie legte mahnend den Finger auf den Mund. Aber die beiden, denen sie versonnen und freundlich nachsah, hingen schon an der Tür zum Vorderflur. Die sonndurchschienene Glastür drüben war fest verschlossen, aber es wehte kühl und ein bißchen modrig von der Treppe her, auf deren letzter Stufe die Kinder fast gegen die alte Frau rannten, die schwer aufs Geländer gebückt, auf ihren Stock gestützt, ihnen entgegen kam.

»Stillchen, stillchen!« ermahnte sie, »die Muttchen ist sehr krank!« Zwischen dem Heulen des Windes um das hohe Dach, dem Klappern der Schindeln hörten die Kinder das wimmernde Stöhnen hinter der weißen Tür des Mansardenzimmers. »Mutter!« schrie der kleine Georg und wollte an der Alten vorbei, die ihn aber mit Arm und Stock fest an ihre hellgestreifte Leinenschürze preßte, damit die Küchenmagd mit ihren Eimern dampfend heißen Wassers treppauf konnte. Zu gleicher Zeit stürzte aus der andern Mansardentür die kleine dicke Trine, das Kindermädchen, die Stricknadel quer durch die weiße Hülle der kleinen Haube gespießt, den feuerroten Strickstrumpf in der Hand, und rief den Kindern zu: »Man rasch anziehn!« Sie zog die beiden über den dunklen Flur fort, ehe sie zu der Mutter hineinsehn konnten.

Unten war die alte Frau Forstreuter der lahmen Alten entgegen gegangen und geleitete sie auf den steifen Lehnstuhl am Flurfenster, schob ihr auch selbst mit den immer noch behenden Füßen die rohrgeflochtne Fußbank unter die dicken Filzschuhe. »Na, Matthésche, wie lang wird's noch dauern?« Die Alte sah auf. Ihr Gesicht war ebenso lang wie das der alten Frau Forstreuter, aber schmäler, die Nase ebenso scharf wie bei jener, aber langgezogen, und ihre Augen und Brauen noch dunkler. Sie lächelte, ein gutes, mütterliches Lächeln. »Ihr Salzburger seid alle Dickköpfe. Das dauert lang.« Die alte Frau Forstreuter seufzte besorgt. »Könnt Ihr denn auch Eure

Schwiegertochter bei der jungen Frau allein lassen?« Die Matthésche lächelte wieder, ein bißchen überlegen. »Die Charlotte hat bei
mir gelernt. Die kann vor jedem Professor bestehn. Wenn sich das
immer von der Mutter auf die Tochter vererbt, dann erst versteht
man was von dieser Kunst. Oder war nicht schon meine Mutter eine gute Hebamme?« Die alte Frau Forstreuter nickte. »Das war sie,
– und eine gute Nachbarin dazu! Wer kam uns mit Salz und Brot
entgegen, als mein Andrees und ich hier eingezogen? Wer nahm uns
auf, als wir damals im Hungerwinter abbrannten? Und wer half
mir, als heute vor sechzig Jahren mein kleiner Georg ankam – am
Georgstag?«

Die Matthésche nickte. Gleich aber schüttelte sie den Kopf. »Ein
bißchen Katholisches hattet ihr Salzburger doch noch an euch, – so
mit den Namenstagen!« »Ach so«, meinte die Frau Forstreuter, »tut
Euch nur nicht so streng-reformiert! Ihr wißt ganz gut, was der Georgstag für uns bedeutete, – heut sind's grade zweiundsechzig Jahr,
daß wir aus unserer Heimat raus mußten, von Haus und Hof, von
Stall und Feld, – von aller Verwandtschaft!«

Beide blieben einen Augenblick still. Dann trappelten die Kinder,
dick verpackt in ihre Pelzmäntel und Filzkappen, die Treppe herunter, von Trinchen geleitet. Die alte Frau Forstreuter sah ihr entgegen. »Kannst hier bleiben, Trinchen, der Oma Matthé Gesellschaft
leisten. Kannst auch nachsehn, ob die Hanne schon Kaffee gemah-
len hat. Wir werden ja bald feiern müssen.«

Die alte Frau Matthé sah auf: »Warum ist die junge Frau noch so
spät hier zu Besuch gekommen?« Die große Haube der Urgroßmutter neigte sich tief über den Lehnstuhl: »Ich hab ihr zugeredet. Ich
hab gesagt, weil das neue Haus noch so naß ist. Aber ich dachte, –
weil da noch keiner gestorben ist!«

Sie flüsterte es ganz leise, der Kinder wegen, aber die Matthé hatte verstanden und nickte und auch das Trinchen machte ein ver-
ständnisvolles und besorgtes Gesicht. Die Kinder aber ließen keine
Zeit für ängstliche Gedanken. Sie zupften an der schwarzen Schürze und baten: »Zu den Purras! Zu den Schafchen!«, so daß Trinchen
eilig den Riegel der unteren Tür aufstieß, aus der die beiden vor
Eifer beinah über die Holzstufen in das kleine Gärtchen stolperten.

Die Fliederbüsche am gekalkten Lattenzaun bogen sich im Wind, es orgelte in der Krone der jungen Kastanie, deren braune Knospen schon klebrig glänzten. Mit lautem Geschrei liefen die Kinder über den Hof, scheuchten die erschreckten Hühner, rannten auf die Schwelle des Pferdestalls, stürzten in den Kuhstall, wo die Mägde schon beim Melken waren, liefen an den Schweinebuchten entlang und zogen die Urgroßmutter endlich nach dem Schafstall.

Die alte Frau folgte ihnen nicht. Sie blieb am Tor stehn. Der warme Tierdunst, das rastlose Auf- und Abwogen der grauen Leiber, das Hin- und Herfluten der dunklen Köpfe mit den langgezogenen, blanken Augen machte sie schwindlig. Sie nickte dem Schäfer zu, der neben seinem wolligen Hund an einem Lattenverschlag stand und die Kinder das kleinste Lämmchen in seinem Arm bewundern ließ. Neben ihm stand sein jüngster Enkel und reckte den flachslockigen Kopf. »Ist das der Lise ihrer? der Lise Sperling ihr Kleiner?« fragte die Urgroßmutter. Der Schäfer lächelte. Sein rotbraunes, von Wind und Frost gegerbtes Gesicht zog sich in hundert Fältchen zusammen, bloß die kleinen, hellen Augen blickten klug und freundlich nach der Tür. »Das is der Lise ihr Enkel! Geh, Fritzchen, gib der Frau Forstreuter Handchen!« Der Kleine watete durch das rauschende Stroh auf die alte Frau zu und reichte ihr zutraulich die feste Hand. »Mit!« sagte er vergnügt, als er merkte, daß sie gehn wollte. Sie nickte dem Alten zu: »Er kann nachher unsre Kinder ins Haus schicken. Die Lise wird ja wohl noch beim Melken sein. Den Kleinen nehme ich mit, geh noch ein bißchen nach der Linde.«

Sie hielt das warme Händchen in der ihren. Der Kleine gefiel ihr, sie blieb stehn und suchte in der großen Tasche unter der schwarzen Schürze, bis sie eine verschrumpelte Kastanie fand und ein Stückchen Gerstenzucker, das sie ihm in den weichen Mund schob. Die Kastanie warf er fort, nachdem er schmatzend daran geleckt hatte. Die alte Frau lachte, strich zärtlich über die Flachslocken und wanderte dann mit ihm über den Feldweg, der zwischen Schuppen und Pferdestall ins Freie führte, zu der großen Linde, die dort auf einer kleinen Anhöhe in dem winzigen Friedhof stand, den ein bemooster Lattenzaun im Viereck umgab. Um den rissigen, mächtigen Stamm lief eine schmale Holzbank, auf der die alte Frau und das

Kind einen geborgenen Platz in der Sonne suchten, die nun schon tief über dem blaudunklen Zackenstreifen der fernen Forst stand.

Der Wind ließ nach, die Wärme der Luft war schon zu spüren. Halb eingesunken, unter der verfahlten Tannendecke noch grau und kahl, lagen die Gräber unter den Kreuzen. Die alte Frau Forstreuter hatte die Hände gefaltet und sah auf die Namen. Ein paar waren von Schnee und Regen verwaschen, aber ihr waren sie so vertraut, daß sie Name und Daten wie aus einem Buch ablas: den Namen des ältesten Sohnes und seiner Ehefrau, die da vor zwei Jahren fast am gleichen Tag beerdigt waren. Den Namen jenes ersten kleinen Georg, den Namen der jung verstorbenen Tochter. ›Viktoria‹ stand da neben dem altmodisch gewordenen Namen Ursula; am Tag von Leuthen war sie geboren. Sie sagte es flüsternd, als ob der Kleine neben ihr es verstehn müßte. Er lag fest an sie gelehnt, in ihre aufgeknöpfte, lange Pelzjacke gekuschelt, mit der schwarzseidenen Schürze zugedeckt, warm wie ein kleines Tier. Sie fühlte den festen kleinen Kopf mit dem steilen Schädel. Sein rosiges Gesicht war rund wie das seines Großvaters, des Schäfers, aber der Kopf mit der steilen Stirn und die feste Nase, – das war Sperlingsch. So hatten sie alle ausgesehn, der Melchior und der Michel, die Rosina und die Apollonia, wie sie da abends neben ihr auf dem Flüchtlingswagen unter dem Leinenplan im Stroh lagen. Die Eltern der vier waren schon tot, so hatte die Bas vom Klosterlehn, die Mutter der Catharina, sich ihrer angenommen auf der langen, langen Wanderung vom Radstädter Gericht bis in die Insterniederung. Alle Vier waren sie gekommen, das Bündelchen in der Hand, – bloß die eine nicht, Brigitta, ihre Liebste und Beste. So blaue Augen hatte sie gehabt, wie dies Jungchen, auch solch helles Haar! Klein wie er war sie gewesen, als sie der Catharina durch den Zaun die ersten Kirschen zusteckte, die drüben, im sonnigen Schneidersgarten, früher reiften als auf dem Hang hinterm Klosterlehn. Zusammen hatten sie auf der Bachwiese die Gänse gehütet. Dann kamen die Ziegen heran.

Die alte Frau merkte es nicht, daß sie halblaut in das kleine rosige Gesicht hinein sprach, das wie aus einem Nest aus der Geborgenheit des Pelzes zu ihr emporblickte, glücklich und ein bißchen schläfrig von der starken Luft und dem leisen Gemurmel der Worte, die der abendlich sanfte Wind aus dem sonnengoldnen Greisengesicht trug:

– – »Ein Bühl ist's gewesen, ganz rund wie ein Kopf. Ein Kranewittstrauch stand oben, an dem lagen wir. Weit konnte man ins Land sehn, bis zu den hohen Bergen. Da will ich hinüber gehn, wenn ich groß bin und dem Andrees seine Frau! so hab ich immer gesagt. Aber die Brigitta, die hat dann den Kopf geschüttelt. Sie wollte bloß daheim bleiben. Ist schön hier! hat sie immer wieder gesagt. So fand sie nicht den Mut, mit den Andern zu ziehn, nicht im Winter und im Frühjahr nicht. Geweint hat sie und gebetet, – aber sie hat nicht fort gefunden von der alten Heimat. Ist's der Weißperger Ruprecht, der dich hält? hab ich sie gefragt, als wir abends noch einmal am Zaun standen. Denn ich wußte, daß er sie gern hatte und zu ihr hielt, trotz des andern Glaubens, und wußte auch, daß er ein guter Bursch war, so übermütig auch seine Mutter war und so stolz auf ihren großen Hof. Aber sie hat bloß gesagt: der Rupp ist's nicht, so lieb er mir ist. Aber ich kann nicht fort von hier. Das wär mein Tod!«

Das Kind war sanft eingeschlafen, es atmete leise und die alte Frau spürte es sanft an ihrem Herzen. Sie redete weiter, die großen Augen starr nach der sinkenden Sonne geheftet, deren glühendes Rund hinter großen, purpurgesäumten Wolken vorblickte.

»Am St. Georgstag mußten wir fort. Am Bühl kamen wir vorüber, da stand die Brigitta ganz allein neben dem Kranewittstrauch. Ihren Sonntagsstaat hatte sie an und den schönen Hut auf mit der Goldschnur, wie zur Kirche. Ganz still stand sie, als wir vorüberzogen. Sie hörte uns singen, – das gab Mut, – es hat auch keiner von uns geweint. Nur die Winckler Maria und der Michel vom Walchhofer, die noch bis zum Nachbardorf mit uns gingen, haben laut geschluchzt. Auf einmal, wie ich vorüberkam, mit meinem Andrees Hand in Hand, damit alle recht sehn konnten, daß wir uns als Brautleute bekannten, – ist sie den Hang herunter gelaufen und hat den großen Strauß Primeln, den sie bis dahin in der Hand hielt, mir zugeworfen. Dann aber ist sie wieder ganz still gestanden und hat uns nachgeschaut. Als ich mich einmal umdrehte an der Brücke, da hab ich sie noch gesehn und wie ihr grüner Rock in der Sonne glänzte –«

Die alte Stimme erstarb in leisem Flüstern. Die bräunlichen Lider sanken über die sonnenmüden Augen. An den rissigen, warmen Lindenstamm gelehnt, schliefen die alte Frau und das Kind.

Nein, sie schlief nicht. Sie war hellwach, sie spürte die Sonne, die warme Sonne des Frühlingsnachmittags auf ihrem Gesicht. Sanft und heiß strich der Wind über den Bühl, aus dessen frischem Gras die kleinen Primeln sahn, hell und weich wie flächserne Kinderlocken. Vor dem strahlend blauen Himmel, scharfgezackt, mit noch schneesilbernen Graten, mit enzianblauen Schatten, stand die Wand der Bergkette im Norden. Aber unten, vor dem breiten Giebel des Hofs und auf dem Hang dahinter, in den Dorfgärten am Bach, – überall blühten schon die Obstbäume.

Zwei kleine weiße Ziegen spielten im Gras, zwei Hütekinder, Bub und Mädel, kauerten davor, stießen sich an und lachten heimlich, wie sie nach der uralten Frau deuteten, die da oben am Wacholderbusch stand. Leise richteten sie sich auf und schlichen hinter den Strauch, um zu hören, was die Alte sagte. Die aber hatte sie doch kommen sehn. Sie winkte ihnen, die scheu näher schlichen. Die Tracht der Frau war altmodisch und verblichen, der grünseidene Rock, das Brusttuch und die Schürze waren fahl vor Alter, wie das stille, stubenblasse Gesicht der Greisin. Der Bub flüsterte dem kleinen Mädel ins Ohr: »S' ist die Weißperger Ahndl! Ist heut gekommen mit vier Rösser, wie eine Erzherzogin. Grausam reich ist sie!« Die Kleine starrte die alte Frau an, dann lächelte sie vertrauend. Einen gar zu guten Blick hatten die hellblauen Augen der Fremden. Aufmerksam hörten die Kinder zu, was sie ihnen sagte, wie ihre welke Hand mit den zu großen Ringen auf den Weg unten zeigte, in dessen ausgefahrenen Wagenspuren noch das Wasser vom gestrigen Regen stand. Eindringlich sprach die altersbrüchige Stimme auf sie ein:

»Dort unten sind sie gezogen. Die Jungen zu Fuß, das Bündel in der Hand, die Alten und Bresthaften auf den Wagen. Hinter dem Wagen vom Klosterlehn gingen meine Brüder und Schwestern, die sahen sich nicht um nach mir. Zuletzt kam der Melchior. Der hat weggeschaut und laut das Exulantenlied gesungen. Dann kam der Andrees mit der Catharina Hand in Hand. Sie hat den Strauß aufgehoben – und dort an der Brücke, da hat sie sich noch einmal umgeschaut. Möcht wissen, ob sie noch lebt, da oben in Preußen. Ob sie noch meiner denkt?« – – –

Die alte Frau Forstreuter schrak auf aus ihrem Traum, eine Stimme hatte nach ihr gerufen. »Wach auf, Fritzchen!« mahnte sie das schlaftrunkene Kind, das sich gähnend und taumelnd aus seinem Versteck schälte, dann aber, rasch ermuntert, durch das offene Friedhofpförtchen dem Trinchen und den beiden Urenkeln entgegenlief, die da laut rufend näher kamen. Weit hinter ihnen, schon im Schatten, hinkte die alte Matthé und ließ ihr großes, weißes Kirchgangstaschentuch wehn.

»Ein Schwesterchen, ein Schwesterchen!« schrien die Kinder und zeigten, vor Freude laut lachend, nach dem Storchennest auf dem Gutshaus, auf dem die Störchin saß. »Eine junge Tochter!« schrie das Trinchen ganz heiser vor Aufregung, ihr Botenbrot als Erste zu verdienen. Die alte Frau zog denn auch gleich den schon bereit gehaltnen, blanken Taler aus der Tasche. Einen Augenblick lang sah sie auf sein Bild. Es war kein Theresientaler, es war ja auch noch nicht Kindtaufe. Aber ein schönes Stück war's doch, mit dem scharfgeschnittenen Profil des großen Preußenkönigs. »Halt es in Ehren!« Damit ließ sie den Taler in die noch kindlich runde Hand gleiten.

»Wie wird das Schwesterchen heißen?« schrieen die Geschwister … »Nich sagen! Nich beschreien vor der Tauf!« mahnte die Matthé im gleichen Atemzug mit ihren Glückwünschen. Aber die alte Frau Forstreuter lachte diesmal bloß. »Brigitta soll sie heißen! dafür werd ich schon sorgen.«

Den kleinen Georg an der einen Hand, das Fritzchen an der andern, schritt sie aufrecht und stolz wie eine Junge über den Hof auf das Haus zu, hinter dem der Frühlingsabendhimmel verglühte.

MIEGEL, AGNES, wurde 1879 in Königsberg geboren. Ihre Vorfahren stammten aus dem Salzburger Land, wurden wegen ihres evangelischen Glaubens vertrieben und fanden in Ostpreußen Aufnahme. Die damaligen Ereignisse reflektiert Agnes Miegel in ihrer Erzählung »Truso«. Den Salzburger Protestanten wurde das Schicksal der Vertreibung ebensowenig erspart wie ihren ostpreußischen Nachfahren im Jahre 1945.

Agnes Miegel wird zu den bekanntesten deutschen Balladendichterinnen gezählt (»Die Frauen von Nidden«). Während des Nationalsozialismus verfaßte die politisch unerfahrene Dichterin einige Gedichte im Sinne der Ziele der Nazis. Doch sah sie in »Abschied von Königsberg« dann auch bald die nahende Katastrophe und die Vertreibung voraus.

Nach der Vertreibung genoß sie hohes Ansehen bei den Heimatvertriebenen, die sie als »Mutter Ostpreußens« verehren. Die Dichterin starb 1964 in Bad Nenndorf.

Zu Kaisers Geburtstag

An den Kaiser:
Wenn die Sonne aufgeht
Am Firmament
Und ihre
In diesem Augenblick
Leuchtenden Strahlen
Zur Erde wirft,
Begrüßt sie ihr Hab und Gut
Und das Menschengeschlecht.

Wir stehen dann auf
Von unserem Lager
Und grüßen
Den Allerdurchlauchtesten:
An deinem Geburtstag
Hoher Herr,
Wert bist du, entgegenzunehmen
Unseren Dank!

Wir Masuren,
Obgleich verachtet,
Der kaiserlichen Krone
Sind genehm;
Nimm an, o Liebenswürdiger
Trotz polnischer Klänge,
Mit ganzer Kraft
Wir senden dir Dank.

Auch wenn Meeresdeiche
Bringen uns Verdruß,
Sie entreißen nicht

Die Treue!
Gott möge lenken
Dich mit dem ganzen Hof!
Gern wollen wir
In deiner Obhut sein
Stets sicher,
Daß niemals Feinde
Unsere Schwelle
Überschreiten.

(Aus dem Polnischen von Ursula Fox)

An das Volk

Angenehm deutsche Menschen sind sie!
Wir – ehrbare Masuren!
Den Kaiserthron gemeinsam wir rühmen,
Die Stimme soll klingen in lieblichem Ton:

Es lebe der Kaiser![1] Gesundheit fürwahr
Sei ihm auch beschieden im nächsten Jahr!

Leucht uns, du Krone, in deinem Glanz,
Die du zierest den Kaiserstand.
Ach, Musik, erklinge im Chore,
Ihr Fahnen, strahlet dort oben:

Es lebe der Kaiser! Gesundheit fürwahr
Sei ihm auch beschieden im nächsten Jahr!

Schmiedet Verrat, ihr Anarchisten,
Oder verschiedene Nihilisten!
Die dem Kaiser ergebenen Preußen
Ihr Vaterland halten in Ehren.

Es lebe der Kaiser![1] Gesundheit fürwahr
Sei ihm auch beschieden im nächsten Jahr!

Wo des Krieges Schall über dem Volke dröhnt,
Dort tönen Verzweiflung und Not;
Drangsalierte Länder sind dies
Und rundum verwüstet.

Es lebe der Kaiser! Gesundheit fürwahr
Sei ihm auch beschieden im nächsten Jahr!

Not, Kreuz, und vielerlei Böses
Erleidet das unglückliche Volk;
Bei uns aber herrschet der Friede,
Der gnädige Kaiser selbst ihn bewahrt:

Es lebe der Kaiser! Gesundheit fürwahr
Sei ihm auch beschieden im nächsten Jahr!

O Gott im Himmel! Gewähre Du selbst
Deinen Segen für uns!
Schütz' vor dem Fall – herrsch' über uns!
Und auch dem Kaiser schenk' Deine Huld!

Es lebe der Kaiser! Gesundheit fürwahr
Sei ihm auch beschieden im nächsten Jahr!

(Aus dem Polnischen von Ursula Fox)

---

[1] Es handelt sich um Wilhelm II.

Entschluß[1]

Fahre hin, Du Glück der Liebe, das im Herzen mir geblüht;
Lebe wohl, Du rote Rose, die des Gottes Flammen sprüht;
Lebe wohl, Du schönes Mädchen, das mein Herz in Fesseln band;
Lebe wohl, Du Licht der Augen, deren Strahl ich oft empfand.

Von den eitlen Tändeleien, von den Freuden, von dem Scherz
Wendet sich dies gramzerrissne, ahnungsvolle, kranke Herz;
Nein, ich will nicht mehr der schönen Preußenmädchen Sänger
     sein,
Sing' nicht mehr das Glück der Liebe, heitren Frohsinn, Scherz
     und Wein.
Jetzt nur ruft mein Lied zum Kampfe, zum Gewühl des Kriegs,
     zum Streit,
Zur Empörung und zum Aufruhr, da es Haß und Rach' gebeut[2];
Zu dem Sturz der Potentaten, die die Heimat mir geraubt,
Die in's Joch, in's eh'rne, beugen Polens sieggekröntes Haupt.
Ha, es soll Euch nicht gelingen! Hütet Euch, der Rächer naht!
Wir erkämpfen uns das wieder, was Ihr nahmet durch Verrat;
Raubtet Ihr gleich unsre Freiheit, unser Mut bleibt unbesiegt;
Polens Kraft ist nicht gebrochen, wenn es auch in Fesseln liegt.

---

[1] Dies Gedicht wurde niedergeschrieben, als ich das Bewußtsein meiner Nationalität
    wiedererlangt hatte.
[2] gebietet.

In der Fremde

Weh, ein Flüchtling hier im Leben,
Ein Verfolgter vom Geschick,
Steh' ich da allein, verlassen,
Trotz und Haß in meinen Blick.
Rings um mich nur kalte Herzen,
Fremd die Menschen, fremd das Land,
Fremd die Weise, die mir aufdrängt
Meines Schicksals rauhe Hand.

Und von aller Welt verstoßen,
Ohne Freunde, heimatlos,
Irrt' ein Kind ich in der Fremde
Und der Schmerz nur zog mich groß.
Früh schon hab' gelernt ich hassen,
Früh schon nährt' ich bittern Groll,
Und mein Herz, es ward zum Kelche,
Der von herben Qualen voll.

Immerhin mögt ihr mich höhnen
Und verspotten meinen Schmerz,
Unversöhnlich bleibt auf ewig
Euch, Ihr Fremden, dieses Herz.
Was am Grabe meines Vaters
Ich mit frommem Sinn gelobt,
Werde treu und fest ich halten,
Bis dies Leben ausgetobt.

Und ob auch das Schicksal zürne,
Abhold meinem ernsten Tun,
Nichts vermag mich zu erschrecken,
Meine Seele kennt kein Ruhn.
Rastlos, wie das Blut im Körper,
Unermüdlich ist mein Sinn –
Und dem Schicksal, wenn es zürnet,
Werf' ich kühn den Handschuh hin.

An die ermländischen Brüder

He, Ermländer, noch lebt es,
Unser polnisches Ermland,
Solange unser treues Herz
Schlägt für unser Volk.

Es lebt, es lebt das polnische Ermland,
Leben wird es in Ewigkeit.
Donnerschlag und Hölle! Schändlich alles
Trachten gegen uns.

Das Geschenk der Sprache hat Gott uns anvertraut,
Gott, der Barmherzige.
Dann wagt es niemand, sie uns zu entreißen,
Niemand auf der Welt, der gierig ist.

Auch wenn es so viel Teufel gäbe,
Wie Menschen auf der Welt,
Gott ist mit uns, wer gegen uns,
Den wird Er auch zerschmettern.

Soll doch über uns
Aufziehen ein drohendes Gewitter,
Der Felsen bersten, die Eiche splittern,
Die Erde sogar erzittern.

Wir stehen ausdauernd und kraftvoll,
Wie unsere Kirchen da,
Vivat! Das Ermland lebe hoch!
Unser polnisches Ermland.

(Aus dem Polnischen von Ursula Fox)

Volksabstimmung

Dieses Wort voller Hoffnung war,
Wie ein Krug mit Julihonig gefüllt!
Der Juli aber trug Grün und Sonnenschein,
Spielte auf Herzblättchen einen Weckruf,
Ließ durch flammende Mohnblüten erröten die Flur.
Und sandte den Aufruf von Dorf zu Dorf.

Und irgendwo zwischen den Zäunen hielt inne das Lied,
Das in sich Zärtlichkeit, Sehnsucht,
Sterne, Morgendämmerung, Stürme und Tränen barg! ...
Und sie gingen zur Urne wie auf den Kampfplatz,
Hoffnung und Ehre auf Schilden tragend! ...
Auch wenn sie der Übermacht Donner zerschlug,
Wenn auch die Knospen von Kalmus und Weide verwelkten,
Gehißt auf den Schwellen der Kiefernkate,
Die Geschichte schrieb einen neuen Band!

Wie eine zerschossene Soldatentrompete
Stöhnten die Herzen, erzitterten und verstummten.
Im Felsennest blieb der Vogel ...
Doch schon das geraubte Banner ergriffen
Hände von Pflug, Hammer und Feder,
Darauf sie das Zeichen des Rodlo![1] nähten.
Sie gingen schauend ins Feuer des Morgenrotes,
So rot wie die Augen der Mutter vom Weinen,
Betend zu Gott um ein Wunder.

---

[1] Das Zeichen des Polenbundes in Deutschland (gegründet im Jahre 1922 in Berlin) war das »Rodlo«, die stilisierte Linie des Weichselflusses.

Blumen der Liebe zertreten, geschändet,
Aufgehoben aus Schmutz, blutige Hände,
Mit Leid fesselte sie der Lagerdraht.
Hört ihr?! Die Nummern marschieren!

Die mit Fetzen gasgefüllter Lungen schrien
Haltet durch! Polen ist nicht verloren!
Die Volksabstimmung verloren, heut' haben sie gewonnen:
Am Fundament der Welt rüttelte ihr Protest,
Als uns aufleuchteten der Freiheit Tage
Und Polen sprach sein mächtiges: DA BIN ICH!

(Aus dem Polnischen von Ursula Fox)

Gefilte Fisch

Königsberg war eine Grenzstadt, doch sagt der geographische Ort wenig über ihre Mentalität aus. Offen nach dem weiten Osten, und ohne eine natürliche Grenze, war Ostpreußen eine Insel und während wir nach Norden und Osten die Nähe der Grenze eher als einen Vorteil ansahen, war die Grenze nach Süden, nach Polen, doch immer ein Ärgernis. Nach Danzig, nach dem »Reich«, mußte man durch Polen, und man spürte so deutlich die Nadelspitzen, wenn die Pässe kontrolliert wurden, oder wenn man, wie es später geschah, in einem plombierten Zug durch den Korridor fuhr. Selbst wir, die wir die Berechtigung der Grenzziehung nach 1918 anerkannten, konnten uns schwer damit abfinden. Vorurteile, durch lange Jahre in der Schule eingepaukt, wirken immer noch nach gegen alle vernünftigen Überlegungen. Dabei war Ostpreußen in meiner Erinnerung ein großes Land. Man stieß sich nicht an den Grenzen. Wenn die Welt heute enger zusammengerückt ist durch den modernen Verkehr, so war unser Land noch weit, und was Strategen als Mangel empfanden, war für uns ein beglückendes Gefühl, die Weite nach Osten, der Wind, die Wasser, die Vögel und gelegentlich auch die Menschen, die die Grenzen nicht achtend aus der unendlichen Ebene zu uns kamen.

Wenn ich heute darüber nachdenke, finde ich es beschämend, wie wenig wir von Polen Notiz nahmen. Da wir hauptsächlich die westlich, meist französisch orientierte Oberschicht sahen, blieben uns polnische Bauern und Arbeiter fast unbekannt. Wir glaubten, Polen verrate den großen Osten: Die Herrschaft Pilsudskis und seiner Obristen, der starke Nationalismus, die Intoleranz gegen die Minoritäten, auch gegen die Juden, schließlich die ständigen Auseinandersetzungen des Adels durch die Jahrhunderte und bis in die unmittelbare Gegenwart. Die geschlossene Grenze verhinderte auch bessere Information. Näher standen uns dagegen die Ostseeländer, Litauen, Lettland, Estland und Finnland. Sie waren uns ja wenigstens zum Teil offen. Jede Wanderung über die Kurische Nehrung war mit einer Grenzüberschreitung verbunden. Mit einem »Bädervisum« konnten wir bei Pillkoppen die Grenze überschreiten, waren im Ausland und waren doch in Deutschland, denn es hatte sich nichts geändert außer den Uniformen der wenigen Polizisten. Wir vaterlandslosen Gesellen, wie wir damals so oft beschimpft wurden, waren natürlich froh, dem Vaterland, dem wir ja laut Geburtsschein zugeordnet waren, für ein paar Tage entronnen zu sein.

Vaterland, Mutterland, Muttererde, Heimat, all diese Worte könnten so schön sein, wenn sie nicht dauernd mißbraucht würden. Wie hatten wir es in der Schule gelernt, das schöne Gedicht von dem Vaterland, das immer größer sein sollte? Wer bestimmt eigentlich, wo das Vaterland beginnt und wo es aufhört? Die Fischer, Bauern, Hoteliers in Nidden waren noch viel deutscher, viel nationalistischer, als sie es innerhalb der Reichsgrenzen gewesen wären. Jedenfalls die, mit denen wir sprechen konnten. Sie fühlten sich unterdrückt von den Litauern. Der Glanz des Deutschen Reichs war noch nicht verblichen. Deutschland, der geliebte, gefürchtete Wolf, der Reichsadler mit spitzen Krallen, bewehrten Klauen, wer wollte ihm nicht zugeordnet sein. Jeder glaubte, daß die Krallen, der böse Adlerblick, der scharfe Schnabel nicht ihm gälten. Die Faszination, die Deutschland immer noch ausstrahlte, war groß. Nicht nur für die ihrer Abstammung nach litauischen Fischer, auch für die vielen Juden in Polen, in Litauen, in Rußland, auf dem Balkan, war Deutschland ein Land der Sehnsucht, ein Magnet, und zwar nicht nur aus wirtschaftlichen Interessen. War erst einmal eine wirtschaftliche Grundlage halbwegs gesichert, so sog die nächste Generation deutsche Kultur ein wie ein trockener Schwamm. Ach Deutschland, daß Du mit Ordnung, Sicherheit, Kultur gelockt hast. Du hattest einen Januskopf, und wenn sich das Lamm unter den beschützenden Fittichen des Adlers niedergelassen hatte, wurde es zum Opferlamm. Das mußte schließlich auch der kurische Fischer lernen. Hoch gepriesen wird uns immer das Opfer und jeder denkt, daß nicht gerade er dazu bestimmt ist.

Ich wollte über die Dünen der Nehrung schreiben, und ich stolperte schon am Beginn über die Steine, die ich damals kaum wahrnahm. Wenn wir von Cranz kommend hinter Sarkau den Wald hinter uns gelassen hatten und der trockene heiße Sand unsere Füße umspülte, vor uns viele Kilometer Wüste bis zum nächsten Ort, spürten wir die Freiheit der Düne selbst bei Regen und Wind, erst recht in der sommerlichen Hitze. Wir verlängerten den Weg, indem wir die sanften weiten Buchten ausschritten, vom Haff über die welligen Hügel zur See hinunterliefen, um zu baden, und dann wieder hinauf auf die Kamelsbuckel, von wo aus man Meer und Haff gleichzeitig übersehen konnte. Unter uns die braun-blaue, wie ein gehämmerter Schild ruhig liegende Wölbung des Haffs und auf der anderen Seite die See in einem helleren Blau mit den weißen Schaumkronen und der gelb-weiße Dünenstreifen mit den orangebraunen Wellen; ein Meer mit vom Wind geblasenen Rippen. Wir schämten uns unserer breiten Fußspuren, wie man sich scheut, in frisch gefallenen Schnee hineinzustapfen. Aber wir waren barfuß und die Abdrucke der Zehenspitzen legitimierten auch uns als dazugehörig. An einem langen Tag konnte man diese Wüste durchwandern, oft ohne einen Menschen zu treffen, Bucht für Bucht und Buckel für Buckel und voller Entzücken den Wechsel von Farben und Licht im Spiel mit den Wolken verfolgen. Die starken Kontraste begeisterten uns ebenso wie das Gefühl, einmal der Natur ausgeliefert zu sein. Der schmale Weg für den Postwagen mit Krüppelkiefern, Disteln und hartem Strandhafer, der Hände und Füße zerschnitt, konnte diesen Eindruck nicht stören. Es war eine Freude, wenn der Sturm über den Dünen wütete, der Ordnung machte und unsere Spuren im Nu verwischte, wenn wir den Sand scharf im Gesicht spürten, wenn der Regen dazukam und neue dampfende Vorhänge über den Bergen webte. Nie hatten wir ein so starkes Selbstbewußtsein, als wenn wir durch diese Landschaft hindurchstapften. Urlaub von der Zivilisation, einmal für eine erträglich kurze Zeit der elementaren Natur ausgesetzt zu sein, das war unser Erlebnis.

So oft war ich gar nicht auf der Nehrung. Die Zahl der Finger an den Händen wird wohl reichen, aber jedesmal war es ein anderes Land. Das letzte Mal, als wir zwischen Weihnachten und Neujahr 1934 Abschied nehmen gingen, stapften wir durch neuen Schnee, die Wüste war vollkommen. Wir waren nur bis Rossitten gegangen, hatten dort übernachtet unter riesigen Federbetten. Am Morgen die Bemerkung der Wirtin, daß es ja wohl gut sei, daß Hitler gekommen war, er habe auch den Schieber Thomas Mann aus Nidden vertrieben. Wir antworteten nichts. Ich sehe noch heute das Gesicht vor mir. Es war das ovale Gesicht der litauischen Bauernfrau mit schmalem Mund, starker Nase, braunen Augen und glattem, braunem Haar. Ein Gesicht, das wir immer geliebt hatten. Der Rückweg glich schon mehr einer Flucht. Er schien endlos, der Schneematsch wollte unsere Füße nicht loslassen. Nachts, als wir in Sarkau waren, läuteten die Glocken, es knallte und johlte von allen Seiten, es war Silvester 1935, das Jahr, in dem wir Deutschland verließen. Wieder haben mir die schwarzen Wolken die Sicht versperrt. Von meiner letzten Reise, und es wird wohl die letzte bleiben, zu meiner ersten.

Das muß wohl 1919 gewesen sein, denn der Jugendbund war gerade erst gegründet und meine Schwestern und ich durften nur mitgehen, weil der Rabbiner Dr. Vogelstein dabei war und mit sanftem Hinken uns den ganzen Weg begleitete. Es war Pfingsten, ein paar der jubelnden Frühlingstage, die uns beschert wurden. Ich erinnere mich an einen Abend in Rossitten, der einer italienischen Nacht glich, wie wir sie uns vorstellten. Sanfte Musik aus dem Kurhaus und ein unendlich lautes Quaken der Frösche aus dem Teich, es war der gedeckte Tisch für die Vogelscharen, die wir am Tag gesehen hatten. Auf der Mole im Hafen zu sitzen, glitzernde Sterne widerspiegelnde Lichter im Wasser, Geruch des Brackwassers, Schmatzen der leichten Wellen um die plumpen Haffkähne. Betäubender Duft der Nadelbäume, flanierende Menschen und immer wieder das Quaken der Frösche, das mich die Nacht nicht schlafen ließ. Es war die Wiederkehr meiner Jugend in Cranz. Ich konnte mich noch ganz den Eindrücken hingeben, kein Denken hinderte, ich war eins mit Frühling, Nacht und der Umgebung.

Später habe ich verzweifelt versucht, die Bilder dieses Erlebnisses wieder aufzufrischen. Ich sah einige schöne Nehrungshäuser, wie im Heimatmuseum, daneben preußische rote Ziegelsteinhäuser; Vögel und Frösche waren auch da, aber daneben – als Erinnerung an die Vogelwarte – die ausgestopften Tiere in der Schule und der Zeigestock des Lehrers. Der leichte tändelnde Sommerbetrieb mit

Kurhaus – ich gehörte nicht mehr dazu. Wir setzten unsere Wanderung fort, bis wir wieder in der Wüste waren und bauten unser Zelt in den Dünen oder am Strand vor Pillkoppen. Die Stille wurde nur unterbrochen von den klatschenden Wellen oder dem jagenden Wind.

Hinter dem kleinen Dorf Pillkoppen die Grenze. Es war Litauen, aber für uns Memelland. Wir pflegen in Deutschland verlorene Kriege nicht wahrzunehmen. Dafür gibt unsere Nationalhymne ein gutes Beispiel:»Von der Maas bis an die Memel, von der Etsch bis an den Belt.« So sangen wir es in der Schule, und wer das nicht mitsang und Bedenken äußerte, war schon immer ein Landesverräter und vaterlandsloser Geselle. Die Wanderdünen, vom Wind geblasen, kümmerten sich nicht um die Grenzen. Ob sie sich auch heute nicht darum kümmern, ob der Wind noch immer die Schwerarbeit leistet, den Sand zu Gebirgen zu türmen und Täler wieder freizulegen, in denen einst Dörfer gestanden hatten mit Häusern, Kirchen und Friedhöfen? Vielleicht sind heute dort Bunker und Raketenstellungen, gegen die der Wind nicht ankommt. Sicher wäre er auf die Dauer dieser neuen deutschen Tüchtigkeit unterlegen, und es würden heute dort Hotelkolosse, Bungalows, Schnellstraßen und Yachthäfen sein. Ob die Libisbucht noch ihren Namen hat, der Grabscher Haken, die Bullwicksche Bucht? Laß mich noch einmal die Namen nennen auf dieser hundert Kilometer langen Land brücke zwischen Ostsee und Haff, die Namen der Orte, Flecken und Forsthäuser: Cranz, Sarkau, Rossitten, Pillkoppen, Nidden, Purvin, Preil, Perwelk, Schwarzort und überm Wasser Memel.

»Frei ledig zieh ich durch die Welt, hab Sorgen nie gekannt«, sangen wir, um übergangslos die Probleme zu diskutieren, die uns bedrückten. Dabei ist das Wort Problem schon viel zu abstrakt. Wir sprachen über unsere Kameradschaft untereinander, über die Solidarität mit den Arbeitern, über den bedrohlichen, heraufziehenden Faschismus, über die Stellung der Juden. Frei ledig sangen wir und schleppten Rucksack, Brotbeutel, Gitarre und Zelt mit uns, ein ganzes Schneckenhaus, ohne all das war eine Reise bei unserem mageren Verdienst oder Taschengeld gar nicht denkbar.

Auf einem Nehrungsdampfer machte ich einmal die Bekanntschaft eines Globetrotters. Ein nicht mehr junger Mann, der mir von Afrika und Asien erzählte, still und unauffällig dastand in bürgerlicher Kleidung mit einem kleinen Koffer in der Hand und viel exaktem Wissen. Was für einen Aufwand an Gewicht hatte ich betrieben für meine kleine Reise.

Was für die Juden Jerusalem, die Araber Mekka, die Germanen der Brocken oder vielleicht Bayreuth war, war für uns Nidden, das heilige Dorf zwischen Sandbergen, See und Haff – es kehrt noch heute wieder in meinen Träumen. Vielleicht kam man gerade bei Sonnenuntergang rechtzeitig an, wenn gegen den flammend farbigen Himmel die Fischerflotte auf Fang fuhr, ein Schiff hinter dem anderen, die sanft gebogene Linie der Bucht nachfindend und jedes Segel klar und scharf gegen die Bucht sichtbar, gegen den Horizont. Wir, die wir wie Heine über Sonnenuntergänge spotteten, waren von der Liebe zu dieser Landschaft überwältigt, dem einheitlichen Rhythmus, den der Wind bestimmte. Dieser Rhythmus und die klaren Farben waren es auch, die Thomas Mann und die Maler des Expressionismus auf die Nehrung brachte. Sie saßen in Rossitten, in Pillkoppen, unter der »Schwarzen Düne«, die das Dorf zu verschütten gedroht hatte und dann in mühevoller Arbeit mit den harten Grasbüscheln bepflanzt worden war, sie saßen auf der hohen Düne bei Nidden, die steil ins Haff hinunterfiel, und im Fischerhafen malten sie die plumpen Kähne mit den so schönen primitiven Holzwimpeln auf der Mastspitze. Ich habe einmal solch einen Wimpel gekauft, auf dem der Fischer all seinen Besitz dokumentiert, Häuser, Schuppen, Frauen und Kinder neben- und übereinander in einfacher Laubsägearbeit und dann bunt bemalt. Jedes Boot hatte seine eigene Flagge.

Doch nun zu den Expressionisten. Wir hätten sie nie bemerkt, wenn es nicht Hermann Blode gegeben hätte. Von der Dorfstraße aus war Hermann Blode ein Gasthaus wie alle anderen. Am Eingang der Dorfladen, dann kam der Gastraum, ziemlich dunkel, eine Schenke wie jede andere. Daß der Besitzer immer schon eine Liebe zur Kunst gehabt hatte, bewies ein großes Jägerbild, echt Öl, wie wir sagten. Dann aber kam man auf die Terrasse, die auf Pfählen schon im Haff stand, jeder Tisch mit einer kleinen Petroleumlampe mit buntem Schirm. Dort saß man am Abend und hatte das Haff vor sich und konnte herrliche Gerichte bestellen – wenn man Geld hatte. Bei uns reichte es immer nur zu einer Tasse Kaffee. Aber die Wände waren voll mit Bildern von Pechstein, Schmidt-Rottluff, Nolde und anderen Malern. Es war die köstlichste Ausstellung, die ich je gesehen habe. Es stimmte alles auch noch, als zu unserem Leidwesen die Petroleumlampen durch elektrische ersetzt wurden. Wie konnte solch ein Wunder geschehen? Nun, ich kann es nur erzählen, wie ich es damals wußte. Es war die Liebe, die dieses Wunder bewirkt hatte, warum sollte in diesem Zauberdorf nicht auch Liebe solch bunte Wunder bewirken? Die alten Blodes hatten ihr Marjellchen, ihre Tochter, auf die Schule in Königsberg geschickt und dort hatte sie einen jungen Maler – Ernst Mollenhauer – kennen und lieben gelernt und geheiratet. Es müssen sehr aktive Menschen gewesen sein; sie brachten nicht nur ihre Malerfreunde nach Nidden, sondern hängten auch ihre Bilder dort auf, allen sichtbar, und verhalfen so der Kneipe und dem Kramladen Blodes zu Weltruhm. Als wir die Haffterrasse entdeckten, war ihr Ruhm schon nach Königsberg gedrungen. Jedesmal, wenn wir in Nidden waren, war unser erster Weg zu Blode, um die alten und neuen Bilder zu bewundern. In den Jahren zwischen 1925 und 1932 waren wir fast jedes Jahr dort. Damals waren wir sehr reich. Wir konnten eine Vierter-Klasse-Reise von Berlin nach Königsberg bezahlen und hatten sogar noch Geld übrig, einmal in einem billigeren Gasthaus Räucheraal zu essen. Und da man das »fette Zeuch« ohne Schaden nur mit verdünnendem Alkohol in riesigen Portionen essen konnte, so tranken wir Wodka dazu – ganz gegen unser Gewissen, denn wir waren Antialkoholiker, aber was tut man nicht alles aus Liebe zur Heimat? Wenn wir dann mit gut gefülltem Magen und leicht trunken die Dorfstraße hinuntergingen und zu dem Wald auf der Düne stiegen, wo unser Zelt stand, denn zu einem Zimmer in einer Pension langte es immer noch nicht, so sangen wir das Lied vom russischen Bauern, der sich immerfort noch ein Schnäpschen eingießt, von Walter Mehring, und endlich war die Welt auch für uns einmal rund und in Ordnung.

Unser Zelt konnten wir allein im Wald stehenlassen. Niemand

hätte etwas daraus gestohlen. Einmal, ich war mit Hans Litten und Margot in Nidden, schickte ich die beiden ins Dorf, um Wasser und Essen zu holen. Ich war faul, und um wenigstens etwas zu tun, schälte ich Kartoffeln. Plötzlich ein Rütteln am Zelt, daß es beinahe umkippte. Mit einem Fluch sprang ich auf, weil ich sofort Margot im Verdacht hatte, eine Teufelei vorzuhaben, und stand einem riesengroßen Elch gegenüber, der ebenso überrascht wie ich in mein dummes Gesicht starrte und schließlich, sein bärtiges Haupt bedächtig schüttelnd, im Wald verschwand. Ich schüttle auch den Kopf über mich. Da hat man doch so viel gesehen, ist durch echte weite Wüsten gefahren, kennt den Harz, die Mark Brandenburg, das blitzblaue Mittelmeer von den bizarren Felsen Mallorcas aus gesehen, die Spitzen der Alpen, Gletscher, frostkalte Stauseen, und dann geht einem doch nicht der Geruch dieses Dorfes verloren mit den mageren Kiefern, nicht der Geruch des schwelenden Holzes der kleinen Schiffswerft, der Eichenbohlen, die über Feuer für den Bauch eines Schiffes gebogen und mit einem Wasserstrahl wieder gelöscht wurden, dann wieder erhitzt und an einem Ende mit Steinen beschwert, bis sie der gewünschten Form entsprachen. Viele Stunden habe ich zugesehen, fasziniert von der Gewalt, die einem Holz angetan wird, bis es sich dazu bequemte, nützlich zu sein und zur Belohnung dann umhüllt von Teer und Farbe, als stolzes Schiff sich vom Haff umplätschern zu lassen und den kurzwelligen Stürmen standzuhalten.

Es muß wohl schon Anfang der dreißiger Jahre gewesen sein, als ich mit Margot und Hans die so lange geplante Reise verwirklichen konnte, die ganze Nehrung entlang und über Memel und Litauen hinaus bis nach Lettland zu gehen. Nur in den Kriegen, im Ersten und Zweiten Weltkrieg, kamen damals arme Leute zu solchen Reisen. Margot und ich waren von Rossitten weitergegangen, noch einmal am Haff und den Sanddünen entlang bis Schwarzort und dann noch einen Tag bis zum Memeler Tief, bis wir an einem Sonnabend in Memel anlangten. Es war wohl ein Sonnabend, und nach sonnenheißen Tagen begann es leicht zu regnen. Wir wußten nicht viel in Memel anzufangen, es ist mir jedenfalls nichts im Gedächtnis geblieben. Wir kauften eine Vossische Zeitung von ungeheurem Umfang, gaben am Bahnhof unsere Rucksäcke auf und gingen ins Kino. Danach als wir unsere Sachen wieder holen wollten, war der Bahnhof geschlossen. Nach einigem Hin und Her gingen wir vor die Stadt und im Schutz einer großen Mauer legten wir die Zeitung unter uns, wie es Landstreicher zu tun pflegen und deckten uns mit den Mänteln zu und schliefen. Erst richtig durchfröstelt waren wir, als wir am Morgen zum nahen Tor kamen und Landeslepra-Anstalt lasen. Nun, uns brachte ein Kaffee am Bahnhof bald wieder auf die Beine. Hans Litten kam mit dem Zug, und wir begannen unsere einzige Reise ins Baltikum.

Hinter Memel endete Deutschland. Mit den Grenzen von 1918 endete dort auch radikal, was deutsche Kultur oder Zivilisation war. Es war unglaublich, daß man ein paar Schritte weiter tief in Rußland war. Steinerne Häuser, steinerne Herzen, sagten die Litauer, und es gab von nun an in den Dörfern nur noch Holzhäuser. Was auf der Nehrung noch museal wirkte, die schön geschnitzten Giebel und Dachfirste, die Strohdächer, wurde selbstverständlich, der Typ der Menschen hatte sich kaum gewandelt. Die Chaussee verwandelte sich in eine Sandpiste mit tief ausgefahrenen Radspuren, breit nebeneinander, und der Wald wurde nun wirklich zum Urwald. Alles, was wir an Ostpreußen liebten, war hier noch liebenswerter, noch ursprünglicher. Bald zogen wir es vor, durch eine Waldschneise zum Strand zu gehen. Die Straße verlief sowieso parallel zum Meer. Was für ein herrlicher Strand, viel breiter als wir es gewohnt waren, die Buchten weiter ausschwingend, ohne Steilküste, weit und breit kein Mensch, nur einige Radspuren dicht am Meer. Da hatten die Wellen den feuchten Sand wie Asphalt geglättet und gehärtet. Gingen wir 20 oder 30 Kilometer, bis wir an der lettischen Grenze waren? Das war jedenfalls alles, was von Litauen ans Meer grenzte, und Litauen war doch einmal eine Weltmacht gewesen. Nachdem die Baltischen Staaten, einem nordischen Balkan gleich, zu handlichen Stücken zerschnitten worden waren, hatte es Wilna verloren und Memel als Zugang zum Meer bekommen, ohne den der neue Staat überhaupt nicht lebensfähig gewesen wäre. Wir saßen an dieser einsamen Grenze, ein Zaun quer durch den Wald bis zum Strand, und kramten zusammen, was wir aus Geschichtsunterricht,

Reiseführern und Karten über das Baltikum wußten. Litauen, Kurland, Livland, Estland hießen einst die Ostsee-Länder bis zum Finnischen Meerbusen, an dem Petersburg, heute Leningrad, liegt. Jetzt hießen sie Litauen, Lettland, Estland und verdankten ihre Existenz dem Cordon Sanitaire, dem Sicherheitsgürtel, der die Sowjetunion von der Ostsee absperren sollte. Hans hatte vorsorglich Reise- und Sprachführer mitgebracht, aus denen man erfuhr, daß man sich in Lettland nicht mehr deutsch verständigen könne, daß es in den Wäldern Kreuzottern und Wölfe gäbe; er hielt es nicht für ratsam, weiterzugehen. Wir konnten auch nicht weitergehen, da der Grenzposten unser Visum nicht anerkannte und sich erst zu einer Beratung mit seinem Vorgesetzten zurückgezogen hatte. Der Vorgesetzte kam aber erst am Abend zur Ablösung. So hatten wir Zeit, Lettisch zu lernen. Wir haben es natürlich nie geschafft. Ich weiß heute nur noch unvollkommen, daß Swiest Butter hieß, Oalas Eier, Kartöppeli Kartoffeln und Gulta Bett, und auch das mag falsch sein. Aber es klingt so gut.

Dann beschäftigten wir uns mit der Geschichte und wußten, daß es einmal ein riesiges litauisches Reich gegeben hatte, das in Personalunion mit Polen von der Ostsee bis zum Schwarzen Meer reichte. Es scheint, daß Gott gerecht ist und jedem Volk einmal seine Geschichtsstunde gewährt hat, worauf dann ewige Ansprüche angemeldet werden. Es ist kaum aufzuzählen, welche Völker alle Herrschaftsansprüche auf diesen Wald, in dem wir saßen, anmelden konnten: die Deutschen, weil einmal die Goten dort saßen, später die Hanse, dann die Ordensritter; die Schweden, kamen und gingen, die Russen kamen. Die Herren wechselten wie auf den Atlanten die Farben. Blieb der Bauer immer derselbe in seinen armseligen Dörfern, hölzernen Häusern? Ist es anders geworden heute, wo das Land wieder der UdSSR zugeschlagen ist?

Am Abend bekamen wir Bescheid, daß wir ein neues Visum uns in Memel holen müßten. Es war ein schöner Weg für mich hin und zurück. Ich schaffte es in einem Tag teilweise zu Fuß und teilweise von gutmütigen Bauern mitgenommen. Dann öffnete sich die Grenze, dieselbe See, derselbe Strand, der Wald noch dichter: und Hans hörte in der Nacht das Heulen der Wölfe. Am Abend suchten und fanden wir ein Dorf, denn wir brauchten Nahrungsmittel. Hans blieb am Rande des Dorfes sitzen und studierte sein Wörterbuch. Wir anderen gingen hinein und versuchten uns verständlich zu machen. Es gelang nicht gleich, dann aber holte man ein kleines Judenmädchen hinzu, sie konnte Jiddisch, freute sich und dolmetschte vortrefflich. Wir wurden in eines der ansehnlichsten Häuser gebeten, wo wir in der guten Stube unter dem Bild des Zaren Nikolaus Platz nehmen mußten. Tee, Brot und Butter wurden gebracht und – da wahrscheinlich nur selten Gäste im Dorf waren – mußten wir erzählen, woher und wohin und warum wir gekommen seien. Lange noch saßen wir stumm beisammen, während man beriet, wie wir am besten nach Liepaja (Libau) kommen würden. Erst nach langem Verhandeln durften wir wenige Pfennige für unsere Vorräte bezahlen. Es war schon Nacht, als wir aus dem Dorf hinaus waren und unser Zelt in einer Lichtung des Waldes aufschlugen und sicherheitshalber ein Feuer machten; man konnte ja nicht wissen, vielleicht gab es doch Wölfe. Viel mehr ist von der Reise eigentlich nicht zu berichten. Ich besinne mich auf Libau als einer hellen Hafenstadt, eher schwedisch im Vergleich zu Memel. Wir wollten eigentlich nach Riga, aber Geld und Zeit langten nicht. Uns ist das namenlose Dorf in Erinnerung geblieben und wieder ein Zweifel an uns, die wir die gutartige Armut der anderen so liebten.

Als ich schrieb, Königsberg sei eine Grenzstadt, wollte ich ganz andere Dinge erklären, zu meinen eigenen Grenzen kommen, mich abgrenzen. Statt dessen habe ich beinahe auf jeder Seite über Grenzüberschreitungen geschrieben, über die Lust, außerhalb der Grenzen zu sein und die Grenzen hinter sich zu lassen. Die Grenzüberschreitungen, die wir lieben, und die Grenzen, in die wir gebannt sind: meine Grenzen. Dabei bedürfte es komplizierter Untersuchungen, wie sich etwas, was ich bei mir zu übersehen glaube, bei meinem Nächsten abspielt, geschweige denn bei einem, der zwei Jahrzehnte später geboren ist als ich. Diese Grenzen sollten das Thema meiner Überlegungen werden. Geboren als Deutscher, als Jude, als Bürger und als Ostpreuße. Man kann von Ostpreußen fortgehen, man konnte, wenn man Glück hatte, von Deutschland rechtzeitig fortgehen, man kann sich weit von der materiellen Grundlage eines Bürgers entfernen, man kann verleugnen, daß man Jude ist, man kann auch alles andere verleugnen und das Jüdische in den Mittelpunkt seines Lebens stellen. Man hat einige Freiheit für Grenzüberschreitungen. Gott sei Dank ist man nicht festgenagelt in dem Kreis, in den man hineingeboren ist. Es kann sogar tödlich sein, in diesen Gegebenheiten zu verharren. Sobald die in der Familie überlieferten und praktizierten Meinungen nicht mehr bindend sind, beginnt die nächste Umwelt wirksam zu werden. Bei meinen Eltern war die Zuordnung des Judentums zur deutschen Staatsbürgerschaft ein Dogma. Als wir begannen, weiter zu bohren, bekamen wir gereizte Antworten. Man war deutsch, das war eine Tatsache, man sprach deutsch, man zahlte Steuern, man wählte, man nahm Anteil an der Politik, man hatte in der Familie meiner Mutter über mehrere Generationen deutsche Schulen besucht; von der Familie meines Vaters weiß ich kaum etwas, eigentlich nur, daß mein Vater im Altstädtischen Gymnasium zur Schule gegangen war. Es war ja auch eine Tatsache, daß man mit dem »Wohl und Wehe« seiner Mitbürger verbunden war (ein Standard-Argument meines Vaters). Religion ist Privatsache, man war so jüdisch wie andere protestantisch, katholisch, sektiererisch. Wir waren duldsam anderen Religionen gegenüber, und die anderen sollten es auch sein. Das waren Glaubenssätze, die man nicht diskutierte, ohne auf die schiefe Ebene zu kommen. Wo käme man hin, wenn man das nicht mehr anerkannte. Ja, wo kam man hin? Ganz so heil, wie es uns Kindern schien, war die »heile Welt« meiner Eltern aber auch nicht.

Ich glaube nicht, daß es für Juden auch in Deutschland je die heile Welt wirklich gegeben hat. Das kam schon in der Bewegungsbeschränkung zum Ausdruck, die mein Vater sich auferlegte und die er von uns verlangte. »Nicht auffallen«, sich möglichst wenig von den anderen unterscheiden, und Juden waren füreinander haftbar. Wenn ein Jude sich schlecht benahm, kompromittierte er die ganze Gemeinschaft. Das ist immer so bei Minoritäten. Geschieht etwas, etwa ein Verbrechen, so ist es, wenn der Täter ein Deutscher war, ein Herr Müller, war es ein Jude, waren es *die* Juden, *die* Zigeuner, *die* Homosexuellen, heute sind es *die* Gastarbeiter. Bei meinem Vater war es der Dreyfuß-Prozeß 1894, der ihn aus seinen Träumen von der Gleichheit mit den Deutschen aufschreckte. Dreyfuß war dann plötzlich nicht ein französischer Offizier, sondern ein Jude, und als sich schließlich herausstellte, daß es der deutsche Geheimdienst war, der das angezettelt hatte, waren es eben Patrioten, die durch einen Juden kompromittiert wurden. Man konnte es drehen, wie man wollte, die Juden waren schuldig. Dann, viel schlimmer, gab es in Ungarn und in Polen Ritualmordprozesse, eine ganz unsinnige Anschuldigung, wenn man weiß, wie streng Juden der Genuß von Blut verboten ist. Juden wurden verhaftet und vor Gericht gestellt, weil sie angeblich ein Christenkind geschlachtet und das Blut in Mazzen verbacken hatten. Und obwohl sie dann vor Gericht endlich freigesprochen wurden, war das Gerücht vom Christenblut trinkenden Juden schon ins Volk gedrungen und immer wieder von antisemitischen Schriften und Flugblättern aufgenommen worden. Es genügte ein kleiner Trick, um das endgültige Ergebnis, den Freispruch, die Absurdität des Vorwurfs in Frage zu stellen. Doch immer wieder tauchten Ritualmordanschuldigungen auf, sobald ein Mord ungeklärt blieb, so 1900 in Konitz, im früheren Westpreußen, wo meine Schwiegermutter, damals gerade elf Jahre alt, lebte. Diese Anschuldigung vergiftete das Verhältnis zu den Mitbürgern. Der alten Dame war es noch frisch im Gedächtnis, daß sie von einem gleichaltrigen Mädchen auf der Straße angerempelt wurde: »Die Juden schlachten Christenkinder, und Dein Vater auch.« Die Folge war, daß die Kinder nicht mehr abends auf der Straße spielen durften. Solche und ähnliche Erlebnisse wird auch mein Vater gehabt haben. Hinzu kamen noch die Pogrome in Rußland am Ende des 19. Jahrhunderts, und schließlich durften Juden selbst mit deutschem Paß nur mit einer Spezialerlaubnis ins zaristische Rußland einreisen. Die erste große Fluchtwelle der Juden nach Amerika begann, und gleichzeitig kam der Gedanke auf, einen Judenstaat zu gründen, wo man ohne Anfeindung leben können würde. Die Unterstützung dieser Idee bei den emanzipierten Juden in Österreich, Deutschland, Frankreich, England war rein karitativ und mit dem Hintergedanken, die ostjüdische Flutwelle von Westeuropa abzulenken, weil sie den mühsam erreichten Status der Juden in diesen Staaten zu gefährden drohte.

Dabei war auch die Gleichberechtigung und Sicherheit der Juden in Deutschland nur eine dünne Decke, unter der es doch erheblich kalt sein mußte. Zu Hause wurde über diese Dinge selten gesprochen. Vielleicht erzählte mein Vater einiges aus seiner eigenen Erfahrung bei der Pessachtafel, wenn von den Verfolgungen die Rede war, denen die Juden bei ihrer langen Wanderung ausgesetzt waren.

Die Erfahrungen der vorhergehenden Generation sind für die folgenden schon Geschichte. Abstrakt und nicht mehr erlebt. All das lag für uns so weit zurück wie Hexenprozesse im Mittelalter und wir ahnten noch nicht, daß auch Hexenprozesse Gegenwart waren. Wir wußten mehr, was die Juden mit den Deutschen verband; wir wußten vom gemeinsamen Freiheitskampf, von gemeinsamer Wirtschaft, gemeinsamer Schule und Literatur. Was kümmerte uns, daß die Rechte der Juden als Staatsbürger erst 50 Jahre alt waren. Juden hatte es schon seit mehr als tausend Jahren in Deutschland gegeben, und nicht nur Juden hatten in Deutschland mindere Rechte gehabt, auch die Arbeiter waren erst nach 1918 halbwegs als mündig anerkannt. Die Leiden der Juden in ihrer langen Geschichte, die Geschichte der Juden nach ihrer Auswanderung aus Palästina, wurde uns nur als Leidens*geschichte* gelehrt, aber man hatte überlebt, was man von anderen Völkern nicht sagen konnte. Sie hatten überlebt trotz ihrer Ausnahmestellung und wegen ihrer Ausnahmestellung. Geschichtsunterricht verhärtet ungemein. Überall wird ausgerottet von Kriegen und von Seuchen, wer nicht ausgerottet wird, stirbt auch so. Immer sind es andere Menschen, die 50 Jahre später Geschichte machen unter denselben Namen wie ihre Eltern oder unter anderen. Wir lernen es in der Schule als Beispiel: Wenn es nicht geglückt ist, versinkt es in Vergessenheit oder in ein Reservoir, das in irgendeiner Sternstunde eines Volkes doch wieder ausgeschöpft werden kann.

Es gehört wohl zur abendländischen Mentalität, daß dem Fortleben nach dem Tode ein Beim-Namen-gerufen-Sein vorausgehen muß, schon dokumentiert durch die langen Geschlechterfolgen in der Bibel. Aber ich möchte nicht nur die Geschichte der Juden kennen, sondern auch die Geschichte dieses namenlosen Dorfes, das wir in Lettland besuchten. Ich möchte die Lastesel der Geschichte kennen, die Bauern, aus deren armseligem Leben das Gold geprägt wurde, mit dem Pyramiden und Dome, die Zwingburgen und Königsschlösser gebaut wurden. Ich muß das Menschenreservoir kennenlernen – dieses verachtende Wort –, wo die arbeitenden Weiber die Kinder zur Welt brachten, die wieder Feldknechte, Kriegsknechte, Bergwerksknechte und Lastträger wurden. Und versiegte einmal das Reservoir, wurde ein Dorf ausgerottet vom Krieg, von der Pest, von Mißernten, so wurde es neu besetzt und der Kreislauf begann von neuem. Sie sind wirklich tragische Gestalten der Geschichte, aber Tragik ist so langweilig, so eintönig, daß sie absolut unhistorisch wird.

Tragik – die Worte schlüpfen mir durch die Finger –, ein fester Kern, um den es eine weite Gallertmasse gibt. Zur Tragödie gehört das Bewußtsein, der Vergleich, das Aufbegehren gegen das Schicksal, der Kampf mit ihm. Gewohnheit tötet, Akzeptieren des Schicksals wird eine andere Wertung erzeugen, keine Vergleichsmöglichkeiten zulassen. Was uns als Tragik erscheint, mag akzeptiertes Leben in allen Höhen und Tiefen sein, das wir gar nicht nachempfinden können. Uns berührt der Höllensturz auf alten Bildern mehr als die abgekämpften, gerade noch lächelnden Heiligen. Ich weiß schon, warum ich in tiefster Seele erschrak, als ich im Lateinbuch den Satz übersetzen sollte, daß die Einwohner in die Sklaverei verkauft wurden, und mir vor dem Bild, das ich sah, das Wort im Halse steckenblieb. Sah ich damals darin schon das Bild von der Massenzelle im Polizeiwagen, mit dem ich ins Konzentrationslager gebracht wurde?

Stufen des Schreckens, des Höllensturzes gibt es: Krieg, Besetzung, Brand, Krankheit. Aber wir vermögen noch mit der Hoffnung in der Kehle zur Exekution zu gehen. Die Griechen, die die Tragödie erfanden, kannten ihre Heloten, denen sie das Menschenrecht verweigerten; sie fürchteten das blinde Schicksal, das es auch ihnen verweigern konnte. Der Mensch ist so gebaut, daß auch das Leben in für uns unvorstellbaren Situationen noch lebenswert sein kann, auf dem Grunde der Bitternis schmeckt man den süßen Tropfen am stärksten. Auch in der Hölle gibt es nicht nur Heulen und Zähneklappern. Ich, der ich nur an dem bitteren Becher nippen mußte, muß alle Kraft zusammennehmen, um todbringende Worte in den

Zeitungen herunterzuwürgen, hinzusehen, wenn im Fernsehen Männer und Frauen zu Verhören geschleppt werden. Und ich habe erlebt, wie wir im KZ zwischen zwei Prügelszenen saßen und Kaffee tranken, den jemand organisiert hatte. In der Erinnerung tauchen auch Momente beglückender Kameradschaft auf.

Der Bauer und sein Gesinde, denn es gibt auch da immer noch einen, der darunter steht. Der leibeigene Bauer, der noch bis ins 19. Jahrhundert dahinlebte, deshalb faszinierte uns die Engelssche Schrift vom Bauernkrieg, sie waren der an die Erde gebundene Gegenpol der vom eigenen Land verstoßenen Juden, die Unterprivilegierten durften sich noch um den letzten Groschen totschlagen, werden gegeneinander eingesetzt zur Erhaltung der Ordnung.

Es gibt noch ein Volk ohne Land. Es traf mich eines Tages hart, als mir jemand entgegenschrie: »Juden und Zigeuner.« Warum traf es mich, wo ich doch voller Romantik war und das Zigeunerleben besang. Gewiß, der Unterschied ist groß. Die Juden wollten immer seßhaft sein, die Zigeuner gerade nicht. Aber vor allem war es der Hochmut; so vorurteilslos ist niemand, daß er sich nicht getroffen fühlte, wenn er mit anderen Outcasts auf eine Stufe gestellt wird. Der Neger, der Jude, der Zigeuner, jeder hat seine Ehre, die darin besteht, daß es immer noch andere gibt, die er verachten kann. Das ist Balsam für Wunden.

Immerhin möchte ich einschränkend sagen, daß Bauern nicht überall und zu jeder Zeit bis aufs Blut ausgebeutet wurden, daß es Staaten und Gegenden gab, wo Juden Hunderte von Jahren ohne Verfolgung in Ruhe und Würde lebten, und es selbst Plätze gab, wo Zigeuner geachtet wurden. Der geschichtliche Überblick verfälscht alles durch sein Zeitraffermoment; wenn man über unsere Zeit nach 200 Jahren schreiben wird, so wird man sich kaum vorstellen können, daß wir noch Zeit hatten, Atem zu schöpfen.

Dies alles mußte geschrieben werden, um wenigstens in Ansätzen zu schildern, welche Überlegungen wir angestellt hatten, als wir dem organisierten Zionismus gegenübertraten; alles ist nur angedeutet und darum viel angreifbarer, als wenn es ausführlicher geschrieben wäre, aber es soll auch so bleiben. Merkwürdig, gerade wenn ich von jüdischen Dingen schreibe, tauchen immer die Fischköpfe von Sorgenau auf. Sie stoßen mit ihren dicken Köpfen durch den Blasentang, schielen mich mit den glasigen Augen vorwurfsvoll an und reden japsend im Chor dabei, jeder etwas anderes. Ich möchte ihre Einwände fortwischen, weil sie mir so gar nicht ins Konzept passen; aber sie bleiben hartnäckig, fast unbeweglich im Wasser stehen. Nur die glotzenden Augen und die japsenden Mäuler sehen mich fordernd an. Fische sind doch stumm, und was haben die Sorgenauer Fische mit meinen Überlegungen zu tun? Seltsam, wie beredt diese Stummen sind. »Du wirst den Juden nicht gerecht.« – »Du bist auch befangen.« »Du bist ein Antisemit.« »Was soll der Vergleich mit den Bauern.« Ich kann nicht so schnell schreiben, wie sie mir die Vorwürfe entgegenschleudern, geschweige denn so schnell antworten. Ich schreibe ja auch nicht für Fische, die alles besser wissen, ich weiß es ja, daß zu jedem Satz ein Kommentar gegeben werden müßte. Aber die Bücher sind längst geschrieben, für und wider, sie heben sich auf. Wo käme ich hin, wollte ich ihnen folgen. Aber sie fordern weiter Erklärungen: »Gib Antwort, wenigstens soweit du es damals wußtest, und sag, was du heute weißt, und höre nicht auf, etwas zu sagen, weil es dir deine Sätze zerstört!« Hört schon auf mit eurem Pfeifen! Ich werde einiges nachtragen, aber wer kann alle Fragen beantworten. Schreibt selber, ihr werdet entdecken, wie beschränkt die Möglichkeiten sind, Gedanken wiederzugeben.

Warum ich die Bauern wählte? Weil ich meine, daß das unartikulierte Dasein und Elend genausoviel wiegt wie das überlieferte, weil ich immer noch davon überzeugt bin, daß die größten Erfindungen die Zähmung der Haustiere, die Auslese der Getreidesorten, die Züchtung der Obstbäume waren. Wir sehen immer den ausgegrabenen Goldschmuck, die spektakulären Bauten, nicht die Furchen, die Gärten, die Lehmhütten, in denen die Grundlagen geschaffen wurden für die Städte.

Die Juden. Ich versuche nicht, ihre Leiden herunterzuspielen, ihre Verdienste zu schmälern, wie könnte ich es, da ich doch einer der ihren bin; ich versuche sie nur aus dem großen Achselzucken herauszunehmen. Tote, Verstümmelte, Verfolgte zählen nur für den, der sich mit ihnen identifizieren kann. Für die anderen sind sie nur eine

Zahl der früher sterbenden unter allen sterbenden Menschen. Sie sind eben auch nicht die einzigen. Die Millionen, die unter Hitler vernichtet wurden: Wenn sie das Opfer gewesen wären, das die Welt aufgerüttelt hätte, aber es scheint so, daß sie nur ein Teil der großen Bereinigung gewesen sind, ein Versuch, die vielen unbequemen Minoritäten unter Vorwänden zu vernichten, aber vorher und nachher wurde und wird diese Praxis geübt, und so wird es weitergehen wie eine Seuche, solange man nicht gelernt hat, sich mit den Mitmenschen auf der kleinen Erde einzurichten.

Das Blut der Märtyrer ist gerade gut genug für die Fahnen, um zu neuen Morden aufzurufen. Man fange bei sich selbst an, und das versuche ich ja gerade. Wie erträgst Du Deinen Mitmenschen? Wie den Fremden, wie weit ist Dir der Geruch des Fremden noch gerade erträglich, wann beginnt er Dir peinlich zu werden, wenn er Dir nahe ist? Wann beginnst Du ihn zu hassen, wenn er Dich behindert? Miteinander zu leben, ist eine Übung, mit der nicht früh genug begonnen werden kann. Was verlangst Du von Völkern, was Du selbst nicht kannst. Es ist billig, sich über andere zu entrüsten und die eigene Rüstung fester zu schnallen. Es ist auch billig, Pessimist zu werden und zu resignieren, denn Du weißt es ja, Dein Lebensrecht ist mit dem der anderen gekoppelt, was Du dem anderen abstreitest, wird er morgen Dir abstreiten. Die Fische mit den kalten Augen sind schuld daran, daß ich anfange, zu moralisieren, statt zu beschreiben.

Die Fische zwingen aber auch, sich selbst zu beobachten und daraus Schlüsse zu ziehen, um die unverständlichen Regungen der anderen zu verstehen. »Das deutsche Volk, einig in seinen Stämmen.« Ein Satz, der mir vielleicht verstümmelt aus der Schulzeit in Erinnerung geblieben ist. Die Einigkeit ist, wie wir wissen, weniger eine Feststellung als ein Wunsch. Wie sahen wir es? Wir waren zunächst einmal Preußen und identifizierten Deutschland mit Preußen. Natürlich wußten wir von den süddeutschen Staaten und dem Staatenbund, aber Preußen schien uns bestimmend zu sein. Bayern war für uns Wirklichkeit zur Zeit der Räterepublik. Dann versank es, sein Bild wurde bestimmt von Bergen, Lederhosen, Gamsbart am Hut, bestenfalls Romantik und drohender Reaktion. Schwaben war für uns ein völlig romantisches Land, etwa so, wie Amerikaner Europa sehen, mit ziemlich unverständlicher Sprache, die vorgab, die deutsche Ursprache zu sein und gleichzeitig Heimat vieler für uns hoffnungslos veralteter Dichter. Historischer Boden, historische Bauten, und die Landschaft ist lieblich, wie in dem Lied »O Täler weit, o Höhen« und lieblich war wohl in unserer Denkungsart mehr ein Schimpfwort. Ich hätte es längst vergessen, wenn ich nicht – seit ich in Schwaben lebe – das Umgekehrte hören würde. »Hinter der Mainlinie beginnt die russische Steppe.« – »Nazis, die gab es doch wohl hauptsächlich im Norden und Osten.« – »Die da oben von der Nordsee sind ja reichlich dekadent, wir haben mehr Verwandtschaft mit den Schweizern und Franzosen als mit denen.« Wenn man dem Volk aufs Maul sieht, wundert man sich, daß es heute nur zwei Deutschland gibt. Nun, ich will mich nicht mit den deutschen Stämmen befassen, die ja noch das Glück haben, einigermaßen feste, angestammte Wohnsitze zu haben.

Bei den Juden waren es dieselben Unterschiede und keine Verfolgung hatte sie aufgehoben. Französische, englische, holländische, Hamburger Juden waren stolz darauf, Nachkommen der aus Spanien vertriebenen Juden zu sein. Sie beriefen sich auf die große Zeit der Juden in Spanien, ihre Dichter und Gelehrten, sie hatten auch in der Synagoge einen anderen hebräischen Dialekt, den richtigen, wie man annimmt, der auch heute die Staatssprache Israels ist, und sie empfanden die Ostjuden als ziemlich niveaulos. Diese Sephardim waren nach der Vertreibung aus Spanien nach Westeuropa, rings ums Mittelmeer und bis nach Bulgarien gewandert. Die vielen Stämme der Juden, die von den arabischen Ländern bis weit über den Indischen Ozean gewandert waren, kannte ich damals fast nur aus Sagen und den mir nicht sehr interessanten Geschichtsbüchern. Die Aschkenasi, die deutschen Juden, die zum kleineren Teil immer in Deutschland geblieben oder nach den Verfolgungen in der Zeit der Kreuzzüge weiter nach Osten gewandert waren und wieder in viele Gruppen zerfielen, sprachen deutsch, jiddisch gemischt mit Worten der jeweiligen Landessprache und hatten sich in einem gewissen Maße in den jeweiligen Ländern assimiliert. Am deutlichsten seit dem 18. Jahrhundert in Deutschland und Österreich-Ungarn, aber ebenso in Litauen, Polen und Rußland. Es gab in allen Ländern die »Frommen«, die noch die mittelalterliche Tracht, Kaftan und runden Hut oder Käppchen trugen, und die Assimilierten, die wie die Bürger ihres Landes angezogen waren. In all diesen Ländern gab es viele Juden, die revolutionär gegen die orthodoxe Gemeinschaft der Juden und gegen die feudale Struktur des Staates standen. Sie waren es, mit denen wir uns solidarisch fühlten, sie waren es, die sich etwa so sahen wie ein sozialistischer Arbeiter, der in Schwaben oder Bayern geboren war und in Berlin arbeitete. Warum sollte er die Tatsache, daß er kein Preuße war, verleugnen, er hatte dennoch mehr Gemeinsames mit den Berliner Arbeitern und Genossen als mit den Honoratioren und Reaktionären seiner Heimat.

Bei den jüdischen Intellektuellen und Arbeitern gab es darüber hinaus noch eine Spaltung. Die Beschränkungen und Verfolgungen waren immer gegenwärtig und es wurde ein jüdischer Nationalismus entwickelt, der durch den Zionismus Form und Ziel bekam.

Jetzt melden sich wieder die Fische: »Geh nicht so schnell vorwärts, sag, warum Du die Stämme, die deutschen und jüdischen, überhaupt noch einmal so ausgebreitet hast?« Es ist heute schwer, begreiflich zu machen, wie absurd wir jeden Partikularismus, jeden Nationalismus fanden. Einerseits waren wir fasziniert von der Idee, daß wir in einer Übergangszeit lebten, in einer Zeit, die durch Weltrevolution oder friedliche Übereinkunft die Staaten aufheben würde, andererseits waren auch wir sehr befangen in unseren eigenen Vorstellungen, die wir als Maßstab ansahen. Die scheinbare Bindungslosigkeit an Stammesgemeinschaften ließ uns die Vielfalt der Völker unterschätzen. Wir, die wir Wert darauf legten, die hochdeutsche Schriftsprache zu sprechen, natürlich stark in ostpreußischem Dialekt, empfanden Mundarten als romantische Anhängsel, hinter denen sich reaktionäre Neigungen verbargen. Wir hatten noch keine Freude an einem aus vielen Blumen zusammengesetzten Strauß, und ich habe auch gegen uns den Verdacht, daß wir die Menschen nach unserem Ebenbilde formen wollten. Wir lebten ja noch in dem Glauben an die internationale Solidarität der Arbeiter und den Beginn der internationalen Bewußtseinsbildung der Schriftsteller, der Kunst. Wir wußten von den sich um keine Landesgrenzen kümmernden Konzernen und waren bereit, trotz vieler Rückschläge an das Interesse an einer internationalen Zusammenarbeit zu glauben. Was wir unterschätzten, war der Sprengstoff der nationalen und völkischen Individualitäten, der bei wirklicher oder eingebildeter Vernachlässigung jederzeit zur Explosion gebracht werden konnte. Heute, wo wir viel mehr darüber wissen, ist man genauso hilflos dagegen wie zu unserer Zeit. Wo sich Angst mit Überheblichkeit, materielle Interessen, ob berechtigt oder unberechtigt, Aufstand gegen Unterdrückung und Abwehr gegen die berechtigten Interessen anderer Volksgruppen mit dem Urgeruch der gleichen Rasse mischen, löst sich jede Vernunft in Dampf auf, wie ein Wasserstrahl im Vulkan. Wo Vorurteile demokratische Freiheiten überrennen und zum Spielball für Diktaturen werden, ist noch kein Heilkraut gewachsen. So wie sich die menschliche Psyche immer wieder jeder Zügelung entzieht, wie wir Tornados und Sturmfluten nicht bändigen können, sind auch die Explosionen plötzlich ausbrechender nationaler Krankheiten noch immer nicht heilbar. Im nachhinein gibt es genügend rationale Gründe, die zwar sicher mitbestimmend sind, aber wenig Anhaltspunkte für vorbeugende Behandlung bieten.

Also Resignation? Wir lebten in einer Welt der »vollendeten Tatsachen«. Es nützt gar nichts, es besser gewußt, gesehen zu haben, wo die Entwicklung hinführen würde. Es bliebe unfruchtbare Rechthaberei. Was hilft die Erkenntnis, daß die Fehlentwicklung Deutschlands schon vier Jahrzehnte vor Hitler eingesetzt hat, wenn man nicht auch weiß, daß nur hinterher das alles so übersichtlich ist, daß es zu jeder Zeit Ansatzpunkte gegeben hat, dies Geschehen in andere Bahnen zu lenken. Wir sollten dem Trend mißtrauen, ob er zum Guten oder Bösen führt. Auch »vollendete Tatsachen« sterben ab; sie sterben wie Epidemien sterben und zum Sterben bringen, wie Kriege, wie Diktaturen. Eine Idee stirbt nicht, sie kann auch nicht verbrannt oder ausgerottet werden. Vieles, was wir damals gedacht und eigentlich ja auch übernommen haben, ist plötzlich wieder aktuell geworden. Und ein kleiner Teil unserer Hoffnungen ging in Erfüllung. Dafür haben sich die »vollendeten Tatsachen« als sehr wenig realistisch und haltbar erwiesen. Utopien erscheinen als Vorausgedachtes. Die Wirklichkeit hat sie eingeholt, weil Menschen da waren, die es auf sich nahmen, ein halbes Jahrhundert verlacht zu werden.

Die Fische toben schon wieder. Sie sollten sich an die Regel halten, kühl wie ein Fisch zu sein und stumm. Ihr Vorwurf ist schon schlimm genug. Es handelt sich nicht um recht haben. Es handelt sich auch nicht darum, daß der, der überlebt, leicht reden kann. Es gibt so viele Möglichkeiten, die in bestimmten Situationen gangbar scheinen. Wer recht hat, weiß man nachher, aber dieses Nachher kann sehr spät sein. Zur Situation der Juden noch zwei Sätze. Der eine ist aus der Bibel (Buch Esther) von Haman, wie er, der die Juden in Babylon vernichten will, es sieht.

»Es ist ein Volk zerstreut und teilt sich unter allen Völkern Deines Königreichs und ihr Gesetz ist anders denn aller Völker und tun nicht nach des Königs Gesetzen, und es ziemt dem König nicht, sie also zu lassen.« Das ist der klassische Satz gegen alle Minoritäten und die Argumente sind bis heute nicht sehr verschieden. Der andere Satz ist der eines russischen Juden, den ich mir vor einiger Zeit gemerkt habe: »Wir haben immer inmitten unserer ärgsten Feinde gelebt. In unserer Geschichte hat es immer Juden gegeben, die bereit waren, ihr eigenes Volk anzugreifen und dann tief bestürzt waren, wenn sie selber zu Opfern wurden.« Dieser Satz ist vielleicht in derselben Form auch schon in Babylon gesprochen worden. Trotzdem ist nur ein Teil nach Palästina zurückgegangen und die in Babylon Gebliebenen haben dort lange sicherer gelebt als im »Heiligen Lande«. Sicherer und auch nicht ohne Nutzen für die Völker, mit denen sie lebten. Man konnte damals nicht die Völkerstämme in Landesgrenzen pferchen und kann es heute auch nicht, ohne wieder anderen unrecht zu tun und neue Minoritäten zu schaffen.

Anfang der zwanziger Jahre traten die zionistischen Gruppen in Königsberg stark an die Öffentlichkeit. Es kam zu gemeinsamen Versammlungen und heftigen Auseinandersetzungen, die uns oft in Verlegenheit brachten, aber auch zu klärenden Überlegungen zwangen. Wenn wir uns zu einem jüdischen Jugendbund zusammengeschlossen hatten, der sich nicht auf die Religionsgemeinschaft gründete, schien es logisch, daß wir dem jüdischen Volk angehörten und folglich Zionisten sein mußten. Uns wiederum lag nichts ferner als das. Die Probleme der deutschen Jugendbewegung, des Sozialismus, der deutschen Kultur lagen uns näher, aber wir mußten bald einsehen, daß der Zionismus nicht so leicht von der Hand zu weisen war wie für unsere Eltern. Wir spürten eine selbstverständliche Solidarität mit den Juden, die aus vielen zwingenden Gründen nach Deutschland gekommen waren. In Königsberg studierten viele litauische Studenten, die sowohl in der sozialistischen als auch in der zionistischen Bewegung aktiv waren, mit ihnen fühlten wir uns am meisten verwandt. Sie waren aufgeschlossen und skeptisch. Diesen Ruf haben auch ihre jiddischen Geschichten und Witze. Durch sie lernte ich zionistischen Sozialismus kennen, der mich beeindruckte, aber nicht überzeugte. Nochmals zurückdenkend, wurde das ganze Judenproblem ganz gegen unseren Willen an uns herangetragen. Natürlich war der von den Zionisten propagierte Neuanfang in Palästina für uns sehr verlockend. Der Pioniergeist entsprach der Idee der Jugendbewegung. Aber gleichzeitig schien die Koppelung von Religion und Nationalismus im »Heiligen Land« absurd. Wir waren viel zu sehr mit den Problemen in Deutschland, in der Sowjetunion, in Europa beschäftigt, als daß wir auf den Gedanken kommen konnten, in irgendeiner Ecke einen neuen Nationalstaat zu gründen. Die Schwierigkeiten mit den Arabern kündigten sich bereits an, und überhaupt wollten wir ja gerade dafür arbeiten, den Nationalismus einzudämmen. Wie konnten wir unter solchen Umständen eine neue Nation gründen? Hinzu kam, daß der Antisemitismus mit der allgemeinen Reaktion gekoppelt war. Die als Juden beschimpften Rosa Luxemburg, Karl Liebknecht und Trotzki waren Freiheitskämpfer, die eine Welt schaffen wollten, in der die Frage der Abstammung belanglos werden sollte.

Wir waren stolz darauf, daß so viele Juden sich an diesem Freiheitskampf beteiligten. Natürlich betrachteten wir auch diesen Stolz mit Mißtrauen, denn sie waren eben nur ein kleiner Teil der Männer und Frauen, die sich für eine Umformung der Welt einsetzten. Wir konnten uns diesen Diskussionen nicht entziehen, denn es waren ja Menschen, die uns nahestanden, aber sie hatten eben die falsche Konsequenz aus der Lage der Juden in der Welt gezogen.

Wenn wir uns nach heißen Debatten spät trennten, sagten uns die Freunde vom zionistischen Wanderbund: »Auf Wiedersehen an der Pumpe in Ejn-Charoth.« Ja, dachten wir damals, wir können uns ja auch einmal in Ejn-Charoth treffen. – Es war ein Dorf, das gerade gegründet worden war. Sonst aber war für uns Palästina ferner als der Südpol.

FÜRST, MAX, geboren 1905 in Königsberg, war ostpreußischer Jude und von Beruf Tischler. In den Jahren 1933/34 war er in den Konzentrationslagern Columbiahaus und Oranienburg inhaftiert. Er konnte 1935 nach Palästina auswandern und kehrte 1950 nach Deutschland zurück.

Seine Erinnerungen »Gefilte Fisch – Eine Jugend in Ostpreußen« erschienen 1973. Im 10. Kapitel schildert er einerseits seine Wanderungen auf der Kurischen Nehrung in den zwanziger und dreißiger Jahren, wo er im Künstlerdorf Nidden mit der Kunst bedeutender deutscher Expressionisten in Berührung kommt, andererseits berichtet er vom Zusammenleben von Deutschen bzw. deutschen Juden mit Litauern und Polen. Das jüdische Element, das am Leben Ostpreußens seinen bedeutenden Anteil hatte, kommt durch seine Erzählung hier deutlich zum Ausdruck.

Ich zum Beispiel
Kennzeichen eines Jahrgangs (1966)

Man kann nicht gleichzeitig mit der Welt groß werden, sie ist immer schon da wie die Erwachsenen, sie ist eine anmaßende, aber vollendete Tatsache, hält nur einen Inhalt für uns bereit, eine Rolle, einen Charakter womöglich. Das war auch am 17. März 1926 der Fall, als ich geboren wurde, als ich unter ordentlichen Seufzern und Hoffnungen auf eine Welt kam, die ich weder übersehen noch zurückweisen konnte, denn sie war schon da. Die kleine Stadt Lyck war schon da. Man nannte sie bereits die »Perle Masurens«. Der Lyck-See war schon da, die sandigen Exerzierplätze, die Fischverkäuferinnen mit den Kapitänsnacken, die gedrungenen Kriegerdenkmäler, das gekalkte Gefängnis, die Vorurteile und die trübseligen Kasernen, in denen das feldgraue Unglück wohnte: alles war schon da. Die trockenen, pulsenden Sommer Masurens waren schon von den Redakteuren des Hundertjährigen Kalenders gemacht, Hindenburg blickte schon unter geschwollenem Lid auf die Schulklassen herab, der Bosniaken-Kommandeur von Gunther besaß schon sein Denkmal und die Lycker ihre pruzzisch-sudauische Vergangenheit: offenbar hatte man mir nichts mehr zu tun übriggelassen, denn die Masuren hatten auch schon ihr Masurenlied (Wild flutet der See), ihr Stück über Pogorzelski und ihre Ansichten über unsere sudauischen Vorläufer, die ich immer für unterwürfig hielt, für tückisch, krummbeinig und bescheiden.

Alles war schon da, als ich geboren wurde, ich hatte strenggenommen keine Daseinsberechtigung, ich war überflüssig, entbehrlich, ein fahrlässiger Luxus; die Gesellschaft hatte sich ohne mich bereits in Rollen und Privilegien geteilt; die Besetzungsliste meiner Stadt war komplett: die Arbeiter stellten Arbeiter dar, die Handwerker Handwerker, die Fischer Fischer; die kleinen Lycker Geschäftsleute kannten ihren Text, die Polizisten spielten Polizisten, und die Beamten, zu denen auch mein Vater gehörte, waren gedankenlos in ihren Rollen ergraut. Vielleicht kam ich in Versuchung, früh zu sterben: mit erträglichem Gewissen kann man doch nur in einer Welt leben, die einem erlaubt, seine Möglichkeiten herauszubekommen. In Lyck, der Hauptstadt Masurens, stand am Tag meiner Geburt alles schon fest, war alles eingerichtet, verteilt und beschlossen: ich war ihr Überfluß, und das vereitelte wohl den Selbstgenuß.

Bevor ich mir aus Entrüstung eine unvollendete Stadt gleichen Namens erfand, ging ich daran, die fertige so weit zu entdecken, wie es mir möglich war. Ich wohnte in einem kleinen Haus am Seeufer, und der Lyck-See war für mich die Welt im Spiegel. Ich erkundete seine Ufer. Ich lernte fischen und schwimmen, bevor ich lesen lernte. Der ruhige See weihte mich in seine Geheimnisse ein und gewährte sanfte Abenteuer. Als ich an einem Märzmorgen durch das mürbe Eis brach und nur mit Mühe gerettet wurde, glaubte ich mich künftig gegen alle Mißgeschicke auf dem See gefeit: welch ein Glück, sagte ich, nun kann mir nichts mehr passieren. Ich sah in dem Unglück eine Vertraulichkeit. Ich nahm dem See nichts übel. Im Boot, auf träge driftendem Binsenfloß, im Segelschlitten und im schwülen Schilfgürtel bot ich ihm eine zarte Freundschaft an. Wer mich suchte, brauchte nur ans Wasser zu gehen, wo ich auf den schwarzen Fischkönig wartete, den meine Großmutter nicht müde wurde zu denunzieren, weil sie sich Sorgen um mich machte. Ihre Warnungen hatten das Gegenteil bei mir erreicht: ich sehnte mich nach dem Anblick des schwarzen Fischkönigs, um ihm meinen Dienst anzubieten, ich wollte sein Admiral ohne Bezahlung werden, seine Gegner vernichten und hinterher seine fischlippige Tochter heiraten, die ich mir als entzückend gefährdete Karausche vorstellte.

Nachdem ich lesen gelernt hatte, erfand ich mir eine Stadt Lyck, über die ich herrschen konnte, erfand mir vor allem die Wonnen und Konflikte eines Herrschers von eigenen Gnaden. Ich nahm die Stadt als Kosaken-Hetman in Besitz, getreu dem begeisternden Bild, das meine Großmutter vom Einzug der Kosaken 1915 entworfen hatte: auf kleinem, zottigem Renner sprengte ich durch die versteinerte Promenade, ließ mich vor Übermut aus dem Sattel rutschen, ritt eine Weile kopfunten und ließ die Erde über dem Himmel schweben, richtete mich dann mit beherrschtem Schenkelschlag wieder auf und ließ mir auf dem Lycker Marktplatz die Gefangenen vorführen: ein Senken meiner zierlich geflochtenen Knute brachte den Tod, ein Lächeln die Verurteilung zum Leben. Die Tochter des Bürgermeisters hatte allerdings nie etwas zu befürchten. Als Klage über meine unwiederbringliche Kosakenexistenz schrieb ich später, als Student, mehrere Kosakenspiele, wovon eines ausdrücklich Taras Bulba gewidmet war, in der Absicht demütiger Huldigung.

Nach meiner Kosakenzeit ernannte ich mich zum Ersten Offizier von Jörn Farrows U-Boot, dessen Abenteuer in bebend erwarteten Fortsetzungen geschildert wurden. Ich las mehr als hundert Hefte. Ich gab Befehl, im Lyck-See zu tauchen, ließ das Gefängnis beschießen, den Wasserturm und das Lehrerzimmer in meiner Schule; indem ich anderen ein Schicksal bereitete, erwarb ich mir selbst ein Schicksal: ich wußte endlich, wozu ich da war. Ich setzte Jörn Farrow ab, degradierte ihn zum Bademeister in Ohles Badeanstalt und lud meine Klassenkameraden zu Lampionfahrten ein, ich ließ Eistüten verteilen und torpedierte zum Spaß die Fischerboote von Sybba. Mit der Tochter des Bootverleihers und meiner Katze entwich ich zuletzt in die Südsee, wo ich mir ein neues Ansehen als Meisterspion erwarb.

Nachdem ich Rache an der Stadt Lyck genommen hatte, wurde ich ein anderer. Ich söhnte mich mit meiner Heimatstadt aus, die von mehreren Exerzierplätzen eingeschlossen war, auf denen sommers und winters Maschinengewehre hämmerten, Kanonen das Schweigen zerstörten. Manchmal, wenn von den Detonationen die Scheiben klirrten, begann meine Großmutter erbittert zu singen; sie sang in heftiger Gläubigkeit ›Aus seines Irrtums Finsternissen‹ oder ›Auch Sünder können selig sein‹, und ich wunderte mich, daß das Schießen nicht augenblicklich aufhörte und eine erschrockene Stille das Land überzog. Ich lief hinaus zu den Lycker Exerzierplätzen, manchmal gleich nach der Schule, versteckte meinen Ranzen in einem Gebüsch und bot mich den Soldaten als Mitspieler an, als Toten vor allem, ich spielte ihnen Tote und gelegentlich auch Verwundete vor, und sie nickten in bewunderndem Einverständnis und überließen mir die leeren Patronenhülsen als Honorar. Auch wenn ich mit meinen Freunden »Räuber und …« spielte, übernahm ich die Rolle des Toten mit der gleichen wortlosen Selbstverständlichkeit wie Gründgens die des Mephisto. Als Toter muß ich stark überzeugt haben. Als Toter gefiel ich. Meine Mitwirkung bei einem Freilichtspiel, das die rüde, aber gläubige Kolonisierung durch den Ritterorden schilderte, wurde ein zwangsläufiger Mißerfolg: als ich in der Rolle eines Ritterpagen auf die Bühne trat und etwa die Worte äußerte: »Herrche, auch mir leckert nach Schwert und holder Frau«, da ging meine Glaubwürdigkeit im Gelächter unter. Seit dieser Zeit bin ich auf den Ritterorden nicht gut zu sprechen: er hat mich entlarvt, er hat mir die Grenze meiner Fähigkeit gezeigt, er hat mich in der schmalen Rolle des Toten bestätigt.

Mit zerstreuter Feindseligkeit nahm ich daher zur Kenntnis, was mein Geschichtslehrer vom Ritterorden erzählte: mir kam ein Sieg Jagellos nicht ungelegen. Mein Verhältnis zur masurischen Geschichte war gestört. Selbst ein späterer Besuch in der Marienburg änderte nichts daran; statt mit tadelloser Ergriffenheit dazustehen, suchte ich unwillkürlich nach den schwachen Punkten der Festung – als müßte ich den Herren mit Verzögerung heimzahlen, was man mir angetan hatte. Außerdem hatte die masurische Geschichte einen erheblichen Nachteil für mich: sie wiederholte sich zu sehr. Immer nur leichte, sommerliche Scharmützel und schwerfällige Umfassungsschlachten im Schnee, immer nur beherzte Vormärsche und traurige Rückzüge – die konnte man zu leicht miteinander verwechseln, sie erschwerten jede Prüfung. Dabei hatte ich mit meinem Geschichtslehrer Glück: er, der so oft berauscht von Hindenburg sprach, bis er ihm physiognomisch zu ähneln begann und wir ihn selbst Hindenburg nannten, gab außer seinem Lieblingsfach noch Sport und Singen, und er verschaffte uns die Möglichkeit, miserable Geschichtszensuren oder hoffnungslose Noten im Singen an der Kletterstange, am Reck aufzubessern. Der Bizeps wurde in meiner Schule als Bildungsfaktor anerkannt: gelungene Kniefelgen und Riesengrätschen wogen den mangelnden Sinn für die Wissenschaften auf. Nicht Könige, nicht Vandalen, Pruzzen, Sarazenen weckten meine Leidenschaft für die Geschichte, weder Drachenbezwinger noch Lindwurmtöter waren meine Wunschfiguren; das einzige Ideal, das die Geschichte mir anbot, war die Gestalt des Kosaken-Hetmans.

Ihn hatte ich auch vor Augen, nachdem ich Pimpf geworden war. Ich zog zu Pimpfen-Spielen aus, sang Pimpfen-Lieder, las die Zeitschrift ›Der Pimpf‹, ging mit Pimpfen auf Fahrt durch Masuren und schlief im Pimpfen-Mief unter spitzem Zelt: die ganze Welt stand offenbar im Zeichen des Pimpfs, der erfunden war, um seine Indianerspiele einem Mann namens Hitler zu weihen.

Als ich zehn Jahre alt wurde, begann ich mitzuspielen: arglos, heißwangig, insgeheim ein kosakisches Leben hartnäckig mit der Seele suchend. Für mich brannten die Lagerfeuer am Don, im Gesang hörte ich das Hufgetrappel der zottigen Renner, und über Geländespielen wölbte sich selbstverständlich ein aufmerksamer Kosakenhimmel, der den Listigen gewogen war. Ich wurde Pimpf wie jeder, und wie jeder erwarb ich die Rechte eines Pimpfs. In Uniform durfte ich von keinem Lehrer mehr geschlagen werden. Ich durfte ein Fahrtenmesser tragen. Ich durfte Altmetall sammeln und mit einer Winterhilfsbüchse fordernd an Erwachsene herantreten. Und ich durfte mit Tausenden von Pimpfen Spalier stehen, als es Leute namens Hitler oder Koch oder Goebbels in die Hauptstadt und Perle Masurens verschlug: wir jubelten auf Handzeichen und winkten auf Pfiff mit Kornblumen. Wir stellten jede erwünschte Form von Begeisterung her. Die Männer in den schweren, schnell fahrenden Autos grinsten nur zufrieden: in uns schmeichelten sie sich selbst.

Aber ich war kein absoluter, kein Dauer-Pimpf. Die Verheißungen des Lyck-Sees waren immer noch groß, und ich nahm seine Aufforderung an und erkundete ihn allein an all seinen Ufern, fischte von all seinen Fischgattungen und lernte von geduldigen, polnisch sprechenden Holzflößern, wie man Angelschnüre dreht, Bleifische gießt, wie man Barsche brät und alle Genugtuungen in der Erwartung auf den Biß findet. Und außerdem mußte ich zur Schule – trotz aller Vorrechte, die mir als Pimpf automatisch zugefallen waren; denn hatte mich die Uniform auch dem Rohrstock entzogen, Reife ersetzte sie anscheinend noch nicht. So willigte ich darin ein, mich unterrichten zu lassen. Einige meiner Lehrer waren Offiziere gewesen oder waren immer noch Reserveoffiziere, und der Unterricht bei ihnen hatte durchaus Ähnlichkeit mit einer Instruktionsstunde am Bildungsgeschütz: nach knapper Vorbereitung besetzten wir die strategischen Punkte des Wissens im Handstreich. Wir erbeuteten Jahreszahlen, mathematische Gleichungen, chemische Formeln. Wir glaubten an das, was wir besaßen. Wir leisteten uns nicht den ergiebigen Luxus des Zweifels, obwohl wir auch Lehrer hatten, die uns vorsichtig dahin zu bringen suchten – besorgte Pädagogen, die uns nicht aufgaben, sondern unsere Infektionen mit sanften Überzeugungsversuchen mildern wollten. Sie ließen uns Aufsätze über den Luftschutz schreiben und empfahlen uns Lessing zur Lektüre; pflichtschuldig diktierten sie uns ›Das Leben von Hermann Göring‹ und machten uns mit Büchern von Erich Kästner bekannt. Auch an meiner Schule gab es Pädagogen, die sich nicht abfanden, die sich mit den andern auseinandersetzten – wobei der Schnittpunkt der Auseinandersetzung in uns lag, in den Schülern. Längst war neben dem Bild von Hindenburg, der trübe und gedankenlos auf uns herabblickte, das Bild von Hitler aufgehängt worden. Es war eine Fotografie, die ihn unter Pimpfen zeigte: Hitler scherzte mit seiner zartwüchsigen Gefolgschaft. Der höchste gewalttätige Pimpf fühlte sich offensichtlich wohl unter »seinen« Mitpimpfen, die darüber aufgeklärt waren, daß sie seine persönliche Freude vermehrten, wenn sie weiter werfen, schneller rechnen, länger laufen und besser singen konnten. So blieben unsere verbesserten Leistungen zumindest nicht unbemerkt und nicht ohne Folgen. Bei Schulfesten, bei Sportkämpfen, bei der Erntehilfe galt demnach jede besondere Anstrengung offiziell der Mehrung seiner Freude.

Das zu tun hatten sich augenscheinlich auch etliche unserer Lehrer entschlossen, sie erfreuten ihn, indem sie zu Reserveübungen einrückten, die natürliche Erhabenheit des Katheders gegen die zugige Kühle der Kasernen tauschten, und zwar gleichzeitig, plötzlich, wie auf Verabredung. Das schien mir um so weniger verständlich, als die ganze Stadt schon voll von Soldaten war. Sie biwakierten auf dem Rennplatz. Sie hielten jedes freie Bett in den Privatwohnungen besetzt. Am Bootshaus, auf den Straßen, auf unserm Schulhof: überall dampften ihre Feldküchen und überzogen die Perle Masurens mit einem deckenden Geruch von Erbsensuppe. An den Brücken waren Kanonen in Stellung gegangen, und unsere Greise und Invaliden sprachen mit den Soldaten, entsannen sich ihrer Taten, nicht ihres Unglücks. Pioniere flitzten in flachen Booten über den Lyck-See, betäubten die Tochter des schwarzen Fischkönigs mit Handgranaten, brieten und aßen sie. Es war ein glühender, elektrisch geladener August; immer mehr Soldaten strömten in die Stadt, kampierten und wachten, und die Bänke in der Schule waren in diesen Tagen heiß und voller Splitter; wir konnten das Ende des Unterrichts kaum erwarten, stürzten nicht nach Hause, um mit Robinson Crusoe eine Palisadenwehr zu errichten, mit Lederstrumpf zu streiten oder Winnetous feucht gewordenes Pulver zu trocknen; wir stürzten vielmehr zu den Kanonen, Sturmbooten und mobilen Funkstationen, in denen die Chiffren des Unheils aufgefangen und knisternd weitergegeben wurden.

Ich war dreizehn Jahre, als der Krieg begann: ein Schüler, ein Pimpf, ein geduldiger Spaliersteher, der keine Zwischenfragen stellte, der auf Handzeichen jubelte, als sei Jubeln so etwas Sachgemäßes wie Essen. Mit fünf, mit sieben, mit neun Jahren hatte ich mir hinter der spanischen Wand meiner Phantasie eine Rolle zugelegt; ich hatte Vorstellungen von Dingen, die getan werden mußten; es schwindelte mir angesichts der Möglichkeiten, die es für mich als Kosaken-Hetman gab. Mit dreizehn hatte ich die träumerische Tollheit unerhörter Einzelaktionen hinter mir, mit denen ich die Welt zu korrigieren hoffte. Man hatte mich zu äußerlichem Gehorsam bekehrt. Ich begann einzusehen, daß man lernen muß, zu verstehen, bevor man handelt. So wurde ich zum minderjährigen Spaliersteher verurteilt.

Während von der nahen Grenze der Geschützdonner zu uns herüberdrang, dem meine Großmutter mit erbitterten Chorälen antwortete, stand ich im erregten Spalier der Lycker und beobachtete die Soldaten, die heiter das Nachbarland überfielen, die fröhlich und selbstgewiß, aber auch hochmütig vorbeizogen, beschenkt und mit Blumen dekoriert, siegessicher wie alle Soldaten zu Beginn,

wohlgenährt, rasiert natürlich. Panzerwagen zogen drohend vorbei
– zum phantastischen Rendezvous mit der besessenen polnischen
Kavallerie. Pioniere mit Sturmbooten und Pontons zogen vorbei.
Flugzeuggeschwader flogen südwärts über die Stadt. Ich dachte an
die Holzflößer, von denen ich soviel gelernt hatte: galt dieser entsetzliche Aufwand ihnen? Richtete sich die hochmütige Heiterkeit
der Soldaten gegen die polnischen Landarbeiter? Wollten sie die listigen polnischen Bauern bestrafen, die uns zu Weihnachten Gänse
schickten? Jede Frage richtete sich gegen mich selbst. Winken war
leichter, erträglicher, vorteilhafter, und so stand ich am Tag, an dem
der Krieg begann, am Rand der Straße und winkte dem feldgrauen
Unglück zu. Ich beklagte nicht, was ich sah, ich war nicht erschrocken, ich fragte mich nicht, wie alles ausgehen wird, ich hatte
weder den Wunsch, mich zu verleugnen, noch die Phantasie, mich
zu fürchten: ich fühlte mich einfach nur unentbehrlich als Zu-
schauer. Damit hatte ich mein Leben dem Zufall entrissen. Ich hatte eine Tätigkeit, wenn auch ohne Ziel, und diese Tätigkeit übte ich
auch aus, nachdem meine Familie nach Braunsberg gezogen und ich
in eine Internatsschule gekommen war. Es genügte mir in dieser
Zeit, die Welt von außen zu empfangen, mir lag nichts an eigenen
Wirkungen, ich kannte mich in den Ereignissen wieder, die der
Krieg mit sich brachte. Der Krieg nahm alles für sich in Anspruch,
er bewohnte uns. Meinen Schulkameraden ging es nicht anders. Jeder hatte einen Vater, einen Bruder, einen Schwager im Krieg – aus
Paris kamen Pakete mit betörender Seife, aus Polen trafen
Schmalzkonserven ein, aus Norwegen dunkelroter Rentierschinken
und aus Griechenland Korinthen: der Krieg war fern und ging gut
und verlief allem Anschein nach rentabel.

Wir schmeckten den Krieg zunächst aus Paketen. Wir hörten ihn
im Radio, sahen ihn mit seinem jungen Triumph in der Zeitung. Wir
nahmen den Krieg zu uns bei der Lektüre geschwind verbreiteter,
wohlfeiler Heldenliteratur: da empfahlen sich die Bezwinger der
Maginotlinie und die unbedenklichen Dreinschläger von Narvik;
Kapitänleutnant Prien lockte uns nach Scapa Flow, und ein
Stoßtruppführer Geiger suchte uns für die Möglichkeiten des Flam-
menwerfers zu begeistern. Es war nicht selbstgenügsames Helden-

tum, was sich da aussprach, präsentierte und spreizte; das Heldentum sollte als Reklame wirken, es war eine Annonce für den Krieg, und wir sollten der überredenden Wirkung erliegen. Es gab aber nicht nur diese Annoncen, es gab auch Reklamereisende für den Krieg, junge, enthusiastische Invaliden, hochdekoriert und erträglich verstümmelt; sie kamen in Offiziersuniform in unsere Schule, schoben die Lehrer zur Seite und machten uns, die wir längst erwachsen waren, geschwind wieder zu Kindern, indem sie uns ein unerhörtes Spielzeug anboten: Panzer, geballte Ladungen, Stukas, U-Boote und den bräutlichen Karabiner. Aus frischer, aus heiterer, aus verzückter Erfahrung erzählten sie von den Genugtuungen, die dieses Spielzeug ihnen gewährt hatte. Sie ließen uns teilhaben: wir saßen auf und fuhren auf Panzern in ein polnisches Abendrot; erregt beobachteten wir im ausgefahrenen Sehrohr den ahnungslosen Konvoi; wir stürzten uns auf niederländische Brücken, ließen französische Bunker erzittern, trieben Gefangene zusammen und waren mit der Furcht einverstanden, die fremde Zivilisten vor uns empfanden.

So wurden wir vorbereitet. So wurde unsere Ungeduld entfacht, und wir übersahen die kosmetisch verdeckte Invalidität des Lobredners und sorgten uns auf einmal, daß der Krieg aus und vorbei sein könnte, bevor wir Städte erobert, Schiffe versenkt und bedeutende Brücken zerstört hatten. Es gab viele unter meinen Schulkameraden, die diese Sorge hegten, die bedauerten, noch nicht sechzehn oder siebzehn zu sein, um sich freiwillig melden zu können. Da half nichts. Das resignierte, ironische Lächeln meines Deutschlehrers blieb ohne Wirkung und die riskanten Kommentare des Lateinlehrers. Auch die Tatsache änderte nichts, daß die Gedenktafel für gefallene Schüler eines Tages nach unten zu wuchs und es sich als notwendig herausstellte, eine zweite Gedenktafel zu enthüllen. Wir konnten sie betrachten, ohne das Notwendige zu denken, wir wandten uns ab und starrten auf die Europakarte, auf der mit Wollfäden und Stecknadeln die Front des Triumphes und des Unheils markiert war.

Manchmal war ich an der Reihe, den Frontverlauf nach neuestem Stand zu bezeichnen, und ich ärgerte mich, daß ich den Wollfaden nie über Leningrad hinausschieben konnte. Leningrad störte mich besonders, weil es widerstand und mich zwang, eine komplizierte Bucht zu stecken. Dafür war ich in Nordafrika großzügig, dort machte mein Wollfaden Geländegewinne nach Herzenslust, ebenso im Kaukasus und in der staubigen Einöde der Kalmückensteppe: hier stieß ich vehement vor und legte mitunter schon die Etappen der Eroberung für den nächsten Tag fest. Der Geographielehrer, der die Karte täglich überprüfte, zwang mich nie zu einer Korrektur, und mein Deutschlehrer merkte es nicht, da er immer nur blicklos an der Karte vorbeiging, mit einer milden, ganz und gar träumerischen Geringschätzung. Heute ist mein alter Deutschlehrer Lehrer für Russisch in der DDR: ein leichter, zartwüchsiger, manchmal verschmitzter Pädagoge, dessen Lächeln für jede lehrhafte Behauptung sogleich um Entschuldigung bittet. Er infizierte mich mit Literatur. Er kontrollierte meinen Lektüreplan.

An dem Tag, an dem mein Pimpfendasein endete und ich in die »Hitler-Jugend« überwiesen wurde, saßen wir wie so oft beim Tee in seinem Haus, drei Schüler und er, und scheu, händereibend interpretierte er die Ringerzählung aus ›Nathan‹ oder die ›Buddenbrooks‹ oder ›Raskolnikoff‹ oder ›Deutschland, ein Wintermärchen‹.

Am stärksten wurde ich ergriffen, wenn er von Schriftstellern erzählte: fast jedes Werk sah er vor dem biographischen Hintergrund seines Schöpfers, jede Dichtung war für ihn ein Ausgang aus biographischer Not. Worunter litt der Autor, als er dieses oder jenes Werk schrieb? Das war die Frage, die niemand zu stellen unterlassen durfte, der Aufschluß verlangte. Balzacs chronischer Geldbedarf, Dostojewskijs sozial-religiöse Visionen, Heinrich Manns kunstvolle Klagen über die Gesellschaft – alles erhielt einen biographischen Leidensgrund; die Schriftsteller hörten auf, glorreiche, körperlose Gespenster zu sein, sie litten offenbar, um schreiben zu können. Mein Deutschlehrer rief sie ins Zimmer, preßte ihnen sanft Bekenntnisse ab, und in dem Augenblick, da sie ihre Leiden bekannten und zu Belastungszeugen ihrer Zeit wurden, verlieh er ihnen traurig die höchste Note und bestätigte ihre Mission, »dem Unglück Worte zu verleihen«. Er hielt lediglich das für Wahrheit, was die Schriftsteller leiden ließ; und da sie in seinen Augen unentwegt litten, sah er ihnen nach, daß sie bemüht waren, sich mitunter ein wenig Behaglichkeit in ihrem Ungemach zu verschaffen. Sie durften heiter im Unglück sein. Sie durften vergnügt die Untauglichkeit des Menschen für die Welt proklamieren. Nichts sprach gegen sie, weder Charakter, Alkoholverbrauch, interessante Verblendungen noch Liebesaffären – nur mußten sie an der Welt beredt Anstoß genommen haben und in der Lage sein, ihren Schmerz einzigartig zu formulieren. Wenn diese Voraussetzung erfüllt war, nahm mein Deutschlehrer sie an seine schmächtige Brust und sprach sie von allen Irrtümern und Verfehlungen frei. – Am gleichen Abend schrieb ich unschuldig mein erstes Gedicht in Prosa, es war den wilden Schwänen des Lyck-Sees gewidmet, die ich als flammende Glückskometen aus einer Nachtwolke herabstürzen ließ, zum Trost der Gefangenen auf der Halbinsel: mein vorsorglicher Anspruch auf eine Zukunft als Schriftsteller war damit angemeldet.

Doch ich verlor die Zukunft schon über Nacht wieder aus den Augen. Ich hatte alle Hände voll zu tun, um der maßlosen Gegenwart zu genügen: ich übersetzte aus dem Gallischen Krieg und trieb mich mit dem Hilfskreuzer »Atlantis« im Indischen Ozean herum; ich paukte unregelmäßige Verben und machte einen Vorstoß auf Stalingrad; in kurzen Hosen bestätigte ich am Vormittag Euklid und startete in der Dämmerung zu einer eleganten Patrouille mit den Nachtjägern. Eine Jugend im Krieg steht unter einer besonderen Spannung: obwohl man sich allen Helden überlegen fühlt, muß man sich mit einem Ersatz-Helden in der Einbildung begnügen. Man ist da in der Lage des verletzten Fußballspielers, der von der Reservebank das Spiel seiner Mannschaft verfolgt: zwar läuft alles zufriedenstellend, aber doch beileibe nicht so erfolgreich, wie alles liefe, wenn das eigene kribbelnde Bein dabei wäre. Wir saßen auf der Reservebank des Krieges. Man hatte uns beigebracht, im Sieg der Mannschaft den individuellen Sieg zu erblicken.

Wenn wir einstweilen auch noch aus der Arena ausgeschlossen waren, das Training blieb uns nicht erspart: in den Ferien – und nicht nur in den Ferien – schickten sie uns in Lager. Es waren »Wehrertüchtigungslager«, die Ausbilder waren hochdekorierte, von Verwundungen genesende Unteroffiziere; die Gewehre waren

richtige Gewehre, die Handgranaten richtige Handgranaten. Nach-
sichtig erklärten uns die Ausbilder den Gebrauch der Waffen. Sie
gaben sich nicht sehr viel Mühe mit uns. Sie verzichteten vor allem
auf Schikane und Demütigungen als Erziehungsmittel. Was mich
am meisten beeindruckte, das war ihre unerhörte Müdigkeit: sie
schliefen sitzend beim Heimabend, schliefen beim Geländespiel,
und wenn wir Übungsschießen hatten, übernahm ein Ausbilder die
Aufsicht, während sich die vier anderen unter einen Wacholderbusch legten und schliefen. Als wir wieder zur Schule zurückkehr-
ten, demonstrierten auch wir eine unbesorgte Müdigkeit, wir trugen
sie zur Schau wie das Abzeichen eines Ordens.

Die Schule ging weiter, obwohl der Krieg draußen anscheinend
nicht mehr so rentabel verlief: wir merkten es zuerst an der Seife,
am Internatsessen, am grauen Papier der Schulhefte, und ich merkte es augenfällig, wenn ich den roten Wollfaden des Triumphes hinter Tobruk oder Charkow zurücknahm, oder wenn ich den Kaukasus räumte und auf das ausdauernd widerstehende Leningrad gar
nicht zu blicken wagte. Wie es um den Krieg stand, bewiesen auch
die häufigen Sondermeldungen. Manchmal eröffnete ein Lehrer den
Unterricht mit der Wiedergabe einer Sondermeldung: pünktlich zur
Physikstunde waren abermals sechsundzwanzigtausend Tonnen
Schiffsraum im Atlantik versenkt worden; das gab Aufschwung für
die schriftliche Arbeit über die Gravitation. Verliefen die Schuljahre
in dieser Zeit auch konfliktlos, so verliefen sie doch nicht ereignis-
los.

Da der Krieg bereits so lange dauerte, daß wir uns an ihn gewöhnt hatten, ließ er durchaus das Ereignis der ersten Liebe zu. Des
schwarzen Fischkönigs goldschuppige Tochter war längst ein Opfer
der Pioniere geworden, ich mußte mich anderweitig umsehen; und
ich tat es mit diskreter Geschicklichkeit auf dem Sportplatz, an milden Trainingsabenden, den Speer in der Hand, mein Lieblingsgerät,
das ich zur Freude des allerhöchsten Pimpfes schon vierundfünfzig
Meter weit geschleudert hatte und eines Tages fünfundfünfzig Meter weit zu schleudern hoffte. Da ich mich selbst nicht genug liebte,
hatte ich wohl den Wunsch, von einem andern freimütig und kurz-
weilig geliebt zu werden: so geriet ich an die Hochspringerin. Sie

war zäh, busenlos und intelligent, was mich allerdings weniger beeindruckte als die Tatsache, daß sie in schwebendem, seltsam verzögertem Rollsprung regelmäßig über einmeterachtundvierzig kam und sich eines Tages auf einmeterundfünfzig zu steigern hoffte. Außerdem war sie Führerin, befehligte zwölf zottelhaarige oder bezopfte Geschöpfe ohne Geschlecht. Wir verglichen unsere Trainingsmethoden und kamen uns dabei näher. Ich fuhr sie auf dem Fahrrad nach Hause. Ich hörte ihr im Wald unregelmäßige Verben ab. Ich holte sie zum Schwimmen ab und hatte es ganz gern, wenn ihr dunkles, kurzes Haar lackglänzend im Nacken klebte. Es dauerte lange, bis ich merkte, daß ihr Lieblingswort »Pflicht« war. Sie sagte etwa: »Wir haben die Pflicht, dafür zu sorgen, daß die Menschen Europas wieder hell lachen können«, und es kamen ihr keine Zweifel bei solch einem Satz. Alles war für meine Hochspringerin ein Akt der Pflicht: das abendliche Training, die Feldpostbriefe, die sie an ihre drei Brüder schrieb, die Schularbeiten, das Zähneputzen, und als ich sie zum ersten Mal küßte, nahm sie es gewiß als sachliche Pflicht – freilich bat sie darum, nicht in Uniform geküßt zu werden. Die Briefe, die sie mir später schrieb – und die ich heute noch besitze –, zeigten mir, daß es eine Zuneigung aus Pflicht geben kann, daß ein bedächtig waltender Eros der Pflicht die Gefühle so beherrschen kann, daß jeder Verrat aus Leidenschaft ausgeschlossen ist. Wenn alles eine Verpflichtung ist, haben die gefährlichen Wonnen der Wahl ausgespielt. Mitunter, oft sogar, habe ich den Komplex, mir meine Jugend vom Leibe halten zu müssen, und ich glaube heute zu wissen, daß meine erste Liebe ihren Teil dazu beigetragen hat.

An den Fronten hatten sie sich anscheinend totgesiegt, immer häufiger wurden die Sondermeldungen, Ruhmestaten, Heldengesänge, unablässig brachten wir der gegnerischen Welt Niederlagen bei, und wo immer sich ein Stalingrad ereignete, ging es zu unseren Gunsten aus. Da war es eines Tages nur selbstverständlich, daß sie keine Rücksicht mehr auf unser Alter nahmen: weil sie in siegreicher Not waren, erließen sie mir die Prüfung zum Abitur. Sie bescheinigten mir die Reife auch ohne Examen. Sie überreichten mir ein Zeugnis, das für sich sprach: alle Zensuren waren um mindestens eine Note aufgebessert. Sie waren von Mitleid inspiriert, von Abschiedsschmerz, vielleicht auch von schlechtem Gewissen; ich war durch die Kriegslage zu einem vielseitig begabten Schüler geworden, der, wenn er fallen sollte, zumindest das Abitur besaß. Mein Deutschlehrer, der gleichzeitig mein Klassenlehrer war, hatte meine Freude über das famose Zeugnis befürchtet, und er kam noch vor der Abschiedsfeier zu mir, zögerte lange, scheu und händereibend, aber dann sagte er doch: »Dein Zeugnis ist ein Geschenk – an den Soldaten, nicht an den Schüler. Beherzige das.« Es war einer der unbarmherzigsten Ratschläge, die ich je erhielt.

Endlich war ich dabei; die Zeit des Spalierstehens, Winkens, der tatenlosen Jahre war vorüber; mit siebzehn holten sie mich, weil sie mir die Schule nicht mehr zumuten wollten und weil sie gewiß glaubten, daß ich ihnen zum Sieg verhelfen könnte. Ich verstärkte ihre Marine, und ich weiß noch: auf der Fahrt in die kleine pommersche Garnison, beim Anblick des stillen, unzerstörten Hafens wiederholte sich ein kindlicher Traum, den ich schon einmal an den verlassenen Ufern des Lyck-Sees geträumt hatte: ich hielt mich für einen Favoriten des Wassers, der Meere, für einen ausgemachten Günstling der einflußreichen Wassergeister, und ich glaubte mich in der Lage, zunächst Ost- und Nordsee, dann alle anderen Ozeane von den Schiffen unserer Gegner unnachsichtig zu reinigen. Seit dem Märzmorgen, an dem ich durch das Eis des Lyck-Sees brach, hatte ich eine besondere Beziehung zum Wasser: eine Art dämmerndes Heimweh verbindet mich mit ihm, ein sanfter neurotischer Eros beginnt wirksam zu werden, sobald ich unter die Oberfläche tauche; es gab schon Augenblicke, da hielt ich mich für einen masurischen, rundköpfigen Bruder Undines. Märchenwelt, reglos gespiegelte Kindheit, der Genuß dunkler Erwartungen, die Schönheit der Fische, die Verheißungen des Horizonts: vieles kommt zusammen, und ich habe oft in arglosem Pathos geglaubt, daß ich mich auf dem Wasser würde bestätigen müssen. Ich sah mich als Boot, durchschnitt mit meinem Bug die Wellen, und die einzige Lebensspur, die ich zurückließ, war die schaumige, sacht sterbende Linie des Kielwassers. In trüber Voraussicht erkannte ich, daß ich meine Höchstleistung auf dem Wasser vollbringen würde.

Mit Pappkarton und Stellungsbefehl meldete ich mich bei der Marine und griff aus meinem bevorzugten Element in die kriegerischen Geschehnisse ein – oder, nach dem Niveau meiner damaligen Erfahrung, in das Kriegsspiel. Ein Zeichen des Spiels ist es ja, daß der Ernstfall geleugnet wird, und ich ertrug gelassen die Schikanen der Grundausbildung, schenkte den Quälereien und Demütigungen einstweilen keine Beachtung, alles war für mich ein Spiel, zumindest ein unerläßliches Vorspiel, und deshalb stieg ich in die Regentonne, wie ein Ausbilder es befahl, hob, wie er's befahl, von Zeit zu Zeit meinen Kopf über den Tonnenrand und rief über den Platz, zu erstaunten Zivilisten draußen auf der Straße: »In mir hat die Marine einen guten Fang gemacht.« Kein gravitätischer Ehrbegriff empörte sich da, ich hielt mich wirklich für einen guten Fang der Marine, und deshalb war ich weder gekränkt noch beleidigt; denn was mich mit siebzehn beschäftigte, das waren weniger vorgestellte Konflikte, Ängste, Passionen, als reale Ereignisse. Und ich begeisterte mich für die Wirklichkeit, weil sie mir als Spiel erschien: ich lernte das Flaggenalphabet, ich lernte winken und morsen. Ungeduldige Ausbilder, die die Sprache der Ausbildungsfibel sprachen, brachten mir Knoten und Spleißen bei, ließen mich Kutter segeln und Boje-über-Bord-Manöver fahren, unterrichteten mich im Zurren der Hängematte und im Gebrauch der Bootsmannspfeife. Ich ergab mich dem trübseligen Fernweh der Shanties, die wir abends sangen. Mit dem Kompaß wurde ich intim. Ich lernte Nähen, Waschen, Haareschneiden, erwarb mir Kenntnisse über das Grußzeremoniell fahrender Schiffe, über Rangabzeichen, Schiffstypen und Bestattungen auf hoher See. Ich zweifelte nicht, daß dies alles zur günstigen Entscheidung des Krieges nötig sei; vor allem war ich still davon überzeugt, daß meine künftigen Heldentaten, die ich für die Marine vollbringen wollte, nur mit Hilfe solider seemännischer Kenntnisse möglich waren. Trotz dieser Kenntnisse blieb ich ein Ich ohne Inhalt, ein emsiger Seemann ohne Tätowierung, ein sogenannter blauer Junge aus dem Bilderbuch, dessen einzige Hygiene in »Körperpflege« bestand. Die Diktate der Erfahrung fanden erst später statt. Ich hatte noch nicht gemerkt, daß jedermann zustieß, was einem einzelnen widerfuhr.

Die viermonatige Ausbildung ging vorüber, ich erhielt mein erstes Bordkommando, und ich entsinne mich einer angenehmen Erregung beim Betreten des Decks: ich war an dem Ort, der eines Tages stummer Zeuge meiner Heldentaten werden würde. Es war ein schwerer Kreuzer, auf den sie mich kommandierten, die Engländer nannten seinen Typ geringschätzig »Westentaschen-Schlachtschiff«, denn seine Bewaffnung stand in katastrophalem Mißverhältnis zu seiner Panzerung und Geschwindigkeit: mein Gott, mir machte das nichts aus! Und wenn man mich auf eine Dschunke kommandiert hätte: ich besaß nautische Kenntnisse und die glänzende Ahnungslosigkeit, die Heldentum ermöglicht. Angst ist die unschuldigste Form der Reife, und sie besaß ich nicht; vor dem grauen Riesenspielzeug wurde ich zum zweiten Mal zum Pimpf: ich befand mich auf dem nassen Kriegspfad, ein Lederstrumpf zur See.

Um mich zu legitimieren, mußte ich etwas vollbringen, doch ich erhielt keine Gelegenheit dazu: das graue Ungetüm, das einstweilen nur im gefahrlosen »Idiotendreieck« Swinemünde–Bornholm–Gdingen kreuzte, erwies sich auch nur als Stätte der Ausbildung: ich wurde Ladenummer an einem Fünfzehn-Zentimeter-Geschütz, wurde Kuttergast, erhielt eine Feuer-, Gefechts-, Wach- und Abblendrolle, und die einzige Möglichkeit, mich hervorzutun, bestand bei Schuhappellen, bei Kleider-, Spind- und Sauberkeitsappellen. Da ist es verständlich, wenn ich mich nicht genügend beansprucht fühlte: in mir schlief Lord Nelson, dem sein Trafalgar vorenthalten, vielleicht sogar geraubt wurde. Ich wußte nicht, daß man mich der letzten Reserve zugeteilt hatte, die in einem unvermuteten, späten Augenblick für strahlende Überraschungen sorgen sollte.

Der Augenblick kam. Er kam bald – und anders, als ich es gedacht hatte – nach dem Tag, an dem die Besatzung auf die Schanz befohlen wurde und der Kommandant von einem Attentat sprach. Er sprach im Seewind. Es hatte da ein Attentat auf den sogenannten Obersten Kriegsherrn stattgefunden, unzufriedene Offiziere hätten da eine Bombe, die Fäden bis nach Berlin, die Bombe sei hinter dem Rücken der ganzen kämpfenden Front, aber er lebt, denn der Herr oder die Vorsehung oder ein Flügel des Engels des Herrn, weil wir ihn brauchen, mit ihm für Deutschlands Sieg, und aus Dankbarkeit und aus Freude, aus Stolz würden seine Soldaten nicht mehr militärisch, sondern mit dem deutschen Gruß, mit seinem Gruß grüßen und ihr Leben noch freudiger …

An diesem Tag stürzte ich aus einer Illusion, ich entdeckte, daß sich der Mann, in dessen Dienst ich als Heldenlehrling stand, nicht auf allgemeine Zustimmung berufen konnte, daß man an ihm zweifelte und offenbar sogar Gründe hatte, ihn zu töten. Ich erfuhr zum ersten Mal, daß man ihm widersprach – also gab es nicht das Wunder eines kollektiven Gehorsams. Man hatte ihm hier und da das Vertrauen entzogen; das schien mir sehr bedeutungsvoll: ich mußte ihn von nun an beobachten, ich empfand eine neue Art der Aufmerksamkeit für ihn.

Sein Krieg erinnerte sich endlich an mich: wir erhielten überstürzte Einsatzbefehle, dampften dorthin, wo man in Bedrängnis war, und man war überall in Bedrängnis: nächtliche Kriegsmärsche, U-Boot-Alarme, Angriffe sowjetischer Bomber und Torpedoflieger, dekorative Fontänen bei Artillerieduellen über lange Distanz, gemächliches Kreuzen vor Inseln und Küsten mit gelegentlichen Bombardements, Geleitschutzfahrten, Beschießungen sowjetischer Panzeransammlungen: sie gaben mir einen Krieg, doch dies war nicht der Krieg, den der minderjährige, heimliche Admiral, der meinen Namen trug, sich gewünscht hatte. Was hatte ich mir gewünscht? Einen Spielzeugkrieg vielleicht, in dem alle mitspielten: die Schiffe spielten versenkt, die Verwundeten spielten nur Verwundete, und die Toten spielten nur Tote, so wie ich es einst als Kind getan hatte auf den sandigen Exerzierplätzen von Lyck. Ich war ratlos, ich war fassungslos und war verzweifelt, denn die Schiffe, die einmal versenkt worden waren, erhoben sich nicht vom gleichmütigen Grund der See; das Stöhnen der Verwundeten erfüllte die Decks und war wirklich, und die Toten stiegen nicht übers Fallreep an Bord zurück. Eine Gelegenheit zum unblutigen Erwerb von Ruhm gab es nicht. Ich bekam keinen Gegner zu Gesicht, er schickte nur seinen Tod herüber, so wie wir unsern weitreichenden Tod zu ihm schickten, und ich sah die Wirkungen auf unserer Seite: ich hatte sie nicht begehrt. Zuerst dachte ich, endlich erlebe ich etwas; dann, mitten in der Arena, mitten in den Wirren und Untergängen und

Katastrophen, verlor ich meine Arglosigkeit, und die Erlebnisse hinterließen einen hellen Schrecken und einen unbekannten Schmerz.

Wir liefen in den Seekanal nach Königsberg ein. Wir verlängerten das Sterben in der Festung Königsberg, indem wir den Verteidigern mit unseren schweren Geschützen halfen. Wir stellten Landkommandos, die auf Schneefeldern, auf vereisten Piers Verwundete bargen. Wir fuhren auf kleinen Schlitten Tote zum Pillauer Friedhof und begruben sie nicht: wir mußten an Bord unseres Schiffes zurück, wo Schuh-, Kleider- und Spindappelle angesetzt waren. Ein alter sächsischer Seemann lenkte meinen Blick auf Hitlers Bild und sagte: mit dieser Visage zum Sieg, Kleiner – und ich protestierte nicht, die Bemerkung lähmte mich nicht: ein ruhiges Mißtrauen hatte mich bereits unterwandert. Ich war ein Gefangener des Augenscheins. Ich mußte die Tode anerkennen, die Verzweiflung der Flüchtlingstrecks, die Schiffstragödien. Ich konnte nicht wegsehen von treibenden Trümmern, von flammenden Parolen, von Gehenkten in kahlen Bäumen und den Spieren gesunkener Lazarettschiffe, die schwarz über der winterlichen Einöde der Ostsee standen: der Augenschein veränderte mich. Solange ich darauf aus gewesen war, blitzenden Ruhm zu erwerben, hatte ich den Tod als schüchternen Abteilschaffner angesehen; nun, da er mich umgab, erschien er mir als versteinerter Chef, der nur den Zeigefinger auszustrecken brauchte, um alle Hoffnungen zu zerstören.

Ich denke, wir waren sein Flaggschiff: der letzte intakte schwere Kreuzer, der noch in der Ostsee schwamm, und ich tat Dienst auf ihm. Ich ging U-Boot-Ausguck, ich verrichtete die Arbeit einer Ladenummer, ich fuhr nächtliche Kuttermanöver und lernte, im Stehen zu schlafen. Ich erwarb mir die redliche Müdigkeit, die ich bei meinen Ausbildern im Wehrertüchtigungslager so bestaunt hatte. Die Kette der Erinnerung ist nicht gebrochen: Bilder von hastiger Munitionsübernahme bei Scheinwerferlicht tauchen auf, bissige Angriffe sowjetischer Schlachtflieger, riskante Zickzackfahrten und vorbeiflitzende Torpedos, und dann ein klarer Wintermorgen, gepfiffene Kommandos, der alte sächsische Seemann, den der Bordwachtmeister vor versammelter Besatzung verhaftete wegen »Zersetzung der Wehrkraft«: er hatte mit einer Bierflasche nach Hitlers Bild geworfen.

Ich fragte mich: welche Rolle spielte Hitler selbst dabei, und ich wußte es nicht, ich erfuhr nur die Auswirkungen seiner unbeweglichen, unvergleichlichen Rachsucht. Lord Nelson in mir starb einen unbemerkten Tod, und Lady Hamilton, die aus Pflichtgefühl den Hochsprung trainierte und mir unverzagte Feldpostbriefe schrieb, empfing überrascht meinen formulierten Zweifel.

Wir brauchten zum Krieg nichts dazuzutun, er hatte seine eigene Dramatik, er war in seiner Weise vollkommen als vollkommenes Grauen, das Inferno als Form, der Wahnsinn, der nach letztem Ausdruck verlangte, und wer wollte, wer Zeit, Klarheit oder Herz besaß, konnte sich in ihm erkennen. Er konnte sich und seinem Werk begegnen in verstümmelten Körpern, in der Tränenlosigkeit der Kinder, in untergegangenen Schiffen. Der Krieg ist eine Sache des Menschen, in der er sich wiedererkennen kann: unter Schlägen und Leid findet er sein deformiertes Bild.

Mein Schiff ging im Bombenhagel unter, und mit ihm die Fünfzehn-Zentimeter-Langrohr-Geschütze: die Ladenummer hatte ihre Arbeitsstelle eingebüßt, ich durfte an Land. Hin- und hergeschoben, von neuem ausgebildet an modernen Minen, modernen Torpedos und ich-weiß-nicht-was, bis zuletzt gedrillt und quälend beschäftigt mit Aufgaben, die nie erfüllt werden konnten, da Erde, Luft und See verloren waren, wofür wir weiterhin feierlich und schikanös trainiert wurden: da mieteten sich Kafka und Ionesco in meinen Krieg ein, und Professor Parkinson fand die blendende Bestätigung seiner Lehrsätze. Ich lernte die Paradeaufstellung auf Schiffen, und wir hatten keine Schiffe mehr, man brachte mir die Bedeutung des geschossenen Saluts bei, doch wir besaßen keine Salutkanone, sie unterrichteten uns über die Behandlung von feindlichen Schiffbrüchigen auf hoher See, und wir selbst waren zumindest symbolisch die Betroffenen. Kein Stillstand, kein Atemholen, nur keine Pause: das schien die dringlichste Sorge derer, die das Wort hatten. Sie hielten uns in Bewegung. Sie fürchteten sich vor den Ergebnissen der Stille. Sie ließen uns Ein- und Aussteigen üben und verlegten uns nach Dänemark.

In den letzten Monaten kam ich nach Dänemark, und ich war von nichts mehr beeindruckt. Ich erinnere mich, daß ich gleichgültig auf alles reagierte, was sie mit uns taten. Ich war keineswegs darauf aus, mir heimliche Reservate von Freiheit zu sichern. Ich empörte mich nicht, floh nicht nach vorn, suchte weder mich noch die andern zu rechtfertigen, sondern begegnete allem mit der aufmerksamen Gleichgültigkeit, zu der der Soldat von einem gewissen Punkt an gelangt. Nichts wird mehr verwandelt, bewertet, zur Bestimmung der eigenen Person herangezogen. Man ist klar, offen, nüchtern, doch man sieht keine Aufgabe. Man nähert sich dem Zustand des Minerals.

Ich war in Dänemark und lernte Stillstehen, Warten, Laufen, Wachen, und ich hatte einen Strohsack und ein Kochgeschirr, und das genügte. Es genügte bis zu dem Tag, an dem sie einen erschossen, weil er sich aufgelehnt hatte mit Worten: sie brauchten einen Toten, um uns an ihre Macht zu erinnern, sie brauchten ihn aus pädagogischen und disziplinarischen Gründen: ich erfuhr es und erwachte. Was erhoffte ich mir, was wollte ich erreichen, als ich in einer Nacht mein automatisches Gewehr nahm und in die Wälder ging und mich versteckte; Lossagung vielleicht, eine stillschweigende, beiläufige Art der Lossagung ohne Plan – nicht mehr. Es war ein warmes Frühjahr, und ich streifte nachts durch die Wälder westwärts, verbarg mich am Tag. Sie verfolgten mich nur kurz und lustlos und ließen mich dann allein: zum ersten Mal allein. Ohne Kameraden, Freunde und Nebenmänner, ohne Lehrer, Erzieher, Vorgesetzte, ohne die bergende Anonymität der großen Zahl, und ohne geregelte Tage, Nächte und Gedanken: mit neunzehn Jahren hatte ich es erreicht, zum ersten Mal allein zu sein. Ich schlief unter Büschen an Seeufern. Ich schlief in Schuppen und in einem Autowrack. Ich aß allein, wusch mich allein, ruhte und dachte allein. Nur mir gehörte meine Angst, niemand war zuständig für meinen Hunger, ich sicherte für mich, ich plante für mich, ich hoffte für mich: die Welt befand sich mir gegenüber. In Ruhepausen, krank von braunem Rohzucker, der meine Hauptnahrung war, wachsam und tückisch und von Tag zu Tag vorsichtiger, entwarf ich eine Aufgabe für mich allein: ich wollte am Leben bleiben.

Dänische Bauern halfen mir, ein dänischer Chauffeur teilte sein Brot mit mir, und durch einen dänischen Studenten erfuhr ich schließlich vom Ende des Krieges. Am ersten Tag des Friedens war ich allein.

Auch Geschlagene können Konformisten sein, und ich zog ihre Straße südwärts, nachdem ich dem Studenten mein Gewehr geschenkt hatte; ich fand wieder zur Marine, zu bayrischen U-Boot-Leuten, die mit sich zufrieden waren, die gelassen heimkehrten wie nach einer Herrenpartie. Die einzige Gewißheit, die wir besaßen, betraf den Inhalt unserer Taschen, sonst nichts. Die Angehörigen, die zahlreichen Führer, die Freunde, Deutschland gar: alle Schicksale waren ins Ungewisse gestürzt; zum Anfang – das dachte ich – würden Information und Aufklärung gehören. Ein leichter Panzerspähwagen dirigierte uns in lässige Gefangenschaft unter freiem Himmel. Wir schlugen da Zelte auf. Wir erklärten die Brennessel zum Hauptgericht und die Zigarette zur Währung. Goethe und Schiller im Herzen, reagierten wir auf die geschichtliche Misere durch Vorträge, Diskussionen, Rezitationen und Liederabende. Schöne Kulturanstrengung machte die Niederlage erträglich. Und dort im Lager las ich die erste Zeitung, die frei war von Lüge. Es war eine englische Zeitung, und die Informationen wirkten infektiös, sie zwangen mich, Stellung zu nehmen, meine Lage zu betrachten.

Was erfuhr ich? Sie, die uns mit Geraune und Gewalt, mit Drohung und Schmeichelei in den Krieg geführt hatten, waren auf einmal fort, sie waren untergetaucht, hatten Rock und Namen gewechselt, waren geflohen oder hatten sich einen schmerzlosen Tod beigebracht. Ich erfuhr von neuen Grenzen, von Besatzungszonen, von toten, unheimlichen Städten. Die Zeitung berichtete Gefangenenzahlen. Ein Foto erbeuteter Waffen, ein Foto einer phantastischen Ruinenlandschaft, ein Foto von einem lädierten Engel, der eine gewaltsam hervorgerufene Ödnis segnete: auch das fand ich in der Zeitung. Und ich hörte durch sie den Jubel der befreiten Städte und Länder, überall in Europa läuteten die Glocken, bevor man daranging, die Toten zu zählen. Jeden Tag bekam ich von einem englischen Posten die Zeitung, und jeden Tag erfuhr ich mehr.

Ein Panzerspähwagen holte mich, ich wurde Dolmetscher einer englischen Entlassungskommission, die kreuz und quer durch Schleswig-Holstein fuhr, bewaffnet mit Stempeln und Formularen, beauftragt, jedermann offiziell aus dem Krieg zu entlassen, der noch keinen Entlassungsschein besaß. Wo wir unsere Klapptische aufschlugen, strömten die Überlebenden zusammen, scheu, mißtrauisch, doch von dem Wunsch erfüllt, ein beglaubigtes Abschiedsformular zu erhalten. Sie kamen in Uniformen. Sie kamen in schlechtsitzendem Zivil und in gemischter Kleidung. Sie kamen an Krücken und am Arm einer Krankenschwester, und auf meine stehende Frage, was sie zu tun gedächten, wußten alle eine Antwort. Solange man weiß, daß man nur Überlebender ist, sind die Ziele bescheiden, aber klar. Zum Schluß entließ ich mich selbst. Aufgeregt nahm ich mir ein Formular, ertappte mich bei dem Gedanken, das Geburtsdatum zu fälschen, mich ins Knabenalter zurückzubefördern: es war nutzlos, mein Leben hatte zu viele Zeugen, und ich selbst war mein schroffster Belastungszeuge. Im Jahre Null bekannte ich mich zum Alter von Neunzehn. Ich erließ mir nicht meine alten heroischen Träume, die angestrengten Entwürfe aus Pimpfen-Phantasie und maritimer Trunkenheit. Ich unterschrieb meinen Entlassungsschein, stempelte ihn sorgfältig und tötete mit dem Stempeldruck endgültig den schlafenden Admiral. Ich entließ mich nach Hamburg. Danach genoß ich das Vakuum. Die vollständige Offenheit, die Abwesenheit jeder Spur, jeden Zwangs, jedes rechthaberischen Glaubenssatzes, der Augenblick flimmernder Leere: ich genoß sie. Da ich damals nicht dazu neigte, mich anzuklagen, war der Genuß ungetrübt. Ich wollte mich nicht festlegen, bekennen, zu unmißverständlicher Aktion entscheiden, denn ich hatte gemerkt, daß mit einmaligen Entscheidungen nicht alles getan ist.

So bezog ich die Universität und studierte ohne gerichteten Eifer, ohne lockendes Ziel – solange ich von den Beständen lebte, die die Engländer mir zum Abschied hinterlassen hatten. Mit einem Vermögen von sechshundert Zigaretten studierte ich ehrgeizlos Philosophie, Anglistik, Literaturgeschichte, schrieb mehrere in szenischer Sinnlichkeit ertrinkende Kosakendramen, verschaffte mir Genugtuung als umsichtiger Schwarzhändler, dessen Erfolg durch

Spezialisierung auf Nähnadeln, Zwiebeln, Präparieralkohol begründet wurde. Disponibel leben, geschärft leben, ein bißchen hungrig sein und ein bißchen durstig, hier mal schlafen und da mal, bei Schramm und bei Johannsen: die muntere Vorläufigkeit des Verhaltens entsprach der geheimen Skepsis des Gedachten. Ich wurde ein Zeitversäumer, ein Sammler von unschädlichen Eindrücken; ich benutzte die Bibliotheken zur Zerstreuung und die Universität zu oft erstaunlichen Geschäften. Ich besaß nichts, hatte weder ein Heim noch eine erklärte Mission, darum glaubte ich, aus der Patsche zu sein. Jeder Tag war offen. Jeder Tag war eine Falle. Ich war glücklich.

Dann, auf einmal, versiegten meine Quellen, es ging mir sehr schlecht, und um meine dringenden Unkosten zu decken, ließ ich mich als Blutspender anwerben. Ich blieb im Bett, um außergewöhnliche Unkosten zu vermeiden. Ich schränkte meine Bewegungen ein, um meinen Appetit zu reduzieren. Ich las, und ich spürte vor allem, daß ich las, um mich selbst zu verstehen. Je mehr ich mir mißfiel, desto mehr Chancen gab ich mir: ich kam blinzelnd aus dem Schatten hervor, sah mich um und entdeckte, daß etwas zu tun war.

Ich entschied mich für den Lehrberuf und begann mit planvollem Eifer zu studieren und fand Zeit, ein Wunschbild von mir selbst zu entwerfen: im Kreis meiner Schüler, nicht verehrt, aber wohlgelitten, unter Kollegen bekannt als Verfasser einer zweibändigen ›Geschichte des Fisch-Motivs in der Literatur‹, Herausgeber eines Bandes ›Kosakisches Brauchtum im Donezbecken‹, Besitzer eines Hauses, vollgestopft mit Büchern, Sportfischer in den Ferien: ich mühte mich, dem Bild zu entsprechen. Endlich hatte ich die Zeit der Ungewißheit hinter mir. Meine Irrtümer hatten sich anscheinend gelohnt: ich wußte etwas mit meinem Leben anzufangen und nahm bereits Wohnung in der Zukunft. Der Aufbruch begann, und ich fühlte mich zum Pädagogen bestimmt, ich wollte meine Schüler zum Zweifel bekehren, ihnen beibringen, einfachen Lösungen zu mißtrauen und jede Art von kollektiver Begeisterung für eine Krankheit zu halten. Sie sollten durch mich die kargen Wohltaten erfahren, die die Säure der Klarheit hervorruft, sie sollten die Chancen des Widerspruchs, des Widerrufs bekenntnishaft kennenlernen. Ich hielt aus, obwohl ich sah, wie einer nach dem anderen absprang, unzufrieden mit sich die Universität verließ. Die auf Zivil getrimmten Uniformen wurden seltener, die Gesichter der Kommilitonen jünger: allmählich fühlte ich mich wie ein Fossil. Ich studierte emsig und tröstete mich mit »nachher und dermaleinst«, so wie ich mich schon einmal als Eleve des Heldentums getröstet hatte. Ich war die Welle, die auf einen Strand zurollte, lang, gleitend, getragen von unabänderlichem Rhythmus. Aber warum sollte ich den Strand erreichen? Lohnte es sich, so weit vorzudringen? Ich hatte verständige, ich hatte menschliche und verehrungswürdige Professoren. Sie boten mir Zigaretten an. Sie zogen mich ins Vertrauen hier und da. Sie wußten, wie man zu Geld oder zu einem Wintermantel kommen konnte, und sie behielten dies Wissen nicht für sich. Ein freies, ein tröstliches Komplizentum entstand mitunter: man steckte unter einer Decke, man erkannte im andern den Überlebenden. In ungeheizten Hörsälen wurde Hamlets Zaudern verständlich und König Lear trat mit Beginn der Stromsperre auf.

Nachdem ich mein »Kopfgeld« aufgebraucht hatte, das jeder am Tag der Währungsreform erhielt, blieb ich im Bett und stand erst wieder auf, als ich mich entschlossen hatte, all meine Bücher zu verkaufen. Die Zigarette hatte keinen Kurswert mehr, und um weiter studieren zu können, mußte ich mich von meinen Büchern trennen. Ich entschuldigte mich bei Swift, bei Hobbes und Bolzano und versetzte sie: auch im Verrat blieb ich höflich. Hartnäckig wiederholte ich mir, der Verkauf meiner Bücher sei ein Opfer gewesen, doch ich glaubte nicht daran, ich konnte mir selbst nichts mehr vormachen, denn es hatten sich Ansichten bei mir eingeschmuggelt, die jedes Versteckspiel uninteressant machten. Ich versteckte mich hinter dem Wunsch nach Gewißheiten, und ich wußte, daß ich Ungewißheit zu meinem Leben brauchte. Ich gab vor, auf ein glänzendes Ziel hinzuarbeiten, und sehnte mich nach rechtschaffener Ziellosigkeit. Ich widersprach meiner eingebildeten Genugtuung über eine beschlossene Berufslaufbahn. In der kleinen Studentenbude in Bargteheide bei Hamburg korrigierte ich in listigen Denkspielen die Schicksale berühmter literarischer Personen: ich sprach Raskolnikoff frei, ließ Joseph K. mit einer Klage gegen Unbekannt auftrumpfen, Werther überlebte seine Folgen und Hans Castorp heiratete Clawdia Chauchat. Was feststand, reizte mich, es setzte mir solange zu, bis ich es aufhob, veränderte, öffnete.

Als ich mir eine Frist zur Beendigung meines Studiums gesetzt hatte – aus Schwäche, denke ich, aus Mißtrauen gegen mich selbst –, begegnete ich einigen Journalisten. Ihre Erzählungen erwiesen sich als so ansteckend, daß ein Gespräch von einer Stunde genügte, um von dem Pädagogen Abschied zu nehmen, der in meiner Haut steckte. Ich wollte Journalist werden. Ich war so angezogen von diesem Gedanken, daß ich mir nicht einmal die Zeit nahm, meinen beruflichen Hakenschlag vor mir selbst zu rechtfertigen. Wie ich zunächst auf den Kosaken-Hetman, dann auf den Admiral und den Pädagogen hingelebt hatte, lebte ich nun auf den Journalisten zu, mit der usurpatorischen Heftigkeit, mit der man ein verheißungsvolles Angebot der Vorsehung annimmt. Ich sagte mir einfach: du wirst Journalist, schön, also bist du zum Journalisten geboren. Die Rechtfertigung erfolgte über die Hintertreppe. Und nicht nur dies: wie immer, wenn ich etwas Neues zu werden beschloß, veränderte sich der Blickwinkel, unter dem ich die Welt sah.

Nachdem ich von der Zeitung ›Die Welt‹, die damals ein Blatt der englischen Besatzungsmacht war, einen Vertrag erhalten hatte, betrank ich mich vor Begeisterung allein in meiner Studentenbude; ich glaubte nun alle Voraussetzungen zu besitzen, um der Welt zu begegnen: was geschah, konnte eigentlich nicht ohne mich geschehen, ja, es geschah sogar nur mir zuliebe. Alle Diskussionen, Amtseinführungen, Verkehrsunfälle, Buchmessen, Dachstuhlbrände: sie ereigneten sich mir zuliebe. Indem ich sie berichtete oder bearbeitete, wurden Kongresse wirklich, Einbrüche, Parlamentsschlachten, Flugzeugabstürze und Kunstausstellungen. Der tote Pädagoge bedrückte mich nicht mehr.

Ich redigierte Kulturnachrichten, politische Nachrichten, Nachrichten über gemischte Verbrechen. Ich lernte streichen. Ich wurde mit den Schwierigkeiten beim Formulieren einer Nachricht vertraut und wunderte mich über die Mitteilungsfreude der Menschen, die ich interviewte. Meine journalistischen Lehrer, von denen einige

401

meine Freunde wurden, nahmen sich die Zeit, mich auf meine Fehler und Irrtümer aufmerksam zu machen; dafür bin ich ihnen dankbar.

Die Lehre hörte nicht auf, auch nachdem ich Feuilleton-Redakteur geworden war. Ich hatte das Bedürfnis, meine Illusionen, meine Abschiede, meine Schwenkungen und Überholmanöver zu begründen; ich wollte meine Rolle an einem ganz bestimmten Punkt verstehen lernen: im Augenblick des Widerrufs, der Lossagung, im Moment der Veränderung. Nichts war geblieben von den alten Entwürfen; entweder waren sie durch die Umstände oder durch mich selbst widerlegt worden. Ich wollte gleichzeitig verstehen und zugeben: so begann ich zu schreiben.

Schreiben ist für mich die beste Möglichkeit, um Personen, Handlungen und Konflikte verstehen zu lernen. Unter dem Einfluß bewunderter Vorbilder wie Faulkner, Dostojewskij, Hemingway begann ich Erzählungen, Romane und Stücke zu schreiben, in denen oft die Motive wiederkehren, die mich beschäftigen: es sind die Motive von Fall, Flucht und Verfolgung, von Gleichgültigkeit, Auflehnung und verfehlter Lebensgründung.

Es sind gewiß nicht nur »meine« Motive, »meine« Themen; für mich ist das Schreiben auch eine Form der Selbstbefragung, und in diesem Sinne versuche ich, auf gewisse Anrufe, Aufgaben, Herausforderungen mit meinen Möglichkeiten zu antworten. Ich weiß wohl, daß ich viele dieser Möglichkeiten dem Journalismus verdanke, den ich eines Tages aufgab, um nur noch zu schreiben. Seither lebe ich als freier Schriftsteller in Hamburg.

LENZ, SIEGFRIED, geboren 1926 in Lyck, wuchs in seiner masurischen Heimat auf, die ihn nachhaltig prägte. Die Summe seines heimatverbundenen und auch heimatkritischen Denkens wird in »Heimatmuseum« (1978) deutlich. Am meisten bekannt wurde Lenz wohl durch seine einmaligen Masurengeschichten »So zärtlich war Suleyken.« Zusammen mit Günter Grass begleitete Lenz Bundeskanzler Brandt zur Unterzeichnung des deutsch-polnischen Vertrages 1970 nach Warschau. In dem Text »Ich zum Beispiel«, der wenig bekannt ist, zeichnet Lenz seinen eigenen Lebensweg nach.

Die Kindheit blieb am Haff zurück

1

Man hätte glauben können, daß Geister sich im nebligen Dämmer des neuen Tages zu einem heimlichen Stelldichein aufmachten. Aus jedem Haus traten sie, waren eilig und – obwohl man die Erregung bei den meisten mit allen Nerven spürte – lautlos. Es war, als lösten sich jahrhundertealte Schatten von den Steinen, schwankten für Augenblicke hin und her und ließen sich dann willig vom Nebel verschlucken.

Karl Findeiser wußte, daß diese Schatten Menschen waren, die wie sie flüchteten. Sie – das waren seine Mutter und er. Und sie trugen beide Rucksäcke mit dem, was die Mutter in der Eile des Aufbruchs für wichtig und wertvoll gehalten hatte.

Wertvoll. Für einen Augenblick vergaß Karl über dem Inhalt seines Rucksacks die anderen Menschen. Wertvoll! Er mochte wirklich wissen, was Mutter sich dabei gedacht hatte. Zwei Hemden hatte sie ihm eingesteckt und seine Sonntagshose, einen Pullover von seinem Vater und mindestens zehn Taschentücher.

Wertvoll! Hatte sie vielleicht auch nur mit einem einzigen Gedanken an seine Eisenbahn gedacht, die der Vater ihm in seinem letzten Urlaub noch mitgebracht, und die sie gemeinsam aufgestellt hatten? Sie war gewiß wertvoller als zehn Taschentücher, die man nicht einmal am Sonntag vermissen würde, wenn man zur Kirche ging. Mit den Fingern würde man notfalls auch fertig werden, wenn man die Nase nach alter Fischerart schneuzte. Und Karl konnte das.

Wertvoll! Und hatte die Mutter vielleicht auch nur eine Sekunde für den Beutel voller Glasmurmeln verschwendet, die er in jahrelanger mühevoller Arbeit den Jungens seiner Straße abgemogelt hatte? Aber er – er hatte daran gedacht und sie im letzten Augenblick in seine Manteltasche gesteckt, in die er doch um Gottes willen nichts hineinstecken durfte, um sie nicht auszubeulen. Merkwürdig, daß die Mutter, so lange sie nun schon unterwegs waren, noch nie einen Blick für diese Ausbeulung gehabt hatte. Aber seit sie nun auf der Flucht waren, gab es ja auch keine Sonntage mehr, hatte sein Sonntagsmantel seine Berechtigung verloren, war er nichts mehr als irgendein anderes Fluchtgepäck, das alle Gefahren, Beulen und allen Schmutz mit ihnen teilen mußte.

Wie lange waren sie überhaupt schon unterwegs? Gleich nach seinem zwölften Geburtstag waren sie aus der Stadt gezogen, und sein Geburtstag war im September. Sie hatten die von Bomben zerstörte Stadt auf einem Güterwagen verlassen und auf Irrwegen eine andere Stadt erreicht, die ihnen und vielen anderen Geflüchteten ein Obdach gegeben hatte. Obwohl es nichts gab, was sie an diese kleine Stadt hätte binden können – keine Fabrik, in der der Vater arbeitete, keine alther eingerichtete Wohnung, keine Verwandten und Bekannten, nicht einmal einen Kaufmann, der ihnen mit heimlichem Augenzwinkern einen Teil mehr über seine Ladentheke zuschob, als ihnen auf den zugeteilten Lebensmittelkarten zugestanden, – obwohl es nichts dergleichen gab – keine altvertraute Kirche und keinen klettergeübten Baum, kein freundnachbarliches Radio, mit dessen geringstem Kratzer man ebenso vertraut war wie mit seiner von welcher Hand eben eingestellten Lautstärke – obwohl es nichts gab – kein Wohnzimmer mit einem Buffet, auf dem bunte Römergläser standen, kein geerbtes Vertiko mit Nippesfiguren darauf und einer Schublade voller Geheimnisse aus Mutters und Großmutters Kindheit, kein Klavier mit schon gelblich gewordenen Elfenbeintasten und keine Speisekammer, in der man an den vielen Einmachgläsern entlangspazieren konnte – obwohl es nichts dergleichen Intimes gab, waren sie froh gewesen, ein neues Dach zu finden, ein Bett und einen Schrank und bei der freundlichen Hausfrau eine Kochstelle, wo die Mutter auch hatte kochen können. Sie hatten sich sogar wieder einen neuen Kochtopf und dieses und jenes anschaffen können.

Aber nun hatten sie wieder alles Erworbene stehenlassen müssen, waren sie erneut ins Ungewisse hinein auf dem Weg, weil das Leben zu haben sie mehr dünkte als aller Besitz.

Der Herbst war vorbeigegangen und der Weihnachtsmonat. Jetzt war es Januar – – oder schon Februar? Komisch, es gab plötzlich Dinge, nach denen niemand mehr fragte, eines davon war die Zeit.

»Trödel nicht, Junge. Der Wenk hat gesagt, daß wir früh am Haff sein müssen, sonst schaffen wir es nicht.«

Da war Karl wieder bei den menschlichen Schatten im unfreundlichen Nieselnebel. Es wurden immer mehr. Einige schienen sich kaum von den Häusern losreißen zu können. Sie standen eine Weile unschlüssig mit ihrem Gepäck, mit ihren Säcken und Taschen da und schauten in die Dunkelheit der Häuser zurück. Dann taten sie so, als hätten sie etwas vergessen, und gingen wieder in ihre Heimlichkeit. Aber es gab auch einige, die ihren Kopf tief gesenkt hielten und keinen einzigen Blick zurückwarfen.

Je weiter sie auf der Landstraße von der Stadt zum Wasser hin fortgingen und sie hinter sich ließen, dieses Bienenhaus aus Soldaten, Frauen, Kindern und Geschossen, desto häufiger trafen sie auf Pferdegespanne. Aus den Leiterwagen, mit denen noch im letzten Sommer das Heu und das Getreide von den Feldern in die Scheunen gefahren war, hatte man fahrende Häuser gemacht.

Genau so – dachte Karl – genau so muß es gewesen sein, als die Pioniere durch Amerika gezogen sind, um sich neues Land zu suchen, Wagen hinter Wagen. Und die Wagen hatten Dächer aus Holz und Schilf oder einfach nur Decken, die über ein Gestell gelegt worden waren. Die Frauen und Kinder saßen darin auf den Kisten, und die Männer saßen auf den Kutschböcken oder gingen nebenher, das geladene Gewehr immer schußbereit.

Aber nein, dieses bücherfüllende Bild stimmte nicht, wenn auch diese Wagen abenteuerlich genug aussahen. Wohl waren die Wagen voller Kisten, Bettzeug und Kinder, aber auf den Kutschböcken saßen Frauen und trieben die struppig gewordenen Tiere an. Wer irgend laufen konnte, ging neben den Wagen her und schonte die Kräfte der Tiere. Wer weiß, wie lange sie die ohnehin noch strapazieren mußten. Männer waren keine dabei, jedenfalls nicht solche, wie sie durch die Abenteuergeschichten jagen, schießen und neue Hütten bauen. Manchmal nur strich ein alter Mann über den Kopf eines Pferdes oder zurrte den Strick fester, der einen Kochtopf hielt oder ein Bündel Heu. Die anderen Männer hatten Uniformen an, aber sie gehörten nicht zu den Wagen.

Es gab auch keine Indianer mit vergifteten Pfeilen, die hinter Büschen lauerten. Vielleicht wäre manches einfacher gewesen, wenn man den Feind hinter dem Strauchwerk oder hinter einem einsamen Haus hätte vermuten können. Aber dieser Treck wußte nicht genau, wo sein Feind gerade steckte, es liefen nur Vermutungen um ihn und seine Allgegenwärtigkeit in der Luft, auf dem Wasser und in dem Land flüsternd von Mund zu Mund. Das machte den Weg so unheimlich und so gefährlich. Die um ihn hätten wissen müssen, schwiegen.

»Vielleicht nimmt uns am Haff so ein Wagen mit!«

»Und wenn sie alle voll sind?«

»Der Wenk hat gesagt, daß die Wagen am Wasser kontrolliert werden. Alles, was nicht unbedingt nötig ist, muß herunter, damit Menschen mitfahren können.«

Karl freute sich darüber, aber er zeigte es seiner Mutter lieber nicht. Die Erwachsenen waren so merkwürdig in dieser Zeit, sie hatten bei allem immer gleich Tränen in den Augen und sprachen schwer verständliche Worte von Besitz und Verlieren und Nichtwiedersehen. Das Lachen um das Abenteuer gehörte nicht zum Fluchtgepäck, vielleicht war es daheim schon erschossen worden oder in den Ruinen der Häuser verschüttet.

Warum aber sollte man jetzt zum Beispiel nicht lachen, wie der scharfe Ostwind ihnen in die Rücken fuhr und zugleich die Nebelfetzen und die Nieseltropfen vor ihren Nasen tanzen ließ.

»Jetzt fängt es auch noch an zu regnen!«

»Vielleicht hätten wir heute doch nicht gehen sollen. Wenks sind auch geblieben.«

»Ja, die. Die haben noch auf ihre Tochter gewartet. Aber kein Mensch weiß, ob die überhaupt noch einmal kommt. Nichts weiß man mehr, überhaupt nichts.«

»Es wird jetzt klarer, findest du nicht auch? Man kann schon viel weiter sehen. Guck mal, die da vorn!«

Eine Gruppe Soldaten spritzte vor ihnen auseinander und verschwand in einem Graben neben der Landstraße, der voller nassem

Schnee stand. Ein Pferd stieg erschrocken in die Höhe und versuchte, aus seinem Geschirr auszubrechen. Ein anderes Pferd wurde so plötzlich herumgerissen, daß die Deichseln kreischten. Ein Flugzeug war über ihnen. Karl hörte es zuerst und riß seine Mutter an den Straßenrand und zu Boden.

Lange hockten sie so und lauschten auf den ratternden Gesang der Motoren, der über ihnen kreiste. Würde das Flugzeug schießen oder Bomben werfen? Dann wurde es wieder still. Selbst der Atem der Menschen schien zu schweigen, und nur das leise Mahlen der Pferde auf den Trensen war zu hören. Das Lachen der herauskriechenden Soldaten erschreckte Karl ebenso wie seine Mutter. Aber während das Entsetzen bei seiner Mutter blieb, bewunderte er die Soldaten restlos um dieses Lachen. Nun war er es, der seine Mutter antrieb, vorwärts zu gehen und in ihrer Nähe zu bleiben. Wo es lachende Soldaten gab, mußte man sich doch wohl sicherer fühlen.

Der Nieselnebel verdichtete sich nach und nach zu großen, naßklammen Schneeflocken.

»Nun wird auch noch alles in den Rucksäcken naß werden.«

»Es ist besser, der Himmel schickt uns etwas herunter, als jemand anders. Lieber nasse Sachen als blaue Bohnen auf dem Leib. Bei so einem Wetter sind Sie sicherer, liebe Frau.«

Der Soldat mochte recht haben. Wenn man seinem weißstoppeligen Gesicht folgen durfte, schien er eine große Erfahrung zu haben. Dennoch waren seine Worte kein Trost, und Karl und seine Mutter waren froh, in der Ferne ein paar Häuser zu sehen.

Es ist schon eine merkwürdige Zeit. Man darf einfach so in fremde Häuser eintreten, ohne zu klingeln, ohne anzuklopfen, ohne um Erlaubnis zu fragen und ohne seinen Namen zu nennen. Aber es ist auch schwer, unter dem Haufen Menschen, der sich da in einem Raum zusammendrängt, den Besitzer des Hauses zu erkennen und nach seinem Namen zu fragen. Vielleicht ist er überhaupt gar nicht mehr da. Sie standen mit anderen in einem Hausflur und starrten in das Wetter hinaus.

»Möchtest du etwas essen, Kind?«

Nein. Karl möchte nichts essen. Er fühlte sich sehr hilflos mitten in diesem sich drängenden Menschenhaufen. Niemand scheint zu wissen, wie es nun weitergehen soll, niemand scheint einen Entschluß fassen zu wollen, aber alle warten, warten auf irgend etwas. Manchmal sprechen sie alle gleichzeitig vor sich hin, dann wieder sind sie alle zugleich ohne Worte, und dann hört man den Ostwind um das Haus sausen.

Im Hauseingang stehen ein paar Soldaten und blasen stinkende Rauchschwaden in die Luft. Wahrscheinlich haben sie irgendwo eine Seegrasmatratze zu Zigaretten gemacht. Karls Mutter ist die erste, die sich wieder aufrafft, als sie sieht, daß das schneenasse Wetter ein wenig nachläßt.

»Wo geht es nun zum Haff hinunter?«

Die Soldaten zeigen ihnen den Weg. Man braucht nur dem jetzt endlos erscheinenden Zug der Wagen zu folgen. Im Fortgehen hört Karl den einen der Soldaten sagen, daß der Kessel wieder geschlossen ist. Wer weiß, wie vielen es überhaupt gelingt, hier herauszukommen. Karl schaut prüfend zur Mutter hoch, ob sie diese Worte auch gehört hat. Gott sei Dank nicht. Jedenfalls ist keine Veränderung an ihr zu bemerken. Wir Männer – denkt Karl – wir Männer können mit solchen Hiobsbotschaften viel besser fertig werden als die Frauen. Und es ist das erste Mal, seit sie vor Monaten sich auf den Fluchtweg gemacht haben, daß er solche Ideen hat.

Der Wenk hatte recht: Da, wo der Weg einen sanft abfallenden Bogen zum Wasser hin macht, liegen Kisten, Koffer und wild verstreute Kleidungsstücke, liegen Kochtöpfe und Hühnerkäfige und sogar Heubündel, die ganz schwarz vor Nässe sind. Die Wagen zögern alle, ehe sie sich auf das Eis gleiten lassen. Das Tauwetter hält schon seit ein paar Tagen an, und man hat gehört, daß das Haffeis Risse zeigt. Aber es gibt ja nur noch diesen einzigen Ausweg über das Haff und über die Nehrung, um sich in Sicherheit zu bringen. Die abschnürenden Kreise des Feindes werden immer enger gezogen.

Müssen wir Ballast abwerfen? Die Menschen auf den Wagen, die Haus und Hof verlassen haben, die sich über Nacht von Hof, Keller und Scheunen zusammengerafft haben, was die Wagen fassen und die Pferde nur irgend ziehen können, sie hängen nun doppelt an jedem Stück, das alles übrige ihres Besitzes vertreten muß. Müssen wir Ballast abwerfen, damit die Wagen nicht im dünnen Eis einbrechen? Und sie kneifen wohl die Augen zusammen zu einem schmalen Schlitz und pressen die Lippen aufeinander, bis sie zu einem Strich geworden. »Hü, Lotte!« heißt es, und die Menschen wagen für sich und ihre Habe nun auch noch das Letzte, die Fahrt über das brüchige Eis.

Die Mutter wendet sich an einen Offizier, ob sie nicht mit einem Wagen mitfahren können. Der Offizier schaut sie nur an und zuckt die Achseln. Da müsse sie sich schon selber umsehen. Und er zuckt noch einmal die Achseln und wendet sich ab.

Karl sieht eine junge Frau mit einem hochbepackten Kinderwagen. Das Gefährt hat nur noch drei Räder, und es ist schwer, es durch die ausgefahrene Furt zu schieben. Und gleich hinter ihr geht ein altes Ehepaar. Die Frau humpelt schwer auf einen Stock gestützt, während der Mann einen kleinen Leiterwagen hinter sich herzieht. Und im gleichen Augenblick schämt sich Karl, daß seine Mutter überhaupt noch nach einem Platz im Wagen gefragt hat. Die dort haben ihn doch wohl viel nötiger.

»Komm, wir gehen«, sagt er leise.

Aber seine Mutter gibt es noch nicht auf. Wenn sie schon nicht selber den langen Weg fahren können, vielleicht darf man wenigstens die Rucksäcke auf einem Wagen abstellen. Sie schaut sich um, denn sie hat es in den letzten Wochen immer noch nicht abgelegt, wählerisch zu sein. Der eine Wagen sieht ihr nicht stabil genug aus, auf dem zweiten gefallen ihr die Leute nicht, der dritte ist schon zu voll, und manchmal hören die Leute überhaupt nicht auf ihre Fragen, weil sie mit sich selber genug beschäftigt sind.

»Komm, wir gehen!«

Karl sagt es noch einmal und schon viel dringlicher. Und er drängt seine Mutter einfach auf das Eis, das schon hoch von Wasser bedeckt ist. So reihen sie sich in den endlosen Zug ein, der über die unabsehbare Fläche gleitet. Jetzt regnet es wieder. Sie schieben sich dicht hinter einen Wagen und fühlen sich selbst hinter ihm wehrlos allem ausgesetzt, was auch immer jetzt kommen mag. Es gibt hier aus diesem Elendszug kein Entrinnen mehr.

Einmal denkt Karl, wie lange sie wohl schon so dahintrotten, den

Blick auf das patschende Wasser gerichtet, das selbst schon ihre dicken Stiefel und die zwei Paar wollenen Strümpfe durchdrungen hat. Er möchte gern nach der Uhr sehen, die eigentlich seinem Vater gehört, aber es wäre unsinnig, dafür den Mantel, die Jacke und die Hemden aufzuknüpfen. Denn die Uhr trägt er an einem Bindfaden hängend auf seiner nackten Brust. Es ist auch sinnlos, nach der Zeit zu sehen, denn hier gilt nur der Weg.

Manchmal wendet er seinen Blick von dem Wasser unter ihnen und dem Wagen ab. Seitab vom heute eingehaltenen Weg liegen Pferdekadaver oder halb ausgeräumte Wagen, die im Eis eingesunken sind. Vielleicht hat sich hier gestern die Tragödie eines zerschossenen Trecks abgespielt, vielleicht ist sie auch schon ein paar Tage alt. Und die rettende Nehrung ist noch immer nicht in Sicht.

Einmal müssen die Wagen stehenbleiben. Irgendwo ist wohl ein Hindernis, das diese Stockung verursacht. Da lösen sie sich von diesem Wagen vor ihnen, gehen an einigen anderen Wegen vorbei und ordnen sich neu in den langen Zug ein. Karl schmerzen schon längst die Schultern von der Last seines Gepäcks. Aber er sagt nichts. Wir Männer – so denkt er noch einmal –, wir Männer können das doch alles besser tragen als die Frauen.

Mitten auf dem Eis macht der Wagenzug ganz plötzlich eine Schwenkung nach links. Und da ist die schmale Landzunge zwischen Haff und See sichtbar: ein verheißungsvoller Horizont voller schützender Bäume. Und gerade jetzt ist das Rattern der fremden Maschine wieder über ihren Köpfen, fällt sie aus dem Hinterhalt an. Tack-tack-tack hören sie es aus der Ferne, aber es kommt näher, tack-tack-tack-tack – – –

»Los, lauf zur Nehrung!« schreit ihn die Mutter an. Da ist Karl wieder das kleine Kind, das seiner Mutter blindlings gehorcht. Eine Weile keuchen sie nebeneinander her, und sie beide sind darauf bedacht, miteinander Schritt zu halten. Dann muß Karl einer hastenden Fußgängergruppe ausweichen und nimmt die Spitze ein. Er versucht, auf das Keuchen der Mutter in seinem Rücken zu achten.

»Kriech unter den Wagen!«

Er weiß nicht genau, ob das die Stimme der Mutter ist, es bleibt auch keine Zeit mehr, darüber nachzudenken. Das Tack-tack-tack ist nun über ihnen, und die Gedanken sind das erste, was ihm zum Opfer fällt.

Karl rennt noch ein paar Schritte weiter, ehe er sich unter den rückwärtigen Teil eines Planwagens drückt, der stehengeblieben ist. Andere Wagen rasen nun in wilder Fahrt an ihm vorbei, angetrieben von den Schüssen und angetrieben von dem Schreien der Menschen. Kaum drei Schritte von ihm entfernt fällt eine Frau auf das Eis. Ein jäher Schreck durchfährt ihn, daß es seine Mutter sein könnte, die nicht mehr neben ihm ist. Aber nein, seine Mutter ist klug. Sie wird auch unter einem Wagen hocken und das wilde Schießen abwarten. Und wenn dieser Spuk erst einmal vorbei ist, dann wird er zu ihr gehen, und sie werden beide lachen. Er nimmt sich ganz fest vor, zu lachen, wie es die Soldaten auf der Landstraße gemacht haben.

Noch einmal fegt das wilde Tack-tack-tack-tack über sie hinweg. Die Frau, die vorhin auf das Eis gefallen ist, sieht er nicht mehr. Er hat nicht bemerkt, ob sie fortgelaufen ist oder ob man sie fortgetragen hat. Von vorn her hört er ein Pferd schreien. Ja, es ist ein richtiges Schreien in die weißnasse Stille hinein. Dann hört er über sich im Wagen das Weinen eines kleinen Kindes, das ein Weniges von dem Urschmerz des Tieres fortnimmt. Schu, schu, schu, singt eine Frauenstimme, eine alte, brüchige Frauenstimme.

Da springt Karl auf und rennt zurück, um bei seiner Mutter zu weinen. Im Augenblick hat er vergessen, daß er lachen wollte. Die lautlosen Tränen sind ohne sein Wollen in sein Gesicht gekommen.

Muttchen, wo bist du?

Karl späht nach jedem Wagen und um jeden Wagen herum. Mindestens fünf Wagen geht er zurück. Sollte seine Mutter so weit zurückgeblieben sein? Oder hat sie ihn doch noch eingeholt und ist an ihm vorbeigelaufen, und er hat sie nicht bemerkt? Er läuft wieder die fünf Wagen nach vorn und gleich noch ein Stück weiter. Er schaut jeder Frau genau unter das Kopftuch, aber es ist keine, die ihn mit ihren Augen sucht. Sie haben nicht einen einzigen Blick für ihn, so stumpf trotten sie nun wieder daher.

Wo ist die Mutter?

Karl bleibt stehen und läßt Wagen für Wagen an sich vorbeiziehen. Er ist plötzlich merkwürdig ruhig, und das fällt ihm selber auf. Es fällt ihm sogar ein, daß jedes Kind jämmerlich schreien würde, verlöre es die Mutter auch nur einen Augenblick aus der Hand. Er schreit ja gar nicht. Er ist also nun wirklich kein Kind mehr? Das erfüllt ihn beinahe mit Stolz, den Bruchteil eines Augenaufschlags wenigstens, ehe ihn die Frage nach der Mutter erneut quält.

Wo die Mutter nur geblieben ist?

»Los, lauf zur Nehrung!«

Natürlich! Daß er nicht sofort daran gedacht hatte! Nun wird Mutter dort an den Bäumen ganz unnötig auf ihn warten und sich Sorgen machen. Und er lacht und nickt bei diesem Gedanken einer Frau so erleichtert strahlend zu, daß sie ihm ein wenig fassungslos nachschauen muß, wie er gleich einem fröhlichen Feriengast der Nehrung zuspringt.

2

Er sah es schon vom Eis her, daß am Ufer niemand auf ihn wartete, aber Karl war so von seinen Gedanken des glücklichen Wiederfindens erfüllt, daß ihm dies nicht einmal in das Bewußtsein drang. Wer wird sich auch wie ein Denkmal an die Auffahrt zum Land stellen und sich geradezu zum Ziel für alle Schießübungen machen. Und Karl hüpft über die ersten Dünengrasbüschel hinweg, die – vom Schnee gebleicht – wie gewachsene Eishalme sind.

Der Menschenstrom schwemmt ihn in den Wald hinein. Und es ist, als nähme der Wald von den Menschen den Bannfluch des Eises. Fragen sind wieder da und erhalten Antwort, Rufe fliegen von Wagen zu Wagen, und das Weinen eines Kindes erinnert hier an eine warme Ofenbank oder an ein federreiches Bett. Es klingt alles nicht mehr so feindlich, selbst das Rattern einiger Panzerwagen nicht, die sich hier zwischen die Pferdewagen drängen und den Sandweg aufwühlen.

Hier gibt es auch wieder Menschen, die für Ordnung sorgen, Soldaten und Zivilisten. Eine Holzbaracke mag manchem der Suchenden, Verzweifelten und Entwurzelten das Symbol für eine Rettungsstation sein aus seiner eigenen Ausweglosigkeit. Viele drängen einfach nur vorwärts, dem großen Menschenstrom nach, andere aber möchten wieder einmal ein menschliches Wort hören, das ihnen sagt, was sie hier und da so außerhalb ihrer Wohnungen und ihrer Höfe machen sollen. Sie stehen in der Nähe der Baracken und warten geduldig, bis jemand Zeit für sie hat. Karl wendet sich von einem Menschenhaufen zum andern und sucht ein vertrautes Gesicht. Noch nie fand er die Welt so groß wie gerade hier in dem kleinen Ort.

Eine Frau hält ein kleines Deckenbündel auf ihren Armen und reicht es einer anderen Frau, die eine weiße Armbinde trägt.

»Es ist tot.«

Sie sagt es so, als spräche sie davon, daß ein Apfel angeschlagen sei oder die Milch sauer, oder als habe eine alte Decke einen neuen Riß.

Und die Frau mit der Armbinde erschrickt kein bißchen, aber sie nimmt der anderen das Bündel auch nicht ab. Sie hebt nur bedauernd die Hände, wie man es wohl tut, wenn irgend etwas weder abzuändern noch weiterzuführen ist.

»Es ist tot.«

So leicht macht man es sich also jetzt, wenn jemand tot ist? Oder warum denn sonst sind die Frauen so ohne natürliche Reaktion auf den Tod und noch dazu auf den ihres Kindes? Karl wendet sich schnell von den beiden Frauen ab. Er denkt an Onkel Peters Begräbnis. Er denkt daran, wie die Familie und das halbe Dorf in der ausgeräumten Stube standen, in der der dunkle Sarg aufgebaut war, und wie sie alle bei des Herrn Pfarrers Worten weinten und schnufselten, daß es Gott erbarmen mochte.

»Es ist tot.«

Und hier weint niemand mehr. Karl hat Angst, daß das tote Kind in dem kleinen Deckenbündel sich vielleicht noch gegen sein vollkommenes Verlorensein wehren könne. Karl läuft von diesen Barackenmenschen fort, denen man die Seele getötet hat, daß sie nicht einmal mehr weinen können. Er muß seine Mutter finden und sie darum fragen, sehr viel fragen nach Dingen, die er hier nicht begreift. Seine Mutter darf unter den Barackenmenschen nicht sein.

Er schließt sich wieder dem Treck der Vielen an. Wie schön müßte es sein, hier im Sommer durch den festlichen Wald zu laufen, düneab und düneauf, oder den großen breiten Sandweg entlang, der manchmal zwischen den bewachsenen Sandbergen zu einem Hohlweg wird. Jetzt ist der Boden matschig, und der Weg ist ausgefahren, daß die Wagen nur schwer von der Stelle kommen. Manchmal schert ein Wagen aus, weil die Pferde einfach zu müde sind, um weiterzuziehen, und bleibt unter dem Schutz der Bäume stehen. Der Wald ist an manchen Stellen ein großes Heerlager. Keine geordnete Wagenburg etwa, wie Karl sie aus den Sagenbüchern kennt, sondern ein zufälliger und ungeordneter Menschen- und Materialhaufen, Pferde, Wagen, Frauen, Greise, Gepäckstücke und sogar Soldaten. Hin und wieder schwelt irgendwo ein kleines Feuer, an dem man sich wärmen oder auf dem man vielleicht sogar etwas kochen möchte.

Karl läßt sich keine Zeit, anzuhalten. Die Schmerzen in seinen Schultern spürt er schon nicht mehr, und er ist auch nicht hungrig. Einmal sieht er die Frau mit dem dreirädrigen Kinderwagen wieder. Sie sitzt auf einem Baumstumpf und starrt auf ihre bloßen Hände. Karl möchte am liebsten zu ihr gehen und sich neben sie setzen. Es wäre ja möglich, daß sie ihn und seine Mutter vor dem Eis gesehen hat und nun mit ihm über seine Mutter sprechen kann. Das wäre doch wohl möglich, und es wäre ein Trost. Vielleicht hat sogar sie es nötig, mit jemand zu sprechen, damit die Gedanken nicht immer die gleichen unentrinnbaren abscheulichen Kreise quälend gehen müssen. Aber dann spricht Karl sie doch nicht an, sondern geht vorüber.

Muß er nun nicht endlich jemand nach seiner Mutter fragen? Mitten im Wald hügelan steht ein kleiner verspielter Bau. Er sieht wie eine kleine Kapelle aus. Ein paar Soldaten stehen davor.

»Ich suche meine Mutter.«

»Hier sind nur Soldaten. Flintenweiber gibts bei uns nicht.«

Man muß sich wundern, daß es in dieser Zeit noch so scharfe Stimmen gab. Doch ein anderer Soldat nickte stumm und rückte zur Seite, damit Karl hineingehen konnte. Karl mußte sich erst an das angenehme Dämmerlicht des Raumes gewöhnen. Welch ein Unterschied zu dem Draußen, welch eine Stille und welch eine Behaglichkeit, obgleich in dem Raum wirklich nichts war, was dieses Attribut gerechtfertigt hätte, weder die wenigen Bettgestelle im Hintergrund, auf denen ein paar Soldaten dösten, noch der Offizier, der irgendetwas mit leiser Stimme in ein Feldtelefon sprach, noch das Stroh, das herumlag.

Es war, als brächen die Beine plötzlich unter Karl weg, er mußte sich auf eine winzige Strohschütte hinsetzen, die dicht beim Eingang lag. Nur ein paar Augenblicke so sitzen und gar nichts mehr denken müssen, nur ein paar winzige Augenblicke lang glauben, daß man hier geborgen sein könnte. Nur ...

Es mußte mitten in der Nacht sein, als Karl einmal aufwachte. Der kleine Raum war voller Menschen, die teils auf den Betten lagen, teils unruhig hin und her liefen. Der Offizier telefonierte noch immer, und die kleine Kerze, die neben seinem Bettgestell stand, war die einzige Beleuchtung des Raumes. Ein Säugling schrie. Karl hatte noch niemals einen Säugling so schreien gehört, und er fühlte eine große Angst in sich aufsteigen, daß auch dieser Säugling sterben müsse, und die junge Frau dann vielleicht nicht mehr weinen könne. Aber noch war ihre Stimme voll offenen Jammers und ihre Augen voller Tränen.

»Ich habe keine Milch mehr«, sagte sie zu den Umstehenden und knöpfte sich dabei Mantel und Bluse auf. »Es nimmt doch noch nichts anderes.«

»Vielleicht gibt es in Kahlberg etwas.«

Es war das erstemal, daß Karl ein Ziel nennen hörte.

Wenn die Leute glaubten, daß man dem Säugling und seiner Mutter helfen könne, dann wollte er auch dorthin. Und er flüsterte den Namen des Ortes vor sich hin, zerpflückte ihn beinahe auskostend in seine Buchstaben, setzte ihn wieder zusammen, und das Geschrei des Säuglings berührte ihn nicht mehr, und die Verzweiflung der jungen Mutter zerschellte an der Mauer, die er sich selber aus einem Namen aufbaute.

Der Morgen war kalt und ein wenig nebeltrüb, aber es regnete nun nicht mehr. Karl hatte seine Strohschütte zusammengescharrt, weil er von seiner Mutter gelernt hatte, daß man alles ordentlich hinterlassen müsse. Und flüchtig war ihm auch der Gedanke gekommen, daß man sich am Morgen doch wohl waschen müsse. Da er aber niemand sah, der es tat, war dieser Gedanke auch bei ihm mit dem nächsten Atemzug schon vergessen.

Karl hatte es eilig, er wollte zu seiner Mutter in den Ort, den man nachts genannt hatte. Ob sie jetzt wohl auch schon aufgestanden war und ihr Brot aß? Er selber hatte noch ein vollständiges Butterbrot in sauberem Papier eingewickelt in seinem Rucksack gefunden. Er packte es andächtig aus und hielt es mit den Zähnen fest, während er das Papier sorgfältig wieder zusammenlegte. Die Mutter würde sich freuen, daß er ihr zu gefallen suchte. Sie würde sich wohl auch freuen, daß er noch nichts von dem restlichen angeschnittenen kleinen Brot gegessen hatte, das er im Rucksack trug, und das ihnen beiden gehörte. Wirklich, er mußte sich beeilen, damit er es mit ihr teilen konnte.

»Sie haben in der letzten Nacht versucht, nach Kahlberg zu kommen, sie sind aber zurückgeschlagen worden.«

Hatte das einer der Soldaten gesagt, die an der Tür herumstanden? Sie machten alle unbewegliche Gesichter, als hätten sie nichts gesagt und nichts gehört. Das ist etwas Merkwürdiges um Gerüchte. Man sieht niemand, der sie ausspricht, und doch sind alle Ohren voll davon, und die Herzen wissen es.

Karl schaute nach den Betten hin, an denen in der Nacht die junge Frau und der Säugling geweint hatten. Auf den Betten lag etwas, das wie große Deckenbündel aussah. Ich müßte sie wecken, dachte Karl, damit sie rechtzeitig fortkommen. Aber dann hatte er plötzlich wieder Angst vor dem hilflosen Schreien des Säuglings, der eingeschlafen war, und er nahm schnell seinen Rucksack auf, nickte dem Offizier zu, der eben verschmutzt und übernächtigt den Hügel hinaufkam, wand sich durch ein paar dicht zusammengeschobene Wagen hindurch und erreichte wieder den Waldweg.

Was er gestern nicht gewußt, heute wußte er, daß alle Menschen, Tiere und Wagen nach Kahlberg wollten. Und es war auf diesem Weg ein zähes Ringen mit den ausgefahrenen Räderspuren, die in dem zerwühlten Sand immer tiefer wurden, aber auch mit den Panzern, die rücksichtslos ihr Vorrecht auf allen Wegen auszunutzen versuchten. An einer Weggabelung sah Karl unerwartet die silberne

Weiße der See vor sich. Er lief ihr zu, als müsse er einen Freund begrüßen. Nur wenige Menschen waren hier, und die waren wie kleine dunkle Punkte in der Helle des schneeglasierten Sandstrandes.

»Schön«, flüsterte Karl. »Schön.«

Und weitab am Horizont sah er dann und wann ein Aufblitzen,
dem erst lange später ein fernes Grollen folgte. Schiffskanonen. Zu
dem augenblicklichen Glanz gesellte sich die Furcht. Dennoch begleitete Karl nun die See den Strand entlang, der so still und glatt
und friedfertig aussah, als warte er noch ein Weilchen träumend auf
neue sommerliche Gäste, die ihn kannten und ihm gut waren.

Nur einmal störte ein Flugzeug. Karl duckte sich in das spärliche
Dünengras, als könne es ihn mütterlich verbergen. Und es geschah
ihm nichts ...

Hatte er sich nicht schon immer gewünscht, wieder einmal wie
vor Jahren auf der Landzunge zwischen See und Haff zu spielen?
Natürlich müßte es Sommer sein. Der Sand müßte warm und beinahe so fein wie Staub durch die Hände rieseln, die See müßte ganz
zarte weiße Schaumkronen tragen, und der Wind müßte durch das
Dünengras streichen und es von jenen Zeiten erzählen lassen, wo es
noch Wanderdünen gab.

Wenn man die Augen ein wenig zukniff und gegen das Wasser hin
blinzelte, dann konnte man doch wahrhaftig alles verwandeln und
selbst einen Kurenkahn auf sich zusegeln lassen. Hei, wie der bret-
tergeschnitzte Wimpel sich im Winde drehte!

Irene hieß damals das kleine Mädchen, mit dem er zusammen einen Burgwall gebaut hatte. Irene war mit ihren Eltern von weither
in das Ferienparadies gekommen. Irenes und sein Burgwall war so
hoch geworden, daß sie sich ordentlich anstrengen mußten, um
über ihn hinwegzuklettern. Irene hatte die Burg mit saftgrünen Tan-
nengirlanden und abgedorrten Krüppelkieferästen geschmückt,
während er sich auf bunte Steinchen und glänzende Muscheln spe-
zialisierte. Sie wurden nie fertig mit ihrer Burg, denn sie fanden sie
immer noch nicht geschmückt genug, und manchmal mußten sie
auch beinahe wieder ganz von vorne anfangen mit dem Bauen und
Ausbessern und Anfeuchten des flirrigen Flugsandes.

Ein anderesmal hatten sie Irenes Papa in den Sand eingegraben, daß nur noch sein lachender Kopf herausschaute. »Nun mußt du Erdbeben spielen, Papi!« Und dann bebte und bröckelte der kleine Hügel erst nur ganz wenig und dann immer mehr, bis der Sand den jubelnd kreischenden Kindern nur so um die Ohren flog. Es gab kein größeres Vergnügen, als Tag um Tag so ganz und gar voller Sand und Sonne und salziger Luft zu sein.

Und ein anderesmal ... aber da ist erneut das Tack-tack-tack am Himmel. Karl drückt sich wieder enger an das Dünengras, und er ist nicht in den Sommerferien, sondern auf der Flucht. Und es ist wohl ein Unterschied, ob man mit blinzelnden Augen Kurenkähne entdeckt oder sehen muß, wie ein kleines Schiffchen in der Ferne Feuerstoß auf Feuerstoß abgibt und ein schweres Donnern über die See zu ihm schickt.

Wenn er nur schon endlich in Kahlberg wäre! Aber der Weg zieht sich schier endlos lange hin, und selbst das Träumen machte ihn nicht schneller. Der Rucksack drückte wieder schmerzhaft die Schultern nieder. Da gelang es Karl nicht mehr, sich Strandburgen geschmückt mit Muscheln, Steinen, Tang und Fähnchen vorzustellen.

Es mochte Mittag sein, als Karl endlich am Ziel war. Aber hier wohnte nur eine neue Ratlosigkeit. Die kleinen Häuser gaben ihm keine Antwort, und die Menschen, die müde an ihm vorbeiwankten, als könnten sie sich kaum noch auf den Beinen halten unter der Bürde ihres Schicksals, die Menschen sind schon lange stumm geworden. Höchstens die kleinen Kinder weinen noch manchmal oder plappern die kleinen dummen Fragen in die aufgewühlten Wege hinein.

Aber die Kinder haben alle noch ihre Mütter, und vielleicht finden sie bei ihnen irgendwann einmal eine Antwort auf all ihre Fragen, Karl muß sich seine Antworten selber geben, obwohl ihm der Mut dazu immer tiefer sinkt.

Es war einfach dumm von mir, am Strand lang zu gehen. Alle sind sie im Schutze des Waldweges gegangen. Glaubst du vielleicht, daß Mutter so leichtsinnig gewesen wäre, über ein freies Gelände so wie du zu gehen, damit die feindlichen Flieger sie ja recht gut sehen können? Nein. Er hat wohl alles falsch gemacht. Es bleibt nur eins:

zurückgehen, diesmal mitten durch den Wald, und dem Strom der Menschen begegnen. Vielleicht, vielleicht findet er dann doch seine Mutter und auch eine Antwort auf so viele Fragen.

Er quält sich sehr mit dem Weg. Die Fahrrinne wird immer tiefer ausgemahlen von Panzern und Kanonenwagen. Die Fuhren der Flüchtlinge schieben sich mit verzweifelten Hührufen dazwischen, aber manchmal führt eine vermummte Gestalt auch die Gespanne direkt durch den Wald, hügelauf, hügelab, um Knieholz herum und über Wurzelstriemen der hohen Bäume. So etwa muß es sein, wenn eine Sturmflut Festgefügtes entwurzelt und vor sich herschwemmt. Genau so muß es sein. Und Karl geht nun dieser Flut entgegen, um seine Antwort zu finden.

Nur ein klein wenig ausruhen, nur einen Augenblick sich hinsetzen wie auf einer winzigen Insel, die die Sturmflut nicht berühren darf, die von Nässe und Kälte gefühllosen Füße von sich strecken und den Kopf an einen knorrigen Stamm legen, als lehne man ihn zu Hause in der Dämmerstunde an den Kachelofen. Muttchen wird gleich kommen, sie wird bestimmt einmal hier vorbeikommen mit dem langen Zug der Mütter und Kinder, wenn man nur lange genug wartet, sie wird gleich ins Zimmer kommen und ihm sein altes Kindertöpfchen voller honigsüßem Kamillentee bringen, gleich …

»Junge! Bist du des Teufels! Rutschst du mir mit deinem Kopf einfach zwischen die Pferdebeine! Junge! Hätte ich nicht aufgepaßt! Bist du des Teufels! Du lieber Gott, sitzt er hier …«

Es ist eine etwas brüchige Männerstimme, die Karl für Sekunden zwingt, die Augen aufzuschlagen. Eine rauhe, bärbeißige, schimpfende Stimme, und doch ist sie Karl wie vertraute Musik. Lächelnd sind seine Augen schon wieder geschlossen, und er streckt sich lang aus, als hätte ihn eine warme Hand gestreichelt.

Aber die Stimme läßt nicht locker, und zwei Hände packen seine Schultern, reißen sie gewaltsam hoch und schütteln sie, als gehörten sie zu einem Sack Mottenlumpen. Was der Onkel Fritz nur hat, er soll ihn doch in seinem schönen warmen Ferienbett schlafen lassen, er hat ganz bestimmt nicht die Fohlen zu den Stuten in die Koppel gelassen, er soll ihn doch … und es dauert lange, bis Karl begriffen hat, daß es hier keinen Onkel Fritz gibt, und daß das

Schnauben der Pferde nicht zu seinen Ferienerinnerungen im Fohlengarten gehört.

»Herr des Himmels, Junge, bist du noch da? Frau, reich mir den Korn! Vielleicht bringt er ihn hoch. Sich hier in die Kälte zu legen! Kerlchen!«

Und der alte Mann nimmt die Zipfel von Karls Wollschal und reibt ihm das Gesicht, während er vor sich hin räsoniert. Das tut weh, aber das Prickeln und Scheuern tut auch irgendwie wohl. Dann fühlt Karl etwas Brennendes in seinem Mund, das er hustend schlucken muß. Er will es abwehren, aber der Mann hält seinen Kopf fest und befiehlt ihm, noch einmal zu schlucken. Und da ist es plötzlich gar nicht mehr so furchtbar, wenn ihm auch die Tränen in die Augen schießen. Der alte Mann lacht und nimmt schnell auch einen Schluck Korn. Es ist ein gutes Lachen.

»Kerlchen, wer hat dich hier zurückgelassen!«

»Ich suche meine Mutter.«

Da ist das Lachen jäh aus dem Gesicht des stoppelbärtigen alten Mannes gewischt.

»Du kommst mit bis Kahlberg!« Er zieht Karl an seinem Rucksack hoch. »Geh auf den Wagen.« Und der Alte hievt Karl hinauf, ohne weiter zu fragen oder auf Antwort zu warten. Es tut gut, in eine Geborgenheit hineinzufallen, und sei es auch nur in die einer Schütte Stroh auf einem rumpelnden, zugigen Leiterwagen.

»Nicht schlafen, Kerlchen, du darfst jetzt nicht auf dem nassen Boden zwischen Frost und Matsch schlafen. Du verwelkst wie eine kleine Blume, ehe sie richtig aufblüht.«

Karl konnte in der Dunkelheit des halbgeschlossenen Wagens nicht erkennen, ob die Frau, die ihn fest in den Armen hielt, jung oder alt war. Er ruhte sich aber gleichsam in ihrer Stimme aus, weil sie etwas von der Zärtlichkeit seiner Mutter hatte.

Die Dämmerung kam schon über die See herauf, als sie ihn in einem Haus abluden. Er wäre gern weiter mit diesem Wagen gefahren, wenigstens die kommende Nacht hindurch, aber da war ja immer noch die Mutter, die er suchen mußte. Eine zärtliche Stimme ist wohl kein Ersatz, nicht wahr? Und – wer weiß – vielleicht waren die Leute sogar froh, daß sie sich nicht weiter um ihn zu sorgen brauchten. Sie hatten ihn mitten auf der Nehrung aufgelesen, das war genug, mehr als genug, und er fragte sich, ob die Barackenleute überhaupt dies getan hätten.

Das Haus trug ein kleines weißes Schild mit einem roten Kreuz. Eine kleine Hilfsstation hatte sich hier eingerichtet. Wieder überfiel es Karl siedendheiß, daß er nicht an alles gedacht hätte. Denn hätte er hier nicht gleich nach seiner Mutter nachfragen müssen, statt hin und her zu laufen? Sicher kannten sie seine Mutter. Oh, und es war gut, daß er endlich wieder hinter die Röcke seiner Mutter kam. Es war gar nicht so leicht, allein durch die Tage zu wandern. Man dachte an so viel, an viel zu viel, aber was wirklich wichtig war, das vergaß man. Die Mutter dachte immer an alles, auch wenn sie nur eine Frau war und er selber beinahe schon ein richtiger Mann, der nicht einmal mehr weinte.

Die Hilfsstation war nichts weiter als ein kahler Raum mit zwei Bettgestellen, von denen nur das eine eine Matratze hatte. Ein Arzt war da, sein Kittel war nicht mehr sauber, die Mutter kannte er nicht.

»War deine Mutter denn krank?«

Karl mußte sich erst besinnen. Krank? Er wußte es nicht so recht. Aber dann fiel es ihm langsam, beinahe wie tropfenweise ein, daß es wohl durchaus möglich sein könne. Hatte die Mutter nicht oft über Kopfschmerzen und Schwindelgefühl geklagt? Und richtig, damals, als der Vater zum letztenmal zu Hause gewesen war, hatte sie sogar im Bett gelegen, und der Vater hatte den Arzt geholt. Ja, die Mutter war krank.

»Vielleicht ist sie dann hier im Lazarett. In den letzten Tagen haben sie auch Zivilisten genommen. Am besten, du fragst gleich mal nach.«

Ja, Karl wird fragen, er wird gleich gehen. Wenn nur seine Beine und sein Kopf gehorchen möchten. Vor seinen Augen dreht sich jetzt das Gesicht des Arztes gerade so wie ein Glücksrad auf dem Jahrmarkt, verschwindet fast, kommt wieder näher und näher, daß es beinahe überdeutlich da ist, und rückt wieder weg …

»Sag mal, hast du Hunger?«

Es ist ein guter Arzt, er hat es ja gewußt. Karl liegt auf der Matratze, und die Spritze hat überhaupt nicht weh getan. Jetzt darf er ganz langsam ein Stück Brot kauen und dazu eine Tasse Tee trinken. Kamillentee ist es nicht, den kann wohl nur die Mutter so richtig honigsüß zubereiten, aber es ist etwas Heißes. Das Brot schmeckt wunderbar, obwohl es nicht einmal mit Marmelade bestrichen ist. Er hat wirklich nicht gewußt, daß er Hunger hatte. Wirklich nicht. Aber nun möchte er gern noch so eine Scheibe essen. Der Arzt lächelt ihm zu, er kann es sich denken.

»Du mußt mir versprechen, immer ans Essen zu denken. Immer zusehen, wo du etwas zu essen bekommst. Das ist wichig, hörst du, wichtiger als alles andere.«

Und der Arzt schaut dabei zum Fenster hinaus, wo der helle Schein immer mehr abnimmt, und sein Gesicht sieht plötzlich traurig und sehr müde aus.

»Ich werde es meiner Mutter sagen.«

Der Arzt schaut ihn lange an. Als er mit einem plötzlichen Ruck sich wieder zum Fenster hinwendet, sagt er nur: »Ja, tu das.«

Karl drängt es schon wieder nach draußen. Er muß ja nun noch zum Lazarett, durch seine Dummheit ist schon viel zu viel Zeit verlorengegangen. Die Mutter wird schön schimpfen. Der Arzt möchte ihn noch nicht gehen lassen. Nicht wegen der kleinen Schwäche, sondern weil er selber sich hilflos gegenüber der zerstörenden Macht findet, die über sie alle hinwegrast. Karl lacht. Ob er ihm vielleicht einen Handstand vormachen solle, um ihm seine Kräfte zu beweisen? Nein, man durfte dem Jungen einfach nicht die Hoffnung nehmen, weder die Hoffnung auf seine Mutter noch die Hoffnung auf das Gute. Die Zeit würde leider eines Tages es schon von selber tun, man brauchte sich dessen nicht mitschuldig zu machen, wenigstens hier nicht. Und der Arzt zwang sich nun auch zu einem Lachen. Er selber legte sorgfältig den Schal um den Hals des Jungen, sorgte dafür, daß er die dicken wollenen Handschuhe anzog, und schnallte ihm den Rucksack auf.

»Vergiß nicht, was ich dir vom Essen sagte, und grüß deine Mutter schön von mir. Machs gut, Junge!« Mehr war wohl wirklich nicht zu sagen. Der Arzt brachte ihn nach draußen, als geleite er einen hohen Gast hinaus. Er zeigte Karl den Weg und sah ihm lange nach.

Das war wirklich alles, was er hier noch für einen Menschen tun konnte. Er schämte sich, das eingestehen zu müssen.

Das Lazarett war ein ungewöhnlich großer Bau außerhalb des Ortes. Er sieht so trotzig aus, fand Karl, und es verwirrte ihn, daß er sich Lazarette immer ganz anders vorgestellt hatte: mit sonnigen Terrassen, lachenden Schwestern und blütenweißen Häubchen und Schürzen, und Soldaten, die lieber vor Tapferkeit gestorben wären, als daß sie gestöhnt hätten. Aber hier war alles ganz anders. Es waren weder Terrassen noch Schwestern zu sehen. Da waren ein paar Männer, die gerade eine Bahre aus einem Sanitätswagen luden, da war ein bedrückender Gang, auf dem Soldaten hockten oder lagen, und nichts mehr als verkommene Kleiderhaufen zu sein schienen. Und da war ein riesiger Raum voller Menschen. Menschen? Voller stöhnender, fluchender, zu schweigsamer oder sich wild hin und her werfender, winselnder Gestalten.

Darunter konnte die Mutter nicht sein, der Arzt mußte sich wohl geirrt haben.

»Geh mal da aus dem Weg, du!« Da brachten sie jemand auf einer Bahre. Man konnte nichts von ihm sehen, sie hatten ihn ganz zugedeckt.

»Ich suche meine Mutter.«

»Hier?«

»Der Arzt sagte ...«

Aber da waren die beiden Träger mit ihrer Bahre auch schon weitergegangen und in dem dunklen Gang verschwunden, der nach draußen führte.

»Bist du auch verwundet?«

Der ihn jetzt anredete, war ein Feldwebel mit merkwürdig hellen Augen, die beinahe so wie Bernstein waren. Und sie waren auch genau so warm und fröhlich, man brauchte vor ihnen keine Angst zu haben. Man konnte ihnen alles erzählen. Danach wurden sie nur um ein Weniges dunkler, gerade so, als wenn man ein Stück Bernstein von der Sonne in den Schatten legt.

»Deine Mutter ist nicht bei uns. Ich weiß es genau, wir haben nur wenige Frauen hier.«

Und als die Augen merkten, daß Karl ungläubig zu ihnen aufschaute, schwammen sie plötzlich in einem merkwürdig feuchten Glanz, wie wenn ein Stück Bernstein von einer salzigen Seewelle noch einmal leise überspült wird, ehe ein früher Strandwanderer es findet und aufnimmt.

»Junge, hör zu, es ist besser, wenn du hier nicht lange nach deiner Mutter herumsuchst, sondern jetzt gleich hinunter zum Anlegeplatz gehst. Ich weiß, daß ein kleines Schiff geschickt wird, um Verwundete abzuholen. Vielleicht in ein oder zwei Stunden. Sorge, daß du auf dieses Schiff kommst. Es hat keinen Zweck, hier zu warten. Bring dich in Sicherheit. In der Sicherheit wirst du auch deine Mutter wiederfinden.«

Das war eine lange Rede, dennoch konnte sich Karl nicht entschließen, diesen Mann so schnell wieder aufzugeben. Er sehnte sich nach Geborgenheit.

»Hier, steck das ein«, sagte der Feldwebel leise und gab ihm hastig etwas in die Manteltasche, während er ihn schon vor sich her durch den dunklen Gang abschob. Es war eine runde Schachtel mit Schokolade. Karl hatte einmal eine ähnliche von seinem Vater bekommen. Schokolade! Das war ein Freudentag gewesen, denn es gab sonst nie Schokolade. Aber diese Schachtel hätte er am liebsten gleich wieder zurückgegeben, nur, um nicht wieder in die Ungewißheit abgeschoben zu werden.

»Hier gehst du runter. Du wirst den Landesteg schon finden. Sieh zu, daß du wegkommst!«

Er hat sicher recht, dachte Karl, als der Landesteg schon in seinem Blickfeld lag. Und dann fiel ihm wohl auch ein, daß Feldwebel immer recht haben, jedenfalls hatte er das einmal die Mutter zu seinem Vater sagen hören. Er erinnerte sich noch genau, wie das geklungen hatte, hart und endgültig und mit einem kleinen resignierenden Achselzucken darin.

Er lehnte seinen Kopf an die Geländerstange des kleinen Seesteges. Er war zwölf Jahre alt, doch jetzt hätte er gerne geweint. Aber die Nacht war voller Unruhe, er hatte Angst, sie könne ihm das Weinen ablauschen. Das wollte er nicht. Denn Männer weinen nicht. Er hatte nun sogar einen Befehl von einem Feldwebel erhalten, er war ein Mann!

IN DER AU, ANNEMARIE, wurde 1924 in Tilsit geboren. Sie stammte von salzburgischen, schlesischen, westfälischen und holländischen Vorfahren ab. Ihr pharmazeutisches Studium mußte sie wegen der Flucht 1945 abbrechen. Nach einem Schauspielstudium und dem Studium der Literatur-, Kunst- und Theatergeschichte in Lübeck und Hamburg wandte sie sich der Literatur zu. Sie lebt heute als freie Schriftstellerin in Krefeld. In ihrem 1991 erschienenen Roman »Die Kindheit blieb am Haff zurück« schildert sie die Flucht einer Mutter und ihres Sohnes Karl im Januar/Februar 1945 aus der Perspektive des zwölfjährigen Jungen.

Der Ring

In den Aktenregalen der SS-Kommandantur der Stadt K. steckte unter dem Buchstaben »K« die Personalakte des A. In der Akte befand sich folgender Vermerk:

»Kleine, Arnold, SS-Brigadeführer, erhielt den Marschbefehl, mit seinem Kommando eine Anzahl von Ghetto-Aufständischen zu liquidieren. Der Genannte wurde in Ausübung seiner Pflicht von Partisanen überfallen und durch einen Schlag auf den Kopf mit einem Knüppel niedergestreckt. Er wurde bewußtlos in das Lazarett verbracht.

gez.: Unterschrift«

Nach einigen Monaten gelangte die Akte wieder auf den Schreibtisch seines Vorgesetzten und trug nun die zusätzliche Anmerkung:

»Kleine, Arnold, Zustand hoffnungslos. Aufgrund der Schlagverletzungen hat sich eine traumatische Psychose eingestellt. Es wurden des öfteren Anfälle von gefährlichem Verfolgungswahn beobachtet. Der Genannte wird in das psychiatrische Krankenhaus seiner Heimatstadt überstellt.«

Der Vorgesetzte überflog diese letzte Notiz und unterschrieb sie mit dem Vermerk »Zur Kenntnis genommen«. Auf dem Rand des Vorgangs fügte er hinzu: »ad acta«.

Herr Kleine war aus dem Ostland »aus unbekannten Gründen« mit einer Nervenerkrankung zurückgekehrt. Er war unheilbar, so die Aussage der Ärzte. Sie schickten ihn in seine Heimatstadt zurück und wiesen ihn in das psychiatrische Krankenhaus ein.

Als Frau Kleine davon erfuhr, machte sie sich sofort auf, um ihn zu besuchen. Es schmerzte sie sehr, daß er so unverhofft erkrankt war. Er hatte ihr so viel aus – na, wie hieß nur dieses Land … aus Litauen, geschickt. Dort gab es wirklich unerschöpfliche Reichtümer. Allwöchentlich trudelten Pakete ein. Schinken, Speck, Butter … und Pelze, wunderbare Pelze: Persianer … Frau Kleine war eine rechte Tochter ihres Vaterlandes und Verehrerin des Führers. Sie opferte, als dieser dazu aufrief, den Pelz sofort auf dem Altar des Vaterlandes, für die Soldaten an der Front, wo es so kalt war, daß einem das Wort im Munde gefror. Frau Kleine empfand wegen des Pelzchens keine Gewissensbisse, denn erstens gab sie damit ein gutes Beispiel, indem sie ihr wertvollstes Stück hergab, und zweitens war es schon abgetragen, so daß es unbedingt eines neuen bedurfte.

Eines Tages, ganz plötzlich, war der neue Pelz da. Arnold schickte ihn, als ob er gewußt hätte, daß sie ihren der »Winterhilfe« abgegeben hatte. Doch da waren noch andere Geschenke dabei...

Die Gattin schaute auf ihre linke Hand, an deren Gelenk ein Armband aus reinstem Gold glänzte, und am Finger steckte ein Platinring mit einem Diamantenauge.

Die Dame tat einen tiefen Seufzer, einen solchen einer unglücklichen Frau, die sehnsüchtig auf das Mitgefühl anderer wartet.

»Jetzt wäre noch mehr von diesem oder jenem nötig, doch nun ist alles zu Ende. Herrgott, nein!«

Doch als Frau Kleine ins Krankenhaus kam, stellte sie voller Freude fest, daß ihr Mann keineswegs den Verstand verloren hatte, nein (und ihr standen schon wieder neue Pakete vor Augen), er war völlig gesund. Nur so eine seltsame Melancholie hatte ihn überkommen, eine Apathie oder so etwas. Aber sonst hatte er, wie man so sagt, »alle Sinne beieinander«. Das heißt, er war gesund und konnte wieder zurück, um seine Aufbauarbeit dort im Ostland fortzusetzen. Möge er sich zunächst ausruhen und erholen. War es denn nicht schwer, in jenem schrecklichen Norden dort, wie man so sagt, am Ende der Welt, wo sie mit Brettern vernagelt ist...?

Frau Kleine hätte den Untersuchungen der Ärzte vielleicht auch ein bißchen Glauben geschenkt, wenn sich Arnold nicht selbst eingemischt hätte. Der Arme beklagte sich: »Was tun sie mit mir, Herta? Warum geben sie mir kein Wasser zum Händewaschen?«

»Da sehen Sie, meine Herren, wie vernünftig er redet.«

Doch was hat es mit dem Wasser auf sich? Allerdings, die Wasserleitung war durch die feindlichen Bombenangriffe in der ganzen Stadt zerstört worden, also kann man daraus folgern, daß an Wasser gespart wird.

»Warum kann ich nicht arbeiten?« beklagte sich Herr Kleine erneut.

»Warum haken die sich an mir so fest? Es gibt noch so viel zu tun, um die Juden- und Kommunistenfrage zu lösen.«

Oh, wie klug ist er doch. Jedes Wort ist ein Körnchen Gold. Er, Arnold Kleine, ist einer von jenen, vielleicht sogar der einzige, der es am besten weiß, wie man sich in der Sache der Kommunisten zu verhalten habe. Statt dessen steckt man ihn in die Psychiatrie, oder klarer gesagt: in die Verrücktenanstalt. Wäre es erlaubt, so würde Frau Kleine jetzt denken, daß nicht er, sondern jene, die ihn eingewiesen haben, verrückt seien. Aber sie liebt ihren teuren Führer und Retter aus ... na, sagen wir einmal, aus den Klauen furchtbarer Feinde, der Juden, die den Kommunismus im heiligen Dritten Reich verbreiteten. Frau Kleine ist fest vom gerechten Kreuzzug überzeugt und ... erneut entflieht ihr ein tiefer Seufzer, doch diesmal ist es ein Seufzer einer glücklichen Frau, die kein Mitleid braucht. Und wegen eines aus Unachtsamkeit begangenen Fehlers – Herrgott, da kann man doch nicht den Führer anklagen.

Frau Kleine ersucht die Ärzte, ihren Mann gleich nach Hause zu entlassen. Sie selber werde ihn pflegen und bedienen. Heutzutage müsse doch jede Frau ihr Opfer auf dem Altar des Vaterlandes für den geliebten Führer bringen. Ja, sie selber werde ihn pflegen, bis die vorgesetzten Stellen begreifen, was sie da angestellt haben. Und eines schönen Tages würden sie kommen, um nach ihm zu fragen und ihn zu bitten:

»Nimm diese ganzen Angelegenheiten wieder in deine Hände, Volksgenosse. Dir gelang es stets, sie ausgezeichnet zu erledigen. Denn es sind noch nicht alle Kommunisten im Ostland liquidiert.«

Und er, Arnold, getreuer Diener seines geliebten Führers, wird bestimmt mit Freudentränen wieder tätig sein und arbeiten, trotz allen erlittenen Unrechts. Und diese Apathie wird von ihm abfallen wie ein falscher Putz von einer Marmorwand.

Frau Kleine wächst und wächst in ihren eigenen Augen zu einer Riesin, weil sie einen so vernünftigen Vergleich gefunden hat. Und dann gibt es wieder ... sie wirft noch einmal einen raschen Blick auf ihren Brillantring.

»Was? Garantien? Was für Garantien? Daß Arnold niemandem zur Gefahr wird? Gut. Ich selber erkläre mich für alle seine Taten verantwortlich. Ich werde niemanden beschuldigen, wenn etwas passieren sollte.« Frau Kleine lacht herablassend: »Ha, ha! Ist er erst einmal zu Hause, passiert haargenau nichts mehr ... Er wird in guten Händen sein. Ausruhen wird er, sich beruhigen wegen seiner ...« Nein, mehr wollte sie nicht hinzufügen, denn es könnte ja sein, sie kritisierte damit die Obrigkeit. Gott bewahre, man darf ihr Ansehen nicht beschädigen.

Arnold Kleine kam nach Hause. Die ganze Zeit über war er still und ruhig, nur wusch er sich unaufhörlich die Hände, reinigte seinen Waffenrock und wechselte dauernd seinen Kragen. Frau Kleine machte sich ernsthafte Sorgen, daß der Vorrat an Kragen nicht reichen werde. Er hatte zwar alles mögliche aus dem Ostland nach Hause geschickt, aber an Kragen hatte er nicht gedacht. Manchmal denkt er über etwas nach und ruft dann, als antworte er auf eine Frage:

»Nein, sage ich, sie ist keine Jüdin.« Dann Schluß. Nichts mehr.

Jedoch Frau Kleine horchte auf. Was war das? Von einer Jüdin spricht er da? Wieso von einer Jüdin ... Nachdem er es mehrfach so nachdrücklich behauptet hatte, hielt sie es nicht länger aus und begann ihn auszufragen.

»Arnold, warum wiederholst du immer dasselbe? Von wem redest du da?«

Herr Kleine wiederholt:

»Ich sage dir, sie war keine Jüdin. Aber ihr Ring ... Den brauche ich ...«

»Was war nicht?«

»... dieser Ring, der Ring. Sie wollte doch so sehr einen guten Ring, einen schönen Ring, einen kostbaren Ring, einen fröhlichen Ring ... bekam ihn ... bekam ihn nicht ... bekam ihn ...«

Frau Kleine begann zu ahnen, daß ihr Mann wesentlich schwerer erkrankt war, als sie gedacht hatte, aber dieses Gefühl wurde von einem anderen verdrängt. Es ist wie Neid, fast wie Neugier, nein, besser gesagt, Zorn. Er wird doch nicht etwa dort, im Ostland, eine Geliebte gehabt haben und hat der einen Ring geschenkt? Ihr? Dieser »Ostfrau«?

»Und ich?« – die Herta, wird von Traurigkeit übermannt. »An mich hat er also nicht gedacht? Warum hat er den Ring nicht mir geschickt? Dann hätte ich jetzt zwei, an jeder Hand einen ... Wer weiß, wer dieses Weib wirklich war. Womöglich wirklich eine Jüdin, und deswegen ist sein Verstand durcheinander. Wenn dem so ist, dann muß er ja verwirrt sein. Was würde der Führer dazu sagen? Natürlich, eine solche Sünde muß ihre Folgen haben, und sie hat sie auch.«

Frau Kleine weinte bitterlich.

Als gegen Abend der örtliche Parteiführer, ein alter Bekannter, Freund und Lehrer von Arnold, Herr Groß, ins Haus kam, fuhr ihm Arnold, noch ehe man ihn begrüßt hatte, plötzlich mit Gewalt an die Kehle:

»Ich werde es dir zeigen, du Mistvieh! Glaubst du, ich hätte es nicht gesehen, wie du hinter dem Baum standst? He, du hast auf den Führer gezielt. Hilfe ...«

Groß war ein alter Mann von schwachen Leibeskräften, hätte Frau Kleine nicht daneben gestanden, dann hätte der Kleine den Groß wohl erwürgt. Groß ging fort, sich an den Wänden abstützend, blutend, zerkratzt. Dem Groß war es, als sei seine Kehle zerbrochen. Frau Kleine wurde immer deutlicher, daß ihr Mann sehr wohl den Verstand verloren hatte und daß dies offenbar durch eine Geliebte bewirkt worden war. Was sollte man da machen, Männer sind keine Engel. War aber seine Geliebte eine ... Nein, ein solches Wort konnte man nicht aussprechen – wie sollte man da noch leben? Wie sollte eine Frau Kleine da leben, sie, die sich selbst dieser Idee verschrieben hatte, die selber in Versammlungen ging, um antisemitische Reden zu halten? Sie litt nun unbeschreibliche Qualen und vergoß dicke Tränen der Enttäuschung.

Es ist nun aber keine Zeit, viel nachzudenken und sich zu quälen. Herr Kleine tobt und wütet, denn überall sieht er Kommunisten und Juden, die er zu vernichten hat. Vor allem aber bekümmert ihn so ein weibliches Wesen mit hellblondem Haar und einem Kleinkind. Frau Kleine kann ihn kaum beruhigen, sie bringt ihn zu Bett, deckt ihn zu und läßt ihn einschlafen. Sie selbst ist auch müde. Dieser Tag war schwer. Obwohl sie eine mutige Frau ist, bebte ihr Herz, als sie mit ihrem Mann aus der Nervenklinik wegfuhr. Und dann das Unheil mit Herrn Groß und so weiter.

Sie weinte noch etwas und beschloß, sie werde ihn morgen unbedingt in das Krankenhaus zurückbringen (ungeachtet der Unterschrift und des gegebenen Versprechens müßten sie ihn wieder aufnehmen). Sie hatte dennoch den Mut, sich ins gemeinsame Schlafzimmer zu begeben – sie war ja eine heldenhafte Frau – und sich neben Arnold ins Ehebett zu legen. Vorher hatte sie sich davon überzeugt: ja, er schläft so ruhig und süß, kein Engel kann so unschuldig sein wie ihr Arnold. Nein, sie wird ihn nicht ins Krankenhaus zurückbringen, sondern sie wird ihn pflegen, so wie sie es zugesagt hatte. Seine Nerven sind zwar etwas strapaziert, aber ist das ein Wunder? Da kommt man daher, verfrachtet ihn nach Hause, reißt ihn mit Gewalt aus seiner geliebten Arbeit.

Pfui, pfui. Es scheint, der Teufel selber gibt einem solche Gedanken ein – die Taten der Regierung zu kritisieren ...

Sie mußte wohl geschlafen haben, aber irgendwie, wie im Traum, hörte sie ihren Arnold sprechen. Herta wurde sofort hellwach und hörte hin ... Nein, er sagt nichts mehr, speit nur aus. Seine Augen sind offen und so verständig, das Gesicht gezeichnet von einer unbekannten Sorge.

»Arnold, schläfst du nicht?« fragt die Frau ihren Mann ganz leise. »Warum schläfst du nicht? Sag mir, was beschwert dein Herz?« Zwar fühlt sie im Herzen noch so einen Splitter stecken, aber sie will dennoch eine heldenhafte Frau sein, und um zum Helden zu werden, muß man sich überwinden können.

Kleine schaute sie an, als sei sie eine ganz Fremde, als sähe er sie zum ersten Mal. Dann richtete er seinen Blick wieder starr zur Decke, etwas träumend, still vor sich hin flüsternd.

»Arnold, Liebster«, spricht Frau Kleine ungeduldig, »du weißt doch, daß ich dich liebe und dir immer treu gewesen bin. Immer! So sage doch, weshalb ...« Nein, Frau Kleine beherrscht sich. Es ist gefährlich, so zu reden. Mag er zunächst gesund werden. »War es sehr schwer, dort in Litauen?«

»Wieviel Arbeit, wieviel Arbeit gibt es da«, sagt Frau Kleine verständnisvoll. »Und Verfahren – zu viele sind gelaufen. Dumm sind die Leute. Wenn sich jemand den Arm oder das Bein bricht, fragen sie, was mit diesem geschehen solle. Diese Idioten, begreifen nicht, daß man solche nicht mehr braucht, die nicht arbeiten können. Denn bis diese wieder arbeitsfähig sind ...«

»Immer du mußt in solchen Angelegenheiten entscheiden?« fragt Herta tröstend. Denn wie oft haben sie sich nächtens in dieser Weise unterhalten, wenn er Urlaub hatte.

Kleine antwortet auf die Fragen nicht. Er lebt in seiner eigenen Welt und spricht seine eigene Sprache:»Wieso kann ich nicht arbeiten? Ich kann es nicht, weil jene, die ich erschossen habe, es verhindern ... siehst du, wie sich die Erde bewegt? Sie sind noch lebendig, diese Teufel, Fritz, sie leben noch, ha-ha-ha-ha! Sieh doch, wie dieser Jude mich verfolgt, siehst du es? Ich sah, wie er aufstand, einen Baum ausriß und auf mich schleuderte. Aber ich bin ihm entwischt. Hör doch, er kommt schon wieder wegen seiner Frau. Aber sie ist keine Jüdin, nein, sie ist keine Jüdin! Das Kind ... das Kind ist aber schon tot. Bin ich daran schuld, sag, bin ich daran schuld?«

Frau Kleine, die zwar eine heldenhafte Frau ist, wird trotzdem vom Grauen geschüttelt. Sie hat nicht mehr ihre eigene Haut, sondern eine Gänsehaut, so sehr graut es ihr. Dennoch muß sie antworten, unbedingt:

»Natürlich nicht ... Nein, nein, es ist nicht deine Schuld ...«

»Soll er doch kommen. Ich werde ihn an der Gurgel packen, daß er aus meinem Zugriff nicht mehr entkommt. Ich lasse ihn nicht mehr frei. Keiner ist entkommen, sie wußten nicht, wohin ich sie bringe. Es war so: Ich brachte sie zum Waldrand, wie alle anderen Kommunisten ... Ich muß hingehen, um nachzusehen ... Wer weiß, ob sie dort noch liegen ... Warte, ich zuerst ...«

»Arnold, nirgends wirst du hingehen, jetzt bei Nacht. Jener Wald ist weit weg.« Frau Kleine beginnt nun zu zittern. Während sie spricht, schlagen ihre Zähne arg aufeinander, ein paarmal ist die Zunge dazwischengeraten, sie hat sich schmerzhaft hineingebissen.

»Nein, nicht weit, dort am ... wie er ... Wenn du gesehen hättest, wie er aus dem Auto stieg, wie er bebte ... Warum fürchtete er sich nicht vor mir? Ich sah, als wir unterwegs waren, daß er neben mir saß, mich aber nicht erkannte. Um mich zu suchen, hatte er alle zusammengeholt ... Man sagt, die Front nähere sich wieder und die Rote Armee werde alle auferwecken. Sie sind alle auferstanden, sie tragen die Fahne ... ganz rot. Aber warum war darin kein Hakenkreuz? Siehst du, siehst du, wie sie den Strick herbeischleifen? Sie wollen mich hängen ... Nein, nein, nein!«

»Arnold, da ist doch nichts. Du bist zu Hause, du liegst in deinem Bett bei deiner Herta ...«

»Siehst du die blonden Zöpfe? Sie winden sich wie Schlangen.«

»Nein, Arnold, Liebster (ach, wenn doch diese Nacht vorüber wäre, morgen – zurück, zurück), nein, ich sehe nichts.«

»Oh, wie dieser Ring glänzt! Den muß ich unbedingt der Herta schicken, denn sie schrieb ...«

Durch den ganzen Körper von Frau Kleine lief ein warmer, süßer Schauer. Wie ihr Arnold sie doch liebte, wie sehr er sie liebte!

»Wer war sie denn?« fragt Frau Kleine schon etwas mutiger, denn nun gibt es für sie keinen Grund mehr, sich zu fürchten, für sie würde er die ganze Welt an den Galgen bringen, wenn er es nur könnte.

»Kann ich denn die Kommunisten von ganz Europa kennen?«

»Aber du warst doch in Litauen.«

»... hör doch, wie der Wind pfeift, oh. Diese Vögel, wenn ich auf jene schösse, ob ich wohl träfe ... wie er mich anschaut ... Menschenaugen ... pfui ...«

»Arnold, jetzt gibt es die Vögel nicht, jetzt ist Herbst, bald ist Weihnachten. Und ... und Vögel mit Menschenaugen gibt es überhaupt nicht.«

»Ich sage dir, es gibt sie« – Kleine ist beleidigt.

Plötzlich begann er, Worte des Menschen oder der Leute zu wiederholen, die es vielleicht gegeben hatte und die nicht mehr sind, deren Worte aber in seinem Gedächtnis hängengeblieben waren.

»Warum soll ich schweigen, siehst du denn nicht, daß sie uns totschlagen wollen?« – »Erraten, du Scheusal! Nein, meine Schöne, ich werde nur deinen Mann, er ist Kommunist, dieser verfluchte Jude, aber du, du bist keine Jüdin, hast unser Blut besudelt ... aber wir brauchen dich noch ... oh, ist der Ring schön ...«

»Ich, ich bin Jüdin!«

»Nein, du bist Arierin, mit blonden Zöpfen, mit blauen Augen.«

»Verflucht bist du mit deinem ganzen Ariertum!«

»Dieses Scheusal, so hat sie es gesagt, was wird der Führer sagen ...«

»Sigi, lauf ...«

»Dummkopf, der will unseren Kugeln entkommen ... Drei Schuß in den Rücken, da liegt er schon ... schnaubt noch wie ein Pferd, ha-ha-ha! Rührt sich jetzt nicht mehr. Oh, dein Ring wird der Herta gut passen. Siehe da, sie küßt ihr Kind ... Nein, hör, wie er winselt, wie er gurgelt ... Pfui, dein Mund ist mit Blut besudelt, wie soll ich dich da küssen ... Was tust du da, Bestie ...?«

Und Kleine fährt zusammen, schützt mit einer plötzlichen Bewegung seine Augen, als habe ihn etwas ins Gesicht getroffen.

»Meinst du, daß du mich mit deinem Kind erschlagen kannst?« Kleine wischt sich über sein Gesicht, sieht auf seine Hände: »Warum hast du mich mit Blut verschmiert? Scheusal! Meine Uniform, mein Kragen sind voll Blut. Wie soll ich so in die Stadt fahren? Weißt du, was ich mit dir mache? Erwürgen werde ich dich, so, so ...«

Kleine springt auf und nähert sich mit seinem Gesicht der Herta. Sie bemerkt gerade noch seine irren Augen, stößt ihn mit letzter Kraft von sich. An ihrem Finger blitzt der Diamantring auf. Da weiten sich die Augen des Mannes, es scheint, als wollten sie ihm aus der Stirn quellen, sein Gesicht wird gierig, wie bei einem Räuber. Seine Finger krümmen sich habsüchtig:

»Gib den Ring her ...«

»Hilfe!« röchelt Frau Kleine noch soeben, doch ihre Arme zucken bereits kraftlos und sinken auf die Bettdecke.

Kleine, auf der Brust seiner Frau kniend, hat mit langen knochigen Fingern ihren Hals umspannt und schon beide Daumen tief in ihre Kehle hineingedrückt.

Als die Frau sich nicht mehr rührte, streifte er den Ring von ihrem Finger, besah ihn mit jetzt nicht mehr blitzenden Augen, und aus seinem Mund rannen Speichelfäden. An seinem aufgerissenen Mund war die Habgier erkennbar. Dann ging er aufatmend, um sich die Hände zu waschen ...

(Aus dem Litauischen von Alfred Franzkeit)

SIMONAITYTÉ, IEVA, geboren 1897 in Vanagai bei Memel, hatte keinerlei Schulausbildung. Sie arbeitete als Näherin und brachte sich das Lesen und Schreiben selbst bei. Seit 1914 arbeitete sie eng mit der litauischen Literatur-Fachpresse zusammen. Im Jahre 1921 zog sie nach Memel und war dort u. a. als Übersetzerin tätig. Seit Mitte der dreißiger Jahre widmete sie sich ausschließlich der literarischen Arbeit und schrieb mehrere Romane. Nach der Angliederung des Memelgebiets an Deutschland im Jahre 1939 siedelte sie nach Kaunas (Kowno) über, und seit 1963 lebte sie in Wilna, wo sie am 27. August 1978 starb.

Ihr literarisches Werk, Romane, Novellen, Autobiographien, behandelt das Leben im heimatlichen Memelgebiet und dem dortigen Teil Ostpreußens, dabei spielen die Kriegserlebnisse eine besondere Rolle. Davon zeugt »Der Ring«.

Unterwegs nach Ostpreußen

1

Die blasse Sonne warf milchiges Weiß über die leeren Straßen der unansehnlichen Wohnsiedlung, die am Rande der Stadt lag, und streute graue Schatten unter die wenigen Vorgartenbüsche. Die Zweige der jungen Bäume und Sträucher bewegten ihre herbstlich gefärbten Blätter im leichten Wind, der von Osten über die Häuser strich.

Auf dem Fenstersims saßen zwei Sperlinge; für einen Augenblick äugten sie neugierig durchs Fenster und flogen stumm zum nächsten Baum.

Hinter den Glasscheiben saß Jürgen Bartke; ein junger Mann von fünfunddreißig Jahren mit schwarzem, leicht gewelltem Haar und nachdenklichem Gesicht. Er wendete seinen Blick vom Fenster, trennte sich von der rot, braun und gelb gefärbten Natur und den Gedanken an Vergangenes. Aromatischer Kaffeeduft erfüllte das Zimmer.

Er saß zurückgelehnt im Sessel, die Beine auf den herangezogenen Schreibtischstuhl gelegt; trank die Kaffeetasse leer, die seine Frau still gebracht hatte, und fuhr fort zu blättern in einem dünnen, blauen Heftchen. Es war nicht viel größer als ein Personalausweis. Die Seiten zeigten vergangene Schicksalsjahre auf, den bedeutsamen Teil eines Menschenlebens, ohne Angst- und Schmerzensschreie verzeichnet zu haben.

Das alte Büchlein, arg abgegriffen und von Klebestreifen zusammengehalten, war ein Militärpaß; ausgestellt für den Musketier Peter Bartke, Jürgens Vater. Peter Bartke war zwanzig Jahre alt, als Deutschland 1914 Rußland und Frankreich den Krieg erklärte.

Der Erste Weltkrieg begann, und mit vielen anderen ostpreußischen Männern mußte er Soldat werden. Noch im selben Monat wurden im Verlaufe der Kriegshandlungen Teile Ostpreußens von der russischen Armee erobert und besetzt. Auch Rastenburg, die Heimatstadt der Familie Bartke, war für einige Tage in russischer Hand.

Peter Bartke holte sich als Soldat in Galizien Gelenkrheuma, und am ersten Tag des August 1915 wurde er bei Kupischki in Litauen durch einen Kopfschuß schwer verwundet. Er bekam eine Silberplatte in die Schädeldecke eingesetzt, und so gezeichnet hat er sein Leben lang an dieser Verwundung zu leiden gehabt.

Als Folge des Kopfschusses mußte er oftmals verschiedene Lazarette aufsuchen, auch das Festungslazarett in Posen. Hier wurde er als vermeintlicher Simulant eingeliefert.

Unter »Stand oder Gewerbe« steht im Paß: Fabrikarbeiter; Maschinist; Heizer. Die beiden ersten Berufsbezeichnungen sind durchgestrichen. Peter lernte bei seinem Vater den Beruf des Riemers und Sattlers; arbeitete erst später, zusammen mit seinem Schwager Gustav, im Rastenburger Wasserwerk und dann für einige Zeit in der dortigen Zuckerfabrik.

Jürgen Bartke blickte nachdenklich auf das Heft in seiner Hand, und eine eigenartige Stimmung überkam ihn: Der Vater war Soldat in Frankreich, bei Mitau und Riga in Kurland und in Galizien gewesen. Dort, zwischen Weichsel und Pruth, es war an einem Abend im Februar 1917, lag die 3. Kompanie des Reserve-Infanterie-Regiments 5 an der Narajowka. Die Grenadiere hatten für diese Stellungskämpfe Gräben gezogen und lagen nun in ihren Erdunterständen in einem unruhigen Schlaf. Auch das nahe Dorf Lipinbya schien wie ausgestorben.

Es war inzwischen Mitternacht geworden; vereinzelte deutsche Posten standen in den Gräben und beobachteten das vor ihnen liegende feindliche Gelände und manchmal auch den Himmel, an dem ab und zu Leuchtraketen ihre zischende Bahn zogen. Dann duckten sich die Posten wegen der gegnerischen Scharfschützen.

Der Grenadier Peter Bartke stand in einer Krümmung des Grabens und dachte an zu Hause. Sein Kopf schmerzte bei diesem naßkalten Wetter. Mit zusammengekniffenen Augen und gerunzelter Stirn starrte er in die Dunkelheit. Der Himmel war von schweren

Wolken verhangen, und Mond und Sterne schienen wie ausgelöscht zu sein.

Er dachte: »Bald muß meine Ablösung kommen.« Da hörte er auch schon von rechts tappende Schritte im nassen Grabenboden auf sich zukommen. Um die Grabenecke bog ein Grenadier, den er nicht kannte und dessen weißes Gesicht in der Finsternis verschwamm.

»Ich soll dich ablösen. Ich heiße Jürgen und bin heute abend als Ersatz für dich angekommen«, sagte der leise.

Peter flüsterte: »Von wo bist zu Haus'?«

»Ich bin aus Westfalen«, sagte der Fremde.

Peter flüsterte wieder: »Na, dat kenn öck nu goar nich. Öck ben uut Roasteborj en Ostpreiße. Wie heetst denn met'm Noachnoama? Öck heet Bartke.«

Der fremde Soldat sagte leise, in seiner Stimme lag kein Erstaunen: »Ich heiße auch Bartke.«

Peter war ebenfalls nicht verwundert. Seine Kopfschmerzen waren stärker als alle anderen Gefühle.

Der Fremde sah Peter sehr ähnlich, er war nur viel jünger mit seinem hellen Kindergesicht, wie sich beim Schein eines neuen Lichtbogens erkennen ließ.

Jürgen hob seine Hand und strich langsam und zärtlich über Peters Stirn, dabei sagte er flüsternd:

»Geh nur, Papa, morgen bist du hier raus!«

Der so Angeredete drehte sich schwerfällig um und murmelte im Fortgehen:

»Joa, Jungche, öck goah schloape ... Paß good op!«

Jürgen stand nun allein, angelehnt an die nasse Grabenwand, und bewachte den Schlaf seines Vaters; der noch nichts von ihm wußte, weil Jürgen noch gar nicht geboren war. Es war ein Traum; aber Papa würde ab morgen wieder für einige Zeit in Sicherheit sein, weit von hier, im Lazarett in Stryj.

Jürgen fand in die Wirklichkeit zurück. Er hatte den Militärpaß studiert, immer wieder sinnend darin geblättert und konnte nur eine einzige Schlußfolgerung ziehen:

»Alle diese Angaben müssen stellvertretend für viele Soldaten des Ersten Weltkrieges gesehen werden und machen darüber hinaus deutlich, wie schematisch der Mensch behandelt wird, besonders wenn er in einer Uniform steckt. Und doch wird an ihn unter den verschiedensten Vorwänden appelliert zu töten und sein Bestes für das Vaterland zu geben: sein Leben. Dann setzt man dem Heer der Toten Denkmäler, den noch einmal Davongekommenen aber flicht man keine Kränze. Das Kriegsrecht aller Länder und Staaten richtet sich zuerst nach dem Fortbestand und der Festigung des Staates und fragt wenig nach Einzelschicksalen, nach dem Individuum, das ungenannt in der Masse eines Volkes lebt. Diese Anonymität wird nur dann aufgehoben, wenn die Stimme des einzelnen gebraucht wird und Versprechungen oder Terror eingesetzt werden, je nachdem welches Regime die Macht hat, um das jeweilige Staatswesen zu bestätigen.«

Der Erste Weltkrieg war so unnötig, wie Kriege immer zu sein pflegen. Durch den Versailler Vertrag ging Soldau in Ostpreußen an Polen und das Memelland an Litauen. Ostpreußen wurde durch den Polnischen Korridor zu einer Insel, getrennt vom Reichsgebiet. Und das Ende des Zweiten Weltkriegs brachte Deutschland das völlige Chaos, aber auch die Befreiung vom Nazi-Regime.

Zwischen diesen beiden Kriegen verlebte Jürgen Bartke seine Kindheit und verlor seine Jugend, deren Ansprüche nirgendwo gesetzlich festgeschrieben wurden.

Die Schritte, die Jürgens Vater in Ostpreußen und in den anderen baltischen Ländern als Soldat tun mußte, die unsichtbaren Spuren, die Fährten, die er hinterließ, kreuzten sich mit denen seiner Vorväter und denen der Prußen.

Denn Peter Bartkes Vater Hermann war Soldat beim Litauischen Dragoner-Regiment 1 in Tilsit. Das war nach dem Krieg von 1866 gegen Österreich und dem von 1870/71 gegen Frankreich. Hermann Bartke blieb deshalb vom Krieg verschont; doch hinterließ er seine Fährte im schalauischen Tilsit unter dem König Wilhelm I. von Preußen.

Wilhelmine Bartke, Hermanns Mutter, erlebte ab 1824 sechs preußische Herrscher, Könige und Kaiser, und vier Kriege. Ihr

Vater, Ludwich Bartke, geboren während der Regierungszeit Friedrichs des Großen, hatte drei preußischen Königen zu dienen und machte 1806/07 den Krieg gegen Napoleon mit. Ludwichs Soldatenspuren verwehten bei Ortelsburg, Sensburg und Drengfurt in Ostpreußen.

Dessen Vater, Johann Bartke, war kein Soldat; in seine Kinderzeit fiel der 3. Schlesische Krieg. Christoff Bartke, der Vater des Johann, könnte den 1. Schlesischen Krieg mitgemacht haben; aber diese Fährte ist untergegangen. Auch die Spuren seines Vaters, unter dem Großen Kurfürsten, sind vom Zeitenwind verweht; aber er muß noch prußisch gesprochen haben. Doch auch diese Sprachspuren sind verweht wie die meisten Spuren der Prußen des 16. Jahrhunderts, die zur armen Landbevölkerung gehörten.

Ostpreußen ist mit der Geschichte Preußens und der des deutschen Volkes eng verbunden. Aber auch andere Völker versuchten zu allen Zeiten, eine geschichtlich angemaßte Rolle in diesem Land zu spielen.

Abgesehen von den Ureinwohnern, den Prußen, waren in diesem Gebiet Dänen, Schweden, Polen, Litauer, Russen und Franzosen gegen Deutsche oder mit Deutschen in kriegerische Kämpfe verwickelt. Sie alle stritten um den Besitz dieses schönen Landes, das wie eine Perle an der Ostsee, am Baltischen Meer, liegt.

Der Untergang des prußischen Volkes begann damit, daß der Deutsche Ritterorden im Jahre 1226 vom polnischen Herzog Konrad von Masovien ins Land gerufen wurde und fünf Jahre später das rechte Weichselufer betrat. Zu dieser Zeit waren Litauen und Pruse, das Prußenland, die letzten nichtchristlichen Länder Europas.

Der Orden begann in einem 53jährigen Krieg, der durch prußische Freiheitskriege auf siebzig Jahre verlängert wurde, mit Schwert und Kreuz die Prusai, die Prußen, als Vorväter der Ostpreußen, von ihrem Naturglauben abzubringen. Die Ritter ließen Burgen, Städte und Dörfer bauen und gliederten auch einige prußische ›Adlige‹ in ihre deutsche Ordnung ein. Mit den Ordensleuten, in weiße Mäntel mit schwarzem Kreuz gekleidet, kamen deutsche Bauern und Bürger ins Land.

Die ehemals friedlichen Prußen nannte man ein freigebiges und arbeitsames baltisches Volk. Sie waren sprachverwandt mit Litauern, Letten und Kuren und nicht den Germanen oder Slawen zugehörig, obwohl alle zur indoeuropäischen Völkergemeinschaft gehören. Der damaligen Welt blieben die Prußen bis zum 13. Jahrhundert weitgehend unbekannt; abgesehen vom Handel mit Bernstein mit den Babyloniern und Assyrern und späteren Christianisierungsversuchen.

In der Ordenszeit gegründete prußische Dörfer bekamen weniger Land zugewiesen als deutsche Ansiedlungen. Diese prußischen Bauern in ihren Hakenzinsdörfern erhielten keine entsprechenden Urkunden, weil sie als Unterworfene der Ordenswillkür ausgesetzt bleiben sollten. In den Ordenshäusern und auf deutschen Bauernhöfen mußten meistens die unfreien Prußen als Gesinde arbeiten. Und in den Städten durften die Prußen nicht ansässig werden und somit kein Handwerk erlernen oder ausüben. Sie mußten sogar sonntags arbeiten, um die hohen Abgaben entrichten zu können.

Im Samland hatten die Bernsteinsammler unter Androhung der Todesstrafe jedes Bernsteinstück abzuliefern. Entlang der Küste standen Galgen mit Gehenkten, die aus Abschreckungsgründen nicht entfernt und bestattet wurden.

Rastenburg war eine vielumkämpfte Bastion im Land der Barter gegen die sogenannte Wildnis, den Osten des Landes. Aus allen Vernichtungen ist die Stadt aber immer wieder auferstanden, bis 1945 ihr Name in Ketrzyn unbenannt wurde.

Als das Ordensland in das Herzogtum Preußen umgewandelt wurde, dies war auch die Zeit der Reformation, trug des letzten Hochmeisters Sohn Albrecht Friedrich um 1577 folgende ererbte Titel:

Markgraf zu Brandenburg, in Preußen, zu Stettin und Pommern, der Cassuben und Wenden Hertzog, Burggraf zu Nürnbergk und Fürst zu Rügen.

Die Prußen und die Vielzahl der Einwanderer aus deutschen und anderen Landschaften Europas verschmolzen im 16. und 17. Jahrhundert zu einem Stamm, dem der Preußen und späteren Ostpreußen. So trug dieses Land Preußen seinen Namen auch als Kainsmal der Eroberer. Jedoch ist das Prußische als Umgangssprache erst endgültig im 17. Jahrhundert ›vergangen worden‹, ausgenommen im Samland und in den Landschaften Schalauens und Nadrauens, dort sollen noch um 1802 alte Leute prußisch gesprochen haben. Die Klangfärbung, der Singsang dieser Sprache ist in den bekannten ostpreußischen Dialekt verwoben und erinnert nur wenig an die Urbevölkerung.

Es grenzt eigentlich schon an Wunder, daß der Name Bartke, der ›Streiter‹ bedeutet, und auch viele andere prußische Namen durch Ordenszeit, Pestzeiten, Christentum, Reformation und trotz der Jahrhunderte mit ihren Kriegen erhalten geblieben sind. Man ahnt das Leid der Menschen, auch anderer Völker, die den Gedanken an die Heimat wie Ertrinkende mit sich genommen haben in fremde oder zugewiesene Lebensräume.

»Könnte doch eine jener alten prußischen Gottheiten ein Wunder vollbringen«, dachte Jürgen Bartke. »Aber sie reiten über den Wolken dahin; auch sie wurden schon längst vertrieben. Nur ihre Bernsteinkronen konnten sie retten, die noch immer im Abendrot leuchten. Singend geht der Wolkenwind mit ihnen über die Ebenen und verkündet in verlorener Sprache von frühen Heldentaten. Manchmal nimmt ein Sperling dieses Lied und trägt es als Gruß über die Kamine der Emscher und der Ruhr. Ich höre diesen Vogel in meinen Träumen singen.«

Die Fama berichtet: Eleonora Sobieskowna sei eigentlich eine ›Von‹ gewesen. Sie heiratete 1783 den Krüger Michael Holz. Eleonora starb 1811 und ihr Mann 1816. Er war zuletzt Kämmerer im adligen Teil von Alt Rosenthal.

˙ Ludwich Bartke, Jürgens Ururgroßvater, heiratete in Queden in dritter Ehe Luise, eine Tochter des Michael Holz. Die Braut war die verwitwete Luise Kollan. Ihr erster Ehemann, der Gardemann Kollan, war zuvor in Königsberg ›im Irrhause‹ gestorben. Wilhelmine war das vierte Kind von Luise und Ludwich Bartke. Sie wurde Jürgens Urgroßmutter und starb im Alter von 77 Jahren.

Jürgens Großvater Hermann Bartke wurde im März 1859 in Groß Galbuhnen geboren und war der Sohn der schönen Wilhelmine. Hermann erlernte schlecht und recht das Riemerhandwerk bei Meister Remonat.

Hermanns Frau wurde auch in Galbuhnen geboren; sie kannten sich schon als Kinder. Ihr Vater Carl Koslowski war ein starker, rotgesichtiger Mann und betrieb die Dorfschmiede; und so wurden die vier Söhne ebenfalls Schmiedemeister in Lamgarben, Banaskeim, Broschenen und Kößkeim.

Jürgens Vater war das siebte Kind von elf Geschwistern. Und Auguste Nitsch, Jürgens Mutter, war die drittjüngste aus ihrem Geschwisterkreis. Ihre Eltern waren Hermann Nitsch, Kämmerer im Vorwerk Streitz bei Rosenthal, und Wilhelmine Krinnus. Die ältesten Nitsch-Eintragungen lauten:

Am Sonntag Lätare 1507 verlieh Heinrich Reuß von Plauen – Pfleger der feste Burg der Komturei bis 1492 – Herr zu Preußisch Eylau, an Ambrosius Nitsch fünf Hufen zu Schwadtken und zwei Hufen zu Körnen gegen einen Dienst und die Baulasten ...

1525 verlieh Herzog Albrecht dem Freien Philip Nitsch die beiden Güter Solwo und Warskynen, 6 1/3 und 5 1/3 Hufen groß, gegen zwei Kriegsdienste, Burgendienst und Pflugkorn ...

Als Jürgens Frau ins Arbeitszimmer kam und die leergetrunkene Tasse holen wollte, sagte er:

»Über alle Gräber unserer Vorfahren ist die Zeit mit ihren Stürmen hinweggegangen. Wind und Regen haben die Grabhügel der ostpreußischen Erde angepaßt und die Geheimnisse der Toten eingehüllt. Auch die letzten Begräbnisstätten sind dort unauffindbar geworden und bleiben nur in der Erinnerung geschmückt von Phantasie. Erst wenn die Gräber vergessen sind, ist auch die Heimat verloren.«

2

Die ersten Abwanderungen aus Ostpreußen begannen um 1840 und verstärkten sich mit dem zunehmenden technischen Aufschwung der Industriegebiete. Allein für 1902 wurden zwei Millionen Menschen gezählt, die aus West- und Ostpreußen, aus Pommern, Posen und Schlesien in das Ruhrgebiet abwanderten.

Besonders Arbeiter, Knechte und andere Abhängige, die keine Möglichkeit hatten, ihr Leben und das ihrer Familien zu verbessern, versuchten außerhalb angestammter Lebensräume Arbeit und Brot zu finden. Deshalb verließen sie ihre Heimatgebiete, die sie liebten und nie vergaßen. Denn in der Fremde wurden Heimatvereine gegründet und heimatliche Lieder und Gebräuche gepflegt.

Die meisten Umsiedler gingen in die Revierstädte – von großen Unternehmen mit Versprechungen angeworben –, von denen sie sich die Erfüllung ihrer Träume und Wünsche versprachen. Und so landeten sie meist in neu errichteten Arbeitersiedlungen – in Ghettos, an die man sich gewöhnte, weil zu jeder Wohnung Stall und Garten gehörten – oder sie verschwanden in den Vororten und dort in den Hinterhöfen.

Jürgen Bartkes Vater war achtundzwanzig Jahre alt, als er sich auf die Reise machte. Die zurückbleibende Familie mußte dieses Osterfest ohne ihn begehen, ohne seinen Spruch:

Schmackoster, grön Oster.
Stick Floade, Stick Speck,
paar Eier – bunt Eier –
dann goah öck glick weg.

Er hatte den Kreis Rastenburg im Februar des Jahres 1922 zusammen mit einigen Geschwistern und Schwägern verlassen. Schon in Berlin blieben etliche Ostpreußen. Andere, unter ihnen Peter Bartke, reisten mit der Bahn weiter bis nach Westfalen, ins Land der Hoffnung. Er landete in Hörde, weil dort schon eine Schwester seiner Frau lebte, die lustige Lene. Gustav Schepukat – gewichtiger Maschinist mit Erfahrung – fuhr bis Herne. Ihm war dort ein guter Arbeitsplatz im Maschinenhaus der Zeche ›Constantin der Große‹ angeboten worden.

Trotz des großen Wohnungsmangels fand Peter Bartke endlich eine kleine, bescheidene Wohnung in einem Haus an einer schmalen Gasse. Die Kinder und auch die Erwachsenen hatten diesen Namen geprägt, weil sie sich eng und rechtwinklig zur Straße an einigen Gebäuden entlangzog.

Fast fünf Monate später – so lange hatte die Wohnungs- und Arbeitssuche gedauert, denn Hurde gehörte zu den am dichtesten besiedelten Städten Preußens – begann Jürgens Mutter, den Haushalt in Rastenburg aufzulösen, um das Reisegeld zusammenzubringen. Der große Standspiegel war nicht mehr zu verkaufen. Der kleine Jürgen hatte ihn kurz vor der Abreise mit einem Stiefelknecht zerschlagen, weil er meinte, im Spiegelbild einen fremden Knaben zu sehen, dem er nicht vertrauen wollte, ebensowenig wie der fremden Funktion eines Spiegels.

Seine Mutter veräußerte die übrigen Habseligkeiten und sagte den Eltern und Verwandten Lebewohl. Es sollte für Auguste Nitsch ein Abschied für immer werden. Sie verließen Rastenburg, mit der Georgskirche, in der alle getauft worden waren, den Fluß Guber, das ganze heimatliche Land.

Mit anderen Frauen, deren Ehemänner auch schon vorausgefahren waren, bestieg sie in der Frühe des 28. Mai, um 6 Uhr 30, die Eisenbahn, deren dampfende Lokomotive den Zug in Richtung Westen bringen sollte. Auf dem ersten Teil der Reise waren sie in einem Waggon ohne Abteile oder einzeln abgeteilte Sitzplätze untergebracht. Er bestand nur aus einem großen Raum, an dessen Wänden ringsherum Holzbänke befestigt waren. So war die Innenfläche frei für Gepäck; die üblicherweise mitgeführte Bagage, wenn die Kleinbauern zu den Märkten fuhren.

Die jungen Frauen unterhielten sich über die zu erwartenden Wohnungen in den fremden Orten. Auguste schwieg meist. Sie dachte an Jürgen, ihren Ältesten, was aus dem in Westfalen wohl später werden würde.

»Moak di man nich unnütz Sorjen, Aujuste«, meinte Anna Schepukat, die älteste mit fünfunddreißig Jahren in diesem Kreis von vier Frauen, »noch ist dat Jungche man kleen.«

»Paß man lieber op din Buuk op! Wie soll dat Kleene denn heete?« fragte Minna. Sie war sehr hübsch. Ihr Bruder Ernst war mit Grete verheiratet. Er und ihr Mann Wilhelm, der in Berlin eine Stelle als Wiegemeister erhielt, warteten in der Hauptstadt schon mit Sehnsucht auf ihre Frauen.

»Wenn et e Marjellche woard, solls Irma heete«, sagte Auguste,

»on wenn e Jung, dann Wernerche. Dat is met'm Peter allet schon afjesproke.«

Minna hatte einen Jungen, den Herbert, der war zwei Jahre alt. Herbertchen und Elsachen, die war erst ein Jahr, spielten mit Augustes Kindern auf dem Waggonfußboden. Nur Ernst, mit seinen sechzehn Jahren, Annas Sohn, huckte in einer Ecke und besah sich die Landschaft hinter der Fensterscheibe. Er hatte etwas zu groß geratene Ohren von seinem Vater Gustav geerbt. Auch standen sie etwas ab. Aber das würde sich später schon geben, hatte Gustav Schepukat gemeint.

Die mollige, schwarzhaarige Grete, die jüngste mit zweiundzwanzig Jahren, erzählte, daß ihr Ernst eine gute Stelle mit Werkswohnung bei einer großen Elektrofirma erhalten habe. Ach, und wie sie sich schon mit ihrer kleinen Elsa auf die neue Wohnung in Tempelhof freue; man gut, daß wir von Rastenburg wegmachten, meinte sie weiter. Und die Eltern in Galbuhnen blieben deshalb nicht allein. Zu Hause seien ja noch die Berta, die älteste, mit ihrem Heinrich Nicolai in Rastenburg, und der Otto brauchte auch nicht weg, auch nicht der Hermann in Krauseneck.

»Na, on wir woarde ok ons Jlück moake«, sagte sie aufatmend nach der langen Rede.

Auguste schwieg. Sie machte sich noch immer Sorgen. Auch um Peter, ihren Mann. Der war doch gar nicht so energisch. Ob er alles gut geschafft hatte, mit der Wohnung und so? Na ja, sie würde es schon sehen, wenn sie mit Jürgen und Ursel ankam.

Diese Reise, die Auguste in ihrem neunundzwanzigsten Lebensjahr machte, blieb die einzige ihres Lebens. Die lange Bahnfahrt mit den kleinen Kindern gestaltete sich äußerst schwierig und auch unbequem, weil sie hochschwanger war. Sie wußte noch nicht: es sollte ein Mädchen werden, und den Werner würde sie zwei Jahre später auch noch bekommen.

Im Waggon hatte Auguste ihre Kinder mit langen Kordeln an einem Gürtel befestigt, den sie um ihren Leib trug. Die Stricke waren lang genug, damit die Kinder frei und unbehindert zwischen den Gepäckstücken herumklettern konnten, aber nicht an die Türen herankamen. So konnten die Kinderchen nicht verlorengehen, denn sie waren geschützt an den Laufleinen, den Longen.

Die Strecke von Rastenburg bis Dortmund ist 1162 Kilometer lang. Für diese Entfernung mußte Auguste in der billigsten Klasse 546 Mark bezahlen und war dafür 27 Stunden unterwegs. Als Gepäck hatte sie nur einen großen, rechteckigen, geflochtenen Schließkorb zu beaufsichtigen.

Als sie in Berlin ankamen, warteten auf dem Bahnsteig schon die inzwischen fünf Monate alten ›Berliner‹ und empfingen ihre lieben Frauen und Kinder. So groß die allgemeine Freude des Wiedersehens auch war, für Auguste und Anna, die noch bis nach Herne mußte, gab es keinen langen Aufenthalt. Auguste Bartke reiste an die Emscher, die in Holzwickede entspringt und lautlos, gedemütigt und stinkend, mit gemauerten Ufern oder in Rohre gepreßt, nur manchmal von Möwen begleitet, nach 98 Kilometern in den Rhein fließt.

Die ostpreußische Heimat blieb zurück: die Ebenen mit Wiesen und ihren Feldblumen, die Wälder, die Seen in Masuren, wogende, sommerliche Kornfelder, goldenen Teppichen gleichend, die sich zur Erntezeit zu Kronen binden ließen, Landstraßen, in deren Bäumen der Wind ungestüm von Ast zu Ast tanzte, und alles mit einem Himmel überspannt, der wie ein schützender blauer Schirm schwebte, trotz des grenzenlosen Horizonts. Zurück blieb das niedrige, holzschindelgedeckte Haus mit den wehenden weißen Birken davor; der Vater Hermann Bartke, am Fenster sitzend und Sattlerarbeiten verrichtend; die Schwiegermutter Marie, diese starke Frau mit ihren blauen Augen. Auch der kleine Garten blieb zurück, in dem die großen Sommerblumen standen, wo es nach Himbeeren duftete und nach Kräutern, wo die Hühner scharrend nach Futter suchten. Alles das ließen sie gezwungenermaßen zurück im Tausch für das Revier.

So empfand es Auguste; denn Jürgen und Ursel hatten diese Kinder- und Märchenwelt noch gar nicht richtig entdeckt, nur unbewußt empfanden sie diese östliche Welt wie eine schützende Hülle, die verloren war.

Das Ruhrgebiet empfing die Umsiedler sang- und klanglos. Damit mußten sie sich abfinden. Peter und Auguste wünschten sich eine

447

bessere Wohnung, die es aber nicht gab. Man versprach gute Verdienstmöglichkeiten, die nur ein Versprechen blieben. Alles sollte besser sein; doch die Inflation warf schon ihre Schatten voraus. Und als die Zeit der Millionen-- und Billionenbeträge, die für Geringfügigkeiten des täglichen Lebens bezahlt werden mußten, Mitte November 1923 endlich vorbei war, wurde zu allem Unglück, als Folge des verlorenen Krieges, das Ruhrgebiet für zehn Monate von französischen Truppen besetzt.

Der Zeitpunkt für einen Neuanfang in Westfalen war schlecht gewählt; Peter Bartke hatte sich gehörig verrechnet. Doch hätten sich auch unter günstigeren Umständen keine Reichtümer sammeln lassen. Nur das Naheliegende, das tägliche Brot, sollte das Ziel bleiben, da gab es keine höhergesteckten Wünsche, und erst in zweiter Linie konnte an eine bessere Zukunft für die Kinder gedacht werden.

In einer Zeche oder Fabrik mochte Peter Bartke nicht arbeiten, auch wenn er die Möglichkeit dazu gehabt hätte. Er wollte seine Freiheit nicht verlieren, die er im Westen gewonnen zu haben glaubte. So wurde er Bauhilfsarbeiter, Handlanger. Jürgen war aber später seinem Vater nicht gram für die Versetzung ins Ruhrgebiet, in diese Stadt ohne Ende.

So, wie ein Fischernetz vielmaschig und dicht geknüpft ist, so eng sind im Ruhrgebiet Städte und Vororte miteinander verbunden; nur scheinbar ohne Übergänge und Grenzen. Und so, wie man Fische in einem Netz fängt, zog das Ruhrgebiet Menschen in seinen Bann, die es brauchte. Die kleineren Orte und Dörfer dieser Landschaft, die eigentlich keine selbständigen Dörfer mehr waren, lagen eingeschlossen in Dunstkreise der Fabriken und Zechen, überschwemmt von Geräuschen der Industrie und bedrängt von Stadtgrenzen, die gespickt waren mit Schloten und Zechenhalden. In dieser Zusammenballung lag an den Ausläufern des Sauerlandes die Stadtlandschaft Hörde.

PODEHL, HEINZ GEORG, geboren 1919 in Rastenburg, wuchs in Hörde auf, heute einem Stadtteil Dortmunds. Er absolvierte eine Malerlehre und die Berufsfachschule in Dortmund. Im Krieg war er Soldat, danach Arbeiter. Seit 1959 ist er Mitglied des Dortmunder Künstlerbundes. Sein Interesse gilt der Herkunft seiner Familie und in diesem Zusammenhang der pruzzischen Vergangenheit Ostpreußens. Er begann zu publizieren und wurde Mitglied in der Arbeitsgemeinschaft TOLKEMITA, wo er die ersten Versuche unternimmt, in pruzzischer Sprache, die verlorenging, zu publizieren. In seinem autobiographischen Roman »Unterwegs nach Ostpreußen« zeichnet er sein Leben nach. In ihm findet sich das Schicksal vieler wieder, die aus Ostpreußen ins Ruhrgebiet auswanderten, um dort Arbeit zu suchen.

Alexandertag

Der Porutschnik Wladimir blieb zusammengekauert im Bett liegen, er wagte es nicht, den Kopf zu heben und die Augen zu öffnen. Seine Schuhe, der Kittel, der krumme Dragonersäbel, alles lag im ganzen Zimmer verstreut herum. Der Porutschnik hielt sogar den Atem an, er lag verkrampft und stocksteif wie ein Baumstamm da, jedoch würde er seine Augen trotzdem öffnen müssen, das stand fest. Und er würde erneut diesen schwarzen, unausstehlichen Hund mit dem wie bei einem Puma glänzenden Fell sehen müssen.

Vor einem Jahr hatte er so einen Hund gesehen im Quartier des Gebietsbefehlshabers, Generalleutnant Wassilij Suworow, in irgend so einer langweiligen und engen Stadt an der Memel. Dorthin hatte er die Ikonostase aus einer orthodoxen Kirche während des Feldzuges begleitet, damit der russische Glaube in den neuen Landen der Imperatorin Elisabeth eingepflanzt werde. Man hatte dabei fromme Lieder gesungen und in einem ungemütlichen und dunklen Fachwerkgebäude gebetet.

»Vivat, es lebe Ihre Hoheit, die leuchtende Imperatorin von ganz Rußland, Estland und Kurland, die Herrscherin auch Preußens!«

Aus der heiligen Messe hatte man sie direkt an die Tilsiter Front geschickt …

Manchmal sitzt der Hund in der Zimmerecke, beobachtet mit seinen klugen tatarischen Augen jede Bewegung, und manchmal rollt er sich auch auf dem Stuhl zusammen und japst mit hängender Zunge. Jetzt steht er breitbeinig am Bettende, und man kann seinen hechelnden, heißen Atem spüren. So ist dieser Puma schon seit Wochen, Monaten, einem halben Jahr hinter ihm her.

»O nein«, jammert der Porutschnik und schließt wieder die Augen. »Ich bin krank, habe Fieber und bilde mir das alles nur ein …«

»Nichts zu machen« – bellt ihn der Hund an, »freundliche Grüße von der Zarin Elisabeth.«

»O mein Gott«, jammert der Porutschnik und greift nach dem um seinen Hals hängenden Silberkreuzchen. »Fort! Verschwinde! Raus mit dir, du Teufel!«

»Wie du willst«, spottet mit weißen, fletschenden Zähnen der Puma, springt graziös hinweg und verschwindet mitten durch die Zimmerwand.

Vielleicht war er überhaupt nicht da, nur die geschwollene Zunge hat zuwenig Platz im Mund.

»Schnaps!« kommt es von den Lippen des Porutschnik. – »Grischa, Schnaps!«

In seinem Hinterkopf pocht es, als ob ein glühendheißer Nagel ihm das Hirn verbrenne. Porutschnik Wladimir schließt wieder die Augen, doch der Schmerz weicht nicht.

»Grigorij, du Hundesohn, bring die Flasche her.«

Er wagt es nicht einmal, sich aufzusetzen, hat Angst, die Füße aus dem Bett zu strecken – gestern trat er auf eine Schlange. Drei farblose glatte Kriechtiere, zu einem unentwirrbaren Knäuel verwickelt, zischten und ringelten sich auf dem Fußboden. Doch Grigorij, diese Hundeschnauze, Sohn einer schlitzäugigen Tatarin und eines Esels, ging ruhig über diese Schlangenbrut hinweg.

»Wer bin ich?« Porutschnik schüttelt den Kopf. Graues Novemberlicht fällt durch das kleine, viereckige Fenster. »Wo bin ich? In Ihrer Hoheit Andrej Georgijewitschs Dorfsiedlung? Herr erbarme dich!« Im Lande, wo die Bürger eingesalzene Raben fressen, wo deren greiser Pfarrer die Leute in der Kirche beschimpft und ihnen mit dem Apfelbaumstecken eins über den Rücken zieht, und der weder russisch noch deutsch spricht, sondern in ihrer eigenen Sprache der Ungetauften redet.

»Schnaps!« – der Porutschnik Wladimir hämmert gegen die Wand.

Und dann wankt Grigorij zur Tür herein, ungewaschen, ungekämmt, in der einen Hand die Flasche, mit der anderen seine herabrutschende Hose festknöpfend.

»Es ist nur noch Madeira übrig. Den ganzen Schnaps haben Sie, wohl bekomm's, gestern ausgetrunken.«

Nach dem ersten Wasserglas voll rülpst der Porutschnik und

fliegt durch das Zimmer zum Waschbecken. In seinen Augen wird es etwas heller. Schleunigst kippt er ein zweites hinunter. Süß ist das ekelige Zeug, da kann man nichts machen ...

Erst jetzt mustert er seinen Untergebenen. Der ist barfuß, unrasiert, mit schief zugeknöpftem Hosenschlitz und zerzausten Haaren, so als käme er direkt aus dem Bett.

»Du Hundesohn!« brüllt der Porutschnik. »Schon wieder mit der Lisa?«

»Zu Befehl, ja«, streckt sich der Bursche.

»Esel, verfaulen wird es dir zwischen den Beinen ... Findest du kein anderes Weib? Keine Auswahl, kein Geschmack. Und mir, was hast du da angeschleppt, du Hundesohn?«

»Die Gertrud«, blinzelt Grigorij schuldbewußt. »Ein Mordsweib – die könnte mit nur einer Titte einen Menschen erschlagen.«

»Dummkopf ...« Der Porutschnik ist fast zu Tränen gerührt. »Du schleppst mir die Huren der ganzen Umgebung ins Bett. Wie oft habe ich dir schon gesagt – nicht in den Kneipen, sondern in den Kirchen suche mir ein Weib.«

Im Flur klappte eine Tür, jemand stürzte eilig die Stiegen hinab.

»Weg ist sie«, atmete Grigorij tief und zog die halb aufgeknöpfte Hose höher.

»Bring dich in Ordnung.« Vor lauter Eifer bekommt der Porutschnik rote Flecken.

»Unordentlich, nachlässig, wenn das nicht anders wird, verfrachte ich dich an die Front.«

»Zu Befehl, Hochwohlgeboren!«

Der Bursche verschwand durch die Tür, der Porutschnik schnaubte verächtlich. Dummkopf, welch ein Dummkopf. Da schickt er einen Tataren in die Kirche. Und dieser hinterlistige und bösartige Alte wird nun wieder eine Beschwerde an den Gouverneur schreiben.

In seinen Schläfen hämmert es erneut. Madeira, welch ein Ekelzeug, aber Schnaps ist nicht aufzutreiben, in diesem Land saufen alle Bier und Wein. Hier sind die Leute hinterhältig und listig wie die Füchse, sie hören nur zu und schweigen, mit ihnen kann man nicht reden, sein Herz ausschütten. Selbst wenn man ihnen an die

Gurgel fährt, winden sie sich nur wie die Schlange in der Falle. Interessant, was er nun sagen wird, wie er sich wehren wird, dieser alte Pfarrer Christian. Gertrud erzählte bereits, was er da so in der Predigt alles schwätzt: weist nicht auf die russischen Feiertage hin, spottet über die russischen Heiligen, beschimpft die Mädchen, die mit den Besatzern reden und mit ihnen gehen. Der alte Fuchs hat den Verstand verloren, er begreift nicht, daß die Zarin, wenn sie den Krieg gewinnt, das Land der Slawen bis hin zu Weichsel und Oder ausweiten wird. Der Alte beschleunigt noch diese Ereignisse, er kriecht selber in die Falle. Bald ist Dezember, aber nirgends Schnee, nur grauer Himmel, kahle Felder, düstere und hinterlistige Menschen …

Pfarrer Christian öffnete die Tür, trippelte auf der Schwelle, entschloß sich nicht, einzutreten. Der Puma saß, wie gewöhnlich, auf dem Tisch des Porutschnik. Einen Augenblick lang war der Porutschnik unsicher – was wird der Pfarrer sagen? Der Alte trat jedoch auf der Schwelle und schaute über seinen Kopf hinweg.

Nun gut, dachte der Porutschnik, aber ich muß wenigstens den Hund loswerden. Er goß sich ein halbes Glas voll aus der grünen Kristallkaraffe ein, stürzte es – den Kopf zur Zimmerdecke hochwerfend – hinunter, schlug das Kreuzzeichen über sich und warf einen kurzen Blick auf die Tischmitte. Der Puma war weg, nur dieser Pfarrer stand immer noch an der Tür.

Aha. Der Porutschnik stand auf und rieb sich die Hände, bist in die Falle gegangen, alter Fuchs, dachte er und rief nach der Dolmetscherin, der Gertrud aus Norkytschen.

»Was will er?« fragte der Porutschnik.

»Der Alte beklagt sich darüber, daß Soldaten durch die Kirche spazieren und den Gottesdienst stören.«

»Meine Soldaten glauben an denselben Jesus Christus und seine heiligen Apostel. Frage ihn doch lieber, wie er der russischen Heiligen gedenkt?«

»Der Alte sagt, daß ein Tatar in der Kirche umhergehe und die Mädchen und Frauen im heiligen Gotteshaus belästige.«

So also, und dem Porutschnik steigt die Röte ins Gesicht, so also hat sich Grigorij, dieser Sohn einer Tatarin und eines Esels, angestrengt.

»Sag ihm, wir werden das überprüfen, und wenn jemand für schuldig befunden wird, werden wir ihn bestrafen.«

»Der Alte erkundigt sich nach den Pferden, die man für die Fahrbereitschaft der Artillerieregimenter requiriert hat.«

»Sag ihm, er habe vergessen, daß hier kein Königreich Preußen mehr ist, wo er die Predigten in zwei Sprachen halten konnte. Sag ihm, er solle Russisch lernen. Von nun an werden hier alle nur noch russisch sprechen.«

»Ja, ich werde es lernen«, ließ der Pfarrer in gebrochenem Russisch verlauten und starrte dem Porutschnik wie ein halsstarriger Ziegenbock in die Augen.

»Setz dich, was stehst du da?« verhaspelte sich dieser und streichelte unwillkürlich den glänzenden Kopf des Puma. Schon wieder dieser Hund, dieser Teufel, reibt sich an den Beinen ... Es wäre längst an der Zeit gewesen, zur Karaffe zu greifen, aber der Hund knurrte böse und faßte nach seiner Hand.

»He, du Scheusal«, schüttelte ihn der Porutschnik ab.

»Was haben Sie, Herr Kommandant?« erkundigte sich der erschrockene Pfarrer.

»Ja, also ...«

Der Hund rollte sich unter dem Tisch zusammen.

»Du Scheusal!« stampfte Wladimir mit dem Fuß und klatschte mit der flachen Hand auf den weichen Hintern der Dolmetscherin Gertrud.

»Ab in die Küche.«

»Russisch sollst du lernen«, wendet er sich dem Pfarrer zu, »verehre die russischen Heiligen. Was kannst du über Alexander Newski sagen?«

»Nichts Böses«, stottert der Alte.

»Wieso nichts, wieso gar nichts! Heute ist der Tag des heiligen Alexander!«

»Ich bin schuld«, preßte der Alte hervor, »ich werde unbedingt etwas sagen.«

»Gelobt sei Gott.«

Der Porutschnik greift plötzlich zur Karaffe, gießt ein Glas voll und kippt es den Rachen hinunter. Es wird ihm sogleich wohler, es scheint, als höbe sich die Zimmerdecke höher hinauf. Ein völlig anderer Alter – ein Schuldiger, klein geworden wie ein Zwerg, steht da an der Tür zur Kommandantur.

»Russisch sollst du lernen, die russischen Heiligen verehren, und für die Pferde wird dich Elisabeth, die erlauchteste Imperatorin Rußlands, entschädigen.«

Pastor Christian verbeugt sich tief, gekrümmt, und rückwärts windet er sich zur Tür hinaus. Worüber haben wir denn hier gerade gesprochen, überlegt der Porutschnik angestrengt.

Plötzlich überkommt ihn Wehmut. Er ist traurig. Was für ein Fest, welche Fröhlichkeit gab es doch daheim am Alexandertag! Karussells und Schlitten, voll besetzt mit jungen Damen, deren Wangen vom Frost gerötet waren, funkelnde Troikas, diese Pferdeschlitten, die das Schellengeläute in die verschneiten Weiten trugen ...

Da sitzt er nun, den Uniformrock aufgeknöpft, mit den Ellenbogen auf den Tisch gestützt, und weint. Alles hier ist fremd, alles ist gegen ihn, selbst einen anständigen Winter gibt es hier nicht, daß man sich in einen Schlitten setzen könnte, um sich über die Felder fahren zu lassen. Und mit wem? Mit Gertrud etwa, die ihm sein Vorgänger als Erbstück hinterlassen hat? Es ist unheimlich. Die Glocke im Kirchturm dröhnt, und ein Schwarm schwarzer Raben flattert erschrocken auf und kreist über den Bäumen des Kirchhofs.

Ungemütlich ist es auch in der Kirche. Nur wenige Leute sind gekommen, die Jugend hält sich in den Wäldern verborgen, die Älteren sind schweigsam geworden. Mit erloschenen Gesichtern, aber heimlicher Hoffnung versuchen sie, etwas in den Augen ihres Pastors zu entdecken.

»Alexander Newski«, seufzt der Alte. Er muß etwas sagen. Dazu ist er verpflichtet, denn er hat sein Wort gegeben, das nun Gestalt annehmen muß.

»Brüder und Schwestern, heute hat die russische Regierung uns befohlen, ihres Heiligen Alexander Newski zu gedenken ...«

Der Pfarrer verschluckte einige Worte und schaute von der Kanzel hinab. Die Selmas, Lauras, Elisens senkten, sich etwas unbehaglich fühlend, ihre Blicke, alle Bauern des Dorfes erwarteten eine Belehrung.

Etwas mußte er schließlich sagen, das hatte er dem Kommandanten Wladimir versprochen.

»Aber ich weiß leider nichts von und über diesen heiligen, vielleicht gar guten Menschen. Daher will ich euch lieber etwas aus der Heiligen Schrift vorlesen.«

Das kam unerwartet. Daran hatte selbst der Pfarrer nicht gedacht. Er schlug daher das Neue Testament auf und hob es näher zu den Augen, um besser sehen zu können.

»Aus dem zweiten Brief des Apostels Paulus an Timotheus: ›Der Schmied Alexander hat mir viel Böses angetan, der Herr wird ihm vergelten nach seinen Werken. Auch du hüte dich vor ihm, denn er hat unseren Worten sehr widerstanden ...‹«

Der Alte legte den Kopf zur Seite, lächelte und ließ seinen Blick über die Gemeinde schweifen, die sich in der Mitte der Kirche zusammengedrängt hatte. Eine Menge begieriger, erstaunter und fröhlicher Augen leuchtete und blinzelte zur Kanzel hinauf.

(Aus dem Litauischen von Alfred Franzkeit)

ČERNIAUSKAS, RIMANTAS, geboren 1950 in Daugai, Bezirk Alytus, in einer Pädagogenfamilie, studierte Mathematik an der Universität Wilna. Seit 1973 lebt er als Lehrer in Klaipeda (Memel), wo er gegenwärtig Vorsitzender des örtlichen Schriftstellerverbandes sowie Redakteur des Kulturalmanach »Baltija« ist. Nach der Veröffentlichung von Kindererzählungen 1984 wurde er beschuldigt, er verfälsche die sowjetische Wirklichkeit und stelle böse Kinder dar. Seine nächsten Kindererzählungen konnten daher erst 1990 erscheinen. Im selben Jahr erschien eine Sammlung seiner Prosa in russischer Sprache, für die er mit dem Gorkipreis ausgezeichnet wurde.

Herbstliche Brautschau

»Hör mal, Trommler, hast du schon mit einem Mädchen geschlafen?« – Kolja Beljajew setzt sich in einen Sessel, bückt sich und rückt sein »automatisches« Bein zurecht, wie er es nennt. »Na, was schweigst du?«

»Natürlich«, antworte ich. »Mit meiner Schwester Schenka. Vor dem Krieg noch. Wir haben im Dorf zusammen geschlafen, auf dem Heuboden. Und dann in diesem Winter, mit der Stenotypistin vom Stab, der Ljudka, im Herrenhaus in Friedrichswalde. In einem Riesenbett. Mein Vater, seine Ordonnanz Fedja, Ljudka und ich. Es hatte sich so ergeben.«

»Stell dich nicht blöd«, Kolja verzieht das Gesicht, er kommt mit seinem Bein nicht zurecht, einem Beutestück, das seine Freunde von der Panzerkompanie für ihn ergattert haben. An der Prothese gibt es so einen kleinen Hebel. Wenn man ihn umlegt, knickt das Bein beim Hinsetzen ein, als wäre es echt. Da, irgend etwas macht klick, das Bein zuckt und knickt am Knie um. »Ich meine das Schlafen mit den Mädchen in dem Sinne, daß die zu dir ins Bett steigt und du sie ... Wie sieht es bei dir mit der Litka aus?«

»Gar nicht«, sage ich, obwohl es mir unangenehm ist. Und irgendwie erniedrigend. Alle meine Freunde, alle haben erzählt, sie hätten längst mit Mädchen geschlafen. Mit Sanitäterinnen, Briefträgerinnen, Verkehrspolizistinnen, Bäckerinnen, und ich ... Und ich habe sie belogen, ich hätte auch, aber ... Oder lügen die auch alle? Dem Kolja konnte ich nichts vormachen, er hatte etwas ganz anderes an sich als meine Freunde, obwohl er gar nicht alt war, ich glaube dreiundzwanzig. Ich sage: »Verstehst du, ich kann mich einfach nicht entschließen, ihr das zu sagen: Hör mal, laß uns doch ...«

»Du bist vielleicht einer, du fliegender Fisch! Man spricht nicht ›darüber‹, man macht *das*, verstanden?«

»Ja, was willst du bloß?«

»Du bist schon erwachsen, und es ist für dich an der Zeit, ein

Mann zu werden, verstehst du?« Kolja lehnt sich im Sessel zurück. Orden und Medaillen klimpern an seiner schwarzen Soldatenbluse. Er hat fünf deutsche Panzer eigenhändig angeschossen und niedergebrannt, unter ihnen einen »Tiger«. Am Kursker Bogen. Er hat ihm, wie er mir selbst erzählte, einen »Rohling«[1] in die rechte Seite reingehauen, genau in das schwarze Kreuz. Wie beim Übungsschießen. Er bläst den Rauch in das zu einer Deckenleuchte umgearbeitete Hirschgeweih und sagt: »Zweitens wartet ein bezauberndes Mädchen auf dich, und du, ein Fisch von einem Trommler, du gibst dich mit irgendwelchen Spielzeugen ab.«

»Es ist kein Spielzeug, sondern eine Schmeisser, eine Maschinenpistole, siehst du es nicht? Vorgestern haben die Jungs im Fort Gneisenau eine Kiste voll davon gefunden! Was für ein Mädchen? Wozu? Und die Litka?«

»Laß das alles sausen: Maschinenpistole. Der Krieg ist vorbei, verflucht sei alles, was schießt und tötet! ... Also, du wirst mir Gesellschaft leisten. Wir gehen in den Zoo, dort gibt es Tanz, schon gehört? Der Saschka Gromow, mein Freund, kommt auch mit. Abgemacht?«

»Ich sag dir doch: Was ist mit Litka?«

»Nix ist. Du brauchst doch Praxis, du Schafskopf. Du liebst doch die Litka, und das hier ist nur eine flüchtige Bekanntschaft. ›Guten Abend – gute Nacht.‹[2] Und Schluß jetzt, keine Fragen mehr, hör auf die Älteren!« Kolja erhebt sich, das am Knie geknickte Bein bleibt gebogen. Mit den Händen auf die Tischplatte gestützt, wackelt Kolja mit dem Bein. Mit einem gedämpften Klick biegt sich die Prothese gerade. Kolja lacht bitter: »Da werde ich schön aussehen, wenn es mir mitten in einem Tango einknickt! Und ich stürze zusammen mit der Dame zum Nilpferd in das Schwimmbecken!« Zackig, wie es nur die Panzersoldaten und die Flieger können, setzt er die Schirmmütze auf, rückt die Haare zurecht und sagt kurz angebunden: »Mach dich fertig. In einer Stunde komme ich mit dem Auto vorbei.«

---

[1] Ein aus einem Metallstück gedrehtes Geschoß.
[2] Im Original deutsch mit russischen Buchstaben.

Welch bedrückende Stunde! Das ist ja ein Ding, ein schöner Schlamassel ... Wen werde ich da kennenlernen? Kolja hat aber scheinbar recht: Es ist Zeit. Wegen der Praxis, sonst bringe ich *das* mit Litka nicht zustande, obwohl wahrscheinlich längst höchste Zeit dafür ist. Aber wie wird das alles? Werde ich sie, die ich kennenlernen werde, hierher bringen? Was sage ich ihr: »Bitte, ich lade Sie zu mir über Nacht ein«? Hm, zum Abendessen! Ha-ha, ein nächtliches Abendessen! Nun gut, sie sagt zu, kommt mit, ich bringe sie auf das Zimmer. Der Vater taucht erst gegen zwei Uhr nachts auf und merkt nichts. Am nächsten Morgen bleibt sie im Zimmer sitzen, der Vater fährt weg, und dann nehme auch ich von ihr Abschied. Aber ich bringe sie hierher, wir essen, und dann? Wie soll das alles ablaufen? Muß ich sie ausziehen? Oder macht sie es selbst? Und was soll ich in der Zwischenzeit tun? Hinausgehen, um nicht zu stören? Oder dasitzen und zuschauen, wie sie absolut alles auszieht? ... Es ist wohl doch besser, hinauszugehen ... Da gehe ich lieber raus, und sie – wumm! – schiebt den Riegel an der Tür vor! Darüber muß ich noch mit Kolja reden. Die Uhr schlägt sieben. Ich höre den Dodge hupen. Die Mechaniker haben irgendeinen zusätzlichen Hebel drangemacht, und der Kolja flitzt mit diesem breiten, aber wendigen amerikanischen Wagen herum. Ich komme schon! Wie mir Kolja sagte, nehme ich ein »Präsent« mit, ein in eine Zeitung eingeschlagenes Brot, Zucker und eine Packung Machorka.[3] Sorgfältig angezogen, schön und streng sitzt Kolja am Steuer. Als würde er nicht zum Tanz, sondern zu einer sehr verantwortungsvollen Aufgabe fahren. Los geht's!

Von unserer Adalbertstraße biegt der »Dodschik« in die Lawsker Allee ein. An der Straßenecke steht neben einem mit bauchigen Flaschen beladenen Wägelchen der Milchhändler Fritz Kempke. »Milch, Milch!« ruft er uns zu und hält uns eine mit Wasser gefüllte Flasche hin. An der Seite des Wägelchens steht in großen, eckigen Buchstaben auf deutsch: »Unter allen Umständen!« Unter allen Umständen, wie das Wetter auch sein mochte, ob Regen, Schnee, Sturm, Hurrikan, Krieg oder Bombenalarm, erschien Fritz Kempke

---

[3] Starker hausgemachter Tabak.

punkt acht Uhr in Amalienau mit seinem kleinen Planwagen voller Flaschen mit frischer Milch. Er wußte genau, an welchem Haus zwei Literflaschen, wo nur eine und wo eine Halbliterflasche abgestellt werden mußten. Dort nahm er auch die leeren Flaschen und die darunterliegenden Markscheine mit. Es wurde erzählt, daß er hier vor fünfzig Jahren aufgetaucht war, als kleiner Junge mit einem Wägelchen, das von einem riesigen Bernhardiner gezogen wurde. Dann legte er sich ein Pferd zu und dann einen kleinen, blauweißen Wagen. Es blieb unbekannt, wo und auf welche Weise er die Milch beschaffte, aber er fuhr selbst während der Kämpfe um Ostpreußen Milch aus. Allerdings wurde das Auto erst von einem Pferdewagen ersetzt, und dann erschien er Anfang April punkt acht Uhr in Amalienau mit dem kleinen alten Wägelchen, das er selbst zog. Ende März erfuhr Fritz Kempke, daß sein Sohn und sein Enkel Paul zur gleichen Stunde während der Kämpfe um Charlottenburg ums Leben gekommen waren. Fritz Kempke drehte durch. Nun fährt er statt Milch Wasser aus. Eine Literflasche mit der verblaßten Aufschrift »Milch« stellt er auch an unserer Haustür ab. Am anderen Morgen betrachtet er sie verwundert, sieht sich die Stufen an, sucht das Geld, zuckt mit den Schultern, nimmt die eine Flasche mit und stellt eine andere hin. Dann drückt er auf den Klingelknopf. Es gibt keinen Strom, aber er glaubt wohl die Klingel zu hören und die Antwort, die aus dem Hausinneren auf das Klingelzeichen kommt: »Guten Morgen, Fritz!« Fritz horcht, drückt die graue, sauber rasierte, hohle Wange an die Tür und sagt: »Guten Morgen, Frau Else. Frische Milch, Frau Else!«

Die Lawsker Allee hinunter kommt uns eine weitere Bezirkssehenswürdigkeit entgegen. »Onkel Franz« treibt seinen kräftigen, rotbraunen Gaul mit schnalzenden Lauten an: »Pst-pst.« Als er uns sieht, lüftet er seine Feldgendarmeriemütze, jetzt ohne Wappen, nickt, redet etwas, und sein dichter, vom Rauchen bräunlicher Schnauzer steht wie eine Bürste. Dum-dum-dum klopfen die Hufe auf den grauen Basalt. Am Ärmel seines Militärrocks hat der »Onkel« einen Trauerflor: Vor einer Woche ist seine Frau gestorben. Wasserleitung und Zapfsäulen funktionieren nicht, und Onkel Franz liefert im Bezirk Amalienau reines Trinkwasser in grünen Kanistern frei Haus. Sie stehen dicht gedrängt, voll und leer in einem riesengroßen, mit Blechen ausgeschlagenen Wagen. Er ist hier vor rund einem Monat aufgetaucht, und wir, die neuen Bewohner der alten deutschen Häuser, haben uns an ihn gewöhnt.

»Stell ihn an der Garage ab«, rufe ich ihm zu. »Der leere steht auch dort.«

»Gut, sehr gut«, läßt sich Onkel Franz vernehmen und schiebt die Mütze auf dem Kopf zurecht. »Pst-pst, Michel.«

Vor der Beerdigung seiner Frau machte Onkel Franz zwei Fuhren. Er brachte nicht einen, sondern je zwei Kanister mit Wasser, stellte sie an der Garage ab, klopfte an und sagte, es sei eben dieses Unglück passiert. Morgen wäre die Beisetzung. Und er käme morgen nicht. Also sollte man mit Wasser sparsam umgehen. Und er fragte noch: »Haben Sie etwas dagegen, wenn ich morgen nicht komme?!« Vater – er war zu Hause – bat ihn einzutreten, und Onkel Franz trat ein, die Mütze am gebogenen linken Unterarm haltend. Er trank mit Vater ein Glas Schnaps, dann standen sie eine Weile mit gesenkten Augen da. An der schwarzen Uniform von Onkel Franz wurden dunkle Stellen sichtbar, wo einst Auszeichnungen angebracht waren. Er muß ein sehr guter Soldat gewesen sein, es gab viele dieser dunklen Flecken an seinem Rock. An den Umrissen konnte man Medaillen und zwei Eiserne Kreuze erkennen. Nur ein Abzeichen schimmerte dumpf an dem harten, sicher heute noch nach Pulver riechenden Tuch, der »Leberorden« (er wurde genau in der Lebergegend angebracht), das ehrenhafteste Zeichen der deutschen Armee – »fünfundzwanzigmal im Handgemenge«. Womit hat er da herumgefuhrwerkt, in jenem schrecklichen, blutigen Handgemenge? Mit einem geschliffenen Gewehrbajonett? Mit einem scharf wie eine Rasierklinge geschliffenen Pionierspaten? Mit einem Dolch? ...

»Wir bedauern sehr, Genosse Franz, daß Ihre Frau ... Noch ein Gläschen?« – »Danke schön, Herr Oberst. Auf Wiedersehen, Herr Oberst. Seien Sie sparsam mit Wasser ...«

»Kolja!« ruft Leutnant Sascha Gromow vom Bürgersteig, und Kolja tritt auf die Bremse. Ein Paket unterm Arm, klettert der Leutnant in den »Dodschik«, nickt mir zu, ich habe Sascha schon als Gast bei meinem Freund gesehen. Sascha war jung und hatte Glück:

In die Armee war er Anfang 1944 gekommen, kam zu den Aufklä-
rern, war bei den Deutschen im Hinterland im Einsatz, und bis hin
zu irgendeiner mir unbekannten Stadt Allenstein vorgedrungen. Er
brachte hochwichtige Informationen mit und erhielt dafür drei Orden innerhalb von nur einem halben Jahr. Und hat nicht einmal einen Kratzer abbekommen! Sascha steckt sich eine Zigarette an und
sagt besorgt: »Es ist schlecht ohne ein Weib, Kolja. Als die Gerda da
war, da kamst du aus der Kaserne nach Hause: Das Abendessen
stand auf dem Tisch – Servietten, Gabeln, eine Karaffe. Die Wäsche
war gewaschen, gebügelt, in der Wohnung war überall Ordnung.
Vielleicht werde ich mir heute eine aussuchen. Der Winter ist ja im
Anzug.«

»Was ist mit der Gerda, wo ist die abgeblieben?« – »Verstehst du,
das war so'n Mist. Unser Major hatte von Gerda gehört. Da kommt
er mal zu mir und sagt: ›Entschuldige, Sascha, einen Moment.‹ Ich
sage: ›Wieso einen Moment? Wenn Sie schon da sind, kommen Sie
bitte zu Tisch‹, und rufe: ›Gerda, komm chär.‹ Und da kommt meine Gerda, und dem Major klappt der Kiefer herunter. Die gibt sich
aber Mühe. Da ein Gäbelchen, da ein Messerchen, da ein Tellerchen.
›Bitte.‹ Hier ist ein Tellerchen, und hier ist ein Gläschen, das regel-
recht strahlt, so sauber ist es. Und da ist ein Serviettchen, es
knirscht, so gut gebügelt ist es, mit Stärke. Sie lächelt den Major an
und bückt sich so und deutet ihre geschwungene Hüfte so an, daß
dem Major die Sprache vergeht. Und dann, als wir uns nach dem
Essen eine Zigarette angezündet haben, sagt er gleichsam beiläufig:
›Du, Sascha, du hast doch wegen des Opels gefragt, nicht wahr?‹ –
›Ja, ich würde wirklich gern ein eigenes Wägelchen haben, Wassili
Petrowitsch. Da stehen doch tausend davon auf dem Übungsgelän-
de herum. So würde ich auch schneller zur Kaserne flitzen.‹ – ›Klar,
Sascha, keine Frage‹, nickt der Major, drückt seine Zigarette im
Ascher aus und redet so nebenher weiter. ›Was wäre, wenn du Ger-
da zu mir abkommandieren würdest? Du bist jung und hübsch. Du
findest eine neue Gerda. Und mir steht es irgendwie nicht an, nach
deutschen Weibern in der Stadt Ausschau zu halten. Wie wäre es?‹
– So ein Schwein, der weiß doch, daß er mein Chef ist, daß ich nicht
›nein‹ sagen werde.«

»Ja, und dann: ein Wägelchen, ein Opel, nicht? Ich kann mich auch entsinnen, Sascha, daß du die Gerda beim Genka Florentjew gegen eine Doppelflinte eingetauscht hattest, eine Sauer mit drei Ringen?«

»Na und? Die hättest du dir damals anschauen sollen. So ein Mauerblümchen in einer Soldatenunterhose, jeder hat sie am Hintern angefaßt! Ich habe sie ausstaffiert wie ein Püppchen. Gefüttert, daß man keine Haut mehr zum Kneifen kriegte. Ein Mist ist das: zu Hause ist es leer. Wenn ich heute bloß irgend etwas finden könnte.«

»Ja, das ist auch mein Anliegen. Ich möchte irgendeine finden. Ödnis in der Wonnung[4], Langeweile und Dreck. Wie soll ich es mit meinem Holzbein schaffen? Für den Wolodka werden wir auch ein Weiblein ausgucken.«

Auf dem Platz gegenüber der Luisenkirche tummelt sich ein Flohmarkt. Dicht an dicht, in Reih und Glied stehen Kinderwagen, in denen Kristallgeschirr blitzt, vergoldete Bilderrahmen. In ungeordneten Häufchen liegen irgendwelche Sachen herum. Wer braucht das alles, wo es immer noch haufenweise Gelumpe in verlassenen Häusern gibt?

Fast der ganze Steindamm ist schon von Schutt und Kriegsgerümpel freigeräumt. Am Urania-Kino drängen sich Soldaten. Vom großen Sperrholzschild lächelt Ljubow Orlowa[5], und der Filmtitel lautet: »Wolga-Wolga!« Die Farben auf dem Plakat sind etwas verblaßt. Einst trug diese Plakatwand die Werbung von anderen, nicht unseren, sondern deutschen Filmen. Irgendwelche Gesichter unter den Stahlhelmen sind durch das lächelnde Gesicht der Schauspielerin zu erkennen. Ich war schon mehrere Male mit den Jungs und der Lita im Urania, einem gemütlichen Kino mit roten Plüschsesseln. Strom gab es in der Stadt noch nicht, so daß das Vorführgerät an eine fahrbare Dynamo-Maschine angeschlossen werden mußte, die im Hof ratterte. Als Nachschlag zu »Wolga-Wolga« gab es drei Teile aus dem deutschen Film »Die Frau meiner Träume«. Die drei Blechdosen hatte man in der Vorführbude gefunden. Kolja erzählte

---

[4] Im Original mit russischen Buchstaben.
[5] Sowjetische Filmdiva, spielte in Revuefilmen.

mir, Panzersoldaten von der zweiten Kompanie seines früheren Bataillons wären am 8. April in einer riesigen früheren Barrikade steckengeblieben, die quer über dem Steindamm genau am Urania stand. Sie riefen die Pioniere herbei. Der Kampf verlief irgendwo hinter dem Tiergarten, und hier war es relativ ruhig. Die Leute stiegen aus dem Panzer und gingen in das Kino, und dort … lief ein Film. Irgendein Musical!

Etwa zehn Leute waren im Raum, die wie zu Steinen erstarrt, gleichsam in die Sitze hineingewachsen waren. Die sich nicht einmal rührten, als nach Diesel riechende, schwarze, riesige Panzersoldaten den Raum betraten. Wer war das? Was für ein Publikum war das? Was war das nur für ein Irrenhaus? Die Soldaten blieben eine Weile stehen. Eine bezaubernde Frau tanzte über die Leinwand, der Rock wirbelte hoch, die schlanken Beine wurden sichtbar. Irgendwo donnerten die Detonationen schwer, und die Leinwand erzitterte zusammen mit diesem Zuschauerraum und diesem Haus. Am Buffet, wo sie gehofft hatten, etwas für ihre trockenen Kehlen zu ergattern, lagen reihenweise tote Soldaten und Volkssturmleute. Der Panzer nahm eine Kiste Ponarter Bier in seinem aufgeheizten Inneren auf und fuhr ratternd und klirrend in Richtung Adolf-Hitler-Platz, wo er bald darauf angeschossen wurde. »Leider waren wir zum Biertrinken nicht gekommen«, erzählte Kolja einem der Panzerinsassen aus dem Spital, der aussah wie eine weiße, von Kopf bis Fuß in nassen, übelriechenden Mull eingepackte Puppe mit einem schwarzen Loch anstelle des Mundes. »Der Panzer ist abgebrannt, das Bier ist verbrannt, und ich bin auch wie ein verkohltes Holzscheit, Brüderchen …«

Wir biegen ein, rechts ist ein säulenbesetztes Haus, wo schon vor dem Krieg das sowjetische Konsulat war. Das hat mir einmal der Vater erzählt. Den kleinen Platz davor fegte jetzt ein hoher Mann in einem ganz zugeknöpften Soldatenmantel. Der Mann hatte weiße Haare und einen schönen weißen Schnauzbart. Er schwang regelmäßig den Metallbesen und fegte trockenes Laub zu einem riesigen, gelben Haufen zusammen. Der Mann wurde »General« genannt. Niemand wußte, wer ihn angestellt hatte, wer und wie für seine Arbeit zahlte, aber der »General« erschien jeden Morgen auf dem

Steindamm und fegte die Straße von der Luisenkirche bis zu den Drei Marschällen.

Und da ist auch das rote Gebäude mit einem Bären und einer Krone an der Fassade, ich glaube, es ist das frühere Hotel und Restaurant »Berlin«. Man könnte meinen, es gäbe Wunder auf dieser Welt: Das Hotel befand sich nahezu im Zentrum der Kämpfe, ist aber ganz geblieben, es gibt keine Einschußlöcher – weder am Dach noch an der Fassade! Auch die schweren, gelbkupfernen Türen mit den Spiegelglasscheiben sind erhalten, und es hat hier keinen Brand gegeben. Die soliden, ruhigen Soldaten von der Baubrigade haben nur drei Wochen gebraucht, um die Scheiben neu einzusetzen, Decken und Wände zu tünchen. Im Hotel tauchten Militärs auf, Dienstreisende aus Moskau, Inspekteure, zahlreiche Kontrolleure, die irgend etwas präzisieren, klären und studieren mußten. Es gab jetzt auch Zivilisten. Königsberg ist ja ein riesiges Industriezentrum mit Werften, einer Waggonfabrik, Zellstoff- und Papierbetrieben, Fabriken. Sie hatten irgendwelche geheimen, militärischen, für das Siegerland auch in Friedenszeiten erforderlichen Produkte hergestellt. Man mußte sich überall hineinfinden, alles untersuchen, erfassen. Die Arbeit der Fabriken, der Werke und Handwerksbetriebe wieder in Gang bringen.

Da ist auch schon der Zoo, gerade gegenüber vom Hotel. Große, grün angelaufene Buchstaben sind über dem Eingang zu sehen: »TIER ... ARTEN«. Die Buchstaben sind von Maschinengewehrsalven durchlöchert, was beim Kampf um den Zoo passiert sein muß. Einer der weggeschossenen Buchstaben lehnt an der Mauer, an der ein graues Stück Pappe mit folgender Bekanntmachung zu sehen ist: »DEUTSCHES NILPFERD HANS, DAS WÄHREND DER KÄMPFE VERLETZT WURDE, HAT ÜBERLEBT UND SCHENKT JETZT FREUDE MIT SEINER GUTMÜTIGKEIT UND LEBENSLUST! ES ERFÜLLT VERSCHIEDENE BEFEHLE, und zwar: REISST DAS MAUL AUF, TRÄGT BESUCHER AUF SEINEM RÜCKEN SPAZIEREN. DER EINTRITT IST FREI. DOMPTEURLEISTUNGEN GEGEN NILPFERDNAHRUNG! und zwar: BROTE, BRÖTCHEN, BUTTER, KONDENSMILCH. LEBENSMITTEL SIND BEIM NILPFERDWÄRTER, SERGEANT POLONSKI, ABZULIEFERN.« Rechts vom Eingang ist eine Anzeige zu sehen: »JEDEN SAMSTAG UND SONNTAG TANZVERGNÜGEN FÜR

OFFIZIERE UND ZIVILE PERSONEN AUS DER UdSSR! EINTRITT FREI! FRAUEN DEUTSCHER ABSTAMMUNG WERDEN EINGELADEN. BEGINN 18.00 UHR, ENDE BEI ANBRUCH DER DUNKELHEIT.«

Den »Dodschik« parkten wir in einer Gasse neben dem Zoo. Man hörte bereits Musik. Am Eingang drängten sich junge Offiziere, lachten, rauchten und warfen vorbeigehenden deutschen Frauen Blicke zu. Jemand rief eine von ihnen an: »Anna! Guten Abend.« »Guten Wetscher, Serjoscha«, hörte man die Antwort. Etwas abseits stand genauso ein Dodge wie der von Kolja, aber mit Planenverdeck und dem großen Buchstaben »P« an der Windschutzscheibe. Patrouille, ein Streifenwagen. Der Streifenoffizier mit einer Armbinde und drei MP-Schützen rauchten etwas abseits und tasteten die Eintretenden mit den Augen ab. Jetzt hatten sie uns gesehen. Der Streifenchef, ein Hauptmann, führte die Hand mit der Zigarette vom Mund weg, richtete sich auf, und wir erreichten sie. Der Patrouillenchef wartete sichtlich darauf, daß Kolja als erster grüßen würde. Aber auch Kolja ließ sich Zeit. Sascha machte es ihm nach. »Was wollen die?« dachte ich besorgt. Ich zum Beispiel reiße schon drei Schritte vor der Streife die Hand zum Schiffchen hoch. Oh, das sind Mäkelfritzen. Wenn sie einen erst einmal haben, kriegt man sie nicht ohne weiteres wieder los. Kolja nickte dem Hauptmann zu und grüßte zackig, zugleich aber auch irgendwie nachlässig mit der Hand. Und der Streifenchef grüßte genauso leicht, zackig und irgendwie nachlässig, zugleich aber auch respektvoll: Nicht bei jedem vorbeigehenden Offizier blitzen gleich vier Rotbannerorden an der Bluse.

»Was ist mit dem Publikum, Hauptmann?« fragt Kolja. »Wie sind die Frauen?«

»Es gibt sehr hübsche. Aber alle etwas trocken … Habt ihr etwas zu essen mit?«

»Es findet sich schon etwas«, antwortet Sascha. »Wir alle haben Pakete mit. Warum sollte man der Zivilbevölkerung nicht helfen?«

»Geht trotzdem lieber nicht allein oder mit Mädchen an den Stadtrand«, rät der Hauptmann. »In der vergangenen Nacht hat der Werwolf drei unserer Jungs umgebracht.«

Kolja und Sascha grüßen erneut. Der Streifenchef ebenfalls. Aber in diesem Grüßen ist die Handbewegung schon irgendwie anders, ein anderer, verborgener, aber allen Militärs verständlicher Sinn steckt darin, eine gewisse kameradschaftliche Hochachtung und Wohlwollen. »Alles in Ordnung, der hat nichts gefragt!« denke ich erleichtert, fühle aber, daß die Augen des Streifenoffiziers genau auf meinen Hinterkopf zielen. Und ich höre sofort seine gleichsam der Form halber, aber für alle Fälle ausgesprochene Frage:

»Hauptmann ... Gehört der Junge zu Ihnen?«

»Der gehört zu uns, Hauptmann«, antwortet Kolja und legt mir die Hand auf die Schulter. »Keine Sorge. Hier stimmt alles.«

Der riesige Park wirkte leer. Seine zentrale Allee mit den stämmigen Bäumen zog kleine Grüppchen von Soldaten und Frauen in sich hinein, die auf die Parkmitte zuströmten, von Musikklängen angelockt. »Heda, Junge, junges Blut. Dieser Junge macht uns Mut ...« Das in diesen Tagen unwahrscheinlich populäre Liedchen dringt an unsere Ohren. »Es klappt immer, was er tut!« stimme ich lautlos ein und höre der Unterhaltung zwischen Kolja und Sascha zu. Genau gesagt erzählte nur Sascha, und Kolja schwieg und knarrte mit seiner Prothese: Rrak, rrak ...

»... Unsere Aufgabe war, die Sturmeinheiten in Ausgangspositionen zu bringen, zu erklären, wo sich was befand: befestigte Stellungen, Positionen, MG-Stellungen und sonstiges, kurz, ihnen einen Überblick über die Lage zu verschaffen. Ich kam mit meinen Jungs vom Steindamm, aber nicht so, wie wir jetzt laufen, sondern von dem Haus da drüben, von der Industrieschule, am Bach entlang, weil bei denen hier zwei Maschinengewehre standen ... Guck, Kolja, das war vielleicht eine ...«

»Bißchen groß. Ich schau nicht gern von unten nach oben, zumal auf eine Frau.«

»... aber dafür ein so schönes Gesicht«, erwidert Sascha und blickt sich um. Zwei Mädchen laufen hinter uns her. Sie lachen, in diesem Lachen ist zweierlei enthalten, Schamhaftigkeit und Aufforderung, sie überholen uns, die Köpfe gesenkt und gleichzeitig in unsere Richtung schauend. Eine von ihnen schaute sich um, dunkelhäutig, mit schwarzen Haaren und grauen Augen. Lächelnd sah das Mädchen Kolja ins Gesicht, wandte sich jäh ab und flüsterte ihrer

Freundin etwas zu. Beide lachten und liefen schnell weiter, um eine Gruppe von Frauen einzuholen, die vor uns herging. Sascha gibt mir einen Rippenstoß. »Du hast eine gute Nase, Trommler, aber die mit den grauen Augen ist nichts für dich.«

»Was war denn in dem Haus dort, Sascha?« fragte Kolja und verfolgte die Mädchen mit seinen Blicken. Er wartet darauf, daß sich die Grauäugige wieder umblickt, denke ich. Dem muß sie es angetan haben. Und das Mädchen blickte sich wirklich um. Sie lachte nicht, ihre Augen waren sehr streng, wohl sogar böse. Und ich hörte, wie Kolja seufzte. Erleichtert? Oder entmutigt? Er räusperte sich. »Was war dort?«

»Dort war ein Konzertsaal und ein Restaurant.«

»Im Zoo?«

»Ja, klar. Man kam zum Spazieren hierher, zur Erholung. Man tanzte und bewunderte die Wasserspiele. Nebenbei gesagt, hat hier Johann Strauß mit seinem Orchester einen ganzen Monat lang gastiert.«

»Jener Strauß?« frage ich. »Woher weißt du das?«

»Woher denn auch … Ich bin doch kein Trommler, sondern ein Aufklärer. Ich bin dreimal hier, in Königsberg, gewesen. Im August und Oktober vierundvierzig. Auch vor dem Sturm, im März diesen Jahres, verstanden? Und ich habe alles über Königsberg gelesen, was ich in der Aufklärungsabteilung in die Finger bekommen konnte. Und das wichtigste Buch: ›Fremdenführer für einen wißbegierigen Gast‹. Und da ich unglaublich wißbegierig war, habe ich, du Trommler, nicht einfach gelesen, sondern jede kleine Seite studiert, bis hin zu solchen Sachen wie zum Beispiel der Fahrtroute der Fünf, einer Straßenbahn, die in Juditten die Endstation hatte, und welche Straßenbahn zu der Schichau-Werft fuhr und sonstiges. Dort habe ich auch das mit Strauß gelesen. Auch über Sergej Jessenin[6], über Majakowski[6], daß sie alle einmal hier waren. Jessenin war hier zusammen mit Isadora Duncan. Hast du etwas von Jessenin gelesen, Trommler?«

---

[6] Die größten, miteinander rivalisierenden Dichter der frühen Sowjetzeit. Beide beginnen Selbstmord. Das zitierte Gedicht gilt als das bedeutendste lyrisch-philosophische Poem der russischen Dichtung. Majakowski verstand sich dagegen als kommunistischer Parteidichter.

»Kein Bedauern, kein Rufen und kein Klagen. Alles wird vergehn wie weißer Blüten Duft ...«

»Dekadente, kleinbürgerliche Dichtung«, sagt Kolja. »Ein Rumnörgeln! Und so etwas gefällt dir, einem Aufklärer? Und überhaupt. Du sagst, ›Jessenin, Majakowski‹, so, als würdest du sie gleichsetzen wollen. Es ist zum Lachen. Klein Sascha, unsere Dichtung ist die, die leben und Schwierigkeiten überwinden und gegen die Feinde unseres jungen Sowjetlandes kämpfen hilft. ›Revolutionäre Schritte vereint, laßt das leere Gerede sausen. Unermüdlich lauert der tückische Feind. Sie haben das Wort, Genosse Mauser! ...‹«

»Rrak, rrak«, lacht Sascha. »Bei dir knarrt sogar deine Prothese zu deinen Gedichten den Takt! Jessenin, Majakowski ... Was gibt es da zu streiten. Ich mag auch Majakowski: ›Meine Jahre nehmen zu, und da sprach das Kleinchen ...‹[7] Aber mein lieber Hauptmann ...«

»Vielleicht reicht es?«

»So also, mein lieber Hauptmann: Der Mensch muß nicht nur immer und ohne Unterlaß kämpfen. Er muß einfach leben. Und das Leben – ich bitte um Vergebung – ist nicht nur Kampf, sondern auch seelische Erholung, es ist manchmal auch Kraftverfall, geistiger Verfall, es ist Trauer, es ist Liebe zur Natur, Liebe zu einer Frau ... Wir drei hier, was treibt uns zu diesem blöden Tanzvergnügen, eh? Worauf hoffen wir? Wir groben, vom Feuer angesengten Seelen wollen ein zartes Frauenwort, einen Frauenblick ergattern. Unsere Seelen – und ich bitte erneut um Vergebung – lechzen nach Zärtlichkeit.«

»Da hast du aber was abgezogen«, Kolja lächelt schief. »Lechzt nach Zärtlichkeit ... Liebe! Und von wem? Von einer lausigen Deutschen? Von jenen, die noch vor wenigen Jahren auf den städtischen Nazi-Versammlungen rumgeschrien haben: ›Heil Hitler!‹ Die uns alle, dich, mich, den Trommler – unser ganzes Volk für Untermenschen hielten?« Kolja holt Zigaretten hervor, nimmt sich eine und gibt Sascha eine. Beide rauchen.

Koljas Gesicht verfärbt sich weiß, ist angespannt, die Backenknochen und die Narbe an der linken Wange treten deutlicher her-

---

[7] Eine lustige Verbindung aus zwei Kindergedichten.

vor. Beide paffen an ihren Zigaretten. Wir gehen weiter, und Kolja fährt fort: »*Die* haben mein ganzes Dorf niedergebrannt. Alle meine Verwandten niedergeknallt ... Und das soll alles vergehen wie die weißen Apfelblüten?! Ich bin wohl nicht der einzige, der eine Prise Asche vom abgebrannten Vaterhaus an der Brust trägt. Und diese Asche schlägt gegen mein Herz. Und du?« – »Was ich? Was ist mit mir?!« schreit Sascha. »Auch ich bin mutterseelenallein auf dieser Welt. Der Vater ist bei Brjansk gefallen. Im Raum Brjansk bei den Partisanen. Die Mutter ist verhungert, und meine Schwester Lidka haben sie nach Deutschland verschleppt. Sollen wir nun aber bis ans Ende in diesem einen Gefühl leben, dem Gefühl von Haß, Rache, dem dumpfen Zorngefühl gegen die Deutschen?! Übrigens hat Genosse Stalin gesagt, wir führen den Krieg gegen die Faschisten, gegen Hitler, und nicht gegen das deutsche Volk ...«

»Da hat er sich geirrt, als er so etwas sagte! Und die Flugblätter, die vor dem Sturm auf Königsberg erschienen, die Tschernjachowski und Ilja Ehrenburg unterschrieben haben? Das war die Wahrheit: ›Soldat, denk an dein niedergebranntes Haus, an deinen Vater, der am Galgen hing, an deine vergewaltigte Schwester ...‹ Und du?«

»Was, ich? Ich habe gekämpft, eine Kampfaufgabe erfüllt, mich gerächt, aber was soll das jetzt, heute, morgen? Der Krieg ist aus, und ...«

»Und alles ist vergessen? Vergeben? Sage, Trommler, hast du alles vergessen?«

Kolja wendet sich an mich. »Hast du vergessen, wie du in der Blockadestadt Leningrad Katzen gefressen hast?«

»Halt du endlich die Klappe.« Sascha bleibt stehen. Frauen gingen gerade an uns vorbei und schauten in unsere Richtung. Sascha sagt mit gedämpfter Stimme: »Ich habe dich bereits gefragt, du nach Pulver und Blut stinkender Wahrheitssucher. Was zum Teufel suchen wir bei diesem blöden Tanz? Wir rennen nur hin, mein Freund, weil Männer Frauen brauchen. Weiber brauchen wir, verdammt noch mal! Hübsche Freundinnen, wenn man bedenkt, daß unser Führer sie nicht in eine Reihe mit den Faschisten und dem Obergefreiten mit dem Spitznamen Hitler gestellt hat. Alles klar?

Dann mir nach! Und eins-zwei, eins-zwei ... Revolutionäre Schritte vereint!«

»Rrrak-rrak«, ächzen Sascha und ich. »Poing, poing.«

»Heda, Junge, junges Blut. Dieser Junge macht uns Mut! ...«

»Die Jungs« sind schon alle beisammen. An die dreißig Mann. Sie drängen sich auf der Betonfläche neben einem Gehege, in dem der riesige Fettberg des Nilpferds zu sehen ist. Der Sergeant Polonski ist auch da, mit blankgeputzten Stiefeln und dem weißen, frisch angenähten Blusenkragen. Er läuft um das Nilpferd herum und schaut erwartungsvoll auf die Offiziere. Einige haben ihn bereits beschenkt. In einem Drahtkorb mit dem deutsch beschriebenen Emailleschild »Für schmutzige Wäsche« liegen Päckchen, dazwischen eine Flasche, die keineswegs Milch enthält. »Wladimir Petrowitsch, grüß Sie!« – »Ah, der Trommler, grüß dich. Willst du auch tanzen? Wo die Jerry ist? Ich mußte sie einsperren, sie bellt so laut, daß man die Musik nicht mehr hört. Entschuldige, ich habe zu tun.«

»Wenn jemand ein deutsches Nilpferd sehen will ...« ruft Polonski, die Hände wie ein Sprachrohr vor den Mund haltend. »Das Nilpferd Hans in Aktion! Und zwar Aufstehen und zurück in den Ausgangszustand, Aufreißen des Mauls beim Befehl ›Up‹ sowie das Nilpferdreiten! ...« Seine Stimme war wegen des Dröhnens der starken Lautsprecher des Beutefunkwagens kaum zu verstehen. »Interessenten bitte ich, das Gehege zu betreten!«

»... es klappt alles, und er tut es! Er schafft alles in Minuten! Wenn es sein muß, baut er ein Haus! Und ein guter Koch ist er allemal auch!« brüllen die Lautsprecher. ... Die »Jungs« rauchen hingebungsvoll, unterhalten sich angeregt und werfen prüfende Blicke zur gegenüberliegenden Seite der Betonfläche, wo an den Lehnen schwerer Parkbänke die Schilder »Nicht rauchen« angeheftet sind und in Grüppchen noch ganz junge, schmächtige und dünne Mädchen sowie junge, aber auch reifere Frauen stehen. Auch hier sind Nervosität und Aufregung zu spüren. Die Frauen besehen sich in Taschenspiegelchen und schießen zugleich mit den Augen nach den Offizieren. Sie pudern sich, färben sich die Wimpern und ziehen die Brauen mit Kohlestückchen nach. Sie rücken die Haare zurecht, nesteln an ihren Kleidern, schauen sich gegenseitig an. Alle warten gespannt auf etwas. Eigentlich wurde der Beginn des Abends erwartet. Man kann den Tanz ja nicht zu diesem Lied beginnen?

Also, was weiter? Am Rand der Tanzfläche stand ein kleines, aus Holzbohlen zusammengezimmertes Haus mit Schilfdach. Offiziere gingen dort hinein und kamen wieder heraus. Sie gingen mit besorgten, strengen Gesichtern auf das Haus zu und kamen ohne Eile, mit friedlichen und angenehmen Mienen heraus, als hätte man ihnen die Gesichter dort gebügelt. Kolja und Sascha tauschten Blicke aus und begaben sich auch zu dem Haus. Ich folgte ihnen. Ich tat einen Schritt über die Schwelle in das goldgelbe Halbdunkel, das von den nach Harz riechenden Wänden und dem golden schimmernden Stroh rechts am Eingang ausging. In der Hütte standen Kisten herum, auf denen auf zerknautschten Zeitungen Flaschen standen und grob geschnittene Wurst und Brot lagen. Die Männer drängten sich um die Kisten, reichten einander geschäftig die Gläser, tranken und aßen, wischten sich die Lippen ab, steckten sich eine Zigarette an und machten Platz für neu Eintretende. Es war ganz schön eng hier.

»Hier«, sagt Kolja und weist mit der Hand auf eine freie, hochkant stehende Kiste unter einem hohen und wie eine Schießscharte schmalen Fenster: »Was war hier, Sascha?«

»Hier stand eine MG-34 auf diesen Kisten.« Sascha zieht eine dunkle, flache Flasche aus der Tasche seiner Reiterhose heraus. Den MG-Schützen hat einer unserer Jungs mit einer Kugel in die Stirn erledigt. »Hack die Wurst in Stücke, Trommler. Leg sie auf die Zeitung. He Jungs, wer hat ein freies Glas?« Das Glas wurde beim Nachbarn, einem jungen, aber fülligen, ungelenken Oberstleutnant, frei. Kolja füllt das Glas, Sascha erzählt: »Und vorher haben hier Grunzochsen gewohnt. Die wurden erschossen und lagen dort. Papa, Mama und der Kleine, ein ganz kleiner Ochs. Die Ochsenmutter muß ihn mit ihrem Körper zugedeckt haben. Ihre ganze linke Seite hatte Löcher. Aber, auf geht es! Auf jene, die nicht mehr da sind, auf die Gefallenen.«

»Der Teufel soll sie alle holen, die Deutschen«, zischt Kolja durch die Zähne. »Ja, Sascha, auf die Verwandten und Angehörigen. Nimm's, Trommler. Du mußt heute unbedingt ein Mann werden, verstanden? Nur ohne Schweinereien und Grobheiten. Also, los.«

»Männer, wartet einen Moment!«

Ein Oberleutnant schiebt sich an unsere Kiste. Er ist nicht groß, aber stämmig, hat breite Schultern. Er wirkt überhaupt irgendwie breit: ein breites Gesicht, weit auseinanderstehende Augen, eine breite, gleichsam von einem kräftigen Schlag plattgedrückte, breite Nase. Seine Kleidung scheint ihm nicht zu passen. Eine lange, schlapp herunterhängende Feldbluse und eine riesenbreite Reiterhose. Schweiß auf der Stirn, die Schirmmütze im Nacken, unter dem Bauch der Riemen mit einer schief daran hängenden Pistole. Der Oberleutnant hält eine Flasche in der Hand und drückt sich ein umfängliches, schweres Paket mit dem Ellenbogen an die Seite. Auf der anderen, breiten Handfläche liegen wie auf einem Tablett in Scheiben geschnitten gesalzener Speck und Schinken.

»Nehmt mich in eure Gesellschaft auf, Männer!« Der Oberleutnant legt das Essen auf die Zeitung, stellt die Flasche ab und wischt sich die Stirn mit dem Ärmel seiner Feldbluse ab. »Ich bin hier allein, ohne Gesellschaft, ohne Freunde, und ohne Freunde ist es kein Fest. Und da sehe ich ein vertrautes Gesicht.« Er sieht Sascha an: »He, Leutnant! Erkennst du die Aufklärer nicht mehr wieder? Ich kann mich freilich auch nicht an deinen Namen und Vornamen erinnern, wir haben uns ja auch nur ein einziges Mal gesehen. Na, streng mal den Grips an.«

»Ja, wirklich, irgendwo habe ich dieses breite Gesicht schon einmal gesehen«, sagt Sascha. »Aber wo?«

»Na, wo denn schon! In Smolensk, im Juli vorigen Jahres, als der Generaloberst Tschernjachowski die Aufklärungsgruppen zusammengestellt hat, da war es. Weißt du das jetzt? Leutnant, ein Aufklärer muß ein ausgezeichnetes Gedächtnis haben.«

»Ja, ich war dort, trotzdem ...«

»Die Hand des Kämpfers kann das Glas nicht mehr halten«, sagt Kolja. »Was ist, Jungs?«

»Ja, eben, was ist mit uns?« lacht der Oberleutnant. Rechts unten fehlt ihm ein Zahn, es ist ein schwarzes Loch. »Auf jene, die in der feuchten Erde ruhen, ja? Und auf Tschernjachowski, ja? Weißt du noch, Leutnant, was er uns sagte: ›Jungs, ihr begebt euch in die Höhle des Tieres! Ostpreußen ist kein Weißrußland und keine Ukraine. Jungs, es wird dort das, was wir Hilfe der örtlichen Bevölkerung nannten, nicht geben. Und deshalb ...‹ So hat er doch gesprochen, ja?«

In dem Ochsenstall wird es immer enger. Immer lauter klingen die Stimmen, Medaillen, Orden und die Gläser klingen, das Papier raschelt. Jemand ruft laut: »Gardesoldaten, das größte Geschenk für diese Damen ist nicht das Essen, sondern der Lippenstift. Für einen Lippenstift wird jede von ihnen ... Versteht ihr? Auch eine hungrige Frau möchte schön sein. Seht ihr die Frau dort, die in Blau, mit den Blumen? Was glaubt ihr, warum alle zu ihr kommen? Nur sie hat einen Lippenstift. Und sie schminkt allen die Lippen, gegen Entgelt, versteht sich. Für Lebensmittel ... Das nennt man Geschäft, Unternehmungsgeist, Gardesoldaten ...«

»Wieso sind deine Kleider so groß, als gehörten sie einem anderen?« Kolja sieht sich den Oberleutnant von allen Seiten an. »Als wäre es nicht deine Größe?«

»Sieht man es, ja?« Der »Oberleutnant« lacht und erläutert laut und lustig: »Feldwebel dürfen nicht zum Tanz, Genosse Hauptmann. Wie in der Zarenzeit: »Gemeinen und Hunden ist das Betreten des Parks verboten! Ich bin aber jung. Ich möchte wie die anderen tanzen. Und diese Uniform gehört meinem Busenfreund und Chef der Sonderkompanie, dem Genossen Oberleutnant Bugrow. Habt ihr von dem gehört? Und die Orden gehören mir. Die Papiere sind auch da. Möchtet ihr einen Blick darauf werfen, ja?«

»Gibt es so eine Kompanie?« fragt Kolja den Sascha. »Was ist das für eine?«

»Ja, ich gehöre auch zu so einer«, nickt Sascha. »In der Spezialgruppe für Sondereinsätze.« Er blickt zum Oberleutnant hinüber. »Tatsächlich habe ich dich gesehen ... Sag mal, hattest du einen Bart?«

»Natürlich! Hier in Ostpreußen hattest du, Leutnant, auch keine Zeit zum Rasieren, als uns die Fritzen auf die Füße traten, nicht wahr?«

Die Offiziere kommen und gehen. Jemand sagt besorgt: »Die

Streife ist da.« Und jemand antwortete: »Hier kommen sie nicht herein. Sie kommen erst, wenn alles vorbei ist. Aber wir müssen eine Flasche zurücklassen.« – »Hier ist die Flasche, seht ihr? Ich geb sie aus.« Das sagte der füllige Oberstleutnant, er geht in die Stallecke zur Krippe und legt eine bauchige, grüne Flasche auf das Heu, das noch in der Krippe liegt: »Wer spendiert das Essen?« – »Wir legen es hin«, antwortet ein Fliegermajor. »Wurst, Käse und Brot ...«

Lärm. Stimmengewirr. Ich fühle mich wohl. Es ist ein herrliches Gefühl, beinah ein Mann zu sein ... Ja, ja, ich werde heute ein Mann sein, genauer gesagt, ich werde ein richtiger Mann werden!

»Kinder, faßt die nicht an, die da mit dem großen Busen«, appelliert der Oberstleutnant offenbar an alle zusammen. Wie die anderen in diesem Stall blickt er durch die schmale Schießscharte des Fensters. »Na, die da, in Hellblau.«

»Und ich nehme diese mit der Frisur in Beschlag!« sagte der Luftwaffenmajor. »Soldaten, ich liebe Hochgewachsene mit langen Beinen.«

»Major, ich habe schon lange ein Auge auf sie geworfen ...«

»Gib nach, Hauptmann, hier hast du genug von jeder Sorte.«

»Schon gut, Fliegender Holländer, wir werden uns schon einigen.«

»Laß uns aus diesem Viehstall rauskommen«, schlägt Kolja vor. »Also, wer will zu der ersten Vorführung? Das deutsche Nilpferd Hans reißt sein Riesenmaul auf!« schreit Polonski aus Leibeskräften. »Hatten wir ein hübsches Mädchen hie! ...« brüllen die Lautsprecher vom graugrünen Funkwagen. Die hintere Türwand ist heruntergeklappt, die schwarzen Schlunde der Lautsprecher zielen wie riesige Kanonenrohre auf die Tanzfläche: »... und schlank war sie!«

»Leg die ›Müde Sonne‹ auf!« rufen viele. Von den Frauen stimmt auch eine in dieses verzückte und ungeduldige Geschrei ein: »Tanzen!«

Die Lautsprecher verschlucken sich und werden stumm. In ihrem Inneren rumpelt etwas. »Ich bitte alle, näher zum Nilpferd Hans zu kommen.« Polonskis Stimme schwingt höher. »Hänschen, up!« Tief im Funkwagen rumort es fürchterlich, und eine Stimme ertönt:

»Wir beginnen mit dem Tanz. Ein Tango. ›Müde Sonne.‹ Kavaliere, fordern Sie die Damen auf!«

Die Musik legt los. Männer und Frauen sind erstarrt. Die Männer schauen zu den Frauen hinüber, die Frauen zu den Männern. Jemand muß als erster anfangen, diese schmale Betonfläche wie ein Minenfeld überqueren, aber wer macht das? Und da trat aus der Menge der Männer, eigentlich wand er sich aus der Menge heraus, unser Bekannter, der Oberleutnant, der verkleidete Feldwebel. Er schob die Schirmmütze geckenhaft in den Nacken, schwang aus irgendeinem Grund das umfängliche Paket über dem Kopf, tänzelte, wippte in den Knien, drehte sich zwei- oder dreimal im Tangotakt und steuerte die Frauen an.

»Madame, ich bitte!« – Er verneigte sich vor einer untersetzten, wie er stämmigen, mit einem kurzen Kattunkleidchen bekleideten Deutschen. Und er überreichte ihr sein Geschenk. Er hielt es ihr hin, wie man sonst Blumen hinhält. Die Deutsche lächelte, schaute freudig und verstört nach links und rechts in die Gesichter ihrer Bekannten oder vielleicht Unbekannten, die aber wegen der Umstände ihre Genossinnen an diesem Tanzabend geworden waren, und las in ihren Gesichtern Unterstützung, Neid oder auch Spott ab. »Bitte, was ist mit Ihnen? Ich bin ein ›Kavalier‹ und fordere Sie doch auf!« Und die Frau nimmt das Geschenk entgegen, knickst unbeholfen, drückt das Paket drollig mit dem Ellenbogen an sich und reicht dem Kavalier die Hände. Sie öffnet ihre Arme wie für eine Umarmung, und der Oberleutnant taucht hinein. Die Dame umfassend, zieht er sie aus der Frauenschar heraus und weiter hinter sich her. Nach einigen Rückwärtsschritten stolpert er, jetzt hat er die Dame herumgewirbelt, den in seine Richtung schauenden Offizieren etwas zugerufen, und diese stürzen von Angst getrieben, jemand könnte ihnen die, die sie schon für sich ausersehen hatten, wegschnappen, über die Tanzfläche, allen voraus der schwitzende Oberstleutnant und mit ihm zusammen auch Sascha, der es auf eine blauäugige Blondine längst abgesehen hat.

Und wir, Kolja und ich, sind irgendwie ins Hintertreffen geraten. Drüben auf der anderen Seite der Tanzfläche sind nur noch zwei »frei«: eine dünne, flache, die Schlüsselbeine stehen ihr unter der

Bluse hervor, mit dünnen Beinen und einem einfältigen Gesicht, und »jene«, die sich im Park nach Kolja umgewandt hat. Männer waren um sie rumgehopst, auf sie zugekommen, haben sie angeredet und ihre »Gaben« hingehalten. Irgendein Hauptmann wickelte sein »Geschenk« auseinander, und man konnte sehen, daß im Papier ein Laib Brot, eine Wurst und sogar eine Packung Kaffee lagen. Aber die Frau schüttelte nur den Kopf: »Nein!« Der Hauptmann sagte ihr irgend etwas Böses, wahrscheinlich: »Was zum Teufel willst du dann hier?« Kolja drückte mit seinen nikotingelben Fingern die Zigarettenkippe aus. »Komm, Trommler. Meine wartet auf mich und die deine auf dich ...«

»Was, diese Magere, dieser Knochen ist meine? Eine berauschende Schönheit!« rufe ich aus, gehe aber folgsam hinter Kolja her. »Rrak-rrak-rrak«, kreischt die Prothese. Das purpurrote Gesicht des Oberstleutnants flog vorbei, dann das hemmungslos lustige des Oberleutnants, der den Tanz eröffnet hatte, man hörte seine Stimme: »Müde! Sonne! Neigt sich zä-ärtlich zum Meer!« Der »Fliegende« kippte seine »Lange« um, er legte sie in irgendeinem unvorstellbaren Pas fast auf den Rücken. Es war furchtbar unbequem, weil er auch das unter dem rechten Arm eingeklemmte »Geschenk« festhalten mußte. Oh, diese Geschenke! Niemand traute sich, sie auf der Bank liegenzulassen. Der eine hielt es wie der Flieger unterm Arm eingeklemmt, der andere in der Hand, dort preßte der »Kavalier« einen Brotlaib mit seiner riesigen Pranke an den Rücken der Dame, da hielt die Dame das Geschenk wie ein Baby im Arm. All das bereitete eine große Unbequemlichkeit, aber was sollte man tun?

»Bitte, noch eine Tanzen« – Kolja kommt auf die Grauäugige zu. Reicht ihr sein Paket. »Bitte, eine kleine Präsent ...«

»Danke schön«, antwortet das Mädchen. »Spassibo. Bitte hinlegen, ja? Auf die Bank ... Wie heißt das, skame ... skamjuschitschka, ja?«

»Ja, ja, gut. Kommt es nicht weg?«

Das Mädchen rückt die Frisur zurecht. Kolja faßt das Mädchen vorsichtig wie eine Porzellanpuppe an der schmalen Taille an. Das Mädchen lächelt und sieht ihm ins Gesicht: »Na, was stehen wir rum?« Da, Kolja setzt sich in Bewegung, macht einen Schritt am

Takt vorbei, den zweiten. »Rrak-rrak« – die Prothese kreischt, das Mädchen zieht die Augenbrauen hoch: Was ist das? Dann fängt sie den Takt auf und führt ihn selbst über die Tanzfläche: eins-zwei-drei ... rrack-rrack-rrack!

»Bitte ... Hm, tanzen Sie?« lalle ich vor meiner »Hageren«. »Bitte, hier ein kleines ... Was ist? Nehmen Sie es doch. Hier ist Brot, Zucker und eine Machorka.« Sie steht da, den Kopf gesenkt, die Hände hält sie hinter dem Rücken. Solche habe ich in der Stadt zu Tausenden gesehen. Irgendeine dämliche Frisur. Die Haare sind nach oben gekämmt und mit einem bunten Seidenschal zusammengebunden, der dürre Hals steckt wie ein Knüppel im breiten Kragen einer lächerlichen, rostbraunen Jacke, ein kurzes Kleid mit einem breiten, üppigen Rock, unter dem ein Paar knochige Knie in gestopften Strümpfen hervorschauen. Und an den Füßen sind Holzlatschen, schmal, mit einem Lederriemchen. Sie richtet die Augen auf mich. Wenn es etwas Anziehendes in diesem schmalen Gesicht von ungesunder Farbe gab, so waren es wohl die Augen; sie waren sehr groß und ruhig. »Was ist nun? Bitte.«

»Mein Imja ist Inge«, sagt das Mädchen und betrachtet mein Gesicht näher. Wahrscheinlich hat es auf sie auch keinen guten Eindruck gemacht, weil sich ihre Lippen unwillkürlich zu einer angewiderten Grimasse verziehen. Dann lächelt sie, als hätte sie sich dabei ertappt, und sagt gnädig, so wie eine Königin: »Wie heißen Sie?«

Auch meinen Namen will sie noch wissen!

»Willst du mit mir tanzen?« sage ich grob und stecke ihr das schwere Mitbringsel zu. »Halten und tanzen, du verstehen?«

»Gut, tanzen wir«, sagt Inge, macht aber keine Bewegung, um mir das Paket abzunehmen. Sie weist mit dem Kopf zur Bank, wo bereits Koljas Geschenk liegt. »Bitte dorthin, poschalujsta.«

»Aber bitte!« Ich lege das Paket hin. »Bitte: tanzen. Und mein Name ist Bara-ban-tschik, Madame, der Trommler.«

Donnerwetter, sie ist ja flach wie ein Brett. Sie hat nicht einmal eine Brust. Mir schien, als fühlte ich jeden Wirbel auf ihrem angespannten Rücken mit der Hand. Koljas Gesicht flog vorbei. Er schaute nach der einen Seite, über die Schulter des Mädchens, sie schaute aber in die andere Richtung, über seine Schulterklappen hinweg. Da versetzte mir der Oberstleutnant einen solchen Stoß, daß ich beinahe auf dem Betonboden mitsamt meiner »Dame« lang hingeflogen wäre. Der Oberstleutnant wirbelte seine Rothaarige herum, drückte sie mit seiner Riesenhand an sich, ihr Rock war hochgerutscht, rote Strumpfbänder mit Schleifchen huschten vorbei.

Die Streife ist da, der Hauptmann mit den drei MP-Schützen. Er scheint in der Menge nach jemandem Ausschau zu halten. Bin etwa ich gemeint, der Zivilist? Aber außer mir sind noch etwa fünf Zivile da. Irgendein Vollbart in einem russischen Hemd mit aufgestickten Kornblumen, einer gestreiften Hose und Wachstuchsandalen. Ein streng aussehender Mann in einem schwarzen Anzug und einer engen Krawatte und mit einer Aktentasche! Er hält sie in seiner Rechten, und beim Wenden klatscht die Aktentasche seiner Dame auf den rundlichen Po. Wütend dreht der Oberleutnant in der zu großen Feldbluse seine Dame, er rotiert mitten auf der Tanzfläche im dichtesten Gedränge, als wolle er sich vor den Augen der Streifensoldaten verstecken.

Die Lautsprecher heulen. Polonski und das Nilpferd Hans, die jedes Interesse an den Tanzenden verloren haben, essen friedlich zu Abend. Auf das Kommando »Up« macht das Nilpferd sein Riesenmaul auf, eine Art umfänglichen roten Koffer mit riesigen, an der Wurzel gelben Zähnen. Polonski schneidet einen Kanten vom Brotlaib ab und wirft ihn in den großen Nilpferdrachen hinein. Dabei vergißt er sich selbst nicht. Er bestreicht das Brot dick mit Butter, beißt ein Stück von der Wurst ab und gießt etwas in ein Gläschen aus der im Korb für die »schmutzige Wäsche« stehenden Flasche, wobei er besorgte Blicke in Richtung der Streife wirft.

Die Lautsprecher verstummen. Wieder ächzt etwas darin, und eine angespannte Stimme verkündet:

»Der Abend geht weiter! Aber jetzt, meine Damen und Herren: Damenwahl, bitte. Nun können Sie, Bürgerinnen Deutsche, jene Bürger, jene Kavaliere auffordern, die Sie selbst auffordern wollen. Wir tanzen: ›Schenkt mir eine Tafel Schokolade.‹ Das heißt ›Gib mir bitte Schokolade.‹ Ein langsamer Foxtrott aus der Vorkriegszeit!«

Die Musik erklingt. Eine eklige, honigsüße Stimme trägt die Bitte um Schokolade vor.«Ich gebe Ihnen auch viel Schokolade«, raunt neben mir der Oberstleutnant in das weiße, mit vielen sichtbaren Sommersprossen übersäte Gesicht seiner Tanzpartnerin.»Verstehen Sie? Und noch viel mehr …« Er atmet schwer und erhitzt, sein Blusenkragen ist aufgeknöpft, violette Adern sind am dicken Hals geschwollen. Der Oberst wischt sich immer wieder Backen und Stirn mit einem vom Schweiß schon nassen Taschentuch und tönt immer wieder:»Verstehen Sie, Madame? Und Schinken und Fisch, das heißt roten Lachsfisch, und, wissen Sie, Kaviar, schwarz, verstehen? Alles gut, habe ich da … So daß Sie, Madame, mich heute unbedingt besuchen sollten, ja? Also tanzen, ja?« – »Ja, ja«, antwortet die Rothaarige und zieht den Oberstleutnant am Ärmel:»Bitte, Damenwahl.« Sie sieht mich an und lächelt mit ihrem großen, dick pomadisierten Mund. Wo kommt die bloß her? Ich sollte Kolja Bescheid sagen, ihn um Rat bitten:»Was tun?« Dort ist doch der Stepanow von der Leichenschau … Die beiden, Frau Tod und Michel, haben ihn verbrannt, aber … aber vielleicht hat sie nichts damit zu tun? Da hat die Grauäugige Kolja zum Tanz geholt, und die mit den goldgelben Haaren den Sascha … Die honigsüße, unwahrscheinlich verstärkte Stimme verspricht einen Kuß für eine Tafel Schokolade. Die Streifensoldaten schreiten die Tanzfläche ab. Polonski verstaut die für das Nilpferd Hans bestimmten Gaben in einem Leinensack.

»Ba-ra-ban-tschik, ja? Bitte, komm«, höre ich plötzlich Inges Stimme.

»Komm, komm«, antworte ich. »Danke schön für die Aufforderung«, und sage:»Wissen Sie, ich glaube, ich habe Sie schon einmal gesehen.«

Das Mädchen zuckt mit der Schulter:»Ja? Aber wo? Wann?«

Auch ich zucke mit der Schulter:»Ja, wo denn, wann?« Was macht es auch für einen Unterschied? Das sagt man halt immer so bei einer neuen Bekanntschaft.

Ich stapfte ungeschickt auf dem Beton herum und fühlte, wie sich diese hagere deutsche Schickse davor ekelte, mit mir zu tanzen, sofern man diese tapsigen Schritte und Bewegungen überhaupt als Tanz bezeichnen konnte. Wie sie sich überwinden mußte. Sie wen-

480

det sich ab, tut so, als würde sie all das nicht interessieren. Sie lächelt sogar, aber das Lächeln verkommt zu einem schiefen, läppischen Grinsen. Und sie rückt von mir weg, als würde es mir einen furchtbaren Spaß machen, diese Knochen, dieses Gerümpel in dem nicht mehr sauber zu kriegenden Gelumpe an mich zu pressen. Für Augenblicke sah sie mir ins Gesicht, aber mir schien, als würde sie ins Leere schauen, durch mich hindurch. Ihre Gedanken waren mir klar, ich konnte sie lesen: »Wenn das alles bloß vorbei wäre«, dachte sie sicher voller Verzweiflung und Haß gegen mich. »Großer Gott, wozu das alles, warum?« Auch ich wandte mich ab und dachte dasselbe. Wenn das doch möglichst schnell vorbei wäre, wenn wir möglichst bald von hier weggehen würden. Ich wäre sofort gegangen, aber ich genierte mich vor Kolja und Sascha. Wo war er übrigens? Er tanzte am Rand der Betonfläche mit seiner hübschen, goldhaarigen Deutschen. Beide lachten, als würden sie sich schon hundert Jahre lang kennen.

»Wowka, hilf mir«, höre ich neben mir Koljas Stimme. »Die Scheißmechanik klemmt.«

»Wie? Was für eine Mechanik?« – »Das Bein, dieses Scheißding. Die Prothese ist eingeknickt und will nicht mehr zurück, gib ihr einen Stoß, von oben nach unten.« Kolja steht auf einem Bein. Das zweite ist im Knie gebogen und so hängengeblieben, als wolle Kolja damit einen Ball kicken. Das Mädchen schaut über seine Schulter in die Ferne und beißt sich in die volle Unterlippe. Ich rücke zur Seite, hebe den Fuß und schlage damit gegen die Prothese. »Rrak!« macht das Bein und kehrt in die normale Stellung zurück. Dem Kolja stehen Schweißperlen auf der Stirn. Er dreht sich auf dem gesunden Bein um, macht einen Schritt mit der Prothese. »Rrak!« Noch einen Schritt, alles ist in Ordnung. Kolja lächelt und zwinkert den anderen zu: »Haltet die Ohren steif, Soldaten!«

»Halt die Ohren steif, alte Garde!« antworte ich heiter und sorglos und wirble meine »Dame« herum. Dann werfe ich sie, dem Beispiel des Oberstleutnants folgend, auf den Rücken. Ich pfeife auf alles, was soll's, daß sie hager ist, was juckt mich das? Da zieht sie eine Grimasse. Macht nichts, Liebchen, du wirst schon sehen, was ich mit dir mache, wenn du erst bei mir zu Hause bist: »Also heißt du Inge? Paßt du auch auf die Fressalien auf? Wenn die geklaut werden, gibt es keine neuen!«

Plötzlich sackte sie in meinen Armen zusammen, sie hing an mir, der Kopf fiel in den Rücken.

Was soll das denn nun?! Ich halte sie in meinen Händen wie einen sehr schweren und unhandlichen Gegenstand. Das Gesicht ist weiß, dunkle Schatten um die geschlossenen Augen. Ohnmacht? Das hätte noch gefehlt! Ich schaue mich um. Niemand achtet auf uns. Gut, daß es am Rand der Tanzfläche passiert ist, unweit »unserer« Bank, wo man die Päckchen sieht. Ich fasse sie ungeschickt unter und schleppe sie, mit den Füßen breit aufstampfend – ihre Füße schleifen über den Beton, der eine Klapperpantoffel fällt herunter – zur Bank und lege sie drauf. Ich puste ihr ins Gesicht und fächle mit den Händen. Plötzlich steht der Sergeant Polonski da, mit einem Becher Wasser. Ich nehme Wasser in den Mund und pruste es ihr ins Gesicht.

»Hungerohnmacht«, sagt Polonski. »Nichts Schlimmes. Sie muß verschnaufen … Weshalb kommst du mich nicht besuchen?«

»Was mache ich jetzt mit ihr? Wird sie zu sich kommen?«

»Hast du nie gehungert? Spritz ihr noch mehr Wasser ins Gesicht. Knöpf die Bluse auf, spritz ihr auf die Brust. Großer Gott, sieht die aus! Ich habe neulich eine Meerkatze gefunden, die war auch wie ein Knochengerippe. Hat auch gehungert, die Arme. Na, siehst du?«

Das Mädchen machte die Augen auf, bewegte sich etwas, zog die Brauen angestrengt zusammen und blickte um sich, als würde sie nicht verstehen, wo sie sei und was mit ihr los war. So war es offenbar auch. Jetzt aber wußte sie es wieder. Sie lächelte schwach: Du, entschuldige, daß es so gekommen ist, und griff nach dem Wasser. Polonski holte ein Stück Zucker voller Tabaksbrösel aus der Tasche: »Lutsch das mit Wasser, meine Liebe. Hilft gut bei Schwäche.«

»Ich gebe Ihnen alles!« dröhnt die Stimme des Oberstleutnants. »Alles, verstehen?«

»Aber jetzt tanzen, das ist ein ›schwarzer Tanz‹, bei dem jeder jeden auffordert!« polterten die Lautsprecher. »Die Herren fordern die Damen auf und die Damen die Herren! Also vorletzter Tanz: ›Traurige Augen!‹«

Inge tunkt den Zucker in Wasser ein, wendet sich ab und knabbert daran.

Plötzlich tut sie mir furchtbar leid. Mir fällt ein, wie ich im Spital vor Hunger umkippte. Das war im Jahr zweiundvierzig. Im Frühjahr gaben wir ein »Konzert« für die Verwundeten, ich, Arkacha Kljujew und Inka Peskowa. Wir trugen Gedichte vor und sangen: »Dich als Helden hab ich verabschiedet. Ein Gewitter zog auf im Land …« Mir wurde dunkel vor den Augen, als ich das Gedicht rezitierte: »Das Wasser, schillernd und unwirklich, schlief in der stillen Bucht. Das Militärgeschwader zog vorbei in einer strengen Flucht …« Einmal verlor auch die Inka das Bewußtsein. Wem von uns war es in der Blockade nicht passiert? Sollte sie etwa auch? Heute, jetzt, an diesem warmen Tag, wie einst ich? … Ich legte ihr die Hand auf die Schulter. Ich wollte ihr sogar etwas sagen, aber Inge zögerte etwas und bewegte die Schulter, und ich verstand, daß es ihr unangenehm war. Dann eben nicht! Sieh einer an! Mit wem hatte ich Mitleid? Als wir *dort* Hungerödeme kriegten, starben, raste sie vielleicht durch Königsberg auf einem Fahrrad oder spielte Tennis. Und ich habe mich erweichen lassen, die ist doch eine Deutsche, eine Deutsche!

»Ich habe schon lange nicht mehr getanzt!« sagte Inge. »Bitte, eine Zigarette.«

»War-u-um hast du traurige Augen!« stöhnen die Lautsprecher. Es gibt nur zwei sowjetische Platten im Funkwagen, den »Jungen« und die »Müde Sonne«. Polonski ruft mir zu: »Komm morgen, ich werde auf dich warten!« und treibt das Nilpferd in das Häuschen. Hans sträubt sich. Dieser ganze Lärm muß ihm gut gefallen, das Durcheinander von Menschen. Polonski stößt das Tier gegen das dicke, glänzende Hinterteil. Jerry ist aus dem Haus entschlüpft und rennt bellend um es herum. Die Lautsprecher überschlagen sich: »Waarum haast duuu!« Dann verstummen sie. Ist nun Schluß?

»Aber jetzt, ich wollte sagen, meine Damen und Bürger, Kavaliere und Offiziere, jetzt kommt der letzte, abschließende Tanz.« Der Funkwagen verkündet metallisch: »Auf Bitten aller Anwesenden der fröhliche Tanz, das Lied ›Der Junge‹!«

Die Sonne senkt sich auf die Kronen der Bäume: der letzte Tanz!

Man glaubt, alle seien verrückt geworden, alles ist stürmisch, hektisch, fahrig. Der Oberleutnant turtelt wie ein Täuberich um seine Partnerin herum. Mal packt und preßt er sie gegen seine klimpernden Medaillen, mal läßt er sie los und steppt, mal tanzt er auf russische Art in der Hocke. Die Mütze im Nacken, die Pistole hängt runter. Die Feldbluse ist unter dem Riemen hervorgerutscht und wölbt sich auf dem Rücken wie eine Blase. Die riesige Pluderhose hängt schlapp herunter, dem »Oberleutnant« steht ein wildes, zähnefletschendes Lächeln im Gesicht. Der Flieger kippt seine »Dünne« auf den Rücken. Der Oberstleutnant kann nicht mehr, gibt aber nicht auf, seine »Frau« lächelt mich wieder mit ihrem riesigen, heiß atmenden, aufgerissenen Mund an. »Rrak, rrak«, hört man Koljas Prothese knarren. Gesichter, Gesichter, Gesichter … Von Lächeln, Grinsen und krankhaften Grimassen entstellt. Rote, erhitzte Gesichter der »Kavaliere« und weiße, wie mit Kreide gepuderte Gesichter ihrer »Damen«. Auch sie lächeln, verziehen ihre unglücklichen Gesichter.

»Heda, Junge!« schreien die Lautsprecher, »er schafft alles, was er tut!«

»Ich auch! Sehr gut! Ein sehr gut Jungen!!« röchelt der japsende, für solche Belustigungen schlecht trainierte Oberstleutnant. »Auch du, Sie sind ein sehr gut Mädchen!«

Das Päckchen, das er an den Rücken seiner Dame gepreßt hielt, rollte plötzlich aus seiner Hand auf den Beton. Der Inhalt geriet unter die Füße der Tanzenden, es waren grob geschnittene Brotscheiben. Einige davon mit Butter, Käse, Wurst, eine sogar angebissen. Dieser »Reichtum« stammte offenbar von den Tischen der Offizierskantine. Mit einem »Ah« bückt sich die »Dame«, um das Brot einzusammeln. Auf dem Beton kniend, kriecht sie herum. Der Oberstleutnant ruft etwas und hilft ihr. Die Rothaarige hat sich auf den Beton gesetzt, sie lacht hysterisch und ruft dazwischen: »Roter Lachsfisch, ja? Kaviar, schwarz, ja?«

Die Dämmerung senkt sich über den Park. Irgendwo in der Nähe peitscht eine Maschinenpistolensalve. Der Tanz und dieser ganze Tanzabend gehen dem Ende zu. Es war so üblich, alle gesellschaftlichen Veranstaltungen in der Stadt wurden mit Anbruch der Dunkelheit abgeschlossen: Konzerte, Tanz und Kino. Was kann es auch für gesellschaftliche Veranstaltungen in der Dunkelheit geben, wenn die ganze Stadt im Dunkel versinkt?

Ja, jetzt ist Schluß mit der Heiterkeit. Die Musik ist aus. Zwei Sergeanten und ein Unterleutnant, offenbar der Chef dieser »Autofunkstelle«, machen hinten die Klappe zu. Eisenverschlüsse klicken. »Ich geb' Ihnen noch zwei Banka Schwein-Tuschonka[8]«, sagt der Oberstleutnant. »Nein, nix russki Schwein, verstehen? Amerikanski Tuschonka ...« Er bückt sich zu der Rothaarigen. »Alles wird sehr gut sein. Kommen Sie. Ich habe einen eigenen Mercedes. Oh, ich bin wirklich ein sehr guter Junge.«

»Laß uns gehen«, sagt Kolja und tritt an die Bank, wo ich mit Inge sitze. »Wo ist der Saschka? Ich weiß nicht, wann und wo er abgeblieben ist. Er war da und dann plötzlich nicht mehr. Und überhaupt habe ich gar keine Zeit für ihn.« Inge ist zu sich gekommen. Wir haben sogar noch einmal getanzt. Nun ist es Zeit, den Zoo zu verlassen, damit *das* geschieht. Inge, bitte. Ich ziehe sie an der Hand. »Haben Sie von Majakowski gehört? ›Revolutionäre Schritte vereint!‹«

»Rrak, rrak, rrak«, knarrt das mechanische Bein des heldenhaften Panzersoldaten, des vierfachen Kavaliers des Rotbanner-Ordens, meines Freundes Kolja Beljajew.

Am Ausgang des Parks ist ein kleines Durcheinander entstanden. Einige »Damen« waren gleich mit den Kavalieren dorthin mitgekommen, wohin diese sie haben wollten. Andere sagten, daß es schon spät sei, daß man es lieber auf morgen verschieben sollte, daß Mutter sich Sorgen machen würde, aber all dieses Gerede war offenbar ein Spiel. Ein Pärchen entfernte sich eilig am Steindamm nach rechts, ein anderes nach links, ein drittes ging über den Steindamm und verschwand in der Gasse, die sich am Erich-Koch-Platz entlangzog.

Rrak-rrak! Kolja geht ein Stück voraus, als würde er sich seiner Gefährtin, des Mädchens, schämen. Klick-klick-klick klapperte ihr hölzernes Schuhwerk auf den grauen Platten. Auf einigen konnte

---

8 Zwei Dosen Schweinefleisch.

man, wenn man sich anstrengte, das Wort »Elbing« lesen. Getöse war von der Stelle zu hören, wo Koljas »Dodschik« stand. Seine Prothese rrakte schneller, die Mädchen und ich blieben etwas zurück, es war ein blinder Alarm. Die Streife mit dem Hauptmann an der Spitze, der schon fast unser Bekannter geworden war, hatte unweit von unserem Auto jenen »Oberleutnant« festgenommen, der den Tanzabend so brav eröffnet hatte. Mit erhobenen Händen steht er mit dem Gesicht zur Wand. Sie haben ihm den Riemen abgenommen, der Hauptmann sieht seine Papiere durch, und der »Oberleutnant« schaut über die Schulter und schreit den Hauptmann böse an: »Was ist schon dabei, daß es nicht meine Sachen sind?! Ein Freund hat sie mir für den Abend geliehen. Jawohl, ich bin Feldwebel und kein Oberleutnant, sieht man es nicht aus den Papieren? Feldwebel einer Aufklärerkompanie des Sonderbataillons von Major Konjuchow!«

Der Hauptmann holt aus der Tasche der herunterhängenden Hose des »Kavaliers« eine Parabellum. Ohne die Antwort abzuwarten, warum die eine Pistole im Halfter und die andere in der Tasche steckt, erläutert der Feldwebel-Leutnant: »Ich hab' seine Uniform einfach komplett zusammengepackt! Die Parabellum gehört mir. Soll ich sie zu Hause liegenlassen?!« Und die Dame steht dabei, verfolgt angstvoll die Vorgänge und drückt das Paket an ihre Brust. »Weg!« ruft ihr der Streifenchef kurz zu, und die Dame huscht in die schmale, von zerstörten Häusern gesäumte Gasse, für den »Oberleutnant« beleidigend schnell, ohne sich umzusehen, ohne ein Wort des Bedauerns, etwa »Tut mir leid« oder »Auf Wiedersehen« zu sagen. Ich kann mir vorstellen, wie es den falschen Oberleutnant wurmt: »Ärsche, Bürohengste, einen solchen Abend kaputtzumachen!« schreit er aus Leibeskräften. Er sträubt sich, spreizt Arme und Beine wie eine Krabbe, als die drei Streifensoldaten ihn in den Dodge stecken. Und er ruft noch aus unbegreiflichem Grunde: »Else, wo rennst du hin, du Luder?!«

Der Motor unseres »Dodschik« rattert. Die Mädchen nehmen hinten Platz, einander gegenüber, und schauen nach verschiedenen Seiten. Ich richte mich neben Kolja ein. Die grauen Pflastersteine fließen uns entgegen. Was soll ich ihr sagen? Wie mache ich all *das*?

Alles in meinem Kopf gerät durcheinander. Kolja klopft mir aufs Knie, und ich denke erleichtert: »Pfeif drauf. Irgendwie wird es schon werden.«

Da ist schon die Lawsker Allee und dahinter unsere schmale Adalbertstraße. Kolja parkt den Wagen, steigt aus, reicht dem Mädchen die Hand. Die geht mit ihrem »Geschenk« schnell zum Eingang und winkt mir kurz: »Gute Nacht.«

»Gute Nacht«, sagt mir auch Inge. »Auf Wiedersehen.«

»Was? Wieso auf Wiedersehen?! Bitte komm zu mir: Essen, Tee.«

»Nein, nein ... Ich bin krank ... heute.«

»Krank? Heute?« Seltsam, ich fühle eine Art Erleichterung. Die Angst weicht. »Nun gut, aber wann? Hier wohne ich, komm zu mir. Oder wir treffen uns beim Tanzen, ja?«

»Ja, ja, bis zum Tanzabend.«

Und das Geschenk? Das Päckchen liegt doch im Auto, so ein Dummerchen. Sie steht da und wartet, bis ich zu ihr komme. Wieso dachte ich eigentlich, sie sei hager? So hager ist sie ja gar nicht. Und sie hat ein nettes, gutes Gesicht mit großen, braunen Augen. Ich reiche ihr die Packung und sage: »Ich habe dich erkannt, Inge. Erinnerst du dich an den kleinen Springbrunnen am Ritter mit dem Hund? Wir haben dort alle getrunken.« Sie nickt und reicht mir die Hand, sie läßt ihre Hand in der meinen einen längeren Augenblick ruhen, und ich merke zum erstenmal, daß sie mich jetzt ganz anders ansieht. Nicht durch mich hindurch, wie dort am Brunnen und beim Tanzen, als würde es mich gar nicht geben. Sie schaut mich jetzt richtig an, aufmerksam, gleichsam prüfend, als würde sie versuchen, in mir etwas, was sie braucht, zu finden, sie blickt mir ins Gesicht. Dann dreht sie sich um. Ihre Holzschuhe klappern eilig und entfernen sich.

Als ich am anderen Tag von der Schule zurückkomme, sehe ich durch das Fenster, wie Kolja einen Koffer und ein großes Bündel, wahrscheinlich Betten und Kissen, aus seinem »Dodschik« herausholt. Viktoria steht am Eingang. So heißt also seine Tanzpartnerin. Sie verschwinden im Haus, dann erscheint Kolja wieder. Ich gehe ihm schnell entgegen. Er ist etwas aufgeregt und sagt:

»Erinnerst du dich an jenen dicken Oberstleutnant? Er wurde tot aufgefunden. Messerstich, hier rein.« Er klopft sich an die linke Brustseite. »Genau ins Herz. Was hast du mir da über jene Frau erzählt, mit der er getanzt hat?« Ich schweige wie vom Blitz getroffen. Frau Tod? Was soll man jetzt dazu sagen? Kolja fährt indessen fort. »Noch etwas. Jener ›Oberleutnant‹ war wirklich bei einer Aufklärereinheit. Die ganze Gruppe war aber umgekommen, und er tauchte wieder auf. Und eine Gruppe, von der er gestern gefaselt hat, die gibt's nicht. Die Sache wird jetzt untersucht.« Er zögerte, als würde er warten, daß ich noch etwas frage: »Du, ich habe beschlossen, die Viktoria kann mal bei mir wohnen. Sie schläft im Keller eines zerstörten Hauses in der Schreterstraße. Komm uns besuchen. Sie räumt schon auf.«

Alles liegt dicht beieinander. Leben und Tod. Hier tanzt man, dort wird gestorben. Dort wird getanzt und gestorben.

Gestern habe ich im Radio gehört, daß in einer türkischen Stadt die Decke auf eine hemmungslos lustige Hochzeitsgesellschaft gestürzt ist. In einem sechsstöckigen Fertigbau. Die Betonplatte hat alle im Nu in den mit einem Kunststoffbelag überzogenen Fußboden hineingedrückt.

Leben und Tod! Heute fahre ich zusammen mit dem »Admiral« Kieselsteine zum kleinen Friedhof der Abtei. Hier liegen alle nebeneinander: Brüder und Patres. Eine seltsame Familie, die sich Gott verschrieben hat. Bruder Konstantin, Bruder Martin, Pater Gabriel. Der »Admiral« zeigt: »Da, etwas abseits, wo der Schreiner, der Kerzenmacher und der Jäger liegen, da werde auch ich ruhen. Vielleicht, wenn der Abt es erlaubt.« Er verstummt und setzt sich auf die Bank.

Der hat mich heute richtig herumgehetzt. Ich bin ganz naß: Das Hemd, der Pullover, alles ist durch und durch naß. Der »Admiral« aber sieht mir zu, wie ich die Steine planiere, und nickt: »Gut, prima! Bis morgen. Ich bin zufrieden. Hier prüft niemand, wie du etwas getan hast, was dir aufgetragen wurde. Hier wird alles gemacht, wie du es am besten kannst, als wäre es für dich selbst.«

Nun geht's unter die Dusche, dann gibt es eine Flasche Bier. Danach das Essen. Der klangvolle Chor von Brüdern und Patres: »Wir

danken dir ... für deine Gaben«[9] – der Dank für »das von dir Gege-
bene«. So bekommt man es in der Direktübersetzung heraus. Offen-
bar das Geschenkte. Oh, eine Hühnerkeule, ach ja, heute ist doch
Sonntag, ein Festtag gewissermaßen. Anstelle des Vortrags gibt es
Musik. Brahms. Welch kräftige Akkorde. Wie schön klingen sie hier.
Alle haben schon gegessen, aber keiner rührt sich von der Stelle,
keiner klappert mit den Tellern und Löffeln. Sie sitzen unbeweglich.
Sie denken nach. Alle mit allen. Und jeder mit sich selbst.

»Gabe«, »Schenkung« ... Vielleicht war es deine Gabe, weißt du
noch, Ende einundvierzig im sterbenden Leningrad? Als ich mich in
den Schnee hinsetzte und beschloß, daß ich nirgendwohin auch nur
einen Schritt mehr tun kann. Jetzt mache ich die Augen zu und
schlafe ein, wie schon Tausende eingeschlafen sind. Es war deine
Gabe: der junge Rotarmist mit einem rosigen Gesicht, in einem kurzen, angenehm nach Lammfell riechenden Ledermantel. Er hob
mich hoch, rüttelte und schubste, rieb mir die Wangen warm. »Was
ist mit dir?« schrie er mich an. »Wo wohnst du? Ich bringe dich
hin!« Ich kam zu mir und schaute ihm mit Verwunderung ins Gesicht: Wo kommt er her, so ein ... Lebendiger? Als hätte er mich verstanden, sagte der Soldat: »Wir sind gestern angekommen. Nach-
schub. Aus Sibirien. Und noch etwas: Nimm, es ist hausgebacken.«
Und er steckte mir ein großes Stück Brot in die Hände. Mit meinem
scharfen Geruchssinn roch ich sofort dessen Duft. Der Soldat begleitete mich. Er sah sich dauernd und forschend um. Er sah auf die
liegenden, in das Eis eingefrorenen Menschen. Auf ein angenagtes,
aus dem Schnee ragendes Bein. »Habt ihr hier Wölfe?!« fragte er.
»Ja, Wölfe«, nickte ich. »Die zweibeinigen.« Aus seinem sibirischen
Leben war er in die Stadt des Todes gekommen. Er hatte noch nie
tiergewordene Menschen gesehen, die direkt auf der Straße mit Äxten mageres Fleisch von den Toten abgeschlagen hatten. Warst du
damals gekommen?

Wir spülen das Geschirr ab. Wetter. Politik. Irgendein Triebtäter
hat in einem Schweizer Dorf drei Dutzend Menschen niedergeknallt. Wozu? Sich selbst hat er auch erschossen. Zwei atomare

---

[9] Katholisches Tischgebet

Sprengköpfe hat jemand aus Kasachstan in den Irak verkauft. Aber das kann nicht sein. Nasarbajew hat schon ein Dementi veröffentlichen lassen. Und wieder neue Stöße dort, in der Türkei, als würde der Böse die Erde schütteln.

Vor dem Schlafengehen wandere ich auf einem schmalen Pfad in die Berge. Es ist still. Vollmond und schwarze Schatten. Ich gehe zurück und kehre in die Kapelle der Heiligen Jungfrau Maria ein. Dort vorne betet jemand im Knien. Hier ist es warm, gemütlich, es riecht nach Tannengrün. Es ist der »Marienklub«, in den man immer, zu jeder Tageszeit gehen kann. Wo dich eine Etagenfrau im ungewaschenen Pullover nicht anhalten und fragen kann: »Bürger, wo wollen Sie hin?« Wo man keine Eintrittskarten lösen muß. Wo man nicht an ewig verschlossenen Türen die Tafel mit der Aufschrift »Methodisches Kabinett« vorfindet. Wo es keine Toilette gibt, in der das Wasser entweder aus allen Rohren überläuft oder keines vorhanden ist und an der Wand ein Riesenpenis in die graue Knastfarbe eingekratzt ist bzw. das dafür stehende kurze Wort.

Ich sitze da und blicke in das Antlitz von Maria. Ich glaube, eine Frau gesehen zu haben, die genauso ein Kind hielt und dir so ähnlich sah. Immer bilde ich mir solche Dinge ein. Aber das ist gut so. Denn wenn einem Schriftsteller nichts einfällt, was ist er dann für ein Autor? Und es scheint, als würde der Betende nicht beten, sondern weinen. Sie sind es, Admiral? Was ist mit Ihnen? Ist Ihnen etwa wieder eingefallen, wie Ihr U-Boot 1941 einen Dampfer voller Menschen versenkte, der von Tallin nach Leningrad fuhr, und Sie auf Ihr Werk, auf Ihren Sieg noch einen Blick werfen wollten? Wessen von Angst und Haß verzerrtes Gesicht klebte damals gleichsam am Objektiv, als Sie das Periskop hochfuhren? Was soll jetzt das Weinen, Admiral, beruhigen Sie sich. Dort, in der anderen Welt, werden Sie sie alle wiedertreffen und ihnen erzählen, Sie hätten Ihre Sünden hier, in der Abtei Himmerod, durch Gebet und unentgeltliche Arbeit zum Wohle der Abtei und des Herrn abgebüßt. Vielleicht wird man Ihnen vergeben?

(Aus dem Russischen von Alexej Dubatow)

IWANOW, JURI NIKOLAJEWITSCH, wurde 1928 in Leningrad geboren; er starb 1994 in Königsberg. Als kleiner Junge überlebte er die Leningrader Blockade. Als Halbwüchsiger marschierte er als »zweite Kleintrommel« einer Musik- und Bestattungsmannschaft durch ganz Ostpreußen bis in das brennende Königsberg. Jahrelang arbeitete er auf Kamtschatka, vierzehn Jahre lang fuhr er zur See. In Deutschland kennt man Juri Iwanow durch sein Buch »Von Kaliningrad nach Königsberg. Die Suche nach historischen Schätzen«. Jetzt ist sein neuer Roman »Tanz im Krematorium« in Druckvorbereitung. Er handelt von den ersten Monaten nach dem Sturm auf Königsberg, von Russen und Deutschen, vom schweren Weg, den man bewältigen mußte. Seinen Roman schrieb Juri Iwanow in der Abtei Himmerod in der Eifel. Jedes Kapitel enthält eine Art Reflexion, Überlegungen des Autors über die Vergangenheit, über das Zurückliegende, das Schreckliche, über die komplizierte und schöne Welt. Als einer der ersten hatte er in Königsberg begriffen, daß man nicht auf dem Boden Preußens leben konnte, ohne dessen Vergangenheit und Kulturerbe zu kennen. Auf seine Anregung hin wurde das Kant-Denkmal wieder aufgestellt. In seiner Erzählung vom »kleinen Trommler« schildert Juri Iwanow die Erlebnisse eines Sowjetsoldaten im zerstörten Königsberg.

Das erste Friedensbrot

Metall durchbrach das alte Steingemäuer
und breite Risse spalteten die Wand,
die Balken lohten auf in jähem Feuer
und nur mit Mühe löschten wir den Brand.

Dann standen mutlos wir vor schwarzen Wänden
und Anna kämmte ihr versengtes Haar.
Ich sah die Blasen schwell'n an meinen Händen,
der Kleine weinte, weil er hungrig war.

Doch endlich schlug des Grauens letzte Stunde,
die letzte Mauer stürzte dröhnend ein,
die letzte Kugel schlug die letzte Wunde –
wir durften endlich wieder Menschen sein.

Am gleichen Abend sah ich einen Wagen,
ein kleiner Wimpel wehte purpurrot,
Sowjetsoldaten reichten ohne Fragen
dort jedem Hungrigen ein frisches Brot.

Ich trug es eilends heim an meinem Herzen
und Anna nahm es staunend in die Hand;
der Kleine lachte froh beim Schein der Kerze,
derweil ich selber stumm am Fenster stand ...

Noch war die Nacht durchglüht von düstren Bränden,
nach Pulver roch die feuchte Frühlingsluft;
doch spürte ich an meinen wunden Händen
des ersten Friedensbrotes satten Duft.

Zehn Träume von Königsberg

1. Der Schatten eines Märchenerzählers

War es einmal oder nicht? Ich bin sechs Jahre alt, es ist Winter, und ich warte ungeduldig auf den Sonntag: Vielleicht wird mir Mama wieder eine Freikarte schenken, und wir gehen zur Vormittagsvorstellung in das Kirow-Theater, das meine Großmutter hartnäckig »die Mariinka«[1] nennt.

Bis dahin blicke ich aus dem Fenster unseres Zimmers in einer Gemeinschaftswohnung, die sich in einem riesigen Haus befindet. Unsere Straße heißt »Schtschemilowka«, die Eingeklemmte, obwohl an den Schildern »Wolodarski-Straße« steht. Das Haus nennt sich »die Wurst« – es ist lang und gebogen. Aus dem Fenster sieht man eine weite leere Fläche, das Gitterwerk einer Newa-Brücke und die große Statue eines Mannes mit erhobener Hand – es ist Wolodarski, ein berühmter Revolutionär, der von einem Volksfeind umgebracht wurde. Etwas weiter rechts eine Vielzahl von Gleisen, ein Tohuwabohu aus Eisenbahnzügen und Lokomotiven – der Rangierbahnhof. Und weiter hebt sich ein schwarzer Wald vom grauen Himmel in Zacken ab – Kurakina Datscha. Es ist aber gar keine Datscha, nur ein verwilderter Park voll von Holunder und Eichen mit Ästen wie die Pranken eines Tieres. Im Winter ist es dort leer und etwas ungemütlich, im Sommer aber heiter. Es gibt viele blumenähnliche Schmetterlinge und Blumen, die wie Schmetterlinge aussehen. Und viele Kinder mit ihren Omas, und in der Nähe klingeln die Straßenbahnen …

Ich warte auf Mama, die von der Arbeit kommen soll – sie ist Kassiererin beim Wohnungsamt – und auf die kostenlose Eintrittskarte, die ihr von Zeit zu Zeit ein Anwohner aus dem Haus gegenüber bringt. Er ist Künstler in der Oper und heißt Lissin. Wenn es Karten gibt, ist es ein Fest. Die Klappstühle im Parkett nennen sich

---

[1] Vor der bolschewistischen Machtübernahme das Kaiserliche Mariinski-Theater.

»Strofante«. Im Theater kauft Mama mir ein Teigröhrchen mit Cremefüllung. Und so tauche ich für zwei oder drei Stunden in eine ungewöhnliche Welt hinein. Und das wiegt die kleinen Unannehmlichkeiten hundertfach auf, etwa meinen engen Matrosenanzug, Schuhe, die drücken, und Mamas böse hingeflüsterte Bemerkungen: »Nicht mit dem Finger zeigen!«, »Wo hast du dein Taschentuch?«, »Sprich leise!« …

Das Ballett »Coppelia« schauen wir uns zum zweiten Mal an – es hat sich so ergeben, man konnte ja nicht nein sagen! Die Augen halb geschlossen, genießt Mama die Musik, ihr Leben hat sich nicht so gestaltet, wie es sollte; sie wollte Sängerin werden, mein Vater hat aber alles verpfuscht. Er gab sich nicht der Familie, sondern der Partei hin, geriet auf Irrwege und landete in der Nagajew-Bucht – »ohne das Recht auf einen Schriftwechsel«. Und ich fange langsam an, mich darin zurechtzufinden, was sich auf der Bühne abspielt. Ich möchte den jungen Mann da warnen, der sich in eine aufziehbare Puppe verliebt, die der tückische Meister Coppelius sehr geschickt gebaut hat, und der einem richtigen Mädchen den Rücken zuwendet, das seiner Liebe würdig wäre. Wie warnt man aber? Im Ballett spricht man doch nicht, man singt nicht einmal wie in der Oper – man tanzt nur. Die Taubstummensprache sollte man kennen! Ich habe einmal gesehen, wie die sich unterhielten.

»Hör auf, mit den Händen rumzufuchteln!« flüstert Mama.

Auf dem bei der Platzanweiserin gekauften Programm steht unter dem Titel kleingedruckt: »Nach einem Märchen von E. T. A. Hoffmann.«

Ich kenne schon einige Märchen von Andersen, den Brüdern Grimm und Perrault. Im Radio habe ich schon mehrere Male das Märchen über Buratino[2] gehört und Märchenstücke über die drei Dickwänste[3] und noch über den Kaschtschej[4], der drei böse braune Hunde mit den komischen Namen Ger, Geb und Gim hatte.

»Ma, Hoffmann – welcher ist das? Der da tanzt?«

»Red keinen Unsinn!«

---

[2] Russische Pinocchio-Nachdichtung von Alexej Tolstoi.
[3] Romantisches Märchen des frühsowjetischen Schriftstellers Juri Olescha.
[4] Böser Geist zahlreicher russischer Volksmärchen.

In der Garderobe sprechen alle laut, nur Mama flüstert auch hier, während sie mich in meinen wattierten Mantel verpackt und mir den rostbraunen Baschlyk um Kopf und Hals wickelt, einen in der Mitte zusammengenähten dicken Schal, über den die Nachbarsjungen lachen.

»Hat Hoffmann nur dieses Märchen ausgedacht?«

»Nein, was denkst du! Weißt du noch, wir haben den ›Nußknakker‹ gesehen? Das ist auch ein Märchen von Hoffmann.«

An den »Nußknacker« kann ich mich schlecht erinnern, nicke aber.

»Wo hat er gelebt? In Moskau?«

»Hoffmann lebte in Königsberg, einer alten großen Stadt.«

»Ist sie größer oder kleiner als unser Leningrad?«

»Weiß ich nicht. Hör auf mit dem Gequatsche. Draußen ist Frost …«

Nachts träume ich von Hoffmann, der einmal jener junge Mann ist, der mit der Puppe tanzt, ein andermal Meister Coppelius, der eine Brille über der spitzen Nase und einen Wuschelkopf hatte und sich auf bösen Zauber verstand.

All das blieb mir in der Erinnerung, weil ich nach der »Coppelia« eine Lungenentzündung bekam und lange krank war – Mama behandelte mich selbst mit Wodka-Umschlägen. Ich wurde auch danach oft krank, versäumte den Schulunterricht, aber dafür hörte ich tagelang Radio – der Lautsprecherteller stand gleich daneben, auf der Kommode, und einmal brachte man Hoffmanns Erzählung über Martin den Küfner und seine lustigen Gesellen. Ich habe vieles nicht verstanden, und die Erzählung gefiel mir nicht.

2. »Vom sowjetischen Informbüro! …«

Im Dezember 1941 hausen wir in der Küche einer leerstehenden Gemeinschaftswohnung. Leichter Frostnebel füllt die Räume, die Heizkörper sind längst geplatzt, Eiszapfen hängen herunter, in der Küche kann man aber noch ganz gut leben: Das Fenster ist mit einer Schlafdecke verhangen, der Kanonenofen summt und wird sehr schnell glühend rot, besonders wenn man nicht mit Büchern, sondern mit zersägten Stühlen heizt – die Bücher brennen schlecht, geben viel Asche, so daß alles verstopft … Wir schlafen zu dritt in einem Bett, das wir hierher herübergeschleppt haben – so hat man es wärmer. Die Oma steht nicht mehr auf und spricht kaum verständlich. Mama und ich gehen abwechselnd zum Bäcker unsere dreihundertfünfundsiebzig Gramm Brot holen – man kann es auch auf die Marke für morgen bekommen, aber günstiger ist für gestern, dann hat man »morgen« als Reserve.

Der Lautsprecherteller auf dem Fensterbrett am Kopfende verstummt manchmal und bleibt mehrere Tage lang tot, dann wieder tauchen Musikklänge auf, seltener Berichte von der Front ... Eines Abends, als Omas Atem ins Röcheln überging, war im Lautsprecher eine leiernde Frauenstimme zu hören, die dann fester wurde:

»Vom sowjetischen Informbüro! ... Im Laufe des heutigen Tages gab es keine Veränderungen an den Fronten des Großen Vaterländischen Krieges. Es gibt Kämpfe von lokaler Bedeutung, und die Fahndung nach feindlichen Kundschaftern geht weiter. Die ruhmreichen Piloten der baltischen Rotbanner-Flotte flogen einen erfolgreichen Angriff auf das Territorium des faschistischen Deutschlands und bombardierten eine Reihe von Objekten der Festung Königsberg. Königsberg steht in Flammen. Alle Flugzeuge sind unversehrt zu ihrem Fliegerhorst zurückgekehrt ...«

»Ma, hast du gehört? Königsberg! Das ist doch, wo Hoffmann war, ja?«

»Wovon redest du da? Gib der Oma zu trinken, solange ich ihr die Beine einreibe, du siehst doch, sie versucht, sich die Lippen abzulecken.«

3. Schwarzer Schnee

An der Station Prochladnaja, wo der Zug fast vierundzwanzig Stunden hielt, gelang es Mama, den Zugchef und den Lokführer zu überreden, daß sie uns im Kohlewagen mitfahren ließen, wo es, wie es schien, wärmer war – bis Gudermes waren wir auf dem Waggondach gefahren. Wir hatten Glück. Mama sprach bei allen denkbaren Stellen vor, und so gelang es, als wir schon evakuiert und am Rand der Salski-Steppe am Terek waren, ihren älteren Bruder, meinen Onkel, zu finden, der früher in Sewastopol als Maschineningenieur auf dem Kreuzer »Tscherwona Ukraina« gedient hatte. Nun stellte sich heraus, daß er in Sotschi Chef einer Reparaturwerft war. Eine offizielle Einladung erreichte im Januar 1944 das Kosakendorf, wo wir lebten, und bald kam auch die offizielle Umzugsgenehmigung.

Die Kohle war feinkörnig, sie lag zu Klumpen zusammengefroren in dem riesigen Eisenkasten des Kohlewagens und schien durch den treibenden Schnee durchzuschimmern, so daß dieser grau aussah. Schwarz vor Ruß, rostbraun vor Urin und Wasser, das die Autoreifen verspritzten, war der Schnee in Leningrad und dann auf dem Ladoga-See gewesen, wo ich ein im Eis festgefrorenes Baby gesehen hatte, sowie auf dem Mutterland[5], wo alles von Krähenschwärmen, von Qualm und Asche der Lagerfeuer schwarz war. So war es auch in Tichwin, in Poworino und bei Stalingrad ... In den darauffolgenden Wintern – in den Kosakendörfern, wo an Männern nur alte Leute, Krüppel und Parteibonzen da waren und der Schnee in schwarzen Flicken unter der Warteschlange vor der Kantine und unter den schnellen Rädern der Droschke des Bezirksparteichefs taute ... Vielleicht kam der Ruß von den Bränden auf den Ölfeldern von Grosny, die im Herbst den halben Himmel beleuchteten?

Ein Wachsoldat mit bretterförmigen, karmesinroten Schulterstücken des Innenministeriums, ein lustiger, stupsnasiger Kerl mit einer abgeschabten Maschinenpistole, brachte einen gefangenen Deutschen auf die Lokomotive. Der Lokführer, sein Gehilfe und wir betrachteten mit schweigendem Interesse, wie sich der Deutsche an die heißen und ölverschmierten Rohre schmiegte, wie er am ganzen Körper zitterte, obwohl er sichtlich bemüht war, dieses Zittern so gut es ging zu verbergen. Er sah genauso aus wie im Dokumentarfilm »Zerschlagung der Deutschen bei Moskau«, der mit Verspätung im Kulturhaus der Bezirksstadt Schelkowskaja lief: mit heruntergekrempelter Fliegermütze, einem einst hellblauen, jetzt aber unvorstellbar dreckigen Rock ohne Schulterstücke und Erkennungszeichen, aber mit einem eingestickten Adler über der rechten Brusttasche und in äußerst ausgetretenen Überschuhen, die oben mit Bindfaden festgezurrt waren.

»Der soll nach Tuapse«, erläuterte der Wachsoldat, indem er eine

---

[5] So wurde im belagerten Leningrad das sowjetische Territorium genannt.

selbstgedrehte Zigarette aus dem von den Eisenbahnern angebote-
nen hausgemachten Tabak anzündete. »Ein Flieger ... dazu noch
Major. Könnt ihr euch das vorstellen? Es war noch kein Krieg, und
er flog schon über Moskau! So ein Mistkerl! Hat es selbst erzählt.
Der kommt aus Königsberg ...«

Bei dem vertrauten Namen ließ der Deutsche die Blicke um sich
schweifen und zog die Luft mit der Nase ein. Er hatte sich etwas ge-
wärmt, nahm die Fliegermütze ab, wobei er seine schütteren Haare
entblößte, und schaute seine mit Kohlenstaub verschmutzten Hände an. Er sah recht sympathisch und gar nicht furchterregend aus.
Mir fiel ein, wie wir vor zwei Jahren einen Fliegerangriff in einem
Zug erlebt hatten – ein Flugzeug mit schwarzen Kreuzen an den
Tragflächen überflog den Zug ganz tief, machte kehrt und kam wieder. Der Zug hielt, wir sprangen aus den Viehwaggons, rannten zum
nahen Wäldchen, die Lokomotive hupte, die Schutzeinheit hatte
das Dach ihres Wagens wie den Deckel einer Truhe hochgeklappt
und feuerte aus einem doppelläufigen Maschinengewehr. Das Flugzeug schoß einen nicht weit entfernten Wasserturm weg, gab aber
keinen einzigen Schuß auf den Zug ab und flog weg.

Einer aus Königsberg, ein lebender Mensch, der in einer Stadt gewohnt hatte, die wie Nebel war – sie ist da, und gleichzeitig ist es so,
als würde es sie nicht geben ... Ich wollte mich bemerkbar machen,
ihn ansprechen, ausfragen. – Aber wie konnte ich es tun? Wir hatten
Deutsch in der Schule, aber außer »Anna und Marta baden« fiel mir
nichts ein, aus den Zeitungen tauchten allerlei »Halt!« und »Hände
hoch!« auf. Ich strengte mich an und brachte stotternd hervor:

»Deutschland über alles ...«

Der Wachsoldat schielte mit zugekniffenen Augen nach mir.

»Was murmelst du da, Kleiner?«

Mama zog mich an der Hand, und der Deutsche rümpfte drollig
seine rosige Nase mit der abblätternden Haut und sagte langsam
auf russisch:

»Choroschij Maltschik[6] ... Ich habe auch zwei Maltschiks, dort –
in Königsberg.«

---

[6] Guter Junge.

4. Wir, Kinder der Sieger

Der von einer hohen Mauer eingezäunte Hof vor einem zweistöckigen grauen Haus ist von einer schweren, mit Feuchtigkeit und würzigen Gerüchen des angewelkten Grases durchtränkten Hitze wie von einer Glocke zugedeckt. Und wir, rund einhundert Halbwüchsige, suchen Zuflucht in dem dünnen Schatten, der natürlich für alle nicht reicht. Der Hof ist kahl, festgetrampelt, und hinter der Mauer wuchert das Grün: Mandarinen- und Apfelsinenplantagen, Reihen von Tungbäumen, das Dickicht der Brombeersträucher und das Geflecht der Gräser. Die Berge türmen sich gen Himmel, aber wenn man in Richtung der türkischen Grenze schaut, erblickt man ein Tal, die Schleife des Tschoroch-Flusses und rechts, bis zum Horizont das Meer. Früher war hier eine Schule für Grenzsoldaten, jetzt wird es die Schiffsjungenschule der Schwarzmeerflotte sein, wo es meinem Onkel gelungen ist, mich unterzubringen.

Die künftigen Seeleute wurden unter Waisenkindern zusammengesucht – Zöglinge von Schiffsbesatzungen und Truppenteilen, »Söhne der Regimenter«, einige hat man aus Kinderheimen für Obdachlose geholt, und nur wenige sind wie ich selbst gekommen. Wir haben noch keine Uniformen, schlafen auf rostigen Drahtnetzen, sind verdreckt und verlaust, aber wir werden schon verpflegt. Und wir sind – das hat sich ganz von allein ergeben – in drei Gruppen aufgeteilt: die Ganoven und jene, die so tun, als wären sie welche; die ehemaligen Zöglinge und das »Hausvolk«. Die Ganoven sind bunt, aber gut und mit Schmiß gekleidet. Sie geben mit der »Fenja«, dem Diebesjargon, und mit ätzenden Flüchen an, spucken durch die Zähne und gehen zu den Adscharen Mandarinen und Dattelpflaumen klauen. Viele haben Messer und Rasierklingen. Sie haben etwas Anziehendes an sich, zum Beispiel ihre unbekümmerte Art, aber auf solche wie mich schaut dieses Volk mit Verachtung herab.

Viel gutmütiger sind Jungs, die Marine- oder Armeeuniformen tragen. Sie rauchen alle, können virtuose Flüche loslassen, stellen außerdem stolz zur Schau, daß sie auf dieser Welt schon einiges erlebt haben – einige haben sogar Medaillen: »Für die Verteidigung Sewastopols«, »Für die Verteidigung der Polarregion«, »Für militärische Verdienste«. Manche haben es schon fertiggebracht, die Medaille »Für den Sieg im Großen Vaterländischen Krieg« zu bekommen. Als sie hören, ich sei Leningrader und in der Blockade gewesen, werde ich in die Runde aufgenommen. Der schwarzhaarige und hagere (er wird von Malaria geplagt) Borka Kuschman saugt an einer selbstgedrehten Zigarette, spuckt aus, zischt zwischen den Zähnen und erzählt schleppend über Königsberg:

»Die hatten sich alle in den Kellerräumen verkrochen, da war es gefährlich hinunterzusteigen. Und da sitzt eine Frau direkt in der Hütte, vielleicht hatte sie Angst um ihre Sachen – nicht mehr jung, blond. Sie sieht mich und springt auf. Und ich mache Klick mit dem Verschluß. ›Hinlegen‹, sage ich. Die sagt: ›Nein!‹. Dann ramme ich ihr den Lauf in den Wanst: ›Umdrehen, bücken!‹. Sie macht's, das Luder. Da habe ich sie von hinten genommen. Sie sagte ›danke‹, das heißt ›spassibo‹ ...«

Alle lachen.

Der Borka ist klein, er trägt eine sorgfältig geänderte khakifarbene Uniform und grüne Stiefelchen aus Planenstoff. Und das, was er über eine nicht mehr junge Frau sagt, und ebendiese Stiefel wecken in mir Abscheu und richtigen Haß gegen ihn.

Leicht hinkend kommt unser Politoffizier, Kapitänleutnant Pristupa, daher, der früher auf einem U-Boot gedient hat, und die Auszeichnungen an seiner Brust klimpern leise – wie die heilige Ikonenwand in der Kirche. Er hebt die Hand, wir treten näher und scharen uns dicht um ihn.

»Achtung! Soeben ist die Nachricht gekommen: Das militaristische Japan hat kapituliert! Ich gratuliere euch, Kindern des siegreichen Volkes! Hoch lebe der große Stalin – Hurra!«

Und wir schreien einmütig: »Hurra-a-a!«

5. Der rostige Kofferdamm

Kofferdämme heißen die Zellen, in die der Innenraum eines Beutekahns der Landetruppen eingeteilt ist, um seine Überlebenschancen zu erhöhen. Seinerzeit hatten die Deutschen eine Unmenge solcher Fahrzeuge für die Landung in Großbritannien gebaut, dann wurden die meisten von ihnen auf Seekriegsschauplätze in Rußland umgeleitet. Schnell, wendig, mit hoher Tragfähigkeit ausgestattet, waren die Beutekähne eigentlich eine Neuerung in dieser Klasse der Schiffe. Freilich waren die Neuerungen durch unsere Einsatzmethoden im Herbst 1947 zu schwimmenden Truhen geworden. Auf einer solchen Truhe, die zu einem Benzintransporter für Minenräumschiffe im Asowschen Meer umgerüstet wurde, diene ich als Maschinenführer. Wir tanken Benzin in Kertsch und fahren, auf den kurzen Wellen mit dem flachen Schiffsboden aufschlagend, nach Taman, Mariupol, Genitschesk und zu der Insel Birjutschi … Drei Deutz-Diesel qualmen, reichen aber immer noch aus, um die Schiffsschrauben zu drehen.

Der Herbst ist warm und verregnet, und in der Freizeit möchte man nicht im engen und dunklen Mannschaftsraum sitzen. An Deck sitzt es sich auch nicht gerade schön: Aus dem Maschinenraum zieht es den Dunst hoch und aus dem Laderaum die Benzindämpfe, von denen man einen Rausch bekommt. Ich habe eine Beschäftigung gefunden, die sogar vom Bootsmann voll gebilligt wird: Ich prüfe den Zustand aller Zellen, der Kofferdämme; es sind vierundsechzig an der Zahl, und in jede der aus drei bis vier Zellen bestehenden Sektion führt eine eigene, mit verrosteten Knebelgriffen verschlossene Klappe. Es gibt eine Menge zu tun, in den eisernen Labyrinthen kann man sich den Kopf an den Ständern und Querverstrebungen einschlagen oder die Haut an den Rostschwülsten abschürfen. Der dämmrige Lichtkegel der Taschenlampe greift manchmal interessante Dinge aus dem Dunkel heraus: eine Plane mit aufgedrucktem Siegel mit Adler, Hakenkreuz und Anker; einen Original-Schraubenschlüssel; ein neues Knäuel Manilaseil; einen Kriegsmarineknopf, aus Glas und mit einem Anker, von einer sehr festen Bronzefarbe überzogen …

In der Bugzelle, die so niedrig ist, daß man kriechen muß, entdecke ich mehrere noch ganze Patronen für die Maschinenpistole, einen Klumpen, der einmal Mullbinden darstellte, mit rostbraunen, in der Dunkelheit verblaßten Flecken und eine Brieftasche aus Kunstleder. Das stelle ich allerdings erst hinterher fest, als ich meine Funde im Mannschaftsraum auspacke. Der Obermaschinenführer Grigori Anissimowitsch Schuk nörgelt, man solle nicht allerlei Mist auf den Tisch legen, wo gegessen wird, zeigt aber auch müdes Interesse. Das Kunstleder ist verschimmelt und verzogen, aber es gelingt, den Knopf in der Mitte aufzukriegen, ohne die Brieftasche zu zerreißen.

Innen ist kein Schimmel. Auch nichts Wertvolles – entgegen der Erwartung. Ein winziger Elefant aus Fischbein oder Kunststoff, eine Brosche, und ein zerknautschtes, viereckiges Stück Papier, eine Weihnachtskarte, wie sich schließlich herausstellt, datiert auf den Dezember 1938. Mit Mühe läßt sich die Anschrift entziffern. Hans-Dietrich Bäumer, Luisenstraße 61, Königsberg, Ostpreußen ...

»Ich war dort«, sagt Schuk gähnend und kratzt sich an der breiten, von einem Matrosenhemd überspannten Brust. »Eine langweilige Stadt, nur Ruinen. Und in den herrschaftlichen Häusern, die noch ganz sind, da hat sich die Obrigkeit eingerichtet. Wohin hat man eure Schiffsjungenschule aus Batumi verlegt, nach Tilsit? Tilsit ist viel angenehmer ... Schmeiß das alles zum Teufel!«

Mir fällt die Bucht von Genitschesk ein, buchstäblich voll von solchen halbversenkten, ausgebrannten oder verunstalteten Landekähnen vom selben Typ wie unserer – es sind mehrere Dutzend, die von einem großen Fliegerangriff überrascht wurden. Vielleicht ist unser Kahn als einziger von dieser Truppe zufällig unbeschädigt geblieben? Wer war dieser Hans-Dietrich Bäumer, der eine Weihnachtskarte aus dem letzten Friedensjahr aufbewahrte?

Ich ertappe mich dabei, daß ich nicht mehr in rostigen und dunklen Zellen herumkriechen möchte, wo es sich so schwer atmen läßt.

6. Das Echo des Vergangenen

Boris Jermilowitsch Tichomolow ist ein Held der Sowjetunion. Den Goldenen Heldenstern verdankt er dem Umstand, daß er Pilot jener Maschine war, in der Stalin 1943 aus Baku nach Teheran flog. Tichomolow schreibt Bücher über den Krieg, über Fernflieger, sein Bild prangt zwischen den Bildern anderer Heldenschriftsteller im Zentralen Literatenhaus in Moskau; und er hat mir eine Empfehlung für die Aufnahme in den Schriftstellerverband der UdSSR gegeben. Freilich werden noch viele Jahre vergehen, bis ich in diese ehrenvolle und ruhmreiche Kohorte aufgenommen werde.

Und jetzt ist er von einer neuen kreativen Reise zurückgekehrt und bewirtet mich mit »Kristall«-Wodka und Räucheraal, tippt sich mit dem kleinen Finger an den schwarzen Schnauzer, der sehr gut zu seinem weißhaarigen Kopf paßt, und schaut mich mit freundlicher Nachsicht an.

»Also, willst du nicht nach Leningrad zurück? Schwere Erinnerungen? Na gut, Sotschi bietet natürlich keine Chancen für die Zukunft, obwohl es da warm und schön ist … Es gibt viele Städte in der Union. Geh aber bloß nicht nach Kaliningrad!«

»Warum? Gerade an Kaliningrad-Königsberg denke ich, sage es aber keinem. Eine hauchdünne Saite zieht sich seit langem von meiner Seele zu dieser Stadt, klingt leise und macht mich unruhig. Außerdem wächst mein Sohn heran, was gibt ihm der Süden? Und dort gibt es eine junge Universität, die immerhin dort ist, wo einst das Albertinum mit Kant und Eiler war … Dort gibt es mehrere Marine- und Heeresschulen.«

»Warum? Du fragst, warum?« Tichomolow duckt sich etwas und spricht leiser. »Verstehst du, dort schauen sich alle um beim Gehen! Sie laufen und schauen sich um! … Ich habe im Hotel gewohnt. Da schloß ich die Augen und hörte jemanden deutsch sprechen – wie ein unsichtbares, ein fremdes Leben, die Geister! Ich machte die Augen auf – nichts da! Eine Stadt in der Stadt – die eine sichtbar, die andere unsichtbar! Kannst du dir das vorstellen? Vielleicht blicken sich alle um, weil sie etwas fühlen und es nicht erklären können … Nein! Es ist doch eine fremde Stadt, dort kann es kein Glück für einen russischen Menschen geben! Es ist doch dasselbe, als würde man unter einem fremden Namen in einer Wohnung leben, aus der man den Besitzer vertrieben hat …«

»Ich habe ihn aber nicht vertrieben«, sage ich leise.

»Einer, der dein Vater hätte sein können, hat ihn vertrieben, es ist egal! Denkst du, so etwas wird vergessen?«

Nein, das denke ich nicht, aber ich verspüre keinen Haß gegen die Deutschen, gegen Deutschland dafür, daß ich der Möglichkeit beraubt wurde, in meine Heimatstadt zurückzukehren. Allerdings betrifft das nur mich – andere sind zurückgekehrt und tun es immer noch. Wohin will ich nun zurückkehren? Zu den Märchen meiner Kindheit?

7. Das Land jenseits des Spiegels

In der Woche, in der wir Angebote für den Wohnungstausch zwischen verschiedenen Städten studieren, wohnen wir bei unseren alten Freunden – fünfzehn Jahre später werden sie nach Israel ausreisen –, ein verwahrlostes Haus, das aber äußerlich an ein kleines Schloß erinnert; ein Kachelofen, der mit Kohlen geheizt wird; eine Schiebewand zwischen zwei Zimmern ... Wie heißt die Straße? Kirowa. Und früher? Wohl Grenadierstraße.

Kopfsteinpflaster, die Backsteingotik eines Hauses – die Militärstaatsanwaltschaft ... Hier war das ostpreußische Ackerbauministerium, dort das Landgericht ... Spitze Türme kratzen am niedrigen Winterhimmel. Eben hat es geschneit, und schon taut es. Ein Scherz: »Wenn Sie das Wetter in Kaliningrad nicht mögen, warten Sie fünfzehn Minuten, es wird schon anders ...« Junge Leute nennen die Stadt »Kenig«. In diesem schönen großen Haus war die Gestapo, jetzt sitzt das KGB drin; dort war ein Gefängnis, jetzt auch. An den Gullydeckeln sieht man lateinische Buchstaben, die Trafohäuschen erinnern an kleine Kapellen. In den engen Reihen der betont europäischen Architektur – eine etwas düstere, solide Bausubstanz unter Ziegeldach – tauchen mehrstöckige sowjetische Wohnkasernen auf, die in unendlichen Vierteln das ganze Land füllen.

Nein, mir war nicht aufgefallen, daß sich hier alle umblicken, aber der Schriftsteller Tichomolow hat recht: Die riesige Stadt existiert gleichsam in zwei Dimensionen, und man kann mit keinerlei Umbenennungen und Anstrengungen das ausradieren, was Jahrhundert um Jahrhundert existiert und eine unsichtbare, aber lebendige Aura hinterlassen hat. Doch warum unsichtbar? Da sieht man an der alten Hausmauer deutsche Lettern und die Jahreszahl: 1868.

Dort wiederum unter dem Dachfirst ist die deutsche Inschrift erhalten geblieben, die über das Jahr der Errichtung des Hauses Auskunft gibt: Anfang des Jahrhunderts ... Ungewohnte Plastiken und Reliefs fallen ins Auge, sie schauen einen von den Fassaden und Hauspforten an. Und obwohl an dem spitz überdachten, in die Höhe strebenden Kirchengebäude »Sporthalle« steht, ist es trotzdem eine deutsche Kirche. Und es scheint, als würde man zwischen den Bühnenbildern eines längst zu Ende gespielten Theaterstücks, genauer gesagt einer Tragödie, wandeln.

Die Adressen aus der Kartei der Wohnungstauschstelle bieten die Möglichkeit, durch verschiedene Wohnungen zu gehen. Es gibt eine Regelmäßigkeit: Ausziehen möchten vor allem jene, die in den ehemaligen deutschen Wohnungen leben. Warum? Niemand sagt etwas Einleuchtendes, man zuckt mit den Schultern und macht dumme Witze. Man gibt hiesige Legenden und Anekdoten zum besten. Alte Leute, die Erstsiedler, erzählen, wie Razzien auf obdachlose deutsche Waisenkinder gemacht wurden, wie deutsche Frauen den Bürgersteig vor ihrem Haus geschrubbt haben, wie die Deutschen 1947 vertrieben wurden ... Ein psychologisches Rätsel: Menschen, die in jener Zeit geboren wurden – in den zurückliegenden dreißig (!) Jahren –, sind erwachsen geworden, sie haben inzwischen ihre eigenen großen Kinder; es gibt keine Ruinen, es gibt auch längst keine angestammten deutschen Einwohner mehr, neue Häuser sind straßenweise gebaut worden, überall herrscht die sowjetische Lebensweise, neue Wirtschaftszweige sind entstanden, es sind sogar neue Legenden erdichtet worden: über die Kosmonauten Leonow und Pazajew, die hier gelebt und studiert haben; über die ersten Expeditionen in die Antarktis, die vom Kaliningrader Hafen ausliefen; über die ersten Fischereifahrten in den Atlantik ... Aber mit unermeßlich größerem Interesse wird über geheimnisvolle unterirdische Räume berichtet, über die Suche nach dem Bernsteinzimmer, über Tanzdielen, die auf Friedhöfen gebaut wurden, über vergrabene Schätze, die gefunden wurden, über Minen, die bis heute hier und da in den Wäldern hochgehen ... Das alles hat aber etwas Faszinierendes, nahezu Mystisches an sich. Wessen Erben sind wir nun in dieser riesigen und sonderbaren Stadt? Derjenigen, die im April 1945 hierher kamen? Man sagt uns: ja! Oder jener Russen, die hier zusammen mit den Deutschen lebten – es waren nicht viele, aber es gab sie – unter den Kurfürsten, unter Bismarck und unter Erich Koch ... Von Erich Koch wird man einem neu Zugereisten übrigens auch unbedingt erzählen: Er sei im benachbarten Polen im Gefängnis zum Tode verurteilt worden, aber noch am Leben, weil er irgendwelche wichtigen Geheimnisse kennt und sicher alles über das Bernsteinzimmer weiß. Und in den Grünanlagen stecken immer noch die »Koch-Töpfe« – Einmannfeuernester aus der Zeit der Erstürmung Königsbergs. Das illegale, maschinegeschriebene Tagebuch des letzten Kommandanten von Königsberg, General Lasch, wird von Hand zu Hand gereicht, es sind seine Erinnerungen an die sowjetische Gefangenschaft. Man sagt, in Westberlin stehe am Bahnhof »Zug Berlin – Königsberg vorübergehend nicht im Fahrplan«. Kommt man überhaupt in das Land jenseits des Spiegels?

Und ich ertappe mich bei dem Gedanken, daß ich zur Sehnsucht nach dieser Stadt verurteilt sein werde, sollte ich hier nicht leben können. Wir geben die Tauschzusage den Besitzern einer Wohnung in einem sowjetischen Haus – einem »Chruschtschow-Slum«, wie solche Häuser genannt werden. Warum sollten wir nicht in einem deutschen Haus leben, wo man es in der Regel wärmer und bequemer hat? Vielleicht aus Angst, die Stimmen der früheren Besitzer zu hören? Kann sein, daß es stimmt.

8. Spuren im Sand

Jeder Mensch durchlebt mehrere Leben, er bekommt es aber meistens nicht mit, wann genau eine neue Wende des Schicksals eintritt. Wahrscheinlich ist es besser so, nur was ist dann unsere Willensfreiheit wert?

… In Kaliningrad bekommen wir neue Pässe, die gerade erst eingeführt wurden – ich, meine Frau und meine Mutter. Vierzehn Jahre später werden es skurrile Pässe eines nicht mehr existierenden Staates sein. Meine Mutter wird es nicht erfahren, sie wird früher sterben und im Sand am sechzehnten Kilometer vor Kaliningrad in Richtung Swetly ihre Ruhe finden.

… An der Küste in Swetlogorsk-Rauschen hebe ich aus dem Gewirr von Algen, die gerade vom Sturm angeschwemmt wurden, einen Honigtropfen auf – ein Körnchen Bernstein.

… Der verantwortliche Sekretär der Kaliningrader Abteilung des Schriftstellerverbandes der Russischen Föderation, dem ich jetzt angehöre, Juri Iwanow, ist ein typischer Kaliningrader, obwohl er wie ich in Leningrad geboren wurde und die Blockade überlebt hat. Zusammen mit seinem Vater, der als Offizier mit seinen Männern Königsberg erstürmt hatte, blieb er gleich nach der Kapitulation hier, studierte, fuhr zur See, wurde Berufsschriftsteller und Autor vieler gern gelesener Bücher. Bei der Suche nach dem verschollenen und zu einer Legende hochstilisierten Bernsteinzimmer ist er einer der am besten vorgebildeten Fahnder und obendrein eine richtige Fundgrube von Geschichten aus der Nachkriegszeit geworden.

Hier eine seiner Geschichten: Im April 1945 wandelt ein sowjetischer Siegersoldat zwischen den Ruinen, eine altägyptische Mumie auf der Schulter, und ist bereit, sie für eine Flasche Wodka wegzugeben ...

Noch eine Geschichte: Mit dem Abriß des Schlosses, das zum »Herzen des Nestes der Aggression und des deutschen Militarismus in Ostpreußen« abgestempelt und von den Siegern zur Vernichtung verurteilt worden war, hatte man schon 1945 begonnen. Es war halb ausgebrannt und durch den Sturm teilweise zerstört, man hat sich noch fast ein Vierteljahrhundert daran zu schaffen gemacht, und man konnte es nicht kaputtkriegen. Dann wandte man sich an die Zigeuner, die durch das Gebiet zogen, und sagte ihnen: Wenn ihr den Rest abreißen könnt, gehört alles, was ihr findet, euch, und das Baumaterial könnt ihr auch haben! ... Und es wurde noch fast zehn Jahre lang abgerissen.

... Die erste Umsiedlerwelle kam aus den Gebieten und Republiken der UdSSR, über die die Feuerwalze des Krieges gerollt war; jene, die aus der Armee entlassen wurden und kein Ziel für eine Rückkehr hatten, mischten sich unter die Neusiedler. Diese Menschen waren hartnäckig und von Hoffnung auf ein neues Leben erfüllt. Die zweite Welle bestand in ihrer Mehrheit aus gescheiterten Kreaturen und Glücksrittern, denen zu Ohren gekommen war, man könne hier verlassene und noch nicht angerührte Bauernhöfe finden, von Wohnungen und möglichen Schätzen ganz zu schweigen ... die dritte und die darauffolgenden waren weniger umfangreich: Sonderanwerbungen von Fachkräften, die bei der Fischereiflotte arbeiten wollten, wo man mehr verdiente.

... Der erste Sekretär des Gebietsparteikomitees der KPdSU, Konowalow, hatte angeordnet, daß die Kurische Nehrung und das Kurische Haff Kursker Sandbank und Kursker Meerbusen genannt werden sollten. »Was für Kurschen? Es ist ein russisches Gebiet mit russischen Namen! ...« Im Gebietsmuseum wurden entsprechende Änderungen vorgenommen, desgleichen in neu verlegten Büchern.

... Mein vierzehnjähriger Sohn schleppte einen vor Erdnässe triefenden schwarzen menschlichen Schädel mit einem Einschußloch zu Hause an. Ich legte ihn auf den Balkon und vergrub ihn dann unweit des Hauses. Nach einiger Zeit brachte der Sohn einen durchgeschlagenen deutschen Stahlhelm und Metallteile eines alten Degens nach Hause. Die Klinge und der Knauf waren stark durch Feuer und Feuchtigkeit beschädigt. Ich habe all das, so gut ich konnte, restauriert.

... Das Kaliningrader Gebiet mit der Samland-Halbinsel ist die einzige echte europäische Enklave, die vorwiegend von Russen besiedelt ist und bis auf weiteres Rußland gehört. Es gibt noch Wyborg, aber das ist schon Karelien. Wir versuchen seit vierzig Jahren, Ostpreußen zu »verdauen«, und dieses Ostpreußen »verdaut« unmerklich uns, indem es ein Teil unser selbst wird. In der Luisenkirche spielt ein Puppentheater, aber die Kirche ist ja erhalten, in einem hervorragenden Zustand; desgleichen die Konzerthalle, sehr viele Bauten in Kaliningrad, in Sowjetsk-Tilsit, in Tschernjachowsk-Insterburg, Nesterow-Ebenrode ... Sammler tragen wunderbare Raritäten aus der Vergangenheit zusammen, Liebhaber suchen und tauschen deutsche Möbel, Geschirr und Musikinstrumente. Wenn ein Saugbagger den Boden des Pregels und des Kanals reinigt, tummeln sich Raritätensammler um die Schlammhalden – und sie finden etwas!

... Über vierzig Jahre hatte die Figur des mittelalterlichen dichtenden Ritters Walther von der Vogelweide in der Erde gelegen – jetzt steht sie nicht weit vom Kant-Grab entfernt, an der majestätischen Domruine. Aber fast gleichzeitig wird ein altes Haus abgerissen, wo Käthe Kollwitz geboren wurde und lebte – es stand dem Bau des Palastes der Räte im Weg, an dem schon seit achtzehn Jahren gebaut wird.

... Hinter der Linie der alten Befestigungen des Litauenwalls sah ich ein Grab, das schon lange aufgebuddelt war, etwas abseits lag ein Grabstein mit dem Davidstern ... An den Hausmauern sieht man manchmal frisch drangemalte Hakenkreuze und SS-Runen ... Soll man sich umschauen? Oder lieber nicht? Vielleicht erblickt man etwas, was der Seele für lange Zeit die Ruhe nimmt! Aber woher sollte heute die Seelenruhe auch kommen?

Hier ist wohl am besten zu sehen, wie mit uns das passiert, was einmal mit den Mongolen geschehen ist, die Rußland besiegt und in russischen Städten und Dörfern ihre Garnisonen mit den Baskaken stationiert hatten. Die slawische Zivilisation war damals der tataromongolischen überlegen, sie besaß eine Reihe von attraktiven Seiten, und ... es dauerte dreihundert Jahre, bis die Herrschaft zersetzt wurde, zurückwich und fiel. Die Sowjetunion, vor allem aber Rußland, einschließlich Klein- und Weißrußlands, verteidigte sich gegen den deutschen Angreifer, aber Krieg geführt wurde gegen Europa, gegen den europäischen Geist und Buchstaben. Wir haben gesiegt und dann angefangen, uns selbst zu zersetzen und zurückzuweichen. Auf dem Boden, der Kaliningrad getauft wurde, ist dies um so augenfälliger, weil uns dort nicht Menschen entgegentreten, sondern Dinge, Erinnerung und Geist ...

Man erzählt, daß Deutschstämmige vom Altai, aus Kasachstan und aus anderen Regionen in unser Gebiet übersiedeln ...

In Moskau fragte man mich in einem Verlag allen Ernstes: »Wie sind dort bei Ihnen die Beziehungen mit den Deutschen?« Mit welchen? Mit den Königsbergern natürlich! Es ist doch Königsberg! Was, schon 1947 ausgesiedelt? Schau einer an! Das ist ja ein Ding! ...

9. Ein Denkzettel

Zusammen mit dem Chefregisseur des Kaliningrader Dramentheaters, Juri Tschernyschow, schreibe ich die Komödie »Sonderobjekt Z«, die auf historischen Tatsachen aus der Zeit des Königsberg-Sturms aufgebaut ist, als es gelang, den hiesigen einmaligen Zoo zu retten, der sich auch heute noch auf dieselben wissenschaftlichen Grundsätze und Methoden stützt wie einst. Es ist ein Heldenstück, ideologisch natürlich in Ordnung, aber mit dem Versuch, wenigstens etwas wirklich Wahrheitsgetreues zu sagen. Unter anderem will ein

siegreicher Soldat eine junge Deutsche vergewaltigen. Die Flugblätter hatten ja dazu aufgerufen, den Rassendünkel der blonden Bestien zu brechen!

Schon die Premiere des Stücks löst die Wut eines der rabiatesten
Regimeanhänger aus, Anatoli Darjalow, Leiter der Kulturredaktion
der »Kaliningradskaja Prawda«: Unsere Soldaten haben keine deutschen Frauen vergewaltigt! Es ist eine Verleumdung der Roten Armee!
Was? Gulag? Zwölf Millionen? Das kann nicht sein. Es ist eine Lüge!

Eine Gruppe von Veteranen, die am Sturm auf Königsberg teilge-
nommen hatten, wurde gebildet, man führte sie ins Theater, wonach
sie einen Brief an das Gebietsparteikomitee unterschrieben. Das
Stück wurde nach der siebten Vorstellung verboten. Bald ließ sich
auch der Regisseur in ein anderes Gebiet versetzen.

Mir fiel das alles in der Gemeinschaftsküche unserer provisori-
schen Wohnung ein, in die ich mit meiner Frau nach einem Wohnungstausch gezogen war, um der Familie meines Sohnes ein eigenes Zuhause zu bieten. Der betrunkene Nachbar, Onkel Lonja, ein
pensionierter Anstreicher, verschmierte den Rotz mit dem Hand-
rücken über das Kinn und erzählte, wie sie, eine Horde halbwüchsiger Kinder, im Nachkriegs-Königsberg einen genauso halbwüch-
sigen Deutschen erschlagen hatten. Wegen nichts, einfach so, nur
weil er ein Deutscher war.

»Wir haben ihn geschlagen, und dann hat sich herausgestellt, daß
er tot war … Die anderen haben sich herausgeredet, und ich habe
zehn Jahre gekriegt. War im Norden. Erst haben sie die Bewachung
abgeschafft, und dann habe ich selbst bei den Wachtruppen gedient
… Egal! Ich hab überlebt!«

Dabei ist in Onkel Lonjas Familie niemand im Krieg gegen
Deutschland gefallen, niemand ist zu Schaden gekommen, sie lebten alle im Gebiet von Gorki, wo keine einzige Bombe gefallen war.

Es ist auch kein Wunder, daß Heinz Godau, der im April 1945 in
Königsberg verwaist war, alles tat, um diese Gegend zu verlassen,
er ging über Tilsit und die Memel nach Litauen, verlebte dort fast
sein ganzes Leben und fing erst 1991 an, Verwandte in Deutschland
zu suchen. Und er fand sie! Das Schicksal dieses Mannes habe ich
in der Zeitung »Königsberg-Kurier« erzählt …

10. Eintrittskarte für das eigene Begräbnis

In einer kleinen Straße neben dem Hotel »Moskwa«, dessen Ziegelmauern man überpinselt hat, auf denen man aber trotzdem die vorstehenden Stadtwappen von Königsberg und Danzig erkennen konnte, sah ich eine in deutsch und russisch beschriftete Gedenktafel und etwas angewelkte Blumen. Die Gedenktafel war zum Andenken an Agnes Miegel angebracht, von der Gesellschaft der Verehrer dieser Dichterin in Deutschland bezahlt und von den Freunden der Dichtkunst und den Gebietsbehörden Kaliningrads gutgeheißen worden. Großer Gott! Wie konnte ich das bloß vergessen? Diese Gedenktafel war ja auch schon einmal gestohlen worden, aber zum Glück nicht aus politischen Motiven, sondern des wertvollen Buntmetalls wegen ... In Deutschland werden die politischen Verirrungen der talentierten Dichterin nicht verschwiegen, aber sie wird auch nicht gebrandmarkt – was einmal war, ist gewesen, mit der Vergangenheit ist Schluß, und die Dichtung bleibt! Wir gestrigen Kommunisten und heutigen Demokraten aber ähneln Menschen, die brusttief im Morast stecken: Es ist gefährlich, aber bis auf weiteres schön weich ... Wozu also die unnötigen Scherereien und Erklärungen? Sind denn unsere eigenen Dichter in ihrer Mehrheit ohne Sünde?

Kaliningrad lebt ein neues Leben, an das man noch vor drei Jahren unmöglich hätte glauben können – und ist es denn in vollem Maße noch Kaliningrad? Ist es nicht doch schon wieder Königsberg? Noch ragt vor dem Hauptbahnhof das Denkmal für Michail Kalinin hoch, aber der Zug Königsberg–Berlin fährt schon, und in der Nähe bietet ein Laden der Gesellschaft »Eintracht« bunte Wappen ostpreußischer Städte feil. Nicht weit davon rangieren riesige Autolastzüge mit Kennzeichen und Namen deutscher Städte und Länder. Die Auslagen der Geschäfte sind von deutschen Waren und Lebensmitteln brechend voll, am Zeitungsstand kauft man »Express« in deutscher Sprache mit einem Appell an deutsche Unternehmer.

Der Dom wird wiederaufgebaut, über der Kapitänsbrücke eines Schwimmhotels am Pregel prangt in lateinischen Buchstaben der Name »Hansa«, vor dem Hotel Kaliningrad drängen sich Autos mit deutschen Kennzeichen, man hört deutsche Gesprächsfetzen, nach denen sich russische Prostituierte mit lächelnder Bereitschaft umwenden.

Ging ich nun eben über den Friedensprospekt – oder die Kaiserallee? Ich wartete, bis ein Volkswagen-Kleinbus der Neu-apostolischen Kirche vorbeigefahren war und nach ihm ein russisches Kippfahrzeug, in dessen Fahrerhaus ein mit dem Wappen Königsbergs geschmückter Souvenirwimpel befestigt war. Wir hatten es schon lange satt, Kaliningrader zu sein, wir wollten Königsberger werden ... Auch Peter I., dem hier einst das Bernsteinzimmer geschenkt wurde, lernte Deutschland, das Ausland, eben in Pillau, in Königsberg kennen. Was hatte eigentlich Stalin im Sinn, als er den begabten und ruchlosen Alexej Tolstoi einen Roman über Peter den Großen und seine Liebe zu Deutschland schreiben ließ?

Mir war, als hätte ein lächelnder Mann in einem blauen Wams, in weißen Strümpfen und mit einer weiß gepuderten Perücke hinter der Litfaßsäule hervorgeschaut und sich sogleich wieder versteckt. Es ging so schnell, daß ich nicht ausmachen konnte, wer es war, der Sandmann, Coppelius oder der Märchenerzähler Ernst Theodor Amadeus Hoffmann selbst.

(Aus dem Russischen von Alexej Dubatow)

SORIN, VALENTIN NIKOLAJEWITSCH, wurde 1930 in Leningrad geboren und überlebte dort die Blockade. Sein Vater kam in ein Gulag-Lager und kehrte von dort nicht zurück. Nach Abschluß einer Schiffsjungenschule im Jahre 1947 fuhr er fünf Jahre lang zur See, dann diente er bei der sowjetischen Luftwaffe. In Sotschi arbeitete er anschließend in einem Kraftwerk, beim städtischen Rundfunk und dann bei der Stadt- und Gebietszeitung »Tschernomorskaja Sdrawniza« (Gesundheitsschmiede am Schwarzen Meer).

Eine große Karriere blieb ihm versagt, weil er kein Parteimitglied war. Seine ersten Werke erschienen 1952. Aus seiner Feder stammen siebzehn Prosabände sowie zahlreiche Erzählungen und Geschichten, die in Sammelbänden, in zentralen und lokalen Zeitungen und Zeitschriften veröffentlicht wurden. Sie wurden auch in die Sprachen anderer Völker der UdSSR übersetzt. Seit 1976 war Sorin Mitglied des sowjetischen Schriftstellerverbandes. Heute gehört er dem demokratischen russischen Schriftstellerverband an. Seine »Zehn Träume von Königsberg« verbinden Erinnerung und Gegenwart auf der Suche nach der eigenen Identität.

Nur die Störche sind geblieben

Ich war aus dem ersten Krieg als leidenschaftlicher Kriegsgegner zurückgekommen. Wenn die Ketten der neuen Militärflugzeuge über meinem Kopf rauschten, fragte ich mich nach der Echtheit von Hitlers Friedensworten. Heute wissen wir, daß sie bewußte Irreführung des deutschen Volkes waren, das in der Mehrzahl genauso dachte wie ich. Wir wissen es aus seinen eigenen Äußerungen während des Krieges.

Damals hörten wir durch Goebbels' Volksrundfunk Worte wie: »Es wird keinen neuen Krieg geben, denn wir Frontsoldaten kennen den Krieg. Wenn erst in allen Ländern Frontsoldaten mit Machtvollkommenheit miteinander verhandeln, wird es leicht sein, zu einer Einigung zu kommen, viel leichter als mit Regierungen, die von Parlamenten abhängig sind, in denen sophistische Wortverdreher entscheiden.«

Oder preußisch genormt: »Die soldatische Lebenshaltung ist die einzig würdige. Ihr Ziel ist Pflichterfüllung, nicht das Geld.«

Oder noch einfacher und alle Fragen in einem einzigen Satz beantwortend: »Das Leben ist Kampf, in dem der Stärkere siegt. Wer also leben will, der kämpfe.«

Hier muß ich haltmachen, denn dies ist wichtig für alle jungen Menschen, denen ich die Irreführung eines nach dem Guten Suchenden erklären möchte. Ich möchte ihnen zurufen: »Laßt euch niemals von Worten betäuben! Geht jedem Zweifel, den ihr in einer entlegenen Herzkammer fühlt, rücksichtslos nach. Worte sind gefährlich. Schlagworte können für Millionen ebenso gefährlich werden, wie sie ein einzelnes Leben zerstören oder unfruchtbar machen können.«

Bezüglich des Antisemitismus bot Hitler allerdings keine Hilfsphrasen an, im Gegenteil, hier blieb er eindeutig. Man mußte schon versuchen, sich selbst zu helfen.

Ich muß bekennen, daß es mir nie gelungen ist, meine Zweifel in dieser Frage zu beseitigen. Ich konnte sie höchstens mit Überlegungen zu unterdrücken versuchen, da die großen Finanzskandale und die uns ungewohnten wirtschaftlichen Betrügereien in Berlin immer wieder jüdische Namen hochspülten. Das war aber kein Grund, meine eigenen, soweit ich wußte, integren jüdischen Freunde zu verraten. Es blieb nur eine Überlegung: Dieser Verrat war der Preis, den ich für das Gute der neuen Ordnung auf mein Gewissen zu nehmen hatte. Andere hatten teuer dafür bezahlt: mit dem Verlust ihrer Stellung, mit Armut, ja mit ihrem Blut bei Straßenkämpfen.

Natürlich war solche Beweisführung nicht statthaft, vor allem nicht gegen echte, die eigene menschliche Integrität bedrohende Zweifel. Hier hätte ich mich besser auf Kant, »auf das moralische Gesetz in mir« besinnen sollen.

Und die Spannung wuchs: allgemeine Wehrpflicht, die Besetzung des Rheinlandes, die Division Condor, der Probekrieg in Spanien.

Damals bildeten sich in meinem Kopf – oder soll ich besser sagen in meinem Herzen – die Zeilen an meinen neugeborenen Sohn:

»Die Zeit der Fahnen und Gesänge ist vorbei,
schwarz ist die Nacht, der Morgen sendet Blitze.
Mein armes Kind, dein heitrer Vogelschrei
erstickt im Donner der Geschütze.«

Es folgte der Kampf um die Sudetendeutschen, an seinem Ende das heißersehnte Münchener Abkommen. Als es durch den Rundfunk bekanntgegeben wurde, fielen meine Frau und ich erleichtert auf ein Sofa zurück und zerbrachen seinen Holzrahmen.

Hier wäre es an der Zeit gewesen, den Zweifeln nachzugehen, deren Berechtigung kaum mehr zu übersehen war. Aber der Erfolg von Hitlers »kühner« Politik und der Wunsch, daß es so sei, wie man uns vorgaukelte, überwogen.

So kam es, daß ich in kreativem Größenwahn – denn mittlerweile war meine Arbeit einigermaßen bekannt geworden – mich mit dem Satz aufrechterhielt: Lieber mit einem Genie in die Hölle fahren, als in der Mittelmäßigkeit des Geldverdienens zu ersticken.

Erst der Einmarsch in Prag zerstörte meinen Traum, wenn auch noch nicht endgültig. Die Geschichte hat bestätigt, daß mit diesem Wortbruch die Zeit des Appeasement zu Ende gegangen war. Aber jetzt gab es kein Zurück mehr. Ich hatte inzwischen im Zeichen der allgemeinen Wehrpflicht ein paar Übungen gemacht und war Reserveoffizier geworden. Wenn es also zu einem Krieg kommen sollte, mußte ich meine Pflicht erfüllen. Diese Pflicht saß noch tiefer in mir als alle Zweifel, oder wenn man so will, als das »moralische Gesetz in mir«.

Eins allerdings nahm ich mir fest vor: In einem kommenden Krieg sollte kein Mensch von meinen Händen getötet werden. Wenn möglich, wollte ich mich vor der aktiven Teilnahme drücken.

Warum erzähle ich diese für mich wenig schmeichelhaften Vorgänge und Vorsätze? Weil ich zeigen möchte, welche Möglichkeiten der Verstand bereithält, um das Gewissen zu betäuben, um jene nur zu berechtigten Zweifel der inneren Ehrlichkeit zu übertölpeln.

Mein Vorsatz gelang mir dank einiger Verbindungen über Erwarten gut. Außer einem kurzen Ausflug vor das belagerte Warschau verbrachte ich die nächsten Jahre bei der Führerreserve und zuletzt beim OKW in einer sinnlosen Stellung als Kritiker der Frontmanuskripte und als Truppenbetreuer.

Aber mein Glaube war mit der Kriegserklärung an Polen endgültig zerbrochen. Hier gab es keine Möglichkeiten mehr, mir vorzulügen, daß wir zu diesem Krieg gezwungen, daß er unausweichliches Schicksal sei. Trotzdem, auch jetzt war ich nicht einmal in Gedanken konsequent. Die ersten spektakulären Erfolge ließen auch in mir die Hoffnung auf einen guten Ausgang wieder keimen, ja der Gedanke an ein geeintes Europa schien mir in greifbare Nähe zu rücken. Erst der Einmarsch nach Rußland und gleich darauf die Kriegserklärung an Amerika weckten mich endgültig zu klarem Bewußtsein. Trotzdem schien es mir unmöglich zu sein, während des Krieges der eigenen Führung und damit der kämpfenden Truppe in den Rücken zu fallen. Ich versuchte lediglich, meine eigene Familie zu retten, d. h. möglichst in ihrer Nähe zu bleiben. Es gelang mir tatsächlich, in Deutsch-Elyau stationiert zu werden.

So konnte ich veranlassen, meine ältesten Kinder rechtzeitig nach Mecklenburg zu evakuieren und meine Frau und meinen älte-

sten Sohn von damals zehn Jahren in jener eisigen Januarnacht abzuholen und mit in unserem Dienst stehenden LKW vor der Roten
Armee in Sicherheit zu bringen.

Aber niemals in meinem Leben bin ich mir verachtungswürdiger
vorgekommen als in jener Nacht, in der ich, anstatt meine Heimat
zu verteidigen, die fliehenden Zivilisten im Dienstwagen überholte
und mit Frau und Kind das Weite suchte.

Hier muß ich noch einschieben, daß ich seltsamerweise und ohne rechte Beziehung zu unserer Zukunft im ersten Kriegsjahr noch
einen Roman »Dämmerung« geschrieben habe – über einen Mann,
der aus der Bahn geworfen wurde, weil sein väterliches Gut verkauft werden mußte und er seine Heimat verlor. Eine Vorahnung?
Nein, ich hatte diesen Mann vor Warschau getroffen, und das Buch
gab mir Gelegenheit, einen Teil meiner Kritik loszuwerden, soweit
das damals möglich war. Konsequenterweise ließ ich meinen Helden in den ersten Tagen des Krieges fallen – vom Krieg ausgelöscht
werden, ein Schicksal, das ich selbst hätte erleiden sollen und das
mich mit meinen Zweifeln wieder ehrlich gemacht hätte.

Anstatt dessen lebte ich und erlebte mit meiner Frau und meinen
Kindern, von denen das Jüngste erst im April 1945 geboren wurde,
das übliche Schicksal der Heimatvertriebenen, bei dem sich alles
darum drehte, die Kinder ohne Schaden durch die Hungerzeit hin-
durchzubringen. Es gelang uns zu retten, was ich selbst von meinem
Leben als erhaltenswert ansehe: die Zeugen einer großen Liebe, die
unter dem Vorsatz stand, das Gute ohne Vorbehalt zu wollen, das,
was Kant unter dem vielzitierten »kategorischen Imperativ« verstand.

In dieser Zeit, betäubt von der ungewohnten körperlichen Arbeit
und mehr noch durch das allmähliche Begreifen der zunächst ungläubig aufgenommenen Nachrichten von den Verbrechen, die hinter uns auf dem Rücken unseres Strebens nach dem Guten geschehen waren, entrang sich mir zunächst nur das Gedicht »Gebet der
Heimatlosen«. Es war mir unmöglich, zu begreifen, daß nach dem
nicht mehr zu leugnenden Zusammenbruch meiner ideellen Vorstellungen nun auch ihre Basis, die Heimat, für immer verloren sein
sollte.

Dann suchte ich mich in die Erinnerung an eine »heile« Zeit zu retten und schrieb den »Schwanengesang«, der mit dem Ende des Ersten Weltkrieges zu Ende geht. Mein in diesem Buch gegebenes Versprechen, die Handlung bis zur Gegenwart weiterzuführen, habe ich trotz vieler ernsthafter Ansätze nicht halten können.

Wenn ich heute über die Gründe meines Schweigens nachdenke, so ist mir klar, daß ich die Aufgabe schon in meinen vorangegangenen Büchern vorweggenommen habe, wenn auch mit anderen Personen. »Fünfkirchen« führt den »Schwanengesang« bis zum Ende des Ersten Weltkrieges fort. »Die Mutter« behandelt die Inflationszeit und »Die Dämmerung« läuft anschließend bis zum Ausbruch des Zweiten Weltkrieges.

Was danach geschah, war mir zunächst unfaßbar. Man konnte es nicht begreifen, die Heimat verloren zu haben, jene Kraftquelle, die mich an dem ersten Tiefpunkt meines Lebens mit neuem Mut versorgt hatte.

So warf ich nach Gründung der Landsmannschaft Westpreußen meine Anstrengungen in die Arbeit für die Erhaltung des Rückkehrwillens in ebenjene Heimat. Im Kreis Gleichgesinnter erlebte ich trotz aller äußeren widrigen Umstände eine frohe Schaffenszeit als Redakteur des »Westpreußen«. Einer großen Sache vorbehaltlos dienen zu können, erschien mir wie eine Befreiung, je klarer und unleugbarer es wurde, daß Menschen wie ich bisher gerade mit ihrem besten Wollen Verbrecher glaubwürdig und damit Massenmorde möglich gemacht hatten.

Erst Jahre später, als meine Frau die immer mehr ins politische Fahrwasser mündende Arbeit für die Heimatvertriebenen übernommen hatte, gingen mir in vielen Gesprächen im Ausland die Augen darüber auf, daß die Umsiedlung eines ganzen Volksstammes, die erste nach der Völkerwanderung – eine bereits in Jalta endgültig beschlossene Sache war. Ich hatte die tröstliche Formulierung »bis zum endgültigen Friedensschluß« wie wohl die meisten Heimatvertriebenen ernst genommen.

Heute ist das alles Geschichte geworden, und es ist wohl richtig, daß durch den Abschluß der Ostverträge jener Schleier endgültig zerrissen wurde, hinter dem sich die nackte Wahrheit verbarg. Eine

Hoffnung auf die Rückkehr in die Heimat ohne Krieg gibt es nicht. Sie ist damit praktisch illusorisch und auch unmoralisch geworden, weil sie nicht, ich zitiere Kant, »die Glückseligkeit der anderen der Glückseligkeit würdigen Menschen verwirklicht« – von den unabsehbaren Folgen eines modernen Krieges ganz abgesehen.

Aber was ist uns geblieben? Was sollen wir im Hinblick auf das nun ausgehende zwanzigste Jahrhundert der großen Irrtümer, Hoffnungen, Hoffnungslosigkeit unserer Jugend als Auftrag für ein sinnvoll durchzuführendes Leben mitgeben?

Es bleibt die jederzeit offene Rückkehr in das geistige Erbe unserer Heimat bestehen, das heute vielleicht wichtiger ist als je zuvor. Dies Erbe ist unangreifbar, wir können nicht daraus vertrieben werden, wir können es höchstens verraten.

FINCKENSTEIN, OTTFRIED GRAF, wurde 1901 auf Schloß Schönberg bei Marienwerder geboren. Er entstammte einer alten ostpreußischen Diplomaten- und Offiziersfamilie und kann als klassischer Vertreter einer adligen Großgrundbesitzerfamilie, wie die der Lehndorffs und Dönhoffs, angesehen werden, denen allen das gleiche Schicksal von Verlust und Vertreibung widerfuhr. Von Beruf Volkswirt, fand er sich nach dem Krieg in Schleswig-Holstein wieder, emigrierte dann aber nach Kanada, wo er 1987 in Ottawa starb.

Seine Erinnerungen nennt er wehmütig »Nur die Störche sind geblieben«. So schwer es ihm auch fällt, den Verlust von Heimat und Hab und Gut hinzunehmen, gibt er in dem hier gedruckten Auszug tiefe Einsichten in die Folgen des Krieges, mit denen man sich abzufinden hätte.

Chronik aus Masuren

V.

Stille. Ein frostiger Tag, weiß von Schnee, mit der Helligkeit der strahlenden Wolken sich sättigend. Selbst wenn man wollte, nichts ist aus dem Dunkel der Geschichte zu erklären. Über dem, was gestorben ist, sind weiße Schneebettücher gebreitet. Es blieb nur das Heulen des Windes übrig, der an die Fenster pocht. In diesem Wind war jedoch alles enthalten, was dahinschwand und was sogar jetzt noch, als er seine knöchernen Hände auf die Papierblätter legte, Herzensunruhe bei ihm hervorrief. Auf dem Manuskript stand der Titel »Tor nach Masuren«. Dieses Tor war in den Ausführungen des Professors selbstverständlich Soldau im Februar 1945. Er besaß damals Dokumente auf den Namen Bohdan Korolewicz und befand sich auf einer Dienstreise aus Lublin wegen der Organisierung der Arbeitsgenossenschaft. Das lag noch alles vor ihm. Vorerst drängten sie sich in der Wohnung bei Adolf Szymanski: Fryderyk Burski, Karol Małłek, Jan Szczech. Sie schrieben einen Bericht darüber, was sie bereits wußten. Szczech, Absolvent der evangelischen Theologie an der Universität Warschau, hatte die am meisten ausgereifte Handschrift.

Über längere Zeit konnte er den Gedanken nicht loswerden, daß es von jener Gruppe, die so eng mit den Masuren verbunden war, außer Professor Wilamowski, niemanden mehr gab. Er wußte weiterhin nicht, was er damit beweisen wollte. Eigenartig, aber irgendwie störte ihn die soeben gehörte Radiosendung, und seine Gedanken machten sich selbständig, machten sich aus dem Staube vor den Worten. Er dachte, daß es etwas Wichtigeres gibt als den letzten Masuren, und zwar – die letzte Erinnerung an die Masuren. Er war erstaunt darüber, aber eigentlich suchte er gleichsam eine Entschuldigung für seine Initiative, die im Herbst 1980 zu der Versammlung geführt hatte mit Beteiligung von Professor Bohdan, dem Priester Jerzy, dem jungen Marek aus der verdienten masuri-

schen Familie und anderen, mit dem Ziel, den Masurischen Kultur-
verein zu gründen. Obwohl verschiedentlich Groll gehegt wurde
und man sich gegenseitig verdächtigte, verband sie doch das Bewußtsein des dahinscheidenden Erbes, die unaufhaltsam sterbende
Erinnerung daran, daß hier irgendwann Masuren lebten. Die Historiker verstummten. Die Wirklichkeit verwischte eilig die Spuren.
Was sollte man mit diesen einzelnen Menschen tun, die aus den
Gräsern des Vergessens auftauchten? Sie lebten bereits so, wie sie
starben. Sie nicht wahrnehmen? Einsehen, daß sie nicht existieren?
Wahrscheinlich ja. Jeder hat das Vaterland, das er in seiner sterbenden Erinnerung zu schleppen vermag. Nach langer Verzögerung
wurde die Registrierung des Vereins abgelehnt. Die beim Innenmi-
nisterium eingereichte Berufung wurde bereits während des Kriegs-
zustandes beantwortet – Aufrechterhaltung der vorherigen Entscheidung.

Er seufzte im Geiste: »In was hast du dich da eingemischt, du
vierjähriger Junge? Wohin bist du gekommen? Vor den Masuren
wohnte in diesem Lande ein Volk, das diese Erde auch schon frucht-
bar gemacht hatte. Das ist lange her. Geblieben ist von ihnen das in
unverständlicher Sprache aufgeschriebene Gebet ›Vater unser‹. Geh
hin zu deinen verstaubten Büchern. Entziffere es.« Die Idee war tatsächlich ungewöhnlich. Aber er hatte diese Worte im Katechismus
gefunden, veröffentlicht vor vierhundertvierzig Jahren.

»Thawe nuson, kas thu asse andangon. Swintints wirst Twais emmens, Pergeis Twais laeims. Twais quaits audasseisin na semmey
kay andangon. Nuson deininan geittin dais numons schindeinan.
Bha atwerpeis noumans nuson auschatins kay mas atwerpimay nuson auschatnikamans. Bha ny wedais mans en perbandan. Sclait is
rankeis mans assa wargan. Amen.«

Verklungen ist das Gebet des Herrn. Verklungen ist die Sprache
des Volkes, das man aus dem Buch Genesis gestrichen hat. Unerklärlich, warum es ihm in den Sinn kam, daß es zum Maß des Menschen und seiner Hoffnungen gehört, sich darüber zu beugen, was
er nicht versteht, was er aber mit sich nimmt, um es weiterzugeben.

Möglich, daß er es deshalb tat, um die prahlerische Sicherheit zu
zerstören, daß nur das wichtig ist, was der Tag mit sich bringt, und

diese unaufhörliche Jagd nach dem Wind, die es nicht erlaubt, wahrzunehmen, daß hier Kühle aufzieht und daß der Mensch sich einsam erfährt in der Menge der Verstorbenen und Lebenden. Wer ist er denn, wenn sich rundum nur Schweigen ausbreitet und das Heulen des Windes? Jemand, der kommt, und jemand, der geht? Jemand, der trotz Hoffnung umkehren muß mit Zweifel in der Seele, denn das Tor, dem er sich näherte, hat man vor ihm gerade verschlossen?

XI.

Die Stadt vergrößerte sich und wollte ihre Verstorbenen nicht mehr aufnehmen. Anfangs verwunderte ihn diese Beobachtung. Aber nachdem er sie gemacht und der Chronist sie notiert hatte – sollte er ihr da ausweichen? Selbstverständlich betraf dies nicht die Allee der Verdienten. Von jeder Regel gibt es doch Ausnahmen. Denn Menschen sterben nicht wegen ihrer Verdienste, sondern deshalb, weil sie lebten. Unterdessen schloß der Kommunalfriedhof in Allenstein vor den Verstorbenen seine Tore.

An diesem Tage erfuhr er zufällig, daß die Schwester einer bekannten bildenden Künstlerin gestorben war. Als er morgens beim Durchsehen der Zeitung diese Todesanzeige sah, war er durchaus nicht sicher, um wen es dabei ging. Er dachte sogar, daß es eine andere Person mit gleichem Vor- und Zunamen sei. Er wurde durch die Information irregeführt, daß als Beisetzungsort der Kommunalfriedhof in Diwitten bestimmt worden war. Diwitten ist doch, wie er wußte, der Mittelpunkt einer Gemeinde, die die einheimischen Familien in den letzten zehn Jahren geräumt haben, ebenso wie viele andere traditionelle Wohnorte der Ermländer. Wie sollte man also nicht annehmen, daß es sich um einen Irrtum handelte?

Möglich jedoch, daß sich sein Verstand allein, sozusagen ohne sein Zutun, gegen diese Sicherheit wehrte. Die Illusionen verwehten gleichwohl kurz darauf während eines Spazierganges, als er in der Stadtmitte einem befreundeten Maler begegnete. Die Verstorbene war seit einem Jahr Pauls Schwägerin. Das Künstlerehepaar pflegte selten Kontakte zu anderen Leuten. Ähnlich wie er und Swieta hatten auch sie wenig Bekannte. Also gebot ihm dieser Tod, dessen

Schatten er schon früher bemerkt hatte, sich jetzt daran zu erinnern, daß sie in dem Häuschen am Langsee, wohin sie sich manchmal zu einem Besuch aufmachten, um eine freundliche menschliche Stimme zu hören, über längere Zeit auch diejenige trafen, die seit früher Jugend, also seit über einem Vierteljahrhundert, sich ständig dessen bewußt war, was ihr das grausame Schicksal bestimmt hatte und wohin es sie führen würde. Trotzdem war sie heiter. In den letzten Monaten, solange sie noch gehen konnte, erfreute sie sich sogar an kleinen Beschäftigungen und dem Garten und dem Anblick jedes Tages, als wenn er ein unverhofftes Geschenk wäre.

Er überlegte nicht lange, ob er mit Swieta zu dieser Beerdigung hingehen sollte. Das erschien in diesem Falle selbstverständlich. Wenn ihn irgend etwas erstaunte, dann der ihn beunruhigende Gedanke, daß sie die Verstorbene hier auf die sandige dörfliche Anhöhe begleiten würden. Und als er darüber nachdachte, erinnerte er sich plötzlich daran, daß er seit dem Tode der Großmutter Auguste niemanden mehr auf dem Dorffriedhof verabschiedet hatte. Fast nicht zu glauben, aber seit diesem Ereignis waren nahezu dreißig Jahre vergangen. Daran hingegen, was damals ganz eindeutig war, schlossen sich jetzt andere Einzelheiten an. Schlagartig wurde ihm nämlich bewußt, daß an jenem Tage, als er vom frisch aufgeschütteten Grab in Langstein fortging und der weich fallende Schnee alle Spuren verwischte, die Allensteiner Delegation der Masuren und Ermländer gerade auf dem Weg nach Warschau war, mit der ausgearbeiteten Denkschrift und mit der Hoffnung, daß die Regierung in der Hauptstadt das Volk von Ermland und Masuren vor der Zerstreuung, vor der Tragödie, bewahren würde.

Es war kein triumphaler Aufbruch der Delegation. Deshalb war es nicht verwunderlich, daß weder er noch das Häuflein der Erwachsenen aus den Nachbardörfern etwas darüber wußten. Worüber konnte er sich denn damals den Kopf zerbrechen? Höchstens darüber, daß einer der letzten Fäden, die ihn mit der heimatlichen Landschaft, mit der Vorstellung über das Haus, mit dem lebendigen Atem der Kindheit verbanden, zerrissen wurde. Nach der Beerdigung kehrte er ins Gymnasium zurück, das sich außerhalb des Gebietes von Masuren befand. Für seine Altersgenossen, an die er übrigens gerne zurückdachte, war er nie einer aus Berghof oder aus Gilgenau, sondern einfach – der aus dem Kinderheim. Das sah so aus, als ob er von nirgendwoher stammte und kein wirkliches Zuhause hatte. Die fehlenden Fragen dazu nahm er sogar als Bestätigung dessen auf, daß sie meinten, er sei im Waisenhaus geboren – und das auch gleich so ruppig, mißtrauisch und wortkarg. Deshalb wollte er im Laufe der Tage und Jahre nicht hinter sich zurückblicken. Die Erinnerung an die Vergangenheit verursachte ihm häufig Schmerz und erfüllte ihn mit Angst. Und später, als er während seiner Studienzeit Swieta begegnete, wem sollte er da von seinem Glück erzählen? Den trügerischen Schatten der Kindheit, schon halb verwischt in der Erinnerung? Beide waren sie wie zwei Außenseiter, eben durch ihr Anderssein fasziniert, und sie dachten an ein gemeinsames Leben in Masuren.

Was formte ihr Leben? Vor allem der jugendliche Eroberungsdrang, der Glaube an die eigenen Kräfte, der naive Enthusiasmus, der die größten Hindernisse mißachtet. Er konnte das jetzt beurteilen, als er die romantischen Träume den Fakten gegenüberstellte. Von Anfang an legte sich jedoch die Konfrontation mit der masurischen Wirklichkeit wie ein Schatten auf das helle Bild ihrer Vorstellung von der Zukunft. Möglich, daß Swieta dies vergessen hat. Denn in keinem Gespräch kam sie auf ihre erste Reise in seine Heimatgegend zurück. Er schien dies ebenfalls vergessen zu haben. In den letzten Jahren jedoch, als er sich mit der Bearbeitung der masurischen Geschichte beschäftigte, belebten die freigelegten Spuren auch seine eigenen Erinnerungen. Am Ende der Studienzeit, noch vor der Hochzeit, fuhren beide also nach Gruenflies, um in der Gemeindeverwaltung die Abschrift seiner Geburtsurkunde zu holen. Danach, als sie in Neidenburg auf den Zug für die Rückfahrt warteten, gingen sie um das sich über der Stadt erhebende Schloß herum und klopften im Gerichtsgebäude an. Dort fragte er in naivem Glauben, ob er und sein jüngerer Bruder noch irgendwelche Rechte auf das Haus hätten, das ihren Eltern gehört hatte, oder auf eine Entschädigung für Haus und Grundstück. Die Männer im Gericht hörten zu, dann lachten sie und schauten ihn verwundert an, sie begriffen nicht, was er wollte. Wenn er wenigstens in diesem Hause wohnen würde, wenn er das Feld bestellen würde oder wenn er eine Bescheinigung über den Abschluß eines Kurses für landwirtschaftliche Ausbildung hätte. Er machte keine gute Miene dazu und verstummte ob dieser Belehrungen, aber bevor er sich hinter die Schwelle zurückzog, erklärte ihm einer der dort sitzenden Männer noch, daß nur – wenn er möglicherweise das Land verlassen und umsiedeln würde – eventuell im Westen eine Entschädigung zu erhalten wäre.

Das war ein unangenehmer Augenblick, bald vergessen, wie der Preis für dumme Neugier. Die Welt verlor dadurch nicht ihren Zauber. Erst nach Jahren kam die Ermüdung. Immer schmerzhafter, wie das Pochen eines übermüdeten Herzens, begann ihn der Gedanke zu beunruhigen, ob er außer Erinnerung in diesem Land etwas habe, was er als sein eigen ansehen könnte und was seine physische Existenz in einem lückenlosen Zusammenhang der Geschlechterfolge bestätigen würde. Dann rodete er hohe Erlen, Linden und Flieder auf vergessenen Pfaden und Alleen. Mit Beschämung neigte er den Kopf über den Gräbern in Berghof und Langstein. Doch wie oft er auch später diese Dorffriedhöfe besuchte, die verloren zwischen den Bäumen lagen, war er sich nicht mehr sicher, ob diese verspätete Reaktion – die seine Kinder etwas verwunderte – ein Beweis der Reue oder ein Zeichen der Ratlosigkeit gegenüber den Lebenden war.

...

Alle Nachforschungen, wie auch immer sie die verglühenden Tage belasteten, ließen nichts Gutes ahnen, denn die Dosis an Beunruhigung stieg ständig. Er dachte also, daß er, wenn seine Erkrankung nicht wäre, die sich in der Vorfrühlingszeit doppelt stark bemerkbar machte, vielleicht die ihn umgebende Welt anders, heiterer und ohne diese ironische Distanz sehen würde. Denn die Betrachtung der Ereignisse, wie er sich selbst überzeugte, hing vor allem vom Standort ab, von dem aus man die Welt betrachtete. Dieser Ort indes versank immer tiefer, ähnlich wie das Land, das weiterhin Masuren genannt wurde. Zwar hat niemand die Masuren vertrieben, aber in den letzten Jahren wußte niemand mehr, wo man sie suchen sollte. Böswillige könnten sagen, daß ihnen die brüderliche Umarmung nicht bekommen sei, andere dagegen könnten erklären, daß die Masuren ihrer selbst und dieser Scholle überdrüssig geworden seien. Wer sollte sich also zu Tode grämen, daß nach Jahrhunderten die Spuren eines unbesonnenen Daseins verlorengingen? Es ist nichts Schlimmes geschehen. Aber ist denn alles verweht? Nichts mehr da, außer Stimmen, die aus Träumen kommen?

Möglich, daß es so war. Nachts zogen ihn die Träume jedoch weiter. Nachts veränderte sich die Anhöhe zwischen den Wäldern. Vom Begräbnis der bekannten und doch fremden Frau verschob sie sich in eine andere Zeit. Auf jenem Feld bemerkte er Lebensbäume. Irgend jemand sagte ihm, daß es sehr gut sei, daß Großmutter Auguste hinter dem Feldrain des elterlichen Hofes ruhe. Als er sich jedoch umschaute, machte ihn ein befreundeter Junge darauf aufmerksam, daß unbekannte Menschen, die er später kennenlernen würde, die Denkschrift in den Sand warfen, an die sie so große Hoffnungen knüpften. Sie standen über der sandigen Grube, und er schaute ihnen in die Augen und beobachtete, ob wenigstens ein Augenlid erzitterte.

Um nicht zu vergessen, daß dies nur ein Traum war, nahm er morgens seine Papiere zur Hand. Von den Notizen, die das Jahr sechsundfünfzig betrafen, durchblätterte er vierzig Seiten, und als ob der Tag zurückkehrte, an dem er – herausgerufen aus dem Sensburger Gymnasium – auf der Anhöhe in Langstein erschien, begann er jetzt seine Notizen über die Denkschrift vorzulesen, gleichsam wie ein Evangelium, bestimmt für jenen Dezembertag:

»Gegen Ende des Jahres 1956 spürte man schon in Allenstein die gereizte Stimmung darüber, was die Masuren und Ermländer wohl wollten. Es waren doch schon so viele Worte gewechselt und die Fehler und Entstellungen aufgelistet worden. Jene, die sich lautstark einsetzten, hatte man bereits mit Ehren bedacht und in verschiedene soziale und politische Gremien eingegliedert. Anderen mit weniger geschickter Feder versprach man alles, was sie erwarten konnten. Die Unruhe brach im Dezember aus. Man hörte nämlich das, was die lokale Presse zu ignorieren versuchte, und zwar, daß die Masuren und Ermländer bei den höchsten Behörden eine Denkschrift eingereicht hatten. Ihr unbekannter Inhalt, aufgebauscht und entstellt durch Gerüchte und Vermutungen, beunruhigte die zugewanderte Bevölkerung. Wie die lokale Zeitung nach einigen Wochen zugab, waren in der Redaktion viele Briefe eingegangen, in denen Aufklärung darüber gefordert wurde, was jene Denkschrift sei, welche Forderungen und Vorschläge sie enthalte. Es war anzunehmen, daß auch die Woiwodschaftsbehörde, die sich bedeckt hielt, durch dieses Dokument in Verlegenheit geraten sein mußte. Schließlich waren in der Wochenbeilage zur Zeitung ›Rzeczywistość‹ (1956, Nr. 39) den Lesern Auszüge aus der Denkschrift vorgestellt worden sowie Abhandlungen über mehr oder weniger wesentliche Probleme, die auf jeden Fall einer rechtlichen oder administrativen Lösung bedurften.«

Die Denkschrift war umfangreich. In vier Kapiteln und zahlreichen Punkten zeugte sie nicht nur von der Haltung der Autoren zu der Ausarbeitung, sondern sie wurde durch die Offenlegung von nachgewiesenen Regelwidrigkeiten gleichsam zu einem explosiven Material. Gewiß waren sich auch jene, die ihre Unterschrift unter die Denkschrift setzen sollten, ihrer Bedrohung bewußt. Schließlich war das – und so faßte man es auf – ein Mißtrauensvotum gegenüber der Woiwodschaftsbehörde. Längst war deshalb, insbesondere bei den Initiatoren dieser Aktion, wie berichtet wurde, der Mut einiger Personen geschwunden, die häufig in den Beziehungen zu den Behörden oder um bessere Positionen in der gesellschaftlichen Hierarchie zu erlangen, ihre einheimische Abstammung ausnutzten, doch wenn es darum ging, im Namen des Volkes, dem sie entstammten, Stellung zu beziehen, waren sie plötzlich mit unzähligen anderen dringenderen Arbeiten beschäftigt. Einer der Funktionäre aber, der zunächst seine Unterschrift unter die Denkschrift gesetzt hatte, quälte sich lange, und als es ihm im letzten Augenblick gelang, seinen Namen zurückzuziehen, atmete er erleichtert auf.

Schließlich setzten folgende Personen ihre Unterschriften unter die Denkschrift in der Reihenfolge: Bohdan Wilamowski, Otylia Grothowa, Gerard Skok, Walter Późny, Tadeusz Zygfryd Willan, Edward Turowski und Jan Boenigk. Sie sind dann auch am vierten Dezember 1956 nach Warschau gefahren und haben jene Schrift den Vertretern der Parteiführung von der Polnischen Vereinigten Arbeiterpartei und der Bauernpartei sowie der Regierung der Volksrepublik Polen überreicht.

Der Denkschrift vorangestellt war eine feierliche Rede. Im allgemeinen ist das ein mündliches Wort. Hier wurde es jedoch aufgeschrieben. Es lohnt sich, sie vollständig wiederzugeben, um wenigstens in etwa zu erhellen, welche Bandbreite das Problem hatte und welche Erwartungen an diesen Aufbruch geknüpft waren:

»Die Geschichte der Menschen im Ermland und in Masuren ist reich an Leid und Tragik. Auf den Schultern von Ermländern und Masuren lasteten oft Unrecht, Not und Schmerz. Bis heute haben wir dies nicht vergessen. Immer noch schleppen wir diese Last mit uns herum. Wir stolpern, stürzen am Ende unserer Kräfte zu Boden. Um uns herum gibt es viel Abneigung, Unrecht und Gewalt. Es ist schmerzlich, festzustellen, daß nicht wenige Ermländer und Masuren Hunger und Kälte erleiden. Viele, insbesondere die zerstörten Familien, spüren häufig empfindlich das Fehlen von Brennmaterial, Kleidung, Wohnungen und Brot. Aber nicht nur dies fordert unsere Bevölkerung. Ermländer und Masuren wollen nicht nur Brot, sondern sehnen sich von ganzem Herzen nach der vollen Freiheit. Sie verlangen nach Achtung für ihr im Verlauf von sieben Jahrhunderten gewachsenes ›Anderssein‹ und nach Freiheit für die Pflege ihrer Traditionen. Sie verlangen auch, daß die Zusammenführung der aufgrund der Kriegshandlungen getrennten Familien nicht – wie früher – ein politisches Glücksspiel ist, sondern in humanitärer Weise behandelt und schnell zum Abschluß geführt wird.

Endlich ist die Zeit gekommen, sich aufzurichten, das Joch des Unrechts und des Leids abzuwerfen. Wir haben den Glauben an ein besseres Morgen wiedergewonnen und wollen es errichten. Wir glauben, daß die derzeitige Partei- und Regierungsführung fähig und gewillt ist, uns bei der Realisierung dieser Bestrebungen zu Hilfe zu kommen. Um diesen Glauben unter Beweis zu stellen, sind wir nach Warschau gekommen und legen heute diese Denkschrift vor.«

Einleitend machten die Unterzeichner der Denkschrift auf die beachtliche Zahl der Ermländer und Masuren aufmerksam, die sich um die Ausreise nach Deutschland bemühten. Im Grunde waren sie

527

jedoch mehr am Inhalt der Anträge interessiert. Dort nämlich waren die Gründe für die getroffenen Entscheidungen verborgen. Die Inhalte der Anträge spiegelten menschliches Unglück und Erniedrigung, Schmerz und Verzweiflung wider, was wenig bekannt und zutiefst erschütternd war. Eben diese Fakten bestärkten die Autoren der Denkschrift in der Überzeugung, daß man die Angelegenheit der Ausreisen nach Deutschland nicht mehr endlos hinauszögern könne. Dabei ging es nicht darum, daß alle Antragsteller ausreisen sollten, ganz im Gegenteil – es ging darum, die Scharen der Menschen nicht zu vergrößern, für die ein Ausreiseantrag und das Verlassen der Heimat die einzige Rettung vor Diskriminierung, sozialer Herabwürdigung und materieller Not war.

Die Frage nach der Heimat erwies sich hier wie in keiner anderen Region als unteilbar, denn die väterliche Scholle und das Vaterland wurden zusammen in eine Waagschale gelegt. Das Zerreißen dieser Bindungen, nicht selten in brutaler und drastischer Weise, so wie es in der Nachkriegszeit praktiziert und später fortgesetzt wurde, mußte bewirken, daß sich viele Ermländer und Masuren im eigenen Land – in diesem siebenhundertjährigen Vaterland, das sie geprägt hatte – plötzlich als Fremde fühlten. Vergeblich war die Berufung auf Recht und Gerechtigkeit, die im Volksstaat angeblich in gleichem Maße für alle Bürger gelten sollten; es machte einzig das Maß ihrer früheren Erfahrungen voll, daß sie eine unterworfene Gemeinschaft waren und daß sie, wenn sie hier leben wollten, dies nur als Untertanen konnten, die sich vielleicht durch Demut, Eifer und durch Pflichterfüllung dessen würdig erwiesen, daß ihnen irgendwann, oder wenigstens einigen von ihnen, der Status der Befreier verliehen würde.

Das Problem des Vaterlandes verband sich in vielen Fällen, wenn auch ungewollt, mit dem Problem der Rückkehr auf das väterliche Erbe. So fanden sich denn auch in der Denkschrift im Anschluß an die Beschreibung der Diskriminierungen, der gesellschaftlichen und politischen Forderungen, ebenfalls detaillierte Punkte, die Vorschläge enthielten, in welcher Weise diese Aufgabe zu lösen sei. Unter anderem hatte einer der Punkte folgenden Wortlaut:

»Weiterhin tritt in der Praxis eine gewisse Ungleichheit der Autochthonen in bezug auf die Gesetze der Volksrepublik Polen auf. Eine Reihe von Ausschreitungen gegenüber der einheimischen Bevölkerung, wie Diskriminierung, nationalistische Schmähungen, tendenziöse Verwaltungsentscheidungen und andere, werden durch die Justizorgane nicht ordentlich verfolgt.«

Angesichts dessen, daß sich in der Region der Umfang dieser Art von Ausschreitungen, deren Verursacher straflos blieben, überhaupt nicht verringerte, forderten die Unterzeichner der Denkschrift, daß in den Organen der Bürgermiliz Umschulungen der Funktionäre durchzuführen seien. Obgleich sie sich von Feingefühl leiten ließen, sprachen sie sich dafür aus, daß »auch jene Milizionäre abzusetzen seien, die die Autochthonen verfolgt haben«. Deren Straflosigkeit nämlich war ein allzu sichtbares Zeichen des Hochmuts und gab darüber hinaus anderen ein Beispiel, wie gegenüber Menschen Minorum gentium zu verfahren sei.

Eine Sache von hohem Gewicht war außer der Verringerung der sozialen und individuellen Diskriminierung, ohne die die Lösung der Frage der Autochthonen unmöglich schien, vor allem das Problem der Rückgabe der Grundstücke, die den ermländischen und masurischen Landwirten in den Jahren 1945 bis 1948 weggenommen worden waren. Es wurde daran erinnert, daß es in jenen Jahren Fälle offenkundigen Mißbrauchs gegeben hatte. Einige Siedler, die die Gesetze brachen, drängten die Autochthonen, wo nur möglich, mit Arglist und Drohung hinaus, hauptsächlich durch Deportation in besondere Arbeitslager, wie es hier und dort die Staatlichen Landgüter waren. Es kam auch vor, daß man die einheimische Bevölkerung ganzer Dörfer nach Deutschland zu schicken versuchte, aber selbst dann, wenn aufgrund von Interventionen der Behörden oder einzelner Funktionäre ein Transport aufgehalten wurde, trauten sich nicht alle, in ihre vollständig ausgeplünderten Gebäude zurückzukehren. Seine Habe indes, sogar die bescheidenste, verlor daher jeder.

In dieser Hinsicht stellte sich das Schicksal der Masuren aus den im Jahre 1945 der Woiwodschaft Bialystok angegliederten Kreisen besonders dramatisch dar. Dort hatte die erste Nachkriegswelle von Menschen, die nur auf eine Gelegenheit warteten, das eigene und nationale Unrecht zu vergelten, vor allem jedoch, um die Hinterlassenschaften der Deutschen zu erbeuten, die masurische Bevölkerung fast vollständig aus ihren Behausungen vertrieben. Einige machten erst in Deutschland halt, ein beachtlicher Teil jedoch blieb in der Woiwodschaft Allenstein. Im Hinblick auf die letzteren forderten die Autoren der Denkschrift »die Möglichkeit der Rückgabe der Höfe und des nichtlandwirtschaftlichen Vermögens oder dessen Äquivalent an Personen, die aus den Kreisen Lyck, Goldap und Olecko stammen und zuletzt im Gebiet der Woiwodschaft Allenstein wohnten, zu erwägen«.

Alle wirtschaftlichen Forderungen ließen sich schließlich auf eine einzige zurückführen – nämlich auf die Änderung einiger Rechtsvorschriften oder deren Novellierung. Die vom damaligen Ministerium für die wiedergewonnenen Gebiete erlassenen Rechtsvorschriften regelten unter Umgehung der Tatsache, daß es eine »wiedergewonnene Bevölkerung« gab, vor allem die Rechte der Neusiedler. In der Denkschrift wurde deshalb die Abschaffung der in der Praxis auftretenden Ungleichheit der Autochthonen gegenüber dem Gesetz der Volksrepublik Polen gefordert. Neben anderen Fragen ging es hier insbesondere um die »Änderung des Dekrets vom 6. September 1946 über die landwirtschaftliche Struktur und das Siedlungswesen in den wiedergewonnenen Gebieten mit dem Ziel der Einführung einer Klausel in das Dekret, die es erlauben würde – für den Fall, daß der Siedler nachweislich durch Arglist oder Zwang in den Besitz gelangt ist – dem Siedler aufgrund eines Gerichtsentscheids diesen zu entziehen«.

Wie die Unterzeichner des Dokuments unterstrichen, bestehe die Notwendigkeit einer schnellen Regelung der Frage der Autochthonen, die – zu Unrecht, häufig durch Terror – ihrer früheren Wohnungen bzw. Häuser beraubt wurden. Dabei gingen sie davon aus, daß wegen der Unmenge des Unrechts, das durch die Plünderer angerichtet wurde, auch durch jene, die ihre Tätigkeit durch staatliche Verordnungen deckten, eine Wiedergutmachung dieses Unrechts erforderlich sei und daß die Präsidien der Kreisnationalräte von der Regierung dazu verpflichtet werden sollten, das nichtlandwirtschaftliche Vermögen zu bewerten, welches Eigentum der Masuren und

Ermländer darstellte, »die sich jetzt um die Rückgabe der Eigentumsrechte bemühen, die anderen Personen, entsprechend den geltenden Vorschriften bezüglich des von den Deutschen zurückgelassenen Vermögens« übertragen worden sind.

Angesichts dieser Aufgaben, die wohl von grundsätzlicher Bedeutung waren, stellte man auch andere Probleme vor: den ganzen Komplex des Bildungs- und Schulwesens, die Wissensvermittlung über die Region und deren Geschichte und ebenso die Frage nach der tatsächlichen Beteiligung von Vertretern der einheimischen Bevölkerung am Werk der Erneuerung mit allen Rechten eines Mitverwalters der Region. Nicht ausgelassen wurde dabei die so heikle Frage nach Möglichkeiten, in begrenztem Maße den Deutschunterricht einzuführen. Ein Fehler war, so wurde argumentiert, die bisherige Haltung der Behörden, die jegliche Verbindungen und Einflüsse der deutschen Kultur auf die Ermländer und Masuren negierten. Die Darlegung dieses Problems, wenn auch in zaghafter Weise, war übrigens begründet. Nachdem die Ukrainische Sozial-Kulturelle Gesellschaft gegründet und die ukrainische Volksgruppe wiederbelebt worden war, die im Rahmen der Aktion »W« im Jahre 1947 in der Woiwodschaft Allenstein angesiedelt wurde, begann man nun, in vielen Schulen zusätzlichen Unterricht der ukrainischen Sprache einzuführen.

Die Denkschrift war die umfassendste Bearbeitung, die der Überwindung der Vergangenheit dienen sollte. Nach der Meinung ihrer Autoren konnte nur eine Wiedergutmachung des Unrechts und eine Abschaffung der Ungleichheit die Ausreisebewegung, wenigstens zu einem beachtlichen Teil, aufhalten und schließlich bewirken, daß Ermland und Masuren nicht alsbald zu einem Land ohne Ermländer und Masuren wurde.

»Wir glauben«, stellten die Unterzeichner in den letzten Worten der Denkschrift fest, »daß die Partei- und Regierungsführung sich gegenüber unseren Forderungen und Wünschen mit elterlicher Sorge und mit Verständnis verhalten und die Bevölkerung von Ermland und Masuren vor der Zerstreuung und einer künftig unumkehrbaren Tragödie bewahren wird.«

(Aus dem Polnischen von Ursula Fox)

Die Hiesige

2.

Das war nicht aus Trotz. Ich weiß nicht, das wievielte Mal ich mich auf dem Allensteiner Bahnhof befand, der jetzt doch so schön und weiträumig ist. Ich hatte es nicht weit bis dahin. Das Hochhaus, in dem ich wohnte, hat man gegenüber dem Bahnhof gebaut, wie für mich geschaffen, damit ich auf diesen Bahnhof gehen, mich auf meinen Koffer setzen und warten kann. Es fehlte mir nur ein Spruchband, daß ich wegen der Ausreise den ganzen Bauernhof verkaufen will.

Ich kam auf diesen Bahnhof immer dann, wenn es mir schwer zumute war. Ich kam hierher voller Hoffnung auf ein Wunder, das jedoch nicht eintrat. Ich ließ meine Blicke über die Gesichter der Menschen schweifen und versuchte zu erraten, ob unter ihnen Menschen seien, die sich in einer ähnlichen Situation wie ich befänden. Ich sah solche aber nicht, verkroch mich in mich selbst, ließ den Kopf tief hängen und wartete wieder. Ja, das stimmt: Wegen der Ausreise wollte ich den Hof verkaufen. Wie viele Menschen waren doch dort, da drüben, wie oft dachte ich über ihr Schicksal nach, über mein Schicksal, wie oft versuchte ich, mein Schicksal an ihr Schicksal anzugleichen.

Als es während eines meiner ersten Gespräche mit Jan, noch im Jahre fünfundvierzig, dazu kam, daß ich meinen Namen nennen mußte, wunderte ich mich, ein Lachen zu hören. Jan lachte herzlich und lange:

»Gertruda Brückner«, sagte er. »Weißt du, daß du einen Namen trägst, den ein hervorragender polnischer Gelehrter getragen hat?«

Jan lachte, und ich verstand nicht ganz, worum es ihm ging, lachte also ebenfalls, nur damit es lustig war, nur um Wehmut und Angst zu vertreiben.

Ebenso auch jetzt, auf dem Bahnhof, ebenso wie im Jahre fünf-undvierzig, sitze ich auf dem Koffer und warte auf das Unbekannte. Rundherum eilen Menschen irgendwohin. Einer nach dem anderen, scheinbar jeder in eine andere Richtung, doch in Wirklichkeit gehen alle in eine Richtung. In die gleiche Richtung, in die ich will, in die Jan, Kurt und Anna wollen, in die gleiche Richtung, in die Herr Kohl während seiner letzten irdischen Wanderschaft gegangen ist. Eben lief in der Menge Tadeusz Borucki vorbei. Ich sah das Erstaunen, das sich auf seinem Rattengesicht abzeichnete. Ich bemerkte, daß er stehenblieb. Er hatte sicher Lust auf ein Gespräch. Ich rührte mich jedoch nicht, so ging Tadeusz ebenso schnell fort, wie er aufgetaucht war. Einen Augenblick später erschien mir sein Gesicht genauso namenlos wie die Gesichter aller rundherum dahineilenden Menschen. Die Existenz von Tadeusz habe ich vergessen.

In mein Bewußtsein dringen ohne Unterlaß die Ansagen über die abfahrenden und ankommenden Züge. Besteht vielleicht darin das Leben, im Abfahren und Ankommen eben, in lächerlichen, von Anbeginn der Welt wiederholten Gesten, Mienen, mit denen wir nicht geizen, in Falschheit, die tief in uns steckt?

Bisher ist Jan noch nicht erschienen, obgleich ich sicher bin, daß er in wenigen Augenblicken kommen wird. Ich spüre, daß er wie üblich auftauchen und mich wie üblich nach Hause mitnehmen wird. Jan hat die außergewöhnliche Gabe, mich nach Hause mitzunehmen, ist dabei fürsorglich, geradezu widerlich besorgt. Im Laufe der Jahre wuchs seine Fürsorge derart, wie sie wohl Töchter von ihren Müttern erfahren.

Am Anfang jedoch, als ich Jan zum erstenmal begegnete, gab es diese Fürsorge nicht, es gab nur Zärtlichkeit, dadurch bedingt, daß ich damals eine junge Frau war und daß mancher Mann mir gerne den Hof gemacht hätte. Jetzt hat sich das geändert, längst ist meine jugendliche Anmut verschwunden, die Männer schauen sich schon lange nicht mehr nach mir um. Nur Jan schaut, er alleine, ein eigenartiger Mensch, dessen Betrachtungsweise des Lebens es schwerer macht zu leben, und nicht leichter, niemals leichter. Ebendieser Jan, mein Jan, dennoch ein außergewöhnlicher Mensch, über den ich nicht viel sagen kann, den ich ausgezeichnet kenne und gleichzeitig nicht kenne, der er selbst ist und gleichzeitig es nicht ist.

Als ich heute in der Dämmerung aus dem Hause ging, sah ich aus den Fenstern unserer Wohnung die Schornsteine der Reifenfabrik. Dort arbeitet Jan und ist nicht nur irgendwer. Aber damals, unmittelbar nach dem Krieg, gab es an dieser Stelle keine Fabrik, nur ein Dorf, entvölkert, mit verlassenen Behausungen, denn in Stadtnähe wohnten in der Regel Landwirte, die sich zu ihrem Deutschtum bekannten. Angesichts der Nachricht über die nahende Front flüchteten diese Menschen ziellos, Hauptsache gen Westen, sie flüchteten vor den anrückenden Russen, vor den Polen, die hier erscheinen sollten, man redete darüber und erinnerte sich dabei nur mit Mühe daran, wer sich von den Bekannten oder Verwandten als Pole oder als hiesiger Ermländer verstand.

Ich schaute auf die Schornsteine dieser großen Fabrik, in der Jan jetzt einer der Direktoren war und die so stark mit dem Schicksal von Kurt verbunden ist. Mit der Reifenfabrik begann doch das Scheitern seiner Familie. Hier wurde Anna Jahr für Jahr befördert, so daß ihr Gehalt jenes von Kurt in den Schatten stellte. Übrigens verdient Anna bis heute besser als ihr Mann, als ihr jetziger Mann.

Diese Fabrik hat meine Stadt sehr verändert, weil sie wie eine Plage in der bisher unbefleckten Landschaft steht und zu einem Teil meines Bauernhofs wurde, den ich zu verkaufen beabsichtige vor meiner endgültigen Ausreise ins »Reich«, wie einige es nennen, nach Deutschland, wie andere es nennen, oder in die Bundesrepublik, wie ich es nenne. Diese letzte Bezeichnung habe ich – als sie gerade eingeführt wurde – ohne Widerstand angenommen und verwende sie alltäglich, das Wort Deutschland auslassend. Ich spreche also nicht über die Ausreise in die Bundesrepublik Deutschland, sondern nur in die Bundesrepublik, denn hier ist allen bekannt, worum und um welches Land es dabei geht.

Mein seltsames Verhalten, diese Abstecher zum Bahnhof, mit dem Koffer, als wenn ich jeden Augenblick abreisen würde, waren meinen Bekannten nicht fremd. Sie lächelten mich wohlwollend an, und wann immer über Ausreisen gesprochen wurde und ich hinzukam, wechselten sie eilig das Thema und wandten sich einem unverfänglicheren zu.

Hinter meinem Rücken blieb jemand stehen. Ich wandte meinen

Kopf nicht um, weil ich sehr gut wußte, wer dort steht. Das war ganz sicher Jan. Na bitte, dieser jemand legte die Hand auf meine Schulter. Ich lächelte meinen eigenen Gedanken zu.

»Du sitzt wieder hier«, sagte Jan. »Willst du wieder ausreisen und aus diesem Grunde deinen Bauernhof verkaufen?«

Ich hob den Kopf und sah über die Schulter.

»Woher weißt du, daß ich hier bin?« fragte ich, und plötzlich wurde mir klar, woher. Ich wußte, bevor Jan antwortete, daß mich Tadeusz Borucki denunziert hatte, wie üblich Tadeusz Borucki.

»Hat mich Tadeusz denunziert?« fragte ich, ganz bewußt diesen schrecklichen Terminus gebrauchend. »Er hat mich denunziert, nicht wahr?«

»Na, hör mal«, entrüstete sich Jan. »Tadeusz sah dich hier, also hat er angerufen, damit ich dich abhole. Er denkt«, lachte er, »daß du hin und wieder Wahnsinnsanfälle hast.«

»Tatsächlich«, lächelte ich. »Er denkt durchaus richtig, ich habe tatsächlich öfter Wahnsinnsanfälle, denn anders kann man dies nicht erklären, nicht wahr?«

Ich hob etwas die Stimme. Ein vorübergehender Mann verlangsamte den Schritt, als ob er uns belauschte. Ich schaute auf Jans wachsende Verlegenheit, der solche Situationen am meisten fürchtete. Das heißt, Jan fürchtete am meisten die Blamage, und jetzt, vor mir stehend, die ich auf dem Koffer saß und laut redete, so daß andere Menschen es hörten, zitterte er davor, erkannt zu werden.

»Laß uns nach Hause gehen«, schlug er sanft vor und legte wieder seine Hand auf meine Schulter. »Laß uns nach Hause gehen. Du hast doch gar keinen Bauernhof.«

»Heute machen es alle so«, entgegnete ich. »Alle verkaufen die Höfe und behaupten, es wegen der Ausreise zu tun.«

»Du sitzt hier vor den Augen dieser Menschen. Wozu?«

»Vielleicht reise ich ab. Vielleicht wird mein Zug gleich auf dem Bahnsteig bereitgestellt. Vielleicht ist mein Sitzen nicht ganz sinnlos. Hier warten alle.«

Jan bewegte sich wieder unruhig. Wieder blickte er um sich, und als er sicher war, von keinem Bekannten gesehen zu werden, atmete er erleichtert auf.

»Du wirst durchfrieren«, sagte er. »Wenn dir so sehr an diesem Bahnhof gelegen ist, können wir in den Wartesaal gehen.«

»Ich bleibe lieber hier«, entgegnete ich, wobei ich mir dessen bewußt war, daß Jan dies am meisten fürchtete. Im Wartesaal würde der Anblick von uns beiden keinen Bekannten verwundern. In Wartesälen warten immer Menschen, und sie haben ein Recht darauf zu warten. Anders verhält es sich mit der Bahnhofshalle, in der langes Warten entweder von anderen Wartenden oder von nur Vorübergehenden bemerkt wird. Hier ist das Warten nicht ganz ungefährlich.

»Du machst dir unnötig Sorgen«, sagte ich lächelnd zu Jan. »Du hast jetzt keine Reisenden in diesen Kreisen. Das heißt, du hast keine Bekannten unter den Bahnreisenden. Deine Bekannten haben Autos und fahren damit. Das ist nicht so wie früher.«

»Ich mag es nicht, wenn du so redest«, sagte Jan. »Diese Art des Redens mag ich nicht«, fügte er einen Augenblick später hinzu. »Du benimmst dich, als ob du betrunken wärst.«

»Vielleicht bin ich ja nicht normal«, rief ich. »Vielleicht hatte dein Freund Tadeusz recht?«

»Laß das doch. Gehen wir in den Wartesaal.«

»Ich möchte lieber hierbleiben«, sagte ich leise, für mich selbst überraschend, so leise, daß Jan meine Antwort nicht hörte.

»Was?« fragte er. »Gehen wir?«

Er griff schon nach dem Koffer, als ich es lauter wiederholte. »Ich möchte lieber hierbleiben. Vielleicht tritt jemand an mich heran? Vielleicht wird jemand meinen Bauernhof kaufen wollen?«

»Du hast ihn nie gehabt«, wiederholte Jan.

»Ich hatte ihn nicht«, stimmte ich schnell zu. »Ich hatte ihn nicht, wollte ihn aber mein Leben lang haben. Das läuft doch auf dasselbe hinaus.«

Jan stand mir gegenüber wie ein Schuljunge und wartete darauf, was ich ihm befehlen würde. Indessen hatte ich nicht die Absicht, jemandem zu befehlen, und schon gar nicht Jan. Fast auf der gleichen Stelle hatte ich vor über dreißig Jahren auf dem Koffer vor dem Allensteiner Bahnhof gesessen, im Jahre fünfundvierzig – ich saß und wartete auf den Transport nach Deutschland, der, wie mir versichert wurde, in Kürze kommen sollte. Ich saß einsam da, tief in Gedanken versunken, als vor mir ein fremder Mann auftauchte, mit einer Armbinde und mit einer Maschinenpistole in der Hand. Ich hob die Hände nicht, obwohl die Maschinenpistole gefährlich aussah. Ich schaute mich nicht nach einem Fluchtweg um. Ich schaute dem Mann so fest in die Augen, daß es ihn verwirrte und er die Waffe senkte.

»Dokumente«, knurrte er auf deutsch, und ich reichte ihm die Bescheinigung aus dem Kinderheim. Von diesem Dokument hat er mit Sicherheit nichts verstanden. Er wendete es in seinen Händen und überlegte, was er mit mir machen sollte.

»Es ist jetzt unruhig«, sagte er. »In der Stadt hört man noch Schüsse.«

Ich antwortete nicht. Ich saß nur da und schaute ruhig vor mich hin.

Das war genauso, genauso wie heute, nur daß Jan heute keine Maschinenpistole hatte und um mehr als dreißig Jahre älter war. Jan rechtfertigte sich, wiederholt erklärte er, weshalb er in jener Nacht auf mich zugegangen war und daß er wirklich keine bösen Absichten hatte.

»Du saßest allein in dieser Dunkelheit. Ich mußte deinen Ausweis prüfen.«

»Ich kann mich gut daran erinnern. Sogar zu gut. An deine Macht mit der schießbereiten Maschinenpistole. Deine großen Möglichkeiten, über Menschen zu verfügen.«

»Ich habe niemanden getötet.«

»Das war zu einfach«, lachte ich auf. »Das Töten war damals das Einfachste. Viel einfacher, als etwas zu essen zu ergattern. Und ich«, wieder lachte ich auf, »wollte genau wie jetzt nur ins ›Reich‹ fahren.«

»Du weißt genau, daß es keine Transporte gab«, erinnerte Jan.

»Damals wußte ich es nicht«, ich lachte immerfort. Die Menschen begannen wieder auf uns aufmerksam zu werden. »Damals wußte ich es nicht«, wiederholte ich. »Und überhaupt wußte ich wenig. Es schien mir, daß es genügt, auf den Bahnhof zu gehen und auf einen Zug zu warten.«

»Der Krieg war noch nicht zu Ende. Der Krieg dauerte damals noch an, und du schienst das nicht zu wissen.«

»Weil ich es nicht wußte«, lächelte ich. »Ich wußte es nicht«, ratlos breitete ich die Hände aus. »Woher sollte ich es wissen? Ich war damals ein schüchternes Mädel, und auch ein Radio gab es nicht in der Nähe. Mir schien, daß ich den Krieg hinter mir habe. Ich hatte das normale Leben noch nicht begonnen, hatte aber schon alles hinter mir. Mein Gott, die erste Arbeit, Dienstmädchen bei einem guten Bauern. Schon am ersten Tag wußte ich, daß ich einmal Bäuerin werden würde. Wie sehr habe ich davon geträumt.«

»Jeder hat das Recht zu träumen.«

»Jeder hat solch ein Recht«, sprach ich Jan nach. »Jeder. Aber ich wußte es. Das mußte sich erfüllen. Ich wußte es, bis zu jenem Tage, als die Front auch zu uns kam. Ich weiß nicht, auf welchen Wegen ich flüchtete, und ich weiß nicht, wohin. Als ich nach einigen Tagen zurückkehrte, gab es den Bauernhof nicht mehr, gab es weder das Haus noch die Besitzer, noch die Kinder. Es gab keine Tiere. Und da dachte ich mir, daß diese Zeit, diese wenigen Monate, die ich nach dem Verlassen des Kinderheims erlebt habe, nur ein schöner Traum gewesen sind.«

Meine erste Arbeit, für die man mich einige Jahre lang vorbereitet hatte, die Arbeit, die ich nicht geliebt, aber sehr geachtet habe, weil sie es mir ermöglichte, Bäuerin zu werden, diese Arbeit war leider von so kurzer Dauer. Das Dorf, in das es mich verschlagen hatte, lag in einer ganz anderen Gegend, ebenfalls in Preußen, aber weit von Allenstein entfernt und weit von meinem heimatlichen Kinderheim entfernt. Ich kann sagen, weit weg von meiner Heimat, weil ich annahm, daß es eben diese Gegend war, daß sich dort die Gräber meiner Eltern und Verwandten befänden, denn dort hatte ich einige Freunde und Herrn Kohl, mit dem ich so große Hoffnungen verband. Ich geriet also in eine ganz andere Gegend, nach Masuren, in die Nähe von Rastenburg, in ein schönes Dorf und auf einen schönen Bauernhof. Man nahm mich dort in Dienst, und ich sollte, wie der Bauer und die Bäuerin sagten, für immer dort bleiben. Man hat mich genommen, damit die Kinder des Bauern eine gebührende Betreuung hatten und damit sie lernen konnten. Ich konnte schon manches.

Es war kein gewöhnliches Dorf. Im Zentrum, rings um die schöne gotische Kirche, standen nur einige Gebäude, ein großes Geschäft und das Lager von Hirsch. Dort lagerte Hirsch Gemischtwaren, mit denen er die Krämer in der ganzen Gegend belieferte. Etwas weiter entfernt, hinter der Landstraße, floß das Flüßchen Guber, an dem ich mit den Kindern an heißen Tagen entlangging und an dem mancherlei interessante Leute anzutreffen waren.

Vom Ufer an der Guber über eine kleine Brücke führte ein Pfad zum Gutshaus. Dort wohnten richtige Gutsbesitzer. Ihre schönen Autos sah ich hin und wieder von weitem, wenn sie zur Kirche fuhren. Es gab hier eine katholische Kirche, wohl die einzige in der ganzen Gegend. Die Bewohner des Gutshauses und die Dorfbewohner und auch die Menschen von den umliegenden Abbauten waren Katholiken. Nicht weit weg, zwei oder drei Kilometer weiter, wohnten in einem kleinen Gutshaus schon Protestanten, ebenfalls Eigentümer eines Landguts. Ihre Tochter Inge war im gleichen Alter wie die älteste Tochter meines Dienstherrn. Wenn sie an die Guber kam, betrachtete ich sie mit großem Interesse.

Später, nach dem Unglück, welches das Haus meiner Dienstherren getroffen hatte, erfuhr ich, daß die Familie von Inge ebenfalls sehr viel erlitten hatte. Zwar blieb ihr Gutshaus erhalten, nicht erhalten geblieben sind aber die Menschen. Zwei Mädchen erlebten zuerst den Tod der Mutter, einen qualvollen und schmerzhaften Tod, und dann den Tod des Vaters. Sie waren gerade einige Jahre alt. Fremde nahmen sich ihrer an und dann legten sie die ganze Strecke in den Westen zurück. Ich begriff damals, daß der Krieg die Menschen nicht in Katholiken und Protestanten einteilte, alle mußten in gleicher Weise leiden.

Ich kehrte zur Brandstelle zurück. Weinend schaute ich mich um, nach Lebenszeichen suchend. Ich weinte immerfort, denn nirgendwo waren Menschen zu sehen. Ich ging ins Dorf. Von unserer schönen Kirche war kein Stein auf dem anderen geblieben. Das ganze Kirchenschiff lag in Trümmern. Einzig der Turm war erhalten geblieben, der hinter der Straßenbiegung auftauchte wie ein einsam stehender Mast. Erhalten geblieben sind: das Geschäft, die Lagerhallen, das Gutshaus, die Gebäude der anderen. Nur das Haus, das für kurze Zeit mein Zuhause war, ist nicht erhalten geblieben. Ich ging von Tür zu Tür, um irgend etwas zu erfahren. Es war jedoch niemand da, der mit mir hätte reden können. Einige Häuser waren vollkommen verschlossen, andere versetzten mich in Schrecken durch ihre sperrangelweit geöffneten Türen und Fenster. Ich rief lange und erfolglos. Weinend lief ich über den Steg und erreichte über den Pfad das Gutshaus. Hier war ebenfalls niemand. Ich stand mitten auf dem Rasen und rief zu den offenen Fenstern.

Jan stand immerfort vor mir und schaute mich prüfend an.

»In Ordnung«, sagte er. »Ich empfinde Mitgefühl für dich, aber das war doch nicht meine Schuld. Ich war nicht an der Front. Ich wußte noch nicht einmal, daß du existierst.«

»Existierst«, lachte ich wieder. »Existierst? Damals hörte ich auf zu existieren. Ich hörte auf. Eigenartig, daß ich so ruhig geblieben bin. Ich war so ruhig wie jetzt. Ich dachte mir: Schließlich ist nichts passiert. Von meiner nächsten Familie ist niemand umgekommen, denn diese Familie war nur ich. Nichts ist passiert. Und mein Dienstherr? Die Dienstherrin?«

»Es ist schade um jeden Menschen«, sagte Jan.

Verwundert schaute ich ihn an, als ob ich ihn nicht erkennen würde. Warum redete Jan denn so?

»Schade?« fragte ich. »Schade? Du sagtest doch selbst, man muß nicht alle bedauern.«

»Laß das doch«, wurde Jan ungeduldig. »Immer wieder fängst du davon an, als wenn es um Leben und Tod ginge.«

»Ja, ja«, rief ich aus. »Ja, eben. Darum geht es die ganze Zeit. Damals starb mein Bauernhof. Es starb mein Traum und alles, was ich wußte.«

»So oft habe ich es dir vorgeschlagen«, sagte Jan. »Mehrfach hätten wir doch einen Bauernhof nehmen können. Auch jetzt können wir es tun.«

Jan sagte dies nur deshalb, um mich zu beruhigen. Das stimmte nicht. Solch eine Situation hat es nicht gegeben. Jetzt konnten wir um so weniger einen Bauernhof nehmen, weil unsere besten Jahre vorüber waren. Jetzt konnten wir nicht mehr von vorne anfangen.

Unverändert blieb nur, daß es sowohl damals wie heute freie Bauernhöfe gab.

»Das meinst du? Nehmen und fertig: Einen Bauernhof nehmen wie einen Koffer. Wie schade, es ist nicht zu fassen, warum.«

»Du würdest endlich Bäuerin sein.« Jan streichelte meine Schulter, aber diese liebevolle Geste machte mich ungeduldig. Ich schüttelte mich.

»Nicht so eine, wie ich sein wollte«, sagte ich, Jans Hand wegschiebend. »Nicht solch eine. Verstehst du denn nicht, daß ich keine Ersatzlösungen in Betracht ziehen kann. Was einst war, das ist vorbei, gestorben, und ich kann keine Verstorbenen wiedererwecken.«

»Wohin willst du?« fragte Jan ungeduldig.

Jan zeigt mir gegenüber eine bewundernswerte Geduld. In ebenjenen schwierigen Augenblicken, als ich versuchte, mit meinem bisherigen Leben abzurechnen, war er verständnisvoll wie selten jemand, und wohl deshalb sind wir die vielen Jahre hindurch zusammengeblieben.

»Wohin?« wiederholte er.

»In die Bundesrepublik«, antwortete ich. »Sofern ich den Bauernhof verkaufe«, fügte ich nach einer Weile hinzu.

»Damals wolltest du nichts verkaufen.«

»Ich war sehr dumm«, lachte ich. »O mein Gott, wie dumm war ich damals.«

Jan trat nahe an mich heran und leuchtete mir mit der Taschenlampe in die Augen.

Er hatte schon die Bescheinigung aus dem Kinderheim angesehen, nichts davon verstanden und wollte jetzt etwas mehr erfahren. Er sprach recht gut deutsch, aber ich wollte mich nicht verstellen. Ich wußte, daß er Pole war, und beschloß, ein wenig aus Trotz, ihm auf polnisch zu antworten. Schließlich traf man nicht allzu häufig hiesige Menschen, die polnisch sprechen wollten. Immer noch war es das Jahr fünfundvierzig, immer noch dauerte der Krieg an, und es war noch nicht lange her, daß durch Allenstein lange Kolonnen nach Westen flüchtender Menschen zogen.

»Bitte die anderen Dokumente!«

»Ich habe keine anderen Dokumente.«

»Wie alt bist du?«

»Siebzehn.«

»Es ist gefährlich«, sagte Jan, etwas kokettierend, sofern man in der damaligen Zeit überhaupt von Koketterie sprechen konnte. »Das ist gefährlich, wenn ein so junges Mädchen einsam auf dem Bahnhof herumsitzt.«

»Vor dem Bahnhof«, stellte ich richtig. »Vor dem Bahnhof ist es viel ungefährlicher.«

»Es gibt gar keinen Transport, und es ist nicht bekannt, wann es einen geben wird. Du wirst hier erfrieren.«

»Ja, ja«, lachte ich. »Ich werde noch mehr frieren, als ich schon durchgefroren bin.«

»Ich habe eine große Wohnung«, schlug er vor. »Du kannst bei mir etwas schlafen. Morgen sehen wir weiter.«

»Mache ich.«

Ich erhob mich, und Jan nahm galant meinen Koffer. Wir gingen Schulter an Schulter durch die leere Stadt zu Jans nahem Quartier.

»Bist du Polin?« fragte er. »Deutsche?« fügte er hinzu, als ich nicht antwortete.

Nach einem Augenblick des Zögerns sagte ich wieder wie zum Trotz: »Ich bin eine Hiesige.«

»Aha.« Jan nickte.

Schweigend gingen wir weiter. Schweigend schritten wir die Treppen hinauf. Als ich mich in Jans Zimmer befand, fühlte ich mich sicher. Wir tranken Tee, der mich natürlich erwärmte. Jan hüllte mich in eine Decke, setzte sich neben mich und versuchte recht unbeholfen, mich zu umfassen. Er war nur wenig älter als ich. Ich erlaubte ihm alles, erleichterte ihm aber nichts. Er zerrte an mir herum, versuchte auf unterschiedliche Art und Weise mit meiner Kleidung fertig zu werden, bis es ihm schließlich gelang, und schob sich dann ebenfalls unter die Decke. Er beruhigte mich so gut er nur konnte, und ich fürchtete mich nicht ein bißchen, obwohl Jan mein erster Mann war.

»Damals hatte ich keine Angst«, sagte ich herausfordernd, »und habe auch jetzt keine.«

Jans Gedanken folgten deutlich den meinen.

»Du hattest Angst«, sagte er.

»Was konnte mir Schlimmeres passieren?« fragte ich. »Kann es denn etwas Schlimmeres geben als das, was mir widerfahren ist? Alle Menschen, die mit meinen Träumen zu tun hatten, waren doch gestorben.«

»Es kann Schlimmeres geben«, ließ Jan nicht nach.

»Als das, was mir begegnet ist?« lachte ich. »Laß doch. Du scherzt wohl.«

»Du warst einverstanden.«

»Nicht einverstanden sein, das konnte ich nicht«, sagte ich ruhig. »Selbst beim zweiten Mal, dem so zärtlichen, als du dich auf mich warfst und anfingst zu danken.«

»Wenn ich gewußt hätte«, seufzte Jan. »Wenn ich damals gewußt hätte, daß du noch nie einen Mann hattest, nie hätte ich mich dazu entschlossen.«

»Du hast mich doch vergewaltigt«, sagte ich streng. »Zweimal nacheinander.«

»Das war keine Vergewaltigung. Wenn du auch nur gesagt hättest, daß du mich nicht willst, mit Sicherheit hätte ich dich in Ruhe gelassen.«

»Habe ich denn gesagt, daß ich es will? Ich habe doch nichts gesagt. Ich konnte nichts sagen. Es war Nacht, eine völlig fremde Stadt, eine fremde Wohnung und ein fremder Mann. Weißt du, daß in jener Nacht meine Träume von jemandem, den ich im Leben noch nie gesehen hatte, zum zweiten Mal starben?«

»Vielleicht durch mich?«

»Nein«, lachte ich. »Niemals. Du warst und bist mir fremd.«

»Du konntest von mir fortgehen. Irgendwohin, gleich am nächsten Tag. Aber du bist geblieben.«

»Ich mußte bleiben«, entgegnete ich. »Ebenso wie ich mit allem einverstanden sein mußte. Sogar damit, daß du betrunken mit dem betrunkenen Tadeusz gekommen bist, daß du eingeschlafen bist, Tadeusz aber nicht.«

»Das mußtest du ebenfalls nicht«, protestierte Jan. »Du konntest mich wecken.«

»Du scherzt wohl.« Ich lachte ganz laut. »Du machst dich wohl über mich lustig. Wenn du betrunken bist, schläfst du so fest, daß niemand und nichts dich wecken kann. Schließlich wozu? Um den betrunkenen Tadeusz gegen den noch mehr betrunkenen Jan auszutauschen? Das war ebenso Vergewaltigung.«

»Damals hast du mir nicht ein Wort davon gesagt.«

»Nicht ein Wort, denn das Wort hätte nichts geändert. Worte können die Fakten nicht ändern. Keine Worte. Das, was bereits geschehen ist, stirbt einfach.«

Jan versuchte wieder, mich zu beruhigen. Wieder legte er seine Hand auf meine Schulter und versuchte, mich zu liebkosen, unauffällig, so daß die vorübergehenden Menschen diese Liebkosungen nicht merkten. Die ganze Zeit über fürchtete er, daß wir auf uns aufmerksam machten, indessen blieb niemand bei unserem Anblick stehen. Schließlich leben wir jetzt in einem Zeitalter, in dem die Menschen sich nur um ihre eigenen Angelegenheiten kümmern.

Die Allensteiner Bahnhofshalle war voller Menschen. Ebenso wie in jenen Tagen, gleich nach unserem Kennenlernen, als Jan aufgeregt nach Hause gelaufen kam und mir erzählte, daß in einigen Tagen der erste Transport nach Deutschland abgehen werde. Jan wollte mich in die Liste eintragen, und damals hätte er das mit Leichtigkeit gekonnt. Ich wußte, daß ich wegen dieser Bekanntschaft in einer privilegierten Lage war. Damals war es nicht einfach, für den Transport angenommen zu werden. Ich habe jedoch abgesagt, abgesagt, nachdem Jan gesagt hatte, er wolle, daß ich bleibe.

»Was damals war, hat aufgehört, wichtig zu sein«, sagte ich. »Jener Tag, an dem ich unbedingt ausreisen wollte. Er existierte nicht. In der neuen Situation konnte ich nicht ausreisen, denn ich hatte dich.«

»Na siehst du?«

»Wie es auch war, ich hatte dich«, wiederholte ich. »Jetzt dich. Mit jenen Menschen, zusammengedrängt in Güterwaggons, verbanden mich noch nicht einmal Erinnerungen.«

»Sie haben für dich aufgehört zu existieren.«

»Nein«, lachte ich, »das Problem der Ausreise hörte auf zu existieren. Es ist auch gestorben. Damals, nach deiner Frage, ob du mich eintragen sollst. Weißt du, als ich ein kleines Mädchen war, kam täglich Herr Kohl ins Waisenhaus gefahren und brachte Milch.«

»Herr Manfred Kohl«, wiederholte Jan wie ein Echo.

»Ja«, ich lächelte, so schön ich konnte. »Ich habe immer zugeschaut, wie gerade er die Milchkannen hinstellte und wie geschickt ihm das von der Hand ging. Eines Tages fragte Herr Kohl mich, ob ich Tiere liebe. Wie hätte ich sie nicht lieben sollen. Tiere waren die einzigen Wesen, mit denen ich frei reden konnte. Und ich redete.«

Ich vertiefte mich in Gedanken und wartete auf irgendeine Reaktion von Jan. Sie kam aber nicht. Die Bahnhofshalle leerte sich immer mehr. Ich nahm an, daß es mir an diesem Abend mit Sicherheit nicht gelingen würde, meinen Bauernhof zu verkaufen, und daß mein Zug nicht kommen würde.

Ich erhob mich. Jan, der schon lange auf diesen Augenblick gewartet hatte, ergriff eilfertig den Koffer, vielleicht sogar noch eilfertiger als damals im Jahre fünfundvierzig. Er ging voraus, öffnete breit die Schwingtür und wartete ab, bis ich sicher durch sie hindurchgegangen war. Dann stellte er sich so hin, daß ich mich an seiner rechten Seite befand. Jan nahm so etwas immer sehr genau.

»Herr Kohl war der ständige Lieferant«, sagte ich. »Er verabschiedete mich nett, als ich zu meiner ersten Stelle abreiste, und überreichte mir ein Geschenk.«

»Was war das?«

»Einfach ein Geschenk. Eine Kleinigkeit, aber ein Geschenk. Das war das einzige Geschenk, das ich in meinem Leben erhalten habe. Das einzige bis heute.«

»Interessant.« Jan lachte auf. »Du, die du Geschenke so magst.«

»Die Geschenke von dir«, protestierte ich, »und andere Geschenke sind mit jenem nicht zu vergleichen. Jenes habe ich nicht erwartet. Ich habe nicht erwartet, daß mir irgend jemand irgendein Geschenk machen würde. Sicher erinnerst du dich nicht mehr daran, aber eines Tages, als wir zusammen die Straße entlanggingen und du wie üblich deine Maschinenpistole trugst, trafen wir Herrn Kohl.

Ich lief erfreut zu ihm hin, und er wollte mir noch nicht einmal guten Tag sagen. Nicht einmal guten Tag. Er wollte mir nicht die Hand geben, und er sagte gar nichts. Nicht ein Wort. Er schaute mich nur an. Er hörte noch nicht einmal auf mein Geplapper. Ich weiß, ich weiß«, ich lachte auf, »du hättest ihn zwingen können, etwas zu sagen, höflich zu grüßen. Mit deiner Maschinenpistole. Ich war sehr verärgert und wollte es dir schon sagen, als ich plötzlich begriff, daß Herr Kohl ein Recht hatte, so zu handeln. Er meinte, daß ich ihn verraten hätte. Ich dagegen dachte darüber nach, ob ich mich nicht selbst verraten hätte. Mein Gott, wie war ich damals primitiv.«

»Warum? Das meine ich gar nicht. Dein Herr Kohl war Deutscher. Er konnte nicht ein Wort polnisch.«

»Das hat überhaupt keine Bedeutung. Herr Kohl war einfach ein guter Mensch.«

Ich achtete nicht auf Jans spöttisches Lächeln. Ich wollte mich nicht aufregen. Wir betraten das Tor unseres Hochhauses und fuhren mit dem Aufzug in den vierten Stock. Jan öffnete die Tür, und wir befanden uns in unserer Wohnung, die wir viele Jahre lang und mit großer Mühe eingerichtet hatten. Ich kann ohne einen Anflug von Übertreibung sagen, daß diese Wohnung die Habe unseres Lebens war. Kurt, der mich immer bewunderte, konnte nicht glauben, daß wir außer der Wohnung nichts besaßen. Er wunderte sich, daß Jan so wenig verdient. Kurt vergißt eines. Es gab in meinem und Jans Leben eine Zeit, an die wir uns lieber nicht erinnern wollen. Es gab in unserem Leben etwas, worüber wir nicht sprechen wollen. Dieses Ereignis hat uns ernsthaft geschwächt, und zeitweilig dachte ich sogar, daß wir es nicht überleben.

Jetzt ist es ganz anders. Jetzt, so viele Jahre nach dem Krieg, wo die Welt schon geordnet ist. Aber damals, nach einigen Monaten des Kampierens in einem Zimmer, als alle anderen, fast alle Kollegen von Jan, auch bei der Miliz, eigene Wohnungen hatten und nicht selten, wie zum Beispiel Tadeusz Borucki, eigene Häuser, war ich empört.

»So kann man doch nicht leben«, sagte ich. »Wir sitzen in dieser gespenstischen Wohnung, haben keine Möbel, kein ordentliches Geschirr, keine Kleidung. Soll so dein herrliches Leben aussehen?«

»Ich kann das nicht machen«, erklärte Jan. »Ich kann es einfach nicht.«

»Alle sind eingerichtet«; rief ich aus. »Es ist schon alles weggeholt worden. Hör zu, wir können doch aufs Dorf fahren, bei Allenstein. Dort finden wir bestimmt noch etwas.«

»Das ist Plünderung«, entrüstete sich Jan.

»Mensch, Mensch«, lachte ich. »Was für eine Plünderung? Diese ganzen Sachen haben Menschen zurückgelassen, die von hier geflüchtet sind. Die kehren hier nicht mehr zurück. Du sagst es selbst.«

»Ich kann es so nicht.«

»Wie kannst du es dann?« schrie ich. »So, wie wir leben?«

»Das braucht man nicht zu können«, entgegnete er. »Das ist unser eigenes. Die Zeit wird kommen, daß wir es zu etwas bringen werden, alleine, ohne diese fremden Sachen. Wir werden es zu etwas bringen, du wirst sehen.«

Jan klammerte sich an diesen Gedanken wie an einen letzten Rettungsanker.

»Jeder fremde Gegenstand hat seine eigene Geschichte, und wir kennen diese Menschen nicht.«

»Wir würden bedeutend besser leben«, beharrte ich auf meiner Meinung. »Die Menschen feiern, freuen sich, schon lange gibt es keinen Krieg mehr, und wir sitzen wie die Ratten im Loch und wissen nicht, was wir mit uns anfangen sollen.«

»Ich arbeite doch.«

»Und was bringt es?« lachte ich. »Was bringt es, daß du arbeitest? Was hast du davon? Deine Arbeit ist nicht viel wert, wenn du so wenig Geld bekommst.«

»Jetzt bekommen alle wenig«, verteidigte sich Jan.

»Es hilft nichts. Wenn du nicht willst, werde ich alleine aufs Dorf fahren. Ich fahre und bringe irgendein Gerümpel mit.«

»Das ist gefährlich.«

»Ich fahre. Bis jetzt ist noch nicht ein Tag meines Lebens vollkommen gefahrlos vergangen.«

»Na gut«, Jan war schließlich einverstanden. »Ich fahre mit dir, aber nur, um die allernotwendigsten Haushaltsgegenstände zu holen. Und keinerlei fremde Klamotten, hörst du?«

Auf diese Weise habe ich Jan besiegt. Ich habe seinen Widerstand gebrochen, und seitdem ist es mir häufig gelungen, obwohl – ich wußte das von seinen Kollegen – Jan immer ein entschlossener Mensch war, der ungern seine Meinung änderte.

»Mein Gott«, sagte ich. »Wie war ich damals dumm. Wie naiv habe ich mir das vorgestellt, was ich tun wollte.«

»Andere machten es doch auch so«, bemerkte Jan, »und waren durchaus nicht naiv.«

Wir saßen in unserem größten Zimmer. Auf dem Tisch standen mit Tee gefüllte Gläser. Wie anders sah doch jener Tag aus, an dem wir uns ins Dorf aufmachten, um Sachen zu holen.

»So hartnäckig war ich zum ersten Mal im Leben«, sagte ich.

»Du sagst, daß nur ich hartnäckig bin«, lachte Jan.

»Du bist es, und ich war nur dieses eine, einzige Mal hartnäckig.«

»Nach unserem Besuch in der Wohnung von Tadeusz?«

»Ja, damit du es weißt. Damit du es weißt, nach diesem Besuch. Dieser Gauner lebte wie ein Graf in der Vorkriegszeit. Schöne Möbel, sächsisches Porzellan, Kristallgläser, ein großes Haus. Sag mir, konnte er sich dies erarbeiten?«

»Er konnte es nicht«, antwortete Jan, ohne zu überlegen. »Er meinte, daß es auch so noch zuwenig sei.«

»Zuwenig? Alles umsonst und zuwenig?«

»Wenig als Preis für den Krieg«, erklärte Jan.

»Und mein Preis für den Krieg?« rief ich. »Und deiner? Der Krieg war doch für alle Menschen gleich.«

»Sogar für die Deutschen?«

»Sogar für die Deutschen«, seufzte ich, »sofern sie gewöhnliche Menschen waren. Sie haben auch gelitten, und das Leid ist ein und dasselbe. Das gleiche Maß gilt für alle.«

»Du begreifst es nicht«, regte sich Jan auf.

»Doch.«

»Du hast es begriffen, als wir in das Haus von Herrn Kohl hineingingen, nicht wahr? Du hast es deshalb begriffen, weil deinen Kohl jemand ganz gewöhnlich erschossen hat.«

»Das war ein guter Mensch.«

»Deshalb, weil du von ihm das erste Geschenk im Leben erhalten hast«, höhnte Jan. »Nur deshalb soll Kohl ein guter Mensch gewesen sein. Ist es dir nie in den Sinn gekommen, daß seine Besuche im Waisenhaus auch einen anderen Zweck haben konnten? Vielleicht mochte dein Kohl junge Mädchen?« lachte Jan. »Ihr wart doch recht viele. Er kam also angefahren, obwohl es sich für ihn nicht lohnte. Er kam angefahren, um sich junge Mädchen anzuschauen, vielleicht sogar, um irgendeine anzumachen. Auf dich hatte er ebenfalls ein Auge geworfen. Du hast nie davon gesprochen, aber sag jetzt, hat Herr Kohl dich angefaßt? Vielleicht wollte er auch mit dir ganz gewöhnlich schlafen.«

»Hör auf!« schrie ich und erhob die Hand, als hätte ich Jan schlagen wollen. »Niemals darfst du so etwas sagen. Hätte Herr Kohl mir Unrecht getan, hätte ich dich nicht gebeten, ihn zu beerdigen.«

»Ich habe es nicht begriffen und begreife es weiterhin nicht, woher du die Kraft genommen hast, den Plunder aus seinem Haus mitzunehmen.«

»Er brauchte ihn nicht. Infolgedessen ist ein Teil seines Lebens in unser Leben eingegangen.«

»Plunder aus dem Hause eines erschossenen Menschen«, überlegte Jan. »Hast du darüber nachgedacht?«

»Endlich konnten wir so leben wie andere Menschen. Endlich konnte man sich irgendwo hinsetzen, konnte man irgendwo das Geschirr verwahren. Das war ein Gewinn für unser Zimmer, das dadurch zu einer ganz ansehnlichen Wohnung geworden ist.«

»Selbstverständlich«, bestätigte Jan. »Aber um welchen Preis. Aus seinem Haus hätten wir diese Sachen nicht mitnehmen sollen. Wir hätten ein anderes Haus suchen sollen, in dem es keinen Toten gab.«

»Du widersprichst dir selbst«, lachte ich. »Du sagtest doch, daß du inmitten von Sachen, die unbekannte Menschen zurückgelassen haben, nicht hättest leben können. Diese alten Möbel stammten aus dem Haus von Herrn Kohl, den ich gut kannte und den ich sehr mochte.«

Jan wußte nicht einmal, daß ich, während er ein Nickerchen hielt, zu Kurts Haus gegangen war und dort ziemlich lange verweilte. Jan wußte überhaupt viele Dinge nicht und mußte sie auch nicht wissen. Es ist nicht gut, wenn ein Mensch alles über einen anderen Menschen weiß. Eben deshalb sorgte ich dafür, daß Jan nicht alles wußte. Bis heute ist er überzeugt davon, daß ich zu meinen Landsleuten keinerlei Kontakt hatte, während ich, einmal abgesehen von Kurts Familie, mich häufig mit einheimischen Menschen traf. Ich suchte keine Verwandten, weil ich mich längst davon überzeugt hatte, daß ich keine hatte und überhaupt und niemals welche hatte, ich suchte nicht nach Bekannten meiner Eltern, die so früh verstorben waren, daß sich kaum jemand an sie erinnern konnte. Der Umgang mit einheimischen Menschen bereitete mir einfach Freude. Einfach Freude bereiteten mir die halblaut geführten Gespräche auf deutsch, Gespräche, wenn auch – dessen bin ich mir vollkommen bewußt – mein Deutsch, aber auch das Deutsch meiner Eltern, viel zu wünschen übrig ließ. Diese Sprache entfernte sich von uns immer mehr, sie wurde nicht so sehr zu einer fremden Sprache wie zu einer vergessenen. Zusammen mit ihr entschwand unser früheres Leben in ganz andere Regionen, wie auch wir selbst, ausgenommen selbstverständlich jene, die in den Westen gefahren sind, gleichgültig, ob jetzt oder vor Jahren. Es zählte nicht, wie sie in jenem Land behandelt wurden, wichtig war, daß sie im Augenblick der Ausreise für die einheimischen Menschen sofort zu Menschen von drüben geworden sind.

Jedesmal, wenn ich über die Ausreisen in die Bundesrepublik nachdachte, erfaßte mich Unruhe, ein schwer zu erklärender Zustand, den ich auch jetzt nicht begreife. Ich suchte Schutz, irgendwo, im Kino, im Theater, in einem Buch, von denen etliche in unserer Hausbibliothek standen und die ich mit größerem Eifer las als Jan.

Jan war Milizionär und schämt sich dessen sogar bis heute nicht, obwohl er schon so viele Jahre nicht mehr bei der Miliz arbeitet, obwohl für ihn jene Angelegenheiten ebenso weit entfernt waren wie der Krieg. Im Jahre fünfundvierzig waren fast alle ersten Siedler, die es nach Allenstein verschlagen hatte, Milizionäre oder Eisenbahner. Jetzt schämen sie sich der ersten Tage und wollen nicht über die alten Zeiten reden. Ich will auch nicht darüber reden, alles wurde schon gesagt und die damaligen Jahre haben überhaupt keinen Einfluß auf die gegenwärtige Situation. Ich will darüber nicht reden, und rede doch ständig. Hauptsächlich in Gesprächen mit Jan kehre ich zu den ersten Nachkriegstagen und -monaten zurück. Aber ist das denn nötig? Ich sehe, wie Jan sich quält. Ich quäle mich auch, meine aber, daß solch eine Selbstquälerei vielleicht von Zeit zu Zeit notwendig ist. Kurt, ein Vertreter der jungen Generation, hat sich sofort definiert. Am ersten Tag, als er schon Konrad Kinecki hieß, sagte er, er sei Pole, und dabei blieb es. Kurt ging über seine hiesige Abstammung hinweg, so wie man über ein unwichtiges Kapitel in einem interessanten Roman hinweggeht. Im besten Falle, wenn es die Umstände erforderten, erwähnte er seine hiesige Herkunft, dabei unterstreichend, daß die Familie Kinecki sich im Kampf um das Polentum im Ermland verdient gemacht hatte und daß er gerade diesem Zweig entstammte. Das stimmte nicht. Kurt stammt überhaupt nicht von der bekannten Familie Kinecki ab, er hat nur diesen Namen angenommen. Vielleicht waren einst, in längst vergessenen Zeiten, Kinskis und Kineckis die gleiche Familie? Vielleicht konnte man damals irgendwelche Analogien entdecken. Indessen war Kurt einfach der Kurt. Ich schätzte ihn jedoch für etwas ganz anderes. Ich hielt ihn nicht wie andere für ehrlos, ich verstand aber, daß Kurt den besten Weg gewählt hatte. Er mußte ein Teil der Gesellschaft werden, um in ihr zu leben.

Großes Aufsehen erregte damals – ich sah es durch die Fenster meines Zimmers –, wie Tadeusz Borucki mitten auf der Straße, bewacht von Maschinenpistolen, abgeführt wurde. Seine Hände waren gefesselt. Er ging tief gesenkten Hauptes, als wenn er sich dessen schämte, in seiner Schande von Menschen gesehen zu werden.

»Komm her«, rief ich Jan, der noch im Bett faulenzte. »Komm schnell!«

Es muß in meiner Stimme etwas gewesen sein, denn Jan gehorchte sofort und stellte sich noch nackend hinter meinen Rücken.

»Sieh. Sie führen Tadeusz ab.«

»Irgend etwas muß passiert sein«, antwortete Jan.

»Sie sperren ihn für das Plündern ein«, lachte ich. »Das ist sehr gut. Das hat er schon längst verdient.«

Wenn ich geahnt hätte, welche Folgen diese Festnahme haben würde, hätte ich sicher kein Wort darüber gesagt. Jan war ungewöhnlich erregt, zog sich eilig an und lief aus der Wohnung hinaus, im Laufen noch seinen Gürtel festziehend. Als ich protestierte, schrie er, daß Tadeusz sein Freund sei.

Damals, auf die Rückkehr von Jan wartend, erlebte ich schwere Stunden. Ich stellte mir vor, daß Jan als bester Kumpel von Tadeusz ebenfalls festgenommen werden würde. Jan war die meiste Zeit des Tages mit mir zusammen, konnte also nicht an den Machenschaften von Tadeusz beteiligt sein. Beruhigt legte ich mich schlafen, bis Jan mich mitten in der Nacht aufweckte.

»Es ist nicht wegen der Plünderung«, sagte er. »Das sind politische Sachen, und es ist nicht genau bekannt, worum es geht.«

»Er war an der Macht«, sagte ich.

»Ich bin ebenfalls an der Macht«, platzte Jan heraus.

»Deine Macht und seine, das ist ein großer Unterschied«, brummte ich noch, aber ganz leise, so leise, daß Jan es nicht hörte.

»Weißt du«, sagte Jan in einer Nacht, »es fahren weitere Transporte nach Deutschland.«

»Hast du Lust, mich einzutragen?«

»Ich habe keine Lust dazu. Die ganze Zeit denke ich daran, was du gesagt hast. Du hast so sehr von einem Bauernhof geschwärmt, davon, mit Leib und Seele Bäuerin zu sein. Ich kann sogar schon morgen einen Bauernhof erhalten. Dann würden wir aus der Stadt fortziehen.«

»Nein«, erschrak ich über das Näherkommen dieser Entscheidung. »Nein, ich werde nie mehr eine richtige Bäuerin sein.«

»Begreif doch«, erklärte Jan. »Sie geben mir einen wunderbaren Bauernhof. Fünfzig Hektar einschließlich Wäldern, in der Nähe eines Sees, alle Maschinen, das Haus komplett erhalten und nicht ausgeplündert.«

»Das ist aber nicht der Hof von Herrn Kohl?« fragte ich heuchlerisch.

»Ich bin heute dort gewesen. Diese Familie fährt mit dem morgigen Transport weg. Was sagst du dazu?«

»Nein«, protestierte ich wieder. »Nein. Vor kurzem sagtest du, daß du keinen fremden Plunder haben willst.«

»Aber das ist ein Bauernhof.«

»Fremdes Land ist dasselbe wie fremder Plunder. Laß es jemand anderen nehmen. Niemals werde ich mit solch einer Lösung einverstanden sein. Niemals.«

»Gut«, seufzte Jan, ich spürte Erleichterung in diesem Seufzen. »Gut«, wiederholte er. »Wir bleiben in der Stadt.«

»Wir müssen in der Stadt bleiben«, sagte ich schläfrig und streichelte Jan über den Kopf. »Wenigstens ich muß bleiben. Ich werde hier wirtschaften, in diesem Durcheinander. Ich werde Hausherrin der Rumpelkammer sein. Das ist ein besserer Ersatz für das, was ich erreichen wollte, als das Wühlen in fremder Erde.«

»Du hattest Angst vor der Stadt.«

»Ich habe weiterhin Angst«, wurde ich lebhafter. »Aber nicht so sehr wie vorher. Mein Gott, wie fürchtete ich die Stadt. Dort, im Waisenhaus, war alles geregelt. Ich wußte, wann ich aufzustehen hatte. Ich wußte, wen ich sehen werde, wenn ich aufwache, wen ich treffe, wer neben mir während der Frühmesse stehen wird. Was war das für eine Sensation, als der alte Pfarrer wegzog und an seine Stelle ein neuer geschickt wurde.«

»Ein Ansehnlicher?« gähnte Jan.

»Der alte Pfarrer war viel ansehnlicher«, sagte ich schon vollkommen wach. Ich erhob mich etwas, stützte den Ellbogen auf Jans Schulter und wurde ganz redselig.

»Der neue Pfarrer sah neben dem alten wie ein Gnom aus. Er hatte ein schrecklich finsteres Gesicht. Wir redeten einige Tage lang darüber, und nachher kehrte alles zum Gewohnten zurück, und der neue Pfarrer wurde zum alten Pfarrer.«

»So wie mit allem«, brummte Jan, der mit geschlossenen Augen dalag. »So ist es mit allem, was man auch anfaßt.«

»Ich hatte schreckliche Angst vor der Stadt. Wir waren gerade auf einem Ausflug in Allenstein, als die von oben kommende Straßenbahn aus den Schienen sprang, das Brückengeländer durchbrach und in den Fluß fiel. So durfte es nicht sein«, entrüstete ich mich. »Das war nicht in Ordnung. Nachher wurde die Straßenbahn herausgeholt und fuhr wieder über die gleichen Schienen.«

»Hättest du es lieber anders gewollt?«

»Ich wollte es anders«, lachte ich. »Denn wenn sich etwas ändert, dann ändert es sich.«

»Hättest du gewollt, daß die Straßenbahn im Fluß geblieben wäre?« fragte Jan, die Augen öffnend.

Seine Hand begann, an meiner Brust zu fummeln. Ich setzte mich zurecht, damit Jan es bequemer hatte.

»Ja«, bestätigte ich. »Das stimmt. Und keine andere Straßenbahn sollte auf diesen Schienen fahren.«

»Veränderung ist Veränderung«, bestätigte Jan. »Ohne Möglichkeit zurückzukehren.«

Die Zärtlichkeiten wurden intensiver. Jan entblößte meine Brust und betrachtete sie, nur von Zeit zu Zeit die Brustwarzen betastend.

»Das stimmt«, sagte ich und streckte mich kräftig. »Der Tag, der vergangen ist, kann doch nicht zurückkehren.«

»Deshalb wirst du nicht ausreisen?« Jans Stimme zitterte immer stärker, und immer mehr erfaßte ihn die Erregung.

»Wenn du willst, gehe ich fort, aber ich werde nicht ausreisen. Ich könnte es jetzt nicht tun.«

»Weibergeschwätz«, wurde Jan ungeduldig und nahm mich mit gleicher Heftigkeit wie beim ersten Mal, gleich nach dem Treffen auf dem Bahnhof. Wir liebten uns immer in ebendieser Weise, schnell und heftig. Ich empfand dann die größte Befriedigung, und unter anderem deshalb erinnere ich mich mit Ekel an meinen einzigen Kontakt mit Tadeusz, der sich abscheulich benommen hatte. Ganz und gar besabbert, machte er sich langsam und salbungsvoll an mich heran, und dann knetete er mich schnaufend und schwitzend eine gute halbe Stunde.

Jetzt lag Jan ermüdet neben mir, und die Augen fielen ihm zu.

»Wie fürchtete ich doch diese Stadt«, sagte ich, noch ganz außer Atem. »Diese Straßenbahn hätte doch der Brücke ausweichen und weiterfahren sollen. So war die Ordnung der Dinge. Von dem Unfall waren alle überrascht. Und daß ein Mensch umkam. Und dies«, fügte ich schon ganz ruhig hinzu, »daß die Menschen auf der Straße und in der Straßenbahn sich sehr erschrocken hatten. In der Stadt taten sich viele unbegreifliche Dinge. Solche, die man nicht vorausplanen und voraussehen kann. Wenn du wüßtest, mit welcher Erleichterung ich ins Waisenhaus zurückgekehrt bin. Mit welch großer Erleichterung. Ich habe mir damals geschworen, daß ich nie in der Stadt wohnen würde.«

»Du hast Angst vor der Stadt?« fragte Jan wieder schläfrig.

»Nicht mehr«, sagte ich. »Nach alledem. Aber damals hatte ich schreckliche Angst. Herr Kohl sprach mich an, und ich habe ihm den Unfall genau geschildert. Er wollte ebenfalls nicht in der Stadt wohnen.«

Diesmal war Jan so schläfrig, daß er auf den Namen des Herrn Kohl nicht mit der üblichen Heftigkeit reagierte. Er brummte nur irgend etwas und wäre wahrscheinlich eingeschlafen, wenn nicht meine Brust gewesen wäre, die ich zu seinem Mund hinschob.

»Herr Kohl«, sagte ich, wieder schneller atmend, »verstand mich ausgezeichnet. Er verstand alles.«

»Dein Herr Kohl«, diesmal reagierte Jan.

»Ein eigenartiger Mensch, nicht wahr? Er verstand alles, und jetzt lebt er nicht mehr – vielleicht gerade deshalb.«

»Er wollte nicht mit dir sprechen«, sagte Jan undeutlich, meine Brustwarze zwischen den Lippen haltend.

»Was soll's? Er hätte sich auch ändern können. Ich habe mich doch so stark verändert. Warum sollte also Herr Kohl anders sein?«

»Er ist Deutscher«, sagte er wieder undeutlich.

»Deutscher«, bestätigte ich. »Trotz allem denke ich, daß nur er mich verstanden hat.«

»Deshalb, weil du Kohl verstanden hast«, sagte Jan, diesmal deutlicher, sich etwas erhebend.

Er schaute mich prüfend an, als ob er darüber nachdenken würde, was er mit mir machen sollte.

»Eben. Und stell dir vor, jetzt wohne ich in der Stadt, bin mit dir zusammen. Es geht mir gar nicht gut, aber ich will es nicht anders.«

»Du hast dich daran gewöhnt«, knurrte er verärgert.

»So wie alle. Und an alles.«

»Du mußt nur lernen zu leben.«

»Wie alle«, entgegnete ich, und dann nahm mich Jan wieder mit großer Heftigkeit. Ich gab mich ihm hin und dachte dabei, daß das Leben mit ihm so einfach und so wunderbar ist. Ich weiß noch nicht einmal, wann ich eingeschlafen bin, und weiß nicht, wie lange ich geschlafen habe.

(Aus dem Polnischen von Ursula Fox)

DZITKO, BOHDAN, geboren 1941 in Grodno, studierte Rechtswissenschaften in Thorn. Seit den sechziger Jahren ist er namhaft im kulturpolitischen Leben der Allensteiner Region tätig, von 1981 bis 1983 war er Vorsitzender des regionalen polnischen Schriftstellerverbandes in Allenstein. Allein in den siebziger und achtziger Jahren veröffentlichte er fünfzehn Publikationen mit Erzählungen, Romanen, Hörspielen und Werken für Kinder. Viele seiner Veröffentlichungen haben eine ermländisch-masurische Thematik zum Gegenstand.

Am See

Marga erschien unbemerkt. »Sie wollen mit mir reden, Herr Jaworski?«

»Entschuldigung. Ich habe gerade an Ihren Onkel gedacht.«

»Ja, so kam es auch mir vor. Er konnte Sie gut leiden.«

»Verstehe, Sie haben von der Tante einen Brief bekommen. Was schreibt sie?«

»Sie ist nun alleine. Und bittet, im Haus nachzuschauen, ob sich dort noch etwas von ihren Sachen finden läßt.«

»Ein Rosenkranz, wenn ich nicht irre.«

Marga bestätigte dies zögernd: »Ja, sie schreibt, er wurde im Hause seit über hundert Jahren aufbewahrt. Er schützte sie vor Unglück, Blitz und Dieben. Sie glaubt, wenn sie den Rosenkranz nicht zurückgelassen hätten, wäre vielleicht auch der Onkel wieder gesund geworden. Bis zu seinem Tode hat er immer wieder danach gefragt.«

»Verstehe ich nicht. War das Haus früher mit Stroh gedeckt?«

»Das ist unwichtig. Als Dachziegel aufkamen, hat der Onkel damit gedeckt. Aber das war für sie egal: Strohdach oder Dachziegel. Sie glaubten an Dinge, wie die Menschen von früher. Als ich noch ein Junge war, fanden Bernhard und ich alte bunte Bilder. Sie lagen auf dem Dachboden. Aufgemalt waren da Kirchen, Landschaften, Heilige. Wir schnitten sie aus und klebten sie in unsere Schulhefte, bis es rauskam. Mein Gott, Sie können sich nicht vorstellen, was da los war. Sogar der Pfarrer mußte sie beruhigen.«

»Wie geht es der Agathe?«

»Ach was, die hat genug Geld und tut nichts. Die Pferde und Kühe, die sie mitgenommen hatten, haben sie gleich aus dem Güterwagen verkauft. Na, und jetzt bekommen sie ihre D-Mark vom Staat. Bernhard und Luzie lernen deutsch sprechen und werden dann eine Umschulung machen. Nur die Tante bettelt: ›Schreib uns, wie das Dorf ohne uns aussieht, und laß das Haus fotografieren.‹«

Alfons freute sich, daß er mit jemandem reden konnte, der sich an die Familie Wolarz erinnerte und gut über sie sprach. Zenon hätte das gar nicht von ihm erwartet. Seit er erwachsen war, dachte er nur an seinen Beruf, ans Verdienen und was man sich kaufen sollte. Den Wolarzens imponierte er. Schließlich stammte er nicht nur aus dem Dorf, sondern er hatte es auch zu etwas gebracht.

Zenon war neugierig: »Alfons, nun sagen Sie einmal ganz ehrlich, haben Sie selbst denn nie daran gedacht ...« – »... auszureisen?« fragte Marga direkt.

»Ja.«

»Sicher, gedacht schon. Aber mit mir ist das anders als bei denen. Grażyna stammt aus Zentralpolen, und die Kinder haben nie ein deutsches Wort gehört. Mir ist es eben anders ergangen als dem Bernhard und der Luzie. Die hätten Angst gehabt vor dem, was ich gemacht habe.«

»Was?«

»Na, eine Polin zu heiraten.«

»Die sind doch auch keine Deutschen.«

»Das sagt man so. Mein Mädchen ist ein polnisches Mädchen. Wenn man auf dem Lande lebt, Familie hat und nicht seinesgleichen findet ...«

»Ich verstehe nicht ganz.«

»Nun, wie ich meine Grażyna gefunden habe?«

»In Rokityny.«

»Ja, aber um sie scharwenzelte doch immer dieser Student oder so was herum. Wenn der nicht gewesen wäre, hätte ich auch nicht gedacht, daß ich sie haben kann.«

Zenon lachte in Erinnerung an seine Liebschaft, die das Dorf damals gleich in mehrere Parteien spaltete.

»Sie lachen«, sagte Marga, »aber damals war das nicht zum Lachen. Nur wegen der Grażyna war ich so trotzig, daß ich das Technikum machen wollte, um ihr zu zeigen, daß ich nicht schlechter bin als die anderen.«

»Ihr wart damals doch fast noch Kinder.«

»Aber ich war Ermländer und stammte vom Dorf. Und wenn sich ein solcher etwas in den Kopf setzt, dann reitet ihn der Teufel oder er steht kopf. Ich hatte natürlich teuflisches Glück. Sie wissen sicher, daß Grażynas Vater in der Stadt ein Haus baute. Mir hat er es zu verdanken, daß er für sämtliche Installationen nur so viel bezahlte, wie der Stempel auf der Genehmigung kostete. Alles habe ich ihm gratis gemacht!«

»Ich lache, weil sich eure Romanze für einen Roman über die Produktion eignete, in dem die Moral durch Fettdruck hervorgehoben ist.«

»Das war kein Buch, so war das Leben. Herr Jaworski, Sie glauben gar nicht, wie ich schuften und mich mit dem Lernen abquälen mußte, um diese Grażyna nicht zu verlieren. Sie sagen, Romanze: Ganz und gar nicht! Wieviel ich da betteln mußte, damit sie mir im Polnischen half. Da war der Vater schon zugänglicher, aber von einer Hochzeit wollte er nichts wissen.«

»Sagen Sie, und Bernhard, hat der nie versucht?«

Marga zog bedeutungsvoll die Augenbrauen hoch:

»Entschuldigen Sie bitte, Herr Jaworski, hätten Sie ihm denn Ihre Magda gegeben?«

»Wie denn, die Magda?«

»Na, sehen Sie. Der hatte keine Chance. Er landete bei einer Studentin, die hier Ferien machte. Und was hat er erreicht? Den ganzen Tag schuftete er auf dem Feld und auf dem Hof, und am nächsten Morgen mußte er wieder auf den Beinen sein. Solch ein Mädchen will einen Jungen haben, der mit ihr Kajak fährt, tanzt, spazierengeht ...«

»Komische Ambitionen!« dachte Zenon. Es wurde ihm ganz eigentümlich zumute. »Und der Adam Skwiercz!« sagte er rasch. »Der Adam Skwiercz, jener Bauernsohn aus der Gegend von Rzeszów?«

Er überlegte rasch: Wie viele Kinder von diesen »Autochthonen« hatten denn studiert? Oder die höhere Schule abgeschlossen? Außer Alfons wohl niemand. Es sei denn, jemand in Brzezwałd ... Warum erschien einem das bislang als ganz natürlich, war es keiner Überlegung wert? So viel hatte sich ringsum verändert, so viele junge Leute hatten den Sprung getan von hier aus den dörflichen Tiefen hin zu Fabriken, Behörden, dem Militär. Und Rokityny? Und Brzezwałd? Hier taten solche Sprünge nur die Neuzugezogenen. »Neuzugänge« mit Geburtsurkunden dieser Gemeinde – dachte Zenon mit Unbehagen.

Und trotzdem hätte er ein Werben Bernhards um Magda als etwas Unerhörtes angesehen. Und er hätte sich dem entschieden widersetzt.

Er war so sehr ins Nachdenken geraten, daß er Alfons und Marga beinahe vergessen hätte.

»Der«, sagte plötzlich der Elektriker, »hat doch zu früh die Hoffnung aufgegeben. Was kann denn ein solcher Autochthoner wie ich schon bewirken«, sagte er. »Kein Mädchen aus Zentralpolen würde mich auch nur ansehen, und wenn, dann weiß man doch, weshalb.«

»Solch rückständige Leute wie Bernhard haben doch überall Schwierigkeiten. Sie versuchen es nicht einmal«, lachte er unerwartet.

»Er mußte ja auch auf die Eltern Rücksicht nehmen.«

»Natürlich mußte er. Der Onkel hätte ja noch ein Auge zugedrückt, aber die Tante war von vorgestern. Alles mußte bei ihr wie früher sein. Sie wissen sicher, daß wir als Jungens zu Poschmanns ins Heu gingen, in die Scheune, die nicht mehr steht. Ich war ja Autochthoner und sammelte das auf, was andere nicht auffressen. Na ja, aber die Mutter lebte in der Stadt, und Onkel und Tante behandelten mich anders als die Ihrigen. Wissen Sie, immer wenn wir Bernhard mitnehmen wollten, roch die Tante den Braten und ließ ihn nur in Holzpantinen rumlaufen. Die Schuhe schloß sie ein, er aber hatte Schuhgröße vierundvierzig. Woher konnte sie nur wissen, daß wir ihn mitnehmen wollten?«

Zenon hörte mit großer Aufmerksamkeit zu. Was doch so eine Heirat, ein Beruf und die Bildung bedeuteten! Offenbar nicht nur im Alter kommen einem die Erinnerungen. Man sieht ja, das ganze Leben ist Erinnerung.

Er beschloß, Marga wie einen besonderen Gast zu behandeln. Für bessere Gelegenheiten hatte er eine Flasche Martel im Schrank verwahrt, ein Geschenk von Tochter und Schwiegersohn, kaum angebrochen.

Er entschuldigte sich für einen Augenblick und kam mit dem Cognac zurück.

»Erlauben Sie, Alfons ...«

»Nur einen Tropfen«, sagte Marga nachdrücklich, aber angenehm überrascht. »Ich bin mit dem Auto.« – »Möge der Onkel ruhen in Frieden«, prostete er und war gerührt.

Dies übertrug sich auf Zenon.

»Ich habe ihn auch gemocht, sogar sehr. Leider war nichts aus ihm herauszukriegen.«

»Ich weiß«, sagte Marga trocken.

»Was wissen Sie?«

»Na das, was ich ihn gefragt habe. Einmal waren wir bei der Heuernte zusammen. Vielleicht erinnern Sie sich, das war so ein Sommer mit täglichen Gewittern um die Mittagszeit. Er hatte da so ein kleines Feld und nahm mich mit. Die Tante, den Bernhard und die Luzie hatte er zum Hain geschickt.«

»Ja, ich erinnere mich an den Sommer.«

»Wir hatten gemäht, Heuhaufen gemacht und gingen nach Hause. Im Wald überkam es mich. Der Onkel hatte an dem Tag gute Laune und war wie ein Kumpel zu mir. Da fragte ich ihn: ›Sag mal, Onkel, sind wir richtige Polen oder nicht?‹ Er blieb stehen und schob vor Verwunderung den Hut von der Stirn: ›Was ist in dich gefahren, Kerl? Hat dir einer gesagt, daß du mich fragen sollst, oder was?‹ Ich sagte: ›Den Ausweis soll ich kriegen, da mußte ich die Volkszugehörigkeit reinschreiben ...‹«

Zenon goß bedächtig Martel nach.

»Er schaute mich an«, Marga dankte mit einem Kopfnicken, »und dann forschte er weiter nach: ›Also, hast du geschrieben, und was willst du jetzt noch?‹ Darauf ich: ›Mama sagt, daß die Menschen vor dem Kriege auch etwas anderes gedacht und etwas anderes geschrieben haben.‹ Er sagte nichts mehr, wir gingen weiter, und ich dachte schon, das Gespräch sei zu Ende. Als wir den Wald verließen, blieb er stehen und fragte: ›Und wenn du nun so von dir aus schreiben müßtest, nicht für die Miliz, für kein Amt, was würdest du hinschreiben?‹ Ich zuckte mit den Achseln, denn warum hätte ich ohne Grund etwas hinschreiben sollen. Er schaute mich prüfend an, aber ohne Zorn. ›Also, als ich jung war und auch später, mußte ich auch anders schreiben als ich dachte. Ich hatte große Wut auf Äm-

561

ter, Polizisten, Priester und weiß Gott auf wen noch, auf die Eltern ebenfalls. Innerlich fluchte ich: Verdammt, sollen doch endlich die Polacken nach Ostpreußen kommen, dann hört endlich diese Fragerei auf!‹ Mir erschien das falsch: ›Onkel, was redest du da?‹ Er hörte nicht hin und fuhr fort: ›Ich wußte, daß sie kommen, gucken, hören und sagen werden: Es ist gut, lebet weiterhin gottesfürchtig, seid gerecht, und um den Rest kümmert euch nicht.‹«

Wenn Marga die Worte des alten Wolarz wiederholte, sprach er platt:

»Ich wäre beinahe in Zorn geraten wegen so viel Naivität, aber schnell merkte ich, daß er auf diese Weise nach der Wahrheit über sich selbst suchte, danach, wie er selbst einst war. In meinem Kopf war alles durcheinander, und ich hatte weiterhin keine Gewißheit: ›Dachtet ihr, die werden nicht herausfinden, ob ihr Polen seid?‹ Er bestätigte: ›Ja, so dachte ich. Die Deutschen wußten, daß wir keine Deutschen sind, da müßten das doch auch die Polen wissen!‹«

Zenon berührte das offenbar:

»Was hat er denn gefühlt, als er starb, so weit weg, in einer fremden Stadt?«

»Ich habe Ihnen doch schon gesagt, er erinnerte sich an den Rosenkranz, der ja eigentlich der Tante gehörte und nicht ihm.«

»Über dreißig Jahre haben sie zusammen verbracht.«

»Ich denke, er hatte nicht vergessen, was er damals verwahrt hatte, als wir das Dach deckten. Wer konnte wissen, was er dachte; in Rokityny hätte er darüber wohl nie gesprochen.«

Alfons redete erstaunlich abgewogen und irgendwie reif, zudem ungewöhnlich aufrichtig. Trotzdem sagte er nicht genau, ob sich Wolarz nun als Pole fühlte oder nicht, ob er selbst ...

»Seien Sie mir nicht böse«, unterbrach Zenon das Gespräch über den Tod des Onkels, »aber was sind Sie denn, Alfons?«

Marga wurde plötzlich ernst. Er bemühte sich, als nüchternes, vielleicht auch berechnendes Produkt einer kollektiven Erziehung zu erscheinen. Daher sagte er bestimmt: »Ich mag darüber nicht reden, Herr Jaworski. Das ist eine Frage, die ich schon so oft mit Lügen beantworten mußte, daß ich – so wie mein Onkel – endlich damit in Ruhe gelassen werden möchte.«

»Aber, aber, Alfons!«

»Hören Sie. Jeder fragt und fragt mich: Bist du Pole? Und ich verstehe das so: Wo war dein Vater Soldat, unter Pilsudski, unter General Haller oder Rydz-Smigły. Ich weiß nicht einmal, wie die Generäle alle heißen. Sie wollen doch wissen: Wenn der Zweite Weltkrieg nicht gekommen wäre, was wäre dann der Marga, ein Pole? Herr Jaworski, ich werde es Ihnen nie sagen, was Sie von mir hören wollen! Und wenn ich die Lieder singe wie ›Trauerweiden‹ oder ›Präsentiert das Gewehr‹, dann kommt mir jedenfalls ein völlig anderer Krieg in den Sinn als Ihnen! Ich denke dann an meinen Vater, den ich nie gesehen habe. Rechnen Sie einmal nach: Zum letztenmal besuchte er meine Mutter ganz kurz im August vierundvierzig: ›Sie schicken uns nach Polen. Ich habe drei Stunden Zeit, dann muß ich los‹, sagte er. Er kam, verschwand, und sie sah ihn nie wieder. Vom Militär schrieben sie ihr: vermißt … Was heißt das? Wo vermißt? Vielleicht kämpfte er gegen die Aufständischen in Warschau?«

»Vielleicht überquerte er die Weichsel, es gab viele solche.«

Er schüttelte den Kopf. »Daran denke ich nicht einmal. Er muß so einer wie Wolarz gewesen sein oder wie Dietrich. Hundertmal überlegte er alles, und wenn es soweit war, dann war es zu spät.«

»Quälen Sie sich oft damit herum?«

»Manchmal. Aber mehr noch quält mich etwas anderes. Meine Mutter war eine geborene Hanowska, ihre Mutter eine Więcek, und die Mutter meines Vaters war eine Knipper. Meine Oma Więcek war zweimal verheiratet, ihr zweiter Mann hieß Rozicki und diente bei einem Pfarrer, der war Deutscher. Durch den Priester wurde er wie dieser, und seine Söhne fluchten über die Polen, es war kaum anzuhören. Dafür hatte die Oma Knipper das Deutsche vergessen, sobald sie die Schule beendet hatte.«

Marga fiel wieder aus der Rolle und wurde ungeduldig: »Nun sagen Sie doch, Herr Jaworski, was hatte das denn für einen Sinn, daß sie so waren, wie sie waren, wie es ihnen gerade paßte? Warum werde ich denn gefragt: Fühlen Sie sich als Pole? Wärst du ein Pole, wenn der Krieg nicht gekommen wäre? Und noch andere Dummheiten! Ich würde es niemandem verübeln, wenn man einmal fragen

und erfahren würde, wie das mit mir war, wie die Eltern waren, die
Großeltern, und dann begreifen würde, daß sie kein leichtes Leben
hatten. Aber, Herr Jaworski, man glaubt mir nicht, deshalb fragen
und fragen sie! Verdammt noch mal, Herr Jaworski, ich habe es
satt, wie Onkel Wolarz und viele von uns! Warum fragt ihr, wenn ihr
nicht glauben wollt?«

Zenon hatte nach einem solchen Zornesausbruch erwartet, daß
der Gast nach seiner Mütze greifen und sich verabschieden würde.
Er bat jedoch um einen weiteren Cognac.

»Ich bitte Sie um Entschuldigung, Herr Jaworski. Ich habe Sie
damit nicht gemeint. Ich kann nur leider nicht nach Rokityny kommen, ohne daß Erinnerungen wach werden. Ich will dann wissen,
warum alles so gekommen ist. Mußte es so kommen? Weshalb
konnte denn niemand damit fertig werden? Grażyna wurde böse,
als ich sagte, ich fahre, um den Rosenkranz zu holen: ›Du kommst
wütend zurück und wirst nach Wodka suchen! Und ich sage dir, ich
werde dich in die Küche verbannen und das Zimmer abschließen.
Damit du's weißt!‹ Ich kann nichts dafür, daß es mich wütend
macht, wenn ich den Hof des Onkels sehe. Natürlich weiß ich, daß
es anderswo noch viel schlimmer aussieht und sie zugrunde gehen.
Muß das so sein, Herr Jaworski?«

Zenon tat es leid, daß Marga sich so aufgeregt hatte. Irgendwie
fühlte er sich verletzt: »Sie, Alfons, fragen mich so, als ob ich mehr
wüßte als Sie, als die Leute, die hier geboren wurden. Ich habe Sie
doch nur zum Tee eingeladen, um ein bißchen zu reden und ein wenig zu fragen. Ihr Onkel geht mir nicht aus dem Sinn. Nachts ertappe ich mich beim Horchen: Was gibt's bei Wolarzens? Haben etwa die Hunde angeschlagen? Sie wissen nicht, was mir auf dem
Dachboden in den Kopf kam, als Sie diesen Rosenkranz suchten.«

»Woher sollte ich?«

»Meine Enkel fanden dort einmal ein Büchlein, das Ihrer Mutter,
der Agathe, gehört hatte. Das waren Weissagungen aus dem vergangenen Jahrhundert. Aberglauben könnte man sagen, verdum-
mende Jahrmarktslektüre. Für mich hatten diese alten, ausgefran-
sten Blätter einen doppelten Sinn. Sie waren polnisch geschrieben,
aber mit Absicht. Im Menschen hält sich immer so eine Angst vor

dem Leben verborgen, eine Art Neugier auf die Zukunft. Ihr Onkel und Ihre Tante meinten, über solche Papierchen sollte man nicht spotten. Ich stimme dem insofern zu, als ich viel Mitleid empfinde für Menschen, die in einer solchen Lektüre Trost und Wissen suchten. Auf einem der Blätter fand ich aber die Feiertage eingetragen, mindestens zwei für jeden Monat, im August sogar fünf. Da konnte man lesen: ›Man kann sagen, daß, wenn ein Kind in diesen Tagen geboren wird, demnächst ein Unglück passiert. Selbst wenn es am Leben bleibt, wird es in Armut und Elend leben, und was immer es anfaßt, das wird ihm mißlingen.‹«

»Ja, auch solche Leute gab es.«

»Wen?«

»Unsere Alten. Die Tante sucht nach einer Erklärung dafür, warum der Onkel so früh sterben mußte. Sie denkt, wenn ich ihr den Rosenkranz schicke, dann kann sie damit das Böse vertreiben.«

»Wir alle wissen überhaupt nicht, was uns bewegt und quält. In diesem Jahr hat mich Rokityny mehr mitgenommen als sonst.«

»Soll ich Sie in die Stadt mitnehmen?«

»Das geht nicht. Ich habe noch so viel zu packen.«

Marga schaute auf die Uhr. Er war zur Rückkehr bereit: »Ich komme zu spät«, sagte er nüchtern und ganz sachlich.

Die Stimmung der nicht alltäglichen Unterhaltung war hin.

»Sollte ich Ihnen irgendwie behilflich sein können«, er zog den Mantel mit dem Pelzkragen an, »dann rufen Sie mich an. Seit einem Monat haben wir Telefon. Ich weiß, daß Sie manchmal an uns denken.«

(Aus dem Polnischen von Winfried Lipscher)

OGRODZIŃSKI, WŁADYSŁAW, geboren 1918 in Ostpolen. Nach der Vertreibung studierte er Geschichtswissenschaften an der Universität Krakau und lebt seit 1956 in Allenstein. Sein Debüt im Jahre 1947 mit dem Buch »Land der wiedergefundenen Bestimmung« wurde zum Motto seines Wirkens. Er widmete sich fortan vor allem der Thematik der sogenannten »wiedergewonnenen Gebiete« (ehemalige deutsche Ostgebiete). In diesem Rahmen veröffentlichte er viele Arbeiten über Ermland und Masuren. Er schildert u. a. das Schicksal der aus dem Osten vertriebenen polnischen Intelligenz, die in diese Gebiete kam und hier auf die angestammte Bevölkerung traf – die Ermländer und Masuren. Seine Schriften sind nicht frei vom Einfluß der Zeit, als Fakten verschwiegen wurden und man die Geschichte entsprechend der geltenden politischen Linie darstellte. Sie sind aber auch ein Versuch, die angestammte Bevölkerung in ihrem Willen zur Ausreise nach Deutschland zu verstehen.

Ausflug mit Horst

Ausgezeichnet steuerte Horst seinen Wartburg. Immer wieder wandte ich den Blick vom Grün ab, um sein Profil anzuschauen. Auf dem länglichen, edlen Gesicht herrschte Ruhe. Trotz Konzentration verlor es nicht seine Heiterkeit. Wenn er mit hoher Geschwindigkeit die in der masurischen Landschaft so häufigen Kurven nahm, sah die leichte Grimasse um seinen Mund herum wie ein kleines Lächeln der Zufriedenheit aus.

Der Wegweiser informierte: Osterode 14 km. Es waren noch etwa zwanzig Kilometer, denn das Dorf, zu dem wir fuhren, lag hinter Osterode.

Ich fuhr mit Horst in die Heimat seiner Frau. Er selbst stammte aus Magdeburg, aber seine Frau war als Kind zusammen mit den Eltern kurz vor Kriegsende aus Osterode nach Deutschland ausgewandert. In Leipzig haben sie sich kennengelernt und geheiratet, dort wohnen sie bis heute.

»Weißt du«, sagte er, als wir an dem Wegweiser vorüberfuhren, »daß ich so etwas wie Lampenfieber empfinde? Stell dir vor, ich werde doch Leute sehen, die Martha von der Wiege her kannten. Aber bist du sicher, daß ich solche noch finden werde?«

»Sei beruhigt«, versicherte ich. »Ich kenne dieses Dorf.«

»Martha erwähnt es an jedem Geburtstag. Das muß eine schöne Gegend sein. Wie alt war Martha damals? Sieben.«

»Und du bist übrigens immer noch verliebt in sie, wie ein Bräutigam.«

»Treu sein, treu sein, treu sein muß ein Mann«, begann er mit etwas heiserem Bariton zu singen.

Ich mochte ihn. Wir haben uns in Kudowa auf einem einwöchigen internationalen Symposium kennengelernt. Eher um mir die deutsche Sprache ins Gedächtnis zu rufen als aus irgendeinem anderen Grund habe ich viel mit ihm geredet. Beim Abschiedsessen tranken wir einige Wodkas, nachher Bruderschaft. Selbstverständlich haben wir uns beim Abschied gegenseitig eingeladen, und ich machte als erster von seiner Einladung Gebrauch, um in Leipzig ganze zwei Wochen zu verbringen. Martha war ebenso nett wie er. Sie stammte aus einer eingedeutschten Familie, hieß mit Geburtsnamen Zaremba, konnte aber kein Wort polnisch. Die Eltern lebten nicht mehr, Geschwister hatte sie keine. Ich lud sie beide nach Polen ein, aber Martha wollte die Kinder in Leipzig nicht alleine lassen, von denen das jüngere knapp ein Jahr alt war. Horst mußte ihr feierlich versprechen, daß er, wenn er meine Einladung annahm, ihr Heimatdorf besuchen würde.

Wir erreichten die Straßen vor Osterode. »Die Kreisstadt deiner Schwiegereltern«, sagte ich.

»Warte, hier ist Martha getauft worden!« rief Horst. »Wir halten an.«

»Gut, dann fahr bitte nach links zur Anlegestelle.«

Wir hielten am Drewenzsee, machten einen Spaziergang am Ufer, tranken eine Flasche Fruchtsaft. Dann gingen wir in Richtung der nahegelegenen Altstadt.

»Aber von der sehenswerten evangelischen Kirche sind im Jahre 1945 nur Überreste geblieben, sie ist während der Kriegshandlungen niedergebrannt«, warnte ich ihn.

In der Altstadt – vor Jahren vollständig zerstört – grünten noch leere Flächen, stellenweise war sie jedoch schon mit neuen Objekten bebaut.

Als wir vor der Ruine der alten Kirche stehenblieben, betrachtete Horst sie aufmerksam, als wenn er die roten Ziegelsteine zählen würde. Er flüsterte: »Sie ist 1938 geboren, ein Jahr vor Ausbruch des Krieges. Wenn es Hitler nicht gegeben hätte, wenn es diesen Krieg nicht gegeben hätte, wäre sie hiergeblieben, wäre vielleicht in dieser Stadt ins Gymnasium gegangen.«

»Dann hättest du sie nicht kennengelernt, sie wäre nicht deine Frau geworden«, sagte ich.

»Es hätte sich eine andere gefunden«, lachte er, wurde aber gleich wieder ernst. »Ich verstehe nur nicht, warum Marthas Eltern von hier weggegangen sind, es war doch eine polnische Familie, die beiden Alten sprachen gut polnisch.«

»Und Martha? Konnte sie gar nichts, oder hat sie es später vergessen?«

»Sie konnte es wohl nie. Zu Hause sprachen sie immer nur deutsch.«

Ich zog ihn am Arm. Wir kehrten durch eine schmale Gasse zur Anlegestelle zurück. Ich sagte: »Sie sind germanisiert, die polnische Sprache blieb ihnen noch aus ihrer Jugendzeit erhalten, aber Martha haben sie schon deutsch erzogen. Was indes die Ausreise von hier kurz vor Kriegsende betrifft, so hat die Wehrmacht auf ihrem Rückzug Menschen mit Gewalt mitgenommen.«

»Unverständlich«, wiederholte Horst, »unverständlich. Und doch gibt es hier solche, die geblieben sind.«

Wir schauten noch einmal auf den See und stiegen in das Auto ein. Horst riß sich von seinen Gedanken los, konzentrierte sich erneut auf das Autofahren, und in den Kurven erschien um seinen Mund herum wieder jene Zufriedenheit über die Fahrt.

Wir hielten in der Dorfmitte. Die mit Horst zuletzt gewechselten Worte beunruhigten mich etwas. In Leipzig haben wir über diese Dinge nicht gesprochen. Martha pries ausschließlich die Schönheiten ihres heimatlichen Dorfes und weiter nichts. Ohne zu erklären warum, schlug ich Horst vor, beim Auto zu warten, während ich selbst mich bei einem bekannten Masuren erkundigen wollte, wo sich das Haus befand, in dem vor 1945 die Zarembas gewohnt hatten.

Als wir auf einem kleinen Platz stehenblieben, begann mein Freund, sich nachdenklich interessiert im Dorf umzuschauen. Es gab darin nichts besonders Reizvolles. Auf dem kleinen Platz wuchsen Kastanien, dahinter stand ein Spritzenhaus. Entlang der Hauptstraße standen gewöhnliche Parterrehäuser aus Ziegelstein, hinter denen Wirtschaftsgebäude und Gärten zu sehen waren. In einem der nahegelegenen Häuser – dem einzigen einstöckigen – war ein Lebensmittelladen mit kleinem Schaufenster und verglaster Tür, zu der drei Stufen hinaufführten.

Ich sah Horst an – er hatte den Gesichtsausdruck eines enttäuschten Menschen, aber in seinen Augen hielt noch die ehrfurchtsvolle Erregung an, mit der er hierhergefahren war.

»Du bist enttäuscht«, sagte ich.

»Nein«, entgegnete er. »Das ist zwar ein sehr gewöhnliches Dorf, es hat aber doch irgend etwas an sich …«

»Ruhiges Dorf, fröhliches Dorf«, rezitierte ich auf polnisch, übersetzte es gleich auf deutsch und fügte die Angabe der Quelle des Zitats hinzu. »Du begreifst doch wohl die einfache Tatsache, daß Ereignisse, Menschen und Dinge in den Kindheitserinnerungen anders, größer und farbiger sind.«

»No ja, ja, natürlich«, unterbrach er mich, während er sich weiterhin umschaute. »Also, geh dorthin und erkundige dich, wo dieses Haus ist.«

Den alten Masuren traf ich in der Wohnung an. Als ich ihn bat, mir die Information zu geben, runzelte er die Stirn und schwieg eine Weile. Schließlich kratzte er sich an seiner Glatze, die in ein Büschel grauer Haare eingebettet war, und erklärte mir, auf der anderen Seite des Dorfes stehe ein Holzhaus rechts vom Spritzenhaus und fügte hinzu, daß darin auch jetzt Zarembas wohnten. Als Antwort auf mein Erstaunen und meine Frage, ob dies Verwandte jener Zarembas seien, führte er nur eine unbestimmte Handbewegung aus, trat auf der Stelle und gab so etwas wie ein Brummen und wie ein Gähnen von sich.

Horst war erfreut, daß es ein Holzhaus sei. Erst jetzt erinnerte er sich daran, daß es eben ein solches sein sollte. Aus Marthas Beschreibungen hatte er eher nebulöse Vorstellungen über das Hausinnere und die Umgebung als über seine äußere Gestalt. Noch stärker beunruhigt überquerte ich indes den Platz.

Das Holzhaus war sehr schön, und Horst reagierte, nachdem er es erblickt hatte, mit einem Ausruf der Bewunderung. Im Schatten alter Apfelbäume, Birnbäume und Nußbäume stand ein altes Blockbohlenhaus mit an den Ecken herausragenden Balken. Sein Dach war strohgedeckt, die Giebel bretterverkleidet. Vor dem Haus schillerten Malven, hinter den Scheiben der kleinen Fenster grünten Myrtentöpfe. Ein kleines Mädchen spielte am Eingang.

»Wunderschön«, seufzte Horst entzückt. Seine Augen glänzten. Das nach seinem Vater gefragte Mädchen antwortete: »Ah, oh! Papa ist eben auf den Hof hinausgegangen.«

Ich dachte: Was sind denn das für Wilnaer Zarembas in der von den germanisierten Masuren Zaremba hinterlassenen Kate? Aber ein junger, ungefähr dreißigjähriger Mann hatte uns bereits gesehen oder gehört und kam vom Hof her mit einem Eimer in der Hand.

»Sind Sie Herr Zaremba?«

»Ja.«

»Stammt Ihr Vater von hier?«

»Ja. Na, eigentlich ein wenig von hier und ein wenig aus dem Nachbardorf.«

»Und dieses Kind gehört Ihnen?« Ich wies auf das Mädchen hin.

»Aber ja, das ist meins«, sagte er lachend. »Ich bin Hiesiger, aber meine Frau ist in Nowowilejka geboren.«

Auch ich lachte, mir ward es leichter, und ich beeilte mich, Horst die Nachricht von diesem Zeichen einer Integration zu übermitteln. Und so bat ich den Hausherrn, er möge es mir nicht übelnehmen, wenn ich dem ausländischen Gast etwas auf deutsch sage. Da erklärte Zaremba: »Wir können doch deutsch sprechen.«

Horst wurde plötzlich lebhaft, sagte »Guten Tag« und gab dem Hausherrn die Hand. Wir wiederholten ihm den Inhalt unseres vorangegangenen Gesprächs. Es stellte sich auch gleich heraus, daß der alte Zaremba zu Hause war. Der junge lud uns ohne zu zögern ins Haus ein. »Meine Frau ist noch nicht da, ich weiß nicht einmal, womit ich Sie bewirten soll«, sagte er.

Durch einen dunklen kleinen Flur gingen wir in eine geräumige Stube hinein, die voll von echten und künstlichen Blumen war. Inmitten alter, typisch deutscher Möbel waren einzig die religiösen Bilder an den Wänden neueren Datums. Auf der wohlbeleibten Kommode, neben dem Porzellanaschenbecher mit deutscher Aufschrift, standen in einem Väschen farbige Wilnaer Palmen, keineswegs streitend mit dem für sie fremden Milieu.

Der junge Zaremba ging gleich hinaus, um den Vater hereinzubitten. Horst schaute sich im Zimmer um und wiederholte mit glänzenden Augen sein »wunderschön«. Obwohl es atemberaubende Eindrücke für ihn waren, sagte er: »Sie ist also hier herumgelaufen ...« Und nach einer Weile: »Vielleicht ist sie in diesem Zimmer geboren ...«

Bald erschien im Zimmer ein durchaus nicht alter Mann, knapp über Fünfzig. Er hielt die Pfeife zwischen den Zähnen und wischte sich die Hände von irgendeiner bäuerlichen Tätigkeit ab.

Das Gespräch entspann sich in deutscher Sprache. Der ältere Zaremba bat, Platz zu nehmen und fragte uns, woher wir kämen. Horst klärte ihn begeistert darüber auf, daß in diesem Hause seine Frau geboren wurde, eine geborene Zaremba, daß er viel von ihr über dieses Dorf gehört habe, daß er anläßlich eines Aufenthalts in Polen extra hierhergefahren sei.

Zaremba schaute ihn unverwandt an, seine Pfeife rauchend. Unbeweglich saß er uns gegenüber und berührte mit der Hand nur immer wieder einen Knopf an seiner Arbeitsjacke. Als Horst schwieg, sagte er: »So, lebt Siegfried nicht mehr?«

»Er starb vor vier Jahren.«

»Nun ja. Es blieb nur noch Martha. Gegen sie kann ich nichts haben, sie war damals ein Kind, von mir weiß sie vielleicht noch nicht einmal etwas. Ich habe mit ihnen nicht verkehrt.«

»Also sind Sie der Bruder meines Schwiegervaters? Wir wußten überhaupt nicht, daß er einen Bruder hatte.«

»Bruder, aber nur der Geburt nach. Im übrigen standen wir zueinander schlimmer als Fremde. Siegfried war hier allen fremd. Er war mein Feind ...«

Horsts Gesicht war nicht wiederzuerkennen. Es verschwand daraus die ganze Freude. Seine Stirn legte sich in Falten, die Augen verdunkelten sich. Flüsternd bat er: »Würden Sie erzählen, wie das war?«

Der Hausherr winkte ab, starrte durch das Fenster, zog ein paarmal an der erlöschenden Pfeife, bis sie wieder zu rauchen begann: »Was sollen wir hier reden. Siegfried war älter als ich. Gleich im Jahre 1933 trat er der NSDAP bei. In dieser Zeit verstarb unsere Mutter, der Vater lebte schon seit zwei Jahren nicht mehr. Siegfried hat mich einfach vom Hof vertrieben, und nach einem Jahr hat er geheiratet. Er wurde ein großer Deutscher, und ich stank ihm nach Polentum. Aber ging es denn darum? Ihm ging es nur um den Bauernhof, darum, ihn ganz zu haben. Solch ein Deutscher war er. Ich ging ins Nachbardorf und arbeitete bei einem reichen Bauern. Und er hat hier als Nazi allen übel mitgespielt. Bis heute knirschen die Leute mit den Zähnen, wenn ihn jemand erwähnt. Als er fünfundvierzig auswanderte, kam ich auf diesen Bauernhof, weil er mir zustand. Und das ist alles.«

»Hat er sich nie gemeldet?« fragte Horst leise.

Zaremba winkte wieder ab, aber nach einer Weile stand er auf, ging zur Kommode, kramte in der Schublade und holte daraus ein Blatt Papier hervor. Er kam zurück und reichte Horst das Blatt. Auf vergilbtem Papier aus einem Heft sah man verblichenes Gekritzel. »Das war unsere ganze Korrespondenz. Ich habe ihm nicht geantwortet.«

Ich rückte an Horst heran, beugte mich über das Blatt und las gleichzeitig mit ihm:

»Bruder! Ich grüße Dich, obwohl Du mich unnötigerweise verlassen hast, denn Du hättest mit mir gemeinsam auf dem Hof arbeiten können, statt zu fremden Leuten zu gehen. Ich höre jedoch, daß Du auf das Väterliche zurückgekehrt bist. Ich freue mich darüber, denn mir ist es lieber, daß Du es übernommen hast, als wenn jene fremden Menschen aus dem Osten kommen würden. Ich denke, daß Du besser als jene meine Mühe schätzen wirst, die ich für den Hof aufgewendet habe, und daß Du ihn weiter ausbauen wirst. Wenn ich zurückkehre, werde ich Deine Arbeit entsprechend würdigen, und wenn es gutgeht, wird ausreichend Brot dasein für unsere beiden Familien. Ich würde mir ein neues Haus bauen, und Du könntest im alten bleiben. Gib Dir also Mühe. Schreibe mir, wie Du wirtschaftest und wie dort alles aussieht. Ich arbeite derweil hier in der Fabrik. Ich grüße Euch noch einmal und wünsche Euch alles Gute. Dein Bruder Siegfried.«

Der Brief war auf den 13. Dezember 1945 datiert.

Wir schauten beide auf Zaremba. In seinen Augen war absolute Ruhe. Als ich anschließend – nachdem ich auf meinen vorherigen Platz zurückgekehrt war – Horst anschaute, war es schwer, etwas an seinen Augen abzulesen. Er hielt weiterhin das Blatt in der Hand, erst nach einer Weile legte er es auf dem Tisch ab. Er wiederholte nur: »Unverständlich, unverständlich ...«

Er entschuldigte sich dann bei Zaremba, es war nicht ganz klar, warum. Er bat, daß man ihm trotz allem erlauben möge, das ganze Haus, den Hof und den Garten zu besichtigen. Der Hausherr hielt dies für ganz selbstverständlich, indem er wiederholte: »Gegen Martha habe ich doch nichts.«

Wir schauten in die Küche und in die zwei übrigen Zimmer hinein. Es gab nichts besonders Interessantes, solche Dorfhäuser habe ich viele gesehen, und sicher hat auch mein Freund ihrer viele gesehen. Aber er nahm alles mit noch größerem Eifer auf.

Ganz gewöhnlich war auch der Hof. Ein nicht sehr großer Garten. Erst der letzte Blick auf das Haus führte mich aus der Stimmung der Alltäglichkeit heraus. Das war eine typisch masurische volkstümliche Bauweise, die mir aus ethnographischen Abhandlungen und Reproduktionen bekannt war.

Wir verabschiedeten uns von den Zarembas mit großer Herzlichkeit, die jedoch unsererseits mit Verlegenheit gepaart war. Dieser Abschied war durch die Erinnerung an Marthas Vater belastet. Nur im Lächeln des Hausherrn gab es nichts Bedrückendes, er strahlte eine stille, ruhige Freundlichkeit aus. Sein Sohn, der in diesem Augenblick erschien – ganz frei von alledem, was zwischen uns gesagt worden war –, drückte uns lächelnd die Hand. Und sein kleines, vielleicht sechsjähriges Töchterchen rief, als wir schon aus der Umzäunung heraustraten: »Auf Wiedersehen, Onkel!«

Über den kleinen Platz unter den Kastanien kehrten wir zum Auto zurück. Dann sahen wir jedoch gerade Kinder mit Schulranzen daherlaufen. »Mensch, ich habe es völlig vergessen!« rief Horst.

Wir gingen die Dorfstraße entlang in die Richtung, aus der die Kinder herkamen. Nicht weit entfernt stand ein Gebäude aus roten Ziegelsteinen mit einer emaillierten Tafel und der Aufschrift: »Grundschule«. Auf den Stufen beim Eingang stand ein Mann mit einer Frau – mit Sicherheit Lehrer und Lehrerin. Als wir uns näherten, gingen sie jedoch hinein. Wir schauten in den einen und den anderen Unterrichtsraum. Und wieder sah ich auf Horsts Gesicht Erregung.

»Eben hier hat sie begonnen, die erste Klasse zu besuchen«, sagte er. »Sie hat sie aber nicht beendet. Die gesamte Ausbildung hat sie schon dort absolviert, in der DDR.«

»Es ist aber doch interessant, warum dein Schwiegervater nicht in die Westzone gefahren ist.«

»Dann hätte ich Martha nicht kennengelernt«, lachte Horst. »Laß uns aufhören mit den Mutmaßungen.«

Wir gingen den gleichen Weg zurück. Wir sprachen fast nichts, hin und wieder teilten wir uns nur gegenseitig Beobachtungen über das Dorf und Marthas Elternhaus mit.

In Osterode hielten wir wieder unweit der Anlegestelle an, um ins Restaurant zum Mittagessen zu gehen. Es war zwei Uhr nachmittags. Als wir die glatte, in der Sonne glänzende Seeoberfläche betrachteten, fragte Horst plötzlich:

»Ich bin mir jetzt unsicher: Soll ich Martha von alledem erzählen oder nicht?«

(Aus dem Polnischen von Ursula Fox)

TURKOWSKI, LEONARD, geboren 1914 in Posen, lebte nach dem Kriege in Bartenstein und Allenstein. Als Journalist bei der »Gazeta Olsztyńska« (Allensteiner Zeitung), Bibliotheksdirektor, Parteimitglied und Leiter der Allensteiner Sektion des Schriftstellerverbandes (1971–1980) gehörte er zu den Mitverantwortlichen des kulturellen Lebens der Region. In seinen Romanen und Novellen bildet die regionale ermländisch-masurische Thematik den Schwerpunkt. Turkowski starb 1985 in Allenstein.

Geschichte

Mein Geschichtslehrer in einer einst preußischen Stadt
vermochte lange und umständlich die Mechanik der Zeit,
die Strategien unvorhergesehener Ereignisse, das Chaos des
   Aufschwungs
und die Logik des Untergangs zu erkären, dem Klassenkampf
schenkte er mehr Beachtung
als der Verfilzung der Großkopferten, aufmerksam die
   Stimmungen verfolgend,
beschwor er den Geist historischer Gerechtigkeit herbei
und in seinen Augen entzündeten sich trockene Tränen der
   Empörung, manchmal
zielte er mit dem Zeigefinger auf den Herrgott, der sich irgendwo
hoch über dem Dach unseres Gymnasiums versteckte, nun,
eine Schule mit Traditionen, sogar der Hausmeister erinnerte auf
   seine Weise
an einen Dichter, oder an einen verrückten Dialektiker,
er gab Werkzeuge aus, wenn unsere Klasse zum Friedhof ging,
Aufräumen statt Unterricht gestattete das herbstliche Ritual
und der Geschichtslehrer in Eintracht mit allen Heiligen führte
uns auf den Kommunalfriedhof, doch mehrdeutig war in jener Zeit
   das Wort »Kommune«,
und was bringt's, wenn in jedem Frühjahr die unsichtbare Hand
auf der roten Mauer unseres Gymnasiums den Jahrestag
   markierte,
wenn wir von den Gräbern in Katyn[1] so viel wußten,
daß es nicht möglich war, sie auf der Landkarte zu entdecken,
außerdem ein wenig Zweifel, nichts Sicheres, historischer
   Materialismus.
Ende Oktober galt es, einsame Gräber zu pflegen
die Allee der Verdienten zu fegen, wir hatten Gelegenheit eine
   Zigarette zu rauchen,

hinter dem großen Grabmal auf dem deutschen Teil des Friedhofs
setzten wir uns auf zerschlagene Platten, bröckelnder Marmor
ermöglichte, inmitten von Phantasie und Spöttelei
einige verwitterte Daten zu entziffern, ein fremd klingender Name,
und schon drohte der Rauch das Lachen zu ersticken, der
  Geschichtslehrer
flirtete in Ruhe mit der Russischlehrerin, der Spott
kehrte sich gegen die Spötter,
die Werkzeuge einigen Klassentölpeln anvertrauend
gingen wir auseinander zu unseren weiteren Beschäftigungen,
der Wind aber voll modernder Blätter wiederholte verwehte
  Namen.

(Aus dem Polnischen von Ursula Fox)

SZATRAWSKI, KRZYSZTOF DARIUSZ, geboren 1961 in Kętrzyn (Rastenburg),
arbeitet an der Pädagogischen Hochschule in Allenstein als Wissenschaftler. Er schreibt Gedichte und Prosa und ist Literaturkritiker.

---

[1] Der Ort, an dem von den Sowjets circa zwanzigtausend polnische Offiziere erschossen
wurden.

Eine Erzählung für den lieben Gott

Lieber Gott, hast du schon einmal von jenem Deutschen etwas gehört, der vor Hitler weggelaufen ist? Der gegen den Strom der Geschichte schwamm? Ich weiß, ich weiß, das ist lange her, und jener Krieg ist längst beschrieben worden.

Aber, lieber Gott, erlaube mir, daß ich noch etwas anderes erzähle, bevor ich an diese treffliche Geschichte mit dem Deutschen erinnere.

Ich will etwas über den menschlichen Verstand sagen. Siehst du, lieber Gott, mit dem menschlichen Verstand ist das so: Wenn man ihm nach Art der Bolschewiken den Geist amputiert, dann entwickelt sich das rechte Horn übermäßig schnell, bis es faschistisch wird. Das linke Horn wird vom rechten Horn verschlungen.

Das linke Horn sagt: Baut das Glück auf der Erde, denkt nicht an das Paradies im Himmel, rechtfertigt nicht das Elend mit Hilfe von Gott, schwatzt nicht davon, daß Gott die Menschen in Sklaven und Herren einteilt.

Und das rechte Horn brüllt zurück: Im Namen des Herrn werden wir die linken Hörner erschießen, die uns dumme Märchen erzählen, daß es keinen Gott gibt. Und so geht das hin und her. Da, siehst du nun, lieber Gott, sind zwei Hörner des Verstandes, das linke und das rechte, aneinandergeraten. Die Völker mit den übergroßen rechten Hörnern verkleiden sich in faschistische Uniformen, schmücken sich mit faschistischen Abzeichen und Symbolen, und niemand schreit wirklich laut, daß sie endlich damit aufhören sollen. Deshalb überkam mich die Lust, diese Geschichte von dem Deutschen, der gegen den Strom des Krieges schwamm, zu beschreiben, an sie zu erinnern.

Denn, siehst du, lieber Gott, wäre der Geist zu sehen, die Vielfalt seiner Farben und Formen, könnten alle mit ihrem Verstand sehen, was sich nun in den Köpfen abspielt, so würden sie etwas ganz Wundersames erblicken: Da ist der Kommunismus zusammengebrochen, und so manch ein Mensch schlägt sich selbst mit der rechten Wange über die Schnauze auf die linke Wange, und mit der rechten Seite schlägt er auf die linke Seite und mit der rechten Hand die linke Hand, und schau, lieber Gott, die rechte Hand glaubt, sie sei mit dir.

Siehst du, lieber Gott, so sieht das im Grunde genommen aus. Und dieser Deutsche. Aber warten wir noch einen Augenblick, ja?

Schau, lieber Gott, der ganz normale Mensch möchte essen, sich anziehen, ein Haus, einen Tisch und Freude an seinen Kindern haben, einen Morgen und einen Abend, die Sonne, den Mond und die Sterne erleben, alles, was nicht im geringsten kriegerisch ist. Alles, was eben den Montag, den Donnerstag, den Samstag, den Sonntag und wieder den Montag ausmacht. Für den gewöhnlichen Menschen ist es im Alltag und im Frieden nicht langweilig. Der gewöhnliche Mensch mag nicht an den Tod denken. Er will leben. Und in der Stunde seines Todes möchte er am Kopfende seines Lagers das Weinen hören, vielleicht sogar das Weinen der Urenkel.

Und was meinst du, lieber Gott, wie war das mit dem Deutschen, von dem ich erzählen will? Hast du es bewirkt, daß er vor dem Krieg geflohen ist? Wenn ja, dann gebührt dir Ehre, lieber Gott.

Wenn aber dieser Deutsche von sich aus, ganz ohne deine wunderbare Hilfe gegen den Strom der Geschichte antrat, vor Hitler weglief, dann schäme dich, lieber Gott! Ach, lieber Gott, und wenn dieser Deutsche dazu noch das Koppel mit der Aufschrift »GOTT MIT UNS« zertreten hätte und wenn er nackt gewesen wäre, so ganz ohne eine Aufschrift, die dich im Namen führt, dann müßtest du dich doppelt schämen, denn siehe, ein Mensch hat sich der Worte »GOTT MIT UNS« geschämt und sie zertreten …

Und wenn es aber so gewesen ist: Der Deutsche riß die Worte »GOTT MIT UNS« von sich herunter, zertrat sie, betete dann inbrünstig zu dir und fühlte dabei, daß du woanders warst und nicht in der Hand, die diese Worte geschrieben hat, und auch nicht in der Hand, die diese Worte gesegnet hat, dann ja, lieber Gott, dann gebührt dir Ehre, weil du diesen Deutschen angehört hast (natürlich nur, wenn du ihn gehört hast).

Und solltest du, lieber Gott, von diesem Deutschen nicht gehört haben, dann bitte ich dich sehr, höre jetzt zu. Schließe deine Augen nicht, halte deine Ohren nicht zu.

Und wenn du mich nicht hörst, weil du woanders hinschaust und etwas anderes hörst, so verbürge ich mich dafür, daß du etwas Falsches siehst und etwas Falsches hörst, lieber Gott.

Die Geschichte von dem Deutschen hat man den kleinen Kindern erzählt, und ihre Herzen wurden sofort empfindsamer. Und die Mütter lehrten ihre Kinder, die Flüchtlinge zu bedauern und vor allem die Opfer der Henker.

Denn es ist nicht genug damit, daß der Henkersknecht, der die Haut des Menschen in Streifen reißt, sich nur danach richtet, wie lange das Opfer durchhält. »Frauen, he, ihr Frauen«, riefen die Mütter, »lehrt eure Kinder, die Welt anders zu sehen. Genug damit, daß der Scherge, der die Haut des Menschen in Streifen reißt, wie ein Paragraph erscheint, der prüfen möchte, wie lange der Mensch das durchhält, und dann dieses Schinden gutheißt. Genug damit, daß derjenige wichtiger ist, der dem Menschen die Augen aussticht, der ihn bei lebendigem Leibe verbrennt, vor seinen Augen seine Frau und seine Kinder verbrennt, daß der Henker wichtiger ist als das Opfer, das zusammenbricht und weint, weil es den Schmerz nicht mehr ertragen kann.

Frauen, ihr Frauen! Bedauert die Deserteure, bedauert die Flüchtlinge. Bedauert alle, die Verhöre nicht durchstehen. Bedauert jene, über denen der Henker wie ein Paragraph steht. Laßt nicht zu, daß der Henker die Zivilisation fortentwickelt.«

So, lieber Gott, riefen die Mütter, und die Herzen der Kinder wurden empfindsamer.

Ich gebe dir mein Wort, lieber Gott, daß der Deutsche, von dem ich erzählen will, durch seine Flucht vor Hitler den Menschen viel Gutes getan hat. Mehr als internationale Vergebung, als Hirtenbriefe, als die Verbrüderung auf viel Papier und der Transport dieses Papiers in Flugzeugen und über Grenzen hinweg, wobei sich dies alles gewissermaßen unter Ausschluß des gewöhnlichen Menschen vollzieht.

Dieser Deutsche hat sich geweigert zu töten, obgleich sich dieses Tun angeblich auf deine Erlaubnis stützte. Er war sehr entschlossen. Und wenn sich jetzt, o Herr, mehr solcher Menschen fänden, wenn sie alle Aufschriften auf Gewehren, Panzern und Uniformen sowie auf nationalen Flaggen zertreten würden, ach, wäre das gut, lieber Gott!

Und mit dem Deutschen war das so: Im letzten Krieg, nun, es ist lange her, ja, lieber Gott, da haben sich die Bewohner des Dorfes versammelt – von welchem Dorf? Ist das denn wichtig? –, und der Deutsche wandte ihnen sein Gesicht dabei zu, und sie sahen ihrerseits dem Deutschen ins Gesicht.

»Was hast du mit uns vor?« lassen sie Kostus, den Weißen, fragen, der Deutsch kann. Und die Frauen weinen. Kostus übersetzt alles, er kann gut Deutsch.

Der Deutsche war bewaffnet, aber er war schwarz im Gesicht, er hatte nackte Füße und Arme, seinen Karabiner konnte er kaum halten. »Ich habe nichts mit euch vor«, sagt er, »macht euch keine Gedanken, ich habe mit euch nichts Schlechtes vor. Ich werde nicht verfolgt, und niemand fährt oder marschiert hierher. Nehmt mich in euer Dorf auf, ich bin Zimmermann und werde eure verbrannten Dächer reparieren, die eingeschlagenen Scheiben einsetzen, auch neue Türrahmen, Schwellen und Fensterrahmen anfertigen.«

Kostus, der Weiße, übersetzt alles wortgetreu. Als Kostus fertig ist, sind die Leute plötzlich wie närrisch. Sie lachen laut, rufen und schreien nach dir, lieber Gott. Immer wieder rufen sie: »Oh, Gott, er will bei uns bleiben, er will nicht töten!«

Es wird fröhlich, so, als wäre der Krieg von der Welt verschwunden, und Oma Gold mischt sich in die deutschen, polnischen und weißrussischen Worte mit französischen Worten ein, als hätte sie der Verstand verlassen.

»Man kann in unserem Dorf französisch«, sagt sie zu dem Deutschen.

Und schon beginnt sie, die offenen und geschlossenen Selbstlaute im Französischen zu erklären; und wie auf französisch Regenschirm und Taschentuch heißt, weiß sie auch. Und wem es gelingt, der erinnert sich an verschiedene fremde Wörter, russische und ukrainische, und jemand sagt sogar auf italienisch »O mamma mia«.

Da siehst du, lieber Gott, selbst im Krieg freut sich der Mensch manchmal und lacht wie ein Narr. Denn, lieber Gott, auch dafür hat der Mensch seinen Mund, um zu lachen wie ein Narr.

Weißt du eigentlich, lieber Gott, daß eine Stunde Lachen, so richtig sorglos und närrisch lachen, dem Menschen zwanzig Jahre schenkt? Deshalb lachten sie und lachten.

Bis Kostus, der Weiße, auf einen grauen Stein steigt neben dem Brunnen, bis er über die Menge hinauswächst und so laut ruft, daß die Vögel von dem wilden Birnbaum auffliegen, und er trommelt auf den Eimer und streckt die Hände zum Himmel empor:

»Leute, genug mit dem Durcheinander, genug mit dem Lärm, Leute!«

Aber ach, sie lachen und schreien weiter.

Kostus, dem Weißen, gelingt es kaum, das alles zu übertönen.

»Leute, bleibt der Deutsche nun bei uns oder nicht?«

»Warum sollte er nicht bleiben, natürlich bleibt er!« schreien sie.

»Wenn er Frieden macht, soll er bleiben. Aber wir essen die Kartoffeln mit der Schale und Schwarzbrot, das nicht schmeckt. Wir haben nichts anderes. Wenn er dieses schlechte Essen mit uns teilen will, mag er bleiben.«

»Und seine Abzeichen soll er zertreten, den Karabiner Kostus übergeben und seine Uniform den Frauen, die sie verbrennen sollen.«

Der Deutsche gehorchte, er tat alles so, wie sie es wollten.

Sein ganzes militärisches Beiwerk zertrat er. Und »GOTT MIT UNS« auch.

Und er blieb bei ihnen, reparierte die Dächer, setzte Fenster ein; sie bewunderten seine Fertigkeit und lernten von ihm viele Zimmermannsdinge. Nur noch ein Dach war zum Reparieren übriggeblieben, das höchste, das von dem Haus an den wilden Kirschen am Fluß, dort hinter den Rosen. Früher, o ja, da lebte hier ein großer Herr. Zu Beginn des Krieges packte er sein Silber ein und floh ins Ausland. Außer ihm konnte niemand Reißaus nehmen in den Westen, ins Ausland. Denn sie hatten nichts, womit sie unterwegs für die Hilfe bei der Flucht vor dem Krieg hätten zahlen können.

Der Deutsche – so nannten sie ihn, denn niemand kannte seinen Vornamen noch seinen Zunamen –, der Deutsche stieg über den breit ausladenden wilden Birnbaum auf das Dach, über die dichten, morschen, angebrochenen und beschnittenen Äste. Der Birnbaum bog sich nicht, dick und stark reichte er mit seinem Schirm bis über die Schornsteine.

Und der Deutsche, der Zimmermann, vergaß dabei, daß er die Leiter nicht angelehnt hatte, er ließ die Beine herunter, beide gleichzeitig, er wollte hinuntersteigen und stürzte plötzlich vom Dach und schlug mit dem Hinterkopf auf die Steine. Er war sofort tot. Die Helfer liefen durchs ganze Dorf und riefen: »Leute, unser Deutscher ist tot, er hat sich erschlagen, und als er vom Dach fiel, hat er in der Luft gerade« noch rufen können: ›Oh, mein Gott!‹«

Man beerdigte den Deutschen am Ende des Friedhofs mit einer Seelenmesse und mit Kerzen.

»Vielleicht wäre er mit unserer Sitte gar nicht einverstanden gewesen?« fragte jemand. Alle bekamen Zweifel, sie wußten nicht, welches Kreuz sie für ihn schnitzen und was man darauf schreiben sollte. Sie stellten daher nichts auf das Grab, schütteten nur einen hohen Hügel auf und kennzeichneten ihn mit einem Stein. In die frische Erde zeichnete Kostus, der Weiße, mit einem Stock die Worte: »Oh, mein Gott.‹ (Das heißt, er schrieb so: »O majn Got«, damit es jeder lesen kann, der kein Deutsch kann.) Der Regen hat die Schrift verwischt, und auf den Grabhügel ist das Gras gekrochen. Die Zeit hat den Hügel abgeflacht. Jetzt ist die Stelle nicht mehr zu finden. Aber wenn die Alten zusammenkommen, um sich an die früheren, schrecklichen Zeiten zu erinnern, an den furchtbaren Krieg, und wenn sie dann auch über das Schicksal der Menschen reden, dann sagt plötzlich jemand wieder: »Es hat hier so einen Deutschen gegeben, der war geflohen, er reparierte die Dächer, bis er einmal die Leiter vergaß, vom Dach fiel und in der Luft nur noch rufen konnte: ›Oh, mein Gott!‹«

»Wie hieß er?« – »Wir wissen es nicht.« – »Wo ist er begraben?« – »Wir können uns nicht mehr daran erinnern.«

In der Luft, als er vom Dach fiel, er hatte die Leiter vergessen, vergessen, daß er über den Birnbaum aufgestiegen war, da hatte er gerade noch Zeit zu rufen: »Oh, mein Gott!«

Lieber Gott, warum das alles?

Müssen die Menschen nicht endgültig alle falschen Aufschriften und Losungen zertreten, die sich von ihren Karabinern, Panzern und Uniformen sowie ihren Nationalfahnen an dich wenden? Und auch von den Kreuzen in den Toiletten der Militärpfarrer?

Wenn du mich fragst, so kann ich das alles nicht mehr sehen. Und du, lieber Gott?

(Aus dem Polnischen von Anneliese Danka Spranger)

BOŁDAK-JANOWSKA, TAMARA, geboren 1946 in der Gegend von Białystok, ist tatarisch-weißrussischer Abstammung. Sie studierte russische Philologie in Warschau. Seit 1976 lebt sie in Allenstein. Als Schriftstellerin greift sie in ihrer Lyrik und Prosa häufig Themen aus dem Bereich der polnischen Ostgebiete auf, die von Weißrussen bewohnt sind. Sie schreibt ebenfalls über deutsch-polnische Themen. In ihren Arbeiten kommen philosophisch-weltanschauliche Aspekte zum Tragen. Sie protestiert gegen die Benachteiligung der Frauen im öffentlichen Leben, die Diskriminierung nationaler Minderheiten und den Krieg. Ein Spiegel ihrer Denkweise ist »Eine Erzählung für den lieben Gott«.

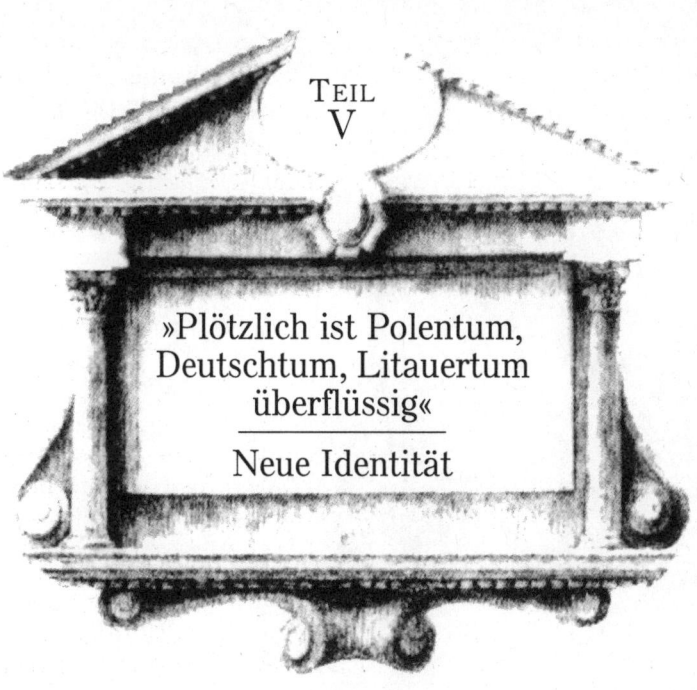

TEIL
V

»Plötzlich ist Polentum,
Deutschtum, Litauertum
überflüssig«

Neue Identität

22 »Hier war meine schönste Zeit.« Wartenburg, Pfarrkirche St. Anna, Winter 1968.

23 »Wie oft bin ich in den vergangenen Jahren in meinen Träumen durch die Straßen Allensteins gegangen.« (Sirowatka). Allenstein, Hohes Tor.

24 »Es ist noch immer dieselbe Erde.« (Surminski). Guttstadt, der Storchenturm heute.

25 »Die Alten wahren jedoch das Gedächtnis.« (Pogonjajew). Der Dom zu Königsberg vor der Zerstörung.

26 »Um eine Stadt wiedererstehen zu lassen ... ist der Schweiß der Bauleute ... von Dutzenden blutiger Jahre nötig!« (Samusewitsch). Königsberg, das Friedrichsburger Tor heute.

24.12.1959

An heiligabend schüttelt der himmel den mond und schnee fällt
auf das wehrlose Allenstein zum schlaf gebettet unter dem frost
die vorstadtstraße reckt ihren arm im lärm der ahornbäume
die mietshäuser tratschen miteinander über geräumige dachböden
   hinweg
zielen berauscht aufeinander durch windkamine und dachrinnen
rascheln mit breiten fäusten der fenster die wände keuchen
schauen auf die neue schule bäckerei und zwei zöpfe der kirche
fünfziger jahre es schlafen Arthur der Ermländer und seine frau
   Klara
im zimmer voll mit ausgestopften habichten und hechten
es schlafen frohgemut ihre söhne strampeln mit den beinen wie
   beim fußball
auch ihre schwester schläft wachsam gestützt aufs duftende
   schulbuch
es schnarcht herr Reich neben seiner rückwärts zu ihm gewandten
   frau
Martha lockenwickler im haar die pantoffeln trippeln am nachttopf
ihr sohn weint im schlaf wieder verhauen von kameraden
es weint Longins fahrrad im keller den morgen erwartend
mit den armen fuchtelt Schimanski als wär er allein in Sibirien
seine tochter ist erstmals verliebt und schläft nackend
sie lacht über ihre oma die im Gelguhner see ertrinkt
es schläft Susanne ihre träume sind bunt aus der vorkriegszeit
und immer geht's um liebe kindheit und die wälder im Ural
ihre müde hand berührt den rücken ihres mannes aus Masowien
er wirft den verletzten kopf weit zurück jenseits von krieg und
   erinnerung
es schlafen Tomaschewski, Smietallo Balewski und Tanski
es schläft das deutsche und polnische Ermland Pommern und
   Wilna

es schnarcht das ganze haus und gemächlich steigt der frost
zum firmament und malt auf die fenster geburten und tod
der himmel reckt sich behaglich und saugt die stunden auf
der mond vertrocknet und hebt sich mit mühe vom ahorn ab

(Aus dem Polnischen von Winfried Lipscher)

Aus:

Hefte des Einzigartigen

15

»Weno wej, ein Jungchen!« rief die alte Ermländerin Orlowska meiner Mutter im Jahre 1952 in Wartenburg zu. Dieses Jungchen geht
nach Jahren der Frage nach, wie es dazu kam, wie es war. Es ist
orientierungslos, wenn es so nach sich selbst forscht, nach dem
Schicksal seiner Familie fragt und nach dem Land, in das die Eltern
nach dem schrecklichen Krieg per Zufall gekommen sind. Die Mutter kam als Deportierte aus der Gegend von Wilna, der Vater
stammte aus dem nahen Grenzland Masowien. Wer war ich damals,
wer waren meine Altersgenossen, wer waren damals meine Eltern,
als ich auf dem Allensteiner Hinterhof, auf dem Sportplatz und all
den Hügeln mit Kindern spielte, die genauso aussahen wie ich und
genauso wie ich stundenlang draußen sich selbst überlassen waren.
Wir waren Jungen, die nicht nach Hause gehen wollten, die auf dem
Bahndamm Sauerampfer aßen, vom Feld Kohl holten und Rüben,
nur um noch etwas herumzuschleichen, zu tauchen und dem unter-
gehenden Sonnenball nachzujagen. Alle aus unserem Haus, in dem
wir wohnten, sowie aus den anderen Häusern sind nach Deutschland gefahren, und so ging mein schönster Mythos unter: der Mythos von einer gemeinsamen Kindheit in einer Landschaft.

Noch heute sehe ich die Mutter von der Brzozowska aus Stabi-
gotten, wie sie in ein großes Umschlagtuch gehüllt in der Küche
sitzt und etwas in ermländischer Mundart redet, wie die Tomaszew-

ska im Morgenrock zum Kaufmann läuft und lachend auf deutsch etwas der fein frisierten Frau Reich zuruft und wie die Leute vom Rundfunk kommen, um sie auf Band aufzunehmen. Wir Kinder schwammen in unserem See, liefen über bewaldete Hügel, glitten auf Schlittschuhen und Skiern dahin und waren voller unendlicher Bewunderung für dieses unser Land, diese ermländische Landschaft, die im Frost und in den Wolken dampfte und die ihren Weg fand mit der Sonne, den Nebeln und dem ersten Schnee. So lebten wir im Schein der nördlichen Sonne, ohne etwas vom Fluch der Erwachsenen zu wissen, nur vage ahnend, daß unseren fröhlichen Gemütern die verratene Geschichte von Polen, Deutschen, Ermländern, Masuren, Ukrainern nachschleicht – diese bankrotten Hoffnungen der Verschleppten, wie eine Verschwörung von Erwachsenen gegen die Jugend. Wir Polen – die Kinder von Ermländern, Masuren, von Menschen aus Wilna, aus Kurpie und der Ukraine liefen durch den Wald, der über uns rauchte und keuchte im sommerlichen Zorn der reifen Erde.

Ja, es hatte die Chance gegeben, um trotz der historischen Umstände zu einem neuen, eigenen Gesellschaftsgefüge in Ermland und Masuren zu gelangen, das aus der einheimischen Bevölkerung, den aus dem Osten verschleppten Polen und den Zugezogenen aus Zentralpolen bestanden hätte. Dies hätte auf eine freie, würdige und gerechte Weise in einem demokratischen, aber nicht in einem totalitären System entstehen können. Eine letzte solche Chance gab es 1956. Sie wurde vertan.

16

Aus einem Brief:

Lieber Kazik, ich darf Dich doch so nennen – denn ich war die Älteste unter uns Kindern, so bin ich für Dich wie eine Schwester. Unsere gemeinsamen Jahre waren schön, wir hatten eine schöne Kindheit, ich denke oft an diese Jahre zurück. Jetzt sind wir alle erwachsen, aber wir haben gemeinsame Erlebnisse – sie sind in uns geblieben. Unsere Kinder sind schon groß, jetzt müssen wir uns um sie kümmern, und so geht es immer weiter. Ich habe drei Mädchen. Frauke ist fünf Jahre alt, Wiebke zwei, und meine Jüngste erst acht

Monate. Ich habe viel Arbeit. Anbei schicke ich Dir mein Exlibris
»Allenstein«. Hubert Ott hat es gemacht. Ich grüße Deine ganze Familie. Elżunia.

17

Allein am Gelguhner See, inmitten der ermländischen Wälder. Ein
sonniger, wolkenloser Augusthimmel, nachmittags, wenngleich
manchmal schon ein Windhauch weht und hoch oben eine Nebel-
schwade dahinzieht. Erlen, Birken, Pappeln neigen sich über dem
dunklen Wasser, unterspülte Wurzeln, ganze Stränge ziehen plötzlich in die Tiefe. Den Kopf eintauchen, untertauchen bis zum Erzittern des angsterfüllten Körpers. Ich fürchte die Natur und bewundere sie. Am steilen Hang muß ein Friedhof sein, er ist schon von
Eichen überwuchert. Unvorstellbar, daß hier an diesem inmitten
des Waldes gelegenen kleinen See vor etwa zweihundert Jahren ein
reges Leben herrschte. Hier gab es eine Glashütte.

Südlich von Allenstein verfallen viele Häuser, die Dörfer sind entvölkert, die angestammten Bewohner sind weg ... Nußdorf: eine
neugotische große Kirche inmitten von Wäldern und Feldern, einstige Pfarrkirche, neben ihr heute ein Friedhof, das Pfarrhaus verlassen, drei Häuser. Wehmut kommt auf. Lokau: die Kirche mitten
im Feld, wenige Anwesen, alles morastig. Alles Erinnerung. Die
Friedhöfe in den Wäldern und auf Anhöhen, verwahrlost, entlang
von Feldwegen und Dörfern, stammen aus dem Ersten Weltkrieg.
Hier liegen sie begraben: Deutsche, Polen, Russen. Gräber entlang
der Fluchtwege im Januar 1945, während der Flucht vor der Roten
Armee, Opfer des hitlerschen, sowjetischen und polnischen Terrors.
Krossen bei Wormditt: barocker Wallfahrtsort inmitten von Armse-
ligkeit und Morast einer Kolchose. Die evangelische Kirche bei Hohenstein, einst Ort der Besinnung, heute des Zerfalls, der Erinnerung an Völker und Religionen der Vergänglichkeit. Die klotzige
evangelische Kirche von Passenheim. Geschlossen. Wie ein Wächter
mit breitem Rücken, abgewandt von der Misere der täglichen Geschäftigkeit. Mythologien, Sagen, Religionen. Kindheit, Erwachsen-
sein, Vertreibung, Rückkehr, Vergessen. In den Städten verkommene
und schrecklich verwüstete deutsche Friedhöfe, evangelische, jüdi-

sche, genauso wie die vergessenen und verwüsteten polnischen Friedhöfe in der Ukraine, in Litauen und Weißrußland.

Öfter passiert es mir: Ich wate durch die Blätter, am Ufer des Sees entlang und sage mir immer wieder: Du mußt mutig sein und das gesamte Leben so annehmen, wie es ist, mit allem Unrecht, Leid, Kampf und Tod. Eine Lektion der freien Wahl, der Einsamkeit und der Ethik ist dies. Gewisse Gedanken und Bilder gehören nur dir selbst. Sie machen deine Seele aus, dein Denken, dein Leben und Sterben mit den anderen. Es ist die Empfindsamkeit, die aus dem SEHEN kommt. Ist der Mensch ein Gebet der Natur, das Zentrum der Natur, oder bereitet er, entfremdet von allem, seinen Niedergang vor? Das sind wiederkehrende Ängste vor dem zivilisatorischen, religiösen und nationalen Fanatismus, vor der Anmaßung des gequälten Geistes.

Wenn ich durch den vom Licht durchfluteten Wald gehe, am Ufer der an dieser Stelle reißenden Alle entlang, vorbei an verfallenen kleinen Mühlen und Elektrizitätswerken, wenn ich verwundert in Nebel, Schnee und Rauhreif vor den verlassenen Anwesen stehe, dann fühle ich, daß dieses SICHTBARE mich hinführt zu einer größeren, wenn auch noch unbekannten und brüchigen Gemeinschaft. Es gibt kein anderes Denken über die Welt als das Denken in ethischen Kategorien, gerade hier im Ermland, wo ich jetzt wandere auf der Suche nach Wurzeln, im großen Bewußtsein nach notwendiger Identität, aber mir auch gleichzeitig bewußt, daß ich zwar durch dieselbe Zeit, jedoch in einer anderen Dimension von Raum und Ereignis wandere und dennoch die Gemeinschaft von lebenden und toten Pruzzen, Deutschen, Ermländern, Masuren, Polen und Europäern mitgestalte. Die schwierige, nicht selten unglückliche Vergangenheit dieses Landes macht mich betroffen, wenn ich so einherschreite innerhalb dieses Landes und mein Leben verändern möchte, dieses zufällige Leben, das trotzdem dauernd nach Selbstverwirklichung strebt. Weit ist das starre Band der kleinen Sonne. Diese Landschaft rings umher, festgehalten unter den Augenlidern so vieler ruhiger und unruhiger Generationen, ja, sie ist deine Wiege und dein Sarg. Mein gieriges Schauen der Landschaft, das Sehen der kleinen und großen Vergangenheit, vermischt sich mit den Epochen und Menschen im Schreien, Weinen und Singen. Und dann ist

plötzlich das Polentum, Deutschtum, Litauertum überflüssig, es
zählen nur noch Freiheit und Wahrheit, Versöhnung und Vergebung,
Achtung und Gerechtigkeit; das ist der Sendungsauftrag der Menschheit und nicht der wie im Fieber geschüttelte Haß eines Volkes.

(Aus dem Polnischen von Winfried Lipscher)

Die Atlantis des Nordens

Auf den bus warten wir eine stunde und mehr
»Unser hühnerstall war einst hier wo wir stehen
davor das haus der großeltern hier wohnten wir nach dem krieg
vater war arbeiter im wasserwerk morgens lief ich täglich
zur kirche noch vor der schule dann vor dem dienst im rathaus
immer noch war ich ministrant und onkel Hugo war küster
der Fluß ergoß sich wie heute zum teich im winter war hier eine
    eisbahn
bis hin zum gefängnis wo unser Koch und euer Michnik saßen«
Auf dem friedhofshügel stehen wir in Wartenburg – Barczcwo
Winfrieds familiengräber sind nicht mehr kein zeichen ist da
nur blätterhaufen und verrottete flaschen liegen umher
und mich wundert daß er so ungerührt und kühl dasteht
»Das ist nur staub die heimat des Menschen ist der andere
    Mensch«
und wir laufen durch die gassen mit geduckten häusern
aus den dächern scheint der noch warme reiche himmel
Morgen ist Allerheiligen und wir zwei brüder wandern erstmals
gemeinsam durch unser städtchen er geboren 1938 ich 1952
ein Deutscher und ein Pole zwei ermländische jungen suchen nach
dem beginn ihrer welt dem hauch der ersten freiheit
Vergrößert und verkleinert durch erinnerung an die kirche
    St. Anna

und St. Andreas drinnen schimmernde geborgenheit ausstrahlend
die evangelische kirche armselig mit gerecktem ziegelhals
auf deren kirchhof vermodern hier abgestellte judengrabsteine
und die kleine synagoge mit nur einer schwelle in erstarrter
vorstadt hier hängen nun fahnen gewebt aus vielen ländern der
    erde
wo weder wüstenwind noch wehklagen sind jedoch die sonne
    scheint
weitab vom verwüsteten jüdischen Friedhof
gezwängt zwischen geduckte schuppen und mietshäuser
wo in deutschen zeiten behaglich beamte lebten
nur die verbeulte tafel umgestürzt erinnert an die augen des Mose
als er herabkam vom Berge unsre schuhe wirbeln blätter auf
bis der behäbige turm mit barockhelm sich zeigt
und der galerie daneben der drollige schnabel vom rathaus
es blitzt der nahe Fluß auf mit erhobener angel aus
    haselnußstrauch
»Hier war meine schönste zeit wenn ich am wasser saß
47 blieben wir hier und hofften dies würde wieder Deutschland
konnten nicht polnisch die oma verhungert der opa starb später
wir fuhren erst 57 ins reich so ging das zu ende
An Ostern bliesen turmbläser auf der galerie gen himmel
der pfarrer pflegte diesen brauch auch in polnischer zeit
Winfried und Kazimierz sie fanden sich per zufall geboren
in derselben stadt aber in verschiedenen staaten sprachen familien
doch genauso getauft in derselben kirche mit Gott aus stein
ihre Nabelschnüre verwob geheimnisvoll die behende Orlowska
durch alle zeiten von gewalt verschleppung atheistischer sonne
    und schnee
und nun stehen wir vor unseren geburtshäusern
ich erzähle von jenem dezembermorgen als die mutter mich
    unter
schmerzen gebar die Hanowska unten war nicht zu hause
der vater rannte und rief die Orlowska er streifte draußen
Winfrieds vater auf dem weg zur arbeit und dann stand er bei mir
am brunnen der taufe dieser Winfried der ministrant

und der pfarrer konnte schlecht polnisch als er die taufformel
    sprach
Da kam der bus die leute drängten ein paar lümmel sprangen
noch im fahren hinein der fahrer kämmte sorgsam sein haar
und wir rollten ratternd nach Olsztyn

II
Weit im norden durchdringt ein geschoß das dorf schlägt in den
    turm
das schlößchen bröckelt der friedhof zerborsten in zwei wilde
    hälften
der apfelbaum mitten gespalten und auch zwei schwarz-weiße
    äpfel
heute sehe ich daß der eine mit rauhreif noch da ist und das
deutsche dörfchen plaudert in Ostpreußens mitte jetzt polnisch
    Szczurkowo
russisch drei spaliere stacheldraht und wildes land zerfurchte öde
mit grenzpfählen eingerammt ins zahnfleisch der gräben
polnisches dorf im vergessenen grenzland holzschuppen feuchte
    scheunen
verstummte häuser geflickt mit storchenflügeln schilf und land
eine alte frau die hand gebrochen und ein radfahrer zerlumpt
ein junge mit vollmondgesicht am wegrand auf dem tornister
    sitzend
der Russe auf dem wachturm das fernglas ungeniert an die augen
    führt
trupps abgeschlachteter Balten hungriger Kreuzritter und Tataren
boote und sprachen entankert kirchenliedbücher und planken der
    schlösser zerfetzt
herden ungemolkener kühe haufen filzstiefel und möhrenberge
waggons mit verschleppten schweigend aus Wilna Grodno
    Rastenburg
wir stehen im grenzland der uhr und kultur von sprache und
    zivilisation
dieses geteilten landes das eins war und feindlich Preußen
könnte man den rasen die knochen heben ziegelstücke und schutt

könnte man blicken hinein in morast preußischer aufmärsche wer
   würde
uns wohl anreden und in welcher gemeinschaftssprache der
   brüderlichkeit
welche rache würde er fordern und welchen süßen haß
»Atlantis des Nordens« sagen wir und lachen laut
kehren uns der freiheit zu aus der haus und welt und tier und
   mensch kommt
und wir schreiten entlang der verstrickten todesgrenze und lassen
   das altholz zur ader

(Aus dem Polnischen von Winfried Lipscher)

BRAKONIECKI, KAZIMIERZ, wurde 1952 in Barczewo (Wartenburg) geboren
und ist Absolvent der Warschauer Universität im Fach Polonistik (1976)
sowie der Museumskunde (1988). Der Schwerpunkt seines literarischen
Schaffens als Lyriker ist die Auseinandersetzung mit der Vergangenheit
Ostpreußens und die Suche nach einer neuen Identität. Leitmotive sind für
ihn dabei: Befreiung von nationalistischen Tendenzen und Schaffung einer
neuen Kultur und Gesellschaftsstruktur im ehemaligen Ostpreußen, die
vor allem auf historischer Wahrheit, Demokratie und Freiheit basieren. Er
wird in Polen zu den bedeutendsten Lyrikern seiner Generation gezählt.
Die regionale Thematik seiner Werke steht in enger Verbindung mit universalen Werten.

Brakoniecki ist in Allenstein gegenwärtig Leiter eines französisch-pol-
nischen Kulturzentrums sowie Chefredakteur der Kulturzeitschrift »Borussia« und Mitbegründer der Kulturgemeinschaft gleichen Namens, die es
sich zum Ziel gesetzt hat, die deutsch-polnisch-russisch-litauischen Kul-
turbeziehungen dieser Region bis in die Vergangenheit hinein zu entdecken
und mit der heutigen Wirklichkeit zu verbinden.

Illumination

der weg endet nicht
verschwindet in gletscherspuren
und schattenpelzen unter dem baum
der weg ist endlos
auch wenn wir uns wohl nicht von der stelle bewegen
und deshalb die täuschung
der weg außerhalb des städtchens landsberg
einst im herzen preußens
und jetzt an den grenzen von polscha
weg auf die anhöhe
wo man nackend sitzen kann
und den saum der erde betrachten
doch die schritte werden immer schwerer
vor begeisterung für die weiträumige landschaft

zuerst also erinnern
an den preußischen marktplatz mit rathaus
und dem dumpfen klang der uhr

und zugleich wahrnehmung
preußischer marktplatz mit rathaus
rascheln des herabfallenden putzes der mietshäuser
dumpfer klang der uhr
und geschrumpfte schatten in schwüler luft

und zugleich erwarten
des preußischen marktplatzes mit rathaus
und dem dumpfen klang der uhr

es gibt weder eine andere zeit
noch einen anderen raum

noch hilft uns der wohlklang der sprache
denn nachher weinen wir nur
lange bitter wie im traum

(Aus dem Polnischen von Ursula Fox)

NIEWIADOMSKI, ANDRZEJ, geboren 1965 in Lidzbark Warmiński (Heilsberg), ist Absolvent der Marie-Curie-Universität in Lublin im Fach Polonistik. Dort ist er gegenwärtig als wissenschaftlicher Mitarbeiter tätig. Er
schreibt Gedichte und Kritiken. Für ihn spielt das Thema Heimat eine besondere Rolle. Sein Heimatbegriff trägt stark mythologische und histori-
sophische Züge.

Am Spirdingsee

Durch die Fenster im Osten schaute ich auf Felder,
Durch die im Westen aber auf den bleiernen Spirdingsee.
Das Haus umgeben von Birken, Linde, Jasminstrauch,
Augustapfel, Winterbirne und zwei anderen jungen Apfelbäumen.
Zwischen den Tiefen der Hecken stand eine Laube,
Geheimnisvoll und sicher war es in ihrem Moder.

Hierhin drang die Geschichte nicht vor. Ehemals deutscher?
Masurischer? Friedhof verfiel seit Erschaffung der Welt
Zwischen den verwilderten süßen Lebensbäumen.
Ein greises Paar – sie hießen wohl Brandt –
Am sauberen Zaun sich festhaltend, blickte
Zum See, über dem
Ich ein Lichtdreieck sah;
Als ich vorbeiging, war ich versucht,
Ihnen, den Unbekannten, »Guten Morgen« zu sagen.

Im Dorf wohnten Leute von jenseits des Bug, aus der Wilnaer
    Gegend, Kurpen[1], Autochthonen.
Altersgenossen aus Warschau, Urlauber, nannten mich den
    Eingeborenen.
Und ich fühlte mich als Neger mit rituell durchstochener Nase.

Hierhin drang die Geschichte nicht vor, durch die geöffneten
    Fenster fiel
Das Gezwitscher der Spatzen ein, der starke Duft von Jasmin
    und Kühen, die von der Weide getrieben wurden.

(Aus dem Polnischen von Ursula Fox)

---

[1] Polnischer Volksstamm südlich von Ostpreußen.

CHOJNOWSKI, ZBIGNIEW, geboren 1962 in Orzysz (Arys), ist Absolvent der Pädagogischen Hochschule Allenstein, wo er Polonistik studierte und gegenwärtig als wissenschaftlicher Mitarbeiter tätig ist. Als Lyriker fühlt er sich der Region Masuren verbunden. Er debütierte mit einem Lyrikbändchen »Spirdingsee«, in dem er dem Leser sehr suggestiv seine Jugend in Masuren nahebringt.

Apotheker L. Thies

eines Tages erschien Gott
mit reinem Licht berührte er meinen Kopf
und ging fort
hinterließ in ihm Feuer
mit Mixturen nicht zu löschen
es wurde so hell
jede Runzel auf dem See durchschnitt die Pupillen
und wuchs zu einer Welle im Gehirn
ich bemerkte wie teuflische Ungeheuer
dem Bild von Hieronymus Bosch entsprangen
das über der Ladentheke hing
und sich hinterlistig versteckten
in Ärmeln und hinter den Kragen meiner Kunden
sie lachten oder liefen fort
wenn ich sie zu schützen versuchte
manchmal näherte sich Entsatz
wenn Anna Deege die Apotheke betrat
ich sah ihre weißen Flügel
und alles erstarb in Angst und Verehrung
doch Teufel schmiedeten Ränke
der wichtigste von ihnen der schwarze fette
ein Käfer mit menschlichem Antlitz
wurde ihr Gatte
wie konnte ich sie bewahren vor der lauernden Finsternis
ich begriff daß Gott nicht hilft
denn die Flamme in mir entzündend
wurde er selbst zu Asche
ich verstand meine Sendung
in dieser Nacht war ich Gott
mein Licht berührte alle

(Aus dem Polnischen von Ursula Fox)

Franz Mulatzki
1900–1970
Du ruhst in deiner Heimat

in meiner Heimat ruhe ich
darin wird jeder ruhen
sieh
einen gemeinsamen Vater haben wir
und auf seiner Handfläche soviel Platz
so viele Furchen
doch diese Linien hat niemand umgepflügt
mit dem grenzziehenden Pflug
ständig verschwindet in ihnen das Leben
und keimt in ihrer Liebkosung
und die einzige wahre Grenze
ist die Grenze des Leides
die jeder respektieren und überschreiten muß
alleine
in sich selbst
muß denn dies erst geschehen um zu begreifen
daß andere Grenzen bedeutungslos sind
daß Heimat überall dort ist
wo uns die Erde aufnimmt

(Aus dem Polnischen von Ursula Fox)

Martha Wylutzki
30.5.1891–20.11.1891

still liege ich hier
und reiße niemanden aus dem Schlaf
nur an Mutter erinnere ich mich
diese beständige Zärtlichkeit ist es wohl
die mich nun einhüllt und schützt

(Aus dem Polnischen von Ursula Fox)

DARSKI, WOJCIECH MAREK, wurde 1958 in Giżycko (Lötzen) geboren, wo er auch weiterhin wohnt, er ist Lyriker und Literaturjournalist sowie Mitbegründer der »Masurengemeinschaft«, die in ihren Zielen der »Borussia« in Allenstein nahesteht. Durch die Wiederentdeckung der kulturellen und geschichtlichen Vergangenheit Masurens schwebt ihr eine neue gesellschaftlich-kulturelle Euroregion vor, zu der das ehemalige Ostpreußen wieder werden könnte. 1990 wurde er in Danzig für das beste Debüt des Jahres ausgezeichnet.

Der Bus nach Mokainen

Ein Nachmittag im Sommer. Flimmernde Luft. Mit einem Buch über Breughel auf den Knien fahre ich nach Mokainen, südlich von Wartenburg. Vor den Augen ein Filter, wie Nebel, er läßt Details erkennen, nur. Bekannte Landschaft.

Die Kindheit einholen. Mit dem undeutlichen Verlangen, daß die Quelle sprudelt. Dies alles hinter der Wegbiegung, nicht verändert, geordnet, jenseits von Zeit.

Kleiner Friedhof, vom Garten abgeteilt. Haus auf der Anhöhe. Duftende Wiesen und gelber Mond. Madonna zwischen Gräsern mit Kornblumen. Verlassener Wagen im Feld. Das Seeufer mit Schlehdorn bewachsen. Fuchsroter Hund. Schnaufen von Pferden, die von Jungen zum Wasser geführt werden. Erwärmte Walderdbeeren. Schwere Kuheuter. Das, was dem gewendeten Blatt meiner Zeit Geschmack, Wohlgeruch und Farbe verleiht.

Ich war sechzehn Jahre alt. Der blaue Bus fuhr mich nach Mokainen, in die Fremde. Mit meinen Vorstellungen, mit dem Vorrat an Schulwissen, gerüstet mit einigen Bücherweisheiten, die Hoffende. Ich schloß die Augen, um den Mythos zu finden, der imstande wäre, uns alle einzufangen. Hungernd nach Legenden. Geheimnisse witternd.

Niemand deutete. Kinder haben recht. Kinder, Tiere, Bäume. Niemand wird hier den Gast daran erinnern, die Schuhe auszuziehen, wenn er den Steinboden im Flur betritt. Gäste überschreiten die Schwelle ungeniert. Nicht unbedingt eingeladen. Treten dreist ein. Das Fortgehen fällt dann schwer. Die Landschaft fesselte. Käfer verspäteten sich. Bernsteinklümpchen sahen unter dem Moos hervor. Der Bus schaukelte unterwegs. Feuchter Erdgeruch durch das gekippte Fenster. Geruch von Dung, Butter und Wiesen. Ich war sechzehn Jahre alt. Wenn man noch auf Erleuchten wartet. Stechen. Anschneiden. Messen.

Aufblitzendes Wohlwollen. Verzaubert. Es schlug das Gymnasiastenherzchen.

Sie saßen neben der Tür. Eine Frau und ein Mann. Sie sprachen leise. Ihre Sprache nicht zu enträtseln. Erinnerte an das Rascheln vom Wind bewegter Blätter, im Obstgarten, beim Ausruhen. Spröde. Tief aus dem Rachen fließend, wie aus einem Brunnen.

Die Schaffnerin, ein junges Mädchen mit großen geschminkten Lippen in der Farbe der Alpenveilchen. In Uniform mit abgewetzten Nähten. Von den Fingernägeln blätterte der Lack. Teilchen fielen wie Funken, immer schneller. Eins sprang gegen die Scheibe. Sie zuckte mit den Schultern. Seufzte. Als sie sich umdrehte, leuchteten im Gesicht rosa Flecken, wurden größer. »Sprecht polnisch! Ihr seid hier nicht zu Hause!« sagte sie. Sie wiederholte es. Der Mann blickte auf. Seine Kehle verkrampfte sich. Die Frau an die Scheibe gedrückt, plötzlich nicht vorhanden. Zu schreien begannen alle zugleich.

Ich verstand nicht. Schämte mich. Das Glas, das in der Hand zersprang, zerbrochen. Die Schaffnerin weinte. Sie stiegen schweigend aus. Obwohl es bis zur Haltestelle noch weit war. Grollende.

Obwohl sie doch die Fahrkarten bezahlt hatten. An den geschwollenen Lippen klebte die Zigarette, angeboten vom Busfahrer.

Der Bus fuhr an und schwamm jetzt mitten durch die Wiesen. Kalte Insel. An die Scheibe schlug der Ast einer Kirsche. Querüber. Warf Schatten. Ein funkelnder Hahn sprang zur Seite. Der Storch stand inmitten der Butterblumen. Das gläserne Zweiglein zum Halse heraus. Asche fiel herunter, Spuren einer Feuerstelle. Der Bus fuhr mich nach Mokainen, in die Fremde.

(Aus dem Polnischen von Ursula und Ulrich Fox)

In Sowirog

In memoriam Ernst Wiechert

Wo es keinen Stein gibt beginnt
keine neue Zivilisation
die Götter vergessen die Könige meiden
Händler versinken im Morast Gaukler verirrn sich
der Wald umspinnt ihnen die Hände der Mond verdunkelt
  die Augen
Minderjährige werden betäubt stapfen
ein Stück Ziegel unter Moos entdeckt in der Hand
nur dieses ständige Rauschen und Brummen
das Knacken und Tuscheln Klänge und Echos
Stimmen tätiger Mühlen und Rasseln von Scheren
Getöse und Pfeifen Wimmern berstender Bäume
Keuchen der Tiere der Nachtvögel Gekreische
Glucksen der Wasser Knistern vertrockneten Grases
vom Halm getrennte Tropfenglöckchen
Leinengeflatter Sandknistern Lachen des Windes
Symphonie gläserner Steine des Eises Spitze Sopran
Schrei des Adlers Rauschen im feuchten Heidekraut
Summen der Bienen im ausgehöhlten Baumstamm
durch Tage durch Nächte durch Jahre
über einem Arm voll Juniheu sagt
der zehnjährige Junge mit klarem Blick:
hier lebten Deutsche alle ereilte das Los
denn man muß bezahlen wenn man gewählt hat

und die Bücher sagen: es ist Ruhe nach dem Stamm
der weder eine Religion noch sich selbst hat
und die Stille: sie sei eine Stille nach einem Volk
das weder das Wort Widerspruch noch Auflehnung kannte.

(Aus dem Polnischen von Burkhard Ollech)

BYKOWSKA-SALCZYŃSKA, ALICJA, geboren 1953 in Ostróda (Osterode), studierte Polonistik an der Universität Thorn und ist Lyrikerin, Essayistin. Die regionale Thematik ihrer Gedichte ist stark autobiographisch gefärbt. Die Regionalität gewinnt jedoch durch ihren philosophischen Anspruch sehr deutlich einen universalen Charakter. Für ihren Gedichtband »Der Bus nach Mokainen« erhielt sie 1994 den Preis der polnischen Buchhändler. Die Dichterin lebt in Allenstein.

Friedhof im Jahre 1947

Von dem verrückten Leben doll und irr,
geh ich dorthin, wo keine Bosheit flackert,
wo eine Birke auf dem Gottesacker
alleine blinkt im schwarzen Baumgewirr.

Hier liegt es, unser Volk der Russen, zwar,
doch sind's vor allem Kinder; das hat Gründe:
im gleichen Jahr verstummten all die Münder –
'47, wüstes Hungerjahr.

Die Zeit vergeht, nimmt fort die Not, den Wahn.
Die Alten wahren jedoch das Gedächtnis,
vergessen nicht des Alptraumjahrs Vermächtnis,
wie sie einst aßen einen jungen Schwan.

Wenn mir mal wieder wird vom Leben schlecht,
komm ich zu treffen eine stille Alte.
Nur einen Kanten Brot die Hände halten,
den legt sie auf dem Kindergrab zurecht.

(Aus dem Russischen von Peter Steger)

Kaliningrad, 1947

Zwei Jahre lag der Krieg nun schon zurück,
doch Menschen blieben hier auch weiter leben.
Heraus aus Königsberg? Was sollt' das geben! ...
Doch wie ein Mal die Schuld sie hier bedrückt.

Betrübliche Ruinen dort am Strom,
wo Deutsche, schwach und halb im Schlafe, wankten,
da nur für wenige sie wirklich langte,
die rettende, zu knappe Notration.

Für sie ward Königsberg, die Stadt, zur Gruft.
Nur wenig Hoffnung sie aufs Leben setzten,
Die Menschen Angst und Hunger tief verletzten,
Für Schwarzbrot tauschten sie die letzte Kluft.

Sie irrten durch die Stadt, von Schuld beschwert,
ein toter Junge lag herum wie Plunder.
Die Toten nahmen damals niemand wunder,
und wegen Leichen machte keiner kehrt.

Das Licht der Welt hat sie nicht mehr bemerkt.
Man konnte sich nicht noch um Deutsche kümmern.
Die Umgesiedelten, vom Krieg zertrümmert,
bevölkerten das frühre Königsberg.

(Aus dem Russischen von Peter Steger)

POGONJAJEW, SERGEJ, wurde 1954 in Kaliningrad geboren. Von Beruf ist er gelernter Elektromechaniker. Schon in der Schule fiel er dadurch auf, daß er in Aufsätzen seine eigenen Gedanken und Gefühle ausdrückte, statt sich nach dem zu richten, was verlangt wurde. Während seiner Dienstzeit in der Armee begann er zu schreiben. Danach schloß er sich dem von Semkin gegründeten Kreis junger Schriftsteller »Rodnik« an. Seit 1993 ist er Mitglied des Schriftstellerverbandes. In seinen Gedichten, auch den hier abgedruckten, kehrt er gerne in die Nachkriegszeit, in die Zeit vor seiner Geburt, zurück, um jene Zeit, die vor ihm war, in sich aufzunehmen und zu verarbeiten.

Freie Zone

»Zur letzten schrecklichen Freiheit
neigte sich schon unser Geist ...«
N. S. Gumiljow. Dritte Kanzone.

1

Freiheit ist das Symbol des Raums ab den Sohlen meiner Schuhe bis
zur Linie des Horizonts, die überströmt in mich auf Spaziergängen
und Wanderungen ...

Zone ist die Subtraktion eines Teils aus dem Ganzen, zerpflückt
in Klammern, oder die Entfernung von A nach B, oder die Strecke
vom Bach zum Fußweg.

Doch wie den Schoner vertäuen am Wellenkamm des Meers? (Im
Schaum des Absurden sind die Wahrheitskrümel sichtbar.) Ich
fand, wie es scheint, einen Ausweg aus der Sache, indem ich ein So-
nett als Form des Versbaus präparierte. Seine vierzehn Zeilen scheinen uns nicht Last zu sein und schließen freie Gedanken über die
Zeit und selbst über die Newton'schen Gesetze nicht aus ... Eben
deswegen bin ich nicht gegen eine solche Liebe:

Freiheit + Zone.

2

»Der Gedanke darf nicht klar sein ...«[1] – sonst versalzen Quelle und
Mündung des Flusses oder Lebens ... In der Asche zu wühlen, gebührt dem Teufel, doch dem Menschen eignet es, am Feuer zu sitzen
im Augenblick des lichtesten Verdrusses, voll Gram um das ver-
loschne »Gestern«, das nicht erlegte Wild oder den entschlüpften
Fisch ... Gedanke ist die Kette der Gewohnheiten, sie gleicht der

---

[1] Zeile aus einem Gedicht von Iosif Brodskij.

Mutter, die eine Wiege schaukelt, in der ein Kind schreit, das versucht, ihr etwas zu erzählen!

So bedecken meine Haare in der Berührung mit Kämmen die Gedanken vor dem Wahn.

3

In der Grammatik sind die Regeln gleich dem Gesetz oder der DIN. Man muß sie auswendig lernen, und das ist nicht einfach. (Erinnerungen bringen Kummer mit sich.) Doch gibt es keine Regel ohne Ausnahme, zum Beispiel für eine gewisse »Mahr«! Und sosehr du auch dein Hirn anstrengst, du wirst das Geheimnis der Nachsicht gegenüber dieser Person nie lüften und kommst ihr nie bei.

Doch kehren wir zurück zur freien Zone, schließlich ist sie die Ausnahme von der Regel.

4

Für die Ausnahmen gibt es einen besonderen Ansatz und ein je eigenes Mittel. Sehen wir uns das Jahr 1255 an, studieren wir Königsberg, seinen Aufbau und seine Umgangsformen. Werfen wir einen Blick auf die Hinrichtungen, Kriege, Schlachten, die Siege und Niederlagen, gehn wir durch die Zeiten seiner Auf- und Abstiege ... Probieren wir Marzipan und Forellensuppe. Ergötzen wir uns am Schall der Fanfaren und dem Gesang der Schalmei.

Nippen wir am Kelch der Erkenntnis, den Blick gerichtet auf die Wissenschaft, und kehren wir zurück zu unseren Kreisen, nach Kaliningrad. Ohne Unterschied sind mir Ränge und Titel, die zu beurteilen, habe ich kein Recht. Doch jede Zeit hat ihren Zauber, und jede Speise – ihre

Gewürze.

5

Ich zähle rückwärts die Stufen der Zeit, und es beleben sich die Sonette Petrarcas an Laura. Meine Tage gehen den Bach runter, mir geht es mies, doch noch mieser der Literatur ... Keinen Pfifferling ist sie heute wert auf dem Markt: zum Altpapier trägt man heute Wladimir Solowjow und Rilke!

Lew Tolstoi tauscht man ein gegen Chase, Chlebnikow – gegen »Die Technik des Sex«. Leer stehn die Theater, keine Ovationen sind zu hören. In Mode sind Stücke ohne Dekorationen ... Dem Besucher näher gerückt ist die Studiobühne: für die majestätische Keilerei, für das Familiendrama.

Die Zeit ist der Pastor, wir sind ihr gläubiger Sprengel mit einer neuen Illusion von freier Brüderschaft!

6

Ich schreibe vom »Platz ist in der kleinsten Hütte« ... Zum Wohnraum Meter hinzufügen oder träumen vom eignen freistehenden Haus am Lebensabend, das wär's. Doch so fern ist das Licht am Ende des Tunnels, und vom Meer her wehen eisige Winde.

Wir wissen nicht, was die Seele braucht ... Betrügerisches Schicksal, verstellt als kapriziöse Schöne, die mal abstößt, mal mit den Blicken lockt! Ich gebe, was gebührt, dem protzigen Aphorismus: ein Blick von ihr ist mehr als tausend Rubel wert!

7

Der Kurs des Rubels fällt. Wie ein Pilz nach dem Regen schnellt jeder Preis in die Höhe. (Schuld sollen sein die Energieträger.) Aber den Nachbarn führst du nicht hinters Licht: Denn er hält für schuld an allem den »Führer« und hofft, daß ein neuer gewählt werde, wenn das Land den Leidensweg durchstehen sollte und wir nicht zu den »Himmelsbewohnern« gehn.

Doch für mich ist jeder sein eigner Präsident, wenn er nur von früh bis spät arbeiten kann und Bücher wie ein Quartalsäufer liest, gleich einem Studenten, und im Traum Flüge unternimmt ... Solange der Hahn aus der Scheune des Nachbarhauses nicht kündet vom anbrechenden Tag und das Radio auf Kurzwelle nicht erinnert an die Bernstein-Ausstellung im Wehrturm »Der Dona«.

8

Ich nehme den glitschigen Pfad, der zur Obersee führt und Kant-Weg genannt wird ...

»Im letzten Moment erst decke deine Trümpfe auf«, lehrte mich der Vater beim Kartenspiel. Ich habe noch seine Medaille: »Für die Einnahme Königsbergs«. Fast ein halbes Jahrhundert ist seither vergangen. Der Haupttrumpf, der Faschismus, ist gestochen, jedoch ist der Dom erblindet. Seine großen leeren Augen in die Jahrhunderte gerichtet, glaubt er wohl an uns! Über dem See ist der Strahl des Sonnenuntergangs verlöscht. Das Grab des Vaters verwehen Schneemassen …

9

Es wandeln in den engen Gäßchen der Vergangenheit die Schatten. Wunderlich sind im Dämmer der Laternen Gewächse.

Eine frierende Taube spaziert am Fries meines Fensters entlang. Hinter nackten Bäumen ist die heilgebliebene Kirche der Königin Luise zu sehen. An den Wänden alter deutscher Häuser, gleich Vignetten, Spuren von Granaten …

Unsterblich die Seiten der granitenen Bände mit den Nummern der Divisionen, Regimenter und Einheiten mit dem langen Verzeichnis von Familiennamen, Vornamen … Sie fehlen uns so sehr! Lebendig sind auch die, welche nicht mehr unter uns sind – im Allgemeinverband der Zeiten.

10

Um in einer Ehe die Liebe wiederzubeleben, muß man sich scheiden lassen und ein heimliches Treffen im früheren Bett arrangieren, sich regenerierend in den Liebkosungen …

Um eine Stadt wiedererstehen zu lassen, die Schaden genommen hat bei einer weltumspannenden Keilerei, ist der Schweiß der Bauleute nicht von ein oder zwei, sondern von Dutzenden blutiger Jahre nötig! Um den Leib vor Krankheit zu retten, trinkt man Heilkräutersud, verwendet man Honig und Zitronen, alles, was nahrhaft ist und gesund …

Um den Geist auferstehen zu lassen, verfaßt man Gebete, spricht geheime Worte, singt Lieder, liest Gedichte, spielt Geige oder Laute bei Versammlungen von vielen Menschen.

11

Freie Zone – ein zugeflognes Vögelchen, und ich probiere an ihr das Hemd an, ein leinenes, altes, voller Flicken aus den Binsenweisheiten meiner Oma, mit Kornblumen am Kragen und an den Manschetten ... (Über den russischen Stil schreibt man in den Zeitungen!)

Doch die Zone putzt sich heraus in Tennisschuhen und Jeans. Nach der Zeitungslektüre beurteilt sie das Leben. Sie verkauft Öl, kauft T-Shirts! Tauscht Rubel gegen *Deutschmark*.

Sie verbirgt die Armen nicht, bittet um ein Almosen. Sucht die Wahrheit in Importweinen. Raucht »Marlboro«, trinkt »Amaretto«-Likör und erkennt kein einziges Sujet an oder wieder!

12

»Sein oder nicht sein ...« – eins von beiden, erwachte das Selbstbewußtsein im Volk. »Zur letzten schrecklichen Freiheit schon neigte sich unser Geist.« Im Arrangement der Menge klingt ein unbekanntes Motiv, das an alte Klänge gemahnt. Doch den Lärm und das Getöse der Straße übertönend, erschallt die Solostimme der Freien Zone, es schreit über seine Kräfte der Knabe in der Wiege, gleich einem aus dem Nest gefallenen Küken ... Es weint im Orchester die 1. Geige, hört

die Musik, Herrschaften!

Dezember 1992   *(Aus dem Russischen von Peter Steger)*

SAMUSEWITSCH, ALBINA, geboren 1935 in Nischny Nowgorod in einer Arbeiterfamilie, ist von Beruf Ärztin, aber ihre ersten Gedichte schreibt sie bereits in der Schulzeit. Nach ihrer Heirat mit einem Armeearzt geht sie zunächst nach Kamtschatka und dann nach Murmansk. Seit 1971 wohnt sie im Königsberger Gebiet und seit 1980 in der Stadt selbst. Ihre Beziehung zu dieser Stadt ist sehr intensiv. Ihre Gedichte spiegeln die Suche nach einer neuen Identität wider. Die »Freie Zone« ist zunächst noch eher Hoffnung als Wirklichkeit.

Luisenallee

Als ob sie zögerte in ihrem Lauf,
Verhielt die Zeit an der Jahrhundertschwelle.
Beim trägen Flötenklang des Zaubers Sommer
Schlendert der Juli durch die Luisenallee.

Luisenallee – was sagt dieser Name?
Wessen Geschicke verbanden sich hier und sangen?
Ahorne wiegen sich, lichterfüllt.
Woran erinnern sie sich in der Luisenallee?

Ach, du Stadt Hoffmanns und Humboldts und Bessels,
Wo rosa-weiß fesselnd gefesselt
Der Weißdorn in zärtlichen Wellen plätschert
Entlang der wie Zeit so langen Luisenallee.

Sie siegten mit dir, Luisenallee.
Doch war es nicht ein Pyrrhussieg?
Und an der Siegesstraßenkreuzung
Blinkt grün das Licht der Fußgängerampel.

Und wieder übt jemand ein Stück in der Schule,
Spielt ungelenk stümpernd auf einer Geige
Wie Ewigkeit einfach eine Haydn-Melodie.
Und die Musik strömt in die Luisenallee.

Wozu wahnsinnige Kriege beginnen?
O Menschengeschlecht, du verstümmelst dich selbst!
Was ist erhaltenswert? Was ist erinnernswert?
Sonnenlicht und Ahorn in der Luisenallee.

1992   *(Aus dem Russischen von Brigitte Schulze)*

Der Dichter

Inmitten der Weiten Masurens
Ein Häuschen. Und Wald hinter Hügeln.
Ein Echo gibt Antwort im Haus.
Doch ist kein Hausherr da.

Wahrscheinlich ging er aus.
Das Gras ist niedergetreten.
Für eine Stunde? Für ewig?
Er setzte keine Frist.
Unter dem Dach sein Name
Wie sorgloses Schwalbengezwitscher.
Kein Hausherr. Weggegangen.
In den Wald. Oder zum Horizont.

Dort, wo gläserne Türen
Ihre Flügel schließen.
Ewigkeit – die Frist
Für Zauberei und Liebe.

Mit heiliger Gabe war er
Vom Himmel grausam gestraft.
Sonne auf seiner Schulter –
Einem goldenen Stempel gleich.

So glüht das Schicksal, daß,
In Sonnenuntergang getaucht,
Gedichtzellen atmend,
Die Lippen verbrennen.

Und – außerhalb von Zeit und Geschichte –
Was ist die Frage? Was die Antwort?
Echo in Masurens Weiten.
Ein kleines Haus. Und Spuren im Gras.

1993   *(Aus dem Russischen von Brigitte Schulze)*

SUJEWA, APOLLINARIA, geboren 1951 in Kaliningrad, ist Absolventin der Philologischen Fakultät der Universität Kaliningrad und jetzt wissenschaftliche Mitarbeiterin am dortigen Lehrstuhl für sowjetische/russische Literatur. Sie promovierte über sowjetische Literatur in Moskau.

Unter dem Eindruck eines Seminars in Allenstein im Jahre 1993 über ostpreußische Literatur schrieb sie: »Was soll ich dir sagen, du Polen von Chopin und Kopernikus? Was kann ich schon wissen über euch, die Deutschen? Oder was weiß ich über Litauen und Rußland? Was weiß ich über mich selbst ... Ich bin Russin, aber mein Russischsein riecht nach einem besonderen Aroma, denn ich bin in Kaliningrad geboren.« Hier lebt Apollinaria Sujewa und schreibt. Das Gedicht »Der Dichter« entstand nach dem Besuch des Geburtshauses von Ernst Wiechert.

Suche nach Karalautschi

B altisk heißt dieser sowjetische Hafen heute.
Und jenen Sportplatz in Kaliningrad, der meinerzeit den Namen des Gauleiters trug, hat man Stadion Baltika getauft.

Mir kommt es vor, als habe man das Meer, die Baltische See, wie sie es nennen, überhaupt zum Paten über dieses Gebiet gemacht. Kaliningrad ist einer der größten Fischereihäfen der Sowjetunion. Zehn Prozent der gesamten sowjetischen Fischproduktion werden hier gefangen und verarbeitet.

Die ehemaligen deutschen Ostseebäder liegen im Kaliningradskaja Oblast, so wurde das Gebiet zwischen Memel, Pregel und Nehrung genannt.

Selenogradsk heißt das ehemalige Cranz, Swetlogorsk ist Rauschen. Wie erahnt, fallen die Kaliningrader wie einst die Königsberger in ihre Bäder. Und vielleicht haben sich hier die Gesichter der früheren und heutigen Orte am natürlichsten geeint. Neben den weißen, luftigen Holzpensionen haben die Gewerkschaften oder Betriebe hochgeschossige Ferienheime und Sanatorien gebaut.

Am Strand von Swetlogorsk hat die Marine einen riesigen Aussichtsturm hochgezogen.

Memel hat seit fünfundvierzig seinen ehemaligen litauischen Namen Klaipeda zurückerhalten und gehört endlich, wozu es gehörte, zu Litauen, ebenso wie Nidda, eines der gepflegtesten und schönsten Bäder der Sowjetunion.

Das Sommerhaus Thomas Manns, das er sich neunzehnhundertdreißig vom Geld des Nobelpreises errichten ließ und das er bis zweiunddreißig bewohnte, ist zu einem Museum geworden, wird mit einer umfangreichen Bibliothek und einem Lesesaal von der Öffentlichkeit genutzt.

Meine litauische Freundin Zita Maizekaite, Lyrikerin, Übersetzerin von Mann und Hesse, die ich während eines Studienaufenthaltes in Vilnius mit meinen ungedeckten Sehnsüchten nach K. und der

Nehrung nervte, schreibt in ihrer Neujahrsgratulation: In diesem Jahr ist in Nidda ein neues Schriftstellerheim gebaut worden, ich habe mit meinem Mann den Sommer dort verbracht, es ist eine verzauberte Landschaft. Die Kurische Nehrung – Kursky Neria. Das Kurische Haff – Kursky Salier. Die Gegend, von der Wilhelm von Humboldt gesagt haben soll: Wenn einem nicht ein wunderbares Bild in der Seele fehlen soll, muß man die Nehrung gesehen haben.

Als ich einmal in »Ausstellung einer Prinzessin« das Mädchen Cristine über Heimat meditieren lasse, kommt jene mir nahe, aber nur bedingt autobiographische Figur zu der Entscheidung: Heimat, das war Pillkoppen, ein Fischerdorf auf der Kurischen Nehrung.

Dort, wo sich die unsteten Wanderdünen zu sechzig Meter hohen Wüsten anhäufeln, wo das Kind im ersten Stock des Landgasthofes vom Fritz Matzkies eines Abends sein Ohr an die Dielen drückt, um das historische Mirakulum des Doktor Faustus durchzumachen ...

Zurückkehrende Kurenkähne, ein Gemälde von Max Pechstein, viel Gelb und Braun und Oliv. Flugsand der Düne, das Haff, die Kähne, ihre Wahrzeichen am obersten Mast. Ein Druck des Bildes hat lange Jahre mein Leben begleitet.

Vor Jahren entstand ein Gedicht über dieses mir Nahe:

Manchmal
blicklos, nach innen gekehrt,
das andere.

Längst verlorene Stapfen
im flüchtigen Sand
der Wanderdüne,
so gelb.
Landeinwärts
das Haff,
meins,
im ölbraunen Ton
kindwarmer Erinnerung,
buntbewimpelter Kurenkahn,
sein Schmuck.

Unser Spiel –
Schlösser mit elf Türmen,
Schluchten, grundwassertief,
bewacht von Spakies, dem älteren,
sein Gesicht, diese Landschaft
netzgeteilt.

Und
einen Vogelzug weiter,
minutenlang
aus Urzeit tretend,
der Bruder Elch,
Vergangenheitsgeflecht im Geweih,
Vorwurfsglimmen
in den Lichtern ...

Übrigens schnitzte und bemalte jeder Fischer seinen Wimpel selbst.
Die Wimpel verrieten Kundigen den Heimatort des Kahns. Eine Be-
tonpiste von neunzig Kilometern führt heute über diesen Landstreif
zwischen Haff und Meer, seine schmalste Stelle zwischen baltischer
blauer See und olivem Süßwasserhaff beträgt vierhundert Meter. Es
ist zum Naturschutzgebiet erklärt worden. Sechzehn Dörfer haben
die seltsamen Dünenungeheuer geschluckt. Nichts schenkte diese
Landschaft ihren Bewohnern. Jeder Baum mußte einzeln gepflanzt
und umhegt werden. In Nidden gab es einen Pestfriedhof. In den
Schulen Karalautschis lernten die Kinder in höherem Alter die Bal-
lade von den Frauen von Nidden, die, nachdem die Pest ihnen Männer und Kinder genommen, der Düne anbieten, nun solle sie auch
noch alles andere verschlingen.

Ich lernte es damals nicht, wie ich überhaupt wenig Korrespon-
dierendes zu der ostpreußischen Heimatdichterin Agnes Miegel
empfand. Daß sie von den Nazis damals genutzt wurde, wußte ich
nicht einmal. Einmal, als siebzehnjährige Lehrerstudentin, hatte ich
in der kleinen märkischen Stadt Belzig ein Gedicht der Landsmän-
nin einzuführen, das ich bis heute mag und aufbewahrt habe. Es ist
das Herbstgedicht »Die Stirn bekränzt mit roten Berberitzen«. Es

hat für mich etwas von einer guten, ruhigen Art abzuspannen, wenn die Jahre sich neigen. Ich meine, so möchte ich es können. Vier Kilometer von Pillkoppen – Pilkopa entfernt liegt Rybatschi, Fischerstädtchen, war unter Rossithen bekannt.

Es ist die größte Vogelwarte Europas geblieben. Mitarbeiter der Sowjetischen Akademie der Wissenschaften registrieren die anfliegenden Tiere, versehen sie mit einem Kennzeichnungsring. In allen Ländern der Erde finden sie sich an.

Palmnicken heißt Japtarny, was Bernsteinstadt bedeutet. Der mir nur aus dem Heimatkundebuch bekannte Tagebau, wo der Bernstein aus der sogenannten blauen Erde gelöst wird, ist neunzehnhundertsiebenundvierzig wieder in Betrieb genommen worden. Bagger aus dem Ural können bis fünfundvierzigtausend Tonnen im Jahr fördern.

Ich habe als Kind nie recht begreifen wollen, daß man der Erde abtrotzen könne, was sonst in stürmischem Spiel großzügig vom Meer gespendet wurde.

Im Altertum schon war das Ostseegold, Elektron geheißen, ein begehrter Tauschartikel. An keiner Ostseeküste mehr habe ich wie an der heimischen nach Stürmen zwischen Tang, Schlick und Muschelscherben so viel Bernstein finden können. Vielleicht ist hier der Ort, von dem die Sage erzählt: Jorate, die Tochter des Meeresgottes, verliebte sich in einen einfachen Fischer und entführte ihn in ihr Bernsteinschloß auf dem Grund des Meeres. Ihr Vater geriet darüber so in Wut, daß er den Palast der Tochter blindwütig zerstörte. Seitdem wirft das Meer nach Stürmen seine schönen gelben Steine aus.

Wie man bemerkt haben wird, kann ich nun doch ein wenig im Kaliningrader Gebiet umherstreifen. Natürlich habe ich, wo immer es möglich war, nach Materialien über die Stadt gesucht. Jetzt hat mir jemand sogar einen sowjetischen Reiseprospekt über Kaliningrad geschenkt, und bei Freunden entdeckte ich eine Tonbandkassette. Sie haben sie vor sechs bis sieben Jahren nach einer Fernsehreportage über das Kaliningrader Gebiet aufgenommen. Ein Fernsehteam aus der BRD hatte damals dort gefilmt.

Ich höre, was ich nicht sehen kann und doch sehe. Die Wellen des

Baltischen Meeres – »Und die Meere rauschen den Choral der Zeit ...«
Ausgelassenes Stimmengewirr in russischer Sprache am Strand von
Selenogradsk, Cranz also – und gleich bin ich am Jurmalastrand in
der Rigaer Bucht ...

Vogelgezwitscher – der Rührungsmechanismus soll funktionieren
– die tremulieren ja wie damals ...

In Kaliningrad Geräusche von Autos und Straßenbahnen,
zurückgenommene Geschäftigkeit nur dringt aus den Straßen, denn
über alledem die Stimme des Reporters.

Der nimmt dich bei der Hand und führt dich zu Stellen und Plät-
zen, die ihm für seine deutschen Mitbürger mitteilenswert scheinen.
Die Schauplätze wechseln zu rasch, um einen Eindruck zu vermit-
teln, dazu die neuen Namen und Bezeichnungen in der anderen
Sprache. Es werden Worte wie »aus dem Abgrund der Zeit« gefunden, »Ewigkeit neben Vergänglichkeit« gesetzt, und das Lied von
den fünf wilden Schwänen erklingt, von denen keiner mehr gesehen
ward. So viel »Aufrührendes« an Heimatlichem faßt die »liebe Seele« nun doch nicht ...

Weiteres müßte in gesunden Rationen aufgearbeitet werden. Die
Reportage wird von ihrer auf meine Kassette überspielt. Eine Information blieb aber schon beim ersten Zuhören. Juri Iwanow erzählte bei seinem damaligen Besuch von einem Schriftstellerkolle-
gen in Kaliningrad, der ein Deutscher sei. Da er einen französisch
klingenden Namen nannte, glaubte ich an einen Irrtum.

In der Reportage wird er auch erwähnt. Er heißt Rudolf Jacquemien, ist neunzehnhundertacht in Köln geboren, zweiunddreißig in
die Sowjetunion übersiedelt, hat dort als Schlosser, Journalist, Berg-
mann gearbeitet und lebt seit fünfundvierzig in Kaliningrad. Ich
denke: Könnte ich – würde ich –, sicher brächte mich Juri zu ihm.

Und nun kommt mir ein weiterer Zufall zur Hilfe. Ich spotte zu
meinem Mann, da oben scheint unser kleines Ellachen zu sitzen
und die Dinge für die Nichte zu dirigieren, so nach dem Slogan: Un-
mögliches erledigen wir gleich, die Wunder folgen später.

In einem Buchladen sehe ich dieser Tage eine Anthologie »Zehn
sowjetdeutsche Erzähler«. Ich blättere in ihr mit nur einem Ziel:
dieser Deutsche mit dem französischen Namen ...

Und finde ihn mit der phantastischen Erzählung »Ronak, der Letzte der Marsianer«. Neunzehnhundertsechsundsiebzig erschienen. Beim Lesen ist mir, als würde dem Kind von damals endlich seine Neugier über den Mars gestillt. Dabei ist es eine Erdengeschichte, die mir das Grauen einer völligen Vernichtung ausmalt. Natürlich habe ich diese heute schon naive Erzählung unter den bestimmten Aspekten meines Interesses gelesen. In Kaliningrad geschrieben, von einem deutschsprachigen Kollegen, von einem Freund Juri Iwanows, mein Kindheitsthema betreffend.

Und – wie ich nach dem Lesen der anderen literarischen Beiträge und Kurzbiographien der sowjetischen Schriftsteller begriff: Der faschistische deutsche Krieg hat die Sowjetdeutschen auf eine unvergleichlich grausame Art geschlagen. Wer also, wenn nicht sie, vermöchte vor der Verödung unseres Planeten zu warnen.

Kaliningrad erhielt am vierten Juli neunzehnhundertsechsundvierzig seinen Namen nach dem zweiten Staatsoberhaupt der SU, Michail Kalinin. Sein Denkmal steht vor dem, wie Juri erzählte, kaum veränderten Hauptbahnhof.

Das Wappen: drei Flügel über einem von Felsbrocken getragenen Ring. Es symbolisiert die drei Waffengattungen, die von drei Seiten den Verteidigungsring um Königsberg durchbrachen. Stiege man im Hauptbahnhof in eine Straßenbahn, so ließe sich mit Karalautschikenntnis die Hauptverkehrsstrecke Kaliningrads verfolgen.

Da ist der Fluß mit seinen Armen, Schlagader dieser Stadt wie der früheren.

Sehe ich noch die Ruine des Doms von der Dominsel in den Himmel mahnen? Lange Zeit hat man durch Konservierung aufrechterhalten, was die anglo-amerikanischen Bomber in der Augustnacht übrigließen.

Über den früheren Kneiphof führt eine Hochstraße, die Esplanade-Most zur Dominsel, vor dem Angriff mit alter Universität und vielen Bauwerken bestanden, heute Grünfläche. Die alte Börse an der Grünen Brücke ist ein Kulturpalast für Seeleute geworden. Die Trümmer des Schlosses wurden neunzehnhundertsiebzig abgetragen.

Da führe man nun ein ganzes Stück durch eine völlig neue Stadt, durch den ehemaligen Steindamm, heute Leninprospekt, aber dann gibts wieder ein paar Anhaltspunkte. Das alte Stadthaus gegenüber dem Nordbahnhof ist heute Sitz der Bezirksregierung. Links vom Bahnhof steht ein großes Lenindenkmal, hier finden Kundgebungen und Maidemonstrationen statt. Im ehemaligen Polizeipräsidium sitzt die Miliz, und die nun folgende Hufenallee heißt Prospekt Mira. Das ist die Hauptstraße Kaliningrads.

Nie hat es in meiner Stadt eine Straße des Friedens gegeben. Daß es sie jetzt gibt und daß sie einst meine Lieblingsstraße zu Tante Ella war, nehme ich als gutes Omen.

Vielleicht verlasse ich die Straßenbahn auf dem Kundgebungsplatz, gehe, diesmal nicht mehr das Kind mit verhaßtem Turnbeutel, den Prospekt Mira entlang.

Das Landgericht rechts von mir ist – viel sympathischer – ein Fischereiinstitut geworden und – es stimmt, was Juri Iwanow schon in Leipzig erzählte – die für eine Zeit im Tiergarten ausgelagerten kämpfenden Wisente haben hier wieder ihren Platz gefunden.

Das Schauspielhaus hat ein neues Säulenportal in neoklassizistischem Stil erhalten. Wo einst Emil Jannings, Agnes Kraus und Paul Wegener mit ihren Schauspieltruppen auftraten, führen ihre sowjetischen Kollegen gute Traditionen weiter. Auf den Spielplänen findet man seit fünfundvierzig immer wieder den Deutschen Friedrich Schiller, den Sänger der Freiheit und Menschlichkeit, wie es heißt. Würde ich, was ich zu Hause nie täte, dem Dichter Blumen unter sein Denkmal legen, dasselbe, unter dem ich als Kind spielend einherging? Es schiene mir fast berechtigt.

Nun liegen links, wie erwähnt, das Stadion Baltisk, es folgt der Leninpark (Luisenwahl) und auf der rechten Seite der Tiergarten. Er ist Kinderglück, wie zu meiner Zeit, ob nun der Elefant Jenny oder einfach Slom gerufen wird.

Ich gebe zu, daß ich weiterginge. Suchte, nach dem Doppelhaus, vor dem einst in zwei Steingärtchen ein fröhlich bunter Blütenfries wucherte. Würde verweilen, wo ich den Ziethenplatz wüßte. Selbst, wenn es ihn als Platz nicht mehr gibt. Ob ich die Tore aufsuchte, die heut in Kaliningrad unter Denkmalschutz stehen, weiß ich nicht, ich habe ihre Baulichkeiten irgendwie nicht gemocht. Sie müssen mich wohl zu sehr an meines Vaters Heldenahnen gemahnt haben.

Die Tore haben also überlebt. Das Brandenburger Tor am Hauptbahnhof, das Königstor mit den drei Standbildern, dem des Ottokar
von Böhmen, der zwölfhundertfünfundfünfzig Königsberg gründete, des Herzogs Albrecht, der fünfzehnhundertvierundvierzig die
Universität Albertina stiftete, und des Friedrichs des I., der sieb-
zehnhunderteins in Königsberg gekrönt wurde. Das Roßgärther
Tor, das Wrangel- und das Donartor.

Sicher aber ginge ich zu dem, der eine geistige Brücke von der
ehemaligen deutschen Stadt Königsberg zur sowjetischen Stadt
Kaliningrad schlägt.

Zu Immanuel Kant.

In einem Buch finde ich die Abbildung des Grabmals Immanuel
Kants in Kaliningrad, das dort als Sehenswürdigkeit gezeigt wird.
Der Begründer der klassischen deutschen Philosophie hat hier sei-
ne Heimstatt behalten.

Ich erinnere mich, wie mich mein Vater an dieses Grab neben
dem Dom führte, und sicher hat er mir zitiert, was ich ja in gekürz-
ter Form schon von ihm kannte:

»Zwei Dinge erfüllen das Gemüt mit immer neuer und zuneh-
mender Bewunderung und Ehrfurcht, je öfter und anhaltender sich
das Nachdenken mit ihnen beschäftigt: Der bestirnte Himmel über
mir und das moralische Gesetz in mir.

Beide darf ich nicht in Dunkelheit verhüllt oder im Über-
schwenglichen, außer meinem Gesichtskreise, suchen und bloß vermuten; ich sehe sie vor mir und verknüpfe sie unmittelbar mit dem
Bewußtsein meiner Existenz.«

Aber der nüchterne Steinsarkophag mit schwarzer Inschrift darüber, Immanuel Kant, 1724–1804, und die lehrhaften Erklärungen
meines Vaters entzündeten kaum meine Phantasie, mir den Mann
vorzustellen oder gar stolz darauf zu sein, daß er in meiner Stadt
gelebt und Bedeutendes erdacht und aufgeschrieben haben sollte.

Ich kannte natürlich das kleine Mannchen. Auf dem der Oper gegenüberliegenden Teil des Paradeplatzes stand es ja auf so einem
Marmorsockelchen. Vielleicht bewirkte es das pompöse Reiterdenk-
mal Friedrich Wilhelms des III. vor der Universität, daß die Gestalt

Kants, obwohl ein gutes Standbild von Christian Rauch, besonders unaufdringlich und zerbrechlich wirkte.

Man könnte in den beiden Standbildern ein Symbol für das Verhalten und Ansehen von Geist und Macht gesehen haben. So wie es sich ja sogar in der Person meines Vaters materialisierte.

Kant nun stand, seine mageren Füße steckten in Schnallenschuhen, die dünnen Waden wurden fast von einem langen, halb zugeknöpften Mantel bedeckt, und hob mahnend seine rechte Hand, während er in der linken Dreispitz und Stock hielt. Der Kopf unter der Zopfperücke hatte eine aufgewölbte, geräumige Stirn mit einem spitz zulaufenden, länglichen Gesicht, darin eine lange Nase. Ein voller Mund, der durch diszipliniertes Zusammenschieben der Mundwinkel, das schon von den Wangen her begann, klein, aber für das ganze Gesicht sprechend geriet.

Ist vielleicht dort unter dem Schatten großer Bäume spaziert, ab und zu verharrend, denn nie hat er in Schweiß geraten wollen, wie er überhaupt seine Gesundheit, die er stark vom Wetter abhängig glaubte, sehr in Zucht zu halten suchte, so als habe er sich und seine Zeit genau einzuteilen, um in seinem einen Leben dieses enzyklopädische Werk zu schaffen.

Hob vielleicht gar nicht mahnend die Hand, bewegte sie erklärend zu einem seiner Schüler. Oder ein Freund begleitete ihn, Hamann, dieser seltsame Mann, in dem faustischer Drang und Friedlosigkeit rangen, oder der Bürgermeister Hippel, der heimliche Dichter. Ging vielleicht durch den Königsgarten, wie der Paradeplatz zu seiner Zeit hieß, hinüber ins Haus des Buchhändlers Kanter, wo er, ehe er sich ein eigenes Haus leisten konnte, von 1766 bis 1768 Quartier bezogen hatte.

Hat ihn auch malen lassen, der Herr Buchhändler Kanter, vom damals bekanntesten Porträtmaler Königsbergs, Becker.

In seiner Buchhandlung im Löbenichtschen Rathaus traf sich die geistige Elite der Stadt mit Kant an der Spitze. Später zog die Kantersche Buchhandlung der Universität, die von 1844–1862 im Königsgarten neu erbaut wurde, hinterher, wurde zu »Gräfe und Unzer«, richtete sich in einem großen fünfstöckigen Haus als eine der größten Buchhandlungen Europas ein. Alle Königsberger Schulkinder kauften dort ihre Schulbücher, und Kants Bild hatte noch in meiner Zeit da seinen Ehrenplatz. Kant aber studierte, promovierte, lehrte und wirkte als Professor und zeitweiliger Rektor an der alten, 1544 neben dem Dom erbauten Universität.

Erst 1787 kauft Kant ein eigenes Haus, das, nahe dem Schloß gelegen, neben sieben Zimmern einen geräumigen Hörsaal hat. Nun kann der Professor seinen strengen Tagesablauf einhalten, der um fünf Uhr morgens mit dem Wecken durch den Diener Lampe, einem ausgedienten Soldaten von »eingeschränktem« Verstande, beginnt und Schlag zweiundzwanzig Uhr endet.

Der einzige Komfort, den sich Kant leistet, den er sogar als eine seiner Lebensmaximen pflegt, ist ein geselliges Mittagessen. Täglich werden drei bis vier Freunde dazu geladen, und der Herr Professor legt eigens das Tafelsilber dafür heraus, von dem er nur sechs Bestecke besitzt, die er wie einen Schatz hütet.

Da es seine einzige Mahlzeit am Tag ist, werden mehrere Gänge geboten, und neben jedem Gedeck steht eine Viertelliterflasche Wein. Die Herren plaudern über Wissenswertes aus allen Lebensgebieten, nur über die Philosophie möchte der Professor nicht reden hören.

Auf diese anekdotenhaften Geschichten bin ich erst durch mein Suchen nach Karalautschi gestoßen.

Auch vom Magus im Norden, wie der ihn verehrende Zeitgenosse Carl von Moser Georg Hamann nannte, las ich erst jetzt. Von diesem eigenwilligen Mann, der trotz beschränkter Lebensverhältnisse als Zöllner im Pregelhafen mit den Besten seiner Zeit bekannt war, mit ihnen korrespondierte und von ihnen verehrt wurde – Kant, Hippel, Scheffner, Christian, Jakob Kraus, um nur einige zu nennen. Mit Gottfried Herder vor allem verband ihn eine innige Freundschaft, ihr Briefwechsel soll den Briefgesprächen zwischen Goethe und Schiller an Größe und Tiefe des Gedankens nicht nachgestanden haben.

Hamanns Gedankenströme führen bis zu den deutschen Romantikern, Brentano und Arnim. Mir scheint, mit dem Mann werde ich mich noch intensiver beschäftigen wollen. Oder müssen?

Welchen Einfluß hatte er auf E. T. A. Hoffmann, der 1776 in der

Französischen Straße fünfundzwanzig in ebendieser Stadt geboren wurde? Der Spukhoffmann, dessen poetische Märchen, wie »Nußknacker und Mäusekönig« oder »Das fremde Kind«, ich damals verschlang, ohne zu wissen, daß er durch dieselben Straßen gegangen sein könnte wie ich.

In ihnen, dem Kant, dem Hamann, dem E. T. A. Hoffmann, ist die siebenhundertjährige Stadt aufbewahrt. Dauert sie.

Hör doch mal, wie es heute dort aussieht, sage ich zu meiner Freundin Christl und mache sie mit dem eben Geschriebenen, mit diesem »Baedekerteil« um Kaliningrad bekannt.

Nach einer Weile sagt Christl: Wenn du ganz alt bist, wirst du vielleicht denken, du warst wirklich dort ...

SCHULZ-SEMRAU, ELISABETH, wurde 1931 in Königsberg geboren. Die Flucht führte sie 1945 in das Gebiet der späteren DDR, wo sie Literaturwissenschaften studierte und danach in Leipzig im Fach Prosa unterrichtete. Im Jahre 1984 erschien in Leipzig ihr Roman »Suche nach Karalautschi – Report einer Kindheit«. Es ist einer der ganz wenigen Texte, der zum Thema Ostpreußen in der DDR erscheinen konnte. Karalautschi ist der litauische Name für Königsberg. Diese Erzählung berichtet von ihren Erlebnissen während einer Reise nach Lappland, die sie mit sowjetischen und finnischen Freunden unternahm. Sie gelangten bis zum Polarkreis, wo es eine Grenze gibt, die zwar gekennzeichnet, jedoch auch 1984 überschreitbar war. Nur Königsberg konnte sie nicht besuchen, weil die Stadt Sperrgebiet war. Sie machte daher einen fiktiven Besichtigungsgang durch Königsberg/Karalautschi. Es erstaunt dabei die äußerst realistische Schilderung. Schon sechs Jahre später (1990) konnte sie ihre Heimatstadt besuchen und die russischen Schriftsteller Juri Iwanow und Rudolf Jacquemien kennenlernen.

Wiederkehr nach Allenstein
(Drei Jahrzehnte danach)

Endlich bricht die Sonne aus den Wolken hervor, zum ersten Mal seit Tagen. Der Sonderzug »Köln–Olsztyn«, der einmal wöchentlich in den Sommermonaten verkehrt, nähert sich Marienburg, heute Malbork genannt. Wir fahren auf die Brücke auf, die über die Nogat führt. Ich stehe im Gang und sehe die Nogat unter mir dahinfließen.

Im kommenden Januar werden drei Jahrzehnte vergangen sein, seitdem ich das letzte Mal über diese Brücke fuhr, damals westwärts. Nach Schreckenstagen der Flucht von Allenstein über Spiegelberg, Guttstadt, Pr. Holland nach Elbing, hatten wir das große Glück, von dort aus von einem Lazarettzug bis Dirschau mitgenommen zu werden; meine Mutter, meine beiden kleinen Kinder und ich. Der Zug soll einer der letzten gewesen sein, die damals noch über die Brücke kamen.

Wie einen Schattenriß sah ich im Milchgrau des Wintertages damals die Türme der Marienburg zum letzten Mal. Heute, fast dreißig Jahre danach, tauchen diese Türme vom Sonnenlicht umglänzt wieder vor mir auf.

»Abschied und Wiederkehr«, aber keine Rückkehr für immer. Ich komme als Touristin mit einer Reisegesellschaft aus Westdeutschland für zwei Wochen in das Land meiner Jugend – Ermland und Masuren –, heute »Warmia und Mazury« genannt.

In wenigen Stunden werde ich in Allenstein sein, dem heutigen Olsztyn. Allenstein, unsere einstige Kreisstadt, in der ich einige Jahre ein Lyzeum besuchte, in der ich nach meiner Heirat in den letzten beiden Jahren bis zur Vertreibung wohnte. Noch leben Verwandte von uns in Masuren, Nachkommen eines Bruders meiner Mutter. Immer wieder schrieben sie uns: »Wann kommt Ihr die alte Heimat und uns besuchen?«

Seit Jahren plante ich diese Reise. Sie mußte immer wieder verschoben werden; heute erst, fast dreißig Jahre nachdem ich fortgehen mußte von Allenstein, bin ich wieder auf dem Weg dorthin. Was hat sich zwischen diesem Abschied und der Wiederkehr nicht alles ereignet, an großem Weltgeschehen wie an eigenem Erleben!

Lebensstationen zwischen damals und heute, zwischen Abschied und Wiederkehr, war Baden-Württemberg, Schleswig-Holstein, war mein Jahr in Schweden, bis wir im Zuge einer Umsiedlung 1950 in Rheinland-Pfalz auf den Höhen des Hunsrücks eine wohl endgültige neue Heimat fanden.

Von Marienburg ab stehe ich fast ununterbrochen am geöffneten Fenster im Gang des D-Zuges. Meine Augen können sich an der Schönheit der vertrauten östlichen Landschaft nicht satt sehen. Ein nahezu wolkenloser blauer Himmel liegt über dem Land; ich sehe wogende Kornfelder, Wiesen, auf denen Kühe und Pferde weiden und Störche herumstolzieren; – wir fahren durch endlose Wälder, aus denen Seen blinken. Sie grüßen mich, das nach langer Zeit heimgekehrte Kind dieses Landes.

Einmal hält der Zug auf freier Strecke in einem Wald zwischen Deutsch Eylau und Osterode, heute Ilawa und Ostroda genannt. Auf sandigem Boden wachsen Kiefern und Birken. Die Sonne scheint warm in mein Gesicht – ich schließe minutenlang die Augen und nehme einen langentbehrten Duft wahr – einen heimatlichen Duft nach Moos und Pilzen, nach Kiefernnadeln und Heidelbeerkraut, seltenen Gräsern und Waldblumen, wie sie in den Wäldern meiner Kindheit in Masuren wuchsen. Der ganze Zauber eines Waldsommers liegt in diesem Duft verborgen – ich bin wie berauscht davon – ich spüre, ich bin heimgekehrt!

Olsztyn, das einst Alleinstein war

Langsam fährt der Zug in Olsztyn ein. Von hier aus scheint das Bild meiner Heimatstadt wenig verändert, wenn auch einige neue Hochbauten aus dem Panorama der Stadt herausragen. Die Türme des Schlosses, des Neuen Rathauses und der Kirchen grüßen wie einst.

Von meinen Verwandten, von Freunden, die vor mir Olsztyn besuchten, weiß ich, daß die Stadt seit 1945 ihre Einwohnerzahl verdoppelt hat und heute nahezu 100 000 Menschen hier leben. Olsztyn, Woiwodschaftshauptstadt[1], ist Großstadt geworden.

Zwischen Kortau und dem Wasserturm ist ein neuer Stadtteil mit modernen Hochhäusern entstanden. Die Stadt ist Industriezentrum geworden, sie besitzt Betriebe der Holz- und Konfektionsindustrie sowie des Maschinenbaus.

»OZOS«, die Kraftwagenreifenfabrik, die größte Fabrik dieser Art in Polen, gibt vielen Menschen Arbeit.

In der Hochschule für Landwirtschaft in Kortau werden jährlich 4000 Studenten ausgebildet. 1969 wurde eine Pädagogische Hochschule eröffnet; es gibt allgemeinbildende Oberschulen, Technika und Grundberufsschulen, die den Jugendlichen die Wahl der Fachausbildung ermöglichen.

Im Sportstadion finden alljährlich internationale Reitturniere statt, ein Zentrum für Sport, Touristik und Erholung ist gebaut worden, eine neue große Stadthalle noch im Bau. Das Planetarium, ein Geschenk der DDR an die Stadt, zieht viele Besucher an.

Auch von dem großen, neuen Bahnhof hat man mir berichtet, ein moderner Bau aus Stahl und Glas. Jetzt fahren wir in diesem Bahnhof ein, immer noch scheint die Sonne und macht alles licht und freundlich. Freundlich ist auch die Begrüßung des polnischen Reiseleiters von Orbis, der uns auf dem Bahnsteig empfängt.

Ich bin seltsam bewegt, als ich hier auf dem Bahnhof in Olsztyn, zum ersten Mal nach so vielen Jahren heimatlichen Boden betrete.

Wie oft bin ich in den vergangenen Jahren in meinen Träumen durch die Straßen Allensteins gegangen, durch endlose Straßen, ohne jemals ein Ziel zu erreichen. Nun, da ich wirklich durch diese Straßen wandere, glaube ich zu träumen.

Eigentlich wollte ich nach der langen Reise im Hotel wenigstens ein oder zwei Stunden ruhen, aber ich bin viel zu erregt. Rasch packe ich das Nötigste aus, mache mich frisch, und dann zieht es mich zur Stadt, vom Hotel Warminski, das in diesen beiden Wochen

---

[1] Woiwodschaft: polnischer Ausdruck, etwa einem Regierungsbezirk in Deutschland vergleichbar.

Standort und Ausgangspunkt vieler Wege und Fahrten sein wird, durch die alten, vertrauten Straßen der Innenstadt zu.

Das Hotel liegt in der ehemaligen Roonstraße nur wenige Minuten von der Herz-Jesu-Kirche entfernt. Das schöne Wetter hat nicht lange gehalten. Eine Regenglocke hängt über der Stadt – es nieselt, die Straßen glänzen vor Nässe. Ich spüre den Regen kaum, ich gehe wie ein Traumwandler durch die Schillerstraße zur Kaiserstraße, der heutigen Dąbrowszczaków. Die Linden blühen gerade wie einst, da ich als Schulmädchen so oft hier entlangschlenderte. Ich biege in die Bismarckstraße ein, wandere zur Langgasse. Viele der Häuser sind mir gut in Erinnerung. Sie sind alt geworden und grau und zeigen traurige Gesichter. In manchen Winkeln und Gassen scheint die Zeit stillgestanden zu sein, sogar das alte Kopfsteinpflaster existiert in manchen Straßen noch. Dafür gibt es andererseits in Olsztyn heute viele neue und moderne Autostraßen.

Das große Geschäftshaus am Anfang der Schillerstraße, in dem ich als Schülerin viele Jahre in einer Pension wohnte, gibt es nicht mehr. Auf dieser Straßenseite sind von dem Friedrich-Wilhelm-Platz bis zur Kaiserstraße die alten Häuser verschwunden, ein großer neuer Häuserblock ist entstanden, während auf der gegenüberliegenden Seite nicht eines der alten, bekannten Häuser fehlt.

Lange stehe ich vor dem neuen Haus, das anstelle des alten Geschäftshauses gebaut wurde. Die Dämmerung ist hereingebrochen. Aus einem Fenster im dritten Stockwerk scheint Licht. Dort ungefähr könnte sich einst das Zimmer befunden haben, in dem ich wohnte.

Wie jung und unbeschwert waren wir damals, meine Schulfreundinnen und ich! Niemand von uns ahnte, daß wir einmal unsere Heimat verlassen mußten und irgendwo, in alle Welt verstreut, leben würden!

Eine Fahrt nach Spiegelberg, heute Sprecowo genannt

Ein in Masuren lebender Vetter fährt mich am Tag darauf mit seinem Auto nach Spiegelberg, dem großen Bauerndorf zwischen Allenstein und Guttstadt, in dem meine Eltern von 1930 an bis zur Vertreibung lebten.

Vom Hotel Warminski aus fahren wir durch die ehemalige Roonstraße zum Moltkeplatz, über die neue Eisenbahnbrücke auf einer neuen, breiten Autostraße vorbei am Stadion nach Jakobsberg. Bevor wir in die Chaussee nach Spiegelberg einbiegen, fährt mich Peter zur ehemaligen Soldauer Straße, in der ich in den beiden letzten Jahren bis zur Vertreibung wohnte. Die Straße liegt direkt bei den Anlagen am Brauereiteich. Von meinem Küchenfenster aus sah ich auf die Anlagen und den Teich, im Hintergrund das Abstimmungsdenkmal.[2] Dieses Denkmal ist verschwunden, ein polnisches Denkmal steht an seiner Stelle.

Die Anlagen sehen gepflegt aus. Auf dem Brauereiteich sprudelt eine hohe Wasserfontäne, ein hübscher Anblick. Wir biegen in die Soldauer Straße ein. Die Häuser sehen alle noch so aus, wie ich sie in Erinnerung habe, auch das Haus Nr. 9, in dem ich damals wohnte, die weinumrankte Villa. Nur der wilde Wein fehlt. Ich steige aus dem Wagen, um einige Aufnahmen von dem Haus zu machen. Es ist aber jetzt, am Nachmittag, schon zu dunkel; es regnet stärker. Ich werde ein anderes Mal wiederkommen, bei besserem Licht fotografieren.

Das Wiedersehen mit diesem Haus berührt mich nicht sehr. Es war keine glückliche Zeit, die ich in jenen Kriegsjahren hier erlebte; um so mehr zieht es mich nach Spiegelberg, dem Dorf, in dem ich unbeschwerte Jugendjahre verbrachte.

Wie viele Erinnerungen an diese Zeit werden wach, als wir nun auf der Chaussee von Allenstein nach Spiegelberg fahren. Wie oft bin ich einst hier gefahren: mit dem Fuhrwerk, dem Fahrrad, im Auto oder Autobus.

Wir fahren über die Allebrücke. Das kleine Haus am Hang steht noch und ist schon am Nachmittag hell erleuchtet.

Am Divitter See sind eine Anzahl Häuser gebaut worden. Das Dorf selber erscheint mir kaum verändert. Auch am Dorfende, an der Chaussee nach Spiegelberg zu, wird gebaut. Mein Vetter meint, Divitten würde in nicht allzu langer Zeit Vorort von Olsztyn sein.

---

[2] Abstimmungsdenkmal: Ehrenmal im Allensteiner Stadtteil Jakobsberg zur Erinnerung an die Volksabstimmung am 11.7.1920, in der sich die überwiegende Mehrheit (ca. 97 Prozent) der Bevölkerung für den Verbleib bei Deutschland entschied.

Je mehr wir uns Spiegelberg nähern, um so aufgeregter werde ich. Da ist schon das Wäldchen, hinter dem die Spiegelberger Grenze beginnt. Das Tal hinter dem Wäldchen liegt so vertraut vor mir, als hätte ich es gestern zum letzten Mal gesehen, – dieses grüne, stille Tal, an diesem Tag von grauen Regenschleiern umhüllt.

Die Abbauten liegen wie einst in der Landschaft verstreut. Die Felder und Wiesen sind gut instand. Wer mag die Höfe heute bewirtschaften?

Ich weiß von dem Schicksal vieler ehemaliger Spiegelberger, stehe mit einigen von ihnen, die wie wir heute in Westdeutschland leben, im brieflichen Kontakt. Von den Bewohnern dieser Abbauten hier weiß ich kaum etwas.

Und dann fahren wir den großen Berg hinauf, den letzten vor Spiegelberg – und nun liegt mein Heimatdorf vor mir.

Mein einstiges Elternhaus, die Schule, steht genauso wie ich sie in all den Jahren in dem Erinnerungsbild des Herzens aufbewahrt habe, von den hohen Weidenbäumen eingerahmt da – so vertraut, daß es wehtut, dieses Bild wahrzunehmen, das »Haus der Jugend« – und doch zu wissen, das war einmal und ist heute unwiderruflich Vergangenheit!

Fazit einer Reise

»Wenn Du in unserer Heimatstadt Allenstein noch manches wiederfinden willst, wie Du es in Erinnerung hast, dann warte nicht mehr lange mit Deiner Reise«, schrieb Ursula, eine gebürtige Allensteinerin, die im vorigen Sommer dort war. Ihre Berichte klangen objektiv und nicht durch eine graue Brille gesehen, wie einige Berichte anderer.

Ja, es gab noch manches, das mich an damals erinnerte – an unser Allenstein! Ich fand Altes und Neues – die Stadt schien gleichermaßen vertraut und fremd.

Die Polen haben das ihre getan, um vieles, das bei Kriegsende zerstört wurde, aufzubauen. Sie haben sich bemüht, das Bild der Innenstadt mit dem alten Markt und den Laubengängen zu erhalten. Die Häuser am Markt wurden nach alten Plänen wiederaufgebaut. Und doch ist es nicht mehr unser altes Allenstein, das ich wiedersah, sondern das Olsztyn von heute. Neue Autostraßen sind entstanden, große Geschäftshäuser und andere Bauten errichtet worden – Altes und Neues nebeneinander, Vertrautes und Fremdes.

Auch unser Allenstein wäre heute, dreißig Jahre später, nicht mehr die alte Stadt. Innerhalb eines Menschenlebens sind drei Jahrzehnte eine lange Zeit, in der Geschichte dagegen kurz. Niemand weiß, was für Veränderungen es auf der Welt in den nächsten drei Jahrzehnten geben wird. Es wäre zu hoffen, daß innerhalb Europas eines Tages Grenzen unnötig werden, es ein vereintes Europa geben wird.

In jenen beiden Wochen, da ich als Touristin in der alten Heimat war, bin ich viel unterwegs gewesen. Ich suchte Orte, Landschaften und Menschen auf, die mir von früher her vertraut und bekannt waren. An erster Stelle stand das Dorf meiner Kindheit »Neu-Wuttrienen« – heute Chaberkowo = Kornblume – und das Dorf meiner Jugend »Spiegelberg«. Mein Elternhaus in Spiegelberg, die neue Schule, habe ich nur von außen wiedergesehen. Die polnische Lehrerin, die im Schulhaus wohnt, war gerade verreist. Der freundliche Schulleiter – er wohnt in einem neuen Haus zwischen Dorf und Schule – erlaubte mir auf meine Bitte den Garten zu betreten, den mein Vater einst schuf. Von seinen vielen Steingartenpflanzen fand ich nichts mehr vor, auch die Mandelbäumchen am Giebel fehlten. Die anderen Bäume, die er pflanzte, waren alte und hohe Bäume geworden.

»Ein Mensch, der einen Baum pflanzte, hat nicht umsonst gelebt«, sagt ein altes Sprichwort. Mein Vater pflanzte innerhalb eines Lebens viele Bäume – in den Gärten der alten wie der neuen Heimat. Die Bäume in dem Wuttriener Schulgarten wuchsen in wilder Schönheit einem Naturpark ähnlich. Das rote Schulhaus am Walde existiert nicht mehr. Es fiel den letzten Kriegstagen zum Opfer.

Nur ein paar Ziegelreste sind geblieben und der wilde Wein, der heute illusorisch um den Platz rankt, auf dem das Schulhaus stand.

Die Bäume meines Vaters in den Gärten der alten Heimat grüßten mich, die Heimgekehrte, wie liebe, alte Freunde. Meinem Vater selber war es nicht vergönnt, seine Gärten wiederzusehen. Er liegt fern der alten Heimat auf dem Friedhof des Hunsrückortes begraben, der uns zur neuen Heimat wurde.

Seit seinem Tode war mir mein Vater nie so gegenwärtig wie in seinen alten Gärten in Spiegelberg und Neu-Wuttrienen.

Die Landschaft, die Natur in Masuren und Ermland, ist unverändert geblieben. Sie hat nichts von ihrem Zauber verloren. Das Wasser der vielen Seen ist klar und sauber; es gibt noch endlose Wälder und stille Dörfer, die in verträumter Schönheit daliegen, wie »Chaberkowo« – mein altes Neu-Wuttrienen.

Als Schulmädchen schrieb ich die Verse:

»Blau war der Wald am Horizont –
gelbweiß am Weg der Sand ...«

Ich bin auf diesen Wegen gewandert, an einem Tag des vergangenen Julis, einem der wenigen Sommertage, an denen die Sonne pausenlos schien – überall im Horizont blaute wie einst Wald.

Allein dort gewesen zu sein, das kleine Waldarbeiterdorf und einige Menschen von damals wiedergesehen zu haben, war die Reise wert!

Ich besuchte auch meine Verwandten, die weit verstreut wohnen – in Nikolaiken am See, in Sensburg – in einigen Dörfern bei Wartenburg.

Überall, wo ich hinkam, wurde ich herzlich aufgenommen, bei Verwandten wie bei Bekannten.

Für die Menschen dort ist ein Besuch aus dem Westen etwas Besonderes. Sie freuten sich über jedes kleine Geschenk, doch es kam ihnen weniger auf Geschenke an, als auf das Gefühl, daß sie nicht vergessen sind!

»Wir haben viele Verwandte in Westdeutschland«, sagte man mir, »doch niemand besucht uns! Du bist die erste Cousine, die gekommen ist!«

Auf meinen Wegen durch die Stadt wurde ich öfter angesprochen, in polnischer Sprache nach der Uhrzeit oder nach einer Straße gefragt. Da meine geringen polnischen Sprachkenntnisse für eine Unterhaltung nicht ausreichen, war es ein Lächeln von Mensch zu Mensch, das Kontakte herstellte. Meist fand sich dann jemand, der dolmetschen konnte, oder es stellte sich heraus, daß die Fragesteller selber etwas deutsch sprachen, als sie hörten, daß ich aus Deutschland kam.

Ich erfuhr manches von ihrem Leben, das so ganz anders ist als das unsere. Man kann und sollte nicht westliche Maßstäbe setzen. Eine ungesunde Hetze nach Wohlstand wie bei uns scheint es dort nicht zu geben. Die Menschen jenes Landes sind – wie es mir scheint – bescheidener in ihren Ansprüchen und zufriedener. Die Gastfreundschaft wird groß geschrieben, bei den Polen wie bei den dort lebenden Deutschen.

Überall, wo ich hinkam, traf ich eine sympathische und disziplinierte Jugend. Ich sprach mit einigen jungen Polen. Sie zeigten großes Interesse dafür, wie die Jugend bei uns lebt. Wir sollten unserer Jugend die Möglichkeit geben, in das Land zu reisen, aus dem ihre Vorfahren kamen, um dieses schöne Land kennenzulernen, das Land und die Menschen, die heute dort leben. Unsere Jugend sollte Gelegenheit haben, Kontakte mit der polnischen Jugend zu schließen – Kontakte, aus denen Freundschaft entstehen kann.

Freundschaft zwischen der Jugend zweier Nachbarländer sind Brücken über Grenzen hinaus.

Ich fuhr nicht leichten Herzens wieder zurück in meine neue Heimat. Der Gedanke, daß ich eines Tages – vielleicht im nächsten oder übernächsten Jahr – wieder in einen Zug steigen kann, der von Köln nach Olsztyn fährt, machte den Abschied leichter.

Ich werde wieder als Tourist in das Land meiner Jugend reisen – und ich werde die Stadt, die einst meine Heimatstadt war, wiedersehen – das mir so vertraute weite Land und die Menschen, die dort leben – meine alten und meine neuen Freunde.

SIROWATKA, EVA MARIA, wurde in Krausen geboren und lebte bis zur Flucht 1945 in Allenstein. Sie ist Autorin von Kinder- und Jugendbüchern, schreibt Gedichte und Erzählungen. Als Touristin besuchte sie dreißig Jahre nach der Flucht ihre Heimat. In »Wiederkehr nach Allenstein« erzählt sie von ihren Erinnerungen an ihre Kindheit und Jugend und von ihren Erlebnissen und Eindrücken im Polen des Jahres 1975. Aus ihnen zieht sie die Schlußfolgerung, daß die Jugend beider Völker – des deutschen und des polnischen – Freundschaft schließen solle. Was damals wegen der politischen Verhältnisse kaum möglich war, ist heute Wirklichkeit, u. a. im Deutsch-Polnischen Jugendwerk.

Ein Bote für Dobre Miasto

Der Mann hieß Christofzik und lief uns zu wie ein herrenloser Hund. Ja, so muß man es wohl sagen. Hund klingt vielleicht etwas hart, aber herrenlos trifft genau. Es gab Arbeitslose in Hülle und Fülle, aber als die Firma einen Boten suchte, der Konossemente austragen, Bankauszüge holen und eilige Briefe zum Postamt bringen sollte, meldete sich niemand. Ja, Ausländer, aber ein Bote muß wenigstens deutsch sprechen und sich in der Stadt auskennen.

Auf die dritte Anzeige im Lokalblatt erschien Nikolaus Christofzik. Schon der Vorname gab zu denken. Das Vorzimmer wollte ihn nicht ins Büro lassen, weil er eher einem Bettler als einem Boten glich. Und dann sein Alter.

»Bekommen Sie keine Rente?« fragte ich ihn, als er steif vor mir im Kunstledersessel saß, die Ellenbogen an den Körper gepreßt, die Schuhe ausgerichtet wie auf dem Appellplatz, sich große Mühe gebend, nicht die Rückenlehne und die seitlichen Armstützen zu berühren. Ich fragte ihn also, warum er keine Rente bekomme.

Aber natürlich bekäme er Rente. Sie sei zwar bescheiden, aber sie reiche für ihn. Trotzdem wolle er arbeiten.

»Also Langeweile?«

Christofzik schüttelte den Kopf. Nein, auch das sei es nicht.

»Aber irgendeinen Grund muß es doch geben, warum Sie in Ihrem Alter arbeiten wollen!«

Seine Hände griffen nun doch zur Sessellehne. Er suchte nach passenden Worten.

»Ach, wissen Sie, lieber Herr«, sprach er stockend, »wenn die Menschen das Wort Arbeit hören, denken sie noch wie früher, als man zwölf Stunden am Tag schuften mußte und sechs Tage in der Woche und nur sonntags zum Kirchgang frei bekam. Heute ist das anders. Heute ist Arbeit eine Gnade.«

Das verschlug mir die Sprache. Ich hatte ihn nach ein paar freundlichen Worten davonschicken wollen. Aber nun ging es nicht mehr. Du bist ja ein kleiner Philosoph, Nikolaus Christofzik, dachte ich und blickte in seine Papiere.

»Wo liegt eigentlich dieses Guttstadt?«

»Früher war es Ostpreußen, heute ist es Polen«, sagte er mit jenem breiten, östlichen Akzent, der gemütlich und versöhnlich zugleich klingt.

Als ich ihn fragte, ob er noch Verwandte drüben habe, schüttelte er den Kopf. Er habe überhaupt keine Verwandten mehr, weder hier noch drüben. Dabei komme er aus einer großen Familie. Er sei am Leben, weil er in jenem unseligen Winter 1945 in der deutschen Wehrmacht gedient und nicht zu Hause gewesen sei.

»Sind Sie nach dem Krieg mal wieder dort gewesen?«

»Seit 1972 fahre ich Jahr für Jahr nach Guttstadt.«

»Sie arbeiten also, um Ihre Reisen zu finanzieren.« Endlich glaubte ich, eine vernünftige Erklärung gefunden zu haben.

Nein, damit habe seine Arbeit nichts zu tun. Er denke nur, es sei gut zu arbeiten, solange der Mensch lebe.

»Wissen Sie, lieber Herr, wer zu arbeiten aufhört, schickt dem Sensenmann eine Einladung zum Kommen.«

Du bist wirklich ein seltsamer Heiliger, Christofzik! Willst dem Tod durch Arbeit davonlaufen, hast keine Zeit zum Sterben, weil unerledigte Arbeit herumliegt.

Zuletzt habe er Hefte für einen Lesezirkel ausgetragen, erklärte er. Vor zwei Jahren habe der Lesezirkel auf Autoauslieferung umgestellt. Er wollte den Führerschein machen, aber die Leute vom Lesezirkel meinten, es ginge nicht. Man könne einem Siebzigjährigen keinen Firmenwagen anvertrauen.

»Botengänge in der Stadt sind auch kein Vergnügen für einen alten Mann«, gab ich zu bedenken und erzählte ihm vom feuchten Novemberwetter und der Eisglätte im Winter. »Haben Sie wenigstens ein Fahrrad?«

Christofzik behauptete, ein Stadtbote sei am schnellsten zu Fuß. Das habe er in vielen Jahren ausprobiert. In den Außenbezirken käme man mit Fahrrädern besser zurecht, und auf dem platten Lande sei ein Auto nicht zu schlagen, aber in der Innenstadt verlasse er sich auf Schusters Rappen. Er bot mir eine Wette an. Eine Woche lang wollte er ohne Lohn probeweise als Bote arbeiten und mir beweisen, wie pünktlich und zuverlässig ein Fußgängerbote sei. Das geht nicht, dachte ich. Wenn der Kerl auf der Straße zusammenbricht, steht nachher in der Zeitung, ein renommiertes Handelshaus habe sich unterstanden, einen alten Mann auszubeuten.

»Eine Woche nur«, bettelte er.

Ich nahm ihm das Versprechen ab, wie ein normaler Spaziergänger zu gehen. Nicht im Dauerlauf und nicht bei Rot über die Straße. Er fragte nicht mal nach der Arbeitszeit. Als ich ihm sagte, er bekäme in der Probewoche acht Mark je Stunde, lächelte er nur, als sei Lohn eine unwichtige Nebensächlichkeit.

Später merkte ich, daß er mit dem Alter gemogelt hatte. Vierundsiebzig hatte er gesagt, aber die Papiere bewiesen, daß er in zehn Tagen fünfundsiebzig wurde. Einen fünfundsiebzigjährigen Boten! So etwas hatte es in unserer Firmengeschichte noch nie gegeben.

Die Damen im Vorzimmer bat er gleich am ersten Tag um eine Gefälligkeit. Falls die Firma ihm mal einen Brief schicke – es könnte ja sein –, solle man es ihm bitte sagen. Er wisse dann, daß er in den Briefkasten zu sehen habe. Sonst kümmere er sich nämlich überhaupt nicht um den Briefkasten, nur wenn er Post erwarte, zum Beispiel die Stromrechnung oder die Steuerkarte.

Wegen der Post gab es die erste Panne. Es ist in unserer Firma üblich, den Mitarbeitern zum Geburtstag eine Glückwunschkarte zu schicken, eine routinemäßige Aufmerksamkeit, die der Computer auswirft. So bekam auch Christofzik zum 75. Geburtstag eine Karte. Es war ihm furchtbar unangenehm, daß er den Glückwunsch erst sieben Tage später im Briefkasten entdeckte. So konnte er sich nicht sofort bedanken. Die Damen im Vorzimmer sagten ihm, es sei nicht so schlimm, aber er bestand darauf, in mein Büro zu kommen und sich dieser Nachlässigkeit wegen zu entschuldigen. Er hatte Angst, ich würde sagen, als Fünfundsiebzigjähriger gehöre er auf eine Bank im Park und nicht mit der Botentasche unter dem Arm in den Straßenverkehr. Aber ich brachte es nicht fertig.

Schäfer von der Materialverwaltung hat ihn einmal bei der Arbeit beobachtet, seitdem glaubt auch er an die Überlegenheit der Fußgänger im Innenstadtverkehr. Nicht, daß Christofzik gerannt sei, nur ein zügiges Marschtempo habe er eingeschlagen. Umsichtig habe er die Grünphasen der Ampeln studiert, den Weg so gewählt, daß er nie bei Rot habe warten müssen. Keine Mühe wegen eines Parkplatzes. Keine Sorgen um das Anketten und Luftaufpumpen eines Fahrrades. Christofzik sei immer gleich da gewesen.

Nach einem Vierteljahr sah ich ihn in der Pförtnerloge sitzen und auf besseres Wetter warten. Es goß wie aus Eimern. Christofzik hatte längst Feierabend, aber das Wetter ließ ihn nicht nach Hause.

»Ich nehme Sie mit im Auto«, sagte ich.

Er wollte nicht. Er sei Regen gewohnt. Außerdem habe er keine Eile. Das Unwetter werde aufhören. Er könne warten. Er habe viel Zeit.

Ich bestand darauf, ihn nach Hause zu fahren. Unsicher stieg er in mein Auto, sprach kein Wort, bis wir seine Straße erreichten. Er bat mich anzuhalten. Die letzten fünfzig Meter wolle er laufen.

»Sind wir so weit gefahren, bringe ich Sie auch vor die Tür«, sagte ich und bog in seine Straße.

Da stand er nun unter einem grauen Regenschirm und bedankte sich überschwenglich. Irgend etwas bewegte ihn. Er hielt es wohl für ein Gebot des Anstandes, mich zu fragen, ob ich in seine Wohnung kommen und einen Kaffee trinken wolle. Er fragte mit zusammengekniffenen Augen voller Hoffnung, ich würde dankend ablehnen.

Zu jedem anderen hätte ich nein gesagt, aber nicht zu Christofzik. Ich wollte sehen, wie dieser wunderliche Mensch lebte. Er erschrak heftig, als ich ausstieg und mit ihm in der Tür des alten Mietshauses verschwand. Er beteuerte, wie unaufgeräumt seine Wohnung sei. Schließlich komme ich unangemeldet. Es wäre doch besser, wenn er ihn ein andermal besuchte. Außerdem wohne er sechs Treppen hoch in einer Mansardenwohnung.

Als ich seine Bude mit den schrägen Wänden betrat, glaubte ich, im Lagerraum eines Paketpostamtes zu sein. Verschnürte Pakete stauten sich auf der Fensterbank und verdunkelten die Stube. Anschriftenzettel lagen herum. Eine Rolle Bindfaden hing, halb abgespult, am Kleiderhaken. Packpapier bedeckte den Fußboden. Ein Topf mit Kleister stand auf der Fensterbank. »Ich habe es Ihnen ja gesagt«, entschuldigte sich Christofzik. Mein Blick fiel auf die An-schriften der versandfertigen Pakete. Polnische Namen. Darunter immer dieselbe Ortsbezeichnung: Dobre Miasto.

»Was ist das für ein Ort?«

»So heißt Guttstadt heute.«

»Ich denke, Sie haben keine Verwandten drüben.«

»Das sind keine Verwandten«, erwiderte Christofzik feierlich. »Es sind Menschen, denen ich dort begegnet bin und die freundlich zu mir waren. Auch viele Kinder.«

Auf einer Anrichte lagen Dutzende von Schokoladentafeln, dane-ben Berge aus Kaugummi.

»Als sie in Guttstadt die Kirche reparieren wollten, habe ich Nä-gelchen rübergeschickt.«

»Sie spielen also den reichen Onkel aus dem Westen«, lachte ich.

»Spielen ist nicht der richtige Ausdruck«, antwortete Christofzik ernst. »Ich *bin* der reiche Onkel.«

Inzwischen weiß ich, wie die Geschichte ausgegangen ist. Im letz-ten Sommer ist Nikolaus Christofzik wieder nach Dobre Miasto oder, wenn du willst, nach Guttstadt gefahren. Reich bepackt mit Geschenken. Dort ist er gestorben an einem Freitagabend um halb neun im sechsundsiebzigsten Jahr. Und die Bürger der Stadt haben ihm ein großes Geleit gegeben und ihn zur Ruhe gebettet auf dem Friedhof von Dobre Miasto oder, wenn du willst, Guttstadt ... Es ist noch immer dieselbe Erde.

SURMINSKI, ARNO, 1934 in Jäglack bei Angerburg geboren, wuchs nach der Vertreibung bei einer Familie aus seinem Heimatort in Schleswig-Holstein auf. Seine Eltern waren in die Sowjetunion deportiert worden. Von Beruf eigentlich Wirtschafts- und Versicherungsjournalist, setzte er sich seit 1972 als Schriftsteller durch. Berühmt wurde er durch seinen Roman »Jokehnen oder wie lange fährt man von Ostpreußen nach Deutschland?« (1976). Wie lange man fährt, weiß Surminksi – er hat inzwischen seine Heimat öfter be-sucht. Und wie sehr ihm dabei die Verständigung zwischen Deutschen und Polen am Herzen liegt, mag die kleine Geschichte »Ein Bote für Dobre Miasto« (Guttstadt) verdeutlichen.

Rückkehr in die Heimat?

November 1957: der Zug mit Umsiedlern in Richtung Friedland verläßt den Hauptbahnhof in Allenstein. Es ist naßkalt. Fast alle weinen. Galt es doch, die Heimat zu verlassen, in der wir zwar noch physisch anwesend waren, uns dort aber nicht mehr heimisch fühlten, weil das Land nun anderen Menschen gehörte und ein Verbleiben als Deutsche damals nicht möglich war. Der Abschied war schwer, und ich kann mich nicht erinnern, jemals zuvor oder danach ein so starkes Gefühl von Endgültigkeit gehabt zu haben. In den Zug steigt Stefan J. zu, mein ehemaliger polnischer Klassenlehrer, der mich bis zum nächsten Halt begleitet. Er wurde in der Stalinzeit gezwungen, in der Schule besonders scharf gegen Kinder vorzugehen, die nicht der kommunistischen Jugendorganisation angehörten. Dazu gehörte auch ich. Er schikanierte mich, so gut er konnte, bis er mir eines Tages im Vertrauen die Wahrheit sagte. Die daraufhin entstandene Freundschaft, die bis zu seinem Tode währte, gehört zu den guten Erinnerungen an jene Zeit. Zum Abschied erhielt ich von ihm die »Briefe aus Afrika« von Henryk Sienkiewicz. Das Buch besitze ich heute noch. Diese Freundschaft mit dem Lehrer war nicht die einzige zu polnischen Menschen. Meine Eltern waren nicht gerade polenfreundlich. Sie machten aber stets einen Unterschied zwischen Polen und Kommunisten. Stefan J. trug seinen Teil dazu bei.

In Deutschland wurden wir leider zu Vertriebenen, die wir nicht sein wollten. Wir waren ja nach jahrelangem Bemühen freiwillig umgesiedelt. Vertrieben wurden dagegen sofort nach dem Kriege von den Polen vor allem jene Deutschen, die evangelisch waren. Evangelisch galt gleich deutsch. Wir als katholische Ermländer waren dagegen für die katholischen Polen germanisierte »Autochthone« und mußten bleiben. Die polnische Kirche rühmt sich heute noch der großen Tat, die ehemals evangelischen deutschen Gebiete wieder rekatholisiert zu haben. Völlig verkürzt ist die in Deutschland oft vorgebrachte Behauptung, die Kommunisten seien gekommen, hätten das Land geraubt und die Deutschen vertrieben. Nein, es waren leider zunächst polnische Katholiken, die da am Werk waren. Und sie kamen auch als Vertriebene und mußten ja irgendwo bleiben. Kommunisten gab es zunächst kaum, denn sie hatte Hitler oder Stalin weitgehend umgebracht. Die Kommunisten und solche, die schnell dazu wurden, drangsalierten uns erst in den fünfziger Jahren.

In Deutschland wurden wir gelegentlich als »Polacken« angesehen. Die neue Heimat war uns fremd, sie wurde nie zur Heimat. Mein Verstand war in Deutschland, mein Gefühl aber trotz allem bei den Freunden in Polen und bei der polnischen Kirche, dieser prägenden Kraft und einzigen Alternative, bei der man sich engagieren konnte. Da war Heimat. Theologe wollte ich werden, aber doch nicht in dieser deutschen, gefühllosen Kirche. Die Entwurzelung war total. Also nun doch »vertrieben«, im nun eigenen Land? War die Polonisierung womöglich doch gelungen, ohne daß ich es gemerkt hätte? Ich schrieb an Kardinal-Primas Wyszyński und bat um ein Autogramm, weil ich für mein Empfinden einen Ausdruck brauchte. Es kam mit einem schönen Segensspruch. Deutsche Kommilitonen lachten. Und ich wurde im gewissen Sinne schizophren: ein Leben in zwei Sprachen, zwei Kirchen, zwei Gesellschaftssystemen begann, aber ohne Mitte, ohne Heimat. Und die Deutschen fragten oft: wer bist du? Das war auch für mich selbst die Frage. Damals redete man noch nicht von Verständigung, Versöhnung und Brücken zwischen Deutschen und Polen. Wir hatten unsere Brücken abgebrochen, neue wurden von Deutschland aus noch nicht gebaut. Lange suchte ich nach einer Plattform, bis sie sich im Bensberger Kreis anbot, der sich für Versöhnung und Anerkennung der Grenzen aussprach. Dort war mein Platz. Doch die Folge war bitter. »Linke Theologen« – wie man uns nannte – brauchte die Kirche nicht. Ich erhielt keine Anstellung im kirchlichen Dienst. Vertrieben in der eigenen Kirche? Zum Trost kamen in Polen neue Freunde und Bekannte hinzu: Stomma, Mazowiecki, Turowicz und viele andere, die in Deutschland damals noch kaum jemand kannte und die weiß Gott nicht links waren.

Dann kam aber alles anders. Mein Hobby, Dolmetscher für Polnisch, wurde zum Beruf. Es war die Zeit von Willy Brandts Ostpolitik, und da wurden solch »linke Vögel« offenbar gebraucht. In den vielen Jahren meiner Tätigkeit als Dolmetscher an der Botschaft der Bundesrepublik Deutschland in Warschau ging es nicht nur um das Übertragen von einer Sprache in die andere, sondern auch um das Interpretieren von deutscher und polnischer Mentalität, um das Über-Setzen an das Ufer des Partners. Das Anlegen war oft nicht einfach. Aber ich setzte über: zum Beispiel mit einem Brief des Bundeskanzlers an Kardinal Wyszyński. Es ging ganz schön konspirativ zu, bis ich am anderen Ufer angelangt war, denn er empfing weder Diplomaten noch Journalisten. Aber ich war ja »nur« ein Theologe, das ging, und als ich ihn daran erinnerte, daß er mir vor Jahren den Autogrammwunsch erfüllt hatte, umarmte er mich und sagte: »Bruder, so lange also kennen wir uns schon.« Die Brücke hielt bis zu seinem Tode.

Es war etwas ulkig, daß nun gerade ein katholischer Theologe die Gespräche zwischen Politikern der sozialliberalen Koalition und polnischen Kommunisten dolmetschte. In Polen erwies sich der Theologe aber als durchaus brauchbar. Das hatte ganz seltsame Folgen. Den Kardinal von Krakau kannte ich dann auch zur Genüge. Als ich kurz nach der Papstwahl Außenminister Genscher als Dolmetscher nach Warschau begleitete, stand bei der Begrüßung ein Botschaftsangehöriger am Flugzeug und rief: »Ein Telegramm aus dem Vatikan. Nein, nicht für den Herrn Minister, für den Dolmetscher.« Der Papst hatte sich für meinen Glückwunsch bedankt. Und dem Minister konnt ich's erklären.

»Heimat ist dort, wo man sich verstanden fühlt« – heißt eine Spruchweisheit. War ich zurückgekehrt? Ja und nein. Inzwischen von der deutschen Theologie geprägt, hatte ich zu der polnischen, mehr rituell ausgerichteten Kirche mit ihrem Massenservice Distanz gewonnen. Und die frühere Heimat im Ermland hatte sich derart von mir oder auch von ihr wegentwickelt, daß der Reiz hinzufahren, was jederzeit möglich war, verblaßte. Wartenburg war ein Nest, in dem es nicht einmal ein Café gab. Ungetrübt waren solche Reisen wegen der Beschattung durch die polnische Sicherheitspolizei sowieso nie. Ich schloß das Kapitel vermeintlich endgültig ab. Doch die Ereignisse holen den Menschen manchmal wieder ein.

Ein Band moderner polnischer Lyrik, den ich 1989 geschenkt bekam, enthielt einen Namen, bei dem ich aufmerksam wurde: Kazimierz Brakoniecki, geboren 1952 in Barczewo (früher Wartenburg). Seine Gedichte faszinierten mich, und ich wurde neugierig, wer sich dahinter verbarg. Wir lernten uns kennen. Ein Cives Wartenburgensis und ein Cives Barczewiensis, der eine geboren in Deutschland, der andere in Polen, aber beide am selben Ort. Inzwischen haben wir uns angefreundet. Zu Weihnachten 1992 erhielt ich von ihm sein neues Büchlein, in dem er uns beiden ein Gedicht widmet:

… und ich sehe den Pfarrer von St. Anna er stammt aus Wilna
er tauft mich und neben ihm Winfried diensteifrig und schweigend
ein ermländischer Deutscher ministrant dessen vater in haft ist
weil er den ausweis nicht wollte. Und dann schieben sich die
jahre wie eisschollen ineinander
und wir stehen zusammen vor seinem geburtshaus
er will die erinnerung löschen nicht mehr zurückkehren
Fragt ob wir nicht dennoch brüder derselben stadt sind
derselben taufe desselben glaubens an die heimat
und er zeigt mir fotos seiner eltern verstorben aus heimweh in
    deutschland
und ich zeige ihm fotos meiner mutter und oma nach deren
    rückkehr aus Kirgisien
Aber wozu das
sofern überall das gleiche pathos von vergänglichkeit ist
und das chaos der kleinen und großen erinnerung
doch was uns verbindet ist außerirdisch

Der Kreis um Kazimierz Brakoniecki sind junge Schriftsteller und Künstler, zusammengeschlossen in der Gemeinschaft »Borussia«, die eine gleichnamige anspruchsvolle Zeitschrift herausgibt. Nomen est omen. Die Borussianer – wie ich sie nenne – haben sich einer großartigen Sache verschrieben: sie sind auf Spurensuche nach der deutschen, masurischen, ermländischen, ostpreußischen Vergangenheit in jenem Gebiet, das einst Ostpreußen hieß. Grenzüberschreitend haben sie längst nach Königsberg und Wilna Kontakte geknüpft und sind in Allenstein äußerst aktiv. Ihnen ist Ernst Wiechert so etwas wie ein Patronus. Brakoniecki, dessen Eltern aus Wilna unfreiwillig hierher kamen, stieß schon als Junge per Fahrrad in verlassenen deutschen Häusern auf ihm fremde Spuren, die er nach und nach zu enträtseln versuchte und dann später in Gedichte einfließen ließ, die er nicht publizieren durfte. Als dann die politische Wende vollzogen wurde, da stieß sie nicht ins Leere, sondern traf bereits eine vorbereitete Intelligenz mit ihren Werken und Gedanken an, auf welchen man über Nacht weiterbauen konnte. Die Borussianer bekommen es offenbar fertig, vorhandene deutsche Kultur nicht nur bis in die letzte Dorfkirche aufzuspüren, sondern auch ostpolnische und sogar teilweise litauische Kultur einzubringen. Daraus könnte so etwas wie eine neue Kulturregion in Europa entstehen.

Ich wäre ein rückständiger ermländischer Provinzionalist, wollte ich mich jener Sache verschließen und der Einladung zum Mitmachen nicht folgen. Ja, auf diese Weise die Heimat zurückgewinnen und nach Europa einbringen, das macht Sinn. Was vergangen, ja abgestorben war, erwacht nun zu einem neuen Leben. Wer weiß, vielleicht wird einmal in einer europäischen Literaturgeschichte stehen: sowohl Ernst Wiechert und Siegfried Lenz, aber auch Kazimierz Brakoniecki waren Schriftsteller derselben Region. Nach ihrer Nationalität wird man nicht mehr fragen. Und so schließt sich für mich der Kreis. Schon Stefan J. trieben damals jene Gedanken um, die heute Wirklichkeit werden können. Wenn wir in seiner Wohnung saßen und er mir zum Schein Nachhilfe in Mathematik gab, die ich überhaupt nicht brauchte, dann prognostizierte er eine Zukunft, die ich für unerreichbar hielt. Durch das Fenster sahen wir auf ein rotes Transparent am Rathaus: »Durch Sozialismus zum Kommunismus« stand da. Und Stefan J. sprach im Flüsterton zu mir: »Du wirst es erleben, daß der Kommunismus untergeht.«

Anhang

Zwischen Gebet und Chronik

Die lateinische und polnischsprachige Literatur in Ostpreußen

Im Land der Pruzzen hat so gut wie kein Schrifttum in der pruzzischen Sprache überdauert. Eine Ausnahme ist das Vaterunser, das sich in einem Lutherkatechismus fand. Erst als das Christentum hier im 13. Jahrhundert Einzug hält, finden wir das geschriebene Wort in lateinischer Sprache.

Die klassischen Vertreter in dieser Sprache sind Nikolaus Kopernikus, Johannes Dantiskus, Stanislaus Hosius. Sie dachten noch nicht in nationalstaatlichen Kategorien, waren selbst weit gereist und hochgebildet, so daß sie als Vertreter universaler Gedanken betrachtet werden können.

Die polnischen Bischöfe des Ermlands bedienten sich zum Teil des Polnischen. Prominentester Vertreter ist der Fürstbischof und Dichter Ignacy Krasicki, der zu den bedeutendsten polnischen Dichtern der Aufklärungszeit zählt. Nach 1772, als das Ermland preußisch wurde, pflegte er intensive Kontakte zum Hofe in Berlin.

Die polnischsprachigen Texte des 19. und 20. Jahrhunderts in Masuren tragen oft einen paraliterarischen Charakter. Die meisten sind vor allem religiösen Inhalts. Die polnischsprachigen Masuren waren weitgehend loyale Untertanen des preußischen Herrschers und dazu gläubige Protestanten. Treue gegenüber Gott und Kaiser war ihnen die höchste Verpflichtung. Bestes Beispiel für ihre Kaisertreue sind Gedichte von Michał Kajka. Er schrieb polnischsprachige Hymnen auf Wilhelm II., z. B. »Zu Kaisers Geburtstag«. Der Kaiser wurde als übernationaler Herrscher angesehen.

Die Literatur belegt, daß die polnischen Masuren gegenüber anderen Nationen nicht aggressiv waren, wenngleich sie die Polen nicht besonders mochten. Die Deutschen und die deutsche Sprache schätzten sie. Der Heimatdichter Jan Lustych schreibt: »Die Muttersprache in Ehren halte, ohne das Deutsche nicht obwalte.«

Es ist daher nicht verwunderlich, daß das polnische Schrifttum in Masuren immer nach seinem Stellenwert suchte. Bei der Lektüre dieser Gattung schwang auch immer die zweifelnde Frage mit, inwieweit sie eine repräsentative Stimme der polnischsprachigen Bevölkerung Ostpreußens war beziehungsweise zu einer eher entliehenen, fremden Gattung gehörte. Man wurde das Gefühl nicht los, daß man als polnischsprechender Protestant eigentlich jemand war, der seinen Platz zwischen dem Deutschtum und dem Polentum hatte. Einerseits wurde der polnischen Literatur Masurens jegliche Eigenständigkeit abgesprochen. Der Forscher Jędrzej Giertych schreibt: »Es wurde kein einziger masurischer Dichter geboren, der polnisch schreibend diesen Namen verdient hätte.« Ein anderer dagegen, Tadeusz Oracki, glorifizierte bis zur Übertreibung die Leistungen des polnischen Schrifttums in Masuren: »Es nahm viele gesellschaftliche, nationale sowie Pflichten des Bildungsbereichs auf sich.«

Das polnische Schrifttum Masurens spiegelt das Leben der Menschen wider, es kommt von unten, aus dem Volke und ist ohne den eigenständigen »masurischen Geist« nicht denkbar. In den zwanziger Jahren lebten hier circa 250 000 Masuren, die als Muttersprache Polnisch angaben. Deutscherseits war es verfehlt, diesen Menschen unbedingt »Die Wacht am Rhein« (in polnischer Übersetzung) beibringen zu wollen, und andererseits unterschätzte Polen die starke Kraft der masurischen Mentalität. Vor allem nach dem Zweiten Weltkrieg glaubten die Kommunisten, im Rückgriff auf die Masuren ihre Herrschaft festigen zu können.

Ganz anders verhielt es sich mit dem polnischen Schrifttum im Ermland. Ermland als fast rein katholisches Land, das bis zur ersten Teilung Polens 1772 als Lehen zur polnischen Krone gehörte, war gegenüber Preußen und Deutschland negativ, ja feindlich, eingestellt. Die Literatur z. B. von Zientara-Malewska oder Samulowski war eine rein polnische Literatur und von Polen aus beeinflußt. Hier gab es keinen Platz für Hymnen auf den Kaiser und eine Loyalität gegenüber dem protestantischen Preußen. Diese Literatur hatte einen eindeutig katholischen Charakter, propagierte den Marienkult und agitierte bisweilen so sehr propolnisch, daß der lyrische Ton, der der ermländischen Dichtung eigen ist, darin verlorenging.

Die polnischen Schriftsteller des Ermlandes waren, zumal in der Abstimmungszeit um 1920, Kämpfer und Schriftfunktionäre, deren Gedichte und Artikel vor allem in polnischen Zeitungen, Kalendern usw. gedruckt wurden. Die Abstimmung ging für die Polen ungünstig aus. Nur drei Prozent votierten für Polen. Als dann nach 1945 das Ermland tatsächlich zu Polen kam, jedoch unter kommunistischer Herrschaft, war die Enttäuschung groß. Menschen aus dem »Polenbund«, die zu den Ideen von Samulowski und Zientara-Malewska gestanden hatten, mußten erleben, daß sie nicht für ein solches Polen gekämpft hatten. Viele von ihnen kehrten daher Polen den Rücken und gingen nach Westdeutschland.

Literarische Kreuzwege

Die russische Literatur im Gebiet von Königsberg

Das Verwaltungsgebiet Kaliningrad stellt heute ein höchst eigenartiges Gebilde dar. Es ist eine russische Enklave, eine Insel Rußlands, die fast in die Mitte Europas hineinragt und vom Mutterland durch die souveränen Staaten Litauen und Weißrußland getrennt ist. Die besondere Lage dieser Region macht sie zum Anziehungspunkt unterschiedlicher Interessen – sowohl wirtschaftlicher als auch politischer. Für Rußland ist das nicht etwa nur ein Fenster nach Europa wie St. Petersburg, sondern eine breite Tür mit dem einzigen eisfreien Hafen im Westen. In Moskau und in Königsberg werden ständig Diskussionen über den Status des Gebiets geführt. Glasnost und Perestroika haben das Denken der Menschen grundlegend verändert, haben ihnen die Augen für die Vergangenheit geöffnet, haben es ihnen ermöglicht, sich nicht mehr als Sklaven eines Systems, sondern als freie Glieder der Gesellschaft zu begreifen, und ihnen den Zugang zu den angrenzenden Ländern erleichtert. Das Verhältnis zur Kultur war in unserer Region in den einzelnen Zeiträumen sehr unterschiedlich. In den Jahren der totalitären Herrschaft der Bolschewiki bemühte man sich, uns wie auch das ganze Land durch den Eisernen Vorhang von Europa und den fremden Einflüssen des Kapitalismus abzugrenzen. Die Machthaber behaupteten, daß die Geschichte unseres Gebietes nicht bei Adam, sondern bei Potsdam beginne, daß die gesamte Vergangenheit mit dem Faschismus in Zusammenhang stehe und daß man sie völlig zu vergessen habe. Von irgendeiner Kontinuität in der Entwicklung der Kultur konnte nicht die geringste Rede sein. Die Geschichte kennt wohl kaum ähnliche Beispiele dafür, daß aus einem Gebiet die Bewohner in kürzester Frist ausgesiedelt und es in einem gleich kurzen Zeitraum mit anderen Bewohnern besiedelt wurde – mit Umsiedlern aus allen Teilen des Landes: aus Rußland, der Ukraine, aus

Litauen und Tatarstan … Die Vertreter unterschiedlicher nationaler Kulturen sollten sich hier heimisch fühlen und ihre eigene kulturelle Umwelt schaffen. In der schweren Nachkriegszeit war dieser Prozeß ungeheuer kompliziert.

Wenn wir heute von der Grundlage der russischen Literatur hier in unserer Region sprechen, so ist daran zu erinnern, daß mit den Soldaten auch viele Schriftsteller die Last des Krieges in diesem Gebiet mittrugen, deren Namen bis heute die Prüfung der Zeit überdauert haben. Hier, bei Königsberg, hat Alexander Twardowski im Jahre '45 die Schlußkapitel seines bekannten Poems »Wassili Tjorkin« geschrieben, hier fiel der bekannte tatarische Dichter Fatych Karim. Hier begann der Kreuzweg von Alexander Solschenizyn, der in Ostpreußen verhaftet und dann in den Abgrund des Gulag geworfen wurde.

Für viele beginnende Literaten war der vor kurzer Zeit zu Ende gegangene Krieg ein Thema, ein großer Teil dieser Dichter waren Kriegsteilnehmer gewesen, hatte alle Schrecken und Unbilden des Krieges am eigenen Leib erfahren. Allerdings konnten unter den Bedingungen der strikten Zensur und der immer stärker werdenden Repressalien literarische Werke, die das Leben in all seinen Facetten darstellten, nicht erscheinen. So blieb z. B. der Roman von Nadeshda Grjasewa »Die Straßen von Ravensbrück« unveröffentlicht, und das Buch von Wsewolod Osten, der die Hölle von Mauthausen durchschritten hatte, rief einen Sturm von Kritik und das Mißvergnügen der örtlichen Führung hervor. Das Thema der Konzentrationslager war verboten, Kriegsgefangene galten als Verräter, und der Leser hätte dies ja auch als Anspielung verstehen können, bestanden doch im eigenen Land die Lager fort. In jenen Jahren wurde auch kein einziges Werk veröffentlicht, in dem von der Aussiedlung der angestammten Bevölkerung, über das Schicksal der Vertriebenen, gesprochen worden wäre. Sogar die alten Ortsbezeichnungen durften in der Presse nicht verwendet werden, und die übereifrigen Zensoren machten aus der »Kurischen Nehrung« die »Kurnehrung«.

Was die deutsche Kultur angeht, so wurde sie nach der Perestroika zum Gegenstand intensiver Forschung. Es erschien eine ganze Reihe landeskundlicher Bücher, man begann unter der Leitung von

Wolf Dolgi mit der Herausgabe des »Königsberger Kuriers« (»Kenigsbergski kurjer«), der dem Leser in fast jeder Nummer Kenntnisse über die Geschichte der Region vermittelt. Gleiches tut die Zeitschrift der Kaliningrader Schriftsteller »Der Westen Rußlands« (»Sapad Rossii«). Sem Simkin tat viel, um die Leser mit der umfangreichen Poesie Königsbergs vertraut zu machen, er gab eine Anthologie von Gedichten heraus, deren Verfasser hier gearbeitet haben. Dieses Werk hat er auch übersetzt. Für den russischen Leser eröffneten sich so die Werke von Simon Dach, Agnes Miegel, Ernst Wiechert und vieler anderer. Die Herausgabe der genannten Anthologie war ein bedeutsames Ereignis im kulturellen Leben unserer Region und über deren Grenzen hinaus. Glasnost und Perestroika haben viel verändert. In Moskau spaltete sich der Schriftstellerverband, es entstand ein neuer »Verband der russischen Schriftsteller«, der die Reformen unterstützt. 1991 beschloß die Kaliningrader Schriftstellerorganisation einstimmig, diesem neuen Verband beizutreten. Die Schriftsteller hielten es für notwendig, zu erklären, daß sie nichts mit dem »Schriftstellerverband der RSFSR«, dem heutigen »Schriftstellerverband Rußlands«, verbindet, weil die Kaliningrader die chauvinistischen Positionen dieses Verbandes nicht unterstützen wollen. Nach dem Moskauer Schriftstellerverband und jenem von St. Petersburg steht die Kaliningrader Organisation ihrer Bedeutung nach an dritter Stelle.

Sem Simkin gründete hier zudem die Vereinigung »Rodnik« (»Quelle«). Damit öffnete er vielen jungen Talenten die Tür zur Literatur. Die Zusammensetzung der Schriftstellerorganisation hat sich seither stark verändert.

Die neue Schriftstellergeneration schreibt in einer ganz anderen Situation, die Steinschleudern der Zensur sind verschwunden, das Schaffen wurde viel freier. Der Übergang zur freien Marktwirtschaft legte dem Schriftsteller jedoch andere Hindernisse in den Weg. An die Stelle des Würgegriffs der Zensur trat der der wirtschaftlichen Situation. Der Buchmarkt hat sich stark verändert. Er ist mit zweitklassigen ausländischen Ausgaben überschwemmt, nach moderner Literatur besteht keine Nachfrage. Unter den Bedingungen der Glasnost, als die Publizisten in den Medien offen über alle Probleme sprachen, war die Sprache Äsopscher Fabeln nicht mehr notwendig. Antworten auf politische Fragen mußten nicht unbedingt in literarischen Werken gesucht werden. Somit kehrt die Literatur zu ihrer eigentlichen Aufgabe, der Schaffung echter Kunstwerke, zurück. Aber die Verlage bemühen sich, trotz der Wirtschaftskrise zu überleben, einen möglichst großen Gewinn zu erzielen, und oftmals können sie es sich nicht einmal erlauben, Werke eines hiesigen Dichters herauszugeben.

Der Zerfall des Imperiums, das sich UdSSR genannt hatte, die Instabilität der Gesellschaft, das Mißlingen der Reformen und die Wirtschaftskrise führten in der Gesellschaft zu Konflikten und zu einem Anwachsen nationalistischer Bewegungen. Die Kommunisten, die Liberaldemokraten und profaschistische Parteien schlossen sich zu einem Antireformblock zusammen. Die Moskauer Putsche berührten Kaliningrad nicht, und dennoch wurde die Atmosphäre hier künstlich aufgeheizt.

Die meisten der Schriftsteller und der Menschen mit gesundem Menschenverstand verstehen, daß vieles getan wird, um die Gesellschaft zu destabilisieren. Die Kultur hat nie als Mittel der Okkupation gedient, im Gegenteil, sie ist die Grundlage für Stabilität, Annäherung der Völker und trägt zum Wachstum des geistigen Lebens bei.

Aber ungeachtet des wütenden Gebrülls einzelner nationalistischer Ideologen erlebt das Gebiet Kaliningrad eine zweite Wiedergeburt. Es werden umfangreiche Arbeiten zur Erhaltung der historischen und architektonischen Denkmäler durchgeführt. Die kulturellen Brennpunkte sind: der Dohna-Turm – er beherbergt das Bernsteinmuseum –, der Wrangel-Turm – er wird zu einem Ozeanarium umgebaut –, und im Friedrichsburger Tor wird ein Museum für die Helden des Krieges eingerichtet (Anm.: Das Kriegsmuseum befindet sich im Friedländer Tor!). In der Kunstgalerie löst eine Ausstellung die andere ab. Der Anzahl der Künstler nach hat unser Gebiet viele Regionen von Rußland längst überholt. Es werden neue Theater eröffnet, die Philharmonie vergrößert ihr Angebot und es entstanden traditionelle Festivals. Die Universität Kaliningrad setzt die Traditionen der »Albertina« fort. Ihr vierhundertjähriges Jubiläum wurde festlich begangen, diese Feier gab den Anstoß für zukünftige Pläne zur Erweiterung und ihrer Umgestaltung in die Baltische Universität, die ein bedeutsames Zentrum der russischen Kultur im baltischen Raum werden soll. Hier entwickelt sich eine rege Tätigkeit zur Erforschung des geistigen und historischen Erbes. Die Erinnerung an die hervorragenden Wissenschaftler, die in den Mauern der Universität gelehrt und geforscht haben, wird wiedererweckt – wie auch die Erinnerung an die großen Beiträge zur Kultur, die von so bedeutenden Wissenschaftlern wie dem berühmten Historiker Herder, dem Philosophen Hamann, dem Astronomen Bessel, dem Begründer der Pharmazie Hagen, dem Mathematiker Jacobi, dem Dichter Dach, dem Psychologen Helmholtz und vielen anderen geleistet wurden, und natürlich an solche Genies wie Kant und Hoffmann. In der Universität finden ständig Vorlesungen über Kant statt, die Werke Kants werden herausgegeben. Es wurde eine Hoffmann-Gesellschaft gegründet. Im Buchverlag Kaliningrad wurden die Werke dieses großen Zauberers des Wortes veröffentlicht, desgleichen kritische Artikel über sein Schaffen. Zur Verbreitung des geschriebenen russischen Wortes gibt die Puschkin-Gesellschaft jedes Jahr Werke dieses Dichters heraus. Landeskundler, Historiker und Schriftsteller veröffentlichen zahlreiche Artikel zur Erforschung der deutschen, litauischen und polnischen Kultur, sie berichten den Bewohnern unserer Region von den historischen Verbindungen zwischen Rußland und Preußen. Das Studium der Vergangenheit zeigt einwandfrei, daß nur in der Zusammenarbeit eine freie Entwicklung der Menschheit und eine Bereicherung ihrer Kultur möglich sind. Für die Kultur, für die Schriftsteller, ist unsere Region ein Begegnungspunkt unterschiedlicher nationaler Kulturen. In dieser Region ist das Wort des Schriftstellers, sein Werk, nicht nur als Erscheinungsform der Literatur wichtig, sondern auch als Grundlage des gegenseitigen Verständnisses.

Die litauische Literatur in Ostpreußen

(nach Angaben von Vytautas Kubilius und Janina Janaviciene)

Die litauische Schriftsprache tritt viel später ins Rampenlicht der Öffentlichkeit als die Nachbarsprachen Deutsch, Russisch und Polnisch. Amtssprache war Altrussisch. Auch die späte Christianisierung bewirkte nicht das Entstehen einer eigenen litauischen Sprache. Durch die Union mit Polen 1385 hielt das Polnische seinen Einzug in Litauen. In dieser Sprache wurde missioniert. Erst durch die Reformation erhielt die litauische Sprache eine Chance, weil nach Luther jeder Mensch in seiner Muttersprache sich an Gott wenden sollte. Das erste Buch in litauischer Sprache, das den Katechismus, eine Fibel sowie Kirchenlieder und Gebete enthielt, wurde 1547 in Königsberg gedruckt. Die Kosten dafür hatte Herzog Albrecht übernommen. In seinem Gebiet gab es damals eine Reihe von evangelischen litauischen Gemeinden. Etwa drei Jahrhunderte lang wurden dann litauische Bücher in Königsberg gedruckt, vor allem die Lutherbibel, die auf die weitere Entwicklung der Schriftsprache großen Einfluß ausübte.

Die erste litauische Literatur beginnt mit Kristijonas Donelaitis, der in den Jahren 1765 bis 1775 sein Poem »Jahreszeiten« schrieb, das als Nationalepos gilt. Hier werden erstmals gesellschaftliche Konflikte behandelt. Die Welt und ihre Natur wird so gesehen, wie sie sich darstellt. Damit geht die Kunst auf Distanz zur Kirche.

Im Memelland finden sich zwei Kulturen: die deutsche und die preußisch-litauische, eng miteinander verbunden. Historisch, ethnographisch und psychologisch ist dieses Gebiet eine Einheit aus den genannten drei Elementen. Bekanntester Verfechter und Vertreter dieser Überzeugung ist Georg Sauerwein, der sich als Deutscher in der zweiten Hälfte des 19. Jahrhunderts nachdrücklich für die Bewahrung und Entwicklung der litauischen Sprache einsetzte. In seiner Dichtung besingt und bewundert er die litauische Sprache. Der

Anfang des litauischen Schrifttums im Memelland geht auf bäuerliche Ursprünge zurück. Diese Dichtung war primitiv, erreichte mit ihrem häufig religiösen Inhalt aber die Herzen der Menschen. Später entstand eine mehr professionelle Dichtung. Die deutsche und die litauische Dichtung des Memellandes im 19. und 20. Jahrhundert weisen viele Gemeinsamkeiten auf, die sich vor allem auf die Landschaft und die Mundarten beziehen. Trotz der großen Verwüstungen, die der Zweite Weltkrieg mit sich brachte, stehen die heute dort lebenden und schreibenden Autoren in dieser Tradition. Während der Sowjetzeit konnten sie über die eigene Wirklichkeit und ihr Empfinden nicht schreiben. Sie suchten und fanden einen Ausweg, indem sie über Vergangenes, über geschichtliche Ereignisse reflektierten, jedoch in einer Art Chiffresprache, die oft die Gegenwart assoziieren ließ. Ein Beispiel dafür ist Biruté Baltrusaityté, die heidnische oder frühchristliche Themen aufgreift. Heute lebt in Memel eine Gruppe von jüngeren Schriftstellern, die in Freiheit leben und arbeiten können.

Mitarbeiter

KRAEMER, DORIS, geboren 1941 in Dortmund, studierte nach dem Abitur Geschichte, Deutsch und Sozialwissenschaften an den Universitäten Münster, Marburg und Bochum. Nach Ablegung des 1. und 2. Staatsexamens wurde sie Gymnasiallehrerin. Sie unterrichtet z. Zt. als Studiendirektorin an einem Gymnasium in Lünen/Westfalen und ist freie wissenschaftliche Mitarbeiterin der Forschungsstelle Ostmitteleuropa an der Universität Dortmund. Frau Kraemer besorgte weitgehend die Textauswahl deutscher Autoren und deren Biographie.

JACKIEWICZ, MIECZYSŁAW DR., wurde 1931 in der Nähe von Wilna geboren. Von 1951 bis 1954 leistete er seinen Wehrdienst in der Roten Armee. Nach dem »politischen Tauwetter« siedelte er 1956 nach Polen. Lebte zunächst in Hohenstein, seit 1969 in Allenstein, studierte russische Philologie an der Universität Warschau und ist seit 1972 Hochschullehrer an der Pädagogischen Hochschule in Allenstein (Promotion 1975, Habilitation 1993). Gegenwärtig ist er Professor an der Pädagogischen Hochschule in Allenstein und der Universität Posen für den Bereich russische und litauische Philologie. Zahlreiche Veröffentlichungen und Übersetzungen aus dem Russischen, Litauischen und Weißrussischen liegen von ihm vor.

ČERNIAUSKAS, RIMANTAS (siehe Textteil)
GLUSCHKIN, OLEG (siehe Textteil)
BRAKONIECKI, KAZIMIERZ (siehe Textteil)
CHOJNOWSKI, ZBIGNIEW (siehe Textteil)

Verfasser der Vorworte

BEDNARZ, KLAUS, ARD Köln
EHLERT, NIKOLAUS, Vorsitzender des Fördervereins Königsberg e. V.
PRUNSKIENE, KAZIMIERA, litauische Ministerpräsidentin a. D., jetzt Leiterin des Europainstituts in Wilna
SZCZYPIORSKI, ANDRZEJ, Schriftsteller, Warschau

Dank

Eine solche Anthologie kann kaum ohne die Hilfe kluger Köpfe und bereitwilliger Hände von Menschen zustande kommen, die nicht mit namentlichen Beiträgen vorkommen, jedoch erheblich mit Rat und Tat geholfen haben.

Die Herausgeber danken daher an erster Stelle Herrn Dr. Rüdiger Stephan, der bei der Robert Bosch Stiftung sich nicht nur für die finanzielle Förderung des Projekts eingesetzt, sondern die Entstehung dieses Buches zu seinem persönlichen Anliegen gemacht hat. Er stand uns auch nach seinem Wechsel von der Robert Bosch Stiftung zur Europäischen Kulturstiftung Amsterdam hilfreich zur Seite.

Große Hilfe haben wir auch von der Forschungsstelle Ostmitteleuropa der Universität Dortmund, namentlich von Herrn Johannes Hoffmann, erfahren. Dies betrifft besonders die Auswahl und Zurverfügungstellung deutscher Texte sowie die umfangreiche fachliche Beratung.

Des weiteren möchten wir uns bedanken beim Deutschen Polen-Institut in Darmstadt, bei Herrn Eberhard Beckherrn in Millstadt (Österreich), Frauke und Eggert Hartmann in Bonn, Frau Eichhorn in Warschau, Frau Papritzkyte in Wilna und natürlich den Übersetzern.

Verzeichnis der Autoren

Verzeichnis der Orte

viersprachig

Deutsch	Polnisch	Russisch	Litauisch
Allenstein	Olsztyn		
Alt-Fließdorf	Stare Juchy		
Alt-Rosenthal	Stara Rózanka		
Arys	Orzysz		
Bansen	Bęsia		
Bartenstein	Bartoszyce		
Bertung	Bartąg		
Braunswalde	Brąswałd		
Cranz, Ostseebad		Seleniogradsk	
Danzig	Gdańsk		
Deutsch Eylau	Iława		
Dirschau	Tczew		
Diwitten	Dywity		
Dönhoffstädt	Drogosze		
Drengfurth	Srokowo		
Elbing	Elbląg		
Eydtkau		Tschernysewskoje	
Gerdauen		Selesnodoroschnu	
Goldap	Gołdap		
Großfreiendorf	Różyńsk		
Guttstadt	Dobre Miasto		
Jäglack	Jegławki		
Juditten	Judyty		
Kahlberg	Krynica Morska		
Kleinort	Piersławek		
Königsberg	Królewiec	Kaliningrad	Karalautschi
Kortau	Kortowo		
Libau			
Lyck	Ełk		
Marienburg	Malbork		
Marienwerder	Kwiolzyń		
Memel			Klaipeda
Mokainen	Mokiny		
Neukuhren		Pionierskij	
Neu-Wuttrienen	Chaberkowo		
Nidden			Neringa
Nikolaiken	Mikołajki		

Deutsch	Polnisch	Russisch	Litauisch
Noßberg	Orzechowo		
Ortelsburg	Szczytno		
Osterode	Ostróda		
Palmnicken		Janatarnyj	
Pillau		Baltijsk	
Pillkoppen			
Posen	Poznań		
Prassen	Prosna		
Preußisch Holland	Pasłęk		
Prostken	Prostki		
Purvin			
Rantau		Saostrowje	
Rastenburg	Kętrzyn		
Rauschen		Swetlogorsk	
Riga	Ryga		
Rossitten		Rybatschi	
Sarkau		Lesnoj	
Schönberg		Kaliska	
Schwarzort			Juodkrante
Sensburg	Mrągowo		
Soldau	Działdowo		
Solwo			
Sorgenau			
Sowirog	Sowiróg		
Spiegelberg	Spręcowo		
Steinort	Sztynort		
Tannenberg	Grunwald		
Tharau		Wladimirowo	
Tilsit	Tylża	Sowjetsk	
Treuburg	Olecko		
Vogelsang			
Warnau	Kościeleczki		
Wartenburg	Barczewo		
Weissuhnen	Wejsuny		
Wilna	Wilno		Vilnius

Quellenangaben

Annemarie in der Au, *Die Kindheit blieb am Haff zurück*, © Husum Druck- und Verlagsgesellschaft, 1991

Johannes Bobrowski, *Pruzzische Elegie, Wilna, Die russische Birke*. Aus: Johannes Bobrowski: *Gesammelte Werke*. Hrsg. von Eberhard Haufe, Band 1: Die Gedichte, © Union Verlag, Berlin 1987

Paul Fechter: Aus: *Zwischen Haff und Weichsel. Jahre der Jugend*, © Sabine Fechter, Berlin

Max Fürst: Aus: *Gefilte Fisch. Eine Jugend in Königsberg*, © Margot Fürst, Stuttgart

Arno Holz: *Aus Rastenburg – Das alte Nest*, © Manfred Asseyer, Berlin

Käthe Kollwitz: Aus: *Aus meinem Leben. Ein Testament des Herzens*, © Arne A. Kollwitz, Berlin

Siegfried Lenz, *Ich zum Beispiel. Kennzeichen eines Jahrgangs (1966)*. Aus: Siegfried Lenz. *Beziehungen, Ansichten und Bekennntnisse zur Literatur*, © Hoffmann und Campe Verlag, Hamburg 1970

Agnes Miegel, *Truso. Geschichten aus der alten Heimat*, © Verlag Gerhard Rautenberg, Leer

Friedbert Pflüger/Winfried Lipscher (Hrsg.), aus: *Feinde werden Freunde*, © Bouvier, Bonn 1993

Heinz Georg Podehl, Unterwegs nach Ostpreußen, © Husum Druck- und Verlagsgesellschaft, 1991

Elisabeth Schulz-Semrau, aus: *Suche nach Karalautschi. Report einer Kindheit*, © Mitteldeutscher Verlag, Halle – Leipzig 1984

Eva-Maria Sirowatka, *Wiederkehr nach Allenstein*, © Heimatwerk-Verlag, München 1975

Arno Surminski, *Ein Bote für Dobre Miasto*. Aus: Arno Surminski: *Wie Königsberg im Winter. Geschichten gegen den Strom*, © Hoffmann und Campe Verlag, Hamburg 1981

Bildnachweis

1 Sammlung C. Weber; 2 Foto unbekannt (um 1880); 3 Sammlung C. Weber; 4 Foto Carl Wünsch (1930); 5 Sammlung C. Weber; 6 Foto Oscar Bittrich (1886); 7 Foto Herbert Zink (1931); 8 Foto unbekannt (um 1870); 9 Foto unbekannt (um 1907–1914); 10 Sammlung C. Weber; 11 Foto unbekannt (1934); 12 Foto Gerhard Strauss (1938); 13 Foto Archiv des Museums für Ermland und Masuren in Olsztyn (1966); 14 Buchverlage Langen Müller Herbig; 15 Buchverlage Langen Müller Herbig; 16 Foto unbekannt (1913); 17 Buchverlage Langen Müller Herbig; 18 Sammlung C. Weber; 19 Foto unbekannt (1912); 20 Foto unbekannt (1910); 21 Foto Waclaw Kapusto; 22 Foto Wilfried Lipscher (1968); 23 Foto Paul Horn (1890); 24 Foto Miroslaw Garniec; 25 Sammlung C. Weber; 26 Foto G. Kumorowicz

Regierungsbezirk Königsberg

Regierungsbezirk Gumbinnen

Regierungsbezirk Allenstein

Regierungsbezirk Westpreußen

Die polnisch-russische
Grenze seit 1945

Meme

Labiau

Fischhausen

Pillau

Königsberg

Tapiau

Wehla

Allen-
burg

Heiligenbeil

Kreuzburg

Friedland

Zinten

Preußisch
Eylau

Domnau

Braunsberg

Gerdaue

Gdańsk
Danzig

Frauenburg

Bartenstein

Bart

Tiegenhof

Tolkemit

Mehlsack

Lansberg

Schippen-
beil

Elbing

Mühlhausen

Neustadt

Wormditt

Heilsberg

Raste
burg

POLEN

Marienburg

Liebstadt

Bischofstein

Christburg

Preußisch
Holland

Guttstadt

Seeburg

Rößel

Mohrungen

Sensburg

Stuhm

Wartenburg

Saalfeld

Bischofsburg

Riesenburg

Liebemühl

Marienwerder

Rosenberg

Allenstein

Passenheim

Garnsee

Freystadt

Deutsch
Eylau

Osterode

Hohenstein

Ortelsburg

Gilgenburg

Willenberg

Neidenburg

Soldau

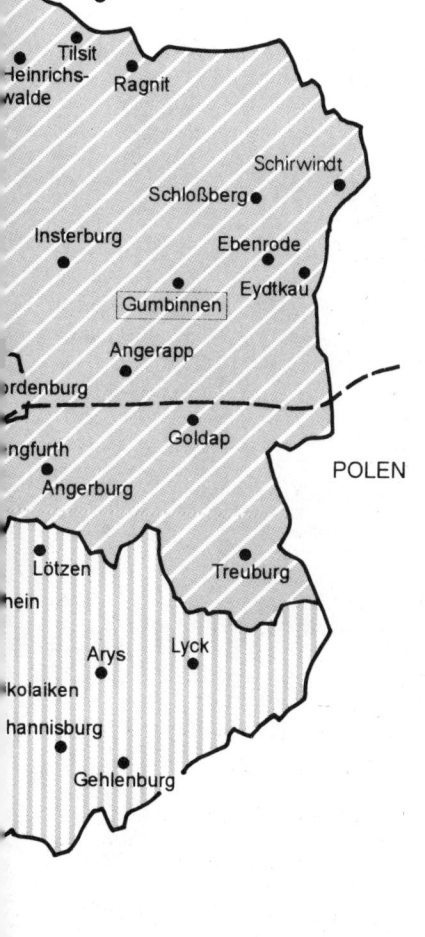

LITAUEN

eydekrug

Pogegen

Tilsit
Heinrichs-
walde   Ragnit

Schirwindt

Schloßberg•

Insterburg   Ebenrode

Eydtkau

Gumbinnen

Angerapp

rdenburg

ngfurth

Goldap

POLEN

Angerburg

Lötzen   Treuburg

hein

Arys   Lyck

kolaiken

hannisburg

Gehlenburg

Gegenwärtiger Distrikt Kaliningrad

Allenburg – Drusba
Angerapp (Darkehmen) – Osiersk
Domnau – Domnowo
Ebenrode (Stallupönen) – Niesterow
Fischhausen – Primorsk
Friedland – Prawdinsk
Gerdauen – Selesnodorosnyj
Gumbinnen – Gusjew
Heiligenbeil – Mamonowo
Heinrichswalde – Slawsk
Insterburg – Tscherniachowsk
Königsberg – Kaliningrad
Kreuzburg – Slawskoje
Labiau – Poljessk
Nordenburg – Krylowo
Pillau – Baltijsk
Preußisch Eylau – Bagrationowsk
Ragnit – Njeman
Schirwidt – Kutusowo
Schloßberg (Pilkallen) – Dobrowolsk
Tapiau – Gwardiejsk
Tilsit – Sowjetsk
Wehlau – Snamiensk
Zinten – Kornewo

Weichselgebiet, Oberland, Ermland und Masuren

Allenstein – Olsztyn
Angerburg – Węgorzewo
Arys – Orzysz
Barten – Barciany
Bartenstein – Bartoszyce
Bischofsburg – Biskupiec
Bischofstein – Bisztynek
Braunsberg – Braniewo
Christburg – Dzierzgoń
Deutsch Eylau – Iława
Drengfurth – Srokowo
Elbing – Elbląg
Frauenburg – Frombork
Freystadt – Kisielice
Gehlenburg – (Bialla) – Biała Piska
Gilgenburg – Dąbrówno
Goldap – Gołdap
Guttstadt – Dobre Miasto
Heilsberg – Lidzbark Warmiński
Hohenstein - Olsztynek
Johannisburg – Pisz
Landsberg – Górowo Iławeckie
Liebemühl = Miłomłyn
Liebstadt – Miłakowo
Lötzen – Giżycko
Lyck – Ełk
Marienburg – Malbork
Marienwerder – Kwidzyn
Mehlsack – Pieniężno
Mohrungen – Morąg
Mühlhausen – Młynary
Neidenburg – Nidzica
Nikolaiken – Mikołajki
Ortelsburg – Szczytno
Osterode – Ostróda
Passenheim – Pasym
Preußisch Holland – Pasłęk
Rastenburg – Kętrzyn
Rhein – Ryn
Riesenburg – Prabuty
Rosenberg – Susz
Rößel – Reszel
Schippenbeil – Sępopol
Seeburg – Jeziorany
Sensburg – Mrągowo
Soldau – Działdowo
Stuhm – Sztum
Tolkemit – Tolkmicko
Treuburg – (Oletzko, Maggrabowa) – Olecko
Wartenburg – Barczewo
Willenberg – Wielbark
Wormditt – Orneta